Irritation des Selbstverständlichen

Michael Ernst-Heidenreich

Irritation des Selbstverständlichen

Eine theoretisch-empirische Annäherung an eine Soziologie situativer Nichtalltäglichkeit

Springer VS

Michael Ernst-Heidenreich
Institut für Soziologie, Fachbereich 1
Universität Koblenz
Koblenz, Deutschland

Zgl. Dissertation an der Universität Augsburg, 2018

ISBN 978-3-658-25207-6   ISBN 978-3-658-25208-3 (eBook)
https://doi.org/10.1007/978-3-658-25208-3

Die Deutsche Nationalbibliothek verzeichnet diese Publikation in der Deutschen National-
bibliografie; detaillierte bibliografische Daten sind im Internet über http://dnb.d-nb.de abrufbar.

Springer VS
© Springer Fachmedien Wiesbaden GmbH, ein Teil von Springer Nature 2019
Das Werk einschließlich aller seiner Teile ist urheberrechtlich geschützt. Jede Verwertung, die
nicht ausdrücklich vom Urheberrechtsgesetz zugelassen ist, bedarf der vorherigen Zustimmung
des Verlags. Das gilt insbesondere für Vervielfältigungen, Bearbeitungen, Übersetzungen,
Mikroverfilmungen und die Einspeicherung und Verarbeitung in elektronischen Systemen.
Die Wiedergabe von Gebrauchsnamen, Handelsnamen, Warenbezeichnungen usw. in diesem
Werk berechtigt auch ohne besondere Kennzeichnung nicht zu der Annahme, dass solche
Namen im Sinne der Warenzeichen- und Markenschutz-Gesetzgebung als frei zu betrachten
wären und daher von jedermann benutzt werden dürften.
Der Verlag, die Autoren und die Herausgeber gehen davon aus, dass die Angaben und Informa-
tionen in diesem Werk zum Zeitpunkt der Veröffentlichung vollständig und korrekt sind.
Weder der Verlag, noch die Autoren oder die Herausgeber übernehmen, ausdrücklich oder
implizit, Gewähr für den Inhalt des Werkes, etwaige Fehler oder Äußerungen. Der Verlag bleibt
im Hinblick auf geografische Zuordnungen und Gebietsbezeichnungen in veröffentlichten Karten
und Institutionsadressen neutral.

Springer VS ist ein Imprint der eingetragenen Gesellschaft Springer Fachmedien Wiesbaden GmbH
und ist ein Teil von Springer Nature
Die Anschrift der Gesellschaft ist: Abraham-Lincoln-Str. 46, 65189 Wiesbaden, Germany

Meiner Familie gewidmet.

Vorwort

In den letzten Jahren haben meine Familie und ich diese Arbeit erkämpft. Für mich ist sie ein großer Lebenstraum – dass sie sich meinen Traum zu eigen gemacht haben und mich in allen Tiefen bestärkt und vor allem die Dauer ertragen haben, ist unermesslich. Während diese Arbeit wuchs, hatten meine Frau Sonja und ich das große Glück unseren drei Kindern beim Großwerden zuzusehen. In den letzten Jahren sind so viele Stunden unserer gemeinsamen Zeit für diese Arbeit geopfert worden. Manchmal saß ich tatsächlich am Schreibtisch, manchmal war ich in Gedanken bei den Aufgaben der Dissertation anstatt bei Euch. Der damit verbundene Preis macht jede Zeile umso kostbarer. Meinen Kindern, Jule, Lilli und Henri, vor allem meiner Frau Sonja zu danken, ist einfach zu wenig. Wenn es einen Grund gibt, dass diese Arbeit geschrieben werden konnte und dass irgendwann ein Ende in Sicht kam – ich weiß woher diese Kraft kam. Bisher haben wir uns nie von Widrigkeiten abhalten lassen, unsere Träume zu leben. Das wollen wir auch weiter so halten. Danke, dass ihr mir geholfen habt diesen Traum zu verwirklichen. Danke, dass ihr meine Leidenschaft für meinen Beruf ertragt. Nichts davon ist selbstverständlich. Ich bin, weiß Gott, keine Insel und die vorliegende Arbeit nicht weniger Euer als mein Verdienst – deswegen ist Sie Euch gewidmet! Mit unendlich viel Liebe und Dankbarkeit!

Meine Eltern, Gerd und Johanna, haben mich immer ermutigt und unterstützt das zu tun, was ich für richtig erachte, wenn ich die Verantwortung dafür zu übernehmen bereit bin. Eine Lektion, die mich heute Tag für Tag anleitet. Es zerreißt mir das Herz, dass nicht alle den Abschluss aller Anstrengungen und Entbehrungen miterleben können. Wir vermissen Dich Günter – ich verdanke Dir so viel! In Elfis und Utes sowie später Finns Herzen war von Anfang an ein Platz für mich und tiefes Verständnis für meine Stunden im Stübla. In all den Jahren gab es nicht einen Moment, in dem ich mich nicht auf meine Geschwister verlassen konnte. Zwischen Beruf(en) und Familie ist ›Dissertieren‹ oftmals reine Verzweiflung. Regelmäßig hieß die Frage: schreibst Du noch oder desertierst Du schon. Carina, Kai-Uwe und Peter – jetzt ist es tatsächlich soweit; hier ist das Ding!

In der Rückschau begann die Unternehmung, bereits im Frühsommer 2006. Eine zufällige Fügung wollte es so, dass ich etwas vor dieser Zeit am Lehrstuhl für Soziologie mit einer Hilfskrafttätigkeit begann. Wahrscheinlich haben mich gute Neujahrsvorsätze in Seminare – ich denke das erste war eines über Karl Mannheims Wissenssoziologie – von Oliver Dimbath geführt. Alles in Allem kam es dazu, dass Kontakt ebenso vorhanden war wie ein Projekt. Oliver hat mich gefragt, ich habe bejaht. Im Sommer 2006 begannen wir zu viert – Carola Wankerl, Eva Kurfer, Oliver Dimbath und ich – eine Begleitstudie zu einem Camp am oberbayrischen Walchensee zu bearbeiten. Diese Konfetzival-Studie war der Ausgangspunkt zunächst meiner Magisterhausarbeit und nun auch – wenn auch die Fragestellungen weiter und tiefer driften ließen – meiner Dissertationsstudie und wahrscheinlich auch meiner ernsthaften Beschäftigung mit Soziologie. Das Staunen über die Reichhaltigkeit des empirischen Materials haben wir, denke ich, bis heute noch nicht bewältigt; und ich hoffe, dass die vorliegende Arbeit einen weiteren Mosaikstein bereithält, um die aufgeworfenen Fragen und mehr intuitiv gefühlten als theoretisch reif ausgearbeitet Ideen aus dieser unheimlich – intellektuell wie persönlich – anregenden Zeit aufzuarbeiten. Wenn ich mich heute mit *situativer Nichtalltäglichkeit* beschäftige, dann deshalb, weil die Konfetzival-Studie bis heute mehr offene Fragen als Antworten hinterlassen hat.

Denke ich an die Studie zurück, hält das dumpfe Gefühl an, geradezu unendlich vieles entdecken, lernen und illustrieren zu können, wenn man sich einmal vom Schreibtisch weg in das soziale Leben wagt. Jahre des Studiums, einer eher weniger als mehr zielführenden, nichtsdestotrotz aber enorm lehrreichen Lehrzeit als akademischer Jungspund und noch lehrreichere Lebensjahre als Kollege, Vater und Ehemann später, neige ich dazu, situativ ereignende Nichtalltäglichkeit als eine Art praktischer Epoche zu verstehen, die einerseits ein unheimlich reiches soziales Leben ermöglicht und andererseits – aus der Perspektive des Beobachters – Chancen eröffnet, im eng beschränkten Rahmen des Nichtalltäglichen sowohl allgemeingültige Rückschlüsse auf soziale Prozesse als auch Hinweise auf eine eigentümliche Dialektik zwischen Alltäglichkeit und Nichtalltäglichkeit erahnen zu können. So ist die theoretische und empirische Annäherung an *situative Nichtalltäglichkeit* – wie ich den Gegenstandsbereich dieser Dissertationsschrift bezeichne – gleichzeitig die Erkundung eines verhältnismäßig ›weißen Flecks‹ auf der soziologischen Landkarte wie der Versuch soziale Situationen zu ergründen, die aufgrund ihrer enormen Verdichtung

Rückschlüsse auf grundlegende soziale Dynamiken zulassen und denen meines Erachtens eine Art paradigmatische Bedeutsamkeit zukommt. Ich danke Oliver Dimbath für seinen initialen Tatendrang, seine Geduld, sein offenes Ohr und die vielseitige Unterstützung, ohne die es den jetzigen Schlusspunkt gewiss nicht gegeben hätte – dieses dicke Brett wurde lange gebohrt; sehr lange!

Christoph Lau fühle ich mich tief zu Dank verpflichtet. Es war eine unbeschreiblich wichtige Zeit für mich, für und mit ihm arbeiten zu dürfen und mich weiter zu entwickeln. Ohne die großen Freiheiten und die kollegiale Atmosphäre am Augsburger Lehrstuhl für Soziologie wäre diese Arbeit niemals begonnen worden. Dass er diese Arbeit angenommen und immer mit Wohlwollen und konstruktiver Kritik begleitet hat, empfinde ich als ein großes Privileg. Sollte ich jemals in die Verlegenheit kommen, selbst irgendwo für andere ›den Hut aufzusetzen‹, wünsche ich mir, mich an sein Wesen zu erinnern. Definitiv bin ich akademisch in seinem Geist erzogen und das erfüllt mich mit Freude, Ehrfurcht und Pflichtgefühl. Peter Wehling und Willy Viehöver danke ich für eine Art von Unterstützung, die ich wahrscheinlich nie zurückgeben kann. Peter Wehlings Interesse und Sorge um das Fortkommen dieser Arbeit hat großen Anteil daran, dass es nun doch einmal so weit gekommen ist und ein Punkt gesetzt wurde. Reiner Keller danke ich für fortdauernde Unterstützung, für sein Wohlwollen und die Gelegenheiten mich ausprobieren zu können. Die letzten Jahre sind vor allem eine Zeit kollegialer Freundschaft, Sasa Bosancic, Anna Brake, Denisa Butnaru, Harald Hofer, Fabian Karsch, Matthias Klaes, Sophia Koenen, Brigitte Ploner, Matthias Roche, Peter Schürholz, Christoph Weller und alle anderen, die ich nicht erwähnt habe, danke ich für eine Atmosphäre, in der sich Arbeit einfach nicht wie Mühsal anfühlt. Von 2012 bis 2017 ist die Technikerschule Augsburg meine zweite berufliche Wirkstätte geworden. Ich danke Werner Schalk für sein Entgegenkommen, für sein ehrliches Interesse an meinem akademischen Fortkommen und die wertvollen Aufmunterungen am Ball zu bleiben. Auch an meine Kolleg*innen an der TA meinen aufrichtigen Dank: insbesondere Alexander Boldoczki, Marion Engelhart, Roland Englhard, André Heller, Eva Kurfer und Andrea Raute.

Ich danke Christoph Lau und Oliver Dimbath für ihre konstruktive Begutachtung sowie Winfried Gebhardt für seine wohlwollend kritische Kommentierung. Die vorliegende Schrift ruht auf umfassender empirischer Forschung, die ich teilweise im Team und teilweise allein begangen habe. Ich bedanke mich bei allen Gesprächspartner*innen, die mir einen Einblick in ihre ›Sicht der Dinge‹ gestattet haben und hoffe sehr, dass sich die Protagonist*innen meiner Fallstudien in meinen Beschreibungen und Analysen wiederfinden. Besonders bedanken möchte ich mich bei den damals studentischen Forscher*innen des Lehrforschungsprojekts »Soziologie der Kurzzeitpädagogik«, das ich gemeinsam mit Oliver Dimbath im Sommersemester

2011 und Wintersemester 2011/12 leiten durfte. Namentlich: Sarah Basal, Nina Brötzmann, Sandra Chudy, Claudia Czajka, Simone Drilling, Felix Franz, Gloria Gehring, Belma Halkic, Benjamin Hoffman, Christine Kenel, Michael Klaiber, Athena Labuhn, Katharina Lodyga, Maximilian Lutz, Edda Mack, Anna Metzker, Peter Paulini, Sabine Pilsinger, Andreas Rieger, Martje Rust, Julia Schmid, Sandra Schäfer, Mona Schütze und Maximilian Zeiträg. Mit dieser Schrift ist auch der Versuch verbunden, unsere gemeinsame Arbeit gebührend zu würdigen. Carina Ernst und Marcel Folmeg danke ich für die Unterstützung bei der Erstellung der im Buch enthaltenen Grafiken. Quirin Bauer, Christine Campen, Sonja Heidenreich, Ute Heidenreich, Lena Homburg, Tania Günther, Matthias Krumpholz, Matthias Roche und Peter Schürholz haben Teile des Manuskripts während der Endredaktion gelesen. Ich danke ihnen für ihre Mühen und hilfreichen Kommentare. Für die formalen und inhaltlichen Unzulänglichkeiten der Ausführungen trage selbstredend ausschließlich ich die Verantwortung.

Michael Ernst-Heidenreich
Augsburg im November 2018

Inhaltsübersicht

1 Das Nichtalltägliche als Leerstelle der Soziologie? Problematisierung und Zielsetzung 1

Erster Teil ....
Theoretische Vorüberlegungen zu einer Soziologie des Nichtalltäglichen 35

2 Alltag und Alltäglichkeit als Gegenstand und Perspektive der Soziologie 37
3 An den Grenzen des Alltäglichen, in den Grenzen des Nichtalltäglichen 73
4 Methodologie, Fallauswahl, Methodenwahl und Auswertung 161

Zweiter Teil ....
Trajekte der Nichtalltäglichkeit zwischen Emergenz und Inszenierung 201

5 Sprünge in nichtalltägliche Enklaven 205
6 Morphologische Analyse nichtalltäglicher sozialer Arrangements 247
7 Die Intensivierung des sozialen Lebens – oder die eigentümliche Produktivität
   des Nichtalltäglichen 285
8 Unwiderstehliche Alltäglichkeit – zwischen Veralltäglichung und ritualisierter Rückkehr 367
9 Schlussbetrachtungen 415

Quellen 435

Anhang 457

Inhaltsverzeichnis

1 Das Nichtalltägliche als Leerstelle der Soziologie? Problematisierung und Zielsetzung 1
1.1 *Das Interesse am Nichtalltäglichen* 1
   1.1.1 Gegenstandsbestimmung 1
   1.1.2 Begründung der Aufmerksamkeit und forschungsleitende Annahmen 2
1.2 *Forschungsstand* 5
   1.2.1 Alltag und Alltäglichkeit als Gegenstand soziologischer Theoriebildung und Forschung 5
   1.2.2 Zum Debattenstand über das Andere des Alltags: das Nichtalltägliche 13
   1.2.3 Die Asymmetrie von Alltäglichkeit und Nichtalltäglichkeit: eine Zwischenschau 20
   1.2.4 Fallbeispiele 21
1.3 *Forschungsleitende Fragen und Ziele* 32
1.4 *Zum Aufbau der Arbeit* 33

Erster Teil ....
Theoretische Vorüberlegungen zu einer Soziologie des Nichtalltäglichen 35

2 Alltag und Alltäglichkeit als Gegenstand und Perspektive der Soziologie 37
2.1 *Von der Alltagssprache zum soziologischen Begriff* 37
2.2 *Die Kritik des Alltagslebens – Marx Frühwerk und die Hoffnung auf die wahre Revolution* 40
   2.2.1 Das Problem der Entfremdung bei Georg Lukács 40
   2.2.2 Henri Lefebvre und die wahre Revolution als Revolution des Alltags 41
   2.2.3 Ágnes Heller und die Selbstformung des Menschen im Alltag 46
   2.2.4 Synopse zur Kritik des Alltagslebens 47
2.3 *Lebenswelt, Alltag und Alltäglichkeit – Alfred Schütz' phänomenologisch-pragmatistische Annäherung* ... 48
   2.3.1 Ausgangspunkte: Weber, Husserl und die Pragmatisten 49
   2.3.2 Alltag und Alltäglichkeit bei Schütz 53
   2.3.3 Synopse: Alltäglichkeit bei Schütz 68

2.4 Zwischenbetrachtung – vom unterschätzten zum überschätzten Alltag 69
    2.4.1 Zwischen Kritik des Alltagslebens und Phänomenologie
          der lebensweltlichen Strukturen der Alltagswelt 69
    2.4.2 Das Nichtalltägliche als soziologisches Desiderat 71

3 An den Grenzen des Alltäglichen – in den Grenzen des Nichtalltäglichen 73

3.1 Die ›Beste Nebenrolle‹ der sinnverstehenden Soziologie ......
    – Max Webers Charisma als Konzept des Nichtalltäglichen 74
    3.1.1 Charisma und charismatische Herrschaft bei Weber 76
    3.1.2 Rezeption und Diskussion der Weberschen Charisma-Konzeption 88
    3.1.3 Synopse oder: zweite Zwischenbetrachtung zum Charisma bei Weber 95

3.2 Das Heilige als Grundlage der Moral ......
    – Durkheims Sakralsoziologie und situative Nichtalltäglichkeit 97
    3.2.1 Durkheims Ausgangspunkt 98
    3.2.2 Die soziale Morphologie und ihre zyklische Veränderung 104
    3.2.3 Kollektive Efferveszenz: Erfahrung und Rationalisierung 108
    3.2.4 Synopse: Die Konzeptualisierung des Nichtalltäglichen bei Durkheim 113

3.3 Annäherungen an Nichtalltäglichkeit bei Alfred Schütz ......
    – pragmatistische Sozialphänomenologie invertiert gelesen 116
    3.3.1 Das Problem der Relevanz als Ausgangspunkt 117
    3.3.2 Transzendenzen und Nichtalltäglichkeit 125
    3.3.3 Nichtalltäglichkeit als Wirklichkeit unter Wirklichkeiten 134
    3.3.4 Synopse: Nichtalltäglichkeit bei Alfred Schütz 143

3.4 Situative Nichtalltäglichkeit als Grenzregime ......
    – Victor Turner und die soziale Intensität liminaler Arrangements 145
    3.4.1 Van Genneps rites de passage 145
    3.4.2 Struktur und Antistruktur 147
    3.4.3 Dialektik von Struktur und Anti-Struktur 152
    3.4.4 Synopse: Nichtalltäglichkeit bei Victor Turner 154

3.5 Zwischenbetrachtung – Umrisse eine Konzeption situativer Nichtalltäglichkeit 155
    3.5.1 Situative Nichtalltäglichkeit bei Weber, Durkheim, Schütz und Turner 155
    3.5.2 Von der abstrakten Erörterung zum Forschungszugang 156

4 Methodologie, Fallauswahl, Methodenwahl und Auswertung 161

4.1 Methodologische Implikationen der Fragestellung 161
    4.1.1 Interpretativen Ansätzen verpflichtet 164
    4.1.2 Von der Rekonstruktion kleiner Lebens-Welten
          zur Rekonstruktion nichtalltäglicher sozialer Arrangements 165
    4.1.3 Ein ethnographisch inspirierter Methodenmix 167

4.2 Konkretisierung der Fallauswahl und des methodischen Zugangs ... 172
    4.2.1 Was ist ein Fall? ... 172
    4.2.2 Erster Fall: die Besetzung des Hörsaal-Eins' (situativer Wille) ... 173
    4.2.3 Zweiter Fall: das Schulcamp auf der Insel (geplanter Wille) ... 182
    4.2.4 Aufzeichnung und Verschriftlichung ... 190
4.3 Auswertung und Interpretation ... 191
    4.3.1 Lesarteninterpretation der Startsequenzen ... 191
    4.3.2 Formulierende und reflektierende Interpretation der Interviewverläufe ... 193
    4.3.3 Kodierung, Kategorisierung und Konzeptualisierung ... 194
4.4 Von Auswertungstechniken zum Text ... 199

Zweiter Teil
Trajekte der Nichtalltäglichkeit zwischen Emergenz und Inszenierung ... 201

5 Sprünge in nichtalltägliche Enklaven ... 205
5.1 Die Besetzung und ihre vorauseilenden Schatten ... 205
    5.1.1 Entwicklungen ... 206
    5.1.2 Das Überschreiten der Schwelle ... 218
    5.1.3 Die dreifache Konstitution der Besetzung ... 222
    5.1.4 Synopse zum ersten Sprung ... 229
5.2 Die Verkündung der Nichtalltäglichkeit ... 230
    5.2.1 Wie alles begann ... 230
    5.2.2 Vorbereitungen für das Schulcamp 2011 ... 232
    5.2.3 Die zweistufige Herauslösung aus dem Alltag ... 236
    5.2.4 Synopse zum zweiten Sprung ... 244
5.3 Zwischenbetrachtung: die qualitative Differenz ... 245

6 Morphologische Analyse nichtalltäglicher sozialer Arrangements ... 247
6.1 Die soziale Morphologie der Hörsaalbesetzung ... 248
    6.1.1 Räumliche Strukturierung ... 248
    6.1.2 Zeitliche Strukturierung ... 256
    6.1.3 Soziale Strukturierung ... 262
    6.1.4 Synopse zur Morphologie des besetzten Hörsaals ... 266
6.2 Die soziale Morphologie der Inseltage ... 267
    6.2.1 Räumliche Strukturierung ... 267
    6.2.2 Zeitliche Strukturierung ... 272
    6.2.3 Soziale Strukturierung ... 277
    6.2.4 Synopse zur Morphologie der Inseltage ... 282
6.3 Zwischenbetrachtung – morphologische Gemeinsamkeiten und Unterschiede ... 282

7 Die Intensivierung des sozialen Lebens
– oder die eigentümliche Produktivität des Nichtalltäglichen 285

7.1 *›Wirklichkeit‹ im Rhythmus des Besetzens* *286*
    7.1.1 Das wiederkehrende Plenum: Koordinationszeit 288
    7.1.2 Produktionszeit in den AGs 295
    7.1.3 Kreativität und Konsum des Nichtalltäglichen in der Eventzeit 302
    7.1.4 Freie Zeit im Hörsaal 312
    7.1.5 Synopse: Die Intensität des Hörsaallebens 315
7.2 *Die dreitägige ›Wirklichkeit‹ des Inselcamps* *316*
    7.2.1 Workshopzeit oder »die Vorlage […] sich miteinander zu beschäftigen« 317
    7.2.2 Freie Zeit: »da haben wir uns […] so richtig kennengelernt« 332
    7.2.3 Festive Ausgelassenheit 345
    7.2.4 Kollektivzeiten der Inseltage 355
    7.2.5 Synopse 359
7.3 *Zwischenbetrachtung – die doppelte Produktivität der intensiven Interaktion im Nichtalltäglichen* *365*

8 Unwiderstehliche Alltäglichkeit ....
– zwischen Veralltäglichung und ritualisierter Rückkehr 367

8.1 *Zurück in den Alltag: die Besetzung drängt zum Ausgang* *367*
    8.1.1 Die Fragilität des Nichtalltäglichen: konfliktuöse Veralltäglichung 368
    8.1.2 Die letzte Pressekonferenz und der inszenierte Auszug aus dem Hörsaal 380
    8.1.3 Vom Entschluss zum Plot 382
    8.1.4 Synopse: Rückzug im Angesicht unwiderstehlicher Veralltäglichung 387
8.2 *Über die Sehnsucht nach der Insel zurück in den Alltag* *389*
    8.2.1 Rolle und Bedeutung der Abschlusspräsentationen 390
    8.2.2 Der letzte Abend als integrierter Klimax des Lagerprogramms 391
    8.2.3 Synopse: Höchste Intensität und der Anfang vom Ende 404
8.3 *Zwischenbetrachtung – Veralltäglichung und zelebrierte Rückkehr* *405*
8.4 *Theoretische Abstraktion: Nichtalltägliche Erfahrungspotentiale*
   oder die ›Wirkweisen‹ intensiver, situativer Nichtalltäglichkeit *407*

9 Schlussbetrachtungen 415
9.1 *Diskussion der zentralen Ergebnisse* *418*
9.2 *Zwölf Determinanten situativer Nichtalltäglichkeit* *426*
9.3 *Reichweite, Grenzen und Desiderata* *432*

Quellen 435

Anhang 457

Abbildungen, Tabellen und Typologien

Abbildung 1: Architektur und Topographie des Hörsaal-Eins 254
Abbildung 2: Architektur und Topographie der Insel 269

Tabelle 1: Datenmaterial zur Besetzungsstudie 182
Tabelle 2: Stichprobenplan der ersten Feldphase der Lagerstudie 186
Tabelle 3: Feldphasen und Datenkorpus der Zeltlagerstudie 190
Tabelle 4: Das Programm als Rhythmus des Schulcamps 275
Tabelle 5: Auswahl von Festen & Feiern während der Hörsaalzeit 309

Typologie 1: Phänomenbereich situativer Nichtalltäglichkeit 158
Typologie 2: Der morphologische Rhythmus der Besetzung 261
Typologie 3: Interaktionsformate im Rhythmus der Besetzung 265
Typologie 4: Der morphologische Rhythmus der Inseltage 277
Typologie 5: Interaktionsformate im Rhythmus der Inseltage 278
Typologie 6: Verdichtetes Leben im Rhythmus der Besetzung 287
Typologie 7: Verdichtetes Leben im Rhythmus der Inseltage 316
Typologie 8: Erfahrungschancen situativer Nichtalltäglichkeit 407
Typologie 9: Phänomenbereich situativer Nichtalltäglichkeit 422

1 Das Nichtalltägliche als Leerstelle der Soziologie? Problematisierung und Zielsetzung

1.1 Das Interesse am Nichtalltäglichen

1.1.1 Gegenstandsbestimmung

In der nachfolgenden Argumentation beschäftige ich mich mit zwei *sozialen Arrangements*, die sich durch *Nichtalltäglichkeit* auszeichnen. Rund sechs Monate nachdem sie den besetzten Hörsaal der Universität Augsburg verlassen hat, bekommt *Hannah (Abs. 29)*[1] leuchtende Augen, wenn sie in Erinnerungen schwelgt: »*Also ich fand des war auch total faszinierend, so zu erfahren, das erste Mal im Leben. Man muss den vorgegebenen Wegen nicht folgen. Also man kann die Regeln selbst machen.*« Bosse hat keinen Berührpunkt mit der Augsburger Hörsaalbesetzung im November und Dezember 2009. Er fährt im Juli 2011 mit über 120 Mitschüler*innen der 11. Jahrgangsstufe drei Tage auf eine idyllisch in einem Gebirgssee liegende Insel. Zwei Monate später ist für ihn klar: »*Das wird schon so n [...] Ereignis bleiben [...] das man nie wieder vergisst.*« *(Abs. 101)*. Auf den ersten Blick passen eine Hörsaalbesetzung und ein Schulcamp nicht so recht zusammen. Der zweite Blick bringt einige Übereinstimmungen zu Tage: beide ›Lager‹ teilen die begrenzte, aber relativ dauerhafte ›Loslösung‹ vom Alltagsgeschehen. Beide vollziehen sich räumlich, zeitlich und sozial. Dadurch werden *erstens* Bewegungsradius, Begegnungschancen und Aktivitäten auf ein beschränktes Areal konzentriert. Das

---

[1] Klarnamen privater Personen werden in dieser Arbeit konsequent anonymisiert. *Hannah* und *Bosse* sind insofern geschlechterentsprechende Pseudonyme. Wörtliche Zitate aus Interviewtranskripten und Pseudonyme werden durch Kursivdruck hervorgehoben und verweisen grundsätzlich auf den wissenschaftlichen Anhang dieser Arbeit.

dadurch verdichtete soziale Leben wird *zweitens* durch eine spezifische kollektive Zeitordnung synchronisiert. *Drittens* treffen Menschen quer zu ihren alltäglichen, relativ stabilen sozialen Bezugsgruppen in variierenden Konstellationen aufeinander, kommen miteinander ins Gespräch, unternehmen die unterschiedlichsten Dinge gemeinsam, tragen Konflikte aus und ›feiern‹ im Überschwang sich selbst und die je anderen. Solche aus dem Alltagsleben herausgelösten Entitäten verdichteten sozialen Lebens werde ich im Folgenden als *nichtalltägliche soziale Arrangements* bezeichnen. Sie gelten mir als empirisch auffindbare Beispiele für Momente *situativer Nichtalltäglichkeit*.

1.1.2 Begründung der Aufmerksamkeit und forschungsleitende Annahmen

Mein Interesse am Nichtalltäglichen speist sich aus zwei Quellen. Da ist auf der einen Seite die große Emphase mit der Hannah wie Bosse das Besondere dieser Tage betonen; für Hannah ist die Besetzung ein Ereignis von der Sorte *»total faszinierend«* und *»das erste Mal im Leben«*, für Bosse das Schulcamp eines, das *»man nie wieder vergisst«*. Nichtalltägliche soziale Arrangements bringen ein enorm dichtes und intensives soziales Leben hervor, das eine beeindruckende Wirksamkeit entfaltet und vor allem bei denjenigen, die sich dieser Intensität aussetzen, Spuren hinterlässt. Weil es soziale Strukturmomente, Interaktionsverhältnisse und Dynamiken sind, welche diese Arrangements auszeichnen, bedarf es für ein adäquates Verständnis dieser reichen sozialen Gefüge einer soziologischen Betrachtung. Die Soziologie hat sich in den letzten fünfzig Jahren mit Verve dem Alltag und der Alltäglichkeit zugewandt. Die theoretischen Angebote, welche sie zur Ergründung einer Sozialität des Nichtalltäglichen zu unterbreiten hat, sind hingegen rar.

Dies ist umso bedauerlicher, da eine ganze Reihe aktueller, brisanter Phänomene sich nur unzureichend in den Termini und mit den analytischen Mitteln einer Soziologie des Alltäglichen verhandeln lassen. Vor der deutschen Haustüre gekehrt: was ist im analytischen Rahmen der Alltagskonzeptionen über Entstehung sowie Dynamiken der Verbreitung und des Vergehens von nichtalltäglichen sozialen Konstellationen, wie dem Protest gegen Stuttgart 21, der PEGIDA und andere -GIDAs, die Selbstermächtigung unzähliger Helfer*innenkreise im Umfeld der ehrenamtlichen Betreuung von Flüchtenden und vielem mehr zu sagen? Mit dem Blick über den Tellerrand: wie können wir erklären, dass Menschen (unter anderem) auf dem Tahrir-Platz in Kairo, Liberty-Square in New York, Syntagma-Platz in Athen, Gezi-Park und Taksim Platz in Istanbul oder dem Maidan in Kiew ihre Freiheit, Gesundheit, Zukunft und nicht zuletzt ihre Leben riskieren? Was können wir über Wirklichkeit, Wirksamkeit, Verlaufsmuster, Erfolg und Scheitern, Dauern und Vergehen dieser sozialen Figurationen aussagen? Mit diesen Fragen wird – so meine These – eine empirische wie theoretische Leerstelle der Soziologie deutlich: Ohne ein analytisch-konzeptionelles Verständnis sozialer Nichtalltäglichkeit ist die Soziologie nicht dazu in der Lage, wesentliche soziale Erscheinungen der Gegenwart adäquat zu deuten und damit ihren Beitrag zu gesellschaftlich relevanten Debatten auf der Höhe ihrer Möglichkeiten zu leisten.

Die vorliegende Dissertationsschrift ist diesem Desiderat gewidmet und dahingehend vor zwei Aufgaben gestellt. Erstens sollen soziologische Debatten für die Grundlegung einer Konzeption *situativer Nichtalltäglichkeit* im oben lediglich angerissenen Sinne von *nichtalltäglichen sozialen Arrangements* untersucht werden. Ausgangspunkt der Suchbewegung ist die zwischenzeitlich sehr weitgehend konsolidierte Diskussion um Alltag und Alltäglichkeit in der Soziologie. Dies hat zwei Gründe: Zum einen unterstellt die Rede von Nichtalltäglichkeit immer eine Relation zum Alltäglichen beziehungsweise Alltag, zum anderen implizieren Konzepte der Alltäglichkeit Grenzen des Alltäglichen, die sich wiederum im Hinblick auf Konstruktionsprinzipien eines Gegen- oder Grenzkonzepts von Nichtalltäglichkeit diskutieren lassen. Zweitens soll es nicht darum gehen, eine reine Schreibtischdebatte zu führen. Die Konzeptarbeit stützt sich auf umfangreiche empirische Forschungsanstrengungen. Die lineare Darstellung im Begründungszusammenhang – erst Theorie, anschließend Methodologie und Methode, zuletzt Darstellung empirischer Ergebnisse – darf nicht verdecken, dass der Entdeckungszusammenhang keineswegs linear, sondern zyklisch vonstattengeht.[2] Die Konfrontation mit Ausschnitten konkreter sozialer Wirklichkeiten hat während des gesamten Erarbeitungsprozesses die theoretische Reflexion und Recherche informiert, während die fortschreitende Theoriearbeit weitergehende empirische Bemühungen und vor allem die Auswertung empirischer Daten angeleitet hat. Die schlussendliche Konzeptbildung steht somit sowohl auf den theoretischen »Schultern von Riesen« wie sie in der Reflexion von Beobachtungen, Gesprächen, Fotografien, Videomaterial, Sitzungsprotokollen, Websites und anderen Feldartefakten gründet.

Vorab ist festzuhalten, dass eine ex negativo Bestimmung des Nichtalltäglichen – Nichtalltäglich ist, was eben nicht alltäglich ist – eine eigenständige Begrifflichkeit nicht rechtfertigt. Die Rede von nichtalltäglichen sozialen Arrangements ist nur dann statthaft, sofern sich zeigen lässt, dass es sich hier um soziale Phänomene eigenen Rechts handelt, die eine positive Begrifflichkeit erfordern. Alltäglichkeit und Nichtalltäglichkeit müssen komplementär verstanden werden. Ein Nichtalltägliches macht

---

[2] Zum Entdeckungs- und Begründungszusammenhang im Rahmen empirischer Forschung siehe die Ausführungen von Jürgen Friedrichs (1990).

ohne ein Alltägliches (a.) an sich keinen Sinn, da sich das Nichtalltägliche notwendiger Weise von einem Alltäglichen abhebt. Das Nichtalltägliche ist (b.) dem Alltäglichen kein gleichgewichtiger Gegenpol: Es kann nur ins Gewicht fallen, wenn es durch seine relative Besonderung gegenüber dem Alltäglichen eben einen Sonderstatus begründet. Wäre es gleich häufig wie das Alltägliche, ist dieser Sonderstatus, wie etwa im Transzendenz-Bezug des Außeralltäglichen zum Ausdruck kommend, nicht zu erklären. Wäre es gleich bedeutsam, ist die implizite Emphase des Begriffs – semantisch wiederum durch das Außeralltägliche und das Außergewöhnliche sehr deutlich formuliert – nicht zu verstehen. Hieraus ergibt sich für eine systematische Annäherung eine erste, wenn auch zunächst unzureichend präzise Schlussfolgerung: *Das Nicht-Alltägliche zeigt sich als Grenzbegriff zum Alltäglichen, wobei es sich in seinem Verhältnis zum Alltäglichen als relativ selten erweist und durch eine relative Bedeutsamkeit charakterisieren lässt.* Eine weitere Eingrenzung ist notwendig: Das Nichtalltägliche als Attribut eines Ereignisses oder einer Situation ist nicht mit dem Auftauchen von Handlungsproblemen (»Problem der Relevanz«, Alfred Schütz) in Deckung zu bringen. In der vorliegenden Argumentation bezeichnet das Attribut nichtalltäglich *Phänomene von gewisser Dauer*. Es ist damit nicht das Charakteristikum von Handlungserfordernissen, sondern eine *Aussage über den Hintergrund*[3], vor dem sich soziale Prozesse und Dynamiken entfalten; dessen ›Wirkweise‹ sich aber gleichwohl in Handlungsvollzügen und Bedeutungszumessungen abzeichnet, das heißt von dort aus rekonstruieren lässt.

Zuletzt zwei methodologische Vorüberlegungen: Die im Rahmen der folgenden Argumentation entfalteten Fallstudien werden in zweifachem Sinne als paradigmatische Fälle behandelt. Erstens wurden sie entlang einer kontrastiven Logik ausgewählt. Während das nichtalltägliche soziale Gefüge der Hörsaalbesetzung aus den Ereignissen ab dem 17. November 2009 *emergiert*, zeichnen sich die drei Tage des Schulcamps durch ihre *Inszeniertheit* aus. Im emergierenden Fall ergeben sich ordnungsbildende Momente *ad hoc* aus dem Geschehen selbst. Sie werden sozusagen im Handeln entworfen, ohne dass sich das entstehende Ganze als Summe der Einzelhandlungen auffassen ließe. Die Inszenierung folgt hingegen einer Dramaturgie, die *a priori* entworfen wurde und ereignet sich damit wesentlich als Realisierung des Entworfenen. Die Unterscheidung zwischen emergierend versus inszeniert ist zunächst analytisch zu verstehen. Tatsächlich weisen beide Arrangements gewisse Grade der

---

[3] Zur Bedeutung des Hintergrunds siehe die von Zdravko Radman (2012a, 2012b) und anderen geführte Debatte.

Inszeniertheit und Emergenz auf.[4] Zweitens haben die beiden Fallstudien paradigmatischen Charakter aufgrund der unterstellten Nichtalltäglichkeit. Für eine sozialwissenschaftliche Untersuchung zeigen sich beide nichtalltägliche Episoden dahingehend relevant, dass dort soziale Praktiken, Prozesse und Dynamiken deutlich zu Tage treten, die im Alltag nur schwer und/oder über lange Zeiträume zu beobachten sind. Arrangements situativer Nichtalltäglichkeit sind dahingehend doppelt von Interesse: als vernachlässigte Phänomene *per se* sowie als Situationen verdichteter, sozialer Verhältnisse, die soziale Vorgänge deutlicher hervortreten lassen und damit für soziologische Grundlagenbetrachtungen besonders geeignet erscheinen.

1.2 Forschungsstand

Im Weiteren wird der Stand thematisch einschlägiger, fachwissenschaftlicher Debatten umrissen. Zunächst ist eine asymmetrische soziologische Aufmerksamkeit gegenüber Phänomenen des Alltags/der Alltäglichkeit im Vergleich zu deren Pendant – dem Nichtalltag/der Nichtalltäglichkeit – festzustellen. Im Anschluss daran werden relevante Beiträge zum Gegenstandsbereich der beiden angenäherten Fälle dargestellt. Die dezentrale Besetzungswelle an deutschsprachigen Hochschulen im Herbst 2009 fällt in den Analyserahmen der Forschung zu Sozialen Bewegungen und Neuen Sozialen Bewegungen. Das thematisierte Schulcamp wird unter den Schlagworten Jugenderholung und Jugendreise/Jugendtourismus behandelt. Im dritten Abschnitt werden Forschungsfragen und Forschungsziele konkretisiert. Das Kapitel schließt (Abschnitt vier) mit einer Darstellung des weiteren Aufbaus der Argumentation.

1.2.1 Alltag und Alltäglichkeit als Gegenstand soziologischer Theoriebildung und Forschung

Zunächst lässt sich eine Abwesenheit des *Alltags* in der frühen Soziologie feststellen. Im *Handwörterbuch der Soziologie* von Alfred Vierkandt (1931) werden weder Alltag, Alltäglichkeit noch verwandte Konzepte besprochen. Einerseits kann man Georg Simmel unter heutigen Gesichtspunkten als Soziologen des Alltags bezeichnen und

---

[4] In der Folge lassen sich die beiden, real vorgefundenen und untersuchten Fälle je auch auf Abweichungen untersuchen; doch im weiteren Verlauf der Darstellung wird gezeigt werden, dass die beiden Beispiele dieser Zuordnung annäherungsweise gerecht werden. Zur näheren Begründung der Fallauswahl und der idealtypischen Unterscheidung emergierender und inszenierter Nichtalltäglichkeit verweise ich auf Kapitel 3.5.

auch Max Webers zeigt sich im Rahmen seiner historisch vergleichenden Herrschafts-, Kultur- und Religionssoziologie als am Alltag interessiert. Andererseits gewinnt die Familie der *Alltagsbegriffe* erst Ende der 1960er Jahre, Mitte der 1970er Jahre und zunächst in angelsächsischen und französischen Debatten an fachspezifischer Popularität. Alltag und Alltäglichkeit werden aus verschiedenen Perspektiven ›entdeckt‹. Für eine erste Sondierung des heutigen Fachdiskurses bieten sich Fachwörterbücher, Lexika und Überblickswerke beziehungsweise Überblicksartikel an.

In ihrem *Lexikon zur Soziologie* bestimmen Werner Fuchs-Heinritz et al. (2011, S. 28) den Begriff Alltag als »Handlungsbereich, in dem die fundamentalen sozialen Orientierungen ausgebildet werden«Eine gehaltvolle Würdigung des Begriffs Alltag findet sich in Bernhard Schäfers *Grundbegriffe der Soziologie* (1998). Dort bestimmt Hans Joachim Klein (1998, S. 10) den Begriff »Alltag« als

»[…] die Summe der Bedingungen, unter denen sich Handlungen und Orientierungen von Menschen ihrer gewohnten Umgebung vollziehen. Die meisten Handlungen sind wiederkehrender Art, so daß sie sich zu einer individuell habitualisierten und kollektiv jedermann verständlich erscheinenden organisierten Lebenswelt zusammensetzen. Nicht-Alltag wären demnach symbolisch überhöhte Lebensereignisse oder Krisensituationen, außergewöhnliche Befindlichkeiten des Individuums bzw. das Heraustreten aus dem Gewohnten oder auch – in anderer Perspektive – das ›große bedeutsame Geschehen‹ von gesellschaftlicher Tragweite.«[5]

Ob es sich beim Begriff Alltag überhaupt um eine soziologische Kategorie handelt, ist nach Klein umstritten. Daher finde er sich nicht durchgehend in soziologischen Lexika (vgl. ebd.). Um welche Art von Begriff oder Kategorie es sich stattdessen handeln könnte, bleibt unausgesprochen.

Gleichwohl umfassen soziologische Lexika in der Regel verschiedene Einträge mit heterogenen thematischen Pointierungen. So findet sich eine ganze Reihe von zusammengesetzten Alltagstermini. Im Wörterbuch von Karl-Heintz Hillmann et al. (1994, S. 18) werden die Stichworte Alltagssoziologie, Alltagswelt und Alltagswissen geführt. Fuchs-Heinritz und Kollegen[6] eröffnen eine ganze Wortfamilie, die im Folgenden ausgebreitet werden soll: *Alltagsästhetik* sei ein Begriff der »Kultursoziologie«.

---

[5] Über die Angemessenheit der Verwendung des Lebenswelt-Begriffs in diesem Zitat lässt sich sicher streiten.
[6] Die wörtlichen Zitate des gesamten Abschnitts beziehen sich auf dieselbe Textstelle (Fuchs-Heinritz 2011, S. 28f.). Die kursiv gesetzten Begriffe – *Alltagsästhetik, Alltagsbewusstsein, Alltagsästhetik, Alltagsgeschichte, Alltagskultur, Alltagsleben, Alltagstheorie, Alltagswelt und Alltagswissen* – wurden wörtlich übernommen. Leider werden die Beiträge im Lexikon der Soziologie nicht mit Literaturhinweisen versehen. Die angeführten Literaturreferenzen wurden daher durch den Autor (M.E) exemplarisch ergänzt und beanspruchen keine Vollständigkeit.

Hier gehe es um »Genuss, Lebensauffassung und Distinktion«. Die Nähe zur Soziologie Pierre Bourdieus (1987a) und Gerhard Schulzes (2005) liegt auf der Hand. Der Begriff *Alltagsbewusstsein* finde zumeist in »kritischer Absicht« Verwendung. Die kritischen Ansätze von Georg Lukács (1977), Henri Lefebvre (1972, 1974, 1975a, 1975b) und Ágnes Heller (1978) scheinen hier durch die Zeilen. *Alltagsethik* diene der »Bezeichnung für ein die Lebensführung reglementierendes Handlungsgefüge« im Anschluss an Max Weber. Hier kann an Webers Religions- und Herrschaftssoziologie (Weber 1980, 2006) angeknüpft werden. Aus der Perspektive der *Alltagsgeschichte* werde einerseits die »traditionelle Vorliebe der Geschichtswissenschaft für historische Großereignisse und die historischen Persönlichkeiten« kritisiert und andererseits entlang der Rekonstruktion des Alltagslebens und der Alltagskultur(en) ein Gegenentwurf skizziert. Eine solche Geschichte des Alltags wurde einerseits von Autor*innen wie Fernand Braudel (1985) vorgelegt, andererseits sind hier Anspruch und Vorgehensweise der sogenannten *oral history*[7] zu verorten. Die Erforschung der *Alltagskultur* speist sich aus ähnlich gelagerten Interessen. In der Kultursoziologie wird diese Perspektive auf die *profane Kultur* des Alltags zum Beispiel durch die ethnographischen Arbeiten von Paul Willis (exemplarisch 1978, 1981, 2000) prominent vertreten. Gleichzeitig sind *Alltagskultur* oder *working class culture* Ansatzpunkte für das Aufkommen der sogenannten *cultural studies*[8]. Das *Alltagsleben* (*everyday life*) findet sowohl in phänomenologischen, pragmatistischen als auch in materialistisch-kritischen Ansätzen Verwendung (Bennett und Watson 2002b; zur Übersicht siehe Highmore 2002). Das Alltagsleben dient den einen als Chiffre für gedankenlose Reproduktion entfremdeter Gesellschaftsverhältnisse (Lefebvre 1972; Lukács 1977; Heller 1978); Goffman als Bühne der individuellen Selbstdarstellung (Goffman 1959, 2016) in sozialer Situiertheit. Wieder für andere ist das Alltagsleben sowohl von Gewohnheit und Routinen durchzogen als auch Platz der reichen, kreativen und mitunter subversiven Kräfte des Lebens (De Certeau 1984; Maffesoli 1989). *Alltagstheorie* ist die »Bezeichnung für ein Wissen, das handlungsleitend ist«. Die (neuere) Wissenssoziologie (Berger und Luckmann 2004) ist auf Grundlage von Einsichten Alfred Schütz' über das Alltagswissen damit befasst, diese überindividuell typisierten Wissensbestände und ihre Genese zu rekonstruieren. In diesem Zusammenhang findet auch der Be-

---

[7] Zur Übersicht dieser, der interpretativen Sozialforschung nahestehenden Perspektive der Geschichtswissenschaft siehe den Überblick über Geschichte und Methodologie der *Oral History* von Charlton, Myers & Sharpless (2007).
[8] Ausgehend von Forschungsaktivitäten des *Centre for Contemporary Cultural Studies* der *Birmingham University* dienen *Cultural Studies* »den Geisteswissenschaften zur Neuerfindung ihrer selbst *als Sozialwissenschaften* – wenn auch als gleichsam weiche Variante derselben« (Marchart 2008, S. 19).

griff *Alltagswissen* Verwendung. Diese wissenssoziologische Perspektive basiert wesentlich auf einem Konnex der Sozialphänomenologie Alfred Schütz' (Schütz 2003b; Schütz und Luckmann 2003) und Positionen unterschiedlicher soziologischer Spielarten des amerikanischen Pragmatismus vertreten durch Symbolischen Interaktionismus und Ethnomethodologie (Garfinkel 1967; Weingarten et al. 1976; Arbeitsgruppe Bielefelder Soziologen 1978; Blumer 1986). Für Peter Berger und Thomas Luckmann (2004) ist die *Alltagswelt* Ausgangspunkt ihrer Wissenssoziologie und steht in enger Verbindung mit der Konzeption einer *alltäglichen Lebenswelt* oder *Lebenswelt des Alltags* im Sinne Schütz' (Sprondel 1979; Schütz 2003b; Schütz und Luckmann 2003).

All diese Begrifflichkeiten sind nicht trennscharf, die daraus erwachsenden Ansätze und Perspektiven jedoch auch nicht deckungsgleich. Allemal lässt sich feststellen: zu verschiedenen Zeitpunkten, aus verschiedenen Perspektiven erachteten verschiedene Autor*innen mit unterschiedlicher paradigmatischer Ausrichtung Alltag und Alltäglichkeit als lohnenswertes Forschungsobjekt. Aktuelle Überblicksschriften zu einer *Soziologie des Alltags* sind sich teilweise über wesentliche Referenzautoren einig, einen deckungsgleichen Kanon scheint es aber nicht zu geben.[9] Zwischen den einzelnen Ansätzen und Begrifflichkeiten gibt es deutliche Überschneidungen. Gleichzeitig streben die jeweiligen Perspektiven deutlich auseinander. Es zeigen sich Unterschiede bezüglich Abstraktion[10] und normativem Gehalt[11]. Entlang dieser Unterscheidungsmöglichkeiten lassen sich auf der einen Seite unterschiedliche Forschungsfragen ableiten, auf der anderen Seite zeichnen sich unterschiedliche Forschungsmotivationen ab. Eine erschöpfende Darstellung der empirischen Arbeiten, die sich in die eine oder andere Tradition stellen, ist ein ebenso aussichtsloses wie nicht zielführendes Unterfangen. Die soziologisch relevanten Beiträge lassen sich unter dem weiten konzeptuellen Dach des sogenannten *interpretativen Paradigmas* und der dort anschließenden *qualitativen Sozialforschung* verorten. Diese Arbeiten reichen von ethnographisch inspirierten, sich meist in dichten Beschreibungen (Geertz 1987) ergehenden Arbeiten bis hin zu den sehr abstrakten und tendenziell an der Entdeckung soziohistorischer Regelhaftigkeit interessierte Arbeiten der neueren Diskursforschung (Keller 2010). Um das heute weite Feld fokussiert darzustellen, wird im

---

[9] Diese Einschätzung entspringt einem Vergleich jüngerer Überblickswerke (Bennett und Watson 2002a; Highmore 2002) und Überblicksartikeln (Maffesoli 1989; Felski 1999; Sztompka 2008; Kalekin-Fishman 2013).
[10] Vergleicht man etwa Beschreibungen des Alltagslebens mit Versuchen Strukturen des Alltagswissens zu eruieren.
[11] Wenn etwa das Alltagsbewusstsein im Sinne eines *falschen Bewusstseins* kritische Betrachtung findet oder aber genau dort lebendiges kreatives Potential verortet wird.

Folgenden die Perspektive auf Beiträge verengt, in denen die Kategorien Alltag und Alltäglichkeit selbst zum Thema gemacht werden. Eine derartige kategoriale Aufmerksamkeit – sozusagen ein Theoretisieren auf der Metaebene – kann nach meiner Meinung als starkes Indiz für eine Konsolidierung der Alltags-Perspektive in der Soziologie gedeutet werden.

Spätestens seit Ende der 1970er Jahre tauchen Veröffentlichungen zur Systematisierung einer *Soziologie des Alltags* auf.[12] Im deutschsprachigen Raum finden sich in den ausgehenden 1970er Jahre mehrere Wortmeldungen, die Alltag und Alltäglichkeit zentrieren. 1978 erscheint der Sammelband *Materialien zu einer Soziologie des Alltags* als Sonderband der Kölner Zeitschrift für Soziologie und Sozialpsychologie.[13] Die Herausgeber Kurt Hammerich, Michael Klein sowie weitere Autoren des Bandes (Hammerich und Klein 1978a) suchen einen breiten Zugang zu einer *Soziologie des Alltags* und scheuen hierbei auch einen Austausch zwischen verschiedenen Paradigmen nicht. In ihrer Einleitung führen Hammerich und Klein das damalige aufkommende *Soziologisieren des und mit der Kategorie Alltag* auf ein fachdisziplinäres Unbehagen zurück, das durch eine langjährige Konfrontation mit der hegemonialen soziologischen Positionen des Strukturfunktionalismus und Marxismus entstanden sei (vgl. Hammerich und Klein 1978b, S. 8). Insgesamt unterscheiden sie in ihrem einführenden Beitrag über *Alltag und Soziologie* vier mögliche Bestimmungen einer *Soziologie des Alltags*[14].

---

[12] Eine Aufsatzsammlung zu einer *Sociology of Everyday Life* wird bereits 1968 von Marcello Truzzi im Kontext der ethnomethodologischen Debatte herausgegeben, umfasst aber keine konzeptionell gehaltvolle Annährung an Alltag und Alltäglichkeit. Für eine weitere Aufsatzsammlung zur Annäherung an das Alltagsleben, herausgegeben von Jack D. Douglas (1971), die wenig später veröffentlicht wurde, gilt ähnliches. Beide Aufsatzsammlungen umfassen mehr oder weniger interessante ethnomethodologische Annäherungen, ohne aber einen substantiellen Beitrag zu einer Konzeption von Alltag/Alltäglichkeit zu liefern.

[13] Nahezu gleichzeitig findet sich mit der viel zitierten Publikation der Arbeitsgruppe Bielefelder Soziologen (Arbeitsgruppe Bielefelder Soziologen 1978) über die Zentralstellung von *Alltagswissen und Interaktion* ein bedeutsamer, aber eben auch methodologisch klar begrenzter Aufschlag zu einer phänomenologisch pragmatistisch geprägten Debatte. Diese und weitere in diesen Kontext zählende Schriften prägen in den Folgejahren nachhaltig das Feld der deutschen Wissenssoziologie und der qualitativen Sozialforschung und tragen zur paradigmatischen Konsolidierung bei.

[14] »[1.] Soziologie des Alltags mag nämlich bedeuten, soziologische Kategoriensysteme, die in der Regel auf den Bezugshintergrund von formalisierten und institutionell verfestigten Sozialgebilden projiziert sind, auch auf sogenannte nicht-definierte Situationen zu übertragen bzw. anzuwenden. […] [2.] Soziologie des Alltags kann aber auch meinen, einen gesonderten Sozialbereich bzw. eine besondere gesellschaftliche Sphäre jenseits der übrigen Lebensbereiche, die als institutionell abgesichert gesehen werden, als Resultat gesellschaftlicher Differenzierung zu behaupten. […] [3.] Soziologie des Alltags mag aber auch bedeuten, soziale Erscheinungen und

Zentral sei zunächst die Kritik am vormalig dominanten Funktionalismus. Die zweite Annäherung befasse sich mit dem Alltag in Verbindung mit Begriffen wie Privatheit, Intimität und Häuslichkeit; sowohl im Sinne eines abgrenzbaren Lebensraums als auch abgrenzbarer Tätigkeiten des ›normalen‹ Lebensvollzug ›gewöhnlicher‹ Menschen; alles in allem eine Abgrenzung zur geschichtswissenschaftlichen Tendenz, Historie als die Geschichten großer Ereignisse und ›großer Männer‹ zu zeichnen. Als Dritte eröffne sich eine Dualisierung zwischen Alltag und Nichtalltag. Damit direkt verwoben, sei die Unterscheidung zwischen Gewöhnlichem und Außergewöhnlichem. Diese Perspektive ist im Kern phänomenologisch und pragmatistisch auf Erfahrung und Vollzug alltäglicher und nichtalltäglicher sozialer Situationen gerichtet. Zuletzt wird die Frage nach der Verankerung soziologischer Analyse im Alltagswissen thematisiert. Auch die Soziologie muss sich ihren Fundamenten stellen. Gleichwohl scheint hier eine Art romantische Sehnsucht nach einer axiomatischen Fundierung verankert.[15]

Hammerich und Klein identifizieren vier prinzipielle Annäherungswege an das Thema Alltag; im Hinblick auf die damals vorliegende Literatur unterscheiden sie jedoch vor allem zwei paradigmatische Argumentationslinien.[16] Einerseits führen sie Max Scheler, Max Weber und Alfred Schütz als Vertreter sinnverstehender Ansätze ins Feld. Diesen stellen sie andererseits die materialistisch geprägten Sichtweisen von Georg Lukács, Henri Lefebvre und Ágnes Heller gegenüber. Bei Scheler, Weber und Schütz verweisen sie auf ein spezifisches Verhältnis (von diesseitig und jenseitig, Charisma und Rationalität, alltäglicher Typenhaftigkeit und außeralltäglicher Relevanz) aus dem sich ein Alltagskonzept ergäbe. Auf der anderen Seite zeige sich bei Lukács, Heller und Lefebvre Alltag »als eine Kategorie unterhalb von bzw. quer zu einer bloß ökonomisch fundierten Trennung von Produktions- und Reproduktionssphäre angesiedelt« (Hammerich und Klein 1978b, S. 10). Darüber hinaus ist dieses

---

individuelle Zustände als gängig und keineswegs mit dem Charakter des Einmaligen, Außergewöhnlichen oder Charismatischen behaftet zu klassifizieren. […] [4.] Soziologie des Alltags kann aber auch heißen, die Fundierung soziologischen Wissens im sogenannten Alltagswissen, über das jedes Gesellschaftsmitglied angeblich verfügen soll, zu suchen oder gar in der Soziologie des Alltags die Basiswissenschaft für die Analyse jeglicher Verstehensvorgänge überhaupt zu sehen.« (Hammerich und Klein 1978b, S. 7; Nummerierung und Absätze – M.E.)

[15] Meiner Ansicht ist insbesondere die dritte Frage, nach alltäglichen im Gegensatz zu nichtalltäglichen Erfahrungen, für eine konzeptionelle Klärung im Rahmen der vorgelegten Argumentation von Bedeutung. Während alle anderen Perspektiven sich vor allem – wenn auch nicht ausschließlich – mit wissenschaftsimmanenter Kritik und Problematisierung befassen, fokussiert diese Frage die Kategorien Alltäglich/Nichtalltäglich selbst.

[16] Eine analoge Unterscheidung findet sich auch an anderer Stelle wieder (Mörth und Ziegler 1990).

Alltagsverständnis bei Lefebvre und auch Heller mit einer »Kritik des Alltagslebens« als »entfremdete« Lebensweise verbunden.

Etwa zehn Jahre später als Hammerich und Klein argumentieren Patricia A. Adler, Peter Adler und Andrea Fontana, dass die historische Entwicklung einer Soziologie des Alltagslebens vor allem auf einer pragmatistischen und einer sozialphänomenologischen Säule ruhe. Erstere sei in den Arbeiten der *Chicago School of Sociology* verankert, während die zweite insbesondere durch Alfred Schütz und dessen Husserl Rezeption geprägt worden sei (vgl. Adler et al. 1987, S. 220). Neben vielen anderen bauen auf diesem Doppel-Fundament die einflussreichen Arbeiten von Harold Garfinkel zur *Ethnomethodologie* (Garfinkel 1986) und Peter L. Berger und Thomas Luckmann über *Die gesellschaftliche Konstruktion von Wirklichkeit* (Berger und Luckmann 2004).

1989 findet sich ein Themenheft in der von der *International Sociological Association* herausgegebenen Zeitschrift *Current Sociology* zu einer *Sociology of Everyday Life*. Michel Maffesoli zeichnet für die Herausgeberschaft verantwortlich. Er tritt hier als Verfechter einer Soziologie lebendiger sozialer Erfahrungen auf und ist Gastgeber für verschiedene Beiträge zu diesem Thema (Maffesoli 1989).[17] In diesem Kontext wird eine weitere wichtige Säule einer Soziologie des Alltags in den Arbeiten von Michael de Certeau (1984, 1988) und Michel Maffesoli (1989) identifizierbar. Im Leitartikel zu besagtem Heft stellt Maffesoli mit Verweis auf eigene sowie de Certeaus Arbeiten fest: »In brief, the sociology of everyday life is concerned with whatever is above or beyond what are commonly called social relationships [...].« (Maffesoli 1989, S. 1) Bereits 1979 erscheint unter dem Originaltitel *L'invention du quotidien* eine Schrift von Michel de Certeau deren deutscher Titel *Die Kunst des Handelns* im Vergleich zum Originaltitel oder englischen Titel die Zentralstellung der Alltagsthematik vermissen lässt. Folgt man de Certeau, liegt das Kunstvolle der alltäglichen Praktiken nun darin, sich die gegebenen Spielräume des Alltags kreativ, produktiv und in gewissem Sinne subversiv zu Nutze zu machen. Es sind »gelungene Tricks des ›Schwachen‹ in der vom ›Starken‹ etablierten Ordnung, die Kunst im Bereich des Anderen ›Coups zu landen‹, Jagdlisten, polymorphe und taktisch geschickte Beweglichkeit, poetische und

---

[17] Nummer 37, Heft 1, 1989: Racid Amirou (1989, S. 119) betont die Bedeutung von Sozialität (»sociality«) auf der trotz aller Arbeitsteilung und Differenzierung das Alltagsleben gründet. Carmelo Gambacorta (1989) zentriert die Alltagserfahrung respektive den Erfahrungsmodus des Alltäglichen. Eine Reihe Autor*innen nähern den Zusammenhang von Verstehen und Alltäglichkeit aus unterschiedlichen Perspektiven an (Hitzler und Keller 1989; Tacussel 1989; Watier 1989). Thomas Luckmann (1989) erörtert die Implikationen von ›Sinn‹ (»meaning«) sowie Alltagsleben einerseits, sinnverstehender Soziologie andererseits. Außeralltäglichkeit oder das andere des Alltags wird in keinem der Beiträge systematisch thematisiert.

kriegerische Glücksfälle« (De Certeau 1984, S. 93). De Certeau widerspricht damit deutlich strukturalistischen oder materialistischen Positionen, die das alltägliche Leben je in den Kontext einer Art deterministischen Übermacht stellen. Ähnlich wie de Certeau thematisiert auch Maffesoli[18] den Alltag als einen Ort der Kreativität und Subversion, der einerseits in soziohistorische Pfadabhängigkeiten eingebettet ist, gleichwohl Freiheitsgrade der Ausgestaltung offeriert.

Wiederum etwa zwanzig Jahre nach Maffesolis Aufruf zu einer *Sociology of Everyday Life* spricht Piotr Sztompka (Sztompka 2008, S. 1) davon, dass sich ein »theoretical and methodological turn« in der gegenwärtigen Soziologie vollzieht. Die Soziologie richte ihren Fokus »*on Everyday Life*«. In diesem Wandel erkennt der ehemalige Vorsitzende der *International Sociological Association* eine dritte Soziologie:

»For me, it signifies the birth of the ›third sociology‹, the sociology of social existence, following after the ›first sociology‹ of social wholes – organisms, systems – as practised by the classics of the discipline, Auguste Comte, Herbert Spencer, Karl Marx, and later Talcott Parsons, and the ›second sociology‹ of social ›atoms‹ – behaviours, actions, or even their ›sub-atomic particles‹, meanings, scripts, texts – initiated by Max Weber, and later pursued by George Herbert Mead, Claude Levi-Strauss and others. *The ›third sociology‹ takes as its ultimate object of inquiry social events: human action in collective contexts, constrained on the one hand by the agential endowment of participants and on the other hand by structural and cultural environments of action.* Thus, the reified abstractions of the first and second sociology are overcome from both sides, the macro-abstractions of systems and structures existing somehow above human heads, and the micro-abstractions of behaviors or actions existing somehow inside of the real life of human beings.« (Sztompka 2008, S. 3; Hervorhebung M.E.)

Diese dritte Soziologie positioniere sich – wie im Übrigen auch Michel de Certeau und Michel Maffesoli – gegen die Unterstellung eines wie auch immer gearteten holistischen Determinismus (Strukturfunktionalismus, historischer Materialismus, Strukturalismus) oder aber der Hypostase des freien Individuums (Neo-Utilitarismus, Rational Choice).[19]

---

[18] Eine hilfreiche Einführung in die Arbeiten Michel Maffesolis hat Reiner Keller (2006) vorgelegt.
[19] Sztompka identifiziert drei Trends, die das Aufkommen dieses paradigmatischen Wandels beeinflussen (vgl. Sztompka 2008, S. 6f.). Erstens, Soziologie habe seit den Zeiten des Parsonsschen Strukturfunktionalismus drei Wenden vollzogen: eine Hinwendung zum Subjekt, zum Akteur und deren kultureller Fundierung. Die pragmatistisch geprägten Arbeiten von einerseits Goffman und andererseits Garfinkel seien hierfür ebenso grundlegend wie die sozialphänomenologischen Arbeiten von Alfred Schütz beziehungsweise Peter Berger und Thomas Luckmann. Aber erst die post-moderne Kritik – zweitens – an der Soziologie der Moderne, welche Kontingenz und prinzipielle Unberechenbarkeit betone sowie – drittens – die feministische Kritik, die Elemente der Unterdrückung und Ausbeutung von Frauen herausstelle, biete für einen tiefgreifenden Wandel einen geeigneten Hintergrund.

Devorah Kalekin-Fishman (2013) dröselt die »Sociology of everyday life« entlang verschiedener Achsen auf. So skizziert sie, wie relativ geschlossene nationale Debatten in Deutschland, Großbritannien, Frankreich und den USA[20] unterschiedliche Foki mit sich gebracht haben. Einen weiterführenden Beitrag zur Systematisierung kann sie darüber hinaus aber nicht anbieten. In jüngster Zeit sieht Maurizio Ghisleni (2017, S. 527) entlang der Alltagsbegrifflichkeit eine umfassende sozialwissenschaftliche Debatte, die neben einer genuin soziologischen Relevanz auch für Historiker*innen, Psycholog*innen und Anthropolog*innen von Bedeutung ist. Vor dem Hintergrund einer aufkommenden »mass knowledge society« (Ghisleni 2017, S. 538) müsse sich die etablierte Soziologie des Alltags nun wieder neu formatieren oder erfinden. Ghislenis jüngste Diskursäußerung kann als Indiz für die Verankerung der Alltagsperspektive in der Soziologie gedeutet werden, er bietet gleichwohl keinen weiteren Beitrag zum Systematisieren der Debatte.

Ohne an dieser Stelle bereits ein hinreichend scharfes Verständnis von Alltag und Alltäglichkeit anbieten zu können, zeigt sich die soziologische Diskussion über Alltag und Alltäglichkeit als verzahnter, wenn auch nicht einheitlicher Zusammenhang. Die Thematisierung des Nichtalltags und des Nichtalltäglichen erweist sich hingegen als vergleichbar dünn beschriebenes Blatt Papier.

1.2.2 Zum Debattenstand über das Andere des Alltags: das Nichtalltägliche

Während im letzten halben Jahrhundert der soziologische Fokus auf das Alltagsleben immer weiter an Bedeutung gewinnt und von Peter Sztompka (2008) gar zum paradigmatischen Leitmotiv einer ›third sociology‹ erklärt wird, findet die Beschäftigung mit dem Nichtalltäglichen in Nischen statt. Émile Durkheim und Max Weber liefern die ›klassischen‹ Referenzpunkte. Die Durkheimsche Religionssoziologie thematisiert eine Unterscheidung zwischen alltäglichem Lebensvollzug und außeralltäglicher Verdichtung des Sozialen (Durkheim 1981). Das Konzept einer »kollektiven Effervszenz« – also der kollektiven Gärung – und die Überlegungen zum Ursprung der religiösen Empfindungen stehen hier im Mittelpunkt. Die Charismakonzeption im Zentrum der Weberschen Herrschafts- und Religionssoziologie fußt ebenfalls auf einer Unterscheidung von Alltag und Außeralltäglichkeit (Weber 1980). Wird zu-

---

[20] Kalekin-Fishman gruppiert zu diesen nationalen Debatten auch die Thematisierung durch Minoritäten. Diese Einordnung halte ich für wenig zielführend, da hier unterschiedliche Logiken der Schließung von Debatten miteinander vermengt werden.

meist die charismatische Führungspersönlichkeit rezipiert, ist Charisma ein grundlegendes Strukturprinzip, das in kontrapunktischem, dialektischem Verhältnis zum Alltag (Patrimonialismus, rationale Bürokratie) steht.

Im Rahmen der Debatte über Alltag und Alltäglichkeit, tritt die Leerstelle des Nichtalltags bereits früher zu Tage. Zunächst weist Norbert Elias – erstens – darauf hin, dass die Konzeptualisierung von Alltag und Alltäglichkeit vornehmlich als Gegenbewegung vorangetrieben wurde. Polemisch stellt er fest, dass eine reine *ex negativo* Bestimmung der vielen Alltags-Soziologien letztlich weder Einheit noch Substanz beanspruchen kann.

»Es spricht in der Tat vieles dafür, daß die scheinbare Einheit im Gebrauch des Alltagsbegriffs mehr auf der gemeinsamen Ablehnung von zuvor herrschenden Theorieentwürfen beruht, als auf einem neuen, einheitlichen Theorieentwurf oder auch nur auf dem Bemühen darum. [...] Was sie eint, so scheint es, ist die gemeinsame Reaktion gegen zuvor dominierende und ganz gewiß noch immer recht einflußreiche Typen soziologischer Theorien, also vor allem gegen die Systemtheorie der strukturellen Funktionalisten und deren Gegenspieler am anderen Ende des Spektrums, gegen den marxistischen Typ der soziologischen Theorien.« (Elias 1978, S. 22 f.)

Dieses Spiel mit der paradigmatischen Abgrenzung ist Elias nicht genug. Er bemerkt zweitens, dass die Rede vom Alltag immer auch einen komplementären Bezugspunkt benötige: den Nicht-Alltag. Sogleich stellt er fest: »Ganz selten wird ausgesprochen, was eigentlich als ›Nicht-Alltag‹ begriffen wird.« (Elias 1978, S. 22). Elias wagt eine Systematisierung und stellt den unterschiedlichen im Diskurs gebräuchlichen Alltagskonzeptionen, entsprechende Nichtalltäglichkeiten gegenüber. So vielgesichtig wie die Alltäglichkeit zeigt sich folglich das Nichtalltägliche. Elias (Elias 1978., S. 26) unterscheidet acht Gegensatzpaare von Alltag und Nichtalltäglichkeit. Wenige Jahre später greift Jörg Bergmann in seinem Aufsatz *Lebenswelt, Lebenswelt des Alltags oder Alltagswelt* diese Systematik auf und ergänzt sie um vier weitere Konzeptionen (vgl. Bergmann 1981).[21] Diese ersten Ansätze zu einer Systematisierung finden in der gegenwärtigen Soziologie kaum Wiederhall.

---

[21] Trotz der Versuchung nehme ich davon Abstand dieses ganze Tableau an dieser Stelle nachzuzeichnen. Elias und Bergmann zeigen sich an dieser Stelle sprachbewandert, doch führt ihre Ausbreitung des Begriffs Alltag und der dadurch konstruierbaren Gegenbegriffe meines Erachtens in die Irre. Das ganze Spektrum an Wortbedeutungen des Begriffsduals Alltag/Alltäglichkeit auszubreiten, stiftet noch keine soziologisch gehaltvolle Begrifflichkeit. Ebenso lassen sich durch die Systematisierung von Gegenbegrifflichkeiten gehaltvolle Konzepte des Nichtalltäglichen gewinnen. Wenn Bergmann etwa den Alltag als Sphäre allgemeiner Handlungskompetenz Bereichen spezifischer Handlungskompetenz gegenüberstellt, ist der Bezug zur Alltäglichkeit so unscharf wie austauschbar. Ebenso gut ließe sich das Ganze unter der Rubrik »Kleine Lebens-Welten« oder rein wissensbezogen thematisieren. Was ist nun die außeralltägliche Qualität von

Beinahe vierzig Jahre nachdem Elias diese Leerstelle identifiziert, ergibt eine Datenbankrecherche des Begriffs Soziologie in Kombination mit den Begriffen außeralltäglich, nichtalltäglich, außergewöhnlich sowie der darauf gründenden Substantive zwei Treffer. Der von Winfried Gebhardt, Ronald Hitzler und Michaela Pfadenhauer verantwortete Band *Events. Soziologie des Außergewöhnlichen* (Gebhardt et al. 2000b) sowie einen von Winfried Gebhardt stammenden Aufsatz zum *Reiz des Außeralltäglichen* (Gebhardt 1992b) mit dem Zusatz *Zur Soziologie des Festes*. Gebhardts Untersuchungen über Feste und Feiern sowie deren Verhältnis zum Alltag sind im Grenzbereich von Soziologie und Kulturwissenschaft anzusiedeln. Der gewählte Gegenstandsbereich ist speziell, doch Gebhardt macht keinen Hehl daraus, dass es ihm bei der Untersuchung von *Fest, Feier und Alltag* um Grundlegendes und Weiterführendes geht. Bereits in seiner Dissertationsschrift markiert er ein zentrales Desiderat der soziologischen Debatte: »Es fehlt die allgemeine Vorstellung der Gegenwelt des Alltags und es fehlt ferner ein Blick auf das Fest und die Feier als allgemeine Erscheinung.« (Gebhardt 1987, S. 13) Wenn es ihm darum geht Feste und Feiern »in ihrer Kulturbedeutung zu begreifen« (ebd., S. 16), betont er die Bedeutung des Nichtalltäglichen für das Soziale, während er gleichzeitig zeitdiagnostisch Wandel und Bedeutungsverlust von Fest und Feier als Problem »der Entzauberung des demokratischen Nationalstaates« (ebd., S. 191) identifiziert. Idealtypisch konstruiert zeigt sich das »Fest« als Mechanismus der Alltagsbewältigung durch Aufhebung auf Zeit. »Die Feier« hingegen »hilft, den Alltag zu bewältigen, indem es ihn bewußt macht« (Gebhardt 1992b). Das Fest betone ein spontan affektives, die Feier ein geplant besinnliches Moment. Dahingehend neige das Fest zum unkontrollierbaren Exzess (vgl. ebd., S. 73, 80), während in der Überkontrolle der Feier die »Gefahr der Instrumentalisierung« (ebd., S. 78) begründet liege. Gebhardt entwirft vor diesem analytischen Hintergrund eine soziologische Interpretation der Kulturgeschichte der Verhältnisse von Fest und Feier einerseits und Fest-Feier und Alltag andererseits. Der »immerwährende Reiz des Außeralltäglichen« habe in der Gegenwart »im öffentlich-politischen Bereich eine neue politische Festkultur« (ebd., S. 87) entwickelt. Unter diese fasst Gebhardt »Happenings, Demonstrationen, Sitins, Teach-ins, aber auch freie Musik- und Kulturfestivals« (ebd., S. 87). Der Hang zum Überschwang zeigt sich in dem Potential zur Radikalisierung: »Straßenterror und Barrikadenkampf« gehören in dieselbe Klammer wie »utopische Ideen und Sinnwelten« und das »unverbindliche [...]

Spezialwissen? So wichtig die Feststellung, dass ein Alltag immer auch auf das Nichtalltägliche verweist, auch ist, eine Begriffsinflation kann hier nicht eine konstruktive Klärungsstrategie sein. Im Folgenden fahnde ich nach sozialwissenschaftlich gehaltvollen Konzeptionen. Die dabei erfolgende Engführung muss ich selbstredend selbst verantworten.

Gemeinschaftserlebnis«. Neben diese politische Seite stellt er die These von einem »Trend hin zum Festlichen«, der er gleichwohl mit Verweis auf Agnes Villadary[22] die These von der »Veralltäglichung des Festes« gegenüberstellt (beide Zitate Gebhardt 1992b, S. 88).

Die Diagnose der *Eventisierung*[23] lässt sich geradezu nahtlos an Gebhardts soziologische Kulturbedeutung von Fest, Feier und Alltag anschließen, umfasst jedoch gleichzeitig die Analyse von Formen *posttraditionaler Gemeinschaften* im Anschluss an Ronald Hitzler[24]. In ihrer Einleitung zu *Events. Soziologie des Außergewöhnlichen* bemerken die Autoren:

---

[22] Gebhardt bezieht sich hier auf Villadary, *Fête et vie quotidienne* (1968).
[23] Während sich der englische Begriff *event* der deutschen Bedeutung nach etwa mit Ereignis, Vorfall, Begebenheit oder Veranstaltung übersetzen lässt, finden in der alltagssprachlichen Rede vom Event spezifische Obertöne Anklang. »Das Wort Event besitzt […] den Hauch des Außergewöhnlichen, des Besonderen, dessen, was nicht jeden Tag geschieht.« (Gebhardt 2000, S. 18) Erstens zeigt sich im schieren Ausmaß und der Allgegenwart von »*Eventisierung« (Hitzler 2010)* durchaus eine neue Qualität. Ein wenig überzeichnend formuliert, erscheint *Eventisierung* als (Mega-)Trend der Gegenwart. Der erste Weg einer Klärung wäre insofern ein *zeitdiagnostischer*. Zweitens zentriert die Thematisierung von *Eventisierung* ein Handlungsgeschehen, das selbst Gegenstand wie auch immer interessierter Betrachtung werden kann. Der zweite Pfad befasst sich entsprechend mit der *Praxis des Organisierens* von Events (Pfadenhauer 2008). Und drittens, kann das Eventgeschehen selbst Gegenstand des Interesses sein. Der dritte Pfad befasst sich somit zuletzt mit einer umfassenden Analyse der Situation, wobei Situationsanalyse eine analytisch nur schwer aufzulösende Verkopplung von situativer (sowie soziohistorischer) Befindlichkeit, daraus sich ergebender Subjektivierung und (vor allem intersubjektiv ausgehandelten) Umgang mit dem Geschehen darstellt (beispielsweise Gebhardt et al. 2007). Die bei *Springer* erscheinende Buchreihe *Erlebniswelten* gibt sowohl über die Bandbreite der Szenenforschung als auch der Eventisierungsforschung Auskunft.
[24] In einem programmatischen Aufsatz aus dem Jahr 1998 geht Ronald Hitzler (1998) auf »neue Formen der Sozialbindung« ein. Diese Formen posttraditionaler Vergemeinschaftung können als Effekt anhaltender Modernisierungsdynamiken seit der Aufklärung verstanden werden. Bei der Betrachtung posttraditionaler Vergemeinschaftungen geht es folglich um ein Interesse an »Effekten und Konsequenzen des Modernisierungsprozesses« und zwar der »massenhaften, und so gesehen ›normalen‹, Ablösung von Individuen aus vorgängigen, biographiedeterminierenden Verbindlichkeiten« (Hitzler 1998, S. 81). Diese unwiderstehliche Herauslösung der Individuen aus traditionalen sozialen Bezugsverhältnissen, tritt ihnen seit der Moderne zunehmend als Problem entgegen. Individuen sehen sich seither immer mehr dazu genötigt, soziale Verortung bzw. Integration – in traditionalen Gesellschaften qua Geburt über weite Strecken vorgegeben – selbst und aktiv, biographisch zu leisten. Hitzler schließt seine Argumentation an zwei theoretische Stränge an. Auf der einen Seite stehen – insbesondere repräsentiert durch Arbeiten von Ulrich Beck (1986), Zygmunt Bauman (1991), Anthony Giddens (1991, 1995), Peter Gross (1994) und Gerhard Schulze (2005) – modernisierungs- wie auch zeit- und gegenwartdiagnostische Überlegungen. Im Zentrum steht dabei das Paradox der Individualisierung – wie etwa von Ulrich Beck formuliert. Auf der anderen Seite bezieht sich Hitzler auf die Diagnose der Wiederkehr von Stammeskulturen in der Postmoderne bei Zygmunt Baumann, aber insbesondere

»Trotz aller Unterschiede im Detail, eines scheint all diesen als Events bezeichneten Veranstaltungsformen gemeinsam: das Versprechen eines »totalen Erlebnisses«, das – perfekt organisiert und zumindest monothematisch zentriert - unterschiedlichste Erlebnisinhalte und Erlebnisformen zu einem nach ästhetischen Kriterien konstruierten Ganzen zusammenbindet.« (Gebhardt et al. 2000a, S. 10)

Das ubiquitäre Auftauchen von Events in der Gegenwartsgesellschaft sei einer »um sich greifenden Sehnsucht nach »Wiederverzauberung» der »entzauberten Welt« der Moderne« geschuldet (Gebhardt et al. 2000a, S. 11), während Events als »die typischen außeralltäglichen Vergemeinschaftsungsformen grenzenloser, sich zunehmend individualisierender und pluralisierender Gesellschaften« zu bezeichnen sind (ebd., S. 12). Events wabern im »Hauch des Außergewöhnlichen« (Gebhardt 2000, S. 18). Gebhardt sieht im Eventbegriff einen »soziologischen Gattungsbegriff« (ebd., S. 22). Mit Events werden keine neuen Sachverhalte bezeichnet und doch sind die Begriffe Event und Eventisierung dazu geeignet den »äußeren Gestaltwandel des Festlichen in modernen Gesellschaften« herauszuheben (Gebhardt 1999, S. 28). Für eine Soziologie des Nichtalltäglichen wird dadurch einerseits im Anschluss an Gebhardt, Hitzler und Pfadenhauer ein empirisches Feld erschlossen, das unter dem Label *Eventisierung* die vergleichende Untersuchung von Marketingstrategien der Massenbespaßung erlaubt (siehe hierzu auch: Gebhardt et al. 2007; Pfadenhauer 2008; Hitzler 2010). Gleichwohl bringen die idealtypischen Begriffe *Fest und Feier* eine kulturtheoretische Engführung mit sich, die für eine allgemeine Begrifflichkeit des Nichtalltäglichen problematisch erscheint. Zudem sperrt sich der zeitdiagnostische Part der Thematisierung einer allgemeineren Begrifflichkeit – ein Problem über welches die Diskussion über *Events* und *Eventisierung* ebenfalls nicht hinausweist. Während sich die Konzeption des Außergewöhnlichen im Sinn von Events auf eine Systematisierung einer spezifischen Erlebniskultivierung richtet – Hitzler (2010) spricht von marktingstrategischem Massenspaß, ist damit noch kein konzeptueller Zugriff auf das Nichtalltägliche als theoretisch gehaltvolles Konzept als Grenzbegriff zum Erleben und zur Strukturierung des Alltäglichen gewonnen.

Während sich also unter dem erweiterten Label *Soziologie des Nichtalltäglichen* Leere auftut, gibt es natürlich eine Vielzahl an Schriften, die genau einem solchen Bereich zuortbar sind. Zunächst sind die unzähligen Thematisierungen des Nichtalltäglichen

---

auch bei Michel Maffesoli (1986, 1988, 1996). Große Aufmerksamkeit erlangte in den vergangenen Jahren in diesem Kontext die Erforschung von Jugendszenen (Hitzler 2008; Hitzler und Niederbacher 2010). Auch wenn das ludische Moment bei Hitzler und im reichhaltigen Anschluss an Hitzler stark ist (besonders etwa bei Niekrenz 2011) – analytische Anschlussstellen für eine Konzeptualisierung des Nichtalltäglichen finden sich nur bedingt.

im Anschluss an Weber und Durkheim zu benennen. Im Falle Webers geht es hier um die Rezeptionsgeschichte des *Charisma-Prinzips*.[25] Die Vielfalt der Debatte zwischen *Theorie*, *Religion* und *Politik* tragen Winfried Gebhardt, Arnold Zingerle und Michael Ebertz 1993 in einem Sammelband zusammen (Gebhardt et al. 1993). Zentral in Bezug auf Durkheim ist das Phänomen und Konzept der »kollektiven Efferveszenz«. Für die Durkheim-Rezeption stehen die immer wieder neu aufflammenden Debatten um die Gestalt, Funktion, Genese und Wirkung des Heiligen; prominent vertreten etwa durch die sogenannte *Sakralsoziologie* des *Collège de Sociologie* unter Beteiligung von George Bataille, Roger Caillois und Michel Leiris und anderen (vgl. hierzu exemplarisch Caillois 1988; Kamper und Wulf 1997; Moebius 2006; Hollier 2012).

Darüber hinaus finden sich Publikationen, die sich aus einer *ex negativo* Logik heraus mit *Alltag und Transzendenz* (Casper und Sparn 1992) – so der Titel eines von Bernhard Casper und Walter Sparn besorgten Herausgeberbands – beschäftigen. In jüngster Vergangenheit erscheint unter dem Titel *Das Andere der Ordnung* (Bröckling et al. 2015) ein Sammelband unter der Federführung von Ulrich Bröckling, Christian Dries, Matthias Leanza und Tobias Schlechtriemen. Während Casper und Sparn Beiträge versammeln, die sich vornehmlich in einen religionssoziologischen und auch theologischen Debattenrahmen einpassen,[26] beschäftigen sich die Beiträge von Bröckling und Kolleg*innen im Wesentlichen mit Grenzphänomenen sozialer Ordnung.[27] Will man einen Begriff des Nichtalltäglichen bestimmen, mit dem sich soziale

---

[25] Im Rahmen der Religions- und Herrschaftssoziologie ist das Konzept zentral, wird aber meist im Hintergrund verhandelt, während die kultur- und historisch vergleichende Arbeit Webers in den Vordergrund rückt (Tenbruck 1975, 1999; Schluchter 1988). Immer wieder wird der Begriff selbst zum Gegenstand der Erörterung (Friedland 1964; Dow Jr 1969; Breuer 1989, 1993; Zingerle 1993; Turner 2003; Adair-Toteff 2005; Tybjerg 2007). Zumeist stehen die Erscheinungsformen sowie die Verlaufsformen der Veralltäglichung und Versachlichung im Mittelpunkt der Betrachtung. Teilweise wird das kontrastive Moment der Konzeption in den Mittelpunkt gestellt (Seyfarth 1979; Shils 1982; Lipp 1985; Gebhardt 1993; Breuer 1994). Einige Studien schildern charismatische Lebensweisen (Bach 1990; Bergmann et al. 1993; Gebhardt 1994) und bringen in ihrer Vielfalt die Ambivalenz charismatischer Begeisterung zum Ausdruck.

[26] Dieses Pauschalurteil wird nicht allen Beiträgen und Beiträgern zu gleichen Teilen gerecht. Im Wesentlichen bricht aber nur Winfried Gebhardt mit seinen Ausführungen zum *Reiz des Außeralltäglichen* (1992b) im Sinne seiner Dialektik von *Fest,Feier und Alltag* (1987) aus dieser Klammer aus.

[27] Auch an dieser Stelle wird die Behauptung in ihrer Pauschalität den Beiträgen nicht in vollem Umfang gerecht. Sofern die Autor*innen aber der Frage nachgehen, wie »unterschiedliche Theoriepositionen […] die Leerstellen epistemischer und/oder gesellschaftlicher Ordnungen, das von ihnen Ausgeschlossene oder von ihnen nicht Erreichte reflektieren« (Bröckling et al. 2015, S. 7) zeigt sich die Differenz zwischen dem Fokus der vorliegenden Abhandlung und dem der der Autor*innengruppe.

Gefüge als nichtalltäglich charakterisieren lassen, sind beide Sammlungen als Ideengeber, nicht aber als systematischer Ansatzpunkt zu gebrauchen.

Eine potente Quelle für eine Konzeptualisierung des Nichtalltäglichen findet sich hingegen in Alfred Schütz' Werk. Wird Schütz meist als zentrale Referenz für Alltag und Alltäglichkeit angeführt, zeigen sich seine Schriften als teils explizite, oft invers argumentierende Annäherung an eine »allgemeine Vorstellung der Gegenwelt des Alltags« – um Winfried Gebhardt erneut zu bemühen. Vor allem seine Überlegungen zum *Problem der Relevanz* (1982), den *mannigfaltigen Wirklichkeiten* (2003e), den *Strukturen der Lebenswelt* (Schütz 2003b; Schütz und Luckmann 2003), der Sozialfigur des *Fremden* (1972a), des *Heimkehrers* (1972b) sowie weitere Schriften, in denen Schütz die literarischen Figuren des Don Quijote oder den antiken Teiresias als Sozialfiguren erörtert (2003a, 2003d), sind hier von Bedeutung. Immer wieder wird bei Schütz deutlich, was das Problematische oder das andere des Alltags und der Selbstverständlichkeiten wie auch Selbstverständnisse ausmacht. Schütz zu invertieren, zeigt sich für eine Konzeptionierung des Nichtalltäglichen als lohnendes Unterfangen.

Öffnet man den Blick für Gebiete jenseits orginärer soziologischer Texte, werden weitere Thematisierungen sichtbar. Mit seinen ritualtheoretischen Überlegungen zum Verhältnis *Struktur und Anti-Struktur* in Ritualprozessen liefert der Ethnologe Victor W. Turner (1967, 1989, 2009) einen systematischen Beitrag zu einer Konzeptualisierung des Verhältnisses von Alltäglichkeit und Nichtalltäglichkeit. Im Mittelpunkt seiner Betrachtungen steht die Verlaufsform von Ritualen. Die grundlegende Idee der Strukturierung von Ritualprozessen übernimmt Turner von Arnold van Gennep (2005), der davon ausgeht, dass Übergangsrituale zumindest eine Phase der Herauslösung, eine Schwellenphase oder Übergangsphase und eine Wiedereingliederungsphase umfassen. Turners Argumentation betont insbesondere die Schwellensituation (»Liminalität«) zwischen Alltagsstrukturen und reflektiert weit tiefer als van Gennep die damit verbundene Erfahrung von Gemeinschaft (»Communitas«). Darüber hinaus erörtert Turner das Verhältnis von Alltag und Schwellenzustand, das er als Dialektik von Struktur und Anti-Struktur begrifflich zu fassen sucht.

In seiner *Kritik der Gewalt* führt Walter Benjamin (2006) die viel zitierte Unterscheidung zwischen konstituierter und konstituierender Gewalt ein. Eine Unterscheidung, die sich in Hannah Arendts Überlegungen *Über die Revolution* (2011) wiederfindet und am Beispiel der konstituierenden Perioden der amerikanischen und französischen Revolution erhellt wird. Die revolutionären Versammlungen, Debatten und ihre problematischen Dynamiken sind *nichtalltägliche soziale Arrangements par excellence*. In ihnen wurzeln die konstituierenden Gewalten, während einmal konstituierte Gewalt im mit einer Verfassung versehenen Alltag ihre Wirksamkeit entfaltet. In dieselbe Reihe lässt sich Giorgio Agambens (2002, 2004) *homo sacer* stellen, der wiederum auf

Benjamin, Arendt aber auch Carl Schmitt (2002, 2004) und andere rekurriert – wobei die aufeinander verweisenden Konzepte des »Lagers« und des »Ausnahmezustands« hier explizit zu benennen sind. Das Lager öffne sich, »wenn der Ausnahmezustand zur Regel werden beginnt« (Agamben 2002, S. 177) und wo »Recht und Faktum [...] ununterscheidbar geworden sind« (ebd., S. 179). So eindrücklich diese Beiträge auch sein mögen, ist die Wucht und Vehemenz der Argumentation auch Ballast für eine Konzeptualisierung *situativer Nichtalltäglichkeit*.

1.2.3 Die Asymmetrie von Alltäglichkeit und Nichtalltäglichkeit: eine Zwischenschau

Alltag und Alltäglichkeit sind einseitig konsolidierte soziologische Konzepte – so meine These. Die Konzeptionalisierung bleibt vor allem einseitig, weil sie die komplementäre Seite des Alltäglichen nicht ausreichend berücksichtigt. Mit anderen Worten: es mangelt an einem systematischen Bedenken der *Nicht-Alltäglichkeit*. Sie führt ein Schattendasein in sozialtheoretischen Debatten über Grenzphänomene. Es lässt sich keineswegs behaupten, niemand beschäftige sich mit ihr; aber im soziologischen Mainstream kommt eine theoriesystematische Betrachtung bestenfalls schleppend an. Eine metatheoretische Reflexion, vergleichbar mit der Konzeptualierung von Alltag und Alltäglichkeit, findet im Grunde nicht statt. Im weiteren Verlauf der Argumentation – insbesondere in Kapitel drei – geht es natürlich nicht darum, die Relevanz von Alltagskonzeptionen in Frage zu stellen[28]. Es soll vielmehr der Versuch unternommen werden, Elemente einer soziologisch gehaltvollen Konzeption des *Nichtalltäglichen* abzustecken. Dabei stehen zwei Fragen im Mittelpunkt: (a.) Wie lässt sich eine konzeptionelle Annäherung an Nichtalltäglichkeit im theoriegeschichtlichen Korpus der Sozialwissenschaften beziehungsweise Sozialtheorie verorten? Und (b.) welche Konsequenzen lassen sich dann, ausgehend von diesem theoriegeschichtlichen Fundament, für eine vorläufige Konzeption des *Nichtalltäglichen* ziehen? *Nichtalltäglichkeit* als einen – wenn auch vorläufigen – soziologisch gehaltvollen Arbeitsbegriff zu skizzieren und somit einen Beitrag zur Theoriesystematik zu leisten, ist ein wesentliches Ziel dieser Schrift.

---

[28] Wie eingangs bereits festgestellt wurde, macht die Begrifflichkeit Nichtalltäglichkeit ohne das komplementäre Verhältnis zum Alltäglichen keinen Sinn.

1.2.4 Fallbeispiele

Die im Rahmen dieser Arbeit verhandelten *nichtalltäglichen sozialen Arrangements* sind ebenfalls mit Forschungstraditionen verbunden. Auch hier zeigt sich eine deutliche Asymmetrie. Während das Besetzungsgeschehen im heiß diskutierten Debattenrahmen der Bewegungsforschung verhandelt werden kann, sind Jugendreisen bestenfalls eine Randerscheinung sozialwissenschaftlicher Betrachtung.

1.2.4.1 Einordnung der Besetzungsszenerie

Studentische Revolten haben für sich genommen keinen Neuigkeitswert. Ikonisch überragen die 1968er bis heute jede studentische Protestwelle, als »Mythos, Chiffre und Zäsur« (Kraushaar 2000). Auch die dezentralen Besetzungsaktivitäten im Spätherbst 2009 stehen im Schatten der Altvordern. Lassen sich die 1968er als epochenprägende Generation (Mannheim 1928) stilisieren, erreichen die 2009er zwar Öffentlichkeit, doch kann ihnen schwerlich eine breite zeitgeschichtliche Relevanz beigemessen werden. Die Besetzung eines Universitätshörsaals fällt in den theoretischen Rahmen der Forschung zu »Sozialen Bewegungen«. Zu den ›klassischen‹ Referenzpunkten der Bewegungsforschung zählen selbstredend Karl Marx und Friedrich Engels (1990), die 1848 in ihrem *Manifest der kommunistischen Partei* die Marschrichtung entlang der ›sozialen Frage‹ des 19. Jahrhunderts formulieren. Für Marx ist es die unwiderstehliche Eigendynamik der Logik des Kapitals (Marx 1962, 1963, 1964), welche die große Bewegung in Gang setzt und schließlich sei es die Geschichte in Gestalt der Arbeiterklasse, die, wenn die Zeit gekommen ist, die Fesseln sprengt (Marx und Engels 1978). Ohne geschichtsdeterministischen Impetus, aber mit ebenso großer Emphase betrachtet Gustave Le Bon die *Psychologie der Massen* (Le Bon 2009): Menschen in Massensituationen auf ihren animalischen Rumpf zurückgesetzt und den Kräften der sozialen Ansteckung ausgesetzt. Soziologisch war es dann doch weniger die kollektive Psychologie, als das Kollektivverhalten, dass Aufmerksamkeit erlangt und von Herbert Blumer (1939, 1970) unter dem schulemachenden Schlagwort *collective behavior* bedacht wird.

Nach und auch aufgrund[29] der kriegerischen Verwerfungen der ersten Hälfte des 20. Jahrhunderts kommen in der zweiten Hälfte des langen Jahrhunderts die Nachkriegsgesellschaften des ›globalen Westens‹[30] in Bewegung. Für Alain Touraine (1977) zeigt sich, wie Gesellschaft zu einem Projekt der Selbsterzeugung wird. Motor dieser Produktivität liege in sozialen Bewegungen und ihre Erforschung wird damit zum Schlüsselbereich soziologischer Betrachtung (Touraine 1984). Seit den späteren 1970er Jahren hat sich die neuere Bewegungsforschung etabliert. Der Begriff hat seither eine Karriere durchlaufen. Für Alberto Melucci stellt sich zu 1980 die Frage, ob das Auftauchen neuer sozialer Bewegungen als Anzeichen einer »new series of class conflicts« (S. 201) zu betrachten sei. Touraine (1984, S. 8) ist sich zu dieser Zeit noch sicher, dass die Konzepte Soziale Bewegungen und soziale Klasse nicht zu trennen sind. Diesseits und jenseits des Atlantiks wird die *Gesellschaft in Bewegung* auf unterschiedliche Weise zum Gegenstand theoretischer Betrachtung, wie Donatella della Porta und Mario Diani (2006, S. 7 f.) feststellen. Mit der geographischen Lage oder klimatischen Verhältnisse am Atlantik hat die Vielgestalt der Bewegungsforschung dabei weniger zu tun, als mit dem Aktionismus unterschiedlicher Forschungstraditionen und paradigmatischen Herangehensweisen, die allesamt dem ›aufsteigenden Rauch‹ dieser Tage auf ihre je eigene Weise nachspüren und zu eigenen Schlüssen gelangen.[31]

---

[29] Durchaus im mehrfachen Sinne gesprochen. So ist es einerseits die Kriegsökonomie, durch welche die USA sowohl als größte Industrie- und Militärmacht aus dem zweiten Weltkrieg hervorgehen als auch ein bislang nicht gekanntes Maß an allgemeinem Wohlstand erreichen. Andererseits sind es die dunklen Seiten dieser militaristischen Epoche, die auf unterschiedliche Weise in Frage gestellt werden müssen. In Deutschland befragt die erste Nachkriegsgeneration ihre Eltern und Großeltern nach ihren Verstrickungen in die Katastrophen der Weltkriege und der Schoa. Die neue militärische Großmacht USA kommt nach den Weltkriegen nicht zur Ruhe. Die Scharmützel der großen Kontrahenten USA und UdSSR führen einerseits zu einem direkten strategischen Patt, während andererseits in den Konfliktzonen der globalen Peripherie ein militärisches Kräftemessen Gestalt annimmt. Koreakrieg und vor allem Vietnamkrieg bringen die Vorstellung auf der ›richtigen Seite der Geschichte‹ zu stehen ins Wanken. Steigender Wohlstand und Legitimationskrise (Habermas 1973) gehen Hand in Hand und provozieren ein Konglomerat widerstrebender Motivationen, die nichts desto weniger alle auf ihre Weise dazu beitragen am gesellschaftlichen Gefüge zu rütteln und die Architekturen, aber insbesondere die Jugend in Bewegung zu bringen.
[30] Begrifflich ist *der Westen* ein allzu nebulöser Begriff, um ihn ohne Fußnote stehen zu lassen. Einen Klärungsversuch unternehme ich nicht.
[31] Während europäische Analysen dazu neigen auf marxistischen Fundamenten zu gründen und zu argumentieren, wird in amerikanischen Debatten der Referenzrahmen des Verhaltens unter dem Eindruck von Krisen stärker betont, meinen della Porta und Diani (2006, S. 6 f.). Dass ein marxistisch geprägter Referenzrahmen (etwa bei Touraine 1977, 1985, 1990), eine psycholo-

Friedhelm Neidhardt und Dieter Rucht stellen 1993 (S. 321) die Frage, ob nicht die Rede von der Bewegungsgesellschaft zu rechtfertigen sei, insofern Bewegungen zu einer »Dauererscheinung des gesellschaftlichen Lebens« werden. In ihren Augen bedarf die Analyse sozialer Bewegungen die Berücksichtigung mehrerer Ebenen (ebd., S. 306 ff.). Kai Uwe Hellmann (1998, S. 98 ff.) zeichnet nach, wie sich unter diversen Schlagwörtern verschiedene Paradigmen der Bewegungsforschung etabliert haben. Auf dem Weg zu einer Normalwissenschaft fehle es der Bewegungsforschung nicht an Aufmerksamkeit, sondern vielmehr an der Formulierung und Engführung klarer analytischer Perspektiven. Hellmann (1998, S. 107) stellt fest: »Das ›Bestiarium‹ der Bewegungsforschung ist reich an Beute, an Be-Funden, an Beobachtungen und Beschreibungen.«. Hellmann und Kopmanns (1998) identifizieren verschiedene Felder oder Fragen und kennzeichnen die Bewegungsforschung als multiparadigmatisches, interdisziplinäres Projekt. Für Thomas Kern (2007) steht im theoretischen Zentrum der Bewegungsforschung die Frage nach den »Mechanismen der Mobilisierung«. Er sieht hier vor allem vier Fragen im Fokus. Die auf ähnliche Weise auch von Donatella Della Porta und Mario Dani formuliert werden. Sie unterscheiden in ihrer Einleitung zu *Social Movements* »four core questions« (Della Porta und Diani 2006, S. 5 ff.): erstens die strukturellen und konfliktuösen Grundlagen von Bewegungen, zweitens die Frage nach der kulturellen semantischen Klammer, die es Akteuren erlaubt gemeinsamen Boden zu erkennen und sich kollektiv wahrzunehmen. Daran schließt drittens die Frage an, wie es möglich ist, dass Individuen und ihre Ressourcen mobilisiert werden und aktiv ihr Gewicht in die Waagschale öffentlicher Auseinandersetzung werfen. Viertens und letztens steht die Frage im Raum, wie politische Umwelten die Formierung wie auch den Erfolg Sozialer Bewegungen beeinflussen.[32]

---

gisch gegründete Verhaltensforschung (beispielsweise Gurr 1970) oder eine ökonomistisch enggeführte Theorie der rationalen Entscheidung (siehe hierzu Downs 1957; oder auch Olson 1968) und eine Betrachtung unter der Maßgabe struktur-funktionalistischer Bezugsprobleme (Smelser 1970); dass diese verschiedenen Perspektiven auch unterschiedliche Gegenstandbestimmungen, Schwerpunktsetzungen und Begrifflichkeiten mit sich bringen, ist nicht verwunderlich.

[32] Legt man die hier angeführten Überblickschriften übereinander, zeigen sich große Übereinstimmungen im Hinblick auf Schlüsselbegriffe und Schlüsselautor*innen. Während die einzelnen Autor*innen zum Teil Themenbereiche unterschiedlich gruppieren, zusammenfassen oder auch auseinanderdividieren, geht es im Wesentlichen um dieselben Fragen. Marxistisch inspirierte Ansätze betonen die Frage der sozialstrukturellen Mobilisierbarkeit von Akteuren (etwa Touraine 1985), während aus der Warte einer Theorie rationaler Entscheidungen sich prinzipiell die Frage der Bildung von Akteurskoalitionen stellen lässt. Aus psychologischer und identitätstheoretischer Warte stellt sich die Frage nach der Herausbildung kollektiver Identität (etwa

Im Grunde zeigt sich diese Form der multiparadigmatischen Bewegungsforschung als Zwie- und Streitgespräch mit Marx. Soziale Bewegungen sind Motoren sozialen Wandels, der aus Eigenlogik und Verwerfungen der Gegenwartsgesellschaften erwächst. Doch widersprechen die Vielgestalt von Motiven, Akteuren, und Formen einer bipolaren wie materialistischen Engführung. Schließlich zeigt sich in der Formierung Neuer Sozialer Bewegungen ein qualitativer Gestaltwandel Sozialer Bewegungen, die sich tendenziell *jenseits von Klasse und Stand*[33] verorten. Christoph Lau sieht nicht »deprivierte Lagen« als motivationale Grundlagen des Auftretens neuer Bewegungen, sie sind »vor allem in der sich verschärfenden Problematik personale Identitäten in sozialen Primärbeziehungen aufzubauen und zu stabilisieren« (Lau 1985, S. 1115 f.) zu suchen. Für Lau zeichnen sich die seit den 1960er Jahren aufkommenden Neuen Sozialen Bewegungen durch einen paradoxen Doppelcharakter aus. Sie seien vornehmlich als Reaktionsformen auf den erheblichen Individualisierungsdruck der zweiten Moderne zu begreifen. Vorsichtig lotet er den doppelten Boden aus: »Paradoxerweise könnten die neuen sozialen Bewegungen die Rolle einer Avantgarde der Sekundärmodernisierung spielen und, indem sie die Randbedingungen und destabilisierenden Nebenfolgen des Modernisierungsprozesses schärfer und genauer formulieren, sein Fortschreiten erst möglich machen.« (Lau 1985, S. 1120) Auch Klaus Eder (1986) sieht in den Neuen Sozialen Bewegungen ein ambivalentes Phänomen. Mit Verweis auf Touraine erkennt er in ihnen den radikalen Ausdruck des »produktivistischen Projekts der Moderne«. Gleichzeitig umfassen sie ein romantisches Moment einer Gegenaufklärung, das als »antiproduktivistisches Gegenprojekt« unter dem Motiv »zurück zur Natur« Wirksamkeit entfaltet.

Melucci 1995) – die natürlich auch in der Tradition der Frage nach einer *Klasse für sich* auch einer marxistischen Perspektive nicht fremd ist. Vom pragmatischen Standpunkt eines effektiven Campainings, aber auch einer poststrukturalistisch inspirierten Analyse politischer Diskurse stellt sich die Frage des adäquaten Framings von sozialen Problemlagen, möglichen Lösungen und der Motivation für politisches Engagement (exemplarisch Snow et al. 1986; Gamson 1992; Benford und Snow 2000). Institutionentheoretisch lässt sich nach den politischen Gelegenheitsstrukturen fragen (so etwa Kriesi 2004), während die Frage der Mobilisierung von Ressourcen sich einerseits als Schnittpunktfrage darstellt, andererseits aber auch praktische Fragen der Organisation und Organisierbarkeit berührt (zum Überblick siehe Hellmann 1998; Hellmann und Koopmans 1998; Della Porta und Diani 2006; Kern 2007; Snow et al. 2004; Roth und Rucht 2008).

[33] Mit Anleihe auf die immer wieder heiß diskutierte Ungleichheits-Diagnose Ulrich Becks (1983): Beck bezieht sich in seiner Analyse nicht direkt auf soziale Bewegungen, sondern sieht in diesem Jenseits die entscheidenden gesellschaftlichen Verwerfungen (Risiken) der Gegenwartsgesellschaft verortet. Gleichwohl kehrt er in den folgenden Jahrzehnten im Zuge seiner Gesellschaftsdiagnosen immer wieder zum Phänomen der sozialen Bewegungen zurück (siehe etwa Beck 1997).

In der Zusammenschau zeigt sich das Projekt Bewegungsforschung als hochgradig heterogenes Forschungsfeld, das gleichwohl unter zwei Gesichtspunkten zusammengefasst werden kann: Sozialer Wandel und Organisation öffentlicher, politischer Kampagnen. Besetzungen tauchen in diesem Zusammenhang allenfalls als Strategien politischer Kampagnen neben anderen auf. Die gezielte Suche nach sozialwissenschaftlich relevanten Studien über Besetzungsereignisse bleibt lange Zeit dünn. So gibt es wenige und vor allem autobiographische Annäherungen an Besetzungserfahrungen, etwa die ›Ausrufung‹ der *Republik Freies Wendland* während der aufkommenden Anti-Atomkraft-Bewegung (Kretschmann 1980; Zint und Fetscher 1980).

Im Zuge der Occupy Bewegung rückt auch das Besetzen öffentlichen Raums in den Fokus. Erstaunlicherweise kommt beim Thematisieren der Occupisten das Thema der Besetzung verhältnismäßig kurz. In einer ersten Welle von Publikationen erschienen Impressionen aus den Innenleben der Geschehen verbunden mit Solidaritätsbekundungen (Blumenkranz, Gessen, Glazek, et al. 2011; Taylor, Gessen, Editors of n+1 et al. 2011; Byrne 2012). Der 1968er Experte Wolfgang Kraushaar erkennt in den Besetzungen des Arabischen Frühlings bis zur Occupybewegung vor allem einen »Aufstand der Ausgebildeten« (Kraushaar 2012). Noam Chomsky (2012) verortet Occupy in einem Klassenkampf ›von oben‹, den er seit über dreißig Jahren Wirkung entfalten sieht. Im Gegensatz dazu untersuchen Peter Mörtenböck und Helge Mooshammer (2012) Occupy mit Augenmerk auf die »Räume des Protests«. Ihr Gegenstand ist die Besetzung des New Yorker Zuccotti Park, den die Besetzer*innen im Herbst 2011 symbolträchtig in *liberty square* umbenennen. Mörtenböck und Mooshammer zeigen, wie den Besetzer*innen nach kraftvollem Start über Zeit das Momentum verloren geht und sich der Protest schließlich zerstreut. 2013 bietet die *Current Sociology* per Themenheft der »new wave of mobilization« (Tejerina et al. 2013, S. 377) rund um den sogenannten Arabischen Frühling und Occupy ein Forum. Benjamín Tejerina, Ignacia Perugorría, Tova Benski and Lauren Langman verorten die Ereignisse im Spektrum neuer, progressiv-demokratischer Bewegungen.[34] Die Autor*innen des Schwerpunkthefts sind sich dahingehend einig, dass diese mit Besetzungen einhergehenden Bewegungen in einer gemeinsamen Klammer zu referieren sind. Auch betonen sie die zentrale Bedeutung von Emotionalität einerseits und andererseits der Aneignung öffentlichen Raums, doch kommen die Artikel dem Geschehen vor Ort nur beiläufig nahe. Die Betonung des Besonderen an Occupy

---

[34] »With its innovative and distinctive traits in terms of diffusion, coordination, action repertoires, frames, and types of activism, this new cycle seeks to both transform the economic system to provide greater equality, opportunities, and personal fulfillment and, simultaneously, to democratize power in more participatory ways.« (Tejerina et al. 2013, S. 377)

und Co. bleibt abstrakt. Und während die Autor*innen sich mit Selbstbeschreibungen und Selbstprojektionen der Bewegten befassen, bleibt die Analyse vor Ort auf der Strecke.[35] Lediglich Ignacia Perugorría und Benjamín Tejerina (2013, S. 426; kursiv im Original) gehen auf die Wirkungsketten des »›sharing‹ and ›being together‹« ein. Mit Andy Merrifield (2011) bezeichnen sie das Geschehen als »*politics oft the encounter*«, welche sich nicht in Abstraktion ergeht, sondern auf Zeit eine Form des Politischen und des Miteinanders hervorbringt, die gleichzeitig als Alternativkonzept zum *status quo* politischer Alltagskultur propagiert wird (vgl. Perugorría und Tejerina 2013, S. 436). Anstatt nun diese Begegnungen näher zu analysieren, stellen die Autoren heraus, dass es sich keineswegs allein um ein ludisches Tête-à-Tête handele. Sie sehen in den Besetzungen ein praktisches Angebot, nicht nur Alternativen einzufordern, sondern diese Alternative gleichsam – wenn auch auf Zeit – anzubieten. Damit bleiben sie dem Korsett der Forschung über Soziale Bewegungen treu, fallen aber damit für eine Erörterung des Phänomens unter Gesichtspunkten von Nichtalltäglichkeit aus.

Am Rande der Bewegungsforschung findet sich in der normativ aufgeladenen anarchistischen Literatur die situationisitische Idee der *temporären autonomen Zone (TAZ)* des anarchistischen Philosophen Hakim Bey. Er geht davon aus, dass in Anbetracht der Übermacht des gesellschaftlichen Institutionen-Gefüges gegenwärtiger Gesellschaften eine Revolution aussichtslos scheint. Daher benötigt eine anarchistisch motivierte Bewegung eine Anpassung ihrer Taktiken. »Die TAZ ist daher eine perfekte Taktik in einer Zeit, da der Staat omnipräsent und allmächtig ist und dennoch zugleich Risse und Leerstellen zeigt.« (Bey 1994, S. 113) Bey vergleicht diese

---

[35] Lauren Langman verortet die Analyse der Occupy-Bewegung(en) vornehmlich im Referenzrahmen neuer sozialer Bewegungen. Ihr Versuch, das Besondere der Occupy-Bewegung pointiert abgrenzend zu formulieren, überzeugt gleichwohl nicht. Occupy artikuliere »*a hybridity of economic grievances with visions of alternative idenities*« (Langman 2013, S. 520; kursiv im Original) – eine Aussage, die sich im Sinne Laus vor dem Hintergrund Reflexiver Modernisierung und des damit einhergehenden Individualisierungsdrucks ohne Weiteres auf viele Bewegungen der zweiten Hälfte des 20. Jahrhunderts anwenden ließe. Um die Mobilisierungen zu erklären, betonen Tova Benski und Lauren Langman (2013) die zentrale Bedeutung von Emotionen. Während die Autor*innen feststellen, dass die Bewegungsforschung Emotionen unterschätzt (ebd., S. 528) und sich daher Defizite beim systematischen Nachvollzug als auch bei der Erklärung sozialer Bewegungen auftun, bleiben sie bei der Frage nach der Mobilisierung stecken. Die emotionale Dichte, die sowohl mit der räumlichen, zeitlichen wie auch der sozialen Verdichtung innerhalb des Besetzungsgeschehens einhergeht, kommt in ihrer Argumentation leider zu kurz. Weitere Artikel des Sonderhefts befassen sich vornehmlich mit dem regional begrenzten Aufkommen politischer Initiativen vor Ort (Baumgarten 2013; Desrues 2013; Grinberg 2013; Sotirakopoulos und Sotiropoulos 2013). Zudem befasst sich Stefania Vicari (2013) mit der Mobilisierungsrelevanz der Nutzung sozialer Netzwerke – hier insbesondere Twitter.

Ordnungen mit den Ankerplätzen von Seeräubern und Korsaren. Dort entstanden »ganze Mini-Gesellschaften, die bewußt außerhalb des Gesetzes lebten und entschlossen waren durchzuhalten, und sei es auch nur für eine kurze aber glückliche Zeit.« (ebd., S. 109) In zeitlich begrenzten Ordnungen lassen sich Utopien nicht nur denken, sondern zumindest temporär verwirklichen. »Die TAZ ist eine Lebenskunst des fortgesetzten Aufbegehrens, wild aber sanft – sie verführt, vergewaltigt nicht, schmuggelt, statt blutrünstig ein Piratendasein zu führen, tanzt und kümmert sich nicht um Eschatologie.« (ebd., S. 150) Bey charakterisiert diese TAZ als Ordnung, welche im verborgenen Freiräume schafft.[36] Bey kommt mit seinem Konzept einer *temporären autonomen Zone* einer Annäherung an nichtalltägliche soziale Phänomene nahe – sowohl die literarische Form als auch die normative Überformung stehen gleichwohl im Weg, seine Gedankengänge als elaboriertes heuristisches Konzept zu gebrauchen.

Grundsätzlich lässt sich zum Stand der aktuellen Bewegungsforschung feststellen, dass eine sozialwissenschaftlich gehaltvolle Erörterung von Besetzungsereignissen nur selten aufzufinden ist. Zumeist bleiben Thematisierungen distanziert; vor dem Hintergrund sozialen Wandels und der effizienten und effektiven Organisation von Kampagnen werden Bewegungsphänomene dokumentiert, analysiert und zum Teil auch pädagogisiert – »cook a peaceful revolution« (spanish rEvolution 2011). Die Beschreibungen entbehren nicht der Abstraktion, doch fehlt der Analyse ein abstrakter Referenzrahmen, der es ermöglicht *Besetzungsereignisse an sich* sinnvoll zu deuten und nicht nur Besetzung im weiteren Kontext eines wie auch immer zu formulierenden Bewegungsinteresses. Es ist die These der vorliegenden Argumentation, dass es die spezifische Nichtalltäglichkeit des sozialen Arrangements ist, deren Verständnis es erlaubt den euphorischen und euphorisierenden Eintritt, anschließend den Verlauf bis zur Erschöpfung des Besetzungsgeschehens *deutend zu verstehen* und dadurch *ursächlich zu erklären*.

---

[36] Im Gegensatz dazu scheint es die Hörsaalordnung durch temporäres Aufflackern darauf anzulegen, Sichtbarkeit zu entfalten.

1.2.4.2 Jugendreisen, Jugendfreizeit, Jugenderholung

Bei dem untersuchten Schulcamp handelt es sich um ein Jugendreise-Angebot[37], angesiedelt zwischen Schulkultur und verbandlich organisierter Jugendarbeit. Der Forschungsstand in diesem Feld kann umfassend als unbefriedigend bezeichnet werden. Oliver Dimbath und Andreas Thimmel (2014, S. 43) attestieren den Sozialwissenschaften im Hinblick auf Kinder- und Jugendreisen ein »kaum erkläriches Defizit« und bemerken hierzu: »Kinder- und Jugendreisen sind ein Praxisfeld, dessen wissenschaftliche Durchdringung noch immer am Anfang steht.« Erstaunlich scheint dieses Defizit insbesondere in Anbetracht der beachtlichen Größe und Vielgestaltigkeit des Jugendreisens an sich sowie des damit verbundenen pädagogischen Arbeitsfelds.[38] In eine ähnliche Kerbe schlägt mit nicht geringerem Erstaunen Astrid Hübner (2010, S. 85), wenn sie bemerkt: »In den einschlägigen Handbüchern zur Kinder- und Jugendarbeit respektive Sozialen Arbeit bleibt dieses Praxisfeld unbesetzt.«[39]

Forschungsstatements im Bereich des Jugendreisens sind prinzipiell rar, zudem fachdisziplinär verstreut und inhaltlich disparat. Werner Müller (2014, S. 23) verortet den Beginn der neueren Fachdiskussion über Jugendreisen im sozialgesetzgeberischen Diskurs über Jugenderholung der 1950er Jahre. Tatsächlich sind zu diesem Zeitpunkt bereits in der verbandlichen Jugendarbeit praktische Traditionen des Jugendreisens, wie etwa die Pfadfinderei oder die Methode der (Ferien-)Freizeiten in der kirchlichen Jugendarbeit weit verbreitet. Bernd-Michael Haese (1994) zeichnet

---

[37] Der Begriff Jugendreise ist eine Etikettierung, die im tourismuslastigen Diskurs der Nachkriegszeit diesem Phänomenbereich gegeben wurde. Tatsächlich ist der Begriff nicht konsequent und vollumfänglich gebräuchlich. In der Sozialhilfegesetzgebung sind Jugendreisen werden unter den Stichworten Kinder- und Jugendarbeit, Kinder- und Jugenderholung sowie Familienerholung verhandelt (siehe hierzu SGB VIII, §11 beziehungsweise §16, Abs. 2). Im Feld ist neben dem Begriff Kinder- und Jugendreise auch der Begriff der Kinder- und Jugendfreizeit gebräuchlich. Auch wenn diese Terminologie vornehmlich im Bereich des verbandlich organisierten Jugendreisens gebräuchlich ist, werde ich im Folgenden – der Einfachheit halber – die Begriffe gleichbedeutend verwenden.

[38] Eine vom Bundeswirtschaftsministerium 2010 veröffentlichte Expertise geht für das Jahr 2008 von 23,5 Millionen Reisen von Kindern unter 13 Jahren, davon 4,5 Millionen ohne Begleitung von Erwachsenen, und von weiteren 2,8 Millionen unbegleiteten Reisen von Jugendlichen aus (BMWi 2010, S. 18 f.).

[39] Das Staunen über das Fehlen einer fachwissenschaftlichen Beschäftigung lässt sich immer wieder auffinden. So zitiert Astrid Hübner (2010, S. 85) eine von Werner Thole (2000, S. 138) stammende, paradox anmutende Feststellung: »Obwohl Kinder- und Jugendreisen wahrscheinlich das Segment der Kinder- und Jugendarbeit darstellen, in dem die meisten Heranwachsenden Kontakt mit der Kinder- und Jugendarbeit hatten [...], spielt dieser Bereich in den allgemeinen jugendpädagogischen Diskussionen im Kontext der Kinder- und Jugendhilfe kaum eine Bedeutung.«

die Geschichte des Jugendreisens im Rahmen der evangelischen Jugendarbeit und zeitgeschichtlich verwandte Bestrebungen seit der zweiten Hälfte des 19. Jahrhunderts nach. Jenseits der weltanschaulichen Sonderstellung evangelischer Jugendarbeit sieht Haese die Entwicklung der Jugendfreizeit vor dem Hintergrund grundlegender gesellschaftlicher Entwicklungen. So stellt er fest: »Alle evangelischen Jugendbestrebungen hatten sich mit der idealistischen Jugendbewegung auseinanderzusetzen« (Haese 1994, S. 84). Ihren prominentesten Ausdruck finden die Jugendbewegungen dieser Zeit im sogenannten *Wandervogel*, der mit Karl Mannheim (1928) als generationenprägende Erscheinung betrachtet werden kann – so Quirin Bauer (2007).[40]

Der bekannteste Bezugspunkt einer Erforschung von Jugendreisen, allerdings unter ›falscher Flagge‹, ist das von Muzafer Sherif angeleitete *Robbers Cave Experiment* (Sherif und Sherif 1953; Sherif et al. 1988). Am Beispiel eines Kinderzeltlagers erproben Sozialpsychologen in den USA der frühen 1950er Jahre die Herausbildung von Gruppen unter Konkurrenzbedingungen sowie die Entstehung von Einstellungen gegenüber der jeweiligen In-Group und Out-Group. Die Studie gilt als Meilenstein im Bereich der Kleingruppenforschung sowie als grundlagenschaffend im Bereich der sozialpsychologischen Gruppenforschung. Dass die Studie ein Kinderzeltlager zum Gegenstand wählt, gilt in der Rezeption des Experiments und seiner Ergebnisse meist als Randnotiz. Im Bereich der Kleingruppenforschung bleibt die *Robbers Cave* Studie die Ausnahme.[41]

Im Nachkriegsdeutschland wird zu Beginn der 1960er Jahre der Gegenstandsbereich Kinder- und Jugendreisen zunächst als Feld des Tourismus entdeckt und auch die Begrifflichkeiten (Kinder- und Jugendreisen) im Zuge dieser Auseinandersetzung etabliert. Hans Hahn (1963) zeichnet die »Entwicklung des Jugendtourismus« nach.

---

[40] Bei Betrachtung der sozialstrukturellen Entwicklung, ist die Entstehung von Jugendbewegungen nicht weiter verwunderlich. Das 19. Jahrhundert war von einer rasanten Bevölkerungsentwicklung geprägt, während hohe Geburtenraten zunächst noch konstant blieben, nahm die Säuglings- und Kindersterblichkeit massiv ab, bei gleichzeitig steigender Lebenserwartung. Der erste *demographische Übergang* entfaltet seine volle Wirkung (Thompson 1929, S. 960). Am Vorabend des ersten Weltkriegs wurde die Bevölkerung des Deutschen Reichs von einer noch nie dagewesenen Menge junger Menschen geprägt. Das Medianalter lag unter 25 Jahren, während die Bevölkerung rasant wuchs.

[41] Gleichwohl sind weitere sozialpsychologische Experimentaldesigns mit besonderen sozialen Situationen verbunden: so etwa das mindestens ebenso bekannte und unter Federführung von Philip Zimbardo durchgeführte *Stanford Prison Experiment*. Zimbardo erzeugt für eine Probandengruppe eine künstliche Gefängnissituation, in der er einen Teil der Probanden die Rolle der Wärter*innen, den anderen die Rolle der Internierten spielen lässt. Unter dem Untertitel *How Good People turn Evil* und vor dem Hintergrund der die globale Öffentlichkeit verstörenden Vorkommnisse im irakischen Gefängnis *Abu Graib*, hat Zimbardo seine Forschungserfahrungen Stanford jüngst neu formuliert (Zimbardo 2008).

Im gleichen Heft der *Deutschen Jugend* betrachtet Helmut Kentler (1963) »Urlaub als Auszug aus dem Alltag«. 1967 erscheint die *Pädagogik des Jugendreisens* (Giesecke et al. 2002), die wesentlich auf Beobachtungen und empirischen Annäherungen des *Studienkreis für Tourismus e.V.* in Starnberg (Bayern) basiert. Die Thematisierung findet im weiteren Rahmen einer Diskussion des Verhältnisses von Arbeit und Freizeit statt, die von Diskursgrößen, wie etwa Jürgen Habermas (1958) mit seinen »Soziologischen Notizen zum Verhältnis von Freizeit und Arbeit« oder Hans Magnus Enzensbergers (1962) mit seiner »Theorie des Tourismus« angeführt wird. Die Debatte mündet in der Etablierung sowohl einer *Soziologie der Freizeit* (Scheuch 1972; Wallner 1978; Opaschowski 1988; Freericks und Brinkmann 2015) als auch und insbesondere einer *Pädagogik der Freizeit* (Nahrstedt 1972, 1990; Opaschowski 1976).[42] In der Folgezeit wurde diese Diskussion in Richtung einer Pädagogik internationaler Jugendbegegnung vorangetrieben (Friesenhahn und Thimmel 2004).

Empirische Erkundungen im Feld sind prinzipiell rar. In den letzten Jahren nimmt das Interesse an Studien über die ›Wirkung‹[43] von Jugendreisen zu. Im Auftrag des Netzwerkverbunds Forscher-Praktiker-Dialog in Köln hat Nicole Stollwerk 2009 Forschungsaktivitäten im Feld zusammengestellt. Besonders erfolgreich hat sich das Projekt *Freizeitenevaluation* unter Federführung von Wolfgang Ilg etabliert (Ilg 2008; Ilg und Dubiski 2015). Das standardisierte, quantifizierende Verfahren der Freizeitenevaluation schafft Grundlagen für ein strukturelles Verständnis der ausgewerteten Angebote und Anbieter. Die Freizeitevaluator*innen folgen beim Bau ihrer Forschungsinstrumente ihrer sicherlich gut informierten Intuition. Gleichzeitig steht das Projekt auf einem problematischen Fundament, denn nach wie vor stehen gewichtige Fragen im Raum, was Kinder- und Jugendreisen beziehungsweise -freizeiten eigentlich sind, was sich dort ereignet, welche Mechanismen dort Wirksamkeit entfalten. Eine Annäherung an diese Fragen kann nur durch ergebnisoffene Verfahren erreicht werden. Mit ihrer Studie *Erlebnisse die verändern* nähern sich Alexander Thomas, Celine Chang und Heike Abt (2007) den Langzeitwirkungen von Internationalen Jugendbegegnungen. Während sie in ihrem Interviewmaterial starke Indizien für die biographische Wirksamkeit dieser besonderen Erfahrungen entdecken, liefert die Studie kaum Einsichten darüber, was denn nun eigentlich vor Ort geschieht. Eine vornehmlich auf teilstandardisierten Interviews basierende Annäherung hat Astrid Hübner

---

[42] Insbesondere das Feld pädagogischer Schriften ist damit nicht annähernd ausgeschöpft. Horst Opaschowski und Wolfgang Nahrstedt sind hier als besonders ausschlaggebende Autoren im Bereich des Jugendreisens zu nennen.

[43] Siehe hierzu beispielsweise den von der Fachstelle für Internationale Jugendarbeit der Bundesrepublik Deutschland verantworteten Herausgeberband *Internationale Jugendarbeit wirkt* (IJAB 2013).

(2010) für die »Strandfahrten nach Fackelstein« vorgelegt. Die per qualitativer Inhaltsanalyse ausgewerteten Interviews bieten einen Einblick in den Erfahrungshorizont der ehrenamtlichen Helfer*innen dieser Jugendreisemaßnahme. Dem Zuschnitt nach befasst sich Hübner allerdings mit Motivation, Erlebnissen und Erfahrungen ehrenamtlicher Mitarbeiter*innen, die natürlich auch auf die erlebten Ereignisse verweisen. Aber auch hier liefern die Daten keine systematischen Erkenntnisse über das situative Geschehen. Erste Annäherungen an eine »interpretative Freizeitenevaluation« (2007) und »Elemente einer Soziologie der Jugendfreizeit« (2008) wurden von Oliver Dimbath und Kolleg*innen unternommen. Damit wird das Arbeitsfeld für eine ethnographisch inspirierte Annäherung geöffnet, gleichwohl fehlt es bisher an einer konsequent durchgeführten und berichteten Studie.

Abschließend lassen sich zum Arbeitstand des Forschungsfeldes drei zusammenfassende Feststellungen treffen. Erstens ist das Interesse an grundlegenden wissenschaftlichen Erkundungen des Arbeitsfeldes von Seiten der dort aktiven Akteure groß. Zweitens ist das Arbeitsfeld trotz seiner beeindruckenden Größe bisher kein systematischer Gegenstandsbereich empirischer Sozialwissenschaften. Die Forschungsbemühungen sind in der Regel Einzelanstrengungen, die scheinbar mit besonderer Motivation vorangetrieben wurden. Sieht man von den Arbeiten von Ilg, Hübner und ThomasChang/Abt ab, sind die Forschungsbemühungen tendenziell kleinteilig. Dies ist wahrscheinlich insbesondere dem fehlenden wissenschaftlichen Diskurs und damit der mangelnden wissenschaftsstrategischen Relevanz des Forschungsbereichs geschuldet. Grundlegende Annäherungen an das Arbeitsfeld des Kinder- und Jugendreisens sind dahingehend direkt als Beitrag zu betrachten, einerseits einen bisher vernachlässigten Bereich für sozialwissenschaftliche Debatten zu erschließen, andererseits Grundlagen- wie auch Reflexionswissen für einen großen Tätigkeitsbereich der Sozialen Arbeit bereitzustellen. Die exemplarische Analyse des Insel*camps* im Referenzrahmen *nichtalltäglicher sozialer Arrangements* dient damit auch dazu, einen Beitrag zur grundlegenden Klärung des Phänomenbereichs zu unterbreiten.

1.3 Forschungsleitende Fragen und Ziele

Im Zentrum der folgenden Ausführungen stehen ein theoretisches und ein empirisches Anliegen. Auf der einen Seite dient der Begriff des *Nichtalltäglichen* als theoretische und empirische Untersuchungen anleitendes sensibilisierendes Konzept. Auf der anderen Seite werden zwei abgrenzbare Bereiche sozialer Wirklichkeit ergründet: das empirische Anliegen besteht darin, einen elaborierten und systematischen Beitrag zu beiden Phänomenbereichen zu leisten. Der konzeptionelle Impuls geht insofern der empirischen Arbeit voraus, da erst die Idee sich mit Nichtalltäglichem zu befassen, eine entsprechende Fallauswahl ermöglicht. Der Begriff ist in der sozialwissenschaftlichen Debatte nicht hinreichend erörtert. Daraus leitet sich eine begriffssystematische Aufgabe ab, die wiederum in zwei Aspekte zerfällt: einerseits die kritische Diskussion einschlägiger fachwissenschaftlicher Beiträge und andererseits die empirische Fundierung, Validierung, Ergänzung und gegebenenfalls Kritik der theoretisch konzeptionellen Anstrengungen. Diese Arbeiten sind in beide Richtungen ertragreich. Theoretische Sensibilität leitet die empirische Forschungsarbeit sowie die Arbeit im Forschungsfeld und am Material das theoretische Verständnis an. Folglich geht die empirische Arbeit auch der konzeptionellen voraus, da ein lebensweltlich relevantes konzeptionelles Verständnis immer auch auf die Konfrontation und Irritation durch soziale Wirklichkeit angewiesen ist.

Die bisher skizzierten Überlegungen werfen eine Reihe von sozialwissenschaftlich relevanten Fragestellungen auf:

1. Wie lässt sich im Rahmen ausgewählter sozialwissenschaftlicher Konzepte *situative Nichtalltäglichkeit* theoretisch umreißen?
2. In welchem Verhältnis stehen Alltag/Alltäglichkeit und Nichtalltag/Nichtalltäglichkeit?
3. Wie lassen sich situative Arrangements sozialer Nichtalltäglichkeit mit Mitteln der empirischen Sozialforschung annähern?
4. Was lässt sich vor dem Hintergrund des theoretischen Referenzrahmens *situativer Nichtalltäglichkeit* über ausgewählte Phänomenbereiche sozialer Wirklichkeit sagen?

Hauptziel der theoriesystematischen und empirischen Anstrengungen ist es, entlang der Bearbeitung dieser Aufgaben Antworten auf die oben formulierten Fragen zu suchen. Auf diesem Weg wird aber auch der Versuch unternommen, einen Beitrag zur Präzisierung des vergleichsweise unscharfen Grenzbereichs alltäglicher sozialer

Ordnungen zu leisten. Nicht zuletzt werden vor dem Hintergrund des entwickelten theoretischen Verständnisses zwei empirische Phänomene untersucht und damit Beiträge einerseits für die sozialwissenschaftliche Ergründung von Besetzungen im Kontext der Forschungsarbeiten zu Sozialer Bewegungen, andererseits eine grundlegende Beschreibung der sozialen Wirklichkeit einer Jugendreisemaßnahme vorgelegt.

1.4 Zum Aufbau der Arbeit

Hiermit stellt sich die Frage, wie das skizzierte Vorhaben praktisch eingeholt wird. Die Erörterung umfasst zwei Teile. Im *ersten Teil* (Kapitel zwei bis vier) werden theoretische sowie methodologische und methodische Grundlagen geschaffen. *Kapitel zwei* dient als Ankerpunkt für weitere begriffssystematische Überlegungen. Auf der Erörterung des Forschungsstands im Rahmen dieser Einleitung aufbauend werden zentrale und grundlegende Debatten zu einer Soziologie des Alltags fokussiert. Kern der Ausführungen bilden einerseits die kritische Abarbeitung am Alltag durch Georg Lukács, Henri Lefebvre und Ágnes Heller, andererseits Alfred Schütz' pragmatistisch-phänomenologische Soziologie des Alltags. Das *dritte Kapitel* dient einer Annäherung an eine Konzeption *situativer Nichtalltäglichkeit*. Ausgangspunkt sind die klassischen Konzepte Charisma (Max Weber) und kollektive Effervenz (Émile Durkheim). Anschließend wird Alfred Schütz' Soziologie der Alltagswelt gleichsam invertiert und dadurch der Phänomenbereich situativer Nichtalltäglichkeit umrissen. Ergänzt werden diese Betrachtungen durch ritualtheoretische Überlegungen Victor Turners. Am Ende des Kapitels werden Elemente eines Arbeitsbegriffs *situativer Nichtalltäglichkeit* perspektivisch skizziert. Im *vierten Kapitel* werden die methodologischen und methodischen Voraussetzungen einer empirischen Annäherung an Phänomene *situativer Nichtalltäglichkeit* geklärt. Zunächst wird der methodologische Standpunkt der Untersuchung erörtert, um anschließend Fall- und Methodenwahl sowie die Auswertungsstrategie darzulegen. Neben dem empirischen Zugang zu den beiden Fallstudien werden die ausgewählten Fälle in ihren Grundzügen dargestellt.

Der *zweite Teil* (Kapitel fünf bis acht) dient der systematischen und vergleichenden Annäherung der beiden ausgewählten Fallbeispiele. *Kapitel 5* geht der Frage nach, wie sich anhand der jeweiligen Fälle ein Ein- oder besser Übertritt in *nichtalltägliche soziale Arrangements* vollzieht. Im *sechsten Kapitel* wird mit Referenz auf Émile Durkheim und Maurice Halbwachs die spezifische soziale Morphologie der sozialen Gegebenheiten dargestellt. Ein besonderer Schwerpunkt der Ausführungen liegt im *siebten Kapitel*:

Dort wird die *Intensivierung des Sozialen* unter dem Eindruck der gegebenen situativen Nichtalltäglichkeit strukturiert dargestellt. Das *achte Kapitel* geht zuletzt der Frage nach, wie sich nach dem Eintritt in die Nichtalltäglichkeit, sich die Rückkehr in den Alltag ereignet.

Im *neunten Kapitel* werden die zentralen Ergebnisse der Argumentation im Rückgriff auf die zu Beginn aufgeworfenen Fragestellungen zusammengefasst. Eine Integration der theoretischen und empirischen Ausführungen mündet in einem begriffssystematischen Angebot zu einer Soziologie situativer Nichtalltäglichkeit. Zuletzt werden die dargestellten Argumente im Hinblick auf ihre Reichweite, Grenzen und Desiderate reflektiert.

ERSTER TEIL

Theoretische Vorüberlegungen zu einer Soziologie des Nichtalltäglichen

Ein gutes Frühstück beginnt mit einer Fahrt zum Bäcker. Nehmen wir an, fünf Fahrrad-Minuten trennen von frischen Brötchen; weitere zehn Minuten – anstellen, einkaufen, zurück – von Kaffee und Honig. Auf dem Weg dorthin oder vor Ort kann man Nachbar*innen und Bekannten begegnen: *Guten Morgen. Wie geht's? Danke gut, alles Bestens. Liebe Grüße! Richte ich aus. Ebenfalls Grüße!* Fremde stören nicht weiter: *Sie waren vor mir dran, ich hab's nicht eilig.* Die Kommunikation mit der nie gleichen Bäckereifachverkäuferin, problemlos: Geld gegen Semmeln. *Einen schönen Tag Ihnen noch. Danke ebenfalls.* Ein Nachbarshund hat bereits sein Tagesgeschäft auf dem Gehsteig veröffentlicht. Das Fahrrad umkurvt spielerisch das Hinterlassene. Zurück in der Küche fehlt die Erinnerung, bereits Kaffee aufgesetzt zu haben. Es wurde aber wohl getan. Zahnbürsten fegen Gebissgassen rein. Die Kinder spielen, zanken, vertragen sich wieder; quengeln anschließend gemeinsam ihre Mama an. Man fragt: *Was wohl der Kleine wieder hat?* Man antwortet, *dass er wohl einen Schub gemacht habe.* Und man ergänzt: *Vielleicht brütet er etwas aus? Vielleicht die Zähne?* An Wochentagen wird die muntere Frühstücksrunde hektisch, geht der große Zeiger auf die Sieben zu. *Schuhe anziehen! Mach bitte die Musik aus! Jetzt! Kannst Du bitte eine andere Jacke anziehen? Die Puppe bleibt daheim! Mama, ich mag das gar nicht. Papa, kannst Du mir helfen? Lass mich, ich kann das alleine!* Alltagstrott. Alltagswahnsinn? Routine!

Wer von *Nicht-Alltäglichkeit* erzählen will, kann von *Alltäglichkeit* nicht schweigen. Im Gegenteil, genau hier setzt die Reise zu einer konzeptuellen Klärung an. Ohne, dass es so etwas wie Alltäglichkeit gibt, macht es keinen Sinn von *Nicht-Alltäglichkeit* zu sprechen. Wie sich *nicht-alltägliche Erfahrungen* vor dem Hintergrund *alltäglichen Erlebens* abheben, so bildet eine soziologische Konzeption des Nicht-Alltäglichen einen Kontrast zu soziologischen Konzepten des *Alltäglichen*. Es gibt einen weiteren Vorteil, wenn man die Reise beim *Alltäglichen* beginnen lässt. Eine Konzeption des Alltags wurde bereits für die Soziologie erschlossen. Verschiedene Alltagsperspektiven bilden einen weitgehend konsolidierten Bestandteil der soziologischen Theorie- und Forschungstradition. *Eine hinreichend klare soziologische Bestimmung von Nicht-Alltäglichkeit steht hingegen (noch) aus: diese These stelle ich hiermit in den Raum.* Es stellt sich aber nicht nur die Frage, was das eine *(Alltäglichkeit)* beziehungsweise hier insbesondere das andere *(Nicht-Alltäglichkeit)* bezeichnet, sondern in welchem Verhältnis diese beiden Begriffe, Konzepte oder Phänomenbereiche zueinanderstehen. Für die vorliegende Argumentation ergeben sich damit vornehmlich drei Aufgaben:

Zunächst – und das geschieht im zweiten Kapitel – geht es darum sicheren Grund zu bereiten. Kernpositionen einer *Soziologie der Alltäglichkeit* werden hier diskutiert. Für den folgenden Schritt reicht eine rekonstruktive Darstellung nicht aus. Ausgewählten soziologischen Theoriepositionen soll ein Antipode zum Alltäglichen – und damit eine soziologisch hilfreiche Arbeits-Konzeption des *Nicht-Alltäglichen* – abgerungen werden; Kapitel drei ist der Ort dieser Klärung. Zuletzt bleibt die Frage offen, wo die soziologische Relevanz des ungleichen Paares *Alltäglichkeit/Nicht-Alltäglichkeit* liegt. Diese Frage kann im Grunde nur empirisch erarbeitet werden: das ist die Aufgabe des zweiten Teils dieser Untersuchung.

2 Alltag und Alltäglichkeit als Gegenstand und Perspektive der Soziologie

2.1 Von der Alltagssprache zum soziologischen Begriff

Das Verhältnis von Soziologie und Alltag beziehungsweise Alltäglichkeit ist vielgesichtig. Diese Feststellung lässt sich nicht allein auf paradigmatisch unterscheidbare Thematisierungen des Alltags beziehen, sondern führt tiefer. Zunächst ist der Alltag ein Gegenstandsbereich soziologischer Forschung. So untersucht Erving Goffman in den 1950er Jahren Strukturen und Praktiken der Selbstdarstellung im Alltagsleben (Goffman 1959). Aber was ist das für ein eigenartiger Gegenstand? Was soll das eigentlich sein: ein Alltag? Was ist damit gemeint, wenn etwas alltäglich ist? Einen substantiellen Gegenstand Alltag scheint es nicht zu geben; nichts was sich greifen lässt, ja nicht einmal ansehen. Die Vorstellung, es gäbe so etwas wie einen Alltag, ruht selbst auf einem Alltagskonzept; einer begrifflichen Perspektive Dinge zu betrachten. Alltag und Alltäglichkeit sind Begriffe, Kategorien oder besser Perspektiven, die etwas greifbar machen sollen: eben Alltägliches. Soweit so unspektakulär. Zweitens: für die Soziologie ist Alltag nicht nur ein Gegenstandbereich, sondern eine Annahme über die Art und Weise, wie soziale Wirklichkeit strukturiert ist und prozessiert wird; eine Annahme über den *modus operandi* der sozialen Alltagswelt. In diesem Sinne ist Alltag eine proto-soziologische Annahme über soziale Strukturierung: ihr wird Alltäglichkeit unterstellt.[1] Offensichtlich ist die Aussage, der Alltag sei etwas Alltägliches, eine tautologische Sackgasse, aus der argumentativ ein Weg gesucht werden muss.

---

[1] Nicht nur im Deutschen ist diese Unterscheidung von Alltag und Alltäglichkeit möglich. Auch im Englischen gibt es eine semantische Differenz zwischen everyday life und everydayness.

© Springer Fachmedien Wiesbaden GmbH, ein Teil von Springer Nature 2019
M. Ernst-Heidenreich, *Irritation des Selbstverständlichen*,
https://doi.org/10.1007/978-3-658-25208-3_2

Wie viele Begriffe der Sozialwissenschaften entspringen Alltag und Alltäglichkeit der Alltagssprache. Befragt man einschlägige aktuelle und historische Wörterbücher nach der Bedeutung der Begrifflichkeiten findet sich ein ganzer Strauß an Wortbedeutungen und Verwendungsformen.[2] Eine solche erste alltagssprachliche Annäherung ist insofern begrenzt erhellend, als dass keine eindeutig bestimmbare Wortbedeutung erkennbar wird. Zumindest im *deutschen Wörterbuch der Gebrüder Grimm*, dem *Wörterverzeichnis des Dudenverlags* und dem *Digitalen Wörterbuch der Deutschen Sprache* findet sich auf die Frage, was mit dem Begriffen Alltag und Alltäglichkeit sowie ihrem direkt assoziierten Wortfeld gemeint sei, keine schnelle und eindeutige Antwort. Natürlich gibt es keine Eindeutigkeit der Sprache, die es nur zu entdecken gälte und die darüber hinaus einer Eindeutigkeit der weltlichen Erscheinung geheimnisvoll nachgebildet sei. Sprache ist weder das soziale Leben selbst, noch historischen Geschehnissen übergeordnet.

Und doch: die Sprachentwicklung ist so etwas wie ein Relief des sozialen Lebens, seiner Ereignisse und Wandlungen sowie Ausdruck und unbefragter Hintergrund der gesellschaftlichen Imaginationskraft.[3] Der Vergleich der angeführten Quellen kann

---

[2] Das historische *deutsche Wörterbuch* der *Gebrüder Grimm*, das ab 1854 erschienen ist und aktuelle Wörterbucheinträge – einmal *(2012)* im *Online*-Wörterverzeichnis *(Duden)* des *Dudenverlags* und im *Digitalen Wörterbuch der deutschen Sprache (DWDS)* der *berlin-brandenburgischen Akademie der Wissenschaft* (2013) – dienen als erste, eher impressionistische als analytisch handfeste Referenz. Im *deutschen Wörterbuch* der Gebrüder Grimm kommt der Begriff Alltag lediglich als Adjektiv *alltäglich*, als Adverbien *alltäglich* und *alltags*, als Substantivierung *Alltäglichkeit* oder in zusammengesetzter Form vor. Der Kern der Wortbedeutung lässt sich am Adverb *alltags* verdeutlichen. »ALLTAGS, *adv. quotidie, wie tags könnte auch alltags gesagt werden, doch ist es nicht üblich, noch weniger ein subst.* alltag. *da hingegen die accusative* allentag *und* alletag *adverbialisch stehn und letzteres in* alletag *verkürzt wird, so sind die folgenden zusammensetzungen von ihm abzuleiten und stehen für* alletages.« (Grimm und Grimm 1854, Sp. 239–240) Die Bemerkung der Grimms, eine substantivische Verwendung – also *Alltag* – sei *»nicht üblich«*, ist interessant. Es legt nahe, dass von einer Quasi-Substanz Alltag zu sprechen, gemäß den Autoren – folgt man der obigen Aussage – sprachlich *unüblich* war. Der aktuelle Sprachgebrauch lässt sich exemplarisch am *Duden-Wörterbuch online* und dem *Digitalen Wörterbuch der deutschen Sprache* aufzeigen. Aufmerksamkeit gilt weniger Veränderungen, die sich über diesen hochselektiven Vergleich bestenfalls andeuten lassen – wenn überhaupt. Es geht darum das Spektrum an Bedeutungshorizonten andeutend auszuloten. Am 15. August 2012 gibt das Online-Verzeichnis des Dudenverlags (URL http://www.duden.de/definition) für den trunkierten Suchbegriff *»allt*«* 24 Treffer aus. Das *digitale Wörterbuch der deutschen Sprache* bietet per *open-thesaurus* (URL www.openthesaurus.de) für Alltag folgende Synonymgruppen an: »1. Alltagstrott, Gewohnheit, Joch, Mühle (umgangssprachlich), Regelmäßigkeit, Routine, Tretmühle (umgangssprachlich), Trott; 2. Alltag, Routine, Tagesgeschäft, täglich Brot (umgangssprachlich)«.

[3] Für Berger und Luckmann ist »Sprache [...] der Speicher angehäufter Erfahrungen und Bedeutungen, die sie zur rechten Zeit aufbewahrt, um sie kommenden Generationen zu übermitteln« (Berger und Luckmann 2004, S. 39). Mehr als nur Speicher ist sie mit dafür verantwortlich, auf

nicht mehr als beispielhaft sein. Unter diesen Einschränkungen lässt sich dennoch zunächst festhalten: Erstens finden sich Hinweise auf verschiedene Bedeutungsdimensionen, die mit den Begriffen Alltag beziehungsweise Alltäglichkeit verbunden werden. Zweitens und als Konsequenz stellt die relative ›Überbestimmtheit‹[4] der Vokabeln, eine Herausforderung für eine soziologische Verwendung als klare theoretische Begriffe beziehungsweise Kategorien dar. Wer soziologisch gehaltvoll von Alltag und Alltäglichkeit sprechen will, kann auf die Präzision der Alltagssprache nicht bauen. Missverständnisse scheinen vorprogrammiert. Eine hinreichend präzise soziologische Begriffsverwendung stellt insofern weniger einen Wortgebrauch oder eine ›Worthebung‹ aus dem Schatz der Alltagssprache, als eine begrifflich konzeptionelle ›Wortschöpfung‹ dar. Es ist daher keineswegs zielführend, alle Richtungen soziologischer Thematisierung von Alltag und Alltäglichkeit nachzuzeichnen.

Legt man diese Arbeiten beginnend bei Hammerich/Klein bis Sztompka sowie die angeführten Lexikaeinträge übereinander, lassen sich zumindest drei Stränge einer Soziologie des Alltags und der Alltäglichkeit aufzeigen.

1. Die *Kritik des Alltaglebens* insbesondere vertreten durch die marxistisch inspirierten Autor*innen Georg Lukács, Henri Lefebvre und Agnes Heller.
2. Ein *sozialphänomenologisch-pragmatistischer Theoriestrang*, der – von Husserl kommend – vornehmlich in den Arbeiten Alfred Schütz' entwickelt und von diesem philosophisch durch Einsichten des amerikanischen Pragmatismus erweitert wird.
3. *Die vielfältigen empirischen Analysen situativer Alltäglichkeit* im Schnittpunkt marxistischer, phänomenologischer und pragmatistischer Einsichten. Zu diesen Forschungsperspektiven zähle ich die pragmatistisch interaktionistische *Sociology of Everyday Life*, die mit den Labeln Symbolischer Interaktionismus und Ethnomethodologie verbunden sind, aber auch den dramaturgischen Ansatz Erving Goffmans umfasst; die Soziologie des Alltags, die – angestoßen durch Michel de Certeau und Michel Maffesoli und die sogenannte Birmingham School – das Alltagsleben als reiches, kreatives und produktives Getümmel unterhalb der vermachteten sozialen Verhältnisse begreift; nicht zuletzt wissenssoziologisch inspirierte Ansätze, die von ethnographisch inspirierten Lebensweltanalysen bis zur wissenssoziologischen Diskursanalyse als Soziologien des Alltäglichen angelegt sind.

---

welche Weise Menschen ihre Wirklichkeit erfassen, die Zusammenhänge zwischen den ›Dingen‹ vorstellen und entsprechend danach handeln.

[4] Überbestimmt im Sinne fehlender Eindeutigkeit oder klarer Dimensionalisierbarkeit.

Vor allem der dritte Strang und damit die Omnipräsenz vielfältigster empirischer Annäherungen an das alltägliche Leben kann als starkes Indiz für die Konsolidierung *der Soziologie des Alltags* gedeutet werden. Analytische Zugriffe auf das Alltägliche finden sich hingegen vornehmlich vor dem Hintergrund theoretischer, das heißt insbesondere sozialphilosophischer und mitunter anthropologischer Betrachtungen. In der analytischen Schärfe liegt die besondere Stärke der ersten beiden Stränge und diese ist für die weitere Argumentation von besonderem Interesse. Im Folgenden werden diese beiden Perspektiven einer genaueren Betrachtung unterzogen. Ziel der Ausführungen ist es, den analytischen Kern einer Soziologie des Alltags offen zu legen, ohne unterschiedliche Gewichtungen und sozialtheoretische Potentiale der einzelnen Ansätze zu verschweigen.[5]

2.2 Die Kritik des Alltagslebens
– Marx Frühwerk und die Hoffnung auf die wahre Revolution

2.2.1 Das Problem der Entfremdung bei Georg Lukács

Als Ausgangspunkt für eine marxistisch inspirierte Kritik am Alltagsleben gilt Georg Lukács *Geschichte und Klassenbewußtsein* (1977).[6] Lukács arbeitet in dieser Schrift den Zusammenhang zwischen Kapitalismus, Entfremdung und Alltagsleben heraus (vgl. Bennett und Watson 2002b, S. xiv). Die scheinbaren »Naturgesetze« des Kapitalismus – so bemerkt Lukács mit Bezug auf Engels – werden über einen »gedankenlosen Alltag« abgesichert. Gleichzeitig aber stellt Lukács (1977, S. 110) fest:

»Daß der – in der Unmittelbarkeit des gedankenlosen Alltags – fest geschlossen scheinende Zusammenhalt der »Naturgesetzlichkeit« dieses Lebens plötzlich aus den Fugen geraten kann, ist nur darum möglich, weil das Aufeinanderbezogensein seiner Elemente, seiner Teilsysteme auch bei dem normalsten Funktionieren etwas Zufälliges ist.«

---

[5] Dass mit dieser Eingrenzung weitere spannende Beiträge keine hinreichende Betrachtung finden, ist eine nichtintendierte Nebenfolge jeder Fokussierung. Die Einengung ist dahingehend begründet, dass die beiden gewählten Perspektiven meines Erachtens als wesentliche Referenzpunkte der erweiterten sozialwissenschaftlichen Debatte über den Alltag und Alltäglichkeit zu betrachten sind. Die Darstellung kann dahingehend keine Vollständigkeit für sich beanspruchen, die nähere Betrachtung wohl aber analytische Tiefenschärfe und paradigmatisches Gewicht.

[6] Ich folge bei dieser Einschätzung Tony Bennett und Diane Watson (vgl. 2002b, S. xiii f.) wie auch klaren Verweisen bei Lefebvre, Heller und anderen.

Das Alltagsleben trägt *gedankenlos* die bestehenden Strukturen. Es gibt aber keinen Grund zu glauben, dass diese alltäglichen Strukturen unveränderbar seien. Das Alltagsleben könnte auch ein ganz anderes sein.[7] Das heißt: ganz Anderes könnte als Alltäglichkeit erfahren und reproduziert werden, doch einfach ist eine Veränderung nicht zu haben. Die Alltäglichkeit umfasst nicht nur, sie ist massiv widerständig. Mag das Gewordene auch zufällig die gerade vorherrschende Gestalt angenommen haben, hat es eben diese Gestalt angenommen; und das Zufällige erscheint nicht als Zufälliges, sondern »verdinglicht« als Wirklichkeit. Diese Verdinglichung zu erkennen, die bestehende Ordnung als Effekt menschlicher Wirkungen und Prozesse zu begreifen und damit die Möglichkeit der neuerlichen Veränderung aktiv aufzugreifen, diese Probleme bilden den Kern der marxistischen Bewusstseinsfrage (zur Klasse für sich) und der Revolutionsthematik.[8] Lukács' Hauptthematik ist die Bewusstseinfrage; die in der Schrift angelegte Alltagsthematik wird später einerseits von Henri Lefebvre und andererseits von Lukács' Schülerin Ágnes Heller explizit verarbeitet und weitergesponnen.

2.2.2 Henri Lefebvre und die wahre Revolution als Revolution des Alltags

Lefebvres 1946 zuerst erschienene *Kritik des Alltagslebens* kann als Reaktion auf eine allgemeine Enttäuschung eines marxistisch geprägten Theoretikers über das Ausbleiben einer umfassenden Revolution und die großen Widersprüche der stalinistischen Herrschaft gelesen werden – so Dieter Prokop (1974, S. 10) im Vorwort zur deutschen Ausgabe der *Kritik des Alltagslebens*. »Er versuchte zu zeigen, daß die Revolution

---

[7] Das bis in die heutigen globalisierungs- und kapitalismuskritischen Szenen weitervererbte Credo, *Eine andere Welt ist möglich*, kommt hier deutlich zum Ausdruck.

[8] Lukács ist sich der Widerständigkeit des Alltagslebens vollumfänglich bewusst. Er zeigt, wie schwierig ein entfremdetes Bewusstsein den verdinglichten Strukturen auch nur begegnen kann: »Kann an den ›Gesetzen‹ noch eine Spur der menschlichen Tätigkeit selbst entdeckt werden, wenn sich dies auch oft in einer verdinglicht-falschen Subjektivität äußert, so kristallisiert sich in der ›Tatsache‹ das den Menschen entfremdete, erstarrte, zum undurchdringbaren Ding gewordene Wesen der kapitalistischen Entwicklung in einer Form, die diese Erstarrung und Entfremdung zu der selbstverständlichsten, zu einer über jeden Zweifel erhabenen Grundlage der Wirklichkeit und der Weltauffassung macht. Der Starrheit dieser ›Tatsachen‹ gegenüber erscheint jede Bewegung bloß als eine Bewegung *an* ihnen, jede Tendenz auf ihr Verändern als bloß subjektives Prinzip (Wunsch, Werturteil, Sollen). Also erst wenn diese methodische Priorität der ›Tatsachen‹ gebrochen ist, wenn das *Prozeßartige eines jeden Phänomens* erkannt wurde, kann es verständlich werden, daß auch das, was man ›Tatsachen‹ zu nennen pflegt, aus Prozessen besteht. Dann erst wird es verständlich, daß die Tatsachen eben nichts anderes sind als Teile, losgelöst, künstlich isolierte und in Erstarrung gebrachte *Momente* des Gesamtprozesses.« (Lukács 1977, S. 172)

nicht nur in einer Veränderung des Staats, der politischen Strukturen und einer Auswechslung des machtausübenden Personenkreis [sic!] besteht; eine Revolution im Marxschen Sinne verändert das Leben, sie formt die Alltäglichkeit um.« Der Alltag wird zum Gegenstand der Untersuchung und der Kritik. Aber warum? Es ist die »Manipulation des Alltags« (ebd.) über die sich die Strukturen der bürgerlich kapitalistischen Ordnung realisieren, bewähren und verhärten. Die Kritik des Alltagslebens kann somit als Versuch gelesen werden, Pfade aufzuzeigen, um aus dieser Manipulation auszubrechen. Eine *Kritik des Alltagslebens* soll so zu einem Beitrag der fundamentalen Veränderung der Gesellschaft werden; ein Beitrag zu einer umfassenden Veränderung und damit zu einer ›tatsächlichen‹ Revolution. Noch zwanzig Jahre später schreibt Lefebvre (1972, S. 42) in *Das Alltagsleben in der modernen Welt*: »Und übrigens ist der Autor nicht so sehr bestrebt, das Alltägliche vernünftig anzuordnen, als vielmehr es zu verwandeln.«

Die Manipulation des Alltagslebens basiert für Lefebvre, wie auch schon für Lukács auf einer umfassenden »Entfremdung« (Lefebvre 1974, S. 13).[9] In seiner *Kritik* schließt Lefebvre an Lukács aber insbesondere an Marx Frühwerk an, das wenige

---

[9] Das Begriffspaar Arbeit und Entfremdung findet sich in Marx' philosophisch ökonomischen Manuskripten. Die Manuskripte liegen in unterschiedlichen Formen vor. Ich beziehe mich im Folgenden auf die 2005 von Barbara Zehnpfennig zu verantwortende Ausgabe der Manuskripte unter dem Titel *Ökonomisch-philosophische Manuskripte* des Meiner Verlags. Marx formuliert hier eine Kritik des menschlichen Lebens unter Bedingungen der Entfremdung, führt diese aber nicht konsequent aus. »Religion, Familie, Staat, Recht, Moral, Wissenschaft, Kunst etc. sind nur besondere Weisen der Produktion und fallen unter ihr allgemeines Gesetz. Die positive Aufhebung des Privateigentums als die Aneignung des menschlichen Lebens, ist daher die positive Aufhebung aller Entfremdung, also die Rückkehr des Menschen aus (?) Religion, Familie, Staat etc. in sein menschliches, d.h. gesellschaftliches Dasein.« (Marx 2005, S. 87) Lefebvre und auch Heller können ihre Kritik hier andocken. Gleichzeitig stellt Lefebvre fest, dass »[v]ielen Marxisten […] die Kritik des Alltagslebens als überflüssig und veraltet [erschien], sie sahen in ihr eine überholte Kritik an der bürgerlichen Gesellschaft, die sich zur Banalität herabließ. Eine banale Kritik also« (Lefebvre 1974, S. 16). Aus der Perspektive der etablierten Marxisten wird die zwangsläufig kommende Revolution die bürgerliche Gesellschaft und damit ihr Alltagsleben hinwegspülen. Lefebvre kritisiert diese Einschätzung. Jahre später schleudert er der Ignoranz der marxistischen Großtheoretiker entgegen: »Why should the study of the banal itself be banal?« (Lefebvre und Levich 1987, S. 9) Bereits in seiner *Kritik des Alltagslebens* erkennt er im Alltagsleben ein zentrales Problem der philosophischen und marxistischen Reflexion; »denn in letzter Instanz richtet über Weisheit, Wissen und Macht das Alltagsleben« (Lefebvre 1974, S. 16) – eine Feststellung, die sich nicht nur mit Marx, sondern auch mit Husserl prima verträgt (Husserl 1954, 1991). Implizit verweisen Lefebvres Ausführungen auf eine phänomenologische Perspektivverschiebung, die seine marxistische Interpretation der Entfremdungsthematik anleitet, indem er etwa auf die Arbeiten des Husserl Schülers Aron Gurwitch zurückgreift (vgl. Lefebvre 1974, S. 15 bzw. 225; Endnote 7).

Jahre zuvor erschienen war.[10] Entfremdung als *ein* Schlüsselbegriff der Marxschen Gesellschaftsanalyse[11] ist eng an den Begriff der Arbeit gebunden. Wenn Marx den Menschen als tätiges Geschöpf versteht, ist für ihn Arbeit die menschliche Form der Tätigkeit *par exellence*. Im Prozess der Arbeit werden innere Vorsätze oder Entschlüsse der/des Tätigen entäußert und im Produkt der Arbeit vergegenständlicht. Das Arbeitsprodukt stellt somit eine Vergegenständlichung einer inneren Verfassung des arbeitenden Menschen dar; sozusagen sein Negativ. Der Gebrauch des Arbeitsprodukts, hebt diese Negativität nun wiederum auf. Diese (zweite einverleibende) Negation der (ersten durch die Vergegenständlichung entstandenen) Negation, das Einverleiben des intentional hervorgebrachten Produkts der eigenen Tätigkeit schließt den Arbeitsprozess mit dem Gebrauch ab und ›versöhnt‹ den Menschen mit seiner Umwelt, seiner Tätigkeit und damit mit sich selbst als Individuum. In einer weiteren letzten Stufe wird vom individuellen Arbeitsprozess abstrahiert und von Marx die Arbeit als (historischer) »Selbsterzeugungsprozess des Menschen« verstanden. Zusammengenommen heißt das: der Mensch – individuell und gattungsmäßig – verwirklicht sich selbst durch Arbeit.[12]

---

[10] Barbara Zehnpfennig datiert die erste Veröffentlichung der *Philosophisch-ökonomischen Manuskripte* auf das Jahr 1928 und damit fünf Jahre nach Lukács *Geschichte und Klassenbewußtsein*. Die »Entdeckung« der auch als *Pariser-Manuskripte* bekannten Fragmente durch ein breites Publikum, findet aber wohl eher erst in den 1960er Jahren statt (vgl. Zehnpfennig 2005, S. X). Lefebvre zeigt sich hier als früher Leser und intimer Kenner des Marxschen Frühwerks.

[11] Marx widmet sich der »entfremdeten Arbeit« ausführlich im zweiten, dritten und vierten Manuskript. Im letzten Abschnitt des zweiten Manuskripts entwirft Marx entlang der Begriffe Arbeit, Vergegenständlichung und Entfremdung das Fundament seiner ökonomischen Kritik wie auch seiner materialistisch philosophischen Hegelinterpretation (vgl. Marx 2005, S. 54 ff.). Die oben dargelegte vierfache Figur der Entfremdung ist diesem Abschnitt entnommen. Wie viel Marx im Bezug auf diese handlungs-philosophische Figur Hegel und Feuerbachs Hegelrezeption verdankt, wird im letzten Teil des dritten und dem kurzen vierten Manuskript deutlich. Hier bezieht sich Marx explizit auf Hegels dialektische Philosophie. Entlang der *Pariser Manuskripte* lässt sich schlussfolgern: zumindest ein, wenn nicht das Fundament der Marxschen kritischen Gesellschaftstheorie bildet eine normative Tätigkeits- bzw. Handlungskonzeption. Die Kritik zentriert und betont Momente der Entfremdung; hier findet Lefebvre einen fruchtbaren Ansatzpunkt für seine *Kritik des Alltagslebens*.

[12] Diese Figur eines ›Spiegelreflex‹ entwickelt Marx aus einer Kritik der Hegelschen Dialektik. Die Idee ist für die Sozialwissenschaften folgenreich und ist Kernbestandteil der sozialpsychologischen Bedeutungstheorie Georg Herbert Meads. Prominent greift Hannah Arendt 1958 die Figur in ihrer *Vita activa* (Arendt 2007) auf. Arendt kritisiert Marx dahingehend, dass nicht der arbeitende Mensch (animal laborans), der ›bewußtlos‹ seine Existenz zu sichern sucht, sondern der politisch handelnde und gestaltende Mensch (homo faber) tatsächlich tätige Selbstverwirklichung vollziehe. In jüngerer Vergangenheit kehrte Richard Sennett in seinem Essay *Handwerk* ebenfalls zu dieser sozialphilosophischen/-psychologischen Arbeitskonzeption zurück. »Der Schreiner, die Laborantin, der Dirigent – sie alle sind ›Handwerker‹, weil sie ihrer Arbeit mit

Bekanntlich fußt Marx gesellschaftstheoretisches Gebäude auf einer Analyse der Produktionsverhältnisse der bürgerlich-kapitalistischen Gesellschaft. Wenn Marx und ihm folgende Theoretiker von »Entfremdung« sprechen, weisen sie auf Störungen dieses oben beschriebenen praktischen Selbstverhältnisses des Menschen unter den gegebenen Produktionsverhältnissen beziehungsweise Eigentumsverhältnissen hin.[13] Lefebvre greift die marxistische Entfremdungsthematik auf und baut sie aus. Er erweitert die Entfremdung auf Bereiche, welche die Arbeit übersteigen. Er erkennt in der *Individualität*, den alltäglichen *Mystifikationen*, dem *Geld*, den *Bedürfnissen* des Alltagslebens, natürlich der *Arbeit* und in der *Freiheit* Bereiche, die einer Entfremdung unterliegen (vgl. Lefebvre 1974, S. 153–178). Bei Marx wie bei Lefebvre ist die Entfremdung ein zentrales Merkmal der gesellschaftlichen Verhältnisse. Entfremdung ist aber nicht nur ein Anzeichen. Sie ist vielmehr eine Art Mechanismus – zumindest das Fundament eines Mechanismus – der Reproduktion der bestehenden –

Hingabe nachgehen, und sie um ihrer Selbst willen gut machen wollen. Sie üben eine praktische Tätigkeit aus, doch ihre Arbeit ist nicht nur Mittel zu einem anderen Zweck.« (Sennett 2009, S. 32) Sennett tritt nun wieder der bürgerlichen Verklärungen Arendts entgegen. Wie dem aber auch sei. Arbeit ist Weg und Prozess des Hervorbringens von Produkten der Arbeit, wenn man so will von ›Welt‹. Aber, die Arbeit – im Sinne von Sennetts Handwerker – ist eben auch ein praktischer Weg zu einem sinnvollen Selbstverhältnis: Sinnhaftigkeit durch tätige Sinnstiftung. Dass Sinnstiftung und gelungenes Selbstverhältnis noch von weiteren Faktoren abhängen, zeigt sich in Axel Honneths *Kampf um Anerkennung* (1994). Honneth greift wie Marx die Hegelsche Dialektik auf, wendet sich aber dessen intersubjektivitätstheoretisch gehaltvollen rechtsphilosophischen Schriften zu. Ein gelungenes Selbstverhältnis ist demnach von intersubjektiven Anerkennungsverhältnissen abhängig. Die intersubjektivitätstheoretische Wendung steht dabei nicht im Widerspruch zu Marx' Arbeitsbegriff. Vielmehr zeigt Honneth dadurch auf, dass wesentliche menschliche Tätigkeiten in der *Interaktion* und damit auf tätigem intersubjektivem Austausch beruhen. Eine Dimension, die Marx – zumindest im Hinblick auf die Frage der Entfremdung (durch Konkurrenz) – lediglich peripher beachtet.

[13] Marx (vgl. 2005, S. 54 ff.) findet dort auf verschiedenen Ebenen intervenierende Momente, die eine ›Versöhnung‹ oder ›Verwirklichung‹ des arbeitenden Menschen in seinem Arbeitsprozess verhindern. Erstens findet eine Entfremdung des Menschen vom Produkt seiner Tätigkeit statt. Eine Negation der Negation kann deshalb nicht stattfinden, da in der kapitalistischen Produktionsweise Arbeit nicht für den eigenen Gebrauch, sondern für den Tausch – insbesondere gegen Bezahlung beziehungsweise Geld – ausgeführt wird. Zweitens findet der Arbeitsprozess als Verwirklichung von Vorsätzen und Entschlüssen anderer statt. Die diktierte Arbeit ist eine Entfremdung des Menschen von seinem Arbeitsprozess. Weil im Produkt die Intentionen des/der Arbeitsauftraggebers stecken, werden diese vergegenständlicht. Selbsterkenntnis ist durch dieses Produkt nicht oder nur begrenzt möglich. Es findet somit auf der zweiten Ebene eine Entfremdung vom eigenen tätigen Potential der Schaffenskraft und Bedürfnisbefriedigung statt. Drittens zeigt sich der Mensch von seiner Gattungsmäßigkeit entfremdet. Zudem findet sich eine vierte Form der Entfremdung: die der Menschen untereinander. Die Trennung von Arbeitern und Besitzern der Arbeitsprodukte wie die Konkurrenz zwischen den Arbeitenden entfremden die Menschen voneinander.

ihnen unvernünftig oder ungerecht geltenden – gesellschaftlichen Verhältnisse. Offensichtlich ist demnach Entfremdung selbst eine normative Kategorie. Sie bezeichnet ein ›falsches Verhältnis‹. Mit anderen Worten: Entfremdung kann nicht einfach als ein Attribut der analysierten Arbeit gelten, sondern als charakteristisches Merkmal des Selbstverhältnisses des arbeiteten Menschen unter gegebenen gesellschaftlichen Bedingungen; eben ein falsches, irreführendes Selbstverhältnis. Für Lefebvre ist nun das Alltagsleben der ›Ort‹ oder besser eine Chiffre für die Gesamtheit dieser Entfremdung. Mit seiner *Kritik des Alltagslebens* erarbeitet er sich in kritischer Absicht eine negative Kontrastfolie. Vor dieser Kontrastfolie entfaltet Lefebvre Vorstellungen von einer ›Verwandlung‹ des Alltagslebens mit durchaus revolutionären Ambitionen. Hoffnungsvoll stellt Lefebvre fest: »Das tägliche Leben ist nicht unverrückbar fest; es kann verfallen, also sich ändern.« (Lefebvre 1974, S. 230) Die *Kritik des Alltagslebens* zielt darauf ab »das Ganze, die Totalität zu erkennen – um den totalen Menschen zu verwirklichen« (ebd., S. 254). Lefebvres Absicht wirkt paradox. Er bemüht sich offenzulegen, was in Entfremdung erstarrt. Gleichzeitig handelt es sich aber um die Suche nach den Aspekten, die anders sein könnten. Vergleicht man diese Absicht mit der etwa zeitgleich erschienenen *Dialektik der Aufklärung* von Horkheimer und Adorno (2003), wirkt Lefebvres *Kritik* im Angesicht der tiefschwarzen und resignativen Diagnose vom totalen Verblendungszusammenhang durchweg hoffnungsvoll; die *Kritik des Alltagslebens* bleibt eine auf Revolution hoffende Schrift.[14]

»Die Alltäglichkeit erkennen heißt, sie verändern wollen. Das Denken kann sie nur erfassen und definieren, indem es sich einem Projekt oder Programm radikaler Veränderung verschreibt. Das Alltagsleben zu erforschen und diese Forschung als Leitfaden bei der Erkenntnis der Moderne zu nehmen, das heißt herauszufinden, was sich verwandeln kann, und die Etappen oder entscheidenden Momente dieser möglichen Verwandlung im Denken nachzuvollziehen; es heißt, das Wirkliche zu verstehen, indem man es im Namen des Möglichen denkt, als etwas, das Möglichkeiten in sich birgt. Denn »der Mensch wird alltäglich sein, oder er wird nicht sein«.« (Lefebvre 1975a, S. 110 kursiv im Original – M.E.)

Im Grunde bleibt diese *Kritik* unvollendet. Lefebvre erläutert die Bedeutung und entwirft ein Programm der Kritik; Begriffsarbeit wird geleistet, das Bewusstsein geschärft, mit Philosophie und Sozialwissenschaften der Zeit gerungen. Nur sehr beiläufig findet sich Analyse und Kritikarbeit an Konkretem. Mit anderen Worten: die Ausführungen bleiben formal und empirisch gehaltlos. Einerseits könnte man Lefebvre zugutehalten, ein Forschungsfeld eröffnet zu haben, doch andererseits ist es nicht zuletzt die normative Analysebrille, die ein befriedigendes oder hinreichendes

---

[14] Der Unterschied mag darauf beruhen, dass Lefebvre sich noch am Alltag eines bürgerlichen Kapitalismus abarbeitet, während Adorno und Horkheimer den Faschismus als fatale Steigerungsform der bürgerlichen Epoche als Ansatzpunkt gewählt haben.

Beackern der intellektuellen Scholle unerreichbar erscheinen lässt. Fundamentale Fragen bleiben im Raum: Kann man die diagnostizierte Entfremdung tatsächlich aufheben? Ist die Diagnose Entfremdung nicht immer auch eine Frage der Perspektive? Tatsächlich gibt die Lektüre Anlass für ein Gefühl, dass der Autor sich mit seiner Idee in einer Endlosschleife verheddere; einer unabschließbaren Kritik. Und so scheint es nur konsequent, wenn Lefebvre in *Das Alltagsleben in der modernen Welt* die *Kritik* am Alltagsleben in einer »permanenten kulturellen Revolution« (Lefebvre 1972, S. 263 ff.) münden lässt, welche die Sexualität und die ökonomische Vernunft revolutionieren und dem Spielerischen und der Intensität des Festes unterwerfen soll.[15] Aber die permanente Revolution ist eine *contradictio in adiecto*.

2.2.3 Ágnes Heller und die Selbstformung des Menschen im Alltag

Eine weitere kritische Konzeption findet sich bei Ágnes Heller. 1970 veröffentlicht sie *Das Alltagsleben. Versuch einer Erklärung der individuellen Reproduktion* (Heller 1978).[16] Wie Lefebvre sieht sie in der Marxschen Entfremdungstheorie eine Kritik des Alltagslebens (ebd., S. 55). Stärker als Lefebvre stellt sie das Individuum in den Mittelpunkt. Diese egologische Perspektive schließt den Bezug zum menschlichen Wesen (Marx spricht wie erwähnt vom Gattungswesen Mensch) nicht aus. Aber das Alltagsleben ist notwendig an die Erfahrungen und Tätigkeiten konkreter Menschen geknüpft. Es ist daher nicht verwunderlich, wenn Heller konstatiert: »[…] das Alltagsleben sei die Reproduktion des Einzelnen.« (ebd., S. 26) Es geht nicht darum, das Alltagsleben selbst als ein Agens zu begreifen, das ›Menschen macht‹. Auch bei Heller ist das Alltagsleben eine Art Chiffre für die Strukturen und die Einstellungen des alltäglichen Lebensvollzugs. Agenten des Alltags bleiben die Tätigen. Marx folgend schreibt Heller: »Im Alltagsleben *objektiviert sich* der einzelne Mensch in zahlreichen Formen. Er formt seine Welt, seine unmittelbare Umgebung und formt somit sich selbst« (ebd., S. 29).

Auch Hellers Ausführungen beinhalten ein ›revolutionäres Programm‹. Sie zeigt – ähnlich wie Lefebvre – auf, dass unter gegebenen Bedingungen kein autonomes und individuelles Leben als »ganzer Mensch« möglich sei. Der Mensch eigne sich seine Welt unter der Perspektive »[…] seiner eigenen Schicht, seines Standes, seiner Klasse, seiner Fertigkeiten, Normen und Fähigkeiten, die zu den Funktionen gehören, die seine Schicht, sein Stand, seine Klasse usw. in der gesellschaftlichen Arbeitsteilung

---

[15] Mit Ausführungen über eine »Theorie der Prozesse« und »Theorie der Momente« findet sich diese Vorstellungen bereits im dritten Band der *Kritik das Alltagslebens* angelegt (Lefebvre 1975b, S. 150 f.; 176 f.).

[16] Das ungarische Original erscheint 1970, die deutsche Erstausgabe 1978 im Suhrkamp Verlag.

erfüllt« (Heller 1976, S. 33) an. Hier findet sich das Entfremdungs-Motiv wieder. Der Mensch ist und erkennt die Welt entlang der Bedingungen der gegebenen Produktionsverhältnisse. Er ist kein »Individuum«, sondern Klassenmensch, weil er kein bewusstes Verhältnis zu seiner Gattungsmäßigkeit eingeht (vgl. Heller 1978, S. 57). Er ist nicht »autonom«, weil ihm die Wahl zwischen alternativen Optionen fehlt (ebd., S. 59). Heller leitet aus ihrer Kritik ein Ziel ab, es geht ihr um ein sinnvolles Leben als ein »[...] *Füruns des Alltagslebens in einer »offenen« Welt, für die die unendliche Entwicklungsmöglichkeit, das Auftreten immer neuer Konflikte charakteristisch ist.«* (ebd., S. 318; kursiv im Original M.E.). In praktischer und ethischer Absicht ergibt sich für Heller daraus die Aufgabe für die »[...] Individuen unseres Zeitalters, die ein sinnvolles Leben führen, eine Gesellschaft zu schaffen, in der es keine Entfremdung mehr gibt, in welcher die »Glücksgüter«, die zu einem sinnvollen Leben nötig sind, jedermann zur Verfügung stehen.« (ebd., S. 319)

2.2.4 Synopse zur Kritik des Alltagslebens

Lefebvre und Heller verbinden in ihren Abarbeitungen an der Kategorie Alltag Erkenntnisinteresse und Kritik. Ihre Argumentationen sind auf intime Weise mit Marx' Frühwerk und Lukács' Marxinterpretation verbunden. Sie bieten damit eine Art Reinterpretation eines in die Jahre gekommenen und an politische Grenzen stoßenden Marxismus.[17] Hier liegt ihr wesentlicher Beitrag: eine Rejustierung dieses geschlossenen Gedankengebäudes von den Begriffen Arbeit, Verdinglichung und Entfremdung kommend, unter Berücksichtigung eines breiten und reichen Alltagslebens. Folgende Aspekte der Debatte versprechen für eine weitere Auseinandersetzung analytisch hilfreich zu sein:

1. Durch das Geschehen des Alltags werden Handlungsmuster und Wissensbestände reproduziert. Das Alltägliche trägt somit zur Stabilisierung gesellschaftlicher Verhältnisse bei (Reproduktion der Gesellschaft).
2. Das Alltägliche ist widerständig, das heißt, die Muster des Alltags werden als selbstverständlich und dinghaft erlebt.

---

[17] Die formulierte Kritik ließ sich ebenso gegenüber dem verkrusteten Sowjetsozialismus vorbringen wie gegenüber den bürgerlich-kapitalistischen Gesellschaftsverhältnissen. Die intellektuelle und machtpolitische Beschränkung des real existierenden Sozialismus mussten insbesondere Lukács, aber auch seine Schülerin Heller im Nachgang des *Budapester Aufstandes* von 1956 und dem Sturz der kommunistischen Reformregierung von Imre Nagy kennenlernen (vgl. hierzu Judt 2005, 2008).

3. Nachhaltige gesellschaftliche Veränderungen sind vor allem Veränderungen des Alltaglebens.
4. Der Alltag ermöglicht die Reproduktion des Einzelnen.
5. Das alltägliche Tätigsein trägt zu einer Entfremdung der Alltagsmenschen bei: eine Entfremdung der Individuen von sich selbst, eine Entfremdung der Individuen voneinander und eine Entfremdung zwischen Individuum und Gattungswesen.

Bei aller berechtigten Kritik und hilfreichen Erarbeitung dieser kritischen Perspektive auf das Alltagsleben scheinen diese Bemühungen aber in eine deterministische wie auch normativ überformte Sackgasse zu münden. Eine Kritik des Alltagslebens ist nicht ohne Substanz. Aber wird sie der Reichhaltigkeit des Alltäglichen gerecht? Vor allem aber bleiben die Autor*innen eine analytisch scharfe Konzeption einer Kategorie Alltag beziehungsweise des Alltäglichen schuldig. Die hier zu Tage tretenden Vorstellungen ergeben sich letztlich aus einer zugewiesenen Stellung im hegelianisch-marxistisch geprägten Theoriegebäude. Für eine analytisch tragfähige Alltags-Konzeption im Rahmen der vorliegenden Untersuchungen erweist sich der historisch-materialistische Theoriekörper als Ballast. Es wird auf die Frage der Entfremdung und auf die Kritik am Alltagsleben zurückzukommen sein, aber zunächst wird ein weiterer zentraler Beitrag zu einer Klärung dessen, was unter Alltag und Alltäglichkeit in der Soziologie verstanden werden kann, verhandelt. Im Weiteren geht es um einen folgenschweren Konnex zwischen Phänomenologie und Pragmatismus. Der Autor, der diesen Konnex wie wahrscheinlich kein anderer verkörpert, ist Alfred Schütz.

2.3 Lebenswelt, Alltag und Alltäglichkeit
– Alfred Schütz' phänomenologisch-pragmatistische Annäherung

Vieles spricht dafür Schütz' *(Proto-)Soziologie der lebensweltlichen Strukturen der Alltagswelt* als den Dreh- und Angelpunkt für ein Verständnis von Alltag und Alltäglichkeit zu nutzen. In Schütz' Werk kumulieren die Lebensphilosophie Henri Bergsons und Søren Kierkegaards, Edmund Husserls Phänomenologie, die sinnverstehende Soziologie Max Webers sowie Einsichten des amerikanischen Pragmatismus. Alltäglichkeit stellt für Schütz die Kontrastfolie dar, vor deren Hintergrund sich die soziale Welt überhaupt verstehen lässt. Dabei ist »[d]ie Lebenswelt des Alltags […] die vornehmliche und ausgezeichnete Wirklichkeit des Menschen« (Schütz und Luckmann

2003, S. 29). Im Unterschied zur obigen marxistisch geprägten *Kritik des Alltagslebens*, die dem Alltag im Rahmen einer normativen soziohistorischen Gesellschaftsanalyse einen gewichtigen Stellenwert zuerkennt, geht es Schütz vorrangig um eine nüchterne Analyse des Alltags beziehungsweise von Alltäglichkeit.[18] Wie ist es zu verstehen, wenn Schütz davon spricht, dass die *Lebenswelt des Alltags* die *vornehmliche und ausgezeichnete Wirklichkeit* sei und was zeichnet diese Alltäglichkeit aus? Der Pfad zu befriedigenden Antworten auf diese Fragen, führt in die Werkgeschichte dieses Autors ›ohne Werk‹.

2.3.1 Ausgangspunkte: Weber, Husserl und die Pragmatisten

2.3.1.1 Auf der Suche nach einem Fundament: von Weber zu Husserl und weiter

Alfred Schütz hat zu Lebzeiten lediglich ein Buch verfasst. *Der sinnhafte Aufbau der sozialen Welt* erschien 1932.[19] Im Kern handelt es sich um eine Radikalisierung der sinnverstehenden Soziologie Max Webers. Aus Schütz' Ausführungen spricht Hochachtung für Webers Leistung. In rhetorische Demut gehüllt, stellt er seine Arbeit in dessen Dienst.[20] Inhaltlich konkretisiert Schütz Webers Position. Methodisch greift er auf Haltung und Arbeitsdisziplin der phänomenologischen Schule Husserls zurück: Konstitutionsanalyse und phänomenologische Reduktion (*epoché*). Ziel der Abhandlung ist nichts weniger, als »die Wurzeln der sozialwissenschaftlichen Problematik bis zu den fundamentalen Tatsachen des Bewußtseinslebens zurückzuverfolgen« (Schütz 1960, S. V). Einerseits setzt sich Schütz intensiv damit auseinander, was die Annahme bedeutet, die soziale Welt gründe auf verstehbarer Sinnhaftigkeit. Andererseits liegt sein Anspruch in einer Begründung philosophisch ›sicherer‹ Fundamente der Sozialwissenschaften. Ein äußerst ambitioniertes Projekt.

---

[18] Die Vorteile dieser nüchternen reduktionistisch-phänomenologischen Herangehensweise liegen auf der Hand wie ihre Nachteile. Analytische Tiefenschärfe einerseits, soziohistorisches und politisches Desinteresse andererseits.

[19] Viele zu Lebzeiten veröffentlichte Aufsätze, eine reichhaltige Manuskriptsammlung und eine umfassende Materialsammlung zur Vorbereitung einer geplanten zweiten Monographie zu den *Strukturen der Lebenswelt* bilden den heute nahezu vollständig erschienen Nachlass Schütz'. Seit 2003 erscheint die Alfred Schütz Werkausgabe (ASW) im UVK Verlag Konstanz.

[20] Schütz (1960, S. 41) schreibt anerkennend:»Die Leistung Webers ist um so genialer, als er, der in der Philosophie vielfach die Lehren der südwestdeutschen Schule übernimmt, die Tragweite der Problematik des gemeinten Sinnes als Zugangsprinzip zur Erkenntnis der Sozialwelt in völliger Unabhängigkeit erkannte. Und so verfolgen die Überlegungen, denen wir uns nunmehr zuwenden, den weiteren Zweck, der verstehenden Soziologie den bisher fehlenden philosophischen Unterbau zu geben und ihre Grundeinstellung durch die gesicherten Ergebnisse der modernen Philosophie zu stützen.«

Die Fundamente sowohl der *Mechanismen* des Sinnverstehens – und damit des Selbst- sowie des damit nicht deckungsgleichen Fremdverstehens – als auch die Fundamente eines soziologischen Gegenstandsbereichs sucht und findet Schütz inmitten des *alltäglichen Lebens*. Im Problemaufriss seiner Schrift zum *sinnhaften Aufbau der sozialen Welt* schreibt er dazu:

»Denn eben jene soziale Welt des täglichen Lebens, deren Vorstellungen vom Ablauf des sozialen Phänomens übernommen werden, soll ja ihrerseits Gegenstand wissenschaftlicher Bearbeitung durch *die Soziologie* werden, *deren Aufgabe es also sein muß, gerade das ›Selbstverständliche‹ in Frage zu stellen.*« (Schütz 1960, S. 6 f.- Hervorhebung M.E.)

Das tägliche Leben ist die Welt, in welcher Sinnhaftigkeit sozialen Handelns gründet: das selbstverständliche tägliche Tun wird am Verhalten konkreter Interaktionspartner, aber auch an Vor- und Nachfahren (vgl. ebd., S. 6 f.) orientiert. Im Mittelpunkt der Ausführungen über den *sinnhaften Aufbau* steht das Problem des Sinnverstehens.[21] Schütz kehrt zu diesem Problem immer wieder zurück. Über die Jahre verschiebt sich der Bearbeitungsakzent. Diese Verschiebung korrespondiert mit Arbeiten Edmund Husserls, die zu wesentlichen Teilen erst nach der Veröffentlichung des *sinnhaften Aufbaus* formuliert wurden.

1936 sieht Husserl die europäischen Wissenschaften in einer fundamentalen *Krisis*[22] (Husserl 1954, 1991). Er attestiert ihr als Ansammlung von Tatsachenwissenschaften in eine Sackgasse geraten zu sein.[23] Die positiven Tatsachenwissenschaften

---

[21] Sinnverstehen und Intersubjektivität sind dabei untrennbar miteinander verbunden: »In der Welt lebend, leben wir mit Anderen und für Andere, an denen wir unser tägliches Tun orientieren. Indem wir sie als die Anderen, als Mit- oder Nebenmenschen, Vorfahren oder Nachfahren erleben, mit ihnen verbunden zu gemeinsamen Wirken und Werken, sie zu Stellungnahmen veranlassend und durch sie zu Stellungnahmen veranlaßt, *verstehen* wir das Verhalten dieser Anderen und setzen voraus, daß sie das unsere verstehen« (Schütz 1960, S. 6 f.).
[22] Die *Krisis-Schrift* wie auch die darin angelegte *Phänomenologie der Lebenswelt* wird zum Husserlschen Alterswerk gezählt. Seine Gedanken zu einer *Philosophie in der Krisis der europäischen Menschheit* teilt Husserl 77-jährig im Jahr 1935 zunächst einem erstaunten Vortragspublikum in Wien mit (vgl. Ströker 2007, S. IX). Später erscheinen im Rahmen der HUSSERLIANA zwei eigenständige Bände zur Krisis-Schrift (Husserl 1954, 1991). Darüber hinaus erscheint eine von Elisabeth Ströker herausgebene und eingeleitete Kurzfassung im Meiner Verlag (Ströker 2007). Zumindest im Bezug auf die Sozialwissenschaften gehören die *Krisis-Schriften* zu den einflussreichsten Arbeiten Husserls. Dies dürfte zu einem wesentlichen Teil, aber nicht nur, Schütz zu verdanken sein.
[23] Diese Krise bringt Husserl (2007, S. 4 f.) wie folgt auf den Punkt: »Unseren Ausgang nehmen wir von einer an der Wende des letzten Jahrhunderts hinsichtlich der Wissenschaften eingetretenen Umwendung der allgemeinen Bewertung. Sie betrifft nicht ihre Wissenschaftlichkeit, sondern das, was sie, was Wissenschaft überhaupt, dem menschlichen Dasein bedeutet hatte und bedeuten kann. […] Bloße Tatsachenwissenschaften machen bloße Tatsachenmenschen. […] In unserer Lebensnot – so hören wir – hat diese Wissenschaft uns nicht zu sagen. Gerade die

stehen nach Husserl der epochalen Sinn- und Problemhaftigkeit des menschlichen Lebens[24] hilflos gegenüber. Ihr Erkenntnishindernis liege darin begründet, dass sie sich von Anbeginn in einem Geflecht (vornehmlich mathematischer) Idealisierungen verstricken. Diesen Idealitäten gehe aber ein vorwissenschaftliches Fundament notwendigerweise voraus. Über die Verfasstheit dieser Basis schweigen sich die Tatsachenwissenschaften aus und damit (konsequenterweise) über das praktische wie logische Fundament ihrer eigenen Erkenntnisfähigkeit.[25]

Die Lösung dieser *Krisis* zumindest aber ihre Bearbeitung sieht Husserl im Ergründen des unbefragten Bodens aller Wissenschaft: er bezeichnet diesen als *Lebenswelt*[26]. Er versteht darunter eine Grundstruktur im Sinne von *prinzipiellen Bedingungen der Möglichkeit von Erfahrungen*. Das Problem der Lebenswelt zeigt sich für Husserl dreifach: erstens gründe alle wissenschaftliche Problematisierung ursprünglich in Problemen einer solchen Lebenswelt, zweitens zeige sich diese auch als konstitutiv für eine Ergründung der wissenschaftlichen Erkenntnisfähigkeit und *drittens* werde die Lebenswelt damit zu einem Wissproblem von Philosophie und Wissenschaft per se (vgl.

Fragen schließt sie prinzipiell aus, die für den in unseren unseligen Zeiten den schicksalsvollsten Umwälzungen preisgegebenen Menschen die brennenden sind: die Fragen nach Sinn oder Sinnlosigkeit dieses ganzen menschlichen Daseins.«

[24] Nicht zuletzt schweigt sich die Wissenschaft zur tragischen Epoche, in der die europäischen Gesellschaften im Jahr 1935 stecken, aus.

[25] Dazu Husserl (2007, S. 56):»Es fehlt also und fehlt noch fortgesetzt die wirkliche Evidenz, in welcher der Erkennend-Leistende sich selbst Rechenschaft geben kann nicht nur über das, was er Neues tut und womit er hantiert, sondern auch über alle, durch Sedimentierung bzw. Traditionalisierung verschlossenen Sinnes-Implikationen, also über die beständigen Voraussetzungen seiner Gebilde, Begriffe, Sätze, Theorien.« Husserls Vorwurf erinnert an Nietzsches Fundamentalkritik am selbstgefälligen Projekt der positiven Wissenschaften:»Was weiß der Mensch eigentlich von sich selbst! Ja, vermöchte er auch nur sich einmal vollständig, hingelegt wie in einen erleuchteten Glaskasten, zu perzipieren? Verschweigt die Natur ihm nicht das Allermeiste, […] um ihn […] in ein stolzes, gaukerisches Bewußtsein zu bannen und einzuschließen! Sie warf den Schlüssel weg: und wehe der verhängnisvollen Neubegier, die durch eine Spalte einmal aus dem Bewußtseinszimmer heraus und hinabzusehen vermöchte, und die jetzt ahnte, daß auf dem Erbarmungslosen, dem Gierigen, dem Unersättlichen, dem Mörderischen der Mensch ruht, in der Gleichgültigkeit seines Nichtwissens, und gleichsam auf dem Rücken eines Tigers in Träumen hängend. Woher, in aller Welt, bei dieser Konstellation der Trieb zur Wahrheit!« (Nietzsche 1999, S. 877)

[26] Der Wortursprung ist umstritten. Rüdiger Welter spricht Georg Simmel die Wortschöpfung zu. Dieser gebrauche ihn in *Die Religion* (1906). Unbestritten ist, so Welter (1986, S. 13), dass Husserl den Begriff »ins allgemeine Bewußtsein gerückt hat«. Werner Bergmann betrachtet den Begriff als originäre Schöpfung Husserls. Die Verknüpfung von *Leben* und *Welt*, so argumentiert Bergmann, ist bedeutsam.»Das Neue und Wesentliche bei *Husserl* besteht darin, daß er die beiden zueinander in Spannung stehenden Begriffe ›Leben‹ und ›Welt‹ in einem Begriff zusammenzieht.« (Bergmann 1981, S. 58) Dadurch entsteht begrifflich eine »Korrelativität von Welt und Subjektivität«, dabei »besitzt allerdings die letztere eine bevorzugte Stellung« (ebd.).

Husserl 1954, S. 135).²⁷ Der erkenntnis-systematische Vorrang der Lebenswelt-Frage führt Husserl zu der Einsicht, dass »[d]as Problem der Lebenswelt anstatt ein Teilproblem vielmehr als philosophisches Universalproblem« (ebd.) zu betrachten sei. Während Husserl mit seiner *Krisis-Schrift* den Problemaufriss für eine *Wissenschaft von der Lebenswelt* skizziert, obliegt die Ausgestaltung einer solchen Wissenschaft anderen Autoren. Husserl stirbt 1938 im Alter von 79 Jahren.

2.3.1.2 Eine wesentliche Akzentverschiebung in Schütz' Spätwerk

Alfred Schütz nimmt Husserls Skizze auf.²⁸ In einem kurzen Kommentar zu *Husserls Bedeutung für die Sozialwissenschaften* betont er dessen sozialwissenschaftliche Relevanz: »Husserls Leistung besteht [...] in jenen reichhaltigen Analysen, die auf Probleme der *Lebenswelt* verweisen und auf eine zu entwickelnde philosophische Anthropologie hinweisen.« (Schütz 2009, S. 315) Die Leistung Schütz' besteht nach Hans Joas und Wolfgang Knöbl (2004, S. 233) wiederum darin, »Husserls Lebenswelt-Begriff [...] weiter ausgearbeitet und vor allem soziologisch nutzbar gemacht« zu haben. Das gelingt Schütz unter den Vorzeichen einer wesentlichen Akzentverschiebung unter dem Eindruck der Philosophie und Soziologie des amerikanischen Pragmatismus. Thomas Luckmann²⁹ schreibt im deutschen Vorwort zur UTB Auflage der *Strukturen der Lebenswelt* von 2003:

»Die Grundkonzeptionen des Schützschen Denkens, wie sie sich in *Der sinnhafte Aufbau der sozialen Welt* darbietet, war für neue intellektuelle Anregungen zwar offen, konnte durch Einflüsse, wie zum Beispiel die Begegnung mit dem amerikanischen Pragmatismus und besonders mit William James und George Herbert Mead bereichert, jedoch nicht in ihrem Kern verändert werden. [...] Am

---

[27] Husserls Verwendung des Lebenswelt-Begriffs ist nicht eindeutig, das zeigt sich sowohl in der Rezeptionsgeschichte des Begriffs, wie bereits bei Husserl selbst. Welter bereiten die »Mutmaßungen« über die Bedeutung des Begriffs »Kopfzerbrechen« (Welter 1986, S. 77), um anschließend die Begriffsverwendung bei Husserl umfassend nachzuspüren. Bergmanns deutlich schmälere Annäherung mündet in eine Doppelfigur: »Lebenswelt als singulär[e], apriorisch[e] Struktur« auf der einen Seite und auf der anderen die Frage nach »den vielfältigen historischen Lebenswelten« (Bergmann 1981, S. 61). Diese zwei Seiten des Lebensweltkonzepts finden sich auch in der Doppelung von allgemeinen *lebensweltlichen Strukturen* und einer *Lebenswelt des Alltags* bei Alfred Schütz wieder.

[28] Husserls Überlegungen zu einer transzendentalen Phänomenologie der Lebenswelt berücksichtigen wahrscheinlich auch die 1932 verfassten Gedanken Alfred Schütz' zum *sinnhaften Aufbau der sozialen Welt*. Schütz wiederum versucht das Diktum der Sinnhaftigkeit sozialen Handelns Max Webers zu explizieren. Die Fäden sind verworren. Im Schnittpunkt der Überlegungen nimmt seine Version des *Lebenswelt-Konzepts* Gestalt an.

[29] Luckmann fiel bekanntlich die Aufgabe zu, die letzte große, aber leider unvollendet gebliebene Arbeit seines Lehrers Schütz sowohl herauszugeben als auch fertig zu stellen (Luckmann 2003).

deutlichsten aber zeigt sich die Einheit seines Denkens im Vergleich von *Der sinnhafte Aufbau der sozialen Welt* mit dem Entwurf zu den *Strukturen der Lebenswelt*. Die Untersuchungen, die Schütz in den fünfundzwanzig Jahren zwischen seinem ersten Buch und dem Plan für sein zweites beschäftigen, können als Variationen des ursprünglichen Leitmotivs betrachtet werden, vielleicht als Umsetzung in eine andere Tonart, oder gelegentlich auch Ausarbeitung und Akzentuierung von Themen, die einmal Nebenmotive waren.« (Luckmann 2003, S. 17)

Luckmanns Einschätzung ist in zweierlei Hinsicht wichtig. Erstens beschreibt er Schütz als Konvergenztheoretiker, der Phänomenologie und Pragmatismus kombiniert. Zweitens identifiziert er eine erstaunliche Kontinuität in Schütz' Werk. Im Mittelpunkt der *Strukturen der Lebenswelt* stehen sowohl die Systematisierung der *Strukturen des Alltagslebens*[30] als auch der umfassenderen *lebensweltlichen Bedingungen der Möglichkeit* für einen sinnhaften Weltbezug überhaupt. Die Frage nach den lebensweltlichen Strukturen verweist immer auf die Frage der Sinnhaftigkeit; Schütz' lebenslange kreisende Suchbewegung schließt sich.

2.3.2 Alltag und Alltäglichkeit bei Schütz

Schütz kommt nicht umhin dezidiert herauszuarbeiten, was unter Alltag und Alltäglichkeit im phänomenologisch-pragmatistischen Sinne zu verstehen ist. In seinen Darstellungen greift er auf zugängliche *common sense* Beispiele zurück, um Zusammenhänge zu illustrieren. Über weite Strecken sind seine Untersuchungen gegenüber konkreter Empirie indifferent. Im Ergebnis durchdenkt Schütz grundlegende Aspekte und Zusammenhänge und formt auf diesem Weg eine minutiös ausgearbeitete, analytische Perspektive. Der heuristische Wert dieses empirisch gehaltlosen Analysewerkzeugs ist kaum zu überschätzen. Im Folgenden wird diese Schützsche Annäherung rekonstruiert. Das Hauptaugenmerk der Auseinandersetzung liegt auf den Konzepten *Lebenswelt* und *Alltagswelt*.

---

[30] Luckmann (2003, S. 18) schreibt über den Fokus der Arbeit über die Strukturen der Lebenswelt: »Ausgehend von Husserls und seiner eigenen Analyse der menschlichen Orientierung in Zeit und Raum und von seinen Untersuchungen über die Erfahrung der Beteiligten an einer ›face-to-face‹ Situation, deckte Schütz schrittweise jene elementaren Strukturen des Alltagslebens auf, die sozialer Erfahrung, Sprache, sozialem Handeln und der komplexen historischen Welt menschlichen Lebens überhaupt zugrundeliegen.«

2.3.2.1 Strukturen der Lebenswelt – lebensweltliche Strukturierung des Alltags

Schütz Rede von einer *alltäglichen Lebenswelt* ist eine inkonsequente Begriffskonstruktion. Präziser wäre es, von *lebensweltlichen Strukturen des Alltagslebens* zu sprechen. Das Lebenswelt-Konzept dreht sich um die von Husserl stammende Einsicht, dass es grundlegende Bedingungen der Möglichkeit von Erfahrung gibt. Lebenswelt ist somit mit Martin Heideggers Figur des »In-der-Welt-seins« (vgl. Heidegger 2006) zu vergleichen.[31] Die Gedankenfiguren Lebenswelt und Alltagswelt (beziehungsweise Alltagsleben) sind nicht in Deckung zu bringen, stehen aber in enger Beziehung zueinander. Folgt man Rüdiger Welter, der sich dezidiert mit der ideengeschichtlichen Entwicklung des Begriffs Lebenswelt auseinandergesetzt hat, versteht Schütz unter *Lebenswelt des Alltags* lediglich »einen Teilbereich einer Kulturwelt« (Welter 1986, S. 174); beziehungsweise eine von »mannigfaltigen Wirklichkeiten« (James 1950; Schütz 2003e)[32] oder eine »Sinnprovinz« (Schütz 2003e, S. 206ff.) neben anderen – um Schütz eigene Terminologie zu gebrauchen. Neben dieser nennt Schütz etwa »die Traumwelt«, »die Welt des Bühnenspiels«, »die fiktive Welt des Witzes«, »die Welt des Spiels« (ebd., S. 208) und die »Welt der wissenschaftlichen Theorie« (ebd., S. 222). Diese ›Welten‹ seien als »Sinnprovinzen« zueinander geschlossen, aber alle diese ›Welten‹ seinen lebensweltlich strukturiert.

Daraus ist zu schließen, dass in einer Ordnung empirisch gehaltloser konzeptueller Figuren (Alltagswelt, Witz, Spiel, Wissenschaft etc.) die Lebenswelt-Konzeption einen gemeinsamen Fluchtpunkt darstellt: das heißt zuletzt, dass dem Lebensweltkonzept der höchste analytische Abstraktionsgrad beigemessen werden muss. Die Alltagswelt behandelt Schütz als die bedeutsamste aller lebensweltlich strukturierten Sinnprovinzen. Es stehen nun drei Fragen im Raum: a. Was ist den ›verschiedenen Wirklichkeiten‹ an lebensweltlicher Strukturierung gemein? b. Was zeichnet die Alltäglichkeit der Alltagswelt aus? c. Warum kann die Alltagswelt als herausragende Wirklichkeit unter Wirklichkeiten betrachtet werden?

---

[31] Joachim Renn (vgl. 2009, S. 151) unterstellt Schütz gar, eine Art geheimen Dialog mit Martin Heidegger geführt zu haben. Auch Rüdiger Welter erkennt die zentrale Bedeutung Heideggers für ein Verständnis des Begriffs Lebenswelt an (vgl. Welter 1986, S. 18). Welter (1986, S. 20) stellt fest: »daß es ein tragfähiges Konzept und einen präzisen Begriff von ›Lebenswelt‹ noch gar nicht gibt.«

[32] Siehe hierzu Kapitel 3.3.

2.3.2.2 Die lebensweltliche Strukturierung

Werner Bergmann erkennt bei Husserl »zwei theoretische Zugriffsweisen auf Lebenswelt« (vgl. Bergmann 1981, S. 62). Es besteht einerseits die Möglichkeit historisch konkrete Wirklichkeitsbezüge im Sinne einer »lebensweltlichen Ontologie« zu untersuchen. Hier liegt die Aufgabe empirischer Sozialwissenschaften. Andererseits stellt sich eine transzendentalphilosophische Frage: Was ist über den menschlichen lebendigen Weltbezug zu sagen, wenn man von allem soziohistorisch und individuell Variablem abstrahiert? Im letzteren Fall ist Lebenswelt eine transzendentalphilosophische Reflexionsfigur; eine Figur reinen Denkens. In der vollkommenen Abstraktion bleibt ein Verstrickungsverhältnis von konkreten Umwelten und Subjektivität zurück. Nach Welter (1986, S. 110) sind für Husserl die »›Lebenskategorien‹ (Dithey) bzw. ›Existenzialien‹ (Heidegger) wie Sprachlichkeit, Geschichtlichkeit, Bedürftigkeit, Körperlichkeit, Endlichkeit [und so fort – M.E.] [...] die fundamentalen Aprioritäten des menschlichen Weltvollzugs«. Vom soziologischen Standpunkt und im Vorgriff auf Schütz will ich diese Aufzählung um den Aspekt der Sozialität ergänzen. Dessen ungeachtet: Lebenswelt ist ein hochabstrakter Begriff und kann als »apriorische Struktur möglicher U[mwelt]en« (ebd., S. 113), nicht aber als konkrete Umwelt oder Kulturwelt betrachtet werden.[33]

Schütz bewegt sich mit seinen *Strukturen der Lebenswelt* zwischen den beiden von Bergmann bei Husserl aufgefundenen Perspektiven. Nach meinem Verständnis steigt Schütz aus der reinen transzendentalen Abstraktion herab und spielt das Lebensweltkonzept für paradigmatisch verschiedene Wirklichkeitsbereiche des Lebensvollzugs durch; verbleibt aber in der Abstraktion, da er nicht konkrete Wirklichkeitsbereiche – etwa Spiele, Witze, Träume, Alltagswirklichkeiten – empirisch untersucht, sondern vom Schreibtisch her durchdenkt.[34] Das Verstrickungsverhältnis von Umwelt und Subjektivität ist nicht nur existentiell, es ist auch existentiell verschieden; das heißt, die Sprachlichkeit, Geschichtlichkeit, Bedürftigkeit etc. ist je nach Wirklichkeitsbereich verschieden. Keiner dieser Wirklichkeitsbereiche kann den Anspruch erheben eine Lebenswelt zu sein. Lebenswelt ist lediglich der transzendental-

---

[33] Welter (1986, S. 110) sieht das Aufkommen der Lebensweltidee bei Husserl als Akzentverschiebung innerhalb dessen Philosophie: »Insofern ist es nicht verwunderlich, wenn der Ausdruck [Lebenswelt – M.E.] auch dort auftaucht, wo Husserl vom Kopf (der Bewußtseinsphilosophie) auf die Füße (der Anthropologie und Sprachphilosophie) gestellt wird.«

[34] Wird Schütz konkret, bemüht er die Literatur (2003a, 2003c) oder er durchdenkt dezidiert eine Sachlage (1972a, 1972b). Eine empirische Analyse ist mir nicht bekannt.

philosophische Reflexionsrahmen, in dessen Licht sich die Strukturierung »mannigfaltiger Wirklichkeiten« beziehungsweise »Sinnprovinzen« sinnvoll deuten und unterscheiden lassen. Schütz konkretisiert damit den transzendentalphilosophischen Gedankengang und erarbeitet Analyserahmen für konkrete Wirklichkeitsbereiche. Auf dieser Grundlage kann – um den Bogen zu Bergmann zurückzuschlagen – der zweite lebensweltliche Zugriff erfolgen und konkrete Wirklichkeiten im Sinne einer »lebensweltlichen Ontologie« untersucht werden.[35]

2.3.2.3 Die Alltäglichkeit der Alltagswelt

Wenn lebensweltliche Strukturierung immer einen Verstrickungszusammenhang zwischen Umwelt und Subjektivität darstellt, stellt sich bei jeder intellektuellen Untersuchung dieses Verhältnisses – sei es jetzt abstrakt oder konkret – die Frage, wo beginnen? Schütz argumentiert vornehmlich egologisch und akzentuiert die Seite der Subjektivität. Dies ist insbesondere einer methodologischen Entscheidung geschuldet. Ich will den bewusstseinsphilosophischen Drall in Schütz Argumentationen nicht zur Gänze leugnen, doch es handelt sich hier vor allem um einen vermeindlichen Drall. Bei genauerer Betrachtung zeigt sich bei Schütz ein *mehrfach existentiell gebrochener methodologischer Individualismus*. Schütz Individuum ist immer ein bedürftiges, geschichtliches, soziales, sprachliches, körperliches, konkret situiertes und endliches Subjekt. Schütz beginnt bei der Strukturierung des Bewusstseins; mit diesem korrespondiert gleichwohl eine Strukturierung konkreter Situationen (räumlich, zeitlich, sozial), eine Strukturierung von Geschichtlichkeit sowie Gesellschaftlichkeit (Wissen), und eine Strukturierung durch Relevanzsetzungen (Pragmatismus). Der Bewusstseinsakzent oder Erkenntnisstil ist ein Ausgangspunkt; nicht mehr, aber auch nicht weniger. Was zeichnet diesen lebensweltlich strukturierten Erkenntnisstil in der Alltagswelt aus?

---

[35] Schütz begründet wesentlich das Fundament für die Forschungsprogramme einer »lebensweltlichen Ethnographie« (Honer 1993; Schröer et al. 2012) kleiner »Lebens-Welten« (Luckmann 1970), der »phänomenologischen Lebensweltanalyse« (Hitzler und Eberle 2010) sowie genuin wissenssoziologischer Forschungsansätze im Anschluss an Peter Berger und Thomas Luckmann (2004) (so etwa Hitzler et al. 1999; oder unter dem Einfluss Michel Foucaults auch Keller 2011). Die mitunter problematische Verwendung des Lebensweltbegriffs ist kein Indikator für eine problematische Forschung. Als Wirklichkeitswissenschaft kann sich Soziologie von *transzendentalphilosophischen* Überlegungen informieren lassen, ihr Gegenstandsbereich ist gleichwohl ›diesseitig‹.

Der Erkenntnisstil in der Alltagswelt

Unterschiedliche Sinnprovinzen sind für Schütz zueinander geschlossen. Die innere Kohärenz jeder Sinnprovinz beruht auf einem je spezifischen Erlebnis- beziehungsweise Erkenntnisstil: »[A]lle Erfahrungen, die zu einem geschlossen Sinngebiet gehören, [sind in – M.E.] *Bezug auf diesen Stil* [...] untereinander einstimmig und miteinander verträglich.« (Schütz und Luckmann 2003, S. 55). Die jeweiligen Stile der Sinnprovinzen können nach Schütz entlang von sechs Analysemerkmalen unterschieden werden (vgl. Schütz 2003e, S. 207; Schütz und Luckmann 2003, S. 69ff.): die je spezifischen Formen der (1) Bewusstseinsspannung, (2) Epoché, (3) Spontaneität, (4) Selbsterfahrung, (5) Sozialität und (6) Zeitperspektive. Wendet man die bereits genannten Analysedimensionen heuristisch auf das Leben in der Alltagswelt an, ergibt sich nach Schütz etwa folgende Bestimmung[36] des *Erlebnisstils* dieses Wirklichkeitsbereichs:

1. Bewusstseinsspannung: Als Menschen des Alltagslebens befinden *wir uns*[37] in einem *Zustand heller Wachheit*. *Wir* sind der Welt zugewandt und daran *interessiert unsere Pläne pragmatisch zu erfüllen*. Hierfür Sorge zu tragen, ist unmittelbar lebensnotwendig.
2. Époché: In der ›*natürlichen Einstellung*‹ (Scheler) des Alltaglebens *blenden wir Zweifel aus*. Auch wenn Brüche und Zusammenbrüche, Scheitern und Verlust prinzipiell immer möglich sind, bestimmen sie nicht *unsere* Einstellung. *Relevant* ist was für die Erfüllung *unserer* Pläne wichtig oder aber diese irritierend ist. *Wir idealisieren* die Gültigkeit *unseres* Wissens und unterstellen *unserer* praktischen Handlungsfähigkeiten *Kontinuität*.[38]

---

[36] Die folgende Darstellung stützt sich direkt auf eine Zusammenfassung, die Schütz (vgl. 2003e, S. 207) im Rahmen seines Essays über die *mannigfaltigen Wirklichkeiten* geliefert hat. Dieser kompakte Abriss wird aus Gründen der Verständlichkeit hier weiter ausgeführt.

[37] Ich folge hier Schütz Diktion. Die rhetorischen Pronomina *ich, mein, wir, uns* dienen der methodologisch individualistisch angelegten Gedankenführung, wobei der Plural als Generalisierungsanspruch verstanden werden kann.

[38] *Idealisierungen, Kontinuitäts-* und *Kongruenzunterstellungen* werden als alltägliche Stabilisierungspraktiken im Laufe dieses Kapitels näher erläutert. Sie sind selbst ein praktischer Bestandteil von Alltäglichkeit. Mit anderen Worten: Alltag ist nicht nur, Alltäglichkeit wird durch individuelle und intersubjektive Handlungsvollzüge hervorgebracht.

3. Spontaneität: Die vornehmliche Form der *Spontaneität*[39] *gründet auf planvoller Aktivität*[40] und ist besonders daran interessiert, in *unsere* Welt *hinein zu wirken*, um unsere Antizipationen über unsere Wirkmächtigkeit in der Welt zu erfüllen und damit der Bedürftigkeit unseres *leidenden Wesens* (Marx, Gehlen) zu entsprechen.
4. Selbsterfahrung: *Wir erleben uns als wirksam handelnde Subjekte* in dieser lebendigen Gegenwart mit Anderen; wobei die Erfahrung von Sinnhaftigkeit nicht im Wirken, sondern in der rückgreifenden Zuwendung auf das Geschehene beruht.
5. Sozialität: Im täglichen Erhandeln des Alltagslebens *treten wir in lebendiger Gegenwart* mit Mitmenschen, Nebenmenschen, Zeitgenossen, Vor- und Nachfahren *in direkten und indirektem Kontakt*. Unser *Einwirken* beziehungsweise Handeln (Weber) ist vornehmlich an diesen orientiert, wie auf sie gerichtet. In sozialen Situationen heißt das: in *unserem* Alltag *synchronisieren wir* unsere Handlungen unter Bedingungen der *Kopräsenz* mit anderen. Einerseits sind *wir* so in der Lage unsere pragmatischen (das heißt, an der Lösung alltäglicher Bezugsprobleme interessierten) Motive Sorge zu tragen und andererseits werden durch intersubjektive Abstimmung soziale Beziehungen konstituiert und performiert.
6. Zeitperspektive: Die *Zeitperspektive* der alltäglichen Welt entsteht im Schnittpunkt von innerer Dauer und kosmischer Zeit; der Standardzeit[41] als *lebendige Gegenwart.*[42]

Dieser Erlebnisstil kann als Strukturierung des Bewusstseins betrachtet werden. Die Strukturierung der Alltagswelt beruht aber auf weit mehr als einer spezifischen Bewusstseinseinstellung. Wenn man so will, hat Schütz mit der Erörterung des Erkenntnisstils nur die mentalen Vorbedingungen geklärt; eine Antwort auf die Frage,

---

[39] Die Rede von Spontaneität lädt zu Missverständnissen ein. Schütz versteht unter Spontaneität den Modus, wie sich Handlungen ergeben beziehungsweise Handlungsentscheidungen getroffen werden; die Art des praktischen Eingestellt-Seins auf die Wirklichkeit.
[40] Es handelt sich hier weder um gezielte Rationalität im Handeln, noch um eine Determination durch vorgegebenen Pläne. Vielmehr leiten Pläne unser Handeln an und unser realisiertes bzw. realisierbares Handeln wirkt auf Pläne und Planhierarchien zurück. Das was tatsächlich geschieht, wird – unter Vorgriff auf Michel de Certeau (1988) – im Laufe konkreter Situationen produziert und damit auch *erfunden*.
[41] Schütz entwickelt sein Konzept der Zeitlichkeit über mehrere Schriften (siehe insbesondere Schütz 1982, 2003a, 2003b, 2003c, 2003e, 2004; Schütz und Luckmann 2003). Referenzautoren sind für ihn insbesondere Bergson, Husserl und Heidegger.
[42] Die Formulierung »lebendige Gegenwart« nutzt Schütz in Bezug auf Bergson beziehungsweise für die Erörterung der spezifischen Zeitlichkeit des handelnden Individuums, welche die Lebenswelt des Alltags anleitet: »In Gleichzeitigkeit erfahren wir das wirkende Handeln als eine Reihe von Ereignissen in der äußeren und in der inneren Zeit, beide Dimensionen zu einem einzigen Strom vereinigend, der die *lebendige Gegenwart* genannt werden soll. Die lebendige Gegenwart entspringt daher im Schnittpunkt von *durée* und kosmischer Zeit.« (Schütz 2003e, S. 191)

auf welche Weise ein Individuum in einer Situation zugegen ist und sein Bewusstsein auf situative Gegebenheiten richtet. Doch wie das Bewusstsein strukturiert ist, so ist auch der Gegenstand – beziehungsweise der Wirklichkeitsausschnitt – auf den sich ein Bewusstsein richten kann, strukturiert. Jede Bewusstseinsleistung ist konkret situiert und diese Situationen sind wiederum selbst strukturiert.

Die räumliche, zeitliche und soziale Aufschichtung
Schütz geht grundsätzlich von einer dreifachen Aufschichtung der Situationen in der Alltagswelt aus: *räumlich, zeitlich und sozial.* Alle drei Momente bestimmen konkrete Wirklichkeit in lebendiger Gegenwart. Individuen geraten hier in Kontakt mit ihrer Umwelt; dort wirkt die Vergangenheit hinein, leitet die Antizipation des Zukünftigen an; dort kommt es dazu, dass sich Menschen als Subjekte von Situationen entfalten, auf andere Subjekte stoßen, sich wechselseitig beeinflussen und gemeinsam Wirklichkeit wirklich werden lassen. Im Kern geht es um die Wirklichkeit des *Hier* und *Jetzt* unter dem Eindruck *relevanter Anderer.* Zur *Räumlichkeit* des Wirklichkeitsbezugs in der Alltagswelt bemerken Schütz und Luckmann:

»Der Ort, an dem ich mich befinde, mein aktuelles ›Hier‹, ist der Ausgangspunkt für meine Orientierung im Raum, er ist der Nullpunkt des Koordinatensystems, innerhalb dessen die Orientierungsdimensionen, die Distanzen und Perspektiven der Gegenstände in dem mich umgebenden Feld bestimmt werden. Relativ zu meinem Leib gruppiere ich die Elemente meiner Umgebung unter die Kategorien rechts, links, oben, unten, vorn, hinten, nah, fern usw.« (Schütz und Luckmann 2003, S. 71)

Es gilt: *Hier ist wo ich bin!* Aus Schütz egologischer Perspektive ist Räumlichkeit eine Grundbedingung für die Erfahrbarkeit der Welt. Es geht um die Bereiche, die eine Rolle spielen.[43] Die prinzipielle Körperlichkeit der je eigenen konkret situierten Existenz lässt die Kategorien Raum und Körper miteinander verschmelzen, ohne dass sich beides aufeinander reduzieren ließe. Daraus folgt: Da wo ich bin, gibt es eine »Welt in aktueller Reichweite«, also einen Ausschnitt der Welt »der meiner unmittelbaren Erfahrung zugänglich ist« (Schütz und Luckmann 2003, S. 71ff.). Dieser begrenzte Ausschnitt sei umgeben von einer Welt in »potentieller Reichweite«. Eine

---

[43] Diese Perspektive steht im Kontrast zur kollektivistischen Erfahrung von Räumlichkeit, wie sie insbesondere von und im Anschluss an Durkheim erörtert wurde (Durkheim 1984, 1981; Durkheim und Mauss 1987; Mauss 2010) oder auch Mircea Eliade (1984) im Hinblick auf die Erfahrung des Heiligen dargestellt hat.

Veränderung der Position lasse es zu, vergangene Erreichbarkeit[44] wiederherzustellen oder etwas in der Zukunft in Reichweite zu bringen. Den Bereich »auf [den – M.E.] ich durch *direktes* Handeln einwirken kann« (Schütz und Luckmann 2003, S. 77; Herv. im Original) bezeichnen Schütz und Luckmann mit Verweis auf George Herbert Mead als »Wirkzone«. Dieser Bereich hat für mich als Akteur unmittelbar Bedeutung. Hier stoße ich direkt auf Widerstände, hier kann ich wirken und mich als mehr oder minder wirksam selbst erfahren. Die Verschränkung der räumlichen mit dieser zeitlichen Perspektive liegt auf der Hand.

In jeder Situation sind *wir* in vielschichtige *zeitliche Bezüge* eingebettet. Zeit nicht als raumanaloges Konzept zu verstehen, ist eine Notwendigkeit, die Schütz insbesondere von Bergson übernommen hat. Während Räumlichkeit statisch gedacht werden kann, ist Zeitlichkeit eine Flussgröße. Sie kommt und sie vergeht! Darin liegt ein wesentlicher Teil ihrer Wirksamkeit. Das prinzipielle Vergehen von Zeit umreißen Schütz und Luckmann mit dem Konzept einer transzendenten »Weltzeit« (Schütz und Luckmann 2003, S. 81f.). Diese Weltzeit ist transzendent, weil sie unabhängig verstreicht. Darüber hinaus ist diese Weltzeit nicht greifbar, weil sie sowohl die eigene Geburt als auch das eigene Sterben umfasst. Soll heißen: es gab vor der eigenen Existenz eine Zeit und es wird auch nach dieser eine Zeit geben. Das Entstehen und Vergehen kann in der Welt beobachtet werden. Durch Übertragung entsteht ein Bewusstsein von Gebürtlichkeit und Sterblichkeit. Tatsächlich erfahrbar sind beide als Bestandteil des eigenen Lebens nicht, wie Schütz und Luckmann im Hinblick auf die Unerfahrbarkeit des eigenen Todes deutlich werden lassen (vgl. Schütz und Luckmann 2003, S. 83; 627 ff.).[45]

Während der Fluss der Zeit unabhängig fortschreitet und jeder Mensch mit dieser Zeit vergeht, ist die Zeitlichkeit an konkrete Ereignisse und Tätigkeiten gebunden. Das Prinzip, welches das Handeln im Alltag anleitet, bezeichnen Schütz und Luckmann (2003, S. 84) als *»first thing first«*. Damit gemeint ist »die zeitliche Abfolge meines

---

[44] Die Autoren verbinden diese ›Rückkehr in vergangene Welten‹ mit den Idealisierungen des »Und-so-weiter« sowie des »Ich-kann-immer-wieder«. Auf diese wird im Laufe des Kapitels noch dezidiert eingegangen.

[45] Aus dieser Warte ist Zeitlichkeit erneut ein existentieller Bruch der egologischen Perspektive: »Auch die Erwartung meines Todes, als einer endgültigen Abkehr (von der Lebenswelt, entspringt meiner Existenz in der intersubjektiven Welt. Andere werden älter, sterben, die Welt besteht weiter (und ich in ihr). Nun ist es aber eine meiner Grunderfahrungen, daß ich älter werde. Ich werde älter, also weiß ich, daß ich sterben werde, und ich weiß, daß die Welt fortdauern wird. Ich weiß, daß meiner Dauer Grenzen gesetzt sind. Daraus leitet sich das Relevanzsystem der natürlichen Einstellung ab: die mannigfach ineinander verschlungenen Systeme von Hoffnung und Furcht, Bedürfnissen und Befriedigungen, Chancen und Risiken, die den Menschen veranlassen, seine Lebenswelt zu meistern, Hindernisse zu überwinden, Pläne zu entwerfen und durchzuführen.« (Schütz und Luckmann 2003, S. 83)

Tuns nach Dringlichkeitsstufen« (Schütz und Luckmann 2003, S. 85) geordnet ist. In konkreten Situationen sind Akteur*innen dem in der Zeit Gewordenen ausgesetzt. Die Zeitlichkeit bringt eine gegenwärtige Zwangsläufigkeit mit sich. Es mag sein, dass die Dinge kontingent erscheinen, aber sie haben sich nun einmal so in die gegebene Gegenwart gefügt, dass konkrete Situationen keine Beliebigkeit offerieren. Jetzt vergegenwärtigen sich konkrete Handlungserfordernisse: hier und jetzt wird klar, was die Welt in Reichweite ausmacht (vgl. ebd., S. 88f.). Eng verbunden mit dieser Vergegenwärtigung thematisieren Schütz und Luckmann mit Verweis auf Henri Bergson und William James die »subjektive Zeit«.

»Wie schon gesagt, gibt es keine vereinzelten, in sich abgeschlossenen Erfahrungen. Jede gegenwärtige Erfahrung bezieht sich auf einen Erfahrungszusammenhang, der aus vergangenen, schon ›abgeschlossenen‹ Erfahrungen und aus mehr oder minder offenen Erwartungen zukünftiger Erfahrungen besteht.« (ebd., S. 93)

Die momentanen Eindrücke (Impressionen) stehen unter Einfluss der Vergangenheit (Retentionen) und der Zukunft (Antizipationen) (vgl. ebd., S. 94).[46] In Situationen vergegenwärtigt sich das Gewordene in seiner Ausrichtung auf das Werdende. Hier wird deutlich, dass mit dieser Zeitlichkeit Wissen und die Struktur dieses Wissens entscheidend verschränkt sind. Wissensbestände und Pläne leiten die Wahrnehmung der und das Wirken in die Welt an. Was gegenwärtige Situationen insbesondere prägt, ist ihre soziale Strukturierung.

Schließlich steht die *soziale Strukturierung* des alltäglichen Lebensvollzugs unmittelbar mit den Strukturaspekten der Räumlichkeit und Zeitlichkeit in Verbindung. Die erfahrungsseitig banale Feststellung, Situationen seien »von Anbeginn intersubjektiv« (ebd., S. 44; 609) erweist sich als sozialtheoretisch folgenreich. Für Schütz und Luckmann bedeutet das zumindest dreierlei: erstens festzustellen, dass wir die Alltagswelt mit anderen Menschen teilen. Zweitens sind uns diese Anderen mehr oder minder vertraut beziehungsweise fremd. Drittens gründen unsere Deutungen gegenwärtiger Eindrücke der Situation und der Personen, die aktuell zugegen oder zu berücksichtigen sind, grundsätzlich in Wissensbeständen; dieses Wissen ist vornehmlich überindividuell typisiert. Alle diese Ebenen sind eng miteinander verknüpft.

---

[46] Schütz nutzt Husserls Terminologie. Retentionen bezeichnen ein ›Zurückgreifen‹ auf Vergangenes unter den Bedingungen gegenwärtiger Impressionen, Antizipationen das ›Entwerfen‹ einer möglichen Zukunft unter Bedingungen gegenwärtiger Eindrücke und Rückgriff auf die Erfahrungen der Vergangenheit. Gedächtnis und Erinnerung sind dahingehend wesentliche Grundlagenphänomene des zeitlichen Wirklichkeitsbezugs. »Auf Retention, Impression und Antizipation beruhen die ›Quanta‹ der inneren Dauer; diese reihen sich aber in charakteristische Rhythmen aneinander. Die Rhythmen werden von der jeweils vorherrschenden Bewußtseinsspannung bestimmt.« (Schütz 2011, S. 94)

Schütz und Luckmann unterscheiden Mitmenschen, Nebenmenschen und Zeitgenossen (Schütz 1960, S. 6 f.; Schütz und Luckmann 2003, S. 104). Mitmenschen sind die Personen, die in *Meiner* Wirkzone zugegen und damit zu berücksichtigen sind. Nebenmenschen der Welt in *Meiner* aktuellen Reichweite, sind aber für konkretes Handeln (zunächst) nicht relevant – können prinzipiell aber jederzeit relevant werden. Zeitgenossen sind nun die Menschen, die zeitgleich mit mir diese Welt bevölkern, aber in der mir gegebenen konkreten Situation nicht zugegen sind und daher keine direkte Rolle spielen können. Zuletzt betonen die Autoren, dass für die Handlungsorientierung auch Vor- und Nachfahren bedeutsam sind.

In der Wirkzone sozialer Situationen sind soziale Begegnungen mehr als wahrscheinlich: »Die Begegnung (face-to-face situation) ist die einzige soziale Situation, die durch zeitliche und räumliche Unmittelbarkeit gekennzeichnet ist.« (Schütz und Luckmann 2003, S. 101) Interaktionssituationen beruhen auf »sozialen Begegnungen«, diese zeichnen sich durch *Kopräsenz* (Räumlichkeit) und *Synchronizität* (Zeitlichkeit) aus, das heißt konkret: ein Ich synchronisiert Aufmerksamkeit und Handeln entlang der sichtbaren Gegenwart anderer *Ichs*. Diese Zuwendung nennen die Autoren »Du-Einstellung« oder »Du-Orientierung«; eine Form der Einstellung, die symmetrisch (»wechselseitig«) oder asymmetrisch (»einseitig«) sein kann. Eine symmetrische Zuwendung bezeichnen Schütz und Luckmann als »Wir-Beziehung« (alle Zitate vgl. Schütz und Luckmann 2003, S. 102).[47] Du-Orientierung und Wir-Beziehung sind insofern die protosoziologischen Voraussetzungen für soziale Bande. Wir sind aber nicht nur zur gleichen Zeit am gleichen Ort. In aller Regel greifen wir auf intersubjektiv geteilte Wahrnehmungsmuster und Problemlösungsansätze zurück. Mit anderen Worten: es besteht ein intersubjektiv geteilter »Wissensvorrat« über die Wirklichkeit.

Die zentrale Rolle des Wissens
Situationen und situative Herausforderungen werden auf Grundlage biographischer und gesellschaftlicher Wissensbestände erfahren und bewältigt. Dieser Wissensvorrat ist Hintergrund und Substanz unserer situativen Handlungsfähigkeiten.

---

[47] »In der Wir-Beziehung besteht zwar echte Gleichzeitigkeit der Erlebnisabläufe, doch begegne ich einem Mitmenschen, dessen Hier für mich ein Dort ist. […] Den Erlebnisablauf des Mitmenschen erfasse ich nur ›mittelbar‹, indem ich seine Bewegungen, seinen Ausdruck, seine Mitteilungen als Anzeichen von subjektiv sinnvollen Erfahrungen eines fremden Ich auslege. Unter all meinen Erfahrungen eines fremden Ichs ist aber die Begegnung des Mitmenschen in der Gleichzeitigkeit der Wir-Beziehung die gleichsam am wenigsten mediatisierte.« (Schütz und Luckmann 2003, S. 103)

Lebenswelt, Alltag und Alltäglichkeit 63

»Der Mensch im täglichen Leben, so sagen wir, findet zu jedem gegebenen Zeitpunkt einen bestimmten Wissensvorrat vor, der jederzeit als ein Interpretationsschema dessen dienen kann, was er tut und was ihm geschieht.« (Schütz 2003c, S. 255)

Die Bedeutung dieses Wissens ist wie seine Entstehung auf Situationen bezogen.

»Der lebensweltliche Wissensvorrat ist in vielfacher Weise auf die Situation des erfahrenden Subjekts bezogen. Er baut sich auf aus Sedimentierungen ehemals aktueller, situationsgebundener Erfahrungen. Umgekehrt fügt sich jede aktuelle Erfahrung je nach ihrer im Wissensvorrat angelegten Typik und Relevanz in den Erlebnisablauf und in die Biographie ein. Und schließlich wird jede Situation mit Hilfe des Wissensvorrats definiert und bewältigt. Der Wissensvorrat ist also sowohl genetisch als auch strukturell als auch funktional auf die Situation bzw. die situationsgebundene Erfahrung bezogen.« (Schütz und Luckmann 2003, S. 149)

Wissen ist bedeutsam, weil es in einem gegebenen Situationskontext relevant wird. Aktuelle Erfahrungen sedimentieren »nach Relevanz und Typik in Sinnstrukturen« (Schütz 2003b, S. 173). Der entstehende Wissensvorrat ist prozesshaft zu denken; ein permanent fortschreitender Wissenserwerb, der Bestätigung, Infragestellung, des Überdenkens und Restrukturieren etc. Immer aber werden Erfahrungen aufgrund ihrer situativen Relevanz verarbeitet.

Mit William James unterscheiden Schütz und Luckmann »Vertrautheitswissen« und »Bekanntheitswissen« (James 1950, S. Bd I, 221 ff.; Schütz und Luckmann 2003, S. 196). Intim vertraut sind Wissensbestände, die auf regelmäßigen und intensiven Erfahrungen gründen. Gewusst wird aber auch auf Basis von Hörensagen: etwas ist bekannt. Gesellschaftliche Wissensbestände sind entsprechend, neben eigenen Erfahrungen, eine zweite Quelle aus der sich der Wissensvorrat speist. Im Modus der Alltäglichkeit verfügen wir in aller Regel über Routinen, bewährte Fertigkeiten und Rezeptwissen. Dieses »Gewohnheitswissen stellt« nach Schütz »›endgültige‹ Lösungen für Probleme dar, die in den Erlebnisablauf eingeordnet sind, ohne daß man ihnen Aufmerksamkeit schenken braucht« (Schütz und Luckmann 2003, S. 159).

»Routiniertes Wissen und die damit verbundenen ›automatisierten‹ Tätigkeiten gelten als absolut vertraut, fraglos durchführbar bzw. anwendbar und können deshalb als selbstverständliche, jederzeit griffbereite Elemente in die Lösung spezifischer ›Probleme‹ einbezogen bzw. als fraglose ›Mittel zum Zweck‹ in die Verwirklichung offener Handlungsentwürfe eingebaut werden.« (ebd., S. 159 f.)

Routinen erlauben eine Unbekümmertheit des Bewusstseins, die Alltäglichkeit charakterisiert. Woher stammt diese Unbekümmertheit? Zum einen häufen Individuen im Laufe ihres Lebens Wissensbestände aus Erfahrung an. Zum anderen wird jeder Generation – wie es Durkheim ausdrückt, aber Schütz sicherlich nicht verneinen würde – »ein Schatz an Kenntnissen [...] vermacht«: »Wir sprechen eine Sprache, die wir nicht gemacht haben; wir nutzen Instrumente, die wir nicht erfunden haben; wir berufen uns auf Rechte, die wir nicht eingesetzt haben [...]« (Durkheim 1981, S. 292). Einerseits ist der persönliche Wissensvorrat als biographische Anhäufung individueller Erfahrung zu verstehen, andererseits als ›Schatz‹ tradierter kultureller Wissensbestände.[48]

»Im täglichen Leben geht es vor allem, obwohl nicht aussschließlich, um die Bewältigung typischer, wiederkehrender Situationen.« (Schütz und Luckmann 2003, S. 198) Entsprechend ist das hier relevante Wissen »ein typisches Wissen um typische Vorgänge« (Schütz und Luckmann 2003, S. 119). Thomas Luckmann bestimmt diese Typizität des Wissens wie folgt:

»[...] ein Typ entsteht in einer situationsadäquaten Lösung einer problematischen Situation durch die Neubestimmung einer Erfahrung, die mit Hilfe des schon vorhandenen Wissensvorrats, das heißt also hier mit Hilfe einer »alten« Bestimmungsrelation, nicht bewältigt werden konnte.« (Luckmann 2003, S. 315)

Jede aktuelle Situation bedarf der Auslegung, ob das in Typizität sedimentierte Wissen ausreicht, um aktuelle Handlungserfordernisse zu bewältigen. Auf welche Teile des Wissensvorrats zurückgegriffen wird, ist vor allem eine *Frage der Relevanz*[49] und der Alltagsmensch seiner Haltung nach Pragmatist*in.

Pragmatische Strukturierung der Alltagswelt
Nicht alle Aspekte einer Situation sind gleich bedeutsam. Je nachdem welche Pläne verfolgte werden (Motivationsrelevanz), erscheinen einige Gesichtspunkte der Situation als thematisch relevant, andere können ausgeblendet werden.[50] Diese bedeutsamen Aspekte bedürfen einer deutenden Auslegung (Interpretationsrelevanz).[51] Ist

---

[48] »Wissensvorrat und Situation haben beide eine Geschichte. Der Wissensvorrat ist das »Produkt« der in ihm sedimentierten Erfahrungen; die Situation ist das »Resultat« der vorangegangenen Situationen.« (Schütz und Luckmann 2003, S. 163)

[49] Um der Komplexität der Frage gerecht zu werden, unterscheidet Schütz drei unterschiedliche Aspekte des Relevanzproblems (Schütz 1982, 2003a; Schütz und Luckmann 2003): thematische Relevanz, Interpretationsrelevanz und Motivationsrelevanz. Das Problem der Relevanz wird in Kapitel 3.3.1 umfassender dargelegt.

[50] »Im Prinzip gibt es in jeder Situation unendliche Bestimmungsmöglichkeiten, die jedoch nicht verfolgt werden, weil sie für die Bewältigung der *aktuellen* Situation irrelevant sind.« (Schütz und Luckmann 2003, S. 170)

[51] Routinemäßige Deckung benötigt keine urteilende Auslegung, hier geht »Deckung [...] in passiven Synthesen vor sich« (Schütz und Luckmann 2003, S. 275). Erst wenn keine Deckung hergestellt werden kann, ergibt sich eine Notwendigkeit zur interpretativen und zuletzt urteilenden

die Situation typisch bekannt, kann sie wie gewohnt bewältigt werden. Fehlt die Routine muss Unvertrautes in hinreichende Vertrautheit überführt werden. Die Aufschichtung unterschiedlicher Relevanzen ist im Rahmen von alltäglichen Handlungen und Alltagsproblemen kein Gegenstand von Bewusstheit. Erst wenn die unproblematischen Rahmungen des Alltäglichen »explodieren« (Schütz 2003b, S. 343) werden diese Relevanzen selbst zu einem Problem und damit bewusst. Die wichtigsten pragmatischen Strukturierungsmomente alltäglicher Situationen können mit den Prinzipien »first thing first« (Schütz und Luckmann 2003, S. 84) und »es reicht, wenn es reicht« beschrieben werden. Die im Alltag motivational entdeckten situativen Themen werden in der Reihenfolge ihrer Bedeutsamkeit vor dem Hintergrund typisierter Wissensbestände bewältigt. Auftauchende Handlungsprobleme werden soweit ausgelegt, dass es zur Bewältigung ausreicht (ebd., S. 276). Pragmatische Problembewältigung ergeht sich nicht in Kontemplation. Der Problembewältigungsmodus des Alltags ist auf aktuelle situative Handlungsprobleme gerichtet. Herausforderungen werden bearbeitet, sobald sie auftauchen und handlungsrelevant werden. Haben wir unsere Handlungserfordernisse hinreichend bewältigt, wenden wir uns von ihnen ab und den nächsten zu.

Kontinuitäts- und Stabilitätsunterstellungen

Die Situationen des Alltags werden routiniert durchschritten, kleinere Irritationen souverän bewältigt. Einerseits hilft die Selbstverständlichkeit und Brauchbarkeit biographischer und kultureller Wissensbestände. Andererseits wird Alltäglichkeit durch Kontinutitäts- und Stabilitätsunterstellungen beziehungsweise -praktiken hergestellt. Diese helfen, die Komplexität jeder Situation auf Wesentliches zu reduzieren und kleine Brüche zu reparieren.[52]

Das Leben in der Alltagswelt geht mit der naiven Erwartung einhergeht, dass die Entwicklung der Dinge kontinuierlich verläuft. Diese Kontinuitätsvorstellung der Idealisierung eines »und-so-weiter« (Schütz und Luckmann 2003, S. 34) ist eng verbunden mit der räumlichen und zeitlichen lebensweltlichen Strukturierung. Wenn ich einen Ort verlasse, gehe ich davon aus, dass die Dinge dort weiterhin ihren gewohnten Gang gehen. Wenn ich einen Ort wieder aufsuche, gehe ich davon aus, dass die Dinge sich dort auf erkennbare Weise wiederfinden lassen und Veränderungen im erwartbaren Umfang stattgefunden haben (vgl. ebd., S. 72 f.). Darüber hinaus ruhen die Handlungsvorstellungen in der Alltagswelt auf einem Grundvertrauen,

---

Auslegung. Dann stellen sich die Fragen, soll gehandelt werden oder nicht und wenn gehandelt werden soll, dann wie?

[52] Die Analyse von Reparaturmechanismen im Alltag ist Bestandteil des Forschungsprogramms der Ethnomethodologie im Anschluss an Harold Garfinkel (1967).

dass vorhergehende Handlungsbefähigungen auch jetzt und in der Zukunft gegeben sind. Diese Unterstellung erlaubt es an vorangegangene Erfahrungen nahtlos anzuknüpfen. Schütz spricht von der Idealisierung des »Ich-kann-immer-wieder« (ebd., S. 88 ff.).

Da Situationen in aller Regel soziale Situationen sind, kommen auch im Hinblick auf diese intersubjektive Grundstruktur Idealisierungen zum Tragen: die Idealisierungen der »Vertauschbarkeit der Standpunkte« und der »Kongruenz der Relevanzsysteme«. Schütz und Luckmann verbinden diese beiden Idealisierungen zu einer »Generalthese der Reziprozität der Perspektiven« (Schütz und Luckmann 2003, S. 99f.). Etwas verkürzt unterstellt die Idealisierung der Vertauschbarkeit der Standpunkte, dass ich dasselbe wahrnehmen würde wie jede andere Person, wäre ich an ihrer statt – wie auch umgekehrt. Die Idealisierung der Kongruenz der Relevanzsysteme unterstellt, dass meine Relevanzsetzungen und seine/ihre Relevanzsetzungen grundsätzlich in Deckung gebracht werden können. Eine Kongruenz der Relevanzsysteme kann grundsätzlich nur dann angenommen werden, wenn unterstellt wird der Andere sei von meinesgleichen.[53] Die gesamte Generalthese lässt sich wie folgt auf den Punkt bringen: vom selben Standpunkt aus nehmen wir dasselbe war und halten dasselbe für bedeutsam.

2.3.2.4 *Die* Alltagswelt *als herausragende* Wirklichkeit

Das Besondere der Lebenswelt des Alltags
Inwiefern ist die Alltagswelt als eine *vornehmliche Wirklichkeit* zu verstehen? Schütz betrachtet alle anderen Sinnprovinzen als Ableitungen dieser vorrangigen Alltagswelt. Er spricht von »Modifikationen« (Schütz 2011, S. 155 f.).[54] Modifizierte Wirklichkeitsbereiche scheinen im Vergleich zur alltäglichen Wirklichkeit verkürzt: *Phantasievorstellungen*, wie auch immer detailliert, bleiben Imaginationen; zum Beispiel das

---

[53] Schütz/Luckmann stellen die Frage, woher »dieses ›Wissen‹, daß ein anderer Körper eines Anderen meinesgleichen ist«, stammt und beantworten ihre Frage sogleich selbst: »Die Eigenart dieses ›Wissen‹ besteht darin, daß einem Außen ein Innen zugesprochen wird. Es ist klar, daß hier eine Sinnübertragung von mir auf anderes wirksam wird.« (beide Zitate Schütz und Luckmann 2003, S. 605)

[54] Ein ähnliches Konzept findet sich in Erving Goffmans *Rahmenanalyse*. Goffman beschreibt dort Prozesse der Modulation. Goffman unterscheidet primäre bzw. natürliche Rahmungen von ihren sozialen Modifikationen: sekundäre Rahmen. Die Idee der Modulation besteht darin, dass eine Rahmung relativ zu ihrer primären Rahmung hoch- oder hinunter moduliert werden kann. So ist ein Film im Film eine komplexe Modulation ausgehend von einer Situation im täglichen Leben (vgl. Goffman 1977, S. 52 ff.): das Darstellen eines Tuns-als-ob im Rahmen einer Darstellung eines Tuns-als-ob.

Was-wäre-wenn eines Tagtraums. Hier fehle die Intention diese »Phantasievorstellungen zu verwirklichen« (Schütz 2003e, S. 212) – die Phantasievorstellung lebt sich zunächst in sich selbst aus. Die *Welt der Träume* erscheint uns nicht ohne Sinn, doch sie entzieht sich unseren steuernden Zugriffen. Zwar werden in Träumen Erfahrungen vergangener Alltäglichkeit verarbeitet, im Gegensatz zum tagträumerisch imagnierenden Selbst fehle dem Träumenden aber der Ermessungsspielraum, Entwürfe und Vorsätze für das Träumen zu formulieren – man träumt was man träumt (vgl. ebd., S. 217 ff.). Die *Welt der Wissenschaft* wiederum zeigt sich vom akuten Handlungsdruck des Alltagslebens entlastet. Zumindest direkt »dient [sie – M.E.] keinem praktischen Zweck« (ebd., S. 223).

Schock & Sprung: Wechsel zwischen Sinnprovinzen
Schütz versteht diesen Übergang unter Rückgriff auf Søren Kierkegaard als »Sprung«.[55] Der Übertritt in eine andere Sinnprovinz erfolgt nur, wenn wir uns durch »einen spezifischen Schock« (Schütz 2003e, S. 207 f.) dazu genötigt sehen. Ganz egal ob ich unwillkürlich damit beginne zu träumen, mich gezielt auf die Regeln eines Spiels einlasse oder aber methodisch den suchenden Zweifel ›der Wissenschaft‹ ausübe; der *Erlebnisstil* und die *Relevanzen* ändern sich plötzlich und grundlegend. Die Alltagswelt ist insofern vorrangig, alsdass alle anderen auf der Grundlage dieses Erfahrungsbereichs existieren können. Darüber hinaus geht Schütz davon aus, dass »[d]ie Welt des täglichen Lebens […] uns fraglos gegeben« ist. Genauer heißt das, dass uns dieser Wirklichkeitsbereich

»[…] als die ›natürliche‹ Wirklichkeit [erscheint – M.E.], und wir […] nicht bereit [sind – M.E.], die darauf beruhende Einstellung aufzugeben, wenn nicht ein besonderes Schockerlebnis die Sinnstrukturen des Alltags durchbricht und uns veranlaßt, den Realitätsakzent einem anderen Sinnbereich zu übertragen.« (Schütz und Luckmann 2003, S. 69)

Auch aufgrund dieser hartnäckigen Selbstverständlichkeit erklärt sich die Schützsche Rede von einer *Vornehmlichkeit* dieser Sinnprovinz. Dass sie schließlich auch als *ausgezeichnete* betitelt werden kann, lässt sich aus ihrer lebenspraktischen Bedeutung verstehen. In seinem Essay über das *Problem der Relevanz* grenzt Schütz diesen Wirklichkeitsbereich wie folgt ein:

»Es gibt die Ebene unserer Alltagswelt, in der wir hellwach sind und *uns unseren Pflichten widmen, unter unseren Mitmenschen wirken, uns durch Handeln in die Außenwelt einschalten und sie modifizieren.* Dies ist die

---

[55] Zu dieser auf Kierkegaard zurückgehenden Denkfigur siehe Kapitel 3.3.3.3 der vorliegenden Schrift.

ausgezeichnete Wirklichkeit, die Bezugsbasis und der Ausgangspunkt unserer Existenz [...].« (Schütz 2011, S. 155 f.; Hervorhebung – M.E.)

Die Welt des Alltagslebens ist die Welt, in der wir unser individuelles wie kollektives Leben »erhandeln«.[56] In dieser Sinnprovinz sind wir den alltagsrelevanten Problemen der Lebensführung ausgesetzt. Hier entscheidet sich in Interaktion und Kommunikation, inwiefern es uns gelingt, unsere alltäglichen Bedürfnisse zu befriedigen und die konfliktuöse und/oder friedliche Koexistenz mit Anderen zu organisieren. Mit anderen Worten: sie ist praktisch (über-)lebensrelevant; Tag für Tag. *Vorrangigkeit, Selbstverständlichkeit* und *Lebensführungsrelevanz*: auf diese Elemente lässt sich die grundlegende Bedeutung der *Welt des täglichen Lebens* verdichten.

2.3.3 Synopse: Alltäglichkeit bei Schütz

Schütz' analytisch gehaltvolles, phänomenologisch-pragmatistisches Konzept des Alltäglichen lässt sich wie folgend zusammenfassen:

1. Lebenswelt ist eine transzendentalphilosophische Reflexionsfigur, die einerseits als Möglichkeitshorizont konkreter soziohistorischer Wirklichkeiten als Verstrickungsverhältnis von konkreten Umwelten und Subjektivät betrachtet werden kann, andererseits grundlegende existentielle Strukturierungsmomente von Weltlichkeit bereithält: z.B. Sprachlichkeit, Geschichtlichkeit, Bedürftigkeit, Körperlichkeit, Endlichkeit und Sozialität. Lebenswelt und Alltagswelt sind nicht deckungsgleich. Die Alltagswelt ist vielmehr ein spezifisches soziohistorisches, kulturelles Verhältnis von Umwelt und Subjektivität.
2. Jede *Alltagswelt* kann *als geschlossene Sinnprovinz* neben anderen betrachtet werden.
3. Ein *distinkter kognitiver Stil* zeichnet das Erleben und Handeln innerhalb dieser Sinnprovinz aus. Alltäglichkeit ist am Bewältigen alltäglicher Handlungsherausforderungen interessiert.
4. Die Alltagswelt ruht auf einer *räumlichen, zeitlichen und sozialen Aufschichtung* sozialer Situationen, wobei der Akzent auf der Bedeutung des Hier und Jetzt liegt.
5. Alltäglichkeit ist *in die Planhierarchien und Handlungsentwürfe* der alltäglichen Lebensbewältigung *eingebettet*.

---

[56] Das Verb *erhandeln* wird von Michaela Pfadenhauer (2008) in anderem Kontext synonym für einen Prozess (inter-)aktiven Organisierens gebraucht wird. Der Begriff scheint mir hier nicht fehlplatziert. Das Erhandeln impliziert einerseits das verwirklichen von Zielen, andererseits die Notwendigkeit auszuhandeln und Verständigung zu erzielen. »Die Lebenswelt des Alltags ist jene Wirklichkeit, in der wechselseitige Verständigung möglich ist.« (Schütz und Luckmann 2003, S. 69)

6. Das Wissen über die Wirklichkeit ruht auf einem *selbstverständlich verfügbaren Wissensvorrat*, der zur routinierten Bewältigung alltäglicher Situationen und Handlungsprobleme ausreicht. Im Modus der Alltäglichkeit begegnet man Handlungsherausforderungen wie selbstverständlich und Lösungsroutinen kommen wie selbstverständlich zum Einsatz. Relevanzsetzungen im Bereich des Alltäglichen werden nicht als problematisch erlebt beziehungsweise können problematische Umstände durch Interpretationsroutinen in unproblematische überführt werden. Handlungsprobleme, die im Alltag auftauchen, können auf Basis des Wissensvorrats hinreichend gelöst werden.
7. Wissen in der Alltagswelt ist *sedimentiertes Problemlösungswissen*, nach Relevanz und Typik in Sinnstrukturen aufgeschichtet. Der entstehende Wissensvorrat ist immer im Werden begriffen und situations-, das heißt relevanzbezogen, verfügbar.
8. Die Handlungsorientierung im Alltäglichen ist *an der routinierten Bewältigung* alltäglicher, das heißt *typischer, Handlungserfordernisse* unter Rückgriff auf Gewohnheiten, eingeübte Fertigkeiten, Routinen und Rezeptwissen *interessiert*.
9. Durch die Unterstellung von *Kontinuitäts- und Stabilitätsannahmen tragen* die Subjekte einer Alltagswelt selbst *zur Stabilisierung* ihres Weltverhältnisses und damit zur *Alltäglichkeit* des Alltags *bei*. Diese Idealisierungen umfassen die Unterstellung der Kontinuität des Laufs der Dinge und der eigenen Handlungsbefähigung wie auch die Vertauschbarkeit der Standpunkte und Kongruenz der Relevanzsysteme. In aller Regel können diese Idealisierungen bestätigt werden und kleinere Abweichungen als irrelevant ausgeblendet oder gar repariert werden.
10. Alltäglichkeit ist mit der *Reproduktion sozialer Relationen* verbunden, insofern einerseits an Vertrautheiten angeschlossen und Fremdheit als eben solche identifiziert werden kann.

2.4 Zwischenbetrachtung
– vom unterschätzten zum überschätzten Alltag

2.4.1 Zwischen Kritik des Alltagslebens und Phänomenologie der lebensweltlichen Strukturen der Alltagswelt

Die *Kritik des Alltagslebens* bei Henri Lefebvre und Ágnes Heller, auf den Schultern von Marx und Lukács, stellt das vergesellschaftete menschliche Tätigsein (Arbeit) in den Mittelpunkt ihrer Betrachtungen. Der Begriff Kritik ist doppelt zu fassen. Sie ist zunächst einmal ein sprichwörtliches ›Auseinander-Setzen‹ dessen, was sich im Alltag verbindet: menschliche Tätigkeit und gesellschaftliche (Produktions-)Verhältnisse; das eine wird mit einer philosophischen Anthropologie vom arbeitenden Menschen erörtert, das andere durch historisch-materialistische Analyse aufgeschlüsselt. Auch wenn Alltag auf Bereiche außerhalb der direkten Produktionsordnung verweist: Alltag ist immer gewohnheitsmäßiges Tun unter gegebenen gesellschaftlichen Bedingungen. In der Alltäglichkeit des Alltags liegt diese Verbindung verdinglicht vor und ist Grundlage für einen mehrdimensionalen Entfremdungszustand der Menschen. Die andere Seite des Begriffs Kritik liegt in dem, was Horkheimer (2009) als das *Interesse an vernünftigen Verhältnissen* bezeichnet hat. Kritik in diesem Sinne ist mit dem Wunsch verbunden, Entfremdung zu durchbrechen und ein positives Potential für Individuen und Gesellschaften zur Entfaltung zu bringen. Zumindest bei Lefebvre kommt dieser Wunsch einer permanenten Aufhebung des bewusstseinslosen und notwendigerweise verdinglichten Alltags gleich. Eine dauerhafte Überwindung des Alltags landet argumentativ in der verklärenden Hoffnung auf eine permanente Revolution oder der permanenten Feierlichkeit.[57] Alfred Schütz nimmt einen wesentlich anderen Weg. Ausgehend von der transzendentalen Philosophie von Kant bis Husserl, der sinnverstehenden und damit kulturtheoretisch aufgeladenen Soziologie Max Webers und der philosophisch pragmatistischen Perspektive William James' aber auch George Herbert Meads erkennt er im Modus der Alltäglichkeit eine vorrangige Form des »In-der-Welt-seins« (Heidegger). Wie die marxistischen Theoretiker*innen betrachtet Schütz den Modus der Alltäglichkeit als unbefragten Boden. Während Lefebvre und Heller diesen Umstand unter den Begriffen Verdinglichung und Entfremdung erörtern, erkennt Schütz hierin ein unhintergehbares Strukturierungsmoment vergesellschafteter menschlicher Situiertheit. Vor dem Hintergrund biographisch und gesellschaftlich geprägter Wissensbestände und pragmatischer Lebensbewältigung durchlaufen wir permanent soziale Situationen, idealisieren Kontinuität und wechselseitiges Verständnis und bewältigen so das Leben als verkettete Folge von Bewältigungsszenarien. Auch wenn Schütz die Vorrangigkeit der Alltagswelt betont, zeigen seine Analysen, dass wir uns in multiplen Wirklichkeiten und nicht in ›dem einen Alltag‹ bewegen. Beiden Analysen, der Kritik des Alltagslebens

---

[57] Eine Vorstellung, die Lefebvre wahrscheinlich nicht nur zufällig mit zentralen Protagonist*innen der Französischen Revolution teilt. Winfried Gebhardt hat diesen Hang der revolutionären Ordnung zum Feierlichen mit Bezug zur Französischen wie zur Russischen Revolution erörtert. Mit Bezug zum französischen Vorläufer schreibt er: »Die Feiern sollten, so die Ambitionen ihrer Schöpfer, den revolutionären Elan, die ursprüngliche Begeisterung und Leidenschaft aufrechterhalten, indem die Gemeinsamkeit der Ziele, Werte und Interessen, in deren Namen das Ancien Regime gestürzt wurde, wiederholt und durch Einkleidung in immer neue Masken und Symbole den versammelten Massen nahegebracht und so vor der zwangsläufig eingesetzten Trivialisierung geschützt wurde.« (Gebhardt 2000, S. 110)

wie der Analyse der lebensweltlichen Strukturen der Alltagswelt, gereichen das politische Moment zum Vorteil und zum Nachteil mit je unterschiedlichen Vorzeichen. Der überbordende politische Akzent der historisch-materialistischen Weltsicht wird den Kritiker*innen des Alltags zur analytischen Bürde, wie die fehlende politische Dimension der Schützschen Analyse, seine Begrifflichkeiten steril erscheinen lässt. Eine weitere Leerstelle hinterlassen beide Ansätze: keines der Konzepte kann einen befriedigenden Begriff des anderen des Alltags mit sich bringen. Während die Überwindung des Alltags als permanente Revolution sich als *contradictio in adjecto* erweist, nutzt Schütz das *Andere des Alltags* vornehmlich als Grenzmoment, an dem sich das Alltägliche aufzeigen lässt. Damit verweisen beide Ansätze auf eine allgemeine Leerstelle der Soziologie.

2.4.2 Das Nichtalltägliche als soziologisches Desiderat

Norbert Elias' Kritik, der Alltag werde vornehmlich nur *ex negativo* bestimmt,[58] kann für die beiden ausgeführten Theorietraditionen zurückgewiesen werden. Der Alltag wird hier wie da analytisch ausbuchstabiert. Das zweite Kritikmoment, es werde nicht klar, was denn das immer mitzudenkende *Andere des Alltags* sei, greift gleichwohl. Im Anschluss und auch im Schnittpunkt beider Perspektiven formieren sich heute breite Forschungstraditionen, die sich umfassend mit dem Alltäglichen befassen. Ethnomethodologie, hermeneutische Wissenssoziologie bis hin zur wissenssoziologischen Diskursanalyse, die sozialwissenschaftlich relevante Ethnographie und auch die sogenannten Cultural Studies. All diesen Perspektiven ist ein umfassendes Interesse am Alltag und Alltäglichen gemein. Marxistische Engführung und Schützsche Sterilität sind diesen tief am reichhaltigen Leben interessierten Ansätzen kaum vorzuwerfen, doch analytisch stehen die Ansätze fest in beiden Traditionen verwurzelt.[59] Verhaftet im Rahmenwerk einer Theorie des Alltags, gelingt es keinem dieser Ansätze den nichtalltäglichen Gegenpart hinreichend zu befragen, geschweige denn auszubuchstabieren.

Diese Feststellung lässt sich nicht allein für soziologische Studien formulieren. Winfried Gebhardt kommt zu einer ähnlich gelagerten Feststellung in Bezug auf die Festforschung:

---

[58] Wie bereits eingangs in Kapitel 1.2.2 erwähnt.
[59] So ist Peter Bergers und Thomas Luckmanns *Gesellschaftliche Konstruktion der Wirklichkeit* nicht minder durch Schütz' Phänomenologie der Lebenswelt als durch Marx Hegelinterpretation geprägt. Insbesondere die Kapitel zur Institutionalisierung und Legitimierung sind als ein intimer Dialog beider Perspektiven zu lesen (Berger und Luckmann 2004).

»In der neueren, vor allem mentalitätsgeschichtlich und volkskundlich orientierten Festforschung hingegen scheint dieses Verhältnis geradezu umgedreht: Hier wird die grundsätzliche Dialektik von Fest, Feier und Alltag dadurch verdeckt, dass das Festliche als integraler Bestandteil des Alltags definiert wird, der Alltag also als übergeordnete Kategorie den Handlungsberiech von Fest und Feier mit einschließt. Diese Sichtweise erlaubt es aber nicht mehr, das Festliche als einen eigenständigen Wirklichkeitsbereich des menschlichen Lebens zu erkennen, weil entweder die Trennung von Fest und Alltag in der – wohl auf Ernst Bloch zurückgehenden – Utopie vom festlichen Alltag aufgehoben wird, oder weil – in einer anderen Variante – das Fest, soweit es repräsentatives Fest ist, als bloßes Instrument der Herrschaftssicherung verstanden wird, also als bloßes Überbauphänomen an den (ökonomischen) Alltag angeschmiedet bleibt.« (Gebhardt 1992b, S. 70 f.)

Überträgt man die Implikationen dieser Feststellung auf eine Soziologie des Alltags lässt sich eine dreifache perspektivische Ignoranz gegenüber Phänomenen des Nichtalltäglichen feststellen. Erstens wird der Alltag im Sinne Schütz' als derart vorrangig erörtert, dass alle Phänomene des Nichtalltäglichen lediglich in den Klammern der Alltagswelt integriert theoretisiert werden können. Zweitens wird das Andere des Alltags mit der Überwindung der gesellschaftlichen Verhältnisse in eins gesetzt und damit mündet die Erörterung von Nichtalltäglichkeit in die Frage nach einer kommenden, permanenten Revolution. Drittens wird das Nichtalltägliche als Nichtigkeit im Angesicht der herrschenden Verhältnisse verbrämt. Das, was es an Nichtalltäglichem gibt, ist nicht von Bedeutung – den Einen ist der Alltag herausragend, für die Anderen gibt es kein Richtiges im Falschen. Doch ist dieses dreifache Ausblenden oder besser Überblenden des Nichtalltäglichen nicht fragwürdig? Nach meiner Ansicht wird der ehemals als unterschätzt betrachtete Alltag in der Gestalt der gegenwärtigen Sozialforschung analytisch überschätzt – insofern, dass es an den Grenzen des Alltäglichen, Wesentliches zu entdecken gibt, diese Grenzphänomene aber terminologisch, konzeptuell und methodisch eigener Debatten bedürfen. Im nächsten Kapitel wird aus unterschiedlichen Blickwinkeln der Versuch unternommen, situative Nichtalltäglichkeit als Phänomenbereich eigenen Rechts systematisch anzunähern.

3 An den Grenzen des Alltäglichen – in den Grenzen des Nichtalltäglichen

Im Folgenden werden Elemente einer Konzeptualisierung *situativer Nichtalltäglichkeit* abgesteckt. Zwei Fragen stehen im Mittelpunkt: a. Wie lässt sich eine konzeptionelle Annäherung an Nichtalltäglichkeit im theoriegeschichtlichen Korpus der Sozialwissenschaften verorten? b. Welche Konsequenzen lassen sich, ausgehend von diesem theoriegeschichtlichen Fundament, für eine Konzeption des Nichtalltäglichen ziehen?

Zunächst werde ich zeigen, wie konzeptionelle Überlegungen zum *Nichtalltäglichen* eine fundamentale Rolle in klassisch soziologischen Theoriekonzeptionen spielen. Max Weber und Émile Durkheim gelten als Zentralgestalten der modernen europäisch geprägten Soziologie. Selbst unter den Klassikern nehmen beide Autoren noch eine besondere Stellung ein. Nicht nur ihr Status innerhalb der Fachtradition weist Ähnlichkeiten auf. Beide teilen eine spezifische Vorliebe für Phänomene an den Grenzen der Rationalität und beide verorten ihre Diskussion dieser Phänomene in religionssoziologischen Schriften. Überlegungen zum Charisma durchziehen Webers Religions- und Herrschaftssoziologie. Durkheim wendet sich in seinem Spätwerk einer umfassenden Soziologie des religiösen Lebens zu. Charisma dient Weber sowohl als Grenz- wie auch Kontrastbegriff zu Überlegungen über Rationalität und Bürokratisierung einerseits, patriarchalen Strukturen andererseits. Im Kern der religionssoziologischen Überlegungen Durkheims steht das intensive Erleben kollektiv geteilter wie auch hervorgebrachter Ereignisse. Er spricht von kollektiver Efferveszenz. Beide, Charisma und kollektive Efferveszenz, lassen sich als konzeptionelle Erkundungen nichtalltäglicher Phänomene verstehen.

© Springer Fachmedien Wiesbaden GmbH, ein Teil von Springer Nature 2019
M. Ernst-Heidenreich, *Irritation des Selbstverständlichen*,
https://doi.org/10.1007/978-3-658-25208-3_3

In einer *dritten* Annäherung wird darlegt, wie *Nichtalltäglichkeit* als *inverses* Thema der phänomenologisch-pragmatistischen Sozialtheorie Alfred Schütz' gelesen werden kann. Ich vertrete die These, dass wesentliche Aspekte seiner Überlegungen zum *Problem der Relevanz,* der *Transzendenz* und über die Existenz und Verschränkung *mannigfaltiger Wirklichkeiten* auf einen gemeinsamen Fluchtpunkt verweisen: Momente, in denen sich das Korsett des Alltäglichen als zu eng erweist, gesprengt oder zumindest überschritten wird. Im *vierten Abschnitt* wird die Ritualtheorie des Ethnologen Victor Turner entlang der Gegensatzpaare *Struktur* und *Anti-Struktur* beziehungsweise *Sozialstruktur* und *Communitas* vorgestellt. Übergangsrituale öffnen eine Schwellensituation, in der alltägliche Strukturiertheit ausgesetzt oder teilweise umgekehrt wird. *Liminalität,* so Turners Begriff, hat ihre eigene Grammatik. Es ist nicht so, dass hier das Chaos herrscht, vielmehr wird die Stukturierung des Alltaglebens umgestülpt; das nichtalltägliche Ordnungsprinzip ist anti-strukturell, ihre wesentliche Wirkungsrichtung richtet sich auf die zwischenmenschlichen Beziehungen. Die Schlussbetrachtungen des Kapitels dienen der Diskussion und Synthese. Ziel des Kapitels ist der Entwurf eines konzeptionellen Arbeitsbegriffs und damit wesentlicher Eckpunkte einer *Soziologie situativer Nichtalltäglichkeit.*

3.1 Die ›Beste Nebenrolle‹ der sinnverstehenden Soziologie[1]
 – Max Webers Charisma als Konzept des Nichtalltäglichen

Charisma ist nicht der klarste oder systematischste, mit Sicherheit aber der schillerndste der Weberschen Grundbegriffe. Zumindest was dessen Herrschafts- und Religionssoziologie anbelangt, ist die Charisma-Konzeption ein tragendes Element;

---

[1] Ein Versuch die Abarbeitung an Weber vollständig zu erfassen, erscheint im Anbetracht der reichen Rezeptionsgeschichte so abenteuerlich wie aussichtslos. Ziel der vorliegenden Argumentation ist die Entwicklung einer bestimmten Lesart: Exegese ist dabei Mittel und nicht Ziel. In Anbetracht des großen Einflusses seiner Grundbegrifflichkeiten und Arbeiten über den okzidentalen Rationalismus oder auch seine historisch vergleichende Religionssoziologie scheint es für die Charisma-Konzeption nicht zu einer ›Hauptrolle‹ in Webers Werk gereicht zu haben. Bestenfalls scheint ihr der Preis für die ›beste Nebenrolle‹ zuzufallen – was sicherlich keine kleine Sache ist. Gleichzeitig lässt sich die These aufstellen, dass der Charisma Konzeption ein wesentlich bedeutsamerer Stellenwert zukommt, als auf den ersten Blick zu erahnen ist. Im Grunde ist diese These weder neu, noch sonderlich originell. Regelmäßig erscheinen Publikationen, die sich gerade an dieser These abarbeiten. Ein Blick in soziologische Lehrbücher zeigt aber, dass Weber im Hinblick auf seine Grundbegriffe, Typen legitimer Herrschaft, Rationalisierungsthese und der protestantischen Ethik rezipiert wird. Wenn diese These also nicht originell ist, so ist sie dennoch nicht Mainstream des Lehr-Kanons und dahingehend zu betonen.

ein statischer Schlüsselstein im Theoriegebäude. Ist eine solche Betonung nicht überzogen? Nein, denn Weber nutzt Charisma als das Kontrastkonzept schlechthin. Patrimonialismus, Rationalität, Bürokratie, sie alle finden ihren Gegenpol im Charisma-Begriff der Weberschen Religions- und Herrschaftssoziologie. Webers idealtypische Unterscheidung zwischen *rational-bürokratischer, traditionaler* und *charismatischer Herrschaft* (vgl. Weber 1980, S. 122 ff.) lässt eine kontrapunktische Grundkonstruktion erkennen. Stellt man diese drei Typen einander gegenüber, nimmt letztere eine Sonderstellung ein. Nach Weber sind *rational-bürokratische* und *patriarchale Strukturen* als »Alltagsgebilde« zu verstehen. Sie dienen dazu, die »Anforderungen des ökonomischen Alltags« zu bewältigen (beide Zitate Weber 1980, S. 753). Anders der Charismatismus: Charisma ist *per definitionem* außeralltäglich. Die Herrschaftssoziologie umfasst nicht nur den Idealtypus *charismatisch legitimierter Herrschaft*. Darüber hinaus skizziert Weber dort sowohl den Prozess der *Veralltäglichung des Charisma* als auch das dialektische Verhältnis zwischen Charismatismus und Patriarchat; Außeralltäglichkeit und Alltäglichkeit. Folgt man Winfried Gebhardt,[2] dann versteht Weber unter Charisma

»[...] ein grundlegendes, alles menschliche Handeln durchziehendes soziales Grundprinzip [...], das im dauernden Wechselspiel mit dem ihm entgegengesetzten Prinzip des Alltags das Fundament menschlicher Lebensführung, gesellschaftlicher Ordnung und sozio-kulturellen Wandels bildet« (Gebhardt 1994, S. 27).[3]

Es ist dieser kontrapunktische Charakter, der die Rede vom *tragenden Element* im Theoriegebäude rechtfertigt. Was die vorliegende Argumentation anbelangt, leistet Weber wertvolle, begrifflich-konzeptionelle ›Grenzarbeit‹ zwischen Alltag und Nichtalltag. Seine Ausführungen über das *Außeralltägliche* im Sinne des *Charismas* bieten daher

---

[2] Gebhardt rekonstruiert im Rahmen seiner Schrift über *Charisma als Lebensform* eine differenzierte Debatte zur Weberschen Charisma-Konzeption. Diese entwickelt sich seit etwa den 1960er Jahren (Bendix 1964; Tenbruck 1975; Schluchter 1979, 1985, 1988; Seyfarth 1979; Lipp 1985; Breuer 1989; Gebhardt 1992a, 1993; Riesebrodt 1999, 2001; Turner 2003; Adair-Toteff 2005 und viele andere mehr). Gebhardt stützt seine Darstellungen insbesondere auf Tenbruck, Seyfarth, Schluchter und Breuer.

[3] Winfried Gebhardt bemerkt zur Bedeutung und Systematik der Charisma-Konzeption: »Die Webersche Charisma-Theorie ist komplexer, differenzierter und anspruchsvoller als allgemein angenommen. In systematischer Absicht und mit aller gebotenen Vorsicht, die daraus zu resultieren hat, daß Weber die hier vorgeschlagene typologische Ordnung nicht selbst explizit verwandt hat, läßt sie sich in drei unterschiedliche, deutlich voneinander abgrenzbare Bestandteile ausdifferenzieren. Diese sind: 1. das Theorem des ›reinen‹ Charisma als revolutionäre Kraft; 2. das Theorem der Veralltäglichung, Versachlichung und Institutionalisierung des ›reinen‹ Charisma; und 3. das entwicklungsgeschichtliche Theorem der Versachlichung und Entpersönlichung des Charisma.« (Gebhardt 1994, S. 33)

einen ersten spannenden Ansatzpunkt dieses Kapitels. Auf den Punkt gebracht: *Charisma ist bei Weber als Chiffre für ein Prinzip der Außeralltäglichkeit zu verstehen und bildet damit eine Gegenprinzip zum Alltag*. Vor dem Hintergrund dieser Annahme wird im Folgenden Webers Konzept ›gelesen‹ und im Kontext seiner Rezeptionsgeschichte diskutiert.

3.1.1 Charisma und charismatische Herrschaft bei Weber

Charisma scheint in der präzisen Diktion des ausgebildeten Juristen Weber zunächst klar definiert. So heißt es im Rahmen seiner Erläuterungen zur *charismatischer Herrschaft* zum Phänomen *Charisma*:

> »C h a r i s m a‹ soll eine als außeralltäglich [...] geltende Qualität einer Persönlichkeit heißen, um derentwillen sie als mit übernatürlichen oder übermenschlichen oder mindestens spezifisch außeralltäglichen, nicht jedem andern zugänglichen Kräften oder Eigenschaften oder als gottgesendet oder als vorbildlich und deshalb als ›F ü h r e r‹ gewertet wird. Wie die betreffende Qualität von irgendeinem ethischen, ästhetischen oder sonstigen Standpunkt aus ›objektiv‹ richtig zu bewerten sein würde, ist natürlich völlig gleichgültig: darauf allein, wie sie tatsächlich von den charismatisch Beherrschten, den ›A n h ä n g e r n‹, bewertet w i r d, kommt es an.« (Weber 1980, S. 140)[4]

Wie bei vielen anderen zentralen Begriffen Webers zeigt sich bei näherer Betrachtung, dass sich das Konzept einer einfachen Definition versperrt.[5] Die obere Begriffsbestimmung ist insofern der erste Ausgangspunkt,[6] um Webers Charisma-Konzept zu klären und nicht bereits eine hinreichende Klärung selbst.

---

[4] In allen im Mohr Siebeck Verlag erschienen Ausgaben von Wirtschaft und Gesellschaft werden Hervorhebungen durch gesperrte Passagen und Kursivsetzungen vollzogen. Gesperrte Passagen wurden nach dem Original übernommen. Das gilt für diese, wie für alle weiteren Zitatstellen. Durch mich gesetzte Hervorhebungen werden kursiv gesetzt und explizit ausgewiesen. Nicht ausgewiesene Kursivsetzungen finden sich so im Original.

[5] Bekanntlich beginnen die Grundbegriffe mit seiner Soziologie-Definition, in der Weber das axiomatische Grundgerüst vom »sozialen Handeln« entwirft. So klar die Begriffsbestimmungen anmuten, mit der Referenz auf den subjektiv gemeinten Sinn, wird das Konstrukt »soziales Handeln« zu einem Fass ohne Boden – weit entfernt axiomatisch begründet zu sein. Zur Erörterung der Tiefe und auch der ›Untiefen‹ der Weberschen Sinnfrage siehe die Ausführungen Alfred Schütz' (1960).

[6] Im Grunde dieser Definition vorgelagert, ist die Bestimmung von Charisma als Legitimierungsgrund für Herrschaft. Die Idealtypen legitimer Herrschaft folgen einer kontrastiven Logik. Rationale Herrschaft bezieht ihre Anerkennung aus der Legalität gesatzter Ordnung und Hierarchie. Die Legitimität traditionaler Herrschaft kann sich auf die »Heiligkeit von jeher geltender Traditionen« stützen. Beiden gegenüber steht die charismatische Herrschaft. Ihre Legitimität ruht »auf der außeralltäglichen Hingabe an die Heiligkeit oder die Heldenkraft oder die Vorbild-

Gemäß Weber handelt es sich bei Charisma um eine besondere asymmetrische soziale Beziehung. Analytisch passt diese Definition in das Gerüst seiner Grundbegriffe ausgehend vom Begriff des »sozialen Handelns«. Diese soziale Beziehung ruht auf der Zuschreibung und Anerkennung *übernatürlich, übermenschenlich oder zumindest außeralltäglich geltender* Persönlichkeitseigenschaften. Weber ergänzt seine Definition um fünf Aspekte. *Erstens*: »Ob er [der Charisma-Träger] sie [diese Anerkennung] findet, entscheidet der Erfolg.« (Weber 1980, S. 754; Ergänzungen M.E.; siehe auch 140 f.) Daraus folgt *zweitens*: wird die charismatische Führungspersönlichkeit den Erwartungen seiner Gefolgschaft nicht gerecht, schwindet die Anerkennung seiner charismatischen Autorität. Umgekehrt betont Weber, dass die erfolgreiche Bewährung außeralltäglicher Fähigkeiten, den Beherrschten die »Pflicht«[7] auferlegt, die außergewöhnlichen Eigenschaften ihrer Führerpersönlichkeit anzuerkennen (vgl. ebd., S. 140, 754). Die Gemeinde – die *dritte* Ergänzung zur Definition – das heißt die »emotionale Vergemeinschaftung« von Führer und Gefolgschaft beziehungsweise Prophet und Jünger gilt Weber als genuiner charismatischer Herrschaftsverbund (vgl. ebd., S. 140 ff.). Die Stellung des Individuums im sozialen Gefüge der charismatischen ›Gemeind-schaft‹ basiert auf »Berufung« und »Sendung« (vgl. ebd., S. 140 ff.) und ist somit der »Gnadengabe« der Charismaträgerschaft unterworfen. Mit anderen Worten: außerhalb des Willens der charismatischen Instanz gibt es kein Recht – oder personale Rechte – beziehungsweise was auch immer durch diese Instanz geschaffen

---

lichkeit einer Person und der durch sie offenbarten oder geschaffenen Ordnungen (charismatische Herrschaft). *Im Fall der satzungsmäßigen Herrschaft wird der legal gesatzten sachlichen unpersönlichen Ordnung und dem durch sie bestimmten Vorgesetzten kraft formaler Legalität seiner Anordnungen und in deren Umkreis gehorcht. Im Fall der traditionalen Herrschaft wird der Person des durch Tradition berufenen und an die Tradition (in deren Bereich gebundenen Herrn kraft Pietät im Umkreis des Gewohnten gehorcht. Im Fall der charismatischen Herrschaft wird dem charismatisch qualifizierten Führer als solchem kraft persönlichen Vertrauens in Offenbarung, Heldentum oder Vorbildlichkeit im Umkreis der Geltung des Glaubens an dieses sein Charisma gehorcht.«* (Weber 1980, S. 124; Kurzsivsetzung - M.E.)

[7] Weber bringt hier eine bemerkenswerte Autorität oder Verbindlichkeit des Charismas ins Spiel. Zur Plausibilisierung führt er folgende Beispiele an: »Kein Prophet hat seine Qualität als abhängig von der Meinung der Menge über ihn angesehen, kein geborener König oder charismatischer Herzog die Widerstrebenden oder abseits Bleibenden anders denn als Pflichtwidrige behandelt: die Nicht-Teilnahme an dem formal voluntaristisch rekrutierten Kriegszug eines Führers wurde in aller Welt mit Spott entgolten.« (Weber 1980, S. 140) Zwei Bemerkungen sind hier anzufügen: Weber bleibt erstens eine hinreichende Begründung schuldig, worauf diese Verbindlichkeit zurückzuführen sein soll – seine Bemerkung, diese Anerkennung sei aus »Begeisterung oder Not und Hoffnung geborene gläubige ganz persönliche Hingabe« (ebd.) bleibt ohne nähere Erläuterung. Zweitens wird an der hier zitierten Passage deutlich, dass Charisma nicht weniger mit Anmaßung oder Selbstermächtigung verbunden ist wie mit der Anerkennung und Zuschreibung.

wird, hat auch legitime Gültigkeit.[8] *Viertens* erweist sich »[r]eines Charisma [als – M.E.] […] spezifisch wirtschaftsfremd« (ebd., S. 142). Es schert sich weder um haushaltärische Logik noch um Profit. *Fünftens* und zuletzt sieht Weber (ebd.) in »Charisma […] die große revolutionäre Macht in traditional gebunden Epochen«

3.1.1.1 Charisma: erste Zwischenbetrachtung zum Begriff

Der komplette herrschafts- und religionssoziologische Apparat der Begrifflichkeit kann und soll hier nicht entfaltet werden. Im Hinblick auf eine Konzeptualisierung des Nicht- oder Außeralltäglichen lässt sich Folgendes zusammenfassend festhalten: Weber nutzt Charisma als Chiffre für ein komplexes soziodynamisches Prinzip. Er beschreibt Charisma

1. als ein *relationales soziales Phänomen*, das auf
   1.1. konkreten zwischenmenschlichen Beziehungen ruht als auch
   1.2. einen bestimmten gesellschaftlichen Kontext voraussetzt.
2. Darüber hinaus betont Weber die *schöpferische Kraft* des Charismas, die geeignet sei
   2.1. Beziehungen verbindlich zu stiften sowie
   2.2. Althergebrachtes und Gesatztes zu überschreiten wie auch zu verändern.

Zwei miteinander eng verbundene Aspekte sollen zunächst näher betrachtet werden. *Erstens* gilt es zu klären, welche Bedingungen das Auftreten von Charisma hervorrufen oder zumindest begünstigen. *Zweitens* wird die Frage nach dem Verhältnis von Charisma und Alltag gestellt.

---

[8] Giorgio Agamben (2002, 2004) sieht in dieser Überlagerung von Recht und Faktum ein wesentliches Charakteristikum des »Ausnahmezustands«.

3.1.1.2 Wie ist Charisma möglich?

Die Rede von der charismatischen (Führer-)Persönlichkeit[9] ist längst in den alltäglichen Sprachgebrauch übergegangen.[10] Die Sache ist also klar! Charisma ist eine Frage der Person und entsprechend sind dort die Bedingungen für seine Möglichkeit zu suchen. Doch folgt man Weber, wurzelt Charisma keineswegs allein in Eigenschaften von Personen! Schon auf der persönlichen Ebene gilt: Von Charisma kann nur sinnvoll gesprochen werden, wenn es eine Charisma-Gefolgschaft gibt; also Personen, die jemanden mit außeralltäglichen Fähigkeiten begabt betrachten. Ohne Charisma-Gläubigkeit und ohne Gemeinschaft der Gläubigen, kein Charisma. Weber liebäugelt mit der charismatischen Führungspersönlichkeit, ohne aber die Möglichkeit der Selbstcharismatisierung einer ganzen Gruppe zu ignorieren.[11] Doch selbst wenn man diese grundsätzliche Beziehung zwischen einer charismatragenden Instanz und ihrer Gefolgschaft berücksichtigt: wo ist der Ursprung dieser Zuschreibung zu suchen? Weber geht auf diese Bedingungen der Möglichkeit oder der Entstehung von Charisma nur am Rande ein. Er lässt es mit der Bemerkung bewenden: *Charisma werde aus*

---

[9] Ewig unersprießliche *leadership* Ergüsse ungezählter ›Managementberatungsschmöker‹ lassen grüßen.

[10] Martin Riesebrodt erkennt hierin eine Tendenz zur Banalisierung: »In our everyday language, *charisma* has become a rather meaningless catchword.« (Riesebrodt 1999, S. 1, vgl. auch 2001, S. 151). Stephan Turner wiederum geht nicht davon aus, dass das Konzept banalisiert wäre, sondern das Phänomen an sich aufgrund der gegenwärtigen Personenverkultung. Er zieht die ironische Konsequenz: »that charisma has become mundane, or everyday, and has lost its spezial force not because it has become rare but because it has become commonplace« (Turner 2003, S. 24). Christopher Adair-Toteff (2005, S. 190) stellt wiederum mit Bezug auf Christopher R. Hatscher (2000) fest, dass jeder den Begriff intuitiv verstehe, aber im Grunde keiner ihn erklären könne. Adair-Toteff (2005, S. 191) sieht sich darum dazu genötigt »to go back to what Weber wrote and try to spell out carefully what he took carisma to be«. Leider kommt diese Erkundung nicht über die Exegese einiger Weberschriften hinaus. Adair-Toteff rekurriert auf die wesentliche Opposition zwischen Alltag – verkörpert durch traditionale und legal-rationale Herrschaftsbeziehungsweise Alltagsordnungen – und der Herrschaft per charismatischer Schöpfung. Die gesellschaftstheoretischen Implikationen dieser Gegenüberstellung buchstabiert er bedauerlicher Weise nicht konsequent aus. Hier setzt die vorliegende Argumentation an.

[11] Empirisch: Solche Selbstcharismatisierungem lassen sich regelmäßig an *Sozialen Bewegungen* betrachten. Während Gandhis Satyagraha-Bewegung und die US-Bürgerrechtsbewegungen der 1960er Jahre eng mit Führungspersönlichkeiten verbunden bleiben, sind beispielsweise die jüngsten Bewegungen quer durch das politische Spektrum – vom sogenannten Tea-Party-Movement über die globale Occupy-Bewegung bis zur jüngsten Versammlung der PEGIDA – ihrer Selbstbeschreibung nach ›authentische Volksbewegungen‹. Dass Selbstbilder auch Trugbilder sein können, muss nicht erst noch betont werden.

Not, Begeisterung oder Hoffnung geboren.[12] Für Weber sind diese der soziale Resonanzboden, aus dem die »Macht des charismatischen Herrn« über seine Gefolgschaft erwächst; »in gläubiger Hingabe an das Außerordentliche und Unerhörte, aller Regel und Tradition Fremde und deshalb als göttlich Angesehene« (Weber 1980, S. 756). Ein wertvoller Hinweis, doch unbefriedigend. Fragen bleiben im Raum: Inwiefern ist eine Notlage Grund für das Auftreten von Charisma? Wie entsteht Begeisterung, die in Gefolgschaft umschlägt? Und welche Rolle kann Hoffnung in diesem Rahmen spielen? Weber bleibt nähere Ausführungen schuldig und das Charisma-Konzept damit seltsam unterbestimmt.[13]

3.1.1.3 In welchem Verhältnis stehen Charisma und Alltag?

Wesentlich ausführlicher, wenn auch ebenfalls nicht direkt, erörtert Weber das Verhältnis zwischen Charisma und Alltag. Weber konzipiert Charisma einer kontrastiven Logik folgend. Im Rahmen der Idealtypen legitimer Herrschaft steht die charismatische Herrschaft der traditionalen und der legal-rationalen Herrschaft gegenüber. *Patriarchat* und *Bürokratie* sind insofern die ebenbürtigen jedoch kontrastierenden Begriffe.

»Die charismatische Herrschaft ist als das Außeralltägliche, sowohl der rationalen, insbesondere der bureaukratischen, als der traditionalen, insbesondre der patriarchalen und patrimonialen oder ständischen, schroff entgegengesetzt. Beide sind spezifische Alltags-Formen der Herrschaft – die (genuin) charismatische ist spezifisch das Gegenteil.« (Weber 1980, S. 141)

Auch wenn Weber drei ideale Typen der legitimen Herrschaft konzipiert, ist der zentrale Kontrast bipolar angelegt: zwischen dem Alltäglichen und dem Außeralltäglichen; zwischen Alltag und Charisma. Die große Rationalisierungserzählung, die Weber insbesondere in seinen kulturvergleichenden religionssoziologischen Schriften entwickelt,[14] läuft auf den Übergang von patriarchalen zu bürokratisch-rationalen Strukturen hinaus. ›Auf der Seite des Alltags‹[15] findet insofern die Hauptbewegung

---

[12] Konkret begründet er damit die Grundlage der Anerkennung außeralltäglicher Qualitäten durch eine Charisma-Gefolgschaft: »Diese ›Anerkennung‹ ist psychologisch eine aus Begeisterung oder Not und Hoffnung geborene gläubige ganz persönliche Hingabe.« (Weber 1980, S. 140)

[13] Dieser Faden wird im Kontext der Rezeptionsgeschichte des Charismakonzepts wieder aufgegriffen und weiter diskutiert.

[14] Siehe hierzu Weber *Protestantische Ethik* (2006) beziehungsweise seine umfassenden religionssoziologischen Analysen (Weber 1921 und 1923 sowie insbesondere die Einleitung zu 1988).

[15] Sofern man so lapidar über die enorme Veränderung der alltäglichen Lebensweise über einen solch langen Zeitraum sprechen kann.

des von Weber diagnostizierten großen soziohistorischen Wandels statt. ›Auf der Seite des Außeralltäglichen‹ kann diese Geschichte der Rationalisierung nicht symmetrisch weitererzählt werden. Das Außeralltägliche bietet nicht den Resonanzboden für solche Geschichtlichkeit. Das Außeralltägliche ereignet sich und vergeht; Weber bezeichnet es als »spezifisch labil« (Weber 1980, S. 755). Natürlich verändert sich über die Zeit, was als charismatisch anerkannt werden kann, doch nichtsdestoweniger ist Charisma an konkrete Ereignisse gebunden.[16] Oder pointiert ausgedrückt: *Charisma* ereignet sich, während *ratio* mühsam prozessiert und eingeübt wird. In Webers Worten:

»Zum Unterschied von der ebenfalls revolutionierenden Macht der ›ratio‹, die entweder geradezu von außen her wirkt: durch Veränderung der Lebensumstände und Lebensprobleme und dadurch, mittelbar der Einstellung zu diesen, oder aber: durch Intellektualisierung, kann Charisma eine Umformung von innen her sein, die, aus Not oder Begeisterung geboren, eine Wandlung der zentralen Gesinnungs- und Tatenrichtung unter völliger Neuorientierung aller Einstellungen zu allen einzelnen Lebensformen und zur ›Welt‹ überhaupt bedeutet. In vorrationalistischen Epochen teilen Tradition und Charisma nahezu die Gesamtheit der Orientierungsrichtungen des Handelns unter sich auf.« (Weber 1980, S. 142)

Charisma widerspricht der Strukturierung wie auch dem inkrementellen Wandel des alltäglichen Lebensvollzugs: sowohl den rationalen Regeln und Verfahren der bürokratischen als auch den Etabliertenvorrechten und Traditionen patriarchaler Herrschaftsstrukturen; sowohl den Strukturen des ökonomischen Alltagspragmatismus als auch jeweiligen Rechtsstatuten und der daraus ableitbaren (An-)Rechte und Verpflichtungen. Wie Weber feststellt: *Charisma ist wirtschaftsfremd* und *kennt weder abstrakte Rechtssätze noch Reglements*. Der Kontrast zwischen Charisma und Alltag zeigt sich am Deutlichsten im Verhältnis zu diesen beiden fundamentalen alltäglichen Strukturierungsmomenten.

Charisma ist wirtschaftsfremd
Wirtschaftliche Praktiken sind auf der einen Seite auf die Befriedigung alltäglicher Bedürfnisse gerichtet. Sie sind etablierte *modi operandi* der Lebensführung. Ein Großteil des alltäglichen Lebens besteht darin, die Bezugsprobleme der alltäglichen Daseinsfürsorge zu lösen. Gleichzeitig sind es gerade die alltäglichen ökonomischen Zwänge, die den *status quo* alternativlos erscheinen lassen. Auf der anderen Seite kann die Grammatik der Alltagswirtschaft dazu genutzt werden, um auf rationale Art und

---

[16] Der Kontrast zwischen Alltäglichkeit und Außeralltäglichkeit ist insofern auch analog zum Kontrast zwischen Struktur und Ereignis.

Weise reich und erfolgreich zu werden.[17] Für Weber ist Charisma mit diesen beiden wirtschaftlichen Tätigkeiten nicht vereinbar. Das Gegenteil ist der Fall. *Charisma* ist für Weber der Inbegriff eines Prinzips der »Unwirtschaftlichkeit« (Weber 1980, S. 142, 754 f.)[18] und widerspricht beiden Seiten des alltäglichen Wirtschaftsmotivs: der rationalen Haushaltsführung und dem rationalen Erwirtschaften von Profit. Er formuliert die These, dass »reines Charisma [...] wirtschaftsfremd« sei und verschweigt auch nicht, wie er dies konkret verstanden haben möchte:

»Was sie alle verschmähen – solange der genuincharismatische Typus besteht – ist: die traditionale oder rationale Alltagswirtschaft, die Erzielung von regulären ›Einnahmen‹ durch eine darauf gerichtete kontinuierliche wirtschaftliche Tätigkeit.« (Weber 1980, S. 142)

Charisma durchbricht diese pragmatische Verankerung und stellt sich gegen die Zwänge der alltäglichen Lebensführung. Gerade die Fähigkeit die Zwanghaftigkeit und Unausweichlichkeit des Alltags furchtlos in Frage zu stellen, gilt als Ausdruck der außeralltäglichen Qualität der charismatischen Persönlichkeit. Die zweite Seite scheint nicht weniger wichtig: Charisma »[...] lehnt [...] den planvollen rationalen Geldgewinn, überhaupt alles rationale Wirtschaften, als würdelos ab.« (Weber 1980, S. 754).[19] Der charismatische Politiker lebt nicht *von* der Politik, sondern *für* diese (vgl. Weber 1919, S. 12 ff.). Der Kriegsheld muss nicht reich werden. Was es braucht sind »Heldentaten wenn er ein Kriegsführer sein will« (Weber 1980, S. 755). Im Gegensatz zur Kraft der »Disziplin« (vgl. Weber 1980, S. 642 ff.) ist das »Charisma des

---

[17] Um die eigene Prädestination zu belegen – von Weber als religiös motiviert interpretiert.
[18] Das gilt für das Verhalten der Charismapersönlichkeit wie auch für die Organisation der Charismagemeinschaft. Weber schreibt hierzu: »Sie ist, von einer rationalen Wirtschaft her gesehen eine typische Macht der ›Unwirtschaftlichkeit‹. Denn sie lehnt jede Verflechtung in den Alltag ab. Sie kann nur, in voller innerer Indifferenz, unsteten Gelegenheitserwerb sozusagen ›mitnehmen‹« (vgl. Weber 1980:142). Darüber hinaus: »In seiner reinen Form ist das Charisma für seine Träger nie private Erwerbsquelle im Sinn ökonomischer Ausnutzung nach Art eines Tausches von Leistung und Gegenleistung, aber auch nicht in der anderen einer Besoldung, und ebenso kennt es keine Steuerordnung für den sachlichen Bedarf seiner Mission. [...] Das ›reine‹ Charisma ist [...] der Gegensatz aller geordneten Wirtschaft: es ist eine, ja geradezu die Macht der Unwirtschaftlichkeit, auch und gerade dann, wenn es auf Güterbesitz ausgeht, wie der charismatische Kriegsheld. [...] Der Träger des Charisma: der Herr wie die Jünger und Gefolgsleute, müssen, um ihrer Sendung genügen zu können, außerhalb der Bande dieser Welt stehen, außerhalb der Alltagsberufe ebenso wie außerhalb der alltäglichen Familienpflichten.« (Weber 1980, S. 754f.)
[19] Eine erstaunliche Feststellung, wenn man die unzähligen Beiträge über das Charisma von sogenannten Führungspersönlichkeiten in der Managementliteratur zur Kenntnis nimmt.

Berserkers«[20] nicht »kalkulierend« und »sachlich«, sondern verschwenderisch bis zum äußersten. Diese Widerspruchshaltung ist mitverantwortlich für die Fragilität des (genuinen) Charismas. Sie wirft die Frage auf: Wie soll Charisma auf Dauer existieren beziehungsweise seinen Herrschaftsanspruch aufrechterhalten können, wenn es keinen Bezug zu den Problemen der Organisation des Alltags und damit zur Alltagswirtschaft aufweist?[21] Nicht zuletzt aus diesem Grund geht genuines Charisma in einen Prozess der Veralltäglichung über.

Charisma steht jenseits der Rechtsordnung
So wie die außeralltägliche Kraft des Charismas im Widerspruch zur alltagsökonomischen Pragmatik steht, zeichnet sie sich durch eine moralische Position jenseits der patriarchal oder rational begründeten Rechtsordnung aus. Wie das Wirtschaften ist auch die Rechtsordnung eine Grundstruktur des alltäglichen Lebens: sie legitimiert soziale Hierarchie, wechselseitige Rechte und Verpflichtungen und somit nicht zuletzt die geltende Eigentumsordnung. Die Rechtsordnung des Patriarchats fußt auf dem Prinzip der (männlichen) Seniorität und traditionell begründeter Routine (Sitte), die Rechtsordnung der Bürokratie hingegen auf gesatztem Recht und rationaler Routine (Verfahren). In beiden manifestiert sich je das normative Selbstverständnis soziohistorischer (Alltags-)Ordnungen. Die bestehenden Rechtssätze und -mechanismen tradieren vormals für Recht befundene sowie dahingehend bewährte Umstände

---

[20] Weber erwähnt den Berserker als extreme charismatische Kontrastfolie mehrfach (vgl. Weber 1980, S. 140; 643; 753). Sie eignet sich auch deshalb, weil der Berserker nicht nur unwirtschaftlich, sondern auch in seiner Verachtung des eigenen Lebens, verschwenderisch vorgeht.
[21] Weber erkennt hier das strukturelle Fatum genuinen Charismas: »Auf diesem Wege von einem stürmisch-emotionalen wirtschaftsfremden Leben zum langsamen Erstickungstode unter der Wucht der materiellen Interessen befindet sich aber jedes Charisma in jeder Stunde seines Daseins und zwar mit jeder weiteren Stunde in steigendem Maße.« (Weber 1980, S. 761) Weber geht hier von einer zwingenden Folge aus. Ob dies tatsächlich zwingend ist, kann aber durchaus in Frage gestellt werden, denn nicht jede außeralltägliche Ordnung ist auf Dauer angelegt. Das gilt nicht weniger für einen Feldzug wie für die außeralltägliche Ordnung von Ritualen. Das Problem der Dauer stellt sich insofern höchstens aus der Perspektive eines Charismaträgers, nicht aber vom Standpunkt der Unterscheidung von Alltäglichkeit und Außeralltäglichkeit.

und stellen damit ›Tatsachenbestände‹²² des Alltags dar. Nach Weber stellt der charismatische Widerspruch diese Rechtsroutinen dadurch in Frage, dass Charisma nicht Recht spricht, sondern Recht²³ schöpft:

»Die genuin charismatische Herrschaft kennt [...] keine abstrakten Rechtssätze und Reglements und keine ›formale‹ Rechtsfindung. Ihr ›objektives‹ Recht ist konkreter Ausfluß höchst persönlichen Erlebnisses von himmlischer Gnade und göttergleicher Heldenkraft und bedeutet Ablehnung der Bindung an alle äußerliche Ordnung zugunsten der alleinigen Verklärung der echten Propheten- und Heldengesinnung. Sie verhält sich daher revolutionär alles umwertend und souverän brechend mit aller traditionellen oder rationalen Norm: ›es steht geschrieben – ich aber sage euch‹. Die spezifische charismatische Form der Streitschlichtung ist die Offenbarung [...]. Die echt charismatische Justiz [...] ist in ihrer reinen Form der extremste Gegensatz formaler und traditioneller Bindung und steht der Heiligkeit der Tradition ebenso frei gegenüber wie rationalistische Deduktion aus abstrakten Begriffen.« (Weber 1980, S. 756)

Der Richterspruch basiert nicht auf dem Abwägen übergeordneter Prinzipien, sondern spricht *in actu* aus, was Recht ist. Dieses Recht ist insofern auch nicht graduell. Es eröffnet eine klare Trennung zwischen Recht und Unrecht, zwischen Gut und Böse, zwischen richtig und falsch. Seine Legitimation erfährt und verliert diese Art des Rechtbezugs aus der empirischen Bewährung der charismatischen Tätigkeit selbst.

»Der charismatische Held leitet seine Autorität nicht wie eine amtliche ›Kompetenz‹ aus Ordnungen und Satzungen und nicht wie die patrimoniale Gewalt aus hergebrachtem Brauch oder feudalem Treueversprechen ab, sondern er gewinnt und behält sie nur durch B e w ä h r u n g seiner Kräfte im Leben. Er muß Wunder tun, wenn er ein Prophet, Heldentaten wenn er ein Kriegsführer sein will. Vor allem aber muß sich seine göttliche Sendung darin ›bewähren‹, daß es denen, die sich ihm gläubig hingeben, w o h l e r g e h t. Wenn nicht, so ist er offenbar nicht der von den Göttern gesendete Herr.« (Weber 1980, S. 755)

Wie bereits der Widerspruch zur Alltagswirtschaft steht auch die Konfrontation der bestehenden Rechtsverhältnisse auf wackligen Beinen. Entscheidungen von Fall zu Fall mögen bei außeralltäglichen Herausforderungen das Mittel der Wahl sein. Im Hinblick auf die Regelung des alltäglichen Verkehrs ist dieser Modus den geregelten

---

[22] Hier freilich verstanden als *soziale Tatsachen* im Durkheimschen Sinne. Damit ist nicht ausgeschlossen, dass formale Rechtssätze nicht zu einem Ausweichverhalten im Alltag führen können, die diese normative Struktur subtil unterwandern. Dennoch: das Vorhandensein allein ist verhaltensprägend und nur so lässt sich sinnvoll von Gehorsam, Abweichung oder Subversion sprechen.

[23] Der Wille der charismatragenden Instanz und das Recht sind in diesem Zustand ununterscheidbar. Rechtsprechung ist damit direkte »aktuelle Rechtsschöpfungen von Fall zu Fall« (Weber 1980, S. 141).

Rechtsverhältnissen an Effizienz weit unterlegen. Denn Willkür eines charismatischen Despoten bietet kein Fundament für Rechtssicherheit, geschweige denn für Demokratie.

Weder Alltagswirtschaft noch Alltagsrecht: die Totalität der Tat
Immer wieder zeigt sich, dass Weber mit der Chiffre einen idealen Typen konzipiert hat, der sich durch seine Instabilität auszeichnet. Charisma als idealer Begriff basiert zunächst auf dem Versuch, ein Konstrukt konsequent zu Ende zu denken. Empirisch tritt genuines Charisma nur in seinem *Sichereignen* auf. Es bricht unter gegebenen Umständen in eine etablierte Alltagsordnung ein. Die Szenerie wird für den Moment durch die Souveränität der charismatisch legitimierten Entscheidung beherrscht – der *status quo* furchtlos in Frage gestellt und durch Tatsachenentscheid verändert.[24] Für diesen Moment handelt es sich beim Phänomen Charisma um ein Beispiel dessen, was Marcel Mauss als »gesellschaftliches Totalphänomen« (Mauss 1990) bezeichnet hat. Charisma ist ereignishaft und damit immer an konkrete Umstände gekoppelt. Mit dem Verstreichen dieser Umstände – dem Ende des Krieges, der moralischen oder wirtschaftlichen Krise – drängt der Alltag zurück. Was die charismatragende Instanz anbelangt, tritt diese entweder wieder in ihre Alltagsrolle(n) zurück oder sie ist dazu gezwungen, dass sie sich derart verändert, dass sie schließlich den Charakter des genuin Charismatischen verliert. Die charismatische Transformation mag von Dauer sein, die charismatische Ordnung ist es nicht. Für das Verhältnis von Alltag und Charisma lässt sich insofern festhalten:

1. Charisma reagiert auf einen in der Alltagsordnung aufgetretenen Umstand, der die Legitimation souveräner charismatischer Entscheidungen ermöglicht.
2. Genuines Charisma ist ereignishaft und besteht in der souveränen Tat.
3. Die charismatische Episode mündet entweder direkt oder indirekt in einen (mitunter transformierten) Alltag ein.
4. Mit der Zeit ist genuines Charisma zu fundamentaler Transformation (Veralltäglichung) gezwungen.

Der Prozess der Veralltäglichung ist die zunächst letzte Frage, die an Webers Charisma-Konzeption gestellt werden soll.

---

[24] Soweit der charismatische Herrschaftsakt als Idealtyp.

3.1.1.4 Veralltäglichung[25]

In welcher Konstellation die Zuschreibung von Charisma auch immer gründet, zwei grundlegende Aspekte bleiben mit ihm verbunden. In der Negation bestehender Ordnungsprinzipien steckt schöpferisches Potential[26] und auf der anderen Seite wankt Charisma auf einem labilen Fundament.[27] Bezüglich des Letzteren stellt sich die eine einfache Frage: Warum? Eine erste Antwort mit Bezug auf den vergangenen Abschnitt lautet: Weil Charisma mittelfristig alltagsuntauglich ist.

Das einbrechende Charisma stellt die mitunter patriarchal, mitunter rational geordneten Gefüge alltäglicher Bedürfnisbefriedigung in Frage. Ein paradoxes Verhältnis von Alltäglichkeit und Außeralltäglichkeit tritt zutage: erstens, es ist die Stabilität und Trägheit der Alltagsordnung, welche die Grundlagen dafür bietet, dass Charisma als strukturrevolutionierendes Prinzip in Erscheinung treten kann. Zweitens verschwinden die Probleme der Bedüfnisbefriedigung nicht und der Erfolg der charismatischen Herrschaft muss mittelfristig diese Probleme zufriedenstellend lösen. An der erfolgreichen Beantwortung der selbst gestellten Frage hängt die nachhaltige Wirksamkeit charismatischer Kräfte. Das heißt aber auch, aus der charismatischen Äußerung muss eine neue Ordnung erwachsen. Die spezifische Labilität liegt darin, dass es vom Augenblick seines Auftretens in eine Phase des Verfalls seiner genuinen Eigenschaften eintritt. Diesen Prozess bezeichnet Weber als Veralltäglichung. Es handelt sich um eine fundamentale Transformation, deren absehbares Ende das Verschwinden des außeralltäglichen Gehalts mit sich bringt. Weber stellt hierzu fest:

»In ihrer genuinen Form ist die charismatische Herrschaft spezifisch a u ß e r a l l t ä g l i c h e n Charakters und stellt eine streng persönlich, an diese Charisma-Geltung persönlicher Qualitäten und

---

[25] Der Unterscheidung von Veralltäglichung und Versachlichung, wie sie etwa Gebhardt (1994) betont, folge ich nicht. Gebhardt arbeitet ohne Zweifel zwei unterscheidbare Entwicklungen heraus. Wenn aber Veralltäglichung unter pragmatistischen Gesichtspunkten betrachtet wird, kann Versachlichung als spezifisches Moment der Veralltäglichung betrachtet werden und nicht als eigenständiger Prozess.

[26] Selbstredend ist die charismatische Intervention von einem normativen Standpunkt aus betrachtet weder per se gut noch per se schlecht, sondern zunächst strukturell amoralisch. Dass mit dem Begriff Charisma sowohl die nationalsozialistische Herrschaft wie auch die Befreiungsbewegungen Indiens und Südafrikas – sprich mit Hitler wie Gandhi und Mandela – in Verbindung gebracht werden, zeigt, dass jeder Revolutionsromantizismus fehl am Platz ist.

[27] Laut Weber (1980, S. 755) ist der »Bestand der charismatischen Autorität ist ihrem Wesen [...] spezifisch labil«. Seine Legitimität stützt sich allein auf »stets neu bewährter Kraft«. Mit anderen Worten: der »charismatische Held [...] muß Wunder tun, wenn er ein Prophet, Heldentaten, wenn er ein Kriegsführer sein will. Vor allem aber muß sich seine göttliche Sendung darin ›bewähren‹, dass es denen, die sich ihm gläubig hingeben, w o h l e r g e h t . Wenn nicht, so ist er offenbar nicht der von den Göttern gesendete Herr.«

deren B e w ä h r u n g , geknüpfte soziale Beziehung dar. Bleibt diese nun aber nicht rein ephemer, sondern nimmt sie den Charakter einer Dauerbeziehung [...] an, so muß die charismatische Herrschaft, die sozusagen nur in statu nascendi in idealtypischer Reinheit bestand, ihren Charakter wesentlich ändern.« (Weber 1980, S. 142 f.)

Die außeralltägliche In-Frage-Stellung wird selbst zu einer alltäglichen Form. Nur so lassen sich Erfolg, Gefolgschaft und Legitimität auf Dauer stellen. Es sind vor allem zwei Bezugsprobleme, die eine *Veralltäglichung* des Charismas als unumgänglich erscheinen lassen. Zum einen besteht das Problem der »Fortdauer und Neubelebung der Gemeinschaft«. Im Rahmen dessen beschäftigt sich Weber insbesondere mit der Nachfolgefrage (ebd., S. 143 ff.). Diese ist aber nichts anderes als die Frage nach Status und Hierarchie. Unter dem Eindruck genuinen Charismas gibt es nach Weber weder Statusdünkel noch verbriefte Anrechte. Berufung und Sendung bestimmen über Position und Status. Spätestens mit der Frage der Nachfolge stößt das Prinzip der Berufung an Grenzen. Zum anderen stellt sich die Frage, wie sich im Rahmen eines dauerhaften Charismatismus die ideellen und materiellen Interessen von Anhängerschaft, Verwaltungsstab und Charisma-Träger dauerhaft verwirklichen lassen. Veralltäglichung ist insofern wörtlich zu begreifen. Mit anderen Worten: die Charismagemeinschaft sieht sich mit den profanen Fragen des sozialen Status und der alltäglichen Wirtschaft konfrontiert.

Damit lässt sich das oben umrissene Paradox klar formulieren: Gerade weil Charisma im scharfen Kontrast zu Alltagskräften steht, ist es tief an diese Alltagsprinzipien gebunden. Charisma äußert sich in der Schöpfung neuer Gebote, revolutioniert tradierte Ordnungen und damit auch Macht- und Herrschaftsverhältnisse und sieht sich mit der Zeit nunmehr selbst mit der Frage konfrontiert, wie die eigenen Herrschaftsansprüche auf tagtägliche Dauer gestellt werden können. Dementsprechend sieht Weber genuines Charisma als »typische A n f a n g s erscheinung religiöser (prophetischer) oder politischer (Eroberungs-) Herrschaften«, die »aber den Gewalten des Alltags [weicht – M.E.], sobald die Herrschaft gesichert ist« (ebd., S. 147).[28] Genau die *wirtschaftsfremde* Haltung und willkürliche Setzung von Recht von Fall zu Fall wird auf Dauer zu einem Problem. Soll sich aus der charismatischen Konstellation ein dauerhaftes Gefüge ergeben, bedarf es einer Zuwendung zu den Problemen der Organisation des Alltags. Die Veralltäglichung des Charismas impliziert immer auch eine Regulation des Ökonomischen. Denn

---

[28] »Ein treibendes Motiv für die Veralltäglichung des Charisma ist natürlich in allen Fällen das Streben nach Sicherung und das heißt: Legitimierung der sozialen Herrenpositionen und ökonomischen Chancen für die Gefolgschaft und Anhängerschaft des Herren. Ein weiteres aber die objektive Notwendigkeit der Anpassung der Ordnungen und des Verwaltungsstabes an die normalen Alltagserfordernisse und -bedingungen einer Verwaltung.« (Weber 1980, S. 147)

»[n]ur in statu nascendi und solange der charismatische Herr g e n u i n a u ß e r alltäglich waltet, kann der Verwaltungsstab mit diesem aus Glauben und Begeisterung anerkannten Herren mäzenatisch oder von Beute oder Gelegenheitserträgen leben« (ebd., S. 144).

Insbesondere der Herrschaftsapparat einer größeren beziehungsweise komplexeren Gesellschaft ist auf ein funktionierendes, verlässliches und erfolgreiches Wirtschaften angewiesen.[29] Veralltäglichung bezeichnet damit einen konfliktuösen Prozess, der das Moment der *Hingabe* im charismatischen Augenblick überführt; hin zu den Bedingungen einer »kontinuierlich wirkenden Alltagsmacht« (ebd., S. 148).

»Die Veralltäglichung vollzieht sich in der Regel nicht kampflos. Unvergessen sind anfänglich die persönlichen Anforderungen an das Charisma des Herren, und der Kampf des Amts- oder Erbmit dem persönlichen Charisma ist ein in der Geschichte typischer Vorgang.« (Weber 1980, S. 146)

3.1.2 Rezeption und Diskussion der Weberschen Charisma-Konzeption

3.1.2.1 *Allgegenwärtig – banal – verkürzt: eine Begriffskarriere*

Wie kaum ein anderes soziologisches Konzept hat Charisma seinen Weg in die Alltagssprache gefunden. Martin Riesebrodt (1999, S. 1) zeigt sich davon erstaunt, »since sociological concepts are generally regarded as either irrelevant or incomprehensible by non-specialists«. Worauf die bemerkenswerte Karriere des Charisma-Begriffs schlussendlich beruht, darüber lässt sich trefflich spekulieren. Zunächst einmal betitelt der Begriff ein Phänomen, das ganz und gar nicht in die Kategorie *irrelevant* passen will. Im Gegenteil. Anklänge und Ansprüche auf Charisma, das heißt auf besondere Eigenschaften und Fähigkeiten sind in unseren öffentlichkeitsförmigen Gesellschaften geradezu allgegenwärtig. Man muss nur eine Zeitung oder Journal aufschlagen, den Fernseher einschalten, Facebook besuchen – nichts scheint so präsent und alltäglich wie die massenhafte Inszenierung des Außergewöhnlichen. Da gewinnt der FC Bayern außerordentlich hoch gegen einen internationalen Spitzenclub unter dem charismatischen Pep Guardiola. Da stellt sich der CSU-Ministerpräsident der Asylpolitik der Kanzlerin entgegen und erklärt sich dazu gezwungen Notmaßnahmen zu ergreifen. Da skandieren all-montäglich die Versammelten in Dresdens Straßen, *wir sind das Volk* – das Abendland sei wieder einmal in Gefahr. Da setzt sich ein sogenannter Starpolitiker spektakulär für Maßnahmen gegen den Klimawandel ein. Ein

---

[29] »Voraussetzung der Veralltäglichung ist die Beseitigung der Wirtschaftsfremdheit des Charisma, seine Anpassung an fiskalische (Finanz-)Formen der Bedarfsdeckung und damit an steuer- und abgabefähige Wirtschaftsbedingungen.« (Weber 1980, S. 146)

anderes Paar mit Bekanntheitswert präsentiert sich im neuen extravaganten *look* auf irgendeinem roten Teppich und blinzelt in Kameras. In der massenmedialen Fülle und im Buhlen um Aufmerksamkeit, Spektakel und Skandal,[30] gehört die Inszenierung des Außeralltäglichen geradezu zum Alltäglichsten. Charisma ist – neben dem Skandalösen und dem Katastrophalen – schlicht ein Begriff für das Spektakuläre. Doch offensichtlich liegt in dieser Banalisierung des alltäglichen Sprachgebrauchs auch ein großes Missverständnis. Der alltagssprachliche Begriff Charisma hat mit dem eben nachgezeichneten soziologischen Konzept Webers reichlich wenig zu tun. Entsprechend urteilt Stephen Turner (vgl. 2003, S. 7) im *Journal of Classical Sociology*, dass trotz der breiten allgemeinen Rezeption, keine Erfolgsgeschichte für den Gebrauch des Charisma-Konzepts innerhalb der Sozialwissenschaften zu vermelden sei.

So intuitiv zugänglich wie die Rede von Charisma scheint, das soziologische Konzept und das damit begrifflich gefasste Phänomen sind es nicht. So bleibt die Alltagssprache zumeist an der Führungspersönlichkeit hängen. Dasselbe gilt aber leider auch für wesentliche Teile der sozialwissenschaftlichen Rezeption:[31] Weberexegese und die anschließende Diskussion der personalen Eigenschaften, der persönlichen Hingabe sowie der Charismabeziehung und die Feststellung, dass Charismaträger*innen vor allem in Krisen in Erscheinung treten. Ich will mich hier für eine spezielle Lesart des Charismabegriffs stark machen und gehe davon aus, dass mit dem Konzept ein wesentlicher Aspekt sozialer Dynamik und gesellschaftlichen Wandels auf den Begriff gebracht wurde. Die alltagssprachliche Verwendung und die intiutive Zugänglichkeit sind Zeugen der Relevanz des Phänomenbereichs. Sie sind aber auch ein Anzeichen und Quelle für fundamentale Probleme des Konzepts: Missverständlichkeit, Vieldeutigkeit und nicht zuletzt eine gefährliche Banalisierung und Verkürzug eines komplexen sozialen Sachverhalts.

---

[30] Die Suche nach und die Inszenierung der aufmerksamkeitsrelevanten Differenz entspricht logisch der *Realität der Massenmedien* wie sie von Niklas Luhmann (1996) umrissen wird.

[31] Stephen Turner (2003, S. 7) bemängelt insbesondere das geringe Forschungsinteresse und stellt darüber hinaus fest:»and when it did it was in an esoteric applied field – management studies of leadership«. Aber auch die genuin sozialwissenschaftliche Rezeption, wie etwa Christopher Adair-Toteff (2005), kommt bis heute oftmals nicht über die Figur der charismatischen Führungspersönlichkeit hinaus.

3.1.2.2 Vom Charisma-Konzept zur Konzeptualisierung des Nichtalltäglichen

Zum Schluss dieses Abschnitts soll eine sozialwissenschaftlich gehaltvolle Lesart des Charisma-Konzepts entworfen werden. Das erkenntnisleitende Interesse liegt darin, herauszupräparieren wie Weber durch die Charismakonzeption eine nach wie vor spannende und wertvolle Konzeption des Verhältnisses von Alltäglichkeit und Nichtalltäglichkeit zu bieten hat. Dass ich auf diesem Weg weder den umfangreichen Aufzeichnungen Webers, geschweige denn der umfangreichen Rezeptionsgeschichte zur Begrifflichkeit in Gänze gerecht werden kann, liegt in der Natur der Sache eine Lesart zu entwickeln. Unweigerlich wird dadurch der größte Teil dessen, was alltagssprachlich unter die Rubrik Charisma fällt, ignoriert. Dass schließlich auf diesem Weg die Begrifflichkeit Charisma selbst ›unter die Räder‹ kommt und zumindest nicht als leitende Terminologie aufrechterhalten werden kann, sehe ich als einen Beitrag zur Sicherung des sozial- und gesellschaftstheoretischen Gehalts des Konzepts durch eine klarere Begrifflichkeit. Die schillernde Rede vom Charisma oder der Charismatisierung kann schließlich dadurch gerettet werden, dass sie in einen umfassenderen konzeptuellen Rahmen eingebunden wird.

Nach meiner Lesart stellt der Begriff Charisma bereits eine unzulässige Verkürzung dar. Charisma bezeichnet die Gnadengabe und es liegt insofern nahe Charisma und Charismaträger*in schnell aufeinander zu reduzieren. Weber diskutiert hingegen ein gesellschaftstheoretisch komplexes soziodynamisches Phänomen. Das konkrete Auftreten von Charisma und die Personifikation von Charisma ist nicht der Kern des Charismatischen *per se*. Webers Konstruktionsprinzip ist die Kontrastierung von: Charisma versus Patriarchat, Charisma versus Bürokratie und damit Charisma versus Alltag. Die charismatische Persönlichkeit bringt zudem viel alltagstheoretischen und psychologistischen Ballast für eine sozialwissenschaftliche Konzeptualisierung mit sich. Es geht nicht vorrangig um Personen, es geht um soziale Ordnung, um sozialen Wandel, um soziale Beziehungen und um zwei kontrastierbare Logiken des Sozialen. Charisma ist aus dieser Perspektive erst im kontrastiven Dual *Alltag versus Charisma* eine gesellschaftstheoretisch gehaltvolle Begrifflichkeit. Charisma ist Webers Konzeptualierung des Nichtalltäglichen und der größere Rahmen, in dem Charisma seinen Platz finden kann, ist eben die Frage nach einer Soziologie der Alltäglichkeit und Nichtalltäglichkeit.

3.1.2.3 Die Bedingungen der Möglichkeit: Not und Begeisterung

Die Verlagerung der Aufmerksamkeit weg von charismatischen Persönlichkeitseigenschaften hin zur Nichtalltäglichkeit, bringt den Vorteil mit sich, Charisma nicht länger von der Person oder sozialen Beziehung, sondern von *Bedingungen der Möglichkeit*, also einem sozialen Kontext zu denken. In diesem Kontext können dann auch wieder Personen und ihr öffentliches Auftreten verortet werden. Der Akzent liegt aber auf sozialen Aspekten, die erklären, inwiefern dieses persönliche Auftreten eine Rolle spielen kann. Weber gebraucht sehr viele unterschiedliche Beispiele für Charismaträger*innen. Als Sozialfiguren teilen diese eine wesentliche Gemeinsamkeit: sie sind dazu in der Lage zu begeistern. Abstrahiert man nun das je Persönliche bleibt das Situative;[32] dadurch entsteht die Möglichkeit gesellschafts- und zeitdiagnostische Aspekte in das Zentrum der Konzeption zu rücken. Weber bemerkt, *Charisma werde aus Not, Begeisterung und Hoffnung* geboren: diese Nebenbemerkung ist für die folgende Re-Konzeptualisierung entscheidend.[33]

Unweigerlich zieht die Frage, was als *Notstand* betrachtet werden und was *Begeisterung* hervorrufen kann, soziohistorisch variable Antworten nach sich. Die Bedingungen der Möglichkeit des Außeralltäglichen sind unweigerlich soziohistorisch variabel.[34] Charisma wird im Rahmen soziohistorischer (Alltags-)Ordnungen möglich: hier werden Notlagen konkret und hier werden die Umstände bestimmt, in deren Kontext irgendjemand oder irgendetwas dazu in der Lage ist, Begeisterung auszulösen und Hoffnungen zu schüren.[35] Webers bleibt an dieser Stelle vage. Hier gilt es, mit Weber weiter zu denken und dessen Einsichten zu ergänzen.

Wo liegt nun der Zusammenhang von Not und Charisma? Eine Notlage ist ein krisenhafter Zustand. Es steht die Frage im Raum, ob es – zumindest für den Moment – gelingt, eine bedrohliche Lage zu bewältigen; andernfalls droht der Eintritt katastrophaler Folgen. Wer in Not ist, dem mangelt es an Handlungsbefähigung – Not impliziert somit Ausgeliefertsein. Der Schluss liegt nahe, man sei auf Hilfe Anderer oder höherer Mächte angewiesen. Eine Notlage ist weder absolut noch objektiv bestimmbar. Wo Not als solche behandelt wird, ist es sinnvoll von einer Notlage zu sprechen. Im Angesicht der Not bleiben grundsätzliche Bezugsprobleme des Alltags

---

[32] Ein Aspekt, der sich auch bei Weber findet: »Die Schöpfung einer charismatischen Herrschaft in dem geschilderten ›reinen‹ Sinn ist stets das Kind ungewöhnlicher äußerer, – speziell politischer oder ökonomischer oder innerer seelischer, namentlich religiöser – Situationen oder beider zusammen, und entsteht aus der einer Menschengruppe gemeinsamen, aus dem Außerordentlichen geborenen Erregung und aus der Hingabe an das Heroentum gleichviel welchen Inhalts.« (Weber 1980, S. 761)
[33] Die Idee zu dieser *reconfiguration* übernehme ich von Stephen Turner (2003), dessen Konzept ich in der Folge noch näher darstellen werde.
[34] Und schon gar keinen überzeitlichen Eigenschaften von Personen.
[35] Diese Feststellung ist noch reichlich unkonkret – verweist aber bereits auf die zweite Frage nach dem Verhältnis von Alltag und Charisma. Diese Frage wird vorerst zurückgestellt und zunächst eine Annäherung an Not, Begeisterung und Hoffnung gewagt.

bestehen – wie die Sicherstellung von Ernährung, Schutz, Sicherheit, Gesundheit etc. Demgegenüber sind Problemlösungsmöglichkeiten aber – zumindest teilweise – fragwürdig. Das heißt: Not erzeugt Handlungsprobleme und ist somit ein Zustand von Relevanz.[36] Das gilt auch, wenn davon auszugehen ist, dass man Not auch verdrängen kann. Einerseits kann Not eine dauerhafte Erfahrung werden, andererseits unterläuft der auf Dauer gestellte Notzustand das Aufkommen eines geregelten Alltags. Jeder Tag wird zur neuen Herausforderung und ist mit hoher Ungewissheit verbunden. In diesem Sinne ist eine latente Notlage ein Zustand, der sich nur schwer zwischen den Polen Alltäglichkeit/Nichtalltäglichkeit verorten lässt.

Charisma, das aus Not geboren wird, ist direkt mit der hierin erlebten Hilflosigkeit verbunden. Im scheinbar unüberbrückbaren Notzustand eröffnen Charisma-Träger, metaphorisch gesprochen, Brücken zu rettenden Ufern. Wege zur Lösung der Krise werden in Aussicht gestellt. Wer das Chaos der Notlage zu ordnen vermag und einen glaubwürdigen Weg in die Normalität zu skizzieren weiß, während alle anderen im Chaos versinken, kann seine außeralltäglichen Kapazitäten (des Intellekts oder der Tatkraft) unter Beweis stellen. Wer nunmehr in der Lage ist, die Notlage zu beseitigen, kann die eigene Autorität nicht nur auf charismatischen Schein, sondern auf die tätige Bestätigung einer außerordentlichen Befähigung stützen. Wenn die Notlage selbst sich einer Zuordnung zwischen Alltäglichkeit und Nichtalltäglichkeit entzieht, ist das Charisma, das in der Überwindung der Not geboren wird, ein Moment, das Weber zurecht mit dem Begriff der Außeralltäglichkeit in Verbindung bringt.

Wie steht es um die Begeisterung? Sie ist offenkundig ein Zustand, der sich von alltäglichen Gemütszuständen abhebt. Grundsätzlich ist jemand unter gegebenen Umständen von etwas begeistert. Sieht man zunächst von verschiedenen Umständen konkreter Begeisterung ab, bleibt die Frage, was es eigentlich heißt, begeistert zu sein. Umgangssprachlich finden sich eine ganze Reihe ähnlicher Redeweisen, so etwa: von einem Geist erfüllt sein, beseelt sein, etwas geschieht im Geiste von etwas. Alle diese Formulierungen beziehen sich auf mentale Ereignisse beziehungsweise Bewusstseinsakte. Der Geist bekommt einen gewissen objekthaften Charakter zugesprochen. Der erfüllende Geist wird eben als Fülle versprachlicht. Ähnliches gilt für den sprichwörtlichen Vorgang des Beseelens – wenn etwas mit einer eigenen Seele, sprich eigenem Leben versehen wird. Geschieht etwas im Geiste von etwas, spricht man diesem Geist ein eigene und zudem moralisch wegweisende Dinghaftigkeit zu. Redet man von Begeisterung kommt dieses Eigenrecht des Geistes ebenfalls zu tragen.

---

[36] Auf das Problem der Relevanz werde ich im Verlauf der Arbeit mit Hilfe der phänomenologischen Sozialtheorie Alfred Schütz noch intensiv zu sprechen kommen (siehe hierzu Kapitel 3.3.1).

Doch ohne Euphorie keine Begeisterung. Woher stammt diese Euphorie? Wer auch immer Notlage und Krise meistert – oder dies zumindest glaubhaft in Aussicht zu stellen vermag –, kann etwas, was zumindest bisher niemandem gelungen ist. Dass solche Fähigkeiten Begeisterung auslösen, ist nicht verwunderlich. Momente der Begeisterung lassen sich selbstredend nicht auf das herbeigeführte Ende von Notlagen reduzieren. Weber nennt eine Vielzahl unterschiedlicher Charaktere, denen charismatische Eigenschaften zugesprochen werden: er nennt die offenbarende Kraft von Priestern, den Glauben an die Kräfte von Schamanen, Zauberern und Regenmachern, den Heilkünsten von Medizinmännern und Ärzten, erfolgreiche Jagdführer, siegreiche Kriegsfürsten und todesmutige Berserker und Kriegshelden (vgl. Weber 1980, S. 753ff., 773 u.a.). Not und Begeisterung verweisen aufeinander, sind aber nicht zwingend ein Paar. Euphorische Momente treten auch ohne Not zu Tage. Man denke an den öffentlichen Personenkult um sogenannte Stars oder an die kollektive Euphorie, die Musikkonzerten oder sportlichen Großveranstaltungen eigen ist.

Für Stephan Turner kann Charisma dort entstehen, wo es gelingt neue unerwartete Möglichkeiten als machbar zu verkörpern.[37] Damit liefert Turner einen interessanten Ansatzpunkt, um die Entstehung von Charisma aus *Not* und *Begeisterung* zu erklären. Als Beispiel für dieses begeisternde Charisma dient Turner die Popikone Madonna, die zu Beginn ihrer Karriere ohne Konsequenzen zu fürchten, Männer als Spielzeug deklassierte und so eine selbstbewusste Form der Weiblichkeit propagierte (vgl. Turner 2003, S. 16). In diesem Fall öffnet Charisma eine Tür, Dinge in Zukunft anders zu tun und dem erfolgreichen Beispiel nachzufolgen.[38] Madonnas Auftreten

---

[37] Unter dem Titel *Charisma Reconsidered* argumentiert Turner, dass sich Charisma vor allem als eine herbeigeführte Veränderung der Risiko-Wahrnehmung verstehen. Charismaträger*in ist eine Führungspersönlichkeit »who produces a change in our risk perceptions by proving our previous perceptions wrong by the success of the leader's actions is providing a novel rational choice for us: a new option together with new estimates of the risk in a course of action« (Turner 2003: 5). Seiner Engführung auf eine *rational-choice*-Position folge ich nicht. Vielmehr gehe ich davon aus, dass ein charismatischer Ausdruck als eine Form von *relevantem* Unterschied zu verstehen ist: einerseits im Bezug auf akute Notlagen, andererseits aufgrund des potentiellen sinnstiftenden Gehalts (und sei es Sinnstiftung per Konsumkultur). Gleichwohl sind seine Überlegungen hilfreich, will man die Bedingungen des Auftretens charismatischer Aktivitäten und Personen erschließen. Gleichzeitig lässt sich eine Überlegung anschließen: Wenn Charisma eine Beziehung zwischen Risikowahrnehmung und Aktivität darstellt, muss Charisma keineswegs nur an eine Person gekoppelt sein. Die Charismatisierung von Bewegungen oder die Selbst-Charismatisierung einer Gruppe sind ebenso denkbar, wie Zuschreibung von charismatischen Eigenschaften zu einem Individuum.

[38] Turner legt sein Augenmerk auf eine Veränderung der Risikowahrnehmung und erklärt die Imitation von Madonna insofern als rationale Wahl, die durch das paradigmatische Beispiel Ma-

mag somit zur Dynamisierung der Lebensstil-Pluralisierung beigetragen haben – aber ihre Haltung ist vor dem Hintergrund einer allgemein als ›borniert‹ wahrgenommenen Gesellschaft zu deuten. Dieser Hintergrund ist entscheidend. Harmonische Zeiten bieten keinen geeigneten Rahmen für charismatisches Handeln. Liegen Schwierigkeiten in der Luft, so sieht Turner die Bühne bereitet für charismatische Auftritte: »Times of trouble or hopelessness are times in which taking chances becomes a rational strategy because there is less to lose.« (Turner 2003, S. 17) Nicht nur, dass in diesen Zeiten weniger auf dem Spiel zu stehen scheint; es sind diese Zeiten, in denen die Sehnsucht nach dem Auftreten der charismatischen Differenz zur ›Alternativlosigkeit‹ des *status quo* besonders groß ist.

Neben Madonna führt Turner noch weitere Beispiele an. So ist seiner Meinung nach mit der Zuschreibung charismatischer Eigenschaften auch das bemerkenswerte Aufkommen vieler politischer und militärischer Führungspersönlichkeiten in der sogenannten Dritten Welt zu begreifen.[39] Nelson Mandela, der ebenso als Ikone politischer Führerschaft wie Madonna als Lebensstilikone gelten kann, dient Turner als zweites Beispiel. Während aber Madonna vor allem stilistisch imitiert wird, kann Mandela auf Gehorsam[40] hoffen.

»The difference between a Madonna and a Mandela is that the message of a political leader, like Mandela, is that a political possibility that has seemed impossible to achieve comes to be seen as possible only through commitment to his leadership – through obedience.« (Turner 2003, S. 16)

Die Wiege des Charismas liegt insofern im Aufzeigen von relevanten Möglichkeiten der Lebensführung. Wer im Chaos der Not den Weg weisen kann; wer dazu in der Lage ist in einer hypertechnisierten, hyperglobalen und gleichzeitig teilweise bornier-

---

donna möglich wird. »Madonna has influenced followers whose inner transformation of attitudes, mode of dress, and so forth, consists in their imitation of various features of her own publicly exhibited attitudes and mode of dress. Herr success was originary – the style and attitudes were not only unconventional but self-consciously anti-conventional. She did not succeed by fulfilling the contemporary conventions of stardom, though her path to celebrity included succeeding in the face of various tests of her artistic prowess, which built a traditional ›fan‹ base.« (Turner 2003, S. 15 f.) Ich halte diese Engführung, wie bereits dargestellt, für unnötig. Im Gegenteil: Turners Ansatz wird dadurch kastriert.

[39] Turner: »The ›baffeling success‹ of these leaders rested on their ability to exceed expectations, in a situation of danger and uncertainty. […] [A]nd doing so visibly, and doing so without being crushed, would exceed expectations, and indeed poduce a ›baffeling‹ success‹ that would persuade potential followers of the sprecial political prowess of the leader and the validity of his vision.« (Turner 2003, S. 21)

[40] Mandela zeigt sich hier als Anwendungsfall für Webers Konzept der charismatische Herrschaft.

ten Welt, sinnversprechende Perspektiven aufzuzeigen, säht Hoffnung und Begeisterung unter denen, die diesen Versprechen zu folgen bereit sind.[41] Die schöpferische Kraft des Charismas liegt damit in einer Nachahmung oder Gehorsam motivierenden glaubwürdigen Originalität: in der Folge schmiedet sie Kollektive.

3.1.3 Synopse oder: zweite Zwischenbetrachtung zum Charisma bei Weber

Die bisherige Darstellung muss sich die Kritik gefallen lassen, dass sie einem Zirkelschluss aufruht. Es wurde unterstellt, Charisma sei eine Chiffre für das Außeralltägliche. Anschließend wurde selektiv herausgearbeitet, wie das Außeralltägliche mit dem Charisma-Begriff konzipiert wurde. Es wurde gezeigt, dass sich wesentliche Aspekte des Konzepts im Sinne einer kontrastiven Logik lesen lassen. Umgekehrt gilt, ohne die Differenz zwischen Alltäglichkeit und Außeralltäglichkeit, ist die Charisma-Konzeption undenkbar. Wenn man vom psychologistischen und individualistischen Ballast der Weberschen Ausführungen absieht, kann ein gesellschafts- und sozialtheoretisch gehaltvoller Rumpf freigelegt werden. Im Hinblick auf eine Konzeptualisierung des Außeralltäglichen, lässt sich bezüglich der Weberschen Charismakonzeption Folgendes festhalten:

1. Webers Charisma-Konzeption basiert auf dem Kontrast von Alltäglichkeit und Nichtalltäglichkeit.
2. Charisma ist als eine Chiffre für außeralltäglich begründeten, abrupten sozialen Wandel zu verstehen, der als Reaktion auf eine akute Notlage oder einer politischen, ökonomischen mitunter auch moralischen Krise, die ihren Ursprung in den Niederungen etablierter (traditional oder rational begründeter) Alltagsordnungen hat.
3. Auf die Notlage oder Krise, die das Auftreten des Außeralltäglichen zuerst ermöglicht hat, findet sich entweder in der Ordnung des Alltags keine adäquate Antwort oder wird diese gar durch Verwerfungen dieser Alltagsordnung ursächlich hervorgebracht.
4. Der charismatische Modus des Außeralltäglichen scheint geeignet, eine solche Krise des Alltäglichen herbeizuführen (beziehungsweise zu inszenieren), zum Beispiel durch die strategische Delegitimierung der Alltagsordnung.

---

[41] Dass die quasi-religiöse Nachfolge auf der anderen Seite auch Kopfschütteln und Entsetzen nach sich ziehen kann, zeigt sich exemplarisch am polarisierenden Auftreten des US-Präsidenten Donald Trump.

5. Die charismatische Führungspersönlichkeit ist einerseits eine unzureichend verkürzte Projektion des charismatischen Prinzips, andererseits wird das charismatische Prinzip immer durch Willen, Befähigung und Tatkraft konkreter Personen, seien es einzelne oder Personengruppen ins Werk gesetzt. Charisma kann sich nur tätig – sei es durch Heldentat oder kollektive Dynamik oder durch intellektuelle oder moralische Leistung – ereignen.
6. Die charismatische Handlung ist eine besondere souveräne (amoralische und verausgabende) Form einer öffentlichen Äußerung. Mit ihr verbnden ist ein Ansprouch auf. Selbstermächtigung.
7. Paradoxerweise (in Bezug zu viertens und fünftens) basiert Charisma immer auf Geltung, das heißt Zuschreibungen von Willen, Befähigung und Tatkraft durch eine Anhängerschaft. Charisma ruht immer auf augenblicklich starken sozialen Beziehungen.
8. Das Alltägliche und das Außeralltägliche sind nicht strukturgleich: das Alltägliche des Patriarchats oder der Bürokratie ist idealtypisch strukturell (soziale Ordnung). Das Außeralltägliche des Charismas ist hingegen idealtypisch ereignishaft (Tat).
9. Die Ereignishaftigkeit des Außeralltäglichen ist nicht von Dauer. Außeralltäglichkeit muss sich ereignen (es werden Heldentaten erwartet) und kann in ihrem Ereignen transformieren. Auf Dauer mündet Außeralltäglichkeit in Veralltäglichung, das heißt Strukturbildungsprozesse, wie tragfähig (krisenfrei) diese Strukturen dann auch sein mögen.
10. Veralltäglichung heißt einerseits die Versachlichung der rein persönlichen Beziehung zwischen charismatragender Instanz und ihrer Gefolgschaft, andererseits die zwingende Zuwendung zu alltagspragmatischen Herausforderungen des Lebenserhalts und der Lebensgestaltung.
11. Durch den Kontrast von Alltäglichkeit und Außeralltäglichkeit ist die Webersche Charisma-Konzeption für eine gegenwärtige Gesellschafts- und Sozialtheorie hilfreich. Der gesellschaftstheoretische Gehalt liegt im Erklärungswert für abrupten sozialen Wandel. Der sozialtheoretische Gehalt liegt im Erklärungswert für die Stiftung sozialer Verbindlichkeit (Bildung sozialer Beziehungen entlang der auftretenden Zentripetal- und Zentrifugalkräfte im Außeralltäglichen) für eine charismatisch begründete Gemeinschaft oder Gemeinde.
12. Die direkte Wirkung des Charismas ist die Erschaffung der Charisma-Gemeinschaft zwischen charismatragender Instanz und ihrer Gefolgschaft. Mit anderen Worten: Charisma schafft Kollektive!

Webers Charismabegriff liefert somit ein vielschichtiges Bild des Duals Alltäglichkeit/Außeralltäglichkeit. Doch auch wenn Charisma eine Anleihe an religiöse Phänomene nahelegt, im Grunde bleibt das Konzept zunächst vor allem politisch[42] konnotiert: Weber bleibt nicht von ungefähr der in Krisen hervortretenden charismatischen Führungsfigur verhaftet. Das Verhältnis von Alltäglichkeit und Außeralltäglichkeit, die Entstehung von Außeralltäglichkeit, seine Produktivität und Kreativität sowie kurz- und langfristige Wirkungen lassen sich nicht auf diese Phänomenauswahl begrenzen. Im nächsten Abschnitt des Kapitels wird Durkheims Religionssoziologie auf ihren Gehalt für eine sozialwissenschaftliche Konzeption des Außeralltäglichen abgeklopft. Verblüffende Analogien können nicht darüber hinwegtäuschen, dass Durkheim sich auf anderen Pfaden bewegt. Wege, die der methodologische Individualist und historisch vergleichend arbeitende Max Weber unzureichend beschritten hat.

3.2 Das Heilige als Grundlage der Moral[43]
– Durkheims Sakralsoziologie und situative Nichtalltäglichkeit

Wie bei Weber lässt sich bei Émile Durkheim eine Annäherung an das Nichtalltägliche im Rahmen religionssoziologischer Überlegungen auffinden. Ebenfalls wie bei Weber erkennt Durkheim eine Zweiteilung sozialer Ordnungen entlang der Trennung von Alltag und Nichtalltag. Im Gegensatz zu Weber sind es nicht Krisen oder Notlagen,[44] durch die Nichtalltäglichkeit hervorgebracht wird. Er spricht von einer Veränderung der »sozialen Morphologie« einer Gesellschaft: sozialräumliche Verdichtung, kollektive Bewegung und Interaktion evozieren intensive kollektive Erfahrungen. Durkheim nennt dieses Phänomen *kollektive Efferveszenz*. Auf diese führt er

---

[42] Das Politische und das Religiöse sind durchaus keine distinkten Bereiche. Die *Politische Theologie* des umstrittenen Rechtstheoretikers Carl Schmitt weist direkte Verbindungen zu Webers Charisma-Konzept auf »Souverän ist, wer über den Ausnahmezustand entscheidet« heißt es bei Schmitt (2004, S. 13; sowie 2002). Die rechtsschöpfende Qualität des Charismatischen ist eines der zentralen Bestimmungskriterien für Weber.
[43] Der Begriff Sakralsoziologie wird durch Durkheimianer der zweiten Generation geprägt. Insbesondere durch die zentralen Autoren des *Collège de Sociologie*, George Bataille, Michel Leiris und Roger Callois (siehe hierzu Moebius 2006; Hollier 2012). Hans Joas interpretiert die Arbeiten von Émile Durkheim und im Besonderen seine Schriften zur Religionssoziologie unter dem Gesichtspunkt der »Enstehung einer neuen Moral« (Joas 1996, 2011).
[44] Durkheim rekurriert aber auch auf diese.

letztinstanzlich das *religiöse Empfinden*, die *religiösen Vorstellungen* und schließlich allgemein die *kollektiven Repräsentationen*[45] einer Gesellschaft zurück.

Im folgenden Abschnitt wird das Verhältnis von Alltäglichkeit und Nichtalltäglichkeit im Rahmen der durkheimschen *Sakralsoziologie* erörtert. Zunächst wird Durkheims Herangehensweise erläutert. Anschließend werden entlang der Durkheimschen Konzepte der *sozialen Morphologie* und der *kollektiven Efferveszenz* zwei Modi des Sozialen herausgearbeitet. Fluchtpunkt der Erörterung ist die Rekonstruktion von Aspekten von Nichtalltäglichkeit nach Durkheim. Im Rahmen einer anschließenden Zwischenbetrachtung werden die mit Weber formulierten konzeptuellen Überlegungen zum Nichtalltäglichen ergänzt und präzisiert.

3.2.1 Durkheims Ausgangspunkt

Soziales muss soziologisch erklärt werden, denn soziale Sachverhalte sind sozialen Ursprungs. So die weit bekannte Charakterisierung der Durkheimschen Soziologie durch René König (vgl. 1984, S. 21). Eine simple, aber keineswegs banale Feststellung. Damit scheiden für die Klärung des Religiösen Begründungen aus, die allein auf eine Gottesvorstellung, die individuelle Psyche, die menschliche Biologie oder

---

[45] Für Durkheim basiert der gesellschaftliche Zusammenhang wesentlich auf einem gemeinsam geteilten Hintergrund. Er spricht von *kollektiven Repräsentationen* und spielt damit auf ein komplexes Verhältnis von individuellem und kollektivem Lebensvollzug an. Vor allem ist das Kollektive nicht als Summe individueller Bestandteile zu denken. »Daß man in gewisser Hinsicht sagen kann, die kollektiven Vorstellungen lägen außerhalb des individuellen Bewußtseins, gründet darin, daß sie nicht von den isolierten Individuen herrühren, sondern von ihrem Zusammenwirken; was etwas ganz anderes ist.« (Durkheim 1967, S. 73) Ist der Lebensvollzug der Einzelnen eine notwendige Voraussetzung, entsteht durch die Zusammenkunft, das Zusammenwirken und ihre Materialisationen eine kollektive, aggregierte Sphäre, die ihren eigenen Gesetzen folgt. Für Durkheim »ist [es – M.E.] dieses Aggregat [des Kollektivbewusstseins – M.E.], das denkt, fühlt, will, wiewohl es nur mittels des Einzelbewußtseins wollen, fühlen oder handeln kann« (Durkheim 1967, S. 73). Ein paradox anmutendes Verhältnis von Individuum und Kollektivität zeichnet sich ab. Die Einzelnen sind in diesem Sinne sowohl Ausgangspunkt als auch das situative Nadelöhr, durch die soziale Tatsachen beziehungsweise *kollektive Vorstellungen* ihren Ausdruck finden. Doch die Materialität *kollektiver Vorstellungen* zeigt sich darin, dass ihre Existenz zum strukturierenden Hintergrund des Individuellen wird. Das kollektive Leben wird so zur Voraussetzung des individuellen. »Was uns lenkt, das sind nicht die wenigen Ideen, die gegenwärtig unsere Aufmerksamkeit beanspruchen; es sind die Residuen, die unser bisheriges Leben hinterlassen hat.« (Durkheim 1967, S. 51) Durkheims *kollektive Repräsentationen* gehen dabei weit darüber hinaus, was in der gegenwärtigen Wissenssoziologie als kollektiver Wissensvorrat oder Ordnung der Diskurse verhandelt wird. Das kollektive Leben hat materiale Gehalte: Verteilungen, Architekturen, Rhythmen, Infrastrukturen. Durkheim prägt hierfür den Begriff der *sozialen Morphologie*.

Umweltreize zurückgreifen. Für Durkheim ist klar, dass soziale Sachverhalte nicht allein auf die Bewusstseinsakte und Handlungen von Individuen zurückgeführt werden können. Kulturen, Institutionen, Wissensbestände, Sprache und Infrastrukturen; all das hat bereits vor jedem Individuum existiert und wird jene, wenn auch nicht unverändert, überdauern. Der Blick auf das Individuum sei eine trügerische Reduktion, denn »[w]as [...] beweist uns, daß die Menschen je anders als in Gruppen gelebt haben? Ergeben sich gesellige Neigungen nicht aus dem Gemeinschaftsleben selbst?« (Halbwachs 2001, S. 13).[46] Dieser Blickwinkel ist auch bedeutsam für Durkheims Annäherung an das *religiöse Leben*; und damit an Phänomene der *Nichtalltäglichkeit*.

Er lehnt es ab, verschiedene religiöse Praktiken zwischen richtig und falsch oder bedeutungsvoll und bedeutungslos zu kategorisieren. Im Gegenteil:

»Das allgemeine Ergebnis dieses Buches ist, daß die Religion eine eminent soziale Angelegenheit ist. Die religiösen Vorstellungen sind Kollektivvorstellungen, die Kollektivwirklichkeiten ausdrücken; die Riten sind Handlungen, die nur im Schoß von versammelten Gruppen entstehen können und die dazu dienen sollen, bestimmte Geisteszustände dieser Gruppe aufrechtzuerhalten oder wiederherzustellen.« (Durkheim 1981, S. 28)

Die religiösen Praktiken der australischen Ureinwohner*innen wirken heute befremdlich. Halbwachs (vgl. 2001, S. 50) bemerkt pointiert, dass die Ansicht, derlei religiöse Praktiken seien bedeutungsloser Wahn, Irrtum oder Lüge, keine Antwort auf die Frage liefere, warum dieser Wahn dann eingebettet in Systematiken aufzufinden seien. Eine gehaltvolle soziologische Analyse muss sich einer moralischen Bewertung enthalten und kann zunächst zur Kenntnis nehmen, dass es sich um etablierte und gelebte soziale Tatbestände handelt.[47]

Die Frage lautet also, warum diese Institutionen, wenn sie doch ›falsch‹ seien, nicht einfach verschwinden. Wenn es einen ›Wahrheitsgehalt‹ etablierter religiöser Vorstellungen gibt, dann liegt dieser in der Kollektive stiftenden Wirksamkeit und der dahingehenden Wirklichkeit praktisch gelebter Religiösität. Die Glaubenssätze sind in-

---

[46] So formuliert der Durkheimschüler Maurice Halbwachs diesen Durkheimschen Zweifel 1918 – kurz nach Durkheims Tod (Halbwachs 2001).

[47] Für Durkheim ist gerade der dauerhafte Bestand ein Beleg dafür, dass einer solchen gesellschaftlichen Einrichtung eine tiefere soziale Bedeutung zukommt. Das gilt auch dann, wenn der oberflächliche Wahrheitsgehalt problematisch erscheint. Er schreibt hierzu: »Ein wesentliches Postulat der Soziologie ist nämlich, daß menschliche Einrichtung nicht auf Irrtum und auf Lüge beruhen kann: denn sonst könnte sie nicht dauern. Wenn sie nicht in der Natur der Dinge begründet wäre, hätte sie in den Dingen Widerstände gefunden, die sie nicht hätte besiegen können.« (ebd., S. 18) Im Grunde ein funktionalistisches Argument.

sofern wahrhaftig, dass sie für die Gemeinschaft der Gläubigen Geltung beanspruchen können. Was also der ›Wahrheits- und Wirklichkeitskern‹[48] ist, ist die soziale Geltung und die daraus erwachsende Wirksamkeit des Relgiösen.

In Durkheims religionssoziologischen Hauptwerk *Die elementaren Formen des religiösen Lebens* laufen verschiedenste Argumentationsstränge zusammen. Er will »[…] die primitivste und einfachste Religion […] studieren […]« (ebd., S. 17), um ihren sozialen Kern sichtbar zu machen. Der Anspruch der Schrift geht über die reine Darstellung hinaus. Durkheim nimmt vornehmlich auf ethnologische Schriften[49] Bezug, seine Untersuchung ist hingegen soziologisch. Der ›Wirklichkeitskern‹ des religiösen Lebens ist für Durkheim ein Nukleus von Sozialität per se. Seine Herangehensweise ist gleichsam phänomenologisch.[50] Mit Husserl würde gemäß *eidetischer Deskription* die Frage lauten: Was ist die *religiöse Erfahrung* (Noesis) der *religiösen Situation* (Noema)? Die Differenz zwischen Husserl und Durkheim liegt darin, dass Durkheim davon ausgeht, dass eine Reduktion auf individuelle Bewusstseine nicht möglich ist. Die *religiöse Erfahrung* ist sowohl eine individuelle als auch eine kollektive; und erst im Zusammenspiel zwischen kollektiver Verdichtung, intersubjektivem Vollzug und individueller Wahrnehmung auch theoretisch greifbar. Es geht darum, das religiöse Leben einer ›primitiven‹ Religionsgemeinschaft soziologisch und nicht erkenntnistheoretisch zu umreißen. Nimmt man Bezug zu den Ergebnissen seiner Ausführungen über die soziale Kohäsion beziehungsweise Solidarität (vgl. Durkheim 1977), so zeigt sich eine Fokusverschiebung zwischen seiner Schrift *Über die Teilung der sozialen Arbeit* zu seinem *sakralsoziologischen* Hauptwerk. Seine Überlegungen kreisen nicht länger oder zumindest weniger um die Frage, wie man sich die soziale Bindekraft vorzustellen hat; vielmehr geht es darum, wie *solidarische* Bindung für Individuen in Gesellschaft zur lebendigen Erfahrung wird und welche Konsequenzen dies nach sich zieht.

---

[48] Dieser Kern bestehe nicht aus dogmatischen Geltungsansprüchen, sondern zeige sich in der sozialen Verbindlichkeit des Religiösen. Durkheims funktionalistisches Argument wörtlich: »*Eine Religion ist ein solidarisches System von Überzeugungen und Praktiken, die sich auf heilige, d. h. abgesonderte und verbotene Dinge, Überzeugungen und Praktiken beziehen, die in einer und derselben moralischen Gemeinschaft, die man Kirche nennt, alle vereinen, die ihr angehören.*« (Durkheim 1981, S. 75, kursiv im Original – M.E.)

[49] Die Studie argumentiert einerseits materialreich, andererseits bezieht sich Durkheim ausschließlich auf Beschreibungen und Schlüsse anderer Forscher*innen – eine konsequente Schreibtischtat.

[50] Selbstverständlich nicht explizit. Die Parallelität ist aber durchaus bemerkenswert.

Die totemistische Religion der australischen Aborigines taucht in einer verhältnismäßig einfach strukturierten Gesellschaft auf.[51] Durkheim nimmt an, dass diese Form der Religiösität in weitem Sinne selbstursprünglich sei, das heißt, keine nennenswerten Wurzeln einer vorhergegangenen Religion[52] auffindbar sind, welche für eine Untersuchung der fokussierten religiösen Ereignisse eine Rolle zu spielen hätten (vgl. ebd., S. 17). Die minimale Komplexität der religiösen Vorstellungen der Aborigines betrachtet Durkheim als Hinweis für ein maximal direktes Verhältnis zwischen sozialem Lebensvollzug und kollektiven Repräsentationen. Hier sei diese Verbindung am direktesten und dadurch am einfachsten zu erkennen (vgl. ebd., S. 26).[53] Die religiöse Welt der australischen ›Ureinwohner‹ ist deshalb für Durkheim der angemessene Ansatzpunkt seiner Untersuchung: Die Betrachtung der einfachsten Religion wird bemüht, um den Kern alles Religiösen – den Ursprung der religiösen Erfahrung – freizulegen.

Die Untersuchung geht in der Folge der Frage nach, wie das Religiöse an das Soziale gekoppelt ist. Noch im Übergang vom 19. in das 20. Jahrhundert ruhe die ›Welt‹ der Aborigines auf einer grundlegenden Unterscheidung. Auf der einen Seite zeigt sich ein Bereich des Sakralen, auf der anderen Seite der Bereich des Profanen (vgl. ebd., S. 283). Im Anschluss an Durkheim identifiziert Maurice Halbwachs im Begriff des Heiligen und der grundlegenden Scheidung des Sakralen vom Profanen einen Umstand der alle Religionen eint (vgl. Halbwachs 2001, S. 40). Im Rhythmus des tagtäglichen Lebens der australischen Klangesellschaft hat diese Zweiteilung zentrale Bedeutung. Moderne, arbeitsteilig organisierte, funktional differenzierte, säkulare Gesellschaften basieren wesentlich auf anderen Grundunterscheidungen, aber auch in diesen hat sich ein grundlegender Begriff dieser zweigeteilten Welt erhalten.[54] Die entscheidenden Fragen lauten: Wie kommt es zu dieser Trennung? Welche Bedeutung hat diese Unterscheidung für die Konzeptualisierung situativer Nichtalltäglichkeit?

---

[51] Durkheim schreibt 1912, spricht von Primitivität und bezieht sich auf ethnographische Studien des ausgehenden 19. Jahrhunderts. Es ist also klar, dass diese Beschreibungen bestenfalls Zeugnisse längst vergangener Tage sind.
[52] So Durkheims Annahme. Dass diese bedingt belegbar ist und bleibt, liegt auf der Hand.
[53] Durkheim argumentiert wie folgt: »Weil die Fakten einfacher sind, sind die Beziehungen zwischen den Fakten auch offensichtlicher.« (Durkheim 1981, S. 24 f.)
[54] »Die Erklärungen der heutigen Wissenschaft sind zwar objektiver, weil sie methodischer sind und auf strengeren Beobachtungen beruhen, aber sie unterscheiden sich ihrer Natur nach nicht von den Erklärungen, die dem primitiven Denken genüge taten.« (Durkheim 1981, S. 325) Basale Kategorien, wie das Absolute, das Territorium, die Zeit, haben für Durkheim und Mauss (1987) einen religiösen Ursprung. Vor allem sind sie als Rationalisierungsleistungen zu begreifen, die den Notwendigkeiten des sozialen Lebens entspringen.

Der Bereich der bedeutungsvollen Dinge ist mit Empfindungen der Ehrfurcht verbunden. Diese Ehrfurcht entspringt nicht den Dingen selbst, sondern wird aus gemeinsam geteilten religiösen Vorstellungen abgeleitet. Das heißt, die heiligen Dinge sind eingebettet in ein religiöses Weltbild. Wo auch immer dieses Weltbild seinen Ursprung hat, dort ist auch die Wiege der religiösen Grundunterscheidung zu erwarten: »auf der einen Seite die Welt der profanen Dinge und auf der anderen die Welt der heiligen Dinge« (Durkheim 1981, S. 293). Durkheim spürt in der Folge dem Ursprung des religiösen Empfindens nach, um einerseits den Akzent der heiligen Dinge erklären zu können, aber auch um aufzudecken, wie es zu religiösen Vorstellungen und Weltbildern kommt.

Die Feststellung, dass »die Religion eine wesentlich kollektive Angelegenheit ist«, führt Durkheim (Durkheim 1981, S. 95). zu dem Schluss, animistische oder naturalistische Erklärungsansätze auszuschließen. Eine bloße Projektion der Erfahrung des eigenen Seelenlebens taugt nicht als Erklärung für die Entstehung kultischer Systeme. Die Erfahrung der Natur etwa als »großes und ständiges Wunder« (ebd., S. 110), erklärt nicht, warum es gerade alltägliche und kleine Dinge sind, die in der totemistischen Religion der Aborigines als heilig verehrt werden. Auch wenn die heiligen Dinge – wie das Totemtier der Klans – Ehrfurcht auslösen, sind sie selbst lediglich Träger von Bedeutungen. »Das Totem [das heilige Ding – M.E.] ist [...] vor allem ein Symbol, ein materieller Ausdruck von etwas anderem. Aber wovon?« (ebd., S. 284) Durkheim legt den Doppelcharakter des Totem-Symbolismus offen. Einerseits ist er Ausdruck eines heiligen Prinzips (der Kraft des Göttlichen) und andererseits steht er für den Klan selbst. In die Gemeinschaft unter dem Totem-Symbol werden die Lebenden und Verstorbenen eingeschlossen. Durch den Symbolismus wird der Klan zu einer überdauernden Struktur, die das momentane Geflecht von Individuen überschreitet. Nicht das Göttliche in der Natur, sondern die symbolische Geltung des Totemtiers ist für Durkheim entscheidend. »Der Gott des Klans, das Totemprinzip kann also nichts anderes als der Klan selber sein, allerdings vergegenständlicht und geistig vorgestellt unter der sinnhaften Form von Pflanzen- oder Tiergattungen, die als Totem dienen.« (ebd., S. 284)[55] Das übermächtige, überindividuelle,

---

[55] Durkheim ist in seiner Religionsanalyse mit Nietzsches *Fröhlichen Wissenschaften* einig. Nietzsche: »Gott ist tot! Gott bleibt tot! Und wir haben ihn getötet! [...] Ist die Größe dieser Tat zu groß für uns? Müssen wir nicht selber zu Göttern werden, um nur ihrer würdig zu erscheinen. Es gab nie eine größere Tat, – und wer nur immer nach uns geboren wird, gehört um dieser Tat willen in eine höhere Geschichte, als alle Geschichte bisher war!« (Nietzsche 2005, S. 514) Nietzsche sucht im Anschluss den Übermenschen. Durkheim zeigt, dass die Göttlichkeit im Sozialen zu suchen und zu finden ist. Das Übermenschliche, das den Menschen übersteigt, liegt seinen Vergesellschaftungen und deren komplexen Vergegenständlichungen. Die Frage nach der Göttlichkeit führt dann zu der Antwort, *wir sind's und waren's schon immer.*

übermenschliche Prinzip, das alles und jeden kraftvoll durchdringt, ist das Kollektiv des Klans in seiner kulturellen Allgegenwart, Überzeitlichkeit und Übermächtigkeit. Vor diesem Hintergrund wird aus einer Welt unverbundener Dinge ein zusammenhängendes Gefüge; und aus Individuen werden interdependente Mitglieder einer Klan-Gemeinschaft.

Die gemeinsam geteilten kollektiven Vorstellungen des Klans bilden die Grundlage für das praktische Weltverhältnis der Klanmitglieder: Sie erklären, wie die Dinge sind, wie mit ihnen zu verfahren ist, wie ein tagtägliches Leben auszusehen hat. Kurzum, sie bilden einen Hintergrund »sozialer Tatsachen« (Durkheim 1984) vor dem sich das Denk- und Machbare[56] abzeichnet. Nach Durkheim steht jede neue Generation auf den Schultern der vorangegangenen.

»Wir sprechen eine Sprache, die wir nicht gemacht haben; wir nutzen Instrumente, die wir nicht erfunden haben; wir berufen uns auf Rechte, die wir nicht eingesetzt haben; ein Schatz an Kenntnissen wird jeder Generation vermacht, den sie nicht angehäuft hat usw.« (Durkheim 1981, S. 292)

Die Kollektivität des Klans oder vielmehr die vergesellschaftete Existenz des Menschen zeigt sich als nahezu unerschöpflicher Vorrat, praktisch relevanter Wissensbestände.[57] Wenn es auch stets die Individuen sind, die die ›Welt‹ wahrnehmen und in ihr handeln, führen die ›Werkzeuge‹ ihres Wahrnehmens und ihres tätigen Weltbezugs ein Eigenleben jenseits individueller Bewusstseinsleistungen. Die »sozialen Tatbestände« entwickeln sich fort und vergehen nach eigenen Regeln.

Religion hat für Durkheim einen Doppelcharakter. Auf der einen Seite die religiösen Ehrfurchtsempfindungen, auf der anderen Seite ein religiöses Weltbild, das ein praktisches Weltverhältnis anleitet. Fragt man nach dem Kern all dessen, liefert der Hinweis auf die jeweilige Vorstellung des Göttlichen keine zufriedenstellende Antwort. Wenn das Göttliche, wie Durkheim nahelegt, sozial ist, bleibt die Frage offen, unter welchen Bedingungen das Göttliche zu einer Vorstellung werden konnte. Sol-

---

[56] Liest man Durkheims *kollektive Repräsentationen* mit Foucault (1978, 2005), zeigen sich diese als Subjekte und ihre Körper formierende Mächte. Während aber Foucaults (1973) Diskurse die Formierung des Sag- und Tubaren der Alltagssphäre im Blick haben, ist das vitale Moment, dass im Kontext des kollektiven Rauschs die Körper durchzieht von anderer Qualität. Wir haben es hier mit einem Gegenprinzip zu tun; nicht im Sinne einer Gegenmacht, sondern einem ›anderen‹ Machtprinzip.

[57] Das Konzept eines »Wissensvorrats« ist späteren Ursprungs und wird von Alfred Schütz formuliert. Erst die neuere Wissenssoziologie arbeitet die soziale Bedingtheit des Wissens systematisch heraus.

che Bedingungen der Bewusstwerdung einer transzendenten Kraft, die sich die Menschen nur als das Göttliche erklären können, beschreibt Durkheim am Beispiel der Stammesriten australischer Aborigines.[58]

Im Kontext dieser Argumentation entwickelt er zwei Annäherungen beziehungsweise Aspekte des Nichtalltäglichen. Wie Weber erarbeitet er im Zuge dessen eine Gegenüberstellung von Alltäglichem und Nichtalltäglichem. Im Zentrum stehen die *Verdichtung* und *Intensivierung* des sozialen Lebens. Pointiert: In der *Intensität* des intersubjektiv *verdichteten* Lebens verortet er den Urgrund des *religiösen Empfindens*. Zwei Fragen sind folglich zu klären: Was zeichnen die soziale Verdichtung aus? Und auf welche Weise erwächst aus sozialer Verdichtung soziale Intensität? Die erste Frage ergründet Durkheim mit Hilfe des Konzepts der »sozialen Morphologie«, im Mittelpunkt der zweiten steht das Konzept der »kollektiven Efferveszenz«.

3.2.2 Die soziale Morphologie und ihre zyklische Veränderung

Émile Durkheim und an ihn anschließend Maurice Halbwachs haben »soziale Morphologie« als Verknüpfungsbegrifflichkeit geprägt: Hier treffen physi(kali)sche Ordnung, soziale Ordnung, kognitive und affektive Ordnung aufeinander.[59]

---

[58] Wichtig ist festzuhalten, dass Durkheim nicht nach einem historischen Ausgangsmoment sucht. Wenn vom Kern oder Ursprung der religiösen Empfindungen die Rede ist, dann ausschließlich in dem Sinne, dass sich soziale Dynamiken auffinden und rekonstruieren lassen, aus deren eigentümlicher Intensität sich die Empfinden und die daraus entstehenden Vorstellungen übermenschlicher Kräfte nachvollziehen lassen. Ansonsten gilt für die Suche nach dem absoluten Ausgangspunkt: »Wenn man unter Ursprung einen absoluten ersten Anfang versteht, dann hat die Frage sicherlich nichts Wissenschaftliches mehr und muß energisch abgelehnt werden. Es gibt keinen genauen Augenblick, wo die Religion zu existieren begonnen hätte und es handelt sich nicht darum, einen Ausweg zu finden, der es uns erlaubt hätte, uns das geistig vorzustellen. Wie jede menschliche Einrichtung beginnt auch die Religion nirgends.« (Durkheim 1981, S. 25 f.)

[59] Zu der Einsicht, dass das raumzeitliche Befinden und das affektuelle Befinden aufeinander verweisen, gelangt auch Martin Heidegger mit dem Begriff »Befindlichkeit« im Rahmen seiner Schrift *Sein und Zeit*. Im Befinden schneiden sich Verortung und psychomentaler Zustand. Heidegger schreibt hierzu: »Als *ersten* ontologischen Wesenscharakter der Befindlichkeit gewinnen wir: *Die Befindlichkeit erschließt das Dasein in seiner Geworfenheit und zunächst und zumeist in der Weise der ausweichenden Abkehr.* [Absatz im Original – M.E.] Schon hieran wird sichtbar, daß die Befindlichkeit weit entfernt ist von so etwas wie dem Vorfinden eines seelischen Zustandes. Sie hat so wenig den Charakter eines sich erst um- und rückwendenden Erfassens, daß alle immanente Reflexion nur deshalb »Erlebnisse« vorfinden kann, weil das Da in der Befindlichkeit schon erschlossen ist. Die »bloße Stimmung« erschließt das Da ursprünglicher, sie *verschließt* es aber auch entsprechend hartnäckiger als jedes *Nicht*-wahrnehmen. [Absatz im Original– M.E.] Das zeigt die *Verstimmung*. In ihr wird das Dasein ihm selbst gegenüber blind, die besorgte Umwelt verschleiert sich, die Umsicht des Besorgens wird mißleitet. Die Befindlichkeit ist so wenig

Durkheim stellt hierzu fest, dass »sich die Zahl und Natur der Teile aus denen sich Gesellschaft zusammensetzt, die Art ihrer Anordnung, die Innigkeit ihrer Verbindung, die Verteilung der Bevölkerung über die Oberfläche des Landes, die Zahl und Beschaffenheit der Verkehrswege, die Gestaltung der Wohnstätten usw. bei oberflächlicher Prüfung scheinbar nicht auf Formen des Handelns, Fühlens und Denkens zurückführen [läßt – M.E.]. [...] Diese Einteilungen sind moralischer Natur, wenn sie auch in der physischen Natur eine Grundlage haben.« (Durkheim 1984, S. 113)

Wenn Durkheim in diesem Zusammenhang von Moral spricht, dann in einem weiten Sinne. Es geht um soziale Konventionen, Institutionen, Interaktionsregeln und emotionale Affizierung, die in engem Zusammenhang stehen mit objektiven Strukturmomenten, wie Zerstreuung, Dichte, Infrastruktur etc.: ein Zusammenhang zwischen kollektiven Repräsentationen und individueller Affizierung einerseits, der kollektiven Topografie einer Gesellschaft andererseits.

»Überall handelt aber die soziale Morphologie, wie die Soziologie überhaupt, von kollektiven Repräsentationen. Wenn wir unsere Aufmerksamkeit den materiellen Formen des gesellschaftlichen Lebens zuwenden, dann weil es darum geht, hinter ihnen einen ganzen Bereich der kollektiven Psychologie zu erschließen. Die Gesellschaft prägt sich immer in die materielle Welt ein, und das menschliche Denken findet hier, in solchen Vorstellungen, die ihm durch ihre räumliche Verfassung zufließen Regelmäßigkeit und Standsicherheit – fast wie der einzelne Mensch seinen Körper im Raum wahrzunehmen lernt, um im Gleichgewicht zu bleiben.« (Halbwachs 2002, S. 22)

Die ›Materialität der Gesellschaft‹[60] ist den *kollektiven Repräsentationen* gleichzeitig vorgelagert, teilweise identisch mit diesen, aber auch nachgelagert. Das klingt zunächst

---

reflektiert, daß sie das Dasein gerade im reflexionslosen Hin- und Ausgegebensein an die besorgte »Welt« überfällt. Die Stimmung überfällt. Sie kommt weder von »Außen« noch von »Innen«, sondern steigt als Weise des In-der-Welt-seins aus diesem selbst auf. Damit aber kommen wir über eine negative Abgrenzung der Befindlichkeit gegen das reflektierende Erfassen des »Innern« zu einer positiven Einsicht in ihren Erschließungscharakter. *Die Stimmung hat je schon das In-der-Welt-sein als Ganzes erschlossen und macht ein Sichrichten auf... allererst möglich.* Das Gestimmtsein bezieht sich nicht zunächst auf Seelisches, ist selbst kein Zustand drinnen, der dann auf rätselhafte Weise hinausgelangt und auf die Dinge und Personen abfärbt. Darin zeigt sich der *zweite* Wesenscharakter der Befindlichkeit. Sie ist eine existenziale Grundart der *gleichursprünglichen Erschlossenheit* von Welt, Mitdasein und Existenz, weil diese selbst wesenhaft In-der-Weltsein ist.« (Heidegger 2006, S. 136 f.) Durkheim und Halbwachs gehen insofern weiter als Heidegger, dass sie einerseits die soziale Kreativität des gemeinsamen raumzeitlichen Befindens betonen und andererseits nicht bei einem psychomentalen Befinden im Sinne einer diffusen Stimmung stehen bleiben, sondern darauf hinweisen, dass hierauf die kollektiven Repräsentationen (verkürzt: die kollektiven Wissensbestände) der Gruppe zurückzuführen sind.

[60] Durkheim spricht Konventionen und Institutionen bekanntermaßen einen Dingcharakter zu. Ich stelle diese Ansicht nicht im Geringsten in Frage, doch diese Dinghaftigkeit ist nicht gemeint. Es geht um die Verteilung, Zerstreuung, Verdichtung von Körpern, also in einem weit engeren Sinne von ›Materialität‹.

logisch unvereinbar, ist aber die notwendige Konsequenz der Durkheimschen Bemühung, Soziales mit Sozialem erklären zu wollen. Soziales setzt immer eine konkret bevölkerte Welt voraus, in der es aufgrund von Zerstreuungen und Verdichtungen zu verschiedenen Formen der Begegnung und der Interaktionen kommt. Die Materialität der Welt und die Verteilung der Menschen in ihr geht dem Sozialen insofern immer voraus. Gleichzeitig entstehen aus Begegnung und Interaktion zum einen Vorstellungen über die Welt, zum anderen Institutionen des gemeinsamen Lebens. Diese stellen eine Materialität eigenen Rechts dar; wie Durkheim an berühmter Stelle in seinen *Regeln der soziologischen Methode* feststellt, üben sie als *soziale Tatsachen* einen gewissen Zwang aus, der im alltäglichen Vollzug nur im Falle der Abweichung spürbar wird (vgl. Durkheim 1984). Dahingehend umfasst die Materialität der Gesellschaft auch ihre kollektiven Repräsentationen. Zuletzt ist dieses Gefüge von Wissensbeständen und Institutionen nicht statisch, sondern wird im Vollzug des sozialen Lebens prozessiert und verändert. Entsprechend sind die kollektiven Repräsentationen der ›morgigen Gesellschaft‹ der Materialität der ›heutigen‹ nachgelagert. Wie hängt diese vielschichtige Materialität mit Momenten der Nichtalltäglichkeit zusammen? Wie erklärt sich Durkheim ihre Entstehung und welche Wirkungen verbindet er mit ihr?

Er unterscheidet zunächst Alltäglichkeit und Nichtalltäglichkeit entlang einer Veränderung der sozialen Morphologie.[61] Die vorrangigen Parameter sind die Dimensionen Raum und Zeit. Im Nichtalltäglichen kommt es entlang beider zu einer bedeutsamen Verdichtung. Nicht ohne Folgen:

»Es gibt historische Perioden, in denen die sozialen Interaktionen unter dem Einfluß großer kollektiver Erschütterungen häufiger und aktiver werden. Die Individuen streben zueinander und sammeln sich mehr als jemals. Daraus entsteht eine allgemeine Gärung, die für revolutionäre oder schöpferische Epochen kennzeichnend ist. Aus dieser Überaktivität folgt eine allgemeine Stimulation individueller Kräfte. Man lebt mehr und anders als in normalen Zeiten.« (Durkheim 1981, S. 290)

---

[61] Es sei an dieser Stelle noch einmal betont, dass Durkheims Gegenstandsbereich die hochreligiöse Stammesgesellschaft australischer Ureinwohner*innen – und dies aus der Perspektive ethnographischer Beobachtungen im ausgehenden 19. Jahrhundert – ist.

Wie man es dreht oder wendet: Es gibt keine Formen von Räumlichkeit oder Zeitlichkeit, die hier relevant wären, wären diese nicht Bestimmungsgründe für Interaktionssituationen und soziale Dynamiken. Sozialität[62] ist somit die dritte und zentrale Dimension nichtalltäglicher Verdichtung.

Die folgenden analytischen Überlegungen stellt Durkheim im Rahmen seiner berühmten Beschreibung eines *corrobori* im siebten Kapitel der Schrift *Die elementaren Formen des religiösen Lebens* voraus: Er ist der Ansicht, dass »[d]as Leben der australischen Gesellschaften [...] abwechselnd durch zwei verschiedene Phasen« (Durkheim 1981, S. 295) geht. Die erste dieser Phasen ist von »ökonomische[r] Tätigkeit« in »Zerstreuung« geprägt (Durkheim 1981, S. 296); ein Alltag, der im Zeichen des Jagens und Sammelns kleiner Gruppen dem Überleben dient. Er ist eine produktive Phase des Zusammenlebens. Die zweite Phase ist die Zeit der Versammlung und des »Kollektivgefühls« (ebd., S. 297). Beispielsweise kommt im heiligen *corrobori*[63] der ganze Klan zusammen, um das Leben gemeinsam zu intensivieren.

Durkheim begründet diese Zweiteilung entlang der Unterscheidung von Profanität und Heiligkeit. Blendet man den religionstheoretischen Gehalt für einen Augenblick aus, bleiben zwei aufeinander verweisende, zyklisch wiederkehrende Episoden des sozialen Lebens übrig: der alltagspragmatische Lebensvollzug und die nichtalltäglich verdichtete Begegnung. Beide Episoden sind voneinander unterscheidbar und doch Teil derselben gesellschaftlichen Ordnung. Die alltägliche Zerstreuung sowie Besorgung[64] des Lebens und die nichtalltägliche Zusammenkunft sind beide unverzichtbare Aspekte des kollektiven Lebens. Zerstreuung und Versammlung: ein wesentlicher Unterschied scheint die soziale Topographie dieser Episoden zu sein; in

---

[62] Der Begriff, so formuliert, ist hier noch allzu unbestimmt und wird in der Folge noch näher ausbuchstabiert. Soweit vorweg: Sozialität heißt hier einerseits die Art und Weise des Aufeinandertreffens und die daraus erwachsenden Interaktionen und schließlich sozialen Dynamiken. Andererseits die Neigung zur Vergegenständlichung, das heißt der Institutionalisierung des Sozialen.

[63] Die Ritualordnung des corroboris bringt alle Klanmitglieder – auch die Kinder und die Frauen, die von vielen anderen Riten ausgeschlossen sind – zusammen. Wie kein anderes Ritual hat diese rituelle Zusammenkunft ijren Zweck in sich selbst: ein Zusammenkommen um des Zusammenkommens willen (vgl. Durkheim 1981, S. 296 sowie ebd.: Fußnote 24).

[64] Die Begrifflichkeiten *Sorge* und *Besorgung* entstammen Heideggers existenzialistischem Wortschatz (vgl. Heidegger 2006, S. 191). *Sorge* ist analog und gleichzeitig mehr als die phänomenologisch-pragmatistische Begrifflichkeit *Relevanz* (Schütz). Die Begrifflichkeit Relevanz verharrt in einer aufmerksamkeitstheoretischen Indifferenz – selbst wenn der Begriff bei Schütz immer auch den Aspekt der Lebensführungs-Relevanz transportiert, während *Sorge* die Bedürftigkeit oder das *Leidende (Marx, Plessner, Gehlen)* des Menschen mittransportiert.

Durkheims Worten: ihre »soziale Morphologie«[65]. Die morphologische, das heißt konkreter die räumliche, zeitliche und soziale Verdichtung ist somit das erste entscheidende Merkmal des *Nichtalltäglichen*. Durkheim bleibt bei dieser Feststellung nicht stehen. Entscheidend sind für ihn die Wirkungen dieser morphologisch verdichteten Arrangements. Diese liegen vornehmlich in einer herausragenden Intensität des sozialen und auch individual-affektiven Lebens.

3.2.3 Kollektive Efferveszenz: Erfahrung und Rationalisierung

3.2.3.1 Emotionale Erschütterung an der Wurzel der religiösen Vorstellungen

Das Leben der alltäglichen Jagdgruppe sei durch die Notwendigkeiten der alltäglichen Lebensführung gekennzeichnet. Das *corrobori* als Episode des Zusammenkommens wirke hingegen stimulierend und verhelfe dazu, gemeinsam die Mühsal des profanen Alltags zu überschreiten.

»Sind die Individuen einmal versammelt, so entlädt sich auf Grund dieses Tatbestands eine Art Elektrizität, die sie rasch in einen Zustand außerordentlicher Erregung versetzt. [...] Zweifellos kann ein Kollektivgefühl nur dann kollektiv ausgedrückt werden, wenn eine bestimmte Ordnung eingehalten wird, die den Einklang und die Gesamtbewegung erlaubt; [...] Die Erregung wird manchmal derart stark, daß sie zu unerhörten Akten verführt. Die entfesselten Leidenschaften sind so heftig, daß sie durch nichts mehr aufgehalten werden können.« (Durkheim 1981, S. 297f.)

Es ist die Gleichförmigkeit der kollektiven Bewegung (vgl. Durkheim 1981, S. 316), die als materielle Vermittlungsinstanz die Autorität des Kollektiven hervorbringt. Er bezieht sich auf die Rhythmen, die gemeinsamen Tänze und abgestimmten Handlungen. Wie von einer allgegenwärtigen Übermacht ergriffen fügen sich alle Anwesenden in eine kollektive Klammer. Alle scheinen von etwas Gemeinsamem begeistert und beseelt. Die sichtbare gemeinsame Bewegung wird zum Zeichen für die Anwesenheit eines göttlichen Dritten. Aus der Perspektive der Einzelnen ist diese Kraft in ihrem Vollzug an den je anderen und deren sichtbare Begeisterung erkennbar. Die Omnipräsenz der Bewegung wird greifbar. Die Individuen nehmen an etwas teil, das

---

[65] Wesentliche Unterschiede zwischen Durkheims theoretischen Untersuchungen – einer Ritualordnung im Kontext einer überschaubaren, segmentär differenzierten Gesellschaft – und der meinen – das nichtalltäglich verdichtete Leben inmitten einer hochgradig funktional differenzierten Gesellschaft – liegen auf der Hand. Der Rhythmus zwischen Alltag und ritueller Zusammenkunft lässt sich nicht eins zu eins von der einen auf eine andere soziale Ordnung oder gar die Gegenwartsgesellschaften übertragen. Dennoch lässt sich die Vermutung ableiten, dass Alltäglichkeit und Nichtalltäglichkeit zwei grundlegende und wesentliche Aspekte des sozialen Lebens bleiben: eine empirisch zunächst gehaltlose, aber heuristisch brauchbare Unterstellung.

ihre eigene Erfahrung übersteigt. Sie geraten im Erleben dieser Gleichförmigkeit sprichwörtlich außer sich: ein Zustand den man mit Begriffen, wie Ektase, Gruppenrausch oder Delirium beschreiben könnte. Halbwachs spricht im Anschluss an Durkheim von einer »[...]außergewöhnliche[n] Steigerung des Empfindens, die alle Mitglieder der Gruppe erleben, wenn sie sich versammeln, Zeremonien abhalten, Riten vollziehen.« (Halbwachs 2001, S. 43) Für Durkheim ist »[d]ie[se] religiöse Kraft [...] nichts als das Gefühl, das die Kollektivität ihren Mitgliedern einflößt, jedoch außerhalb des Bewußtseins der Einzelnen, das es empfindet und objektiviert« (Durkheim 1981, S. 313): *kollektive Efferveszenz*, ein sensorischer Zustand der kollektiven Gährung. Kollektivempfinden und das Empfinden religiöser Ehrfurcht fallen hier in eins. Doch diese religiösen, ekstatischen Gefühle erschöpfen sich in ihrem Vollzug, im Erleben des kollektiv geteilten Rauschs, im gemeinsamen Delirium.

Dauerhaft wird die ephemere Affektivität erst in wesentlich veränderter Form. Durkheim argumentiert mit einer Art Rationalisierungsdruck. Das unbestimmte, intensive Empfinden der kollektiven Zusammenkunft verlangt nach Erklärung. Die anschließenden Versuche, das im Augenblick verflossene Erleben und Fühlen greifbar zu machen, geben dem flüchtigen Empfinden durch dieses Bemühen um Rationalisierung Aspekte der Dauer. Zwei naheliegende Deutungen scheiden – so Durkheim (vgl. Durkheim 1981, S. 44), – für Erklärungen aus. Gründe für die erfahrene Begeisterung finden sich nicht in einem Einzelnen, denn scheinbar waren alle zu gleiche Teilen begeistert. Aus dem gleichen Grund taugen auch die je anderen nicht als Ursprung der alle durchdringenden Kräfte. Wenn weder die Individuen selbst, noch die je anderen als Quelle der begeisternden Emotionalität herhalten können, liegt der Schluss nahe, dass die empfundene und wahrnehmbare Kraft außerhalb der Individuen zu suchen ist.

Dass die Begeisterung im Kollektiv – in der morphologischen Verdichtung, den Interaktionsverhältnissen und vor allem den synchronen Bewegungen – gründet, ist eine hoch abstrakte Erklärung. Die Existenz und die Funktionsweise des versammelten Kollektivs liegt für Durkheim jenseits der Vorstellungskraft des vereinzelten Bewusstseins der Mitglieder der australischen Stammesgesellschaft. Gleichzeitig steht viel Konkreteres zur Erklärung zur Verfügung. Die Materie ist das intuitiv zugängliche Außen. Da sind die Dinge, die den Ort des emotionalen Überschwangs geteilt haben; die Tiere und Pflanzen, welche im ekstatischen Augenblick zugegen waren. Die Koppelung von Materialität und Emotionalität liegt nahe: »Aber wenn die [gleichförmige – M.E.] Bewegung, durch die sich diese Gefühle ausgedrückt haben, mit Dingen verbunden sind, die dauern, dann werden sie selbst dauerhaft.« (ebd., S. 316) Die ehrfurchtgebietende Erhabenheit des kollektiv geteilten Gemeinschaftslebens wird auf die Materialität der Dinge, Tiere und Pflanzen übertragen und diese somit zum Symbol kollektiver Ehrfurchtsempfindungen. In diesem Symbolismus stellt sich das religiöse Erleben und Empfinden auf Dauer. Ist dieser Symbolismus aber erst einmal begründet, wird durch dieses In-Beziehung-setzen von Erfahrungen und Emotionen einerseits und materialen Erscheinungen andererseits eine bedeutsame Unterscheidung in die ›Welt‹ gesetzt. Es entsteht eine Welt der, durch ihre Verbindung mit den erhabenen Gefühlen, ›geheiligten‹ Dinge und damit ist die Unterscheidung zwischen dem Heiligen und dem Profanen in der Welt. Durkheim beschreibt an dieser Stelle, wie aus kollektiven Erfahrungen die Grundlage für eine religiös motivierte Weltsicht entsteht und damit die Grundzüge für ›höhere‹ beziehungsweise komplexere Erklärungsmodelle geschaffen werden. In der Weiterentwicklung eines solchen kategoriengebärenden Symbolismus liegt der Ursprung einer symbolisch reproduzierbaren Kultur (vgl. ebd., S. 324).[66] Folgt man in diesem Argument Durkheim, »[s]o ist das soziale Leben unter allen seinen Aspekten und zu allen Augenblicken seiner Geschichte nur dank eines umfangreichen Symbolismus möglich.« (ebd., S. 317) Indem Emotionen auf die materiale Welt projiziert werden, werden diese selbst objektiviert und dadurch dem Bewusstsein zugänglich. »Allgemein ausgedrückt: ein Kollektivgefühl kann sich nur bewußt werden, wenn es sich an ein materielles Objekt heftet. Damit nimmt es aber an der Natur dieses Objekts teil, und umgekehrt.« (Durkheim 1981, S. 324)

Um das ganze Argument – das *corrobori* betreffend – noch einmal zusammenzufassen: Die kollektiven Interaktionen und gleichförmigen Bewegungen in einem morphologisch hochgradig verdichteten sozialen Arrangement begünstigen eine Stimmung der kollektiv geteilten Begeisterung. Diese religiöse Stimmung ist die Grundlage für das Entstehen religiöser Weltdeutungen. Einerseits entsteht eine Semantik für kollektiv geteilte sowie erinnerbare Gefühle und aus dem Streben nach Erklärung (Rationalisierung) erwachsen Vorstellungen über die Ordnung der Welt, der Dinge wie auch der Menschen in ihr. Auf ihrer Basis sind symbolisch reproduzierbare, kollektive Vorstellungen einer Gesellschaft möglich. Die Welt der kollektiven Vorstellung wird zu einer gesellschaftlichen Materialität eigenen Rechts und entwickelt sich gemäß ihrer eigenen Logik weiter. Durkheims Darstellung ist in zweierlei

---

[66] Durkheims Darstellung ist erkenntnistheoretisch spannend. Kant folgend unterstellt er dem Menschen eine anthropologische (wenn man so will auch apriorische) Vernunftsbegabung. Am Beispiel der intensiven Emotionalität, die ihren Ursprung in einer nichtalltäglichen Ritualerfahrung hat, wird aber gleichzeitig deutlich, dass die Wirkungsweise dieser Vernunftsbegabung, im Vernünftigmachen liegt, das sich ex-post vollzieht. Das Vernünftigmachen lässt ein Weltbild entstehen: Die Kategorien wahr und falsch sind den Kategorien sakral und profan (besser: bedeutsam und nicht-bedeutsam) nachgeordnet. Die ›Vernunftsbegabung‹ des Menschen ist demzufolge nicht gleichzusetzen mit einer ›Wahrheitsbegabung‹. Eine Feststellung, mit der sich Durkheims Denken für ›postfaktische Zeiten‹ gewappnet zeigt.

Hinsicht bedeutend: Der erste Aspekt wird direkt folgend erläutert, die ebenfalls ableitbare Konzeptualisierung des Nichtalltäglichen schließt die Ausführungen über Durkheim ab.

3.2.3.2 Die zwei Gesichter des Sozialen

Zunächst arbeitet Durkheim die fundamentale Verknüpfung zweier wesentlicher Aspekte von Sozialität heraus.[67] Einerseits identifiziert er Momente der hochverdichteten kollektiven Bewegung, welche Formen des kollektiven Überschwangs (kollektive Efferveszenz) evozieren, die für Individuen wiederum emotional greifbar werden. Andererseits beschreibt er den Entstehungs- beziehungsweise Abstraktionsprozess kollektiver Repräsentationen oder Vorstellungen, die als eigengesetzliche Welt der Gesellschaft betrachtet werden können. Der geistige Gehalt dieser kollektiven Repräsentationen materialisiert als soziale Tatbestände (Tatsachen) sowohl im Sinne von Wissensbeständen eines kollektiven Bewusstseins als auch im Hinblick auf die institutionellen Materialisierungen einer Gesellschaft.[68] Den Verknüpfungspunkt dieser beiden Aspekte des Sozialen sieht Durkheim in der sozialen Morphologie nichtalltäglicher (sakraler) Arrangements. Er meint im kollektiv verdichteten, tätigen Leben den emotional erfahrbaren Grund für das Entstehen von religiösen Empfindungen einerseits, in den anschließenden rationalisierenden Suchbewegungen die Geburt religiöser Vorstellungen und Weltbilder andererseits auszumachen. Kollektive Efferveszenz und kollektive Repräsentationen sind somit gleichsam zwei grundverschiedene, typische Aggregatszustände des Sozialen, die ebenso einander bedingen wie aufeinander verweisen. Was lässt sich über diese beiden Typen sagen?

Kollektive Efferveszenz ist entschieden ereignishaft und verausgabend. Der kollektive Überschwang ist folglich an konkrete soziale Situationen und Begegnungen gebunden, doch der kollektive Rausch ist auch abhängig von der sozialen Intensität. Diese entsteht im gemeinsamen Tanzen, Singen, Zelebrieren, Feiern und Ähnlichem –

---

[67] Diese Unterscheidung ist analytisch und damit idealtypisch zu verstehen.
[68] Somit argumentiert Durkheim zirkulär. Die morphologische Gestalt bedingt die Intensität des sozialen Lebens – der kollektive Überschwang des intensiven Lebens bedingt die kollektiven Repräsentationen und damit letzthin auch die soziale Morphologie. Dieser Zirkel ist kein logischer Widerspruch, sondern dialektisch zu denken. Der kollektive Überschwang ist somit ein Prinzip des sozialen Wandels. Wohl gemerkt eine Form, denn ungeachtet dieser sozialen Transformationskraft vollzieht sich sozialer Wandel als permanente Transformation gemäß der eigenlogischen Entwicklung kollektiver Vorstellungen. Diese Eigenlogik wird nicht von Durkheim, aber von Foucault (2003 u.a.) umfassend beschrieben.

sprich: dem Aufkommen einer kollektiven Bewegung. Das Rauschhafte des Kollektivs ist verausgebend, insofern dessen Vorkommen auf der Verausgabung der Kräfte der Einzelnen beruht. Das individuelle Erleben dieses kollektiven Überschwangs ist als überwältigende und beeindruckende Emotionalität zu begreifen: Dieser Eindruck wird zur sprichwörtlichen Erfahrung, die nicht erlaubt, der zu bleiben, der man war.[69] Für Durkheim liegt der Urgrund dieser Erfahrung in der außerordentlichen kollektiven Verdichtung, die in kollektive Bewegung übergeht. Die Gleichförmigkeit der Bewegung wird zum Katalysator eines kollektiv geteilten Erlebens. Die Intensität berührt nicht nur das eigene Bewusstsein (Selbstwahrnehmung), sondern die kopräsenten Anderen zeigen sich allem Anschein nach von derselben Intensität begeistert (Fremdwahrnehmung). Spätestens in dieser scheinbaren Synchronizität der Bewusstseine wird Kollektivität für Individuen greifbar und erfahrbar. Die Intensität ist ansteckend. Der Ort, die Dinge, die Tiere und Pflanzen werden in dieses Kollektiv mit einbegriffen. Insofern die von Durkheim beschriebene Ritualordnung selbst Ausdruck eines religiösen Gesellschaftssystems ist, umfasst das Kollektive nicht nur die Anwesenden, sondern schließt die Tradition, die Institutionen und die Vorfahren mit ein. Eine Kraft scheint das ganze Geschehen zu bevölkern und alle anwesenden und nicht anwesenden Anderen zu durchströmen und in eine Gleichförmigkeit zu drängen: Doch ist diese Kraft nichts anderes als das in tätiger Bewegung synchronisierte Kollektiv. Im religiösen Weltbild der hier beschriebenen Stammesgesellschaft, wird das Heilige erkennbar. Folgt man Durkheims Argumentation, so liegt an den Wurzeln des religiösen Empfindens ein Gefühl, das entsteht, wenn Einzelne entdecken, dass sie mit anderen in gleicher Weise an etwas Größerem Anteil nehmen. Es ist das unbestimmbare, überwältigende und das eigene Selbst transzendierende Gefühl des Gemeinschaftserlebnisses.

Kollektive Repräsentationen sind hingegen dauerhaft und zwingend. Sie bilden einen wesentlichen Teil der eigentümlichen Materialität der Gesellschaft: Es geht um kollektiv geteilte Wissensbestände und das institutionelle Gerippe einer geteilten (Alltags-)Kultur. Auch das Entstehen kollektiver Repräsentation beruht schlussendlich auf individuellen Erlebnissen und Wahrnehmungen, ohne aber auf individuelle Bewusstseine reduziert werden zu können (vgl. Durkheim 1981, S. 289). Kollektive Repräsentationen werden durch das *In-Beziehung-setzen* eines unbestimmten Gefühls mit der Welt der Dinge hervorgebracht. Es entsteht ein Netz relativ überzeitlicher Ver-

---

[69] Oder die zu bleiben, die man war: Eine interessante Erörterung eines ›Willens zur Erfahrung‹ findet sich bei Foucault (1996). Jedoch spricht Foucault von einer ganz anderen Art, vornehmlich intellektuellen, Erfahrung.

knüpfungen zwischen verschiedenen Sachverhalten. Marker dieser Verknüpfungsleistung sind Begriffe, Kategorien und Stereotype. Sie geben dem alltäglichen Leben Halt und Orientierung, weisen auf den kollektiven Ursprung zurück, aber neigen durch ihre eigenlogische Fortentwicklung dazu, ihre soziale Herkunft zu verschleiern.

3.2.4 Synopse: Die Konzeptualisierung des Nichtalltäglichen bei Durkheim

3.2.4.1 Einschränkungen und Diskussion

Durkheims Anspruch, er habe den Ursprung der religiösen Gefühle aufgezeigt, ist eine weitreichende Behauptung. Seine Argumente stützt er auf ethnographische Beschreibungen Dritter. Allein die Stringenz und Plausibilität im Argumentaufbau sorgt für die Tragfähigkeit seiner Ausführungen. Dass mit der Intensität sozialräumlich hochverdichteter Kollektivsituationen längst nicht alle Aspekte komplexer religiöser Institutionen erörtert werden können, steht außer Frage. Was Durkheim aber anbieten kann, ist eine Erörterung intensiver Kollektiverfahrungen und Empfindungen, die plausibel als religiöse Empfindung begriffen werden können. Der Clou der Argumentation liegt darin, diese Erfahrungen als Anlass zu betrachten, der *ex post* zu Versuchen der Ergründung des Ursprungs und des Charakters dieser Empfindungen führt. Es kommt zu Aushandlungsprozessen, die zu kollektiven Vorstellungen und Institutionen des religiösen Lebens gerinnen. Tritt man hinter Durkheims Anspruch zurück, den grundlegenden Moment von Religiosität gefunden zu haben zurück, bleibt ein weiterhin tragfähiges Moment seines Arguments: die Feststellung, dass nichtalltägliche, emotionale Erfahrungen Ursprung von kreativen und gesellschaftsverändernden Dynamiken sein können, indem sie Auseinandersetzungsprozesse anstoßen und Weltbilder hervorrufen oder aber transformieren können. Durkheims Argumentation verknüpft morphologische Analyse, Erkenntnistheorie und Gesellschaftstheorie. Folgt man seinen Ausführungen lassen sich rein utilitaristische Begründungen der Entstehung sozialer Ordnung *à la* Hobbes in Zweifel ziehen. Sieht man – wie Durkheim – im Aufkommen religiöser Ordnung einen wichtigen Entwicklungsschritt zur Entstehung komplexer – mit der Zeit zunehmend immer differenzierterer – Weltbilder und damit unterschiedlicher Gesellschaften, schreibt Durkheim eine Entstehungsgeschichte der erst ekstatischen und später räsonierenden Kooperation.

Ein Irrtum wäre es, Durkheims Situationen der Kollektiverfahrung zu romantisieren. Warum sollen allein friedliche Situationen ekstatische Erfahrungen von Kollektivität hervorrufen? Die Schlachtenromantik sieht seit Achilles und Patroklos, Krieger*innen Seite an Seite in den Kampf ziehen und durch die symmetrische Gefahr des Todes vereint. Literatur und Film schöpfen aus den damit verbundenen Erfahrungen regelmäßig ihr Material. Etwa wenn William Shakespeare *Heinrich V.* die *St. Crispins-Tag-Rede* (Shakespeare 1895, 4. Akt, 3. Szene, Abs. 18-67) in den Mund legt und dieser Glück und Ruhm der kommenden Schlacht beschwört:

»[…] We few, we happy few, we band of brothers;
For he to-day that sheds his blood with me
Shall be my brother; be he ne'er so vile,
This day shall gentle his condition;
And gentlemen in England now a-bed
Shall think themselves accurs'd they were not here;
And hold their manh s cheap whiles any speaks
That fought with us upon Saint Crispin's day.«

Die Möglichkeit mit Durkheim Weber reinterpretieren zu können liegt im Hinblick auf Shakespears Heinrich V. auf der Hand. Weit weniger charismatische Züge tragen hingegen die Ausführungen Ernst Jüngers.[70] Seine Darstellungen des Lebens *In Stahlgewittern* erinnern nur auf den ersten Blick an Heldengeschichten. Seine Beschreibung der Deutschen Frühjahrsoffensive 1918 trägt alle Züge einer absurden kollektiven Überschreitung.

»Der Zorn zog nun wie ein Gewitter auf. Tausende mußten schon gefallen sein. Das war zu spüren; obwohl das Feuer fortfuhr, schien es still zu werden, als verlöre es seine gebietende Kraft. [Absatz im Original – M.E.] Das Niemandsland war dicht von Angreifern erfüllt, die einzeln, in Trüppchen oder in hellen Haufen auf den feurigen Vorhang zuschritten. Sie liefen nicht, sie nahmen auch nicht Deckung, wenn zwischen ihnen die turmhohen Fahnen aufstiegen. Schwerfällig, doch unaufhaltsam gingen sie auf die feindliche Linie zu. Es schien, daß die Verwundbarkeit nun aufgehoben war.« (Jünger 2007, S. 260)

Die Gleichförmigkeit und Gleichgültigkeit im Angesicht des Todes der Mitkämpfenden, des eigenen Todes und des Tötens ist wohl eine der extremsten Formen erlebbarer Intersubjektivität. Hier gilt: *Ich töte für Dich, so wie Du für mich tötest. Ich sterbe für die Dich, so wie Du für mich sterben würdest.* Hier zeigt sich, dass Kooperation Gewalt

---

[70] Für Jünger scheinen die Schrecken des Ersten Weltkriegs ein großer Abenteuerspielplatz. Dass diese Sicht der Dinge nicht im Entferntesten von allen seinen Frontkameraden geteilt wurde, ist ebenso wichtig zu bemerken, wie die weit über den Krieg andauernde Bedeutung des gemeinsamen Kämpfens für die beteiligten Veteranen. Nicht zuletzt wird der ›große Krieg‹ von 1914-1918 zu einem bedeutsamen Mythos für den Militarismus der Nationalsozialisten.

nicht kategorisch ausschließt. Es wird aber deutlich, dass die Frage aus welcher Perspektive Gewalt gesehen wird, wichtig ist. Die größte Barbarei gegenüber dem – wie auch immer vorgestellten – Feind kann noch in der größten Ansammlung von ›Kriminellen‹ Bande schmieden, die alles an Bedeutung überstrahlen, was dem Gesetz oder der Moral ›der Anderen« als wahr und wichtig gilt.

3.2.4.2 Durkheims Annäherung an das Nichtalltägliche

Wie im Verlauf der hier vorgelegten Darstellung deutlich wurde, kann Durkheims Annäherung an die religiösen Empfindungen als eine doppelte Annäherung an das Nichtalltägliche betrachtet werden. Erstens unterscheidet Durkheim unterschiedliche morphologische Zustände: einen alltäglichen Zustand der Zerstreuung und der *Besorgung* der gewöhnlichen Lebensführung mit all ihren Herausforderungen und Notwendigkeiten. Zweitens identifiziert Durkheim morphologische Zustände der hohen Verdichtung. Während dieser Episoden morphologischer und emotionaler Dichte liegt der Fokus auf dem Sozialen, das heißt auf dem Zusammenkommen und dem Zusammensein selbst. In der allgemeinen Interaktion und gemeinsamen Bewegung liegt für Durkheim die Chance für ekstatische Erfahrungen. *Morphologische Verdichtung* und *kollektive Efferveszenz* bilden einen untrennbaren Verweisungszusammenhang. Bezugnehmend auf Durkheim lässt sich für eine allgemeine Konzeption des situativ Nichtalltäglichen Folgendes festhalten:

1. Nichtalltägliche Erfahrungen im Durkheimschen Sinne basieren auf einer *nichtalltäglichen morphologischen Verdichtung des Sozialen*. Die Dimensionen sind Räumlichkeit, Zeitlichkeit und Solidarität.
2. In der kollektiven Verdichtung werden gemeinsame Bewegung, Kommunikation und Interaktion wahrscheinlich. Die Erfahrung dieser Art von kollektiver Verbundenheit der versammelten Individuen kann bei den Einzelnen einen überwältigenden Eindruck hinterlassen: eine *nichtalltägliche Erfahrung von Kollektivität*.
3. Zuletzt sind derart gelagerte nichtalltägliche Arrangements hochproduktiv. Sie stiften Gemeinschaftserlebnisse, sie regen aber auch Rationalisierungsbemühungen an. In den dadurch in Gang kommenden Kommunikationsprozessen entstehen Erklärungsmuster. Durkheim sieht darin die Grundlage für religiöse, symbolisch gehaltvolle Weltbilder.

Die Klassiker Durkheim und Weber stellen wertvolle Bausteine für eine Konzeption des Nichtalltäglichen bereit. Beide Positionen sind aber von nicht unerheblichen Unschärfen geprägt. Durkheim bleibt zunächst in religionssoziologischen Beobachtungen einfacher Stammesreligionen und ihrer Riten verhaftet. Weber bindet Charisma eng an die Zuschreibung von außeralltäglichen Eigenschaften und Fähigkeiten an Führungspersönlichkeiten. Beide entwickeln Argumentationen darüber, wie Momente großer Intensität Ordnungen überwinden und neue Ordnungen hervorbringen. Es fehlt aber beiden Konzeptionen an analytischer Schärfe. Die tendenziell nüchternen sozialphänomenologischen Arbeiten Alfred Schütz' mögen im Hinblick auf die Reflexion sozial verdichteter und intensiver Erfahrungen nicht direkt anschlussfähig sein. Auf der anderen Seite finden sich bei ihm verschiedene Versuche, sich dem Grenzbereich alltäglicher Erfahrungen anzunähern. Folglich geht es mit Schütz im Weiteren nicht darum, nahtlos anzuschließen. Mit Schütz lassen sich in nüchterner Klarheit die intuitiv empathisch einleuchtenden Konzepte Durkheims und Webers mit analytischer Präzision ergänzen.

3.3 Annäherungen an Nichtalltäglichkeit bei Alfred Schütz – pragmatistische Sozialphänomenologie invertiert gelesen

Seine Soziologie wurde bereits als Dreh- und Angelpunkt einer Soziologie des Alltags und der Alltäglichkeit[71] vorgestellt, doch Alfred Schütz arbeitet sich an einer doppelten Fragestellung ab. Schütz' Werk ist von Nichtalltäglichkeit durchzogen; sie ist in gewissem Sinne das inverse Thema seiner Arbeitsbemühungen. Auf die Frage, *wie ein Konzept von Nichtalltäglichkeit konzeptionell anzulegen ist*, finden sich bei Schütz zumindest drei unterschiedlich ansetzende Antworten:

1. das verschachtelte Problem der Relevanz,
2. die Probleme der kleinen, mittleren und großen Transzendenzen und
3. die von James entliehene und geschärfte Idee mannigfaltiger Wirklichkeiten.

Meiner Ansicht nach handelt es sich bei diesen drei Argumentationslinien einerseits um Versuche Grenzlinien zu definieren, die Alltäglichkeit von Nicht-Alltäglichkeit scheiden, andererseits wird an diesen Grenzbestimmungen ersichtlich, was Nichtalltäglichkeit auszeichnet. Die konsequent egologische Argumentation unterscheidet seine Perspektive von Weber und vor allem Durkheim. Im Folgenden werden diese *drei Annäherungen an das Nichtalltägliche* bei Schütz herausgearbeitet und systematisiert.

---

[71] Siehe hierzu Kapitel 2.3.

3.3.1 Das Problem der Relevanz als Ausgangspunkt

Das Problem der Relevanz gilt als eines der Schützschen Hauptthemen. Prominent formuliert findet es sich im Manuskript über *Das Problem der Relevanz*. Es entstand von ersten Rohfassungen bis zum hinterlassenen Textkorpus über den langen Zeitraum von 1929 bis 1951. Die hier formulierten Einsichten, finden sich auch im Rahmen der von Luckmann vollendeten Ausführungen über die *Strukturen der Lebenswelt* (vgl. Schütz 2003b; Schütz und Luckmann 2003)[72] wieder. In disziplinierter Kleinstarbeit zerlegt Schütz das Problem in seine Einzelteile: *Was* wird *warum, wie, vor welchem Hintergrund* relevant? Sein Beispielproblem: *Befindet sich in der Ecke der eben betretenen dunklen Kammer ein Seilknäuel oder eventuell doch eine Schlange?*[73] Das Beispiel ist geschickt konstruiert. Es unterscheidet Extreme. Während die Wahrnehmung eines Seilknäuels kaum in das Bewusstsein dringt, sondern als vertraut oder irrelevant ausgeblendet wird, zeigt sich die bloße Befürchtung, eine womöglich gefährliche Schlange befinde sich in der Ecke der Kammer, von erheblicher situativer Relevanz; während vertraute Situationseindrücke keiner weiteren Bewusstseinsleistung bedürfen – *man macht dann eben, was zu machen ist* –, erzeugen Irritationen Bearbeitungsdruck. Aber wie aus einem routinisierten Handlungsablauf noch nicht Alltäglichkeit wird, wird aus dem Eintreten eines unvertrauten Eindrucks noch keine Nichtalltäglichkeit. Relevanz deutet allerdings auf wesentliche Charakteristika des *Nichtalltäglichen* hin. Die folgende Darstellung des Relevanzkonzepts bei Schütz wird entsprechend von der Frage angeleitet, *in welcher Hinsicht sich mit Schütz' Erörterung des Problems der Relevanz Nichtalltäglichkeit konzeptualisieren lässt.*

---

[72] Auch wenn *das Problem der Relevanz* in der von Thomas Luckmann vollendeten Schrift *Strukturen der Lebenswelt* erörtert wird, die Argumentation kann meines Erachtens eindeutig Schütz zugeschrieben werden. Schütz hat die Grundfigur der Problemerörterung bereits in seinem großen Relevanzmanuskript verfasst. Thomas Luckmanns Rolle für das Abfassen der *Strukturen der Lebenswelt* soll nicht in Abrede gestellt werden, dennoch beziehe ich mich in Bezug auf das Problem der Relevanz auf Schütz und nicht auf ein Autorenkollektiv Schütz und Luckmann. Zu der Einsicht, das Problem der Relevanz sei für Schütz von zentraler Bedeutung gewesen, gelangen auch die Editoren des ›großen Relevanzmanuskripts‹ im Rahmen der ASW. Das ›große Relevanzmanuskript‹ wie auch das Buchmanuskript zu den Strukturen der Lebenswelt fanden erst posthum eine Leserschaft. Der Aufsatz über das Problem der Relevanz wurde von 1970 von Richard Zaner in für die englische Originalfassung bearbeitet und 1971 in deutscher Übersetzung veröffentlicht, welche Alexander von Baeyer besorgte. Im Rahmen der ASW ist der Aufsatz 2004 erneut überarbeitet in deutscher Sprache erschienen (vgl. Schütz 2004, S. 57).

[73] Schütz bezieht sich dabei auf ein Argument von Sextus Empiricus, welches dieser mit Bezug auf den griechischen Philosophen Carneades von Kyrene formuliert hat.

3.3.1.1 Die pragmatische Fragestellung nach dem Problem der Relevanz

Das Problem der Relevanz zeigt sich als vorrangig *pragma(tis)tische Fragestellung*. Jede gegebene Situation ist durch eine nahezu unendliche Anzahl von Umständen, Eigenschaften, Gegenständen etc. erfüllt. Eine adäquate Situationsdeutung ist nicht davon abhängig, möglichst alle diese Aspekte zu berücksichtigen, sondern an der Schnittstelle zwischen situativen Gegebenheiten und der jeweiligen Perspektive der Handelnden zu entscheiden. Weder Informationen über das molekulare Gewicht des vorhandenen Stickstoff-Sauerstoff-Gemischs, noch die Pigmentierung der Keramik des Fußbodens[74] ist für Handelnde relevant. Um in Schütz' Beispiel zu bleiben: Akut relevant ist alles, was darüber Auskunft gibt, ob es sich bei dem Gegenstand in der Ecke um eine ignorierbare Ansammlung von Hanf oder um eine mitunter lebensbedrohliche Schlange handelt. Mit anderen Worten: *Relevant ist, was zu Einschätzungen verhilft, um adäquat mit den wesentlichen ›Eigenschaften‹ einer Situation umzugehen*; sei es nun mit akuten Bedrohungen oder mit weit weniger spektakulären, schlicht situationsspezifischen Herausforderungen. Diese sind laut Schütz insbesondere auf ein Abweichen von den Erwartungen der Akteur*innen zurückzuführen. Für Schütz sind diese Erwartbarkeiten zweifach begründet: Einerseits aus dem biographischen ›Geworden-Sein‹ von Akteur*innen und andererseits aus ihren Plänen und Planhierarchien,[75] die ihr Handeln anleiten. Die Frage, *was relevant ist*, entscheidet sich je in einer konkreten Situation, ist aber zwischen unterschiedlichen Akteur*innen nicht zwingend deckungsgleich.[76]

---

[74] So literarisch interessant die berühmte Eröffnungssequenz des *Mann ohne Eigenschaften* von Robert Musil – »*Über dem Atlantik befand sich ein barometrisches Minimum; es wanderte ostwärts, einem über Rußland lagernden Maximum zu, und verriet noch nicht die Neigung, diesem nördlich auszuweichen. Die Isothermen und Isotheren taten ihre Schuldigkeit. […]*« *(Musil 2007, S. 9; kursiv – M.E.)* – auch sein mag, aus pragmatischer Warte betrachtet, versammelt Musil schlicht vollkommen irrelevante Beobachtungsdaten.

[75] Nach Schütz rühren Planorientierungen notwendig von der prinzipiellen Verletzlichkeit und Endlichkeit menschlicher Wesen her. Zu beachten ist auch die Dialogizität sozialer Interaktion im Hinblick auf Handlungsentwürfe. Schütz entwirft ein solches Argument in einem kurzen Abschnitt, der die soziale Auferlegtheit von Relevanz zum Thema hat (vgl. Schütz und Luckmann 2003). Ein Argument das Hans Joas im Kontext seiner Konzeption der *Kreativität des Handelns* ohne Verweis auf Schütz stark macht. Joas hat die prinzipielle Unterbestimmtheit von Handlungszielen und -verläufen mit Bezug auf Einsichten der *pragmatistischen Philosophie* herausgearbeitet. Entscheidend für die Herausbildung und Transformation von Handlungszielen und -verläufen sind die Interaktionsverläufe selbst (vgl. Joas 1996).

[76] Auch wenn wir das – so Schütz – regelmäßig unterstellen; die Vorstellung es gäbe eine Kongruenz der Perspektiven ist eine *Idealisierung*. Weder geraten wir mit identischer biographischer Vorprägung in eine Situation, noch müssen die individuellen Interessen oder Pläne deckungsgleich

Relevant ist all das, was für die Bearbeitung eines situativ vorliegenden Handlungsproblems bedeutsam ist – dies ist der *pragmatische Kern der Relevanzfrage.*[77] Damit ist aber noch nicht erläutert, in welcher Form etwas relevant wird. Schütz (2003b, S. Kapitel III B.; 2004) analysiert dieses *Wie* genauer und spricht von *Thematischer Relevanz, Interpretationsrelevanz* und *Motivationsrelevanz.* Die Analyse der Relevanzfrage wird im nächsten Schritt ausgebreitet.

Thematische Relevanz

Thematische Relevanz ist Schütz' begriffliches Werkzeug um zu fassen, *was* augenblicklich wichtig ist; welche bedeutsamen Ausschnitte einer situativen Wirklichkeit sich vor einem undifferenzierten Hintergrund abheben (vgl. Schütz und Luckmann 2003, S. 258 ff.).[78] Schütz untergliedert seine Darstellung in drei Modi der thematischen Relevanz: *Erstens* kann Aufmerksamkeit erzwungen werden. *Zweitens* wenden sich Akteure einem thematischen Ausschnitt routinemäßig oder nicht zuletzt auch willentlich motiviert zu. Und *drittens* treten Themen hervor, die zumindest hypothetisch relevant sein könnten, d.h. sie sind nicht akut handlungsrelevant, könnten es aber werden.

Interpretationsrelevanz

Zudem stellt sich die Frage, wie mit dem, was gerade wichtig ist, umzugehen ist. Die Rede von einer Interpretationsrelevanz trägt dem Rechnung und verweist auf die Notwendigkeit Wissensbestände situationsadäquat zuhanden zu machen. Kurz, bei der Frage nach der Interpretationsrelevanz geht es Schütz nicht mehr allein darum

---

sein. Zumeist sind wir aber dazu in der Lage, uns die Intentionen Anderer hinreichend transparent zu machen. Hinreichend heißt aber weder vollständig, noch, dass unsere per Auslegung gewonnenen Ansichten im strengen Sinne *richtig* sind. Hinreichend heißt lediglich, dass wir irgendwie zu einem befriedigenden Ergebnis gelangen.

[77] Die Frage ist nicht allein pragmatisch. Sie ist auch fundamentalphänomenologisch erörterbar. Hier finden sich enge Parallelen zwischen Martin Heideggers Konzept des In-der-Welt-seins und Schütz' Verhandlungen der Begriffe Lebenswelt, Relevanz und Sinn.

[78] Hubert Dreyfus und Stuart Dreyfus (1986; sowie Dreyfus 1992) haben in ihrer Kritik der Forschung zur künstlichen Intelligenz am MIT in den siebziger und achtziger Jahren betont, dass nicht vollständige Information, sondern zu wissen, was von Bedeutung ist, menschliches Handeln ausmacht. Künstliche Intelligenz lässt sich nicht herstellen, indem man eine umfassende Sammlung von Informationen zusammenträgt. Der menschliche Faktor in der Intelligenz liegt darin, dass die Welt in der wir uns bewegen *uns etwas bedeutet.* Und für dieses Bedeutende nutzt Schütz den Begriff der Relevanz. Dreyfus nutzt diesen Begriff ebenfalls, aber nicht mit Bezug auf Alfred Schütz, sondern unter Bezugnahme auf Martin Heidegger (2006).

was wichtig wird, sondern wie diese relevant werdenden Aspekte vor dem Hintergrund eines bestehenden Wissensvorrats wahrgenommen und verarbeitet werden.[79] Es stellt sich die Frage, ob sich Entsprechungen zwischen Aspekten einer Situation und typisch sedimentierten Wissenselementen des Wissensvorrats (vgl. Schütz und Luckmann 2003, S. 274f.) finden lassen. Interpretationsrelevanz ist für Schütz janusköpfig. Ein Gesicht weist auf die thematisch relevant werdenden Aspekte, das andere auf biographisch angeeignetes Wissen.

> »Interpretationsrelevanz hat also einen merkwürdigen Doppelcharakter. Einerseits sind es bestimmte Aspekte des wahrgenommenen Gegenstandes, allgemeiner, bestimmte thematische Abgehobenheiten, die sich zur Interpretation ›anbieten‹ und interpretativ relevant sind. Andererseits sind es bestimmte Elemente des Wissensvorrats, und zwar jeweils gerade diese und nicht andere, die sich in der Erfassung des aktuellen Themas anbieten und interpretativ relevant sind.« (Schütz und Luckmann 2003, S. 274f.)

Können Akteur*innen auftauchende Themen in problemlose Deckung mit ihrem biographisch erworbenen Wissen bringen, setzt eine routinemäßige Bearbeitung ein. »Bei routinemäßiger Deckung ist ›Interpretation‹ automatisch.« (Schütz und Luckmann 2003, S. 272) Das heißt nicht, dass es kein relevantes Thema dieser Situation gibt. Es heißt nur, dass solchen Themen durch gewohnheitsmäßiges Handeln begegnet werden kann. Sie bleiben alltäglich. Ein Thema wird dann zum Problem, wenn zum Beispiel zwischen Thema und Wissensvorrat keine oder nur unzureichende Deckung hergestellt werden kann. Es besteht dann »ein Motiv zur mehr oder minder expliziten, schrittweisen, ›urteilenden‹ Auslegung« (ebd., S. 273). Für Schütz kann man von der Entstehung eines Problems sprechen

> »[…] wenn eine aktuelle Erfahrung nicht schlicht in einen im Wissensvorrat vorhanden Typus – und zwar auf der situationsrelevanten Ebene der Typ-Bestimmtheit – ›hineinpaßt‹. Das heißt, daß ein Problem entstehen kann, wenn zwischen Thema und Wissenselement keine routinemäßige Deckung zustande kommt. Ein Problem kann aber auch entstehen, wenn zwar die Erfahrung in einen im Wissensvorrat vorhandenen Typus ›hineinpaßt‹, aber die Bestimmtheit des Typus zur Bewältigung der Situation nicht ausreicht, das heißt, wenn sich herausstellt, daß die im Typus sedimentierten Auslegungsprozesse ›zu früh‹ unterbrochen wurden. Schließlich kann auch zum Problem werden, wenn aufgrund einer aktuellen Erfahrung die Unverträglichkeit (›Widerspruch‹) zwischen zwei im Wissensvorrat bisher fraglos mitbestehenden Wissenselementen ins Bewußtsein tritt, wenn also ein aktuelles Thema mit zwei sich als relevant anbietenden Wissenselementen zur Deckung zu bringen ist, diese Elemente aber wechselseitig unverträglich sind.« (Schütz und Luckmann 2003, S. 277f.)

---

[79] Sofern mit Schütz festgehalten werden kann, dass »[…] jede Interpretation […] thematische Relevanzstrukturen voraus« (Schütz und Luckmann 2003: 286) setzt, ruhen Relevanzsetzungen nicht minder auf biographisch erworbenen und sozial vermittelten Wissensbeständen.

Tauchen Probleme auf, gilt es Unsicherheit möglichst in Sicherheit zu überführen. Dabei gilt die pragmatische Faustformel: *Es reicht, wenn es reicht.*[80] Sobald Unvertrautes in hinreichende Vertrautheit überführt werden kann, wird der Interpretationsprozess abgebrochen.[81] Mit anderen Worten: Handlungsverläufe werden durch Irritation unterbrochen, um hilfreiche Deutungen anzustrengen. Sobald eine hinreichend befriedigende Einschätzung des Geschehens erreicht ist, kann der Modus der Reflexion wieder aufgegeben und zum Handeln ›zurückgekehrt‹ werden.[82]

Entsprechend hängt Handlungsfähigkeit in einer Situation wesentlich vom jeweiligen biographischen Wissensvorrat ab. Je umfassender Wissen und Fähigkeiten gewusst beziehungsweise gekonnt werden, desto eher sind Individuen in der Lage, Lösungen für Probleme herbeizuführen. Gleichzeitig ist von diesem Wissen abhängig, ob etwas explizit interpretationsrelevant wird. Die Interpretation erfolgt auf Basis dieses typisierenden Wissens. Ereignisse sind bis zu einem gewissen Grad mit einem oder mehreren Typen verträglich.[83] Das Prinzip der Verträglichkeit meint insofern auch nicht Übereinstimmung. Ein Ereignis kann als verträglich mit Wissen gelten, wenn ein Akteur zu der Einschätzung kommt, dass es die gegebenen Übereinstimmungen erlauben, die unweigerlich auftretenden Differenzen zu ignorieren. Offensichtlich greifen Interpretationsrelevanz und thematische Relevanz ineinander. Drängt sich Unvertrautes thematisch auf, dann deswegen, weil es interpretationsrelevant wird; und weil etwas thematisch relevant ist, ist es zu interpretieren. Hier zeigt sich, dass es keinen Sinn macht von einer Rangfolge der Relevanzen – im Sinne erst zeigt sich ein Thema, dann muss interpretiert werden – zu sprechen. Mit der letzten Form der Relevanz wird auch zu zeigen sein, dass thematische, Interpretations- und Motivationsrelevanz lediglich unterschiedliche Perspektiven auf ein zusammenhängendes Phänomen der Relevanz sind.

---

[80] Schütz wörtlich: »Das ›Ausmaß‹ der Deckung muß zur Bewältigung der aktuellen Situation hinreichen […]« (Schütz und Luckmann 2003, S. 276).

[81] »Das ›Ausmaß‹ der Deckung muß zur Bewältigung der aktuellen Situation hinreichen, ein Umstand, an dem sich die Verflochtenheit von Interpretationsrelevanz und Motivationsrelevanz deutlich zeigt.« (Schütz und Luckmann 2003, S. 276)

[82] Schütz unterscheidet, wie bereits vorher erwähnt, prinzipiell Handeln und Handlung. Handeln ereignet sich im praktischen Vollzug. Handlung bedarf einer reflexiven Zuwendung.

[83] Der Aspekt der Verträglichkeit ist für Schütz zentral: »Allgemein ist die Struktur der Interpretationsrelevanz durch das Prinzip der Verträglichkeit bestimmt: Verträglichkeit zwischen dem aktuellen Thema beziehungsweise seinen sich als ›typisch‹ anbietenden Bestimmungen und den Interpretationsschemata des Wissensvorrats. Verträglichkeit aber auch zwischen den Interpretationsschemata in ihrem Verhältnis zueinander; häufig ist ja mehr als ein Schema interpretativ relevant.« (Schütz und Luckmann 2003, S. 284)

Motivationsrelevanz

Nach dem *Was* und dem *Wie*, geht es Schütz mit dem Aspekt der *Motivationsrelevanz* um ein *Warum*. Es stellt sich die Frage, wie sich Motive von Akteur*innen systematisieren lassen, durch die diese sich dazu veranlasst sehen, sich einem Thema zuzuwenden oder gar zum Handeln zu schreiten. Schütz unterscheidet grundsätzlich zwei Arten von Motiven: die »Motivation im Um-zu-Zusammenhang« (Schütz und Luckmann 2003, S. 286 ff.) und die »Motivation im Weil-Zusammenhang« (ebd., S. 295 ff.). Während *Um-zu-Motive* auf Basis von Handlungsentwürfen beziehungsweise Plänen wirksam werden, lassen sich *Weil-Motive* auf biographische Prägung zurückführen.[84] Beide Motiv-Formen sind ineinander verschränkt. Die Unterscheidung ist aber dennoch analytisch wesentlich.

Die Motivation sich situativen Gegebenheiten zuzuwenden, ist nicht selbstverständlich. Grundsätzlich bestehen Optionen auftretenden Relevanzen auszuweichen (vgl. Schütz und Luckmann 2003, S. 289f.). Erst wenn eine gewisse situative Verbindlichkeit besteht, entsteht eine ausreichende Motivation, situativen Herausforderungen zu begegnen. Für den Mann in Schütz' Beispiel mit der Schlange zeigt sich eine solche Verbindlichkeit: eine Einschätzung der Gegebenheiten ist »*motivationsmäßig* wichtig« und »letztlich für seine Lebensführung relevant« (ebd., S. 288) Er muss seine bisherigen Pläne aussetzen und sich dem aufzwängenden unklaren Eindruck aussetzen, bis er sich dazu in der Lage sieht, seine Pläne weiter zu verfolgen. Nach Schütz setzt »[…] Motivationsrelevanz […] das Verhalten in der aktuellen Situation in Sinnbezug zu Lebensplänen und Tagesplänen, und zwar sowohl bei routinemäßigen Vorentscheidungen als auch bei ›außerordentlichen‹ Entscheidungen« (ebd.). *Um zu* überprüfen, ob es sich um eine Schlange handelt, unternimmt der Mann im Folgenden Versuche, die bisher rein hypothetische Relevanz aufzuklären. Gelingt es ihm die hypothetische Schlange als Seilknäuel zu enttarnen, kann er sie als Seilknäul in die Irrelevanz zurückgleiten lassen. Fängt das Seilknäuel an sich zu bewegen und über den Boden zu schlängeln, wird aus einer hypothetischen Relevanz eine konkrete Gefahr. Aber auch solange eine solche Entscheidung über die ›Realität‹ nicht getroffen werden kann, gilt: die Gefahr, die von einer Fehleinschätzung ausgeht, ist zu groß, als dass der Mann eine Aufklärung der Situation ausblenden oder verdrängen könnte.

---

[84] »Wir wollen hier das Ergebnis dieser Untersuchung vorwegnehmen und feststellen, daß es in der Tat gerechtfertigt ist, von einer eigenen Struktur von Motivationsrelevanzen zu sprechen, und daß innerhalb dieser Struktur wiederum zwei Formeln zu finden sind, eine ›freie‹ und eine ›gebundene‹. Die erste ist die vom Handlungsentwurf in die Zukunft bestimmte Motivationskette, die zweite die biographische, durch sedimentierte Motive bestimmte ›Einstellung‹.« (Schütz und Luckmann 2003, S. 287)

Die Unterscheidung von *Um-zu* und *Weil-Motiven* verhält sich analog zur Unterscheidung von Handlungsentwürfen (man macht etwas *um* etwas *zu* erreichen) und biographischer Kontingenz (*weil* man sich aufbauend auf biographisch erworbene Erfahrungen verhält). Über *Um-zu-Motive* lässt sich das Handeln vom vorweggenommenen Ergebnis der Handlung verstehen. »So können wir also sagen, daß das Handlungsziel (in unserem Beispiel der Erwerb zusätzlichen interpretativen Materials die Handlung in ihren Ablaufphasen motiviert.« (Schütz und Luckmann 2003, S. 291) Schütz spricht hier auch vom Phantasieren im *»modo futuri exacti«* (siehe auch Schütz 2003c; Schütz und Luckmann 2003, S. 292).[85] Nimmt man nun eine Veränderung der Zeitperspektive vor, rücken individuell erworbene Einstellungen, die Deutungen und auch Handeln möglich gemacht haben, in den Vordergrund. *Weil-Motive* sind Erläuterungen über biographische erworbene Dispositionen. Der Aspekt der Zukunft wird bei der Betrachtung von *Weil-Motiven* durch den Aspekt der Vergangenheit eingetauscht.

»Wenn wir jedoch die gleiche Situation, das gleiche Verhalten des Mannes unter dem Aspekt der Vergangenheit betrachten, erscheint die Situation nicht mehr als ›offen‹, das Verhalten nicht mehr als Entwurf in die Zukunft.« (Schütz und Luckmann 2003, S. 295)

3.3.1.2 Die Relevanzbegrifflichkeiten und eine Konzeption des Nichtalltäglichen

Thematische Relevanz, Interpretationsrelevanz und Motivationsrelevanz lassen sich nicht voneinander trennen. Schütz beschreibt nicht unterschiedliche Phänomene, sondern unterschiedliche Perspektiven auf ein und dasselbe Phänomen oder dieselbe Frage: Wie ist es möglich, dass Individuen situationsangemessen agieren. Alle drei Ebenen sind ineinander verschränkt; eine Priorisierung einer dieser Analyseperspektiven bewertet Schütz als »sinnlos«: »Nur im reflektiven Zugriff kann die eine oder die andere Relevanz ›zuerst‹ hervortreten, in welchem Fall sie als die ›grundlegende‹ Relevanz aufgefaßt werden kann, während die beiden anderen Relevanzstrukturen als durch sie bedingt erscheinen.« (Schütz und Luckmann 2003, S. 312)

Alle drei Perspektiven öffnen Möglichkeiten, das Nichtalltägliche zu theoretisieren. Aus dem ersten Blickwinkel ist Nichtalltäglichkeit mit thematischer Relevanz verbunden. Situative Herausforderungen, die sich vor dem Hintergrund des alltägli-

---

[85] »Das Handlungsziel steht vor dem tatsächlichen Handeln. Die Handlung erfolgt, um das Ziel zu erreichen. Dieses Ziel ist ein Handlungsresultat, ein zukünftiger Sachverhalt, der aktuell vorweggenommen wird, das heißt, modo futuri exacti phantasiert wird.« (Schütz und Luckmann 2003, S. 292)

chen Lebensvollzugs abheben. Damit verbunden sind Verunsicherung und Handlungsdruck. Zur Bewältigung situativer Herausforderungen stehen biographisch erworbene Wissensbestände zur Verfügung. Wenn diese Wissensbestände für eine umfassende Situationsdeutung und Handlungsorientierung ausreichen würden, wäre die Rede von Nichtalltäglichkeit hinfällig. Nichtalltäglich sind hingegen thematisch relevante Gegebenheiten, die sich auf Basis verfügbarer Wissensbestände nicht oder zumindest nicht vollständig klären lassen; eine Situation akuter, zumindest aber latenter Verunsicherung, die zu Entscheidungen, Handlungen und Interaktionen unter fortbestehender Unsicherheit nötigt, verdient es, als nichtalltäglich bezeichnet zu werden. Zuletzt ist Nichtalltäglichkeit immer auch mit Motivationsrelevanz verbunden. Erst wenn ein hinreichendes Maß an situativer Verbindlichkeit besteht, sich mit diesen thematisch relevant werdenden, nicht vollständig auflösbaren Herausforderungen zu konfrontieren, ist etwas Nichtalltägliches handlungsrelevant.

Die pragmatistische Figur der Relevanz zeigt vor allem, dass Problematisches absolut alltäglich ist. In unseren Handlungsvollzügen schreiten wir von einer Relevanz zur nächsten und bewältigen diese soweit es uns notwendig erscheint, um in unserem Lebensvollzug weiter fortschreiten zu können. Jeder Tag ist von einer Vielzahl kleiner und großer Herausforderungen durchzogen, denen wir uns stellen, die wir streifen, denen wir uns entziehen und dadurch bewältigen. Von jeder »ungewöhnlichen Erfahrung« als etwas Nichtalltägliches zu sprechen, wäre unsinnig; eingebettet in »vertraute Erfahrungen« »[ändert sich] [a]n ihrer Selbstverständlichkeit [...] kaum etwas« (Schütz und Luckmann 2003, S. 614 f.). *Wenn der Alltag sich durch eine vertraute Alltäglichkeit auszeichnet, die von einer Vielzahl von nichtalltäglichen Erfahrungen durchzogen ist, dann ist die Gegenfigur zu dieser Alltäglichkeit nicht das Nichtalltägliche im Alltag; der Nichtalltag zeichnet sich durch unvertraute Nichtalltäglichkeit aus, die von Unproblematischem durchzogen ist.* Nichtalltäglichkeit ist insofern weit mehr als ein auftauchendes Handlungsproblem im Strom eines unproblematischen Lebensvollzugs. Nicht zuletzt zeigt Schütz' Erörterung des Relevanzproblems, dass Relevanzen situativ auferlegt werden können oder aber auf freiwilliger Zuwendung basieren. Auch diese letzte Vorstellung lässt sich auf das Phänomen der Nichtalltäglichkeit übertragen.

Im Folgenden gehe ich auf zwei weitere Versuche Schütz' ein, sich diesem Themenkomplex zu nähern: einerseits Schütz Entwurf einer Theorie mannigfaltiger Wirklichkeiten, andererseits die von Schütz und Luckmann formulierten Überlegungen zur Transzendenz. Zwischen beiden Annäherungen ergeben sich deutliche Überschneidungen, so dass eine Erörterung der Figuren von Transzendenz nahtlos in eine Erörterung des Theorems mannigfaltiger Wirklichkeiten hinübergleitet.

3.3.2 Transzendenzen und Nichtalltäglichkeit

Eine phänomenologisch-pragmatistische Reflexion von Transzendenzen[86] wurde im Rahmen der von Schütz begonnenen und von Luckmann abgefassten *Strukturen der Lebenswelt* entwickelt.[87] Der Kern der entworfenen Idee ist schnell skizziert: Situationen sind zeitlich, räumlich und auch sozial begrenzt (Schütz und Luckmann 2003, S. 149f.), aber sowohl die Erfahrbarkeit als auch die Bewältigung von Situationen weisen regelmäßig über das hinaus, was in den Grenzen des Gegebenen zugegen ist.[88] Die Grenzen der Erfahrbarkeit sind jeder menschlichen Existenz auferlegt. Transzendenz meint, dass diese Grenzen unmittelbarer Erfahrbarkeit willkürlich oder unwillkürlich überschritten werden beziehungsweise werden müssen. Gleichzeitig können diese Grenzen auf keine Weise tatsächlich überschritten werden. Transzendenzerfahrungen beruhen auf mehr oder weniger praktikablen Wegen eines Tuns-als-ob.[89] In alltäglichen Situationen erweisen sich diese Praktiken als hinreichend, um erfolgreich handeln zu können. Transzendenz ist – wie das handlungsrelevant Problematische – ein zutiefst alltägliches Phänomen; diese Feststellung trifft aber nicht auf alle von Schütz und Luckmann erörterten Formen der Transzendenz zu.

Schütz und Luckmann unterscheiden mit den Formulierungen »kleinere«, »mittlere« und »große Transzendenzen« unterschiedliche qualitative Grade.[90] Im Folgen-

---

[86] Schütz und Luckmann verfolgen mit ihren Transzendenz-Konzepten keine religiösen Implikationen. »Sofern mit ›Transzendenz‹ etwas Außerweltliches gemeint ist, das der menschlichen Erfahrung als solcher grundsätzlich nicht zugänglich ist, hätte eine Erfahrung solcher ›Transzendenz‹ wohl kaum etwas mit dem Wissen um die ›Transzendenz‹ der Welt zu tun.« (Schütz und Luckmann 2003, S. 593) Transzendenz steht auch in keiner Verbindung zur erkenntnistheoretischen Figur eines *transzendentalen Subjekts*, wie diese prominent von Immanuel Kant und anderen formuliert wurde. Transzendenz ist zunächst eine Kategorie, die Dinge und Aspekte gruppiert, die jenseits der Gegebenheiten einer konkreten Situation liegen, aber in den Grenzen konkreter Situationen relevant werden und somit »irgendwie auch zum ›Inhalt‹ von Erfahrungen gehören« (Schütz und Luckmann 2003, S. 594).

[87] Da sich zum Schlagwort Transzendenz keine originäre Arbeit von Alfred Schütz findet, sind sehr wahrscheinlich Teile der hier vornehmlich berücksichtigten sechsten Kapitels der *Strukturen der Lebenswelt* Thomas Luckmann zu zurechnen.

[88] Für eine Kern-Definition des Transzendenten ist diese Feststellung weitreichend, bedeutet sie doch, dass »[k]eine Erfahrung in sich selbst beschlossen [ist]. Ein gegenwärtiger Erfahrungskern zeigt immer auch auf Nicht-Gegenwärtiges« (Schütz und Luckmann 2003, S. 595). Und gegenüber diesem »gegenwärtigen Erfahrungskern ist das gegenwärtig Nicht-Erfahrene, auf das der Erfahrungskern verweist, transzendent« (Schütz und Luckmann 2003, S. 596).

[89] So lassen sich die von Schütz diskutierten Idealisierungen als Techniken eines Als-ob begreifen.

[90] Die erörterten kleinen, mittleren und großen Transzendenz lassen sich verkürzt wie folgt auf den Begriff bringen: erstens Rück- und Vorgriffe durch Erinnerung, zweitens Fremdverstehen

den werden die unterschiedlichen Formen der Transzendenz erläutert und anschließend wird der Frage nachgegangen, inwiefern diese Konzepte von Transzendenz ihrerseits für eine Konzeptualisierung von Nichtalltäglichkeit geeignet sind.

3.3.2.1 Theoretisieren von Transzendenz

Kleine Transzendenzen
Keine Situation ist ausschließlich gegenwärtig, Vergangenes wie Zukünftiges spielen in der Gegenwart immer eine Rolle und doch sind beide Aspekte dem unmittelbar Gegebenen transzendent. Diese *Kleinen Transzendenzen* begegnen Akteur*innen typischerweise durch Rückgriffe oder Vorgriffe auf Grundlage von vergangenen Erfahrungen, also auf Basis (zumeist typisierter) Erinnerungen.

»Das in der gegenwärtigen Erfahrung angezeigte Nicht-Erfahrene ist im Fall der ›kleinen‹ Transzendenzen entweder dasselbe, das schon einmal erfahren worden war, oder es gehört dem gleichen Typ von Gegenständen und Ereignissen wie früher Erfahrenes an, oder es stammt wenigstens aus dem gleichen Wirklichkeitsbereich, nämlich dem alltäglichen.« (Schütz und Luckmann 2003, S. 599)

Die Vergangenheit biographischer Erfahrungen bildet die notwendige Grundlage, um solchen Transzendenzen zu begegnen. Durch Erinnerung wird Vergangenes in der jetzigen Situation vergegenwärtigt.[91] Der Rückgriff auf die Vergangenheit erlaubt aber auch den Zugriff auf womöglich Zukünftiges, denn: »[e]ine gegenwärtige Erfahrung verweist auf eine frühere zurück – und da es sich um einen Handlungsplan dreht, auf eine zukünftige vor.« (ebd., S. 602) Die Vergegenwärtigung von Vergangenem und Zukünftigem wird für die Autoren über die beiden Idealisierungen »Und-so-weiter« und »ich-kann-immer-wieder« verwirklicht.[92] Kontinuitätsunterstellungen

---

durch Empathie und drittens die Konfrontation mit dem absolut Nicht-Erfahrbaren. Mit den Worten von Schütz und Luckmann: »Je nachdem, ob das in der gegenwärtigen Erfahrung angezeigte Nicht-Erfahrene grundsätzlich genau so erfahrbar ist wie das gegenwärtig Erfahrene oder – obwohl selbst gegenwärtig – nur durch solche Anzeigen erfahrbar oder (in der gleichen Wirklichkeit) überhaupt nicht in persona erfahrbar ist, wollen wir von den ›kleinen‹, den ›mittleren‹ und den ›großen‹ Transzendenzen sprechen.« (Schütz und Luckmann 2003, S. 596f.)

[91] Es handelt sich dabei nicht um ein einfaches Aktualisieren von Vergangenem. Erinnern ist immer ein Erinnern im Kontext aktueller Handlungserfordernisse. Vergegenwärtigung ist damit immer auch Adaption im Angesicht gegebener aktueller Relevanzen. Diese entscheiden mitunter darüber, was erinnert und was eben vergessen wird (vgl. Dimbath und Heinlein 2015, S. 82).

[92] Sie hierzu die Ausführungen über *Kontinuitäts- und Stabilitätsunterstellungen* bei Schütz (Kapitel 2.3.2).

sind insofern Als-ob-Techniken, um mit den kleinen Transzendenzen der Zeitlichkeit umzugehen.[93] Diese Bewältigung der *kleinen Transzendenzen* der Zeitlichkeit ist ein Grundmuster des Alltäglichen. Indem alle handeln als gäbe es diese Kontinuität, tritt sie ein; auf diese Weise konstituiert sich die selbstverständliche Verkettung der Ereignisse, die das Alltägliche auszeichnet. Die Erfahrung kleiner Transzendenzen ist daher unproblematisch.

Mittlere Transzendenzen
Mitmenschen und Zeitgenossen[94] stellen für Schütz und Luckmann (2003, S. 603) *mittlere Transzendenzen* dar. Grundsätzlich stellen sie fest: »Ich stoße in meiner Erfahrung von Anderen an eine Grenze meiner eigenen Erfahrung und komme zugleich an die Grenze meiner Erfahrung von Anderen.« Dies sei so, denn »[d]er Andere transzendiert mich immer als der Andere, dessen Innen mir nicht unmittelbar zugänglich ist« (ebd., S. 610). Die *kleinen Transzendenzen* der Zeitlichkeit können aufgrund vergangener Erfahrungen bewältigt werden.

Die Anderen sind äußerlich erfahrbar, ihr Innen hingegen empathisch erschließbar. Die Empfindungen des Anderen habe ich nie selbst empfunden, wie ich dessen Wahrnehmungen nie wahrgenommen habe. Was hingegen wahrgenommen werden kann, sind Andere, die sich selbst im Prozess der Wahrnehmung befinden:[95] Sie sind mehr oder weniger meinesgleichen. Schütz und Luckmann stellen dar, dass dieses Mir-gleich-sein einen besonderen empathischen Wahrnehmungszugang zu anderen Menschen eröffnet, der so begrenzt wie besonders ist:

---

[93] Schütz und Luckmann argumentieren phänomenologisch eine Grundeinsicht pragmatistischer Soziologie aus. Ich verhalte mich gegenwärtig so, als ob die Gegenwart und die Zukunft eine Verlängerung vergangener Erfahrungen sind. Indem den Geschehnissen Kontinuität unterstellt wird, konstituiert sich im Effekt diese Kontinuität als selbsterfüllende Prophezeiung (Merton 2010); in den Handlungsfolgen der Akteur*innen wird aus zunächst unterstellter Kontinuität tatsächliche Kontinuität (Thomas, W. und Thomas, D. 1928, S. 572).

[94] Mit Mitmenschen, Nebenmenschen und Zeitgenossen differenzieren die Autoren die Kategorie der relevanten Anderen aus. Zur Erinnerung: Mitmenschen sind die handlungsrelevanten anderen in einer gegebenen Situation. Nebenmenschen sind zugegen, noch nicht handlungsrelevant, können dies aber noch werden. Zeitgenossen sind situativ nicht zugegen, sondern außerhalb der Situation existent und damit indirekt von Relevanz.

[95] Dass dies durchaus nicht wenig ist, machen die Autoren deutlich: »Hingegen kann er im Unterschied zu den ›großen‹ Transzendenzen über die Grenze nicht nur hinüberblicken, sondern auch die dahinterliegende Landschaft in deutlichen Umrissen erkennen.« (Schütz und Luckmann 2003, S. 603) Hier ist die »Generalthesis der Wechselseitigkeit der Perspektiven« – salopp: ich bin wie du, nur nicht dort wo du bist – wirksam.

»Wenn ich einen Stein in meiner Reichweite sehe, sehe ich ihn eben, und damit hat sich die Sache. Wenn ich einen Anderen in meiner Reichweite sehe, muß ich feststellen, daß umgekehrt auch ich in seiner Reichweite bin: er sieht mich. Aber es ist klar, daß ich nur sehen kann, *daß* er mich sieht, nicht *wie* er mich sieht. Ich kann allerdings auch versuchen ausfindig zu machen, wie er mich sieht, indem ich es an verschiedenen Hinweisen ablese. Wenn ich dabei erfolgreich bin, werde ich nicht nur erfahren, daß er mich sieht, sondern mit größerer oder geringerer Zuverlässigkeit auch wissen, wie er mich sieht; unmittelbar erfahren kann ich das natürlich nie, sonst wäre ja ich der Andere.« (Schütz und Luckmann 2003, S. 604)

Mitmenschen, die sich unmittelbar begegnen, können die ontologische Kluft zwischen ihren Perspektiven durch die Unterstellung *wechselseitiger Perspektiven* überbrücken. Sie gehen einfach von einer *Vertauschbarkeit ihrer Standpunkte* und einer *Kongruenz ihrer Relevanzsysteme* aus.[96] Es handelt sich um eine Form der empathischen Interpretation. Das Ich schließt von sich selbst auf die/den je Andere/n. Die körperliche Präsenz der Anderen lässt diese Empathie möglich werden. Wie die Autoren bemerken ist bereits die eigene Körperlichkeit keineswegs vollkommen kontrollierbar (vgl. Schütz und Luckmann 2003, S. 607). Dasselbe gilt für die Körperlichkeit der Anderen. Aufgrund der körperlichen Präsenz Anderer auf ihr Innen zu schließen ist insofern immer riskant. Dennoch gilt: Für die Bewältigung der meisten Situationen funktioniert diese Art von Deutung hinreichend. Der Zweifel bleibt die Ausnahme, so Schütz und Luckmann (vgl. ebd.).

Mit einer weiteren Abstraktionsleistung kann die Erfahrbarkeit kopräsenter Mitmenschen auf das Verständnis abwesender Zeitgenossen übertragen werden. Als Abwesende können sie dennoch relevant werden. Das trifft sowohl auf Zeitgenossen zu, mit denen ich biographisch eng verbunden bin[97] als auch auf Zeitgenossen, mit denen ich bisher nicht vielmehr teile als eine Überschneidung unserer Lebenszeit in der kosmischen Zeit. Zeitgenossen sind Menschen in prinzipieller Reichweite. Die Vorstellung, *jeder könne jedem begegnen*, bleibt abstrakt. Doch die prinzipielle Möglich-

---

[96] Zur *Generalthese der wechselseitigen Perspektiven* siehe Kapitel 2.3.2.3 (oder Schütz und Luckmann 2003, S. 99 f). Etwas verkürzt unterstellt die Idealisierung der *Vertauschbarkeit der Standpunkte*, dass ich dasselbe wahrnehmen würde wie der Andere, wäre ich an seiner statt – wie auch umgekehrt. Die Idealisierung der *Kongruenz der Relevanzsysteme* unterstellt, dass meine Relevanzsetzungen und seine Relevanzsetzungen in Deckung gebracht werden können. Kurz: aus derselben Perspektive nehmen wir dasselbe war und halten dasselbe für bedeutsam.

[97] »Sie sprechen die gleiche Sprache, sie sind mit Eltern aufgewachsen, deren Einstellungen in ähnlicher Weise vom gleichen gesellschaftlichen Wissensvorrat geprägt worden sind wie die Einstellungen meiner Eltern, sind in gleichartige Schulen gegangen, üben Berufe aus, mit denen ich vertraut bin, und in ihrem Leben haben die gleichen geschichtlichen Ereignisse (wirtschaftliche Krisen, Kriege, Epidemien, Kleidungs- und Musikmoden usw.) eine Rolle gespielt wie in meinem. Aber nicht alle Zeitgenossen sprechen die gleiche Sprache, nicht alle sind gleichen Alters.« (Schütz und Luckmann 2003, S. 611)

keit lässt sich nicht ausschließen. Dass unterschiedliche Grade der Vertrautheit beziehungsweise Fremdheit für den Zugriff auf Zeitgenossen eine Rolle spielen, ist nicht verwunderlich:

»Es ist klar, daß sich die Welt von Zeitgenossen, die eine andere Sprache sprechen als ich, die in ganz andere Schulen gegangen sind oder in gar keine Schulen, die andere Märchen gehört oder andere Bücher gelesen haben, deren Leben von anderen örtlichen Geschehnissen geprägt worden war (eine eingedämmte Seuche, ein ›kleiner‹, begrenzter Krieg), deren Eltern einer anderen gesellschaftlichen Schicht angehörten wie die meinen usw., von meiner Welt immer weiter entfernt.« (Schütz und Luckmann 2003, S. 612)

Die Unterstellung lautet weiterhin, wenn die Anderen als Mitmenschen oder Zeitgenossen an meiner Stelle wären, würden Sie die Welt so sehen und bewerten, wie ich. Von dieser Annahme lässt sich vor dem Hintergrund gemeinsam geteilten Wissens sowie einer geteilten wenn auch nicht deckungsgleichen sozialen, politischen und ökonomischen Wirklichkeit regelmäßig erfolgreich Gebrauch machen. Das ändert nichts an der Tatsache, dass es sich im Grunde um eine Schätzung handelt. Eine Schätzung, die häufig funktioniert.

Große Transzendenzen
Kleine und mittlere Transzendenzen liegen in Reichweite. Eigene Erfahrungen reichen in der Regel aus, um mit den Problemen der Vergangenheit, der Zukunft, den anwesenden und den kategorischen Anderen umzugehen. Was aber, wenn die eigenen Erfahrungen nicht länger ausreichen? Schütz und Luckmann thematisieren diese Wirklichkeitsbereiche als *große Transzendenzen* und gehen auf den Schlaf, Tagträume, Ekstasen, Krisen und Tod sowie die theoretische Einstellung ein.

Schlaf, Tagträume und Ekstasen eint, dass sie Formen der Abkehr vom Alltag darstellen. Das Hinübergleiten in den Schlaf und die Wirklichkeit der Träume verstehen Schütz und Luckmann als »ersatzlose« Abwendung vom täglichen Leben (vgl. Schütz und Luckmann 2003, S. 615ff.). Im Traum geht jede planvolle Handlungsfähigkeit verloren. Mehr noch: »Die ›Logik‹ des Traums ist nirgendwo die ›Logik‹ alltäglichen Handelns.« (ebd., S. 619) Der hellwache pragmatische Lebensvollzug, der die alltägliche Lebensführung auszeichnet, wird verlassen. Die Erfahrungen jenseits des Einschlafens lassen sich nicht einfach in die Logik des Wachseins übersetzen. Sie stellen »eine *andere* Wirklichkeit als die des täglichen Lebens« (ebd., S. 619) dar, die sich dem eigenen unmittelbaren Zugriff und Einflussnahme verstellt.

Auch bei Tagträumen handele es sich um eine Abkehr vom pragmatischen Motiv des Alltags. Schütz und Luckmann identifizieren ein breites Spektrum von Tagträumereien. Auf der einen Seite steht der gedankenverlorene, tief in Tätigkeiten oder aber totaler Untätigkeit verstrickte Dämmerzustand, in dem die »wachen Bewusstseinstätigkeiten fast völlig zum Stillstand« (Schütz und Luckmann 2003, S. 620) kommen. Auf der anderen Seite steht die hellwache und »freiwillige‹ Zuwendung zu Erfahrungsthemen« (ebd. S. 621). Der Gegenstand der Bewusstseinstätigkeit ist ein Kind der Vorstellungskraft und nicht der pragmatischen Erfordernisse des situativ Gegebenen. Ob es sich hierbei um reines Vorsichhinphantasieren handelt oder das Tagträumen selbst handlungsleitend wird, steht auf einem anderen Blatt und entscheidet sich im konkreten Fall.

Ekstasen behandeln Schütz und Luckmann als dritte Form der Abkehr vom Alltag. Sie bezeichnen damit einen Zustand, in dem »[d]er übliche Bereich der täglichen Aufmerksamkeit [...] entweder in langsam anschwellenden oder sprunghaften Erhöhungen überschritten werden [kann]« (Schütz und Luckmann 2003, S. 622). Konkrete Beispiele reißen Schütz und Luckmann (ebd., S. 625) nur an, so etwa »Rock-and-Roll und die tanzenden Derwische«, doch sie führen keines ihrer Beispiele aus. Ekstasen zeichnen sich ihrer Meinung nach dadurch aus, dass der alltäglich pragmatische Lebensvollzug seinen »Wirklichkeitsakzent zugunsten des anderen Zustands« (ebd., S. 622) verliert. Sowohl die »natürlich Einstellung« als auch das »pragmatistische Motiv« werden suspendiert, während »die Relevanzsysteme alltäglichen Handelns und alltäglicher Erfahrung weitgehend ausgeschaltet« (ebd., S. 622 f.) werden. Die Relevanzen im ekstatischen Zustand stellen die alltägliche Ordnung dadurch in Frage, dass sie die Relevanzordnung des Alltaglebens überschreiben.

Krisen, Tod und die theoretische, wissenschaftliche Einstellung werden von Schütz und Luckmann unter der Überschrift »Abstand vom Alltag« gefasst. Der eigene Tod entzieht sich der eigenen Erfahrung. Im Grunde »[...] weiß [man] nur, dass man sterben muss« (Schütz und Luckmann 2003, S. 627) und noch dieses Wissen ruht auf Abstraktion. Wir alle wohnen unserem eigenen Altern bei und erfahren, dass Andere sterben (vgl. ebd., S. 627). Der Abstand zum alltäglichen Lebensvollzug ist mit dem Tod absolut. Der Tod an sich ist sozialphänomenologisch irrelevant, er ist das Ende. Das gilt hingegen weder für das biographisch erworbene Wissen über die Unausweichlichkeit des eigenen Sterbens, noch für die Angst vor dem Tod, noch für die Trauer um den Tod Anderer.

»In den schweren Krisen des täglichen Lebens muß das Wissen um den eigenen Tod in den Griff des Bewußtseins genommen werden«, schreiben Schütz und Luckmann (2003, S. 628) treffend. In ihrer Krisenerfahrung nehmen Subjekte Abstand von ihrem pragmatischen Lebensvollzug. Sie sehen sich zu einer »In-Frage-Stellung des Alltags motiviert«, während die »Natürlichkeit der natürlichen Einstellung« ihnen abhanden gekommen ist. Die Autoren sehen hier Parallelen zwischen dieser Form der Einklammerung der »Alltagswirklichkeit mit all ihren Relevanzen« und der »theoretischen Epoché«, wie sie die Wissenschaft kennzeichnet. Der Alltag verschwindet nicht wie im Schlaf. Er wird zum Gegenstand erhöhter Aufmerksamkeit. Die Erfahrung einer schweren Krise stellt alltägliche Selbstverständlichkeiten und Relevanzen auf den Prüfstand. Ob sie im Angesicht dieser Fundamentalirritation »für nichtig oder doch immer noch für richtig befunden werden«, bleibt offen (vgl. ebd., S. 629). Auch die Frage, ob diese Erfahrungen Spuren hinterlassen, bleibt für Schütz und Luckmann (vgl. ebd., S. 630) unabgeschlossen und eine Frage des Einzelfalls.

Zuletzt und im Gegensatz zur auferlegten Krise vollzieht sich die Einklammerung aller Selbstverständlichkeiten in der *theoretischen Einstellung* mutwillig.

»In der theoretischen Einstellung wird dem Alltagsbereich der Wirklichkeitsakzent sozusagen hypothetisch – aber hypothetisch ganz – entzogen, und die in ihm herrschenden Relevanzen werden rückhaltlos, obwohl nur auf Zeit, in Frage gestellt.« (Schütz und Luckmann 2003, S. 631)

Die Relevanzsetzungen des alltäglichen Lebensvollzugs werden durch die Relevanzen der theoretisierten Problemstellung(en) ersetzt. Die Konfrontation mit der eigenen Endlichkeit wirft ein Individuum auf sich selbst zurück. Auch der Trost einer Religionsgemeinschaft ändert nichts daran, dass sich das Sterben schlussendlich einem selbst ereignet und damit letztlich einsam vollzieht. Krise und theoretische Einstellung unterscheiden sich dahingehend deutlich. Das »theoretische Denken des [E]inzelnen [steht] in [B]ezug zu den Ergebnissen […] vorgängiger theoretischer Denkakte anderer Menschen« (Schütz und Luckmann 2003, S. 632) und ist an diesen ausgerichtet. Es ist somit niemals geschichtslos und die Relevanzordnung der Wissenschaft keine einsame, sondern zutiefst intersubjektive Angelegenheit.

3.3.2.2 Transzendenz: zwischen Alltäglichkeit und Nichtalltäglichkeit

Die Erörterung von Phänomenen der Transzendenz im Rahmen der *Strukturen der Lebenswelt* weist nicht dieselbe theoretische Kohärenz auf, wie etwa die verzahnte Konzeption der drei Relevanzformen. Das gesamte Konstrukt ist ungemein breit angelegt. Nicht nur werden drei qualitative Grade – kleine, mittlere und große Transzendenzen – voneinander unterschieden. Die einzelnen Grade spalten sich gleichzeitig in unterschiedliche Phänomenbereiche auf. Die Grenzen zwischen analytischen und empirischen Begrifflichkeiten verschwimmen. Im Vergleich zu anderen, ausgefeilten und verdichteten Konzeptionen in Schütz' Spätwerk wirken die Überlegungen über die Formen der Transzendenz unfertig. Das zeigt sich auch beim Versuch, diese Gedankengänge für ein Konzept von Nichtalltäglichkeit zu systematisieren.

Die *kleinen Transzendenzen* der Zeitlichkeit sind zutiefst alltägliche Phänomene. Im Alltag werden sie in aller Regel routiniert bewältigt. Gegenwart und Zukunft werden als Verlängerung der Vergangenheit behandelt. Alltäglichkeit ist durch den Erfolg der zum Tragen kommenden Kontinuitätsunterstellungen gekennzeichnet. Ein Zusammenbruch dieser Kontinuitätsunterstellung, sei er auferlegt oder absichtlich herbeigeführt, klammert den routinierten Umgang mit der Zeitlichkeit ein. Ob vergangene Erfahrungen ausreichen, um gegenwärtige, geschweige denn zukünftige Handlungsherausforderungen zu bewältigen, wird dann zumindest in Frage gestellt. In solchen Situationen macht sich Unsicherheit breit, während Handlungsdruck erhalten bleibt. Warum es zu einem solchen Zusammenbruch von Kontinuitätserwartungen kommen soll, ist damit noch nicht geklärt. Diese offene Frage verweist bereits auf die Wirksamkeit *großer Relevanzen*.

Mitmenschen, das heißt die situativ mitgegebenen Anderen als Figuren *mittlerer Transzendenz*, lassen sich empathisch deuten, doch bleibt zwischen Ego und Alter eine unüberbrückbare Differenz. Auch hier helfen im Alltag Idealisierungen weiter. Solange davon ausgegangen werden kann, dass die anderen meinesgleichen sind, lässt sich von eigenen Bedeutungszumessungen auf die Perspektive der anderen schließen. Das gilt sowohl für die anwesenden Mitmenschen als auch für die abwesenden Zeitgenossen. Doch auch die Unterstellung einer *Kongruenz von Perspektiven und Relevanzsetzungen* ist nicht immer möglich. Einerseits sind Situationen vorstellbar, in denen sich die Frage, ob die jeweiligen Anderen meinesgleichen sind, nicht hinreichend klären. Andererseits sind Andere nicht immer im selben Grad relevant. Wenn ich Anderen flüchtig begegne, reicht es mitunter einzuschätzen, ob mein Gegenüber mir rechts oder links ausweichen wird, während wir aneinander vorbeischreiten. Ähnlich verhält es sich mit den Anderen, die vor und hinter mir, sagen wir beim Bäcker, in der Schlange stehen. Doch wie steht es mit meinem Gegenüber, wenn ich zu ihm oder ihr mit romantischen Absichten Kontakt suche? Oder was ist, wenn ich bei einem professionellen Vortrag darum bemüht bin, gegenüber meinen Kolleg*innen und eventuell auch Kunden, verbindlich zu wirken? In beiden Situationen sind die je Anderen in einem höheren Maße für mich von Bedeutung. Es geht nicht länger nur darum, zu erkennen, welche Perspektiven die Anderen innehaben und was sie für bedeutsam erachten oder nicht: Die Anderen sind in diesen Momenten für mein Selbstbild von Bedeutung. Aus der Frage der Situationsbewältigung wird in diesen Fällen eine Frage der Konstitution meiner selbst. Mit Bezug auf *mittlere Transzendenzen* ist die eigene Statusunsicherheit eine Verunsicherung, welche die Präsenz und das Verhalten von Anderen zu einem herausragenden Problem werden lässt; ein Problem, das nicht nur aber gerade auch in nichtalltäglichen Situationen und Statusgefügen von Bedeutung sein kann.

Es sind vor allem die *großen Transzendenzen*, die sich für eine Erörterung von Nichtalltäglichkeit eignen. Gleichzeitig zeigt sich hier ein ähnliches Problem wie bereits in Bezug auf das Problem der Relevanz erörtert.[98] Ist alles, was dem alltäglichen Lebensvollzug fremd ist, auch schon nichtalltäglich? Ist damit der Schlaf auf dieselbe oder auch vergleichbare Weise nichtalltäglich wie die Ekstase, die Furcht vor dem Tod und die Wissenschaft? Legt man ein solches Verständnis von Nichtalltäglichkeit zugrunde, wird sie als Residualkategorie konzipiert, analytisch unscharf und damit unbrauchbar. Eine hinreichend scharfe Konzeptualisierung ist die Grundvoraussetzung für eine soziologisch gehaltvolle Begrifflichkeit. Damit stellt sich eine nicht ganz unproblematische Systematisierungsaufgabe:

Bei näherer Betrachtung eignen sich weder Schlaf noch Tod für ein Theoretisieren von Nichtalltäglichkeit. Schlafen müssen wir alle, sei es nach einem Tag wie jedem anderen oder einem Tag voller Schicksalsschläge – unabhängig davon, ob man nun gut einschlafen oder lange schlafen kann. Das heißt aber auch, der Schlaf ist eine Abwendung von alltäglichen wie auch von nichtalltäglichen Lebensvollzügen. Analog verhält es sich mit dem Tod. Er kann einen jederzeit ereilen. Schlaf und Tod stehen beide außerhalb des Duals Alltag-Nichtalltag. Bleiben die Tagträume, die Ekstase, die Erfahrung fundamentaler Krisen und die theoretische Einstellung. Unterscheiden lassen sich diese vier Bereich dahingehend, ob diese Abkehr oder dieser Abstand vom Alltag auferlegt oder freiwillig aufgesucht wurde. Alle Bereich eint, dass in ihnen die Motive und Relevanzen des alltäglichen Lebensvollzugs in den Hintergrund gedrängt werden. Kurzfristig oder relativ dauerhaft werden die Relevanzsetzungen der pragmatischen Lebensführungen durch anders gelagerte Relevanzsetzungen überschrieben. Nichtalltäglichkeit zeigt sich dahingehend als Phänomen, das unmittelbar auf eine weitere theoretische Figur bei Schütz verweist: auf die relative Eigenständigkeit unterschiedlicher für sich geschlossener Sinnprovinzen beziehungsweise das Konzept der mannigfaltigen Wirklichkeiten.

---

[98] Dort ging es um die Frage, ob jedes Handlungsproblem bereits ein Indikator für Nichtalltäglichkeit sei.

3.3.3 Nichtalltäglichkeit als Wirklichkeit unter Wirklichkeiten

Wie im zweiten Kapitel dargestellt, begreift Schütz die *Lebenswelt des Alltags* einerseits als *vornehmliche Wirklichkeit*, andererseits als eine von *mannigfaltigen Wirklichkeiten*. Den grundlegenden Gedanken entlehnt Schütz[99] von William James (vgl. James 1950, Kapitel XXI). James spricht in seinen *Principles of Psychology* von »the various orders of reality« (James 1950, Bd.2, S. 287) beziehungsweise »many worlds« (ebd., S. 291). Schütz greift diesen Gedankengang auf und erörtert unterschiedliche Wirklichkeitsbereiche, zum Beispiel die Wirklichkeit »[…] der alltäglichen Lebenswelt, der Traumwelt, der Welt der Wissenschaft, der Welt religiöser Erfahrung […]« (Schütz und Luckmann 2003, S. 56) und andere.

3.3.3.1 Unterschiedliche Wirklichkeitsbereiche

Der Wirklichkeitsbereich des Alltags wurde bereits erörtert. Schütz geht weiterhin auf die Wirklichkeit »des Tagtraumes, des Spiels, des Märchens, des Witzes, der Dichtung« ein, die er als »Phantasiewelten« (Schütz und Luckmann 2003, S. 61) bezeichnet. Wer in diesen ›verweilt‹, hat »[…] die Außenwelt nicht mehr zu bewältigen und den Widerstand ihrer Gegenstände zu überwinden« (Schütz 2003e, S. 211). Dort gelten weder die räumlichen und zeitlichen Begrenzungen der *alltäglichen Lebenswelt*, das heißt, wir können über diese Grenzen folgenlos hinwegphantasieren (vgl. ebd., S. 211). Quasi als Steigerungsform der Phantasiewelten betrachtet Schütz die Welt der Träume und des Schlafs als »völlige Entspannung« des Bewusstseins und »Abwenden vom Leben« (ebd., S. 217). Der schlafend Träumende verfüge weder über »Ermessensspielraum« noch »Entscheidungsfreiheit«. Gerade im »Alptraum« werde »die Machtlosigkeit des Träumenden« (ebd., S. 219) manifest. Eine umfassende Abwendung sei der Traum dadurch, dass er sich »[…] ohne Zweck und Entwurf« (ebd., S. 219) vollziehe.[100]

Im Wirklichkeitsbereich der theoretischen Kontemplation beziehungsweise der Wissenschaft werden im Gegensatz zur Alltagswelt und vergleichbar mit den Phantasiewelten die Notwendigkeiten und Zielsetzungen des pragmatischen alltäglichen

---

[99] Schütz entfaltet seine Denkfigur im Essay *Über die mannigfaltigen Wirklichkeiten* (Schütz 2003e). Das Argument findet sich ebenfalls in den *Strukturen der Lebenswelt* unter der Kapitelüberschrift *Realitätsbereiche geschlossener Sinnstruktur* (Schütz und Luckmann 2003, S. 54).
[100] »Was in den Träumen an Wollen, Entwürfen und Vorsätzen vorgefunden werden kann, entspringt nicht dem träumenden Selbst. Es sind Erinnerungen, Retentionen und Reproduktionen willentlicher Erlebnisse, die der Welt des Wachseins entstammen.« (Schütz 2003e, S. 219)

Lebensvollzugs ausgeklammert. »Ihr Ziel ist es nicht, die Welt zu beherrschen, sondern sie zu beobachten und sie nach Möglichkeit zu verstehen.« (Schütz 2003e, S. 223) Im Vergleich mit der Traumwelt handelt es sich um eine bewusste Ausklammerung. Wie die alltägliche Einstellung zeichnet sich die wissenschaftliche als hellwacher Zustand aus. Die theoretische Kontemplation dient allein theoretischen Zwecken und ist damit nicht nur eine besonders ausgedehnte Form der alltäglichen Reflexion, die in dem Moment einsetzt, in dem sich ein Handlungsproblem stellt oder eine Lebenskrise um sich greift.[101] Der spezielle Fokus der Wissenschaftler*in klammert wesentliche Aspekte der alltäglichen Einstellung aus.[102] Eingeklammert findet sich in dieser Sinnprovinz der subjektive Standpunkt, die Bedeutung der raumzeitlichen Begrenzung der situativen Begebenheiten und nicht zuletzt das pragmatische problemlösende Motiv, auf dem die alltägliche Lebensbewältigung aufruht.[103] Die im letzten Abschnitt angerissenen Wirklichkeitsbereiche der Ekstase und der schweren Krise erörtert Schütz im Kontext seiner Überlegungen nicht. Wie oben aufgezeigt, lassen sich diese ebenfalls als Wirklichkeitsbereiche mit eigener Sinnstruktur erörtern.

---

[101] Oder eine Lebenskrise die pragmatische Alltagseinstellung unterbricht: »Wenn wir uns etwa in einer schweren Krise unseres Lebens ›hinsetzen‹ und unsere Probleme wieder und wieder überdenken, wenn wir Entwürfe und Pläne entwerfen, verwerfen und erneut entwerfen, bevor wir uns entscheiden, wenn wir als Väter über Erziehungsfragen nachsinnen oder als Politiker über die öffentliche Meinung – so geben wir uns in allen diesen Situationen der theoretischen Kontemplation im weiteren Sinne dieses Begriffs hin. Doch all dieses kontemplative Denken dient praktischen Zwecken und Zielen, und gerade aus diesem Grund konstituiert es eher eine ›Enklave‹ theoretischer Kontemplation innerhalb der Welt des Wirkens als eine geschlossene Sinnprovinz.« (Schütz 2003e, S. 222 f.)

[102] Die spezifische Epoché der wissenschaftlichen Zuwendung zur Welt.

[103] Insbesondere ein Standpunkt, der sich der alltagsbedeutsamen Zeitlichkeit, genauer der menschlichen Endlichkeit verweigert; die Suche nach ›ewiger Wahrheit‹ mag wiederum aus einem existentialistischen oder narzisstischen Motiv erfolgen, aber die Suchbewegung selbst muss – zumindest sollte sie sich darum bemühen – diese Motive ausklammern: »In dieser *Epoché* werden ›eingeklammert‹ (ausgesetzt): (1) die Subjektivität des Denkers als Mensch unter Mitmenschen, einschließlich seiner körperlichen Existenz als psychophysisches menschliches Wesen in der Welt; (2) das Orientierungssystem, durch das die Welt des Alltagslebens in Zonen aktueller, wiederherstellbarer, erlangbarer Reichweite usw. gegliedert ist; (3) die Fundamentalangst und das auf ihr basierende System pragmatischer Relevanzen. […] Mit der Verschiebung des Systems der Relevanzen vom praktischen zum theoretischen Bereich verändern alle Begriffe, die sich auf Handeln und Leisten in der Welt des Wirkens beziehen, wie ›Plan‹, ›Motiv‹, ›Entwürfe‹, ihre Bedeutung und werden in ›Anführungszeichen‹ gesetzt.« (Schütz 2003e, S. 227)

3.3.3.2 Geschlossene Sinnprovinzen

Alle diese unterschiedlichen Wirklichkeitsbereiche sind für Schütz zueinander geschlossen und werden »durch den Sinn unserer Erfahrungen konstituiert« (Schütz und Luckmann 2003, S. 55). Die Charakterisierung als *füreinander geschlossen* begründet Schütz zumindest zweifach. Einerseits sorgt ein einheitlicher Erlebnis- beziehungsweise Erkenntnisstil für eine hinreichend verträgliche Abstimmung innerhalb eines geschlossenen Sinngebietes (vgl. ebd., S. 56).[104] Es geht hier nicht um Widerspruchslosigkeit. Vielmehr stellen auftretende Widersprüche die Kohärenz von Erfahrungen in diesen Sinnprovinzen nicht in Frage.[105] Andererseits bestehen zwischen den Erlebnisstilen unterschiedlicher Wirklichkeitsbereiche massive qualitative Unterschiede. Daraus folgt, dass die Geschlossenheit der einzelnen Sinnprovinzen weniger aufgrund kohärenzstiftender Homogenität, sondern aufgrund dieser maßgeblichen qualitativen Differenzen zu je anderen Sinnstrukturen, zu argumentieren ist. Schütz schreibt hierzu:

»Keinesfalls ist das, was innerhalb des geschlossenen Sinngebietes P verträglich ist, auch innerhalb des geschlossenen Sinngebietes Q verträglich. Im Gegenteil, gesehen von dem als real angesetzten P erscheint Q mitsamt den zu Q gehörigen besonderen Erfahrungen als bloß fiktiv und inkonsistent und umgekehrt.« (Schütz und Luckmann 2003, S. 56)

An Beispielen konkretisiert: was in den frühen Morgenstunden im Traum wichtig war, ist während des Frühstücks nicht mehr, auf alle Fälle aber nicht auf die gleiche Weise, von Bedeutung wie noch eben während des Träumens. Ebenso spielt das, was am Vormittag in der methodologischen Betrachtung eines gegebenen wissenschaftlichen Phänomens von Bedeutung war, für die Bewältigung des Wegs nach

---

[104] »Die Geschlossenheit eines Sinngebietes – der alltäglichen Lebenswelt, der Traumwelt, der Welt der Wissenschaft, der Welt religiöser Erfahrung – beruht auf der Einheitlichkeit des ihm eigenen Erlebnis- bzw. Erkenntnisstils.« (Schütz und Luckmann 2003, S. 56)

[105] »[…] alle Erfahrungen, die zu einem geschlossenen Sinngebiet gehören, weisen einen besonderen Erlebnis- bzw. Erkenntnisstil auf; mit *Bezug auf diesen Stil* sind sie untereinander einstimmig und miteinander verträglich. Die hervorgehobene Einschränkung ist wichtig. Unstimmigkeiten und Unverträglichkeiten einiger einzelner Erfahrungen, mit *Bezug auf ihren partiellen Aussagesinn*, können durchaus in gleichen Sinngebiet auftreten, ohne dass diesem der Akzent der Wirklichkeit entzogen wird. Vielmehr mag dies nur die Ungültigkeit eben der betreffenden Erfahrungen innerhalb des geschlossenen Sinngebietes zur Folge haben.« (Schütz und Luckmann 2003, S. 55)

Hause, die Unterhaltung mit dem/der Partner*in beim Abendessen oder im euphorischen Taumel eines Fußballabends mit Freund*innen, keine Rolle.[106]

»Aus diesem Grund sind wir berechtigt, von *geschlossenen* Sinngebieten zu sprechen. Es gibt keine Möglichkeit ein geschlossenes Sinngebiet auf ein anderes mit Hilfe einer Verwandlungsformel zurückzuführen. Der Übergang von einem Sinngebiet zum anderen kann sich nur durch einen ›Sprung‹ (im Sinne Kierkegaards) vollziehen.« (Schütz und Luckmann 2003, S. 56)

Wenn man doch ›in der falschen Welt‹ – wie etwa der Wissenschaft – verweilt, wird einem durch Widerstand der relevanten Welt aufgenötigt die methodische Einstellung zu verlassen. Schlagartig tut sich eine Kluft auf und der Blick auf die Dinge verändert sich. Kierkegaards intellektuelle Figur des Sprungs ist dabei von maßgeblicher Bedeutung.

3.3.3.3 Kierkegaards Rede vom Sprung

Søren Kierkegaard entwickelt die Figur des *qualitativen Sprungs* in seinen Schriften *Frygt og Bæven (Furcht und Zittern, 1843)* sowie *Begrebet Angest (Begriff der Angst, 1843)* (vgl. Kierkegaard 1984; 2012). Kierkegaard charakterisiert damit das ereignishafte Aufkommen und gleichzeitig übergangslose Überwinden einer ansonsten unüberbrückbaren Differenz. Als Beispiel dient ihm im Essay *Furcht und Zittern* die biblische Erzählung über Abrahams Glaubensfestigkeit. Er soll auf Gottes Geheiß, diesem seinen einzigen Sohn Isaak opfern.[107] Wie kann Abraham gleichzeitig seinen Sohn opfern, seinen Sohn lieben, Gott ehren und das Richtige tun? Gehorcht Abraham, indem er Isaak tötet, gibt es keine ›Verwandlungsformel‹, durch welche sich die Tat ungeschehen machen ließe. Isaak stirbt, von seiner Hand ermordet und Abraham

---

[106] Verweilt man doch im falschen *modus* wird einem am Widerstand der relevanten Welt schnell klar, dass man besser die methodische Einstellung oder die Träumerei verlassen sollte. Wer beim Wandeln über die Erde nur die Gestirne im Blick hat, verliert den Blick für das jetzt und hier Wesentliche – wie Platon schildert, landete Thales von Milet auf diesem Weg in einem Brunnen. Das, was in einer aktuellen Situation gegeben und angemessen ist, ist offensichtlich nicht beliebig. Und das Gelächter einer thrakischen Bauernmagd, ob der Weltfremdheit des Thales, ist wahrscheinlich eine geringere Konsequenz für das Verweilen in der falschen Welt.
[107] »¹Und es geschah nach diesen Dingen, daß Gott den Abraham versuchte; und er sprach zu ihm: Abraham! Und er sprach: Hier bin ich! ²Und er sprach: Nimm deinen Sohn, deinen einzigen, den du lieb hast, den Isaak, und ziehe hin in das Land Morija, und opfere ihn daselbst als Brandopfer auf einem der Berge, den ich dir sagen werde.« (Genesis 22,1 f.)

verrät die Liebe zu seinem Sohn wie zu seiner Frau Rebecca. Doch in seinem Glauben gehorcht Abraham dem göttlichen Befehl.[108] Wie man es dreht und wendet, es gibt kein rational führbares Argument, das eine gütliche Auflösung des fundamentalen Dilemmas erzeugt. Ist Abraham ein schlechter Mensch? Zeugt sein Verhalten von Wahnsinn? Für Kierkegaard gilt weder noch: Abraham ist das paradigmatische Beispiel, um die qualitative Differenz, die den streng Gläubigen auszeichnet, zu erörtern. Abrahams Vertrauen auf Gott sei nicht auf eine Form der ethischen oder rationalen Erwägung zurückzuführen. Seine Gläubigkeit veranlasst ihn etwas rational Unmögliches und ethisch Unwägbares dennoch zu tun – im Vertrauen auf Gott. Mit keinem argumentativen Kniff lässt sich diese Welt des Gläubigen in eine wert- oder zweckmittelrationale Perspektive auf dieselben ›Dinge‹ übersetzen. Religiösität[109] und Rationalität sind irreduzibel. Sie trennt eine qualitative, unüberbrückbare Differenz. Nur durch einen *Sprung* ist der Übertritt von einem zum anderen vorstellbar: das Ablegen rationaler oder ethischer Erwägungen als Grundlage für das Handeln und das Fundieren des Handelns im Vertrauen auf Gott. Dieser Sprung wurde von Abraham im Moment des Auftrags vollzogen.

Allgemeiner zeigt Kierkegaard in *Begriff der Angst* anhand der Beispiele der Entstehung der Sünde und dem Aufkommen der Angst, dass es sich hier um Vorgänge handelt, die weder als kontinuierliche Entwicklung, noch als quantitative Steigerung des Vorherigen zu denken sind. Seiner Ansicht nach muss man berücksichtigen, dass »das Neue durch den Sprung eintritt« (Kierkegaard 1984, S. 91): das Neue ist diskontinuierlich und distinkt. Die Welt erscheint als eine ganz andere vor und nach dem Aufkommen der Angst. Mit dem Konzept der qualitativen Differenz und des Sprungs spezifiziert Kierkegaard dialektische Entwicklungen an entscheidender Stelle. Erstens charakterisiert er die Form der Entwicklung als *schlagartig*, zweitens handele es sich um eine *umfassende* qualitative Transformation. Das Vorher und das Nachher sind grundlegend – qualitativ – voneinander verschieden. »Zwischen diesen beiden Augenblicken liegt der Sprung, den keine Wissenschaft erklärt hat oder erklären kann.« (Kierkegaard 1984, S. 64)

---

[108] »³Und Abraham stand des Morgens früh auf und sattelte seinen Esel und nahm mit sich zwei von seinen Knaben und Isaak, seinen Sohn; und er spaltete Holz zum Brandopfer und machte sich auf und zog hin an den Ort, den Gott ihm gesagt hatte.« (Genesis 22,3)

[109] Wohl gemerkt, es geht um diese spezielle Form einer das ganze Leben durchdringenden Religiösität; eine Art von Religiösität wie sie heute wahrscheinlich nur noch durch religiös orthodoxe oder fundamentalistische Gruppierungen gelebt wird. Wie Charles Taylor in seinem Monumentalwerk *A Secular Age* erarbeitet, hat sich die Relevanz und Form der Religiösität in der Gegenwart maßgeblich gewandelt. Der *Bedeutungsverlust im Alltäglichen* ist trotz aller Präsenz des Religiösen ein Zeichen dafür, dass unser Zeitalter als säkular zu betrachten sei (vgl. Taylor 2007, S. 146 f.).

Schütz nutzt die Figur des Sprungs als Metapher für den Übergang zwischen Sinnprovinzen und kann damit gleichzeitig die qualitative Differenz zwischen unterschiedlichen Sinnprovinzen verdeutlichen. Ein *sprunghafter* Übergang ist »[…] nichts anderes als das Vertauschen eines Erlebnisstils mit einem anderen […]« (Schütz und Luckmann 2003, S. 56). Diese »radikale Veränderung« wird durch das Individuum als »Schock« erlebt. Wobei ein Schock den akuten Abbruch des bis eben Gültigen und das sofortige Wirksamwerden der neuen Relevanzordnung auf den Begriff bringt.[110] Dabei »[…] gibt [es] so unzählig viele Arten verschiedener Schockerfahrungen, weil es verschiedene geschlossene Sinnprovinzen gibt, denen ich den Wirklichkeitsakzent erteilen kann.« (Schütz 2003e, S. 208)[111]

Zumindest zwei Aspekte lassen sich im Hinblick auf Schütz Konzeption geschlossener Sinnprovinzen problematisieren. Erstens bleibt die Frage, welche Vorraussetzungen erfüllt sein müssen, damit es zu einem Sprung kommt. Hier zeigt sich ein notwendiger Verknüpfungspunkt zwischen der Denkfigur der mannigfaltigen Wirklichkeiten und den bereits erörterten Überlegungen zum Problem der Relevanz und der Transzendenz. Ein zweiter Aspekt bleibt unbefriedigend ausbuchstabiert. Schütz erwähnt diverse Sinnprovinzen, erörtert aber im Wesentlichen die der Tagträume, der Träume im Schlaf, die Sinnprovinz der Wissenschaft sowie natürlich dezidiert die lebensweltlichen Strukturen der Alltäglichkeit. Dass zwischen dem Träumenden und dem Hellwachen eine unüberbrückbare qualitative Differenz besteht leuchtet intuitiv ein. Auch, dass die wissenschaftliche Einstellung sich maßgeblich vom pragmatisch routinierten Lebensvollzug unterscheidet, lässt sich nachvollziehen. Letzthin ist es aber allein die Alltagswelt, in welcher sich die notwendigen Ereignisse der Lebensführung vollziehen. Doch ist diese Annahme gerechtfertigt? Eine vorsichtige Einschränkung findet sich bei Schütz selbst:

»Nach den Beispielen schiene es, als ob die alltägliche Lebenswelt einen gewissen Vorrang hätte. In der Tat stellt sie den Urtypus unserer Realitätserfahrung dar. Im täglichen Ablauf werden wir wiederholt in sie zurückgeholt, und mit einer gewissen Einschränkung können wir die andern Sinngebiete als Modifikationen der alltäglichen Lebenswelt auffassen. Allerdings darf man nicht vergessen, dass der Realitätsakzent einem jeden Sinnbereich erteilt werden kann, daß von der alltäglichen Lebenswelt her die anderen Sinnbereich nur als Quasi-Realitäten erscheinen mögen, daß aber zugleich von der wissenschaftlichen Einstellung her, oder auch von der religiösen Erfahrung her, die alltägliche Lebenswelt als Quasi-Realität gesehen werden kann.« (Schütz und Luckmann 2003, S. 57)

---

[110] Willkürlich im Moment des Wechsels in die wissenschaftliche Einstellung; unwillkürlich im Augenblick des Einschlafens oder eines Unfalls.
[111] An anderer Stelle bemerkt Schütz, es gäbe »ebenso viele Schockerlebnisse wie es geschlossene Sinngebiete gibt, die durch Einstellungsänderungen den Akzent der Wirklichkeit erhalten können« (Schütz und Luckmann 2003, S. 56).

Die Alltagswelt ist sowohl der vorrangige »Urtypus unserer Realitätserfahrung« als auch selbst ›nur‹ eine von vielen Quasi-Realitäten wird sie aus der Perspektive einer anderen Sinnprovinz betrachtet.

3.3.3.4 Alltäglichkeit und Nichtalltäglichkeit in der Lebenswelt

Vorrangigkeit des alltäglichen Lebensvollzugs
Tatsächlich gibt es starke Hinweise für die besondere Bedeutung der Alltagswelt. William James (1950, Bd.2, S. 299) identifiziert eine »paramount reality of sensations«, also eine Ordnung von herausragender Wirklichkeit. Dies ist die Realität der alltäglichen Lebensbesorgung. Schütz schließt sich dahingehend James an:

»[...] diese Wirklichkeit scheint uns die natürliche zu sein, und wir sind nicht bereit, unsere Einstellung zu ihr aufzugeben, ohne einen spezifischen *Schock* erfahren zu haben, der uns zwingt, die Grenzen dieser ›geschlossenen‹ Sinnprovinz zu durchbrechen und den Wirklichkeitsakzent auf eine andere zu verlegen.« (vgl. Schütz 2003e, S. 207 f.)

Einerseits bestehen erhebliche Widerstände, diese Sinnprovinz des alltäglichen Lebensvollzugs zu verlassen, andererseits sehen sich Individuen dazu gezwungen in diese zurückzukehren. Weder im Modus der theoretischen Kontemplation, im Tagträumen oder Schlaf lassen sich lebensnotwendigen Bedürfnisse, wie Hunger, Durst, Anerkennung, Schutz etc. befriedigen. Die Wirklichkeit des Alltags ist der Modus der alltäglichen Besorgung der eigenen Existenz. Doch hat Schütz recht? Gibt es neben ihr nichts Vergleichbares?

Don Quijote als Beispiel für die Parallelität unterschiedlicher Wirklichkeitssetzungen
Schütz bemüht Cervantes Literaturklassiker *Don Quijote de La Mancha* um aufzuzeigen, wie mannigfaltige Wirklichkeiten durch Sprünge qualitativ voneinander getrennt sind und als konkurrierende Wirklichkeitsauffassungen in Situationen aufeinanderstoßen können. Don Quijote betrachtet sich selbst als *fahrenden Ritter*. »In dieser unbarmherzigen Zeit ist es ihre Aufgabe, die Welt zu durchstreifen, Ungerechtigkeiten wiedergutzumachen und Kränkungen zu mildern.« (Schütz 2003a, S. 292) Durch sein hartnäckiges Beharren auf seiner Mission kollidiert die Wirklichkeitsauffassung des Dons regelmäßig mit der alltagsweltlichen Orientierung seiner sozialen Umwelt. Der derangierte ärmliche Don deutet die schnöde Wirklichkeit vor dem Hintergrund einer umfassenden Lektüre sagenumwobener Ritter und Zauberer. Es entsteht ein scharfer Kontrast. So will der profane und geradezu schäbige Lebensvollzug seiner Mitmenschen – des Wirts, des Barbiers, der leichten Mädchen – so gar nichts zu tun

haben mit den salbungsvollen Deutungen des Dons und auch der ehrenvollen Mission der Ritter, zu denen er sich zählt. Der illusionslose Alltagspragmatismus seiner Mitmenschen könnte keinen schärferen Kontrast finden, als in der Figur des ehrbaren Ritters, der »[v]or allem [...] ein Verteidiger der Wahrheit sein [muss], auch wenn er dafür sein Leben geben müßte« (ebd., S. 293). Die im alltäglichen Leben ›steckenden‹ Mitmenschen bilden somit Kontrastfiguren zum Don.

»Für Don Quijote gibt es wirklich eine Festung mit Türmen in glänzendem Silber, die den herannahenden Ritter ankündigende Trompete eines Zwergen, wunderschöne Jungfrauen, die sich am Burgtor ergehen, und einen Kastellan. Nur für den Beobachter gibt es dort eine Schenke, einen Schweinehirten, der sein Horn bläst, zwei leichte Mädchen und einen Wirt.« (Schütz 2003a, S. 296)

Auch wenn seine Weltsicht seinen Mitmenschen als Wahnsinn erscheint, niemand widerspricht zunächst seinen für wahr gehaltenen Erfahrungen. Scherzhaft lassen sie sich auf die Phantasien des offensichtlich Wahnsinnigen ein (vgl. Schütz 2003a, S. 296); seine Umwelt spielt mit. »Daher bleiben Don Quijotes Handlungen trotz seiner phantasiehaften Motive in der ausgezeichneten Wirklichkeit des täglichen Lebens ausführbar.« (ebd., S. 297) Mit Sancho Pansa tritt schließlich eine weitere Figur auf den Plan. Im Grunde ist er der einzige, der die Wirklichkeitsauffassung des Don Quijote in Frage stellt. Schütz sieht ihn in der Rolle des – wenn auch naiven, keineswegs methodisch disziplinierten – »neopositivistischen Empiristen« (ebd., S. 298). Er konfrontiert den Don mit seinen Irrtümern und Fehleinschätzungen, löst bei diesem aber nur umfassende Erklärungsbemühungen aus; und ironischer Weise ist es Sancho Pansa, der zunehmend in die Welt von fahrender Ritterschaft und Zauberei hineingezogen wird.

Schütz interessiert sich kaum für die Skurrilität der Vorstellungen des Dons, sondern für das Kollidieren der Weltsichten und die dadurch entstehenden Interaktionen und Konflikte. Ihn treibt die Frage um, wie es insbesondere dem Don gelingt, seine Wirklichkeitsauffassung trotz aller zweifelhafter Evidenz aufrechtzuerhalten; sowie umgekehrt, wie es kommt, dass die Welt des Dons die *common-sense* Realität seiner Mitmenschen immer wieder – wenn auch nicht dauerhaft – destabilisiert. Mangelnde Evidenz allein ist kein Grund, die Wirklichkeit seiner Deutungen in Frage zu stellen. Im Gegenteil: der *Ritter* weiß sich in einer Sonderrolle und nimmt Widerstand als ehrenvolle Herausforderung an. Fehlende Evidenz oder Inkonsistenzen im Weltbild kann er mit Verweiß auf die Einflüsse von Zauberei erklären. »Nichts bleibt unerklärt, paradox oder widersprüchlich, sobald die Aktivitäten der Zauberer als ein für die Welt konstitutives Element erkannt werden.« (Schütz 2003a, S. 294) Das Erklärungsmuster Zauberei nimmt im Weltbild des Don Quijote den Stellenwert unzweifelhafter Kausalität ein (vgl. ebd., S. 295). Erneut ist es eine ironische Wendung, dass schließlich ein Übermaß an Kooperation seiner Mitmenschen die ritterliche Welt des Dons zum Einsturz bringt.

In letzter Instanz kollidiert die Wirklichkeit des Dons »[...] mit den Realitäten des Alltagslebens in einem solchen Ausmaß, daß er bewußt die Wahl treffen mußte, an welche Welt er sich halten sollte.« (Schütz 2003a, S. 313) Zumindest diese Romanfigur hat somit Jahrzehnte in einer Wirklichkeitsauffassung verbracht, die sich vom alltagspragmatischen Lebensvollzug ihrer Umwelt fundamental unterscheidet. Nimmt man dies gedankenexperimentell ernst, bedeutet dies, dass es Don Quijote gelungen ist, die Bezugsprobleme seiner Lebensführung zu besorgen und damit eine Existenzweise basierend auf einer nichtalltäglichen Wirklichkeitsauffassung zu stabilisieren. Analog lässt sich über die Figur des gläubigen Abrahams sagen, dass dessen religiös motivierte Form der Lebensführung ebenfalls einen scharfen Kontrast zum illusionslosen Alltagspragmatismus des Wirts, des Barbiers und der leichten Mädchen in Cervantes Erzählung bilden würde.

Damit stehen für mich zwei Kritikpunkte an Schütz' Rede von der Vorrangigkeit der alltäglichen Einstellung im Raum: *Erstens* scheinen neben der alltagspragmatischen Besorgung des eigenen Lebens auch andere Wirklichkeitsauffassungen dazu geeignet, die eigene Existenz über einen langen Zeitraum zu sichern und zu stabilisieren. Alltäglichkeit in der Form der hellwachen, planenden und pragmatischen Besorgung des eigenen Lebens ist dann – *zweitens* – selbst nicht nur eine Wirklichkeit neben anderen, sondern eine Form von Alltäglichkeit neben anderen, nämlich eine, welche die Signatur moderner arbeitsteiliger säkularer Gesellschaftlichkeit trägt. Schütz Gedankenfigur alltagspragmatischer Lebensführung ist nicht frei von kulturabhängigen Variablen, die in stärker religiös oder ethisch fundierten Gesellschaften auf andere Weise akzentuiert werden ›müssen‹. Kurzum, ein anderer Alltag ist möglich, allemal aber denkbar. Hier zeigt sich eine Leerstelle im analytischen, aber eben auch ahistorischen und apolitischen Begriffsapparat Alfred Schütz'. Dieser *blind spot* verweist perspektivisch auf die Bedeutung einer Kritik der lebensweltbasierten Soziologie.

Das Verhältnis von Alltäglichem und Nichtalltäglichem
Zuletzt bleibt das Verhältnis zwischen Alltäglichkeit und Nichtalltäglichkeit in Schütz' mannigfaltigen Wirklichkeiten unterreflektiert. Schütz zeigt auf, wie sich distinkte Wirklichkeitsbereiche qualitativ unüberbrückbar unterscheiden, doch seine Überlegungen zu Rückkoppelungen zwischen diesen Bereichen geschlossener Sinnstrukturen bleiben vage. Im Sinne Niklas Luhmann (1984) mögen die mannigfaltigen Wirklichkeiten durch ihre je eigenen Wirklichkeitsakzente und jeweils gültigen Relevanzstrukturen operativ geschlossen sein, doch bleiben sie in den disparaten Strom

biographischer Erfahrungsverläufe eingebettet. Die Lebensverläufe von Subjekten bilden den verbindenden Hintergrund, vor dem sich all diese Sprünge zwischen mannigfaltigen Wirklichkeitsbereichen einmalig oder regelmäßig, zyklisch oder auch endgültig ereignen. Die Welt, in der diese Leben verlaufen, wird intersubjektiv geteilt und durch gemeinsame Erlebnisse oder durch kommunizierte Erfahrungen geformt. Was ein Individuum aus einem Tagtraum mitnimmt, mag fragwürdig sein. Ebenso fragwürdig wäre die Annahme, die theoretische Kontemplation oder erlebte schwere Krise bliebe für das Leben der Einzelnen und die umgebende Gesellschaftlichkeit folgenlos. Schütz sieht die darin steckende Veränderungsdynamik.[112] Doch seine *Strukturen der Lebenswelt* bleiben in vielerlei Hinsicht Ausführungen über sinnhafte Wahrnehmung und Handlungsbefähigung. An keiner Stelle formuliert er auf Grundlage seiner pragmatistisch phänomenologischen Gedankenführung eine Theorie sozialen Wandels befriedigend aus. Hier steckt ein weiteres gewichtiges Desiderat und schlummerndes Potential des Schützschen Spätwerks. Gerade in der Analyse der Dialektik von Alltäglichkeit und Nichtalltäglichkeit liegen sowohl Erklärungsansätze für Phänomene sozialen Wandels als auch für die Stabilisierung sozialer Ordnungen. Bevor im folgenden Abschnitt dieser Dialektik mit Hilfe von Victor Turner nachgespürt wird, gilt es, wichtige Bausteine einer Konzeption des Nichtalltäglichen bei Schütz zu systematisieren.

3.3.4 Synopse: Nichtalltäglichkeit bei Alfred Schütz

In der Gesamtschau lassen sich die Fäden des Gegensatzpaars Alltäglichkeit/Nichtalltäglichkeit bei Alfred Schütz sowie Schütz und Thomas Luckmann zusammenführen:

1. Situative Nichtalltäglichkeit kann – neben anderen – als Sinnprovinz mit eigenem Erlebnisstil und eigener Relevanzordnung betrachtet werden.
2. Nichtalltäglichkeit zeichnet sich durch eine qualitativ vom alltäglichen Lebensvollzug unterscheidbare Relevanzordnung aus. Der Übergang zwischen Alltäglichkeit und Nichtalltäglichkeit vollzieht sich als Sprung.
3. Auch nichtalltägliche Wirklichkeitsbereiche ruhen auf einer räumlichen, zeitlichen und sozialen Aufschichtung sozialer Situationen. Im Wirklichkeitsakzent der Erfahrung von Nichtalltäglichkeit überwiegt das Jetzt und Hier gegenüber einer unzuverlässigen Vergangenheit und einer ungewissen Zukunft.

---

[112] So reißen Schütz und Luckmann (2003, S. 628 ff.) mögliche Veränderungen durch Krisenerfahrungen an, ohne diese auszuführen.

4. Im Gegensatz zu Momenten alltäglicher Relevanz ist Nichtalltäglichkeit nicht durch Interpretation auflösbar. Generell ist Nichtalltäglichkeit nicht ohne Widerstand auflösbar – es wäre keine Nichtalltäglichkeit, wenn es so wäre.
5. Nichtalltägliche soziale Situationen beruhen auf einem Aspekt der Verbindlichkeit, was keineswegs ein allgemeines Charakteristikum von Relevanz ist. Was in nichtalltäglichen sozialen Arrangements relevant beziehungsweise in Frage gestellt wird, ist von entscheidender Relevanz: egal, ob dieser besondere Relevanzakzent auf Freiwilligkeit oder Zwang beruht. Wollen und können sich Akteur*innen dieser Verbindlichkeit entziehen, bricht Nichtalltäglichkeit zusammen.
6. Wie es verschiedene Formen der Alltäglichkeit gibt, lassen sich auch unterschiedliche Formen des Nichtalltäglichen denken, zum Beispiel ekstatische Erfahrungen, Krisenerfahrungen oder die prekäre Mission des fahrenden Ritters.
7. Nichtalltäglichkeit ist vor allem ein Hintergrund vor dem Handeln unter Unsicherheit stattfindet.
8. Während in situative Alltäglichkeit regelmäßig nichtalltägliche Erfahrungen eingebettet sind, zeichnet sich situative Nichtalltäglichkeit dadurch aus, dass sich vor diesem Hintergrund Erfahrungen des Vertrautmachens (Strukturbildung) vollziehen.
9. Alltäglichkeit ist Nichtalltäglichkeit dadurch vorrangig, dass Nichtalltäglichkeit immer auf der In-Frage-Stellung oder Einklammerung des Alltags beruht und damit immer auf diesen verweist.
10. Nichtalltäglichkeit ist Alltäglichkeit dadurch vorrangig, dass existentielle Krisen einen Sprung in eine andere Relevanzordnung aufnötigen und die Auflösung von Krisen einer Rückkehr in Alltäglichkeit gleichkommt; egal ob die Krisenerfahrung dauerhaft Spuren hinterlässt oder nicht.
11. Nichtalltäglichkeit ist immer in Alltäglichkeit eingebettet und im Vergleich zur Alltäglichkeit instabil.

3.4 Situative Nichtalltäglichkeit als Grenzregime
– Victor Turner und die soziale Intensität liminaler Arrangements

Mit dem britisch-amerikanischen Ethnologen Victor Witter Turner lässt sich ein weiterer letzter Eckstein für eine Konzeption des Nichtalltäglichen setzen. Turner wurde insbesondere mit seiner Schrift *The Ritual Process. Structure and Anti-Structure*[113] bekannt. Dort interpretiert Turner Rituale – vor allem Stammesrituale der Ndembu in Sambia – im theoretischen Referenzrahmen der *Rites de Passage* des Ethnologen und Pioniers der Prozessanalyse Arnold van Gennep (2005). Turners eigener dramaturgischer und ritualtheoretischer Beitrag umfasst eine grundlegende Abarbeitung am Spannungsverhältnis zwischen Alltäglichkeit und Nichtalltäglichkeit. Nach meiner Lesart lassen sich die von Turner beschriebenen rituellen »sozialen Dramen« als *nichtalltägliche soziale Arrangements* verstehen, die in einem spannungsreichen Verhältnis zum Alltag stehen. Rituale als *social dramas* konfigurieren ein Arrangement jenseits oder zwischen der alltäglichen sozialen Ordnung: ein Schwellenzustand eigenen Rechts. Im Folgenden ist näher zu klären, wie Turner die Entwicklung *sozialer Dramen* denkt.

3.4.1 Van Genneps *rites de passage*

Turner stützt seine Argumentation auf die Analyse von Ritualprozessen nach Arnold van Gennep. Rituale, die einen (Status-)Übergang markieren, weisen für van Gennep (vgl. 2005, S. 21 f.) häufig eine dreigliedrige Struktur auf: zunächst eine Phase der Ablösung, anschließend eine Schwellen- beziehungsweise Umwandlungsphase und schließlich eine Phase der Wiedereingliederung. Diese Abfolgeordnung belegt van Gennep anhand inhaltlich unterschiedlichster ritueller Formationen aber auch kultureller Arrangements. Ihre Gemeinsamkeit: sie alle dienen der gesellschaftlichen Bewältigung sozialer Übergänge. Von Gennep geht davon aus, dass sie möglichen Schaden an der Gesellschaft einhegen und damit Übergänge bewältigbar machen sollen.

---

[113] Turners Schlüsselwerk wird im Folgenden nach der deutschen Übersetzung zitiert. Der englische Originaltitel ist insofern wichtig, da im Deutschen die Betonung des Prozesshaften verloren gegangen ist. Doch geht es Turner gerade um diesen Prozesscharakter des Rituellen; nach seinem Verständnis handelt es sich um eine dramaturgisch-dynamische Entwicklung, in der eine Personengruppe die Strukturen des Alltags überschreitet, sich von dieser Alltäglichkeit distanziert, einen Zustand des Dazwischens – nicht mehr Vergangenheit, noch nicht Zukunft – errichtet beziehungsweise in einen solchen performativ versetzt wird, um zuletzt eine Wiedereingliederung zu durchlaufen.

»Jede Veränderung im Leben eines Individuums erfordert teils profane, teils sakrale Aktionen und Reaktionen, die reglementiert und überwacht werden müssen, damit die Gesellschaft als Ganzes weder in Konflikt gerät, noch Schaden nimmt.« (Van Gennep 2005, S. 15)

Gleichzeitig arbeitet van Gennep heraus, dass dieses ritualisierte Übergangsmanagement einen besonderen Zustand des Dazwischenseins mit sich bringt.

»Jeder, der sich von der einen Sphäre in die andere begibt, befindet sich eine Zeitlang sowohl räumlich als auch magisch-religiös in einer besonderen Situation: er schwebt zwischen zwei Welten. Diese Situation bezeichne ich als *Schwellenphase* […].« (Van Gennep 2005, S. 27 f.)

Für van Gennep ist die relativen Autonomie der Schwellen- oder auch Umwandlungsphase eine zentrale Erkenntnis seiner Untersuchung von Ritualkomplexen (vgl. Van Gennep 2005, S. 183 f.). Eine tiefergehende Erörterung des Schwellenseins bleibt van Gennep doch ebenso schuldig wie eine Thematisierung des Verhältnisses zwischen diesem rituellen Schwellenzustand und dem alltäglichen Lebensvollzug. An diesen Stellen greift Turner van Genneps dreigliedrige Prozessanalyse auf und fokussiert vornehmlich den Schwellenzustand und dessen Verhältnis zum strukturierten Lebensvollzug außerhalb der rituellen Ordnungen.

Wie van Gennep untermauert auch Turner seine theoretischen Ausführungen mit Beispielen aus der ethnologischen Forschungsliteratur. Vor allem stützt er sich auf seine eigenen professionellen ethnologischen Erfahrungen bei den Ndembu in Sambia. Er beschreibt beispielsweise Initiationsriten, in denen Knaben die Passage vom Kind zum Mann durchlaufen oder einen Ritus, durch den ein Stammesmitglied den Statuswechsel zum Häuptling oder König passiert. Nicht zuletzt zieht er Parallelen zu gesellschaftlichen und politischen Beobachtungen, die er in den Sechziger- bis frühen Achzigerjahren des letzten Jahrhunderts in westlichen Gesellschaften (vor allem der USA) machen konnte. Er sieht Strukturähnlichkeiten zwischen Ritualdynamiken in Stammesgeellschaften und der Subkultur der Hippies der späten sechziger Jahre in Californien oder auch der Musik von Bob Dylan. Dadurch entwickelt er van Genneps Ritualtheorie weiter zu einer allgemeinen Sozial- und Gesellschaftstheorie. Zwei Themen stehen immer wieder im Zentrum seiner Ausführungen: das vergemeinschaftende Potential von Ritualdynamiken und das Verhältnis von alltäglicher Struktur und anti-strukturellem Schwellenzustand. Beide Themen werden im Folgenden näher erläutert.

3.4.2 Struktur und Antistruktur

Turner will »Struktur« und »Anti-Struktur« als zwei Seiten des Sozialen verstanden wissen. Auf der einen Seite positioniert er die »Struktur« des alltäglichen Lebensvollzugs, auf der anderen Seite die »Anti-Struktur« des rituellen Schwellenzustands. Ein wesentlicher Ausgangspunkt ist die ritualtheoretische Einsicht, dass der Bezugspunkt für die Entfaltung eines Übergangsrituals eine zugrundeliegende alltägliche Ordnung oder »Struktur« sein muss.[114] ImHinblick auf diesen Fluchtpunkt lässt sich sinnvoll von einer Ablösung, das heißt von einer liminalen Phase oder schließlich auch von einer Wiedereingliederung sprechen.

3.4.2.1 Struktur: die nüchterne Mechanik des Alltäglichen

Das Gesellschaftsmodell der Struktur beschreibt Turner (1989, S. 96) »[...] als strukturiertes, differenziertes und oft hierarchisch gegliedertes System politischer, rechtlicher und wirtschaftlicher Positionen mit vielen Arten der Bewertung [...], die die Menschen im Sinne eines ›Mehr‹ oder ›Weniger‹ trennen«.[115] Das soziale Leben in der Struktur ist geprägt von alltagspragmatischen und -ökonomischen Imperativen. Um diesen Erfordernissen gerecht werden zu können, etablieren sich soziale Praktiken sowie ein System differenzierter sozialer Statuspositionen und Institutionen. Diese Positionen stehen in einem wechselseitigen Abhängigkeitsverhältnis, gleichzeitig sind sie hierarchisch organisiert. Turner (2009, S. 80) betrachtet die Struktur als »tendenziell exklusiv«; sie finde »Gefallen an der Unterscheidung von wir/sie, Ingroup/Outgroup, höher/niedriger, Herren/Knechte«. Die Tätigkeits- und Interaktionsformen in der Struktur zeichnen sich durch eine bestimmte Zeitlichkeit aus. »Struktur wurzelt aufgrund von Sprache, Gesetz und Brauch in der Vergangenheit und reicht in die Zukunft« (Turner 1989, S. 111). Überlieferte Denk- und Handlungsmuster geben den Individuen erprobte Mittel zur Hand, um den dem »Leben in der ›Struktur‹« innewohnenden »objektiven Schwierigkeiten« zu begegnen: mitunter müssten »Entscheidungen [...] getroffen, Neigungen den Wünschen und Bedürfnissen der Gruppe geopfert und physische wie soziale Hindernisse auf eigene Kosten

---

[114] Das Verhältnis von Communitas und Sozialstruktur ist für Turner ein »Figur-Grund-Verhältnis« (Turner 2009, S. 79).
[115] Turner nimmt Bezug auf das differenzierungstheoretische Paradigma in der Soziologie. Mit Herbert Spencer und später Émile Durkheim, Talcott Parsons oder auch Niklas Luhmann lassen sich ›moderne‹ Gesellschaften als funktional differenzierte Gesellschaften beschreiben, deren Differenzierung den komplexen Anforderungen der Moderne geschuldet ist.

überwunden werden« (ebd., S. 135). Dies verlangt einerseits »klares Denken und festes Wollen«, das durch die Struktur ermöglicht wird. Andererseits bekommt »strukturelles Handeln leicht etwas Nüchternes und Mechanisches« (ebd., S. 135). Diese Sozialstruktur – in einem weiten Sinne – bildet den Ermöglichungshorizont für sozioökonomische Effizienz und die Kontinuität gesellschaftlicher Verhältnisse. Hier liegt ihr unwiderstehlicher Wert für soziale Gruppierungen. Gleichzeitig ist sie auch die Grundlage für die Entstehung der anderen Seite des Sozialen: Communitas. Sie steht im Kontrast zur Struktur und ergänzt durch ihren eigenen Wert die Potentiale der Struktur.

3.4.2.2 Anti-Struktur: Liminalität und Communitas im Nichtalltäglichen

Turner ist sich sicher, dass das »Soziale« nicht auf das Sozialstrukturelle reduziert werden kann. Die Struktur ist, so Turner (vgl. 1989, S. 128), auf Dauer nicht dazu in der Lage, sich selbst zu erhalten, da sie nicht selbst für Kohärenz, Identität und Commitment sorgen kann. Im Raum steht die Frage, worauf sich die Vorstellung einer Gesellschaft als kohärentes Ganzes, der praktische Zusammenhalt der Menschen und das Gemeinschaftsempfinden gründen. Turner identifiziert ein zweites Gesellschaftsmodell, das neben der Sozialstruktur existiert. Paradigmatisch erkennt er diese zweite Erscheinungsform des Sozialen im Möglichkeitshorizont der rituellen Liminalität. Er bezeichnet diese als »Communitas«; eine Form der intensiven wie auch folgenreichen Vergemeinschaftung, welche auf eine Einklammerung der pragmatischen und hierarchischen Strukturbedingungen angewiesen ist. Eine solche Einklammerung bringt der rituelle Schwellenzustand mit sich. »Communitas« ist damit die wesentliche Wirkweise der rituellen Schwellenphase oder verallgemeinert: eines »anti-strukturellen« sozialen Arrangements. Zwei Fragen müssen an dieser Stelle geklärt werden. Erstens was bedeutet eigentlich das Reden von *Anti-Struktur*? Zweitens, wie konzipiert Turner *Communitas* als das gewichtige, ›andere‹ beziehungsweise antistrukturelle Moment des Sozialen?

Liminalität ist zunächst Turners Begriff für die Schwellenphase eines Ritualprozesses. Der Wortursprung liegt im lateinischen Begriff *limes (pl. limitis)*, der eine Grenzlinie, einen Grenzweg zwischen Grundstücken (zum Beispiel Äckern) oder einen befestigten Grenzwall bezeichnet. Der Grenze kommt eine doppelte Bedeutung zu. Sie ist ein Übergangsmarker;[116] kennzeichnet eine Zone, welche das eine von einem anderen trennt. Gleichzeitig ist sie selbst ein ›Ort‹, dem eine wichtige Funktion

---

[116] Beispielsweise geht er auf Revolutionen und Rebellionen (vgl. Turner 2009, S. 69 f.) oder die Hippiebewegung (vgl. Turner 1989, S. 192) ein.

zukommt – wie die Funktionen des Grenzwegs oder des Grenzwalls intuitiv darlegen. Die rituelle *Schwellenphase* weist beide dieser Charakterististika auf.

Erstens markiert Liminalität einen Übergang. Sie setzt eine Phase der Herauslösung aus der Struktur der Alltagsordnung voraus. Gleichzeitig handelt es sich um einen Übergangszustand, der entweder in neue Formen von Strukturbildung mündet oder aber in die tradierte Struktur der Alltagsordnung zurückführt. Im Schwellenzustand selbst existieren keine Strukturen, welche einen funktionalen Ersatz für die ›verlassene‹ Alltagsstruktur bereithalten. Die Schwellenphase ist entsprechend ein Zustand ›zwischen Strukturen‹; zwischen der vergangenen und der kommenden. Die Menschen in diesem Zustand befinden sich sprichwörtlich »betwixt and between« (Turner 1967); sprichwörtlich eine »Zwischenlage« (Giesen 2010). Turner überträgt die ursprüngliche Ritualanalyse auf weitere gesellschaftliche Phänomene und entwickelt diese so zu einer allgemeinen Gesellschaftstheorie weiter. In diesem weiten gesellschaftstheoretischen Verständnis ist Liminalität der soziale Raum und zeitliche Horizont, der sich immer dann öffnet (oder auch geöffnet wird), wenn die soziale Struktur ihre Gültigkeit verliert (oder eingeklammert wird).

Liminalität als soziales Gefüge
Liminalität betitelt – zweitens – ein soziales Arrangement. Zumindest die rituelle Schwellenphase wird gezielt herbeigeführt. Beispielsweise müssen sich im rituellen Übergang von der Kindheit zum Erwachsenenalter die *Neophyten*[117] der Autorität der initiierten Älteren unterwerfen. Die Älteren wiederum schöpfen ihre Autorität nicht aus sich selbst, sondern personifizieren, so Turner, die *Autorität der Tradition* (vgl. Turner 1967, S. 99 f.). Die Aufnötigung dieser rituellen Ordnung wird von allen Neophyten geteilt und wirkt als große Apparatur des Gleichmachens.

Turner reserviert den Begriff Communitas für Vergemeinschaftungserfahrungen, die auf Liminalität basieren, um »diese Form der Sozialbeziehung vom ›Bereich des Alltagslebens‹ [zu] unterscheiden« (Turner 1989, S. 96 f.). Der Raum der alltäglichen, sozialstrukturell geordneten Lebensführung ist prinzipiell unbegrenzt, die liminale Ritualordnung ist in einem konkreten ›Hier‹ verankert. Zeitlich fußt die Struktur in Tradition und Vergangenheit und weist in die Zukunft. Die Zeit der Liminalität ist das ›Jetzt‹. Konzentriert im Hier und Jetzt (vgl. ebd., S. 111), verdichtet sich das Soziale. *Während Struktur im Alltagsleben Effizienz und Produktivität erlaubt, ermöglicht die Unbestimmtheit im liminalen Raum und der liminalen Zeit Communitas.* Als Sozialität der Un-

---

[117] So der ethnologische Terminologie für Initiant*innen und frisch Initiierte, die auch Turner zur Beschreibung gebraucht.

mittelbarkeit ist sie »im wesentlichen eine Beziehung zwischen konkreten, historischen, idiosynkratischen Individuen« (ebd., S. 128 f.). Mit Verweis auf Martin Buber kann Turner den Unterschied zwischen Struktur und Anti-Struktur, das heißt Sozialstruktur und Communitas näher fassen. Alles Strukturelle von Sprache, Gesetz und Brauchtum ist in konkreten sozialen Situationen mittelbar zugegen. Die Beziehungen zwischen den Menschen sind damit selbst vermittelt. Sie begegnen sich als ›Rollenspieler‹ und ›Maskenträger‹ innerhalb einer nüchtern strukturierten Gesellschaftlichkeit. Im Zustand der spontanen Communitas ist, mit Buber gesprochen, »alles Mittelbare unerheblich«:

»Die Beziehung zum Du ist unmittelbar. Zwischen Ich und Du steht keine Begrifflichkeit, kein Vorwissen und keine Phantasie; und das Gedächtnis selber verwandelt sich, da es aus der Einzelung in die Ganzheit stürzt. Zwischen Ich und Du steht kein Zweck, keine Gier und keine Vorwegnahme; und die Sehnsucht selber verwandelt sich, da sie aus dem Traum in die Erscheinung stürzt. Alles Mittel ist Hindernis. Nur wo alles Mittel zerfallen ist, geschieht die Begegnung.« (Buber 2009, S. 12)

Alltägliche Statusdifferenzierungen verlieren in der Gruppe der Initiand*innen ihre Gültigkeit. Die Position der »Schwellenwesen« ist unbestimmbar, sie »befinden sich zwischen den vom Gesetz, der Tradition, der Konvention und dem Zeremonial fixierten Positionen« (Turner 1989, S. 95). In der Communitaserfahrung wird das Positionsgefüge nivelliert. Die Begegnung mit den anderen ist unvermittelt und nicht weniger intensiv ist die damit verbundene authentische Selbsterfahrung. Das Gemeinschaftserlebnis und die befriedigende Erfahrung bei ›sich selbst‹ zu sein, gehen Hand in Hand.

Mitunter werden im Schwellenzustand alltägliche Hierarchien auch umgekehrt. »Der Schwellenzustand impliziert, daß es kein Oben ohne das Unten gibt und daß der, der oben ist, erfahren muß, was es bedeutet, unten zu sein.« (Turner 1989, S. 96 f.) Wie die Erfahrung fundamentaler Gleichheit trägt die Erfahrung der Statusumkehr zu einem Gefühl der Verbundenheit bei.[118] Sie ist der Kern der Communitaserfahrung. Die rituelle Sozialordnung ist damit für sich selbst genommen paradox.

---

[118] »Grob gesagt, Schwäche ist der Schwellenzustand der Starken – Stärke der der Schwachen.« (Turner 1989, S. 190) Diese Gefühle sind durchaus trügerisch, doch bringen sie für die Mächtigen wie die Ohnmächtigen der strukturellen Verhältnisse ihren Nutzen mit sich. Die Mächtigen finden im Schwellenzustand »möglicherweise eine Gelegenheit, sich selbst aller äußeren Merkmale und inneren Gefühle des Statusunterschieds zu entledigen und mit den Massen zu verschmelzen oder zumindest symbolisch als Diener der Massen betrachtet zu werden« (ebd., S. 191). Am anderen Ende der sozialen »Hackordnung« bringt die »Statusumkehrung möglicherweise eine Gelegenheit, von der Communitas der Notwendigkeit (die deshalb authentisch ist)

Zwischen den Initiierten und Initiand*innen besteht ein maximaler Statusunterschied, während in der Gruppe der Initiand*innen alle Statusunterschiede nichtig werden. Im scheinbaren Widerspruch liegt für Turner der Reiz: »Was uns hier an den Schwellenphänomenen interessiert, ist die Mischung aus Erniedrigung und Heiligkeit, Homogenität und Kameradschaft.« (ebd., S. 96) Für Turner hat diese »Verbundenheit« durch unmittelbare Begegnung »existentielle Qualität; sie betrifft den ganzen Menschen, der in Beziehung mit anderen ganzen Menschen steht« (ebd., S. 124). Sie macht auch bei der Verbindung konkreter Menschen nicht halt. Turner sieht eine Verallgemeinerungsdynamik in Kraft: »Wenn zwei Menschen ihre Einheit zu erleben glauben, haben sie, wenn auch nur einen Augenblick lang, das Gefühl, alle Menschen seien eins.« (Turner 2009, S. 73) Auch deshalb unterscheidet Turner Communitas und alltägliche Formen der Vergemeinschaftung; Communitas ist immer mit ›dem ganzen Sozialen‹ verbunden.

Die Wirkung des Liminalen geht noch an anderer Stelle über Vergemeinschaftungserfahrungen hinaus. In der Verabschiedung festgefügter Strukturmomente liegt ein Stück Befreiung und damit umfasst »Communitas […] auch einen Aspekt der Möglichkeit« (Turner 1989, S. 125). Wie sie augenblicklich ein Band zwischen Menschen stiftet, die eben noch im Alltag voneinander unverbundene Leben besorgt haben, stößt sie eine Tür auf, um die tradierten Strukturmuster zu hinterfragen.[119] Communitas ist damit ein spezifischer und praktischer Begriff für kreatives Potential. Allgemein bemerkt Turner »[…] in der Liminalität ›spielen‹ die Menschen mit den Elementen des Vertrauten und verfremden sie. Und aus den unvorhergesehenen Kombinationen vertrauter Elemente entsteht Neues.« (Turner 2009, S. 40)

Befreit vom Ballast der strukturellen Konventionen, gehen liminale Vergemeinschaftungen mit ausgesprochener Freimütigkeit (mutual outspokenness) einher (vgl. Turner 1967, S. 101). Turner sieht hier die Ambivalenz der liminalen Sozialität. Nicht umsonst stößt der liminale Überschwang auf Argwohn:

»Liminalität mag für viele weniger das Milieu kreativer zwischenmenschlicher oder transmenschlicher Befriedigungen und Leistungen als vielmehr den Gipfel der Unsicherheit, den Einbruch des Chaos in den Kosmos, der Unordnung in die Ordnung darstellen. Liminalität kann der Schauplatz von Krankheit, Verzweiflung, Tod und Selbstmord, des Zusammenbruchs normativer, klar definierter sozialer Beziehungen und Bindungen sein, ohne daß neue Beziehungen dieser Art an ihre

---

in eine Pseudostruktur zu fliehen, in der alle Verhaltensextravaganzen möglich sind« (ebd., S. 192). Im Wesentlichen wird durch die Statusumkehr die Struktur nicht fundamental in Frage gestellt, sondern tendenziell »verstärkt« (ebd., S. 191) beziehungsweise stabilisiert.

[119] »During the liminal period, neophyes are alternately forced and encouraged to think about their society, their cosmos, and the powers that generate and sustain them. Liminality may be partly described as a stage of reflection.« (Turner 1967, S. 105)

Stelle träten. Liminalität kann Anomie, Entfremdung, Angst – die drei verhängnisvollen Alpha-Schwestern vieler moderner Mythen – bedeuten.« (Turner 2009, S. 72)

Um die »mystische Gefahr« der »Manifestationen der Communitas« einzuhegen, werden diese durch »Vorschriften und Verbote eingeschränkt« (Turner 1967, S. 107).

3.4.3 Dialektik von Struktur und Anti-Struktur

So wenig wie auf die Sozialstruktur lässt sich das Soziale auf das überschwängliche Leben in der Anti-Struktur reduzieren. »Sollen die materiellen und organisatorischen Bedürfnisse der Menschen adäquat befriedigt werden, kann es nicht nur Communitas geben.« (Turner 1989, S. 126) Zwischen Struktur und Anti-Struktur, Sozialstruktur und Communitas besteht ein dialektisches Verhältnis. »Eine zum Höchstmaß gesteigerte Communitas provoziert eine zum Höchstmaß gesteigerte Struktur, die wiederum revolutionäre Bestrebungen nach erneuter Communitas entstehen läßt.« (ebd., S. 126) Vom Standpunkt der Communitaserfahrung betrachtet, stellt sich das Problem, das große Gefühl, »alle Menschen seien eins [...] lebendig zu halten« (Turner 2009, S. 73). Turner erkennt hier ein doppeltes Paradox, denn die Versuche die Communitaserfahrung aufrecht zu erhalten, münden in die Entwicklung sozialstruktureller Momente (vgl. ebd., S. 73). Zudem scheint zu gelten: »[J]e mehr spontan ›gleich‹ Menschen werden, umso mehr spezifisch ›sie selbst‹ werden sie; je mehr sie aber sozial gleich werden, umso weniger sind sie individuell sie selbst« (ebd., S. 73). Damit erschöpft sich die Kraft der Communitaserfahrung auf Dauer in sich selbst. Ein dritter Aspekt trägt zu Instabilität und Erschöpfung spontaner Communitas bei: ihr kreatives Potential. Liminalität regt zum Nachdenken an und sie äußert zunächst »ihre Ergebnisse« in »Kunst und Religion« (Turner 1989, S. 125). Die Artefakte der Communitas untergraben mit der Zeit ihre eigene Grundlage: »Communitas entwickelt sehr bald selbst eine (schützende soziale) Struktur, in der sich freie Beziehungen zwischen Individuen in normengeleitete Beziehungen zwischen sozialen Personen verkehren.« (Turner 2009, S. 74) Instabilität und Transition sind Grundcharakteristika des Schwellenzustands.

3.4.3.1 Generalisierbarkeit der Ritualperspektive

Ritualordnungen tragen diesem Umstand Rechnung, indem die Wiedereinbettung selbst integraler Teil des Ritualprozesses ist. Rituale sind begrenzt und bei aller Unberechenbarkeit von Ritualdynamiken sind auch diese dadurch eingehegt. Anders verhält es sich mit sozialen Bewegungen, die in Situationen gesellschaftlicher Liminalität auftreten. Jugendkulturellen Alternativprojekte scheitern an ihrer Einsichtigkeit. Zur Hippiebewegung bemerkt Turner:

»Das grundlegende Problem, das diese Gruppen bisher nicht zu lösen vermochten, besteht darin, daß Stammescommunitas die Kehrseite oder das Gegenstück zur Stammeskultur ist. Wie die Utopisten der Neuen Welt im 18. und 19. Jahrhundert haben sie noch keine Struktur entwickelt, die imstande wäre, die soziale und ökonomische Ordnung über eine lange Zeit aufrechtzuerhalten.« (Turner 1989, S. 192)

Doch nicht überall erschöpft sich Liminalität in subkultureller Communitas zwischen Jugendkultur und Konsumstil.

»Revolutionen und Revolten« stellen für Turner (2009, S. 69 f.) gar »eine Umkehrung der in ›tribalen‹ und anderen, im wesentlichen konservativen Gesellschaften zwischen dem Normativen und dem Liminalen bestehenden Beziehung dar«. Sie zeigen Versuche die »liminale Phase« zu »totalisieren[...]« (ebd., S. 70). Mit Blick auf die großen politischen und gesellschaftlichen Revolutionen des 20 Jahrhunderts unter Lenin in Russland, Mao Zedong in China, Kim Il Sung in Nordkorea, Fidel Castro in Kuba etc. ist diese Einschätzung nicht von der Hand zu weisen. Ob diese Versuche von Erfolg gekrönt sind, lässt sich bezweifeln und mit einer Einsicht kommentieren, die Turner über millenarische Bewegungen formuliert. »In der Praxis erschöpft sich dieser Schwung natürlich schnell und die ›Bewegung‹ wird selbst zu einer Institution unter anderen – oft fanatischer und militanter als diese, weil sie sich als einzige im Besitz universeller menschlicher Wahrheiten glaubt.« (Turner 1989, S. 110) In Selbstgerechtigkeit gehüllt erstarren sozialreformerische Bewegungen zu totalitären Struktur-Apparaten, welche die Unbestimmtheit aus der sie ursprünglich selbst entstanden sind, lediglich noch zu inszenieren wissen, strukturell aber längst abgeschafft und ausgeschaltet haben.

Neben diesen großen Liminalitäten bereiten auch die kleineren einer Generalisierung Schwierigkeiten. Ritualkomplexe sind in der Regel hochgradig normative, zumeist traditionelle tief wurzelnde Arrangements. Diese Rituale sind ein fester unhinterfragbarer Bestandteil gelebter Kultur. Bei aller Strukturanalogie mit Jugendrevolten und konsumkulturellen Phänomenen, die Unterschiede sind offensichtlich. Turner (2009, S. 66) sieht sich daher zu einer Begriffsvariation genötigt und führt die Unterscheidung liminal und liminoid ein: »Liminoide Phänomene sind also durch Freiwilligkeit, liminale durch Pflicht gekennzeichnet. Das eine ist Spiel, Unterhaltung, das andere eine tief ernste, selbst furchterregende Sache.«

3.4.4 Synopse: Nichtalltäglichkeit bei Victor Turner

Auch wenn Turner Einschränkungen bei der Generalisierbarkeit seiner Ritualanalyse nach Arnold van Gennep sieht, legt er ein hilfreiches Analysewerkzeug für gesellschaftliche Dynamiken vor und leistet einen ernstzunehmenden Beitrag zur Theoretisierung des Sozialen im Kontext situativer Nichtalltäglichkeit. In diese Richtung lassen sich mit Turner folgende Einsichten gewinnen:

1. Struktur und Anti-Struktur greifen ineinander. Dabei ist Liminalität gedacht als Form situativer Nichtalltäglichkeit, ein anti-strukturelles Übergangsphänomen zwischen zwei strukturellen Alltagsordnungen.
2. Struktur und Anti-Struktur, Sozialstruktur und Communitas sind Kontrastphänomene. Die Emphase des Anti-Strukturellen und die Intensität der Communitas-Erfahrung sind nur vor dem Hintergrund eines strukturierten Alltags möglich.
3. Durch die Einklammerung des Alltäglichen während liminaler oder liminoider Episoden wird das mit der alltäglichen Struktur einhergehende Statusgefüge außer Kraft gesetzt, das heißt, als irrelevant eingeklammert. Die daraus entstehende relative Unbestimmtheit gibt Raum für Erfahrungen von Gleichheit.
4. Liminalität kann auch mit Phänomenen der Statusumkehr einhergehen.
5. Der Versuch die Intensität der Communitatserfahrung zu verstetigen, untergräbt ihre Grundlagen.
6. Gesellschaftliche Reformbewegungen stehen vor dem Problem strukturell zu erstarren und den Glauben zu entwickeln, »im Besitz universeller menschlicher Wahrheit [...]« zu sein; so kann etwa aus dem Einfordern von Gerechtigkeit oder Sittlichkeit eine selbstgerechte Nabelschau werden.
7. Mitunter erwächst aus der anti-strukturellen Unbestimmtheit, eine ›neue‹ soziale Struktur, die ihren Vorgänger um Rigidität übersteigt.
8. Turner betont die Ambivalenz des Nichtalltäglichen. Es besteht kein Anlass, Liminalität und Communitas romantisch zu verklären.

3.5 Zwischenbetrachtung
– Umrisse einer Konzeption situativer Nichtalltäglichkeit

Keiner der bis hierhin diskutierten Ansätze ist für eine Klärung dessen, was situative Nichtalltäglichkeit auszeichnet, hinreichend. Es bedarf der Inspiration durch Weber, Durkheim und Turner, um Schütz Sozialphänomenologie der Lebenswelt zu invertieren und es bedarf Schütz, um Weber, Durkheim und Turner in eine gemeinsame Klammer einzufügen. Beide Bewegungen eröffnen einen gehaltvollen Zugriff auf Phänomene situativer Nichtalltäglichkeit.

3.5.1 Situative Nichtalltäglichkeit bei Weber, Durkheim, Schütz und Turner

Charisma wird, laut Weber, aus Not und Begeisterung geboren und stiftet starke soziale Beziehungen; einen Personenkreis, der als Charismagemeinschaft entweder Führungspersönlichkeiten ›nachfolgt‹ oder aber ›sich selbst‹ als Gruppe oder Bewegung charismatisiert. Die Charismagemeinschaft zeigt gegenüber alltagspragmatischen Imperativen und auch der moralischen sowie mitunter rechtlichen Ordnung (zumindest) Indifferenz; gemäß dem prophetischen Diktum: Es steht geschrieben, ich aber sage Euch. Durkheim sieht in Momenten enormer morphologischer Verdichtung die Chance auf begeisternde wie ekstatische Erfahrungen. Die kollektive Zusammenkunft, die gemeinsame Bewegung und die Suche nach dem Ursprung der kollektiven, emotionalen Gärung, die alle Einzelnen übersteigt, ist für Durkheim Kern der religiösen Erfahrung und Ausgangspunkt kollektiver Repräsentationen. Aus der situativen Nichtalltäglichkeit erwachsen gemeinsam geteilte Formen der Klassifikation und Weltdeutung sowie ein geteilter Symbolismus. Schütz wiederum zeigt, dass Relevanzen ›von außen‹ auferlegt oder durch freiwillige Zuwendung gesetzt werden können. Der Alltag ist immer von Momenten des Nichtalltäglichen durchzogen, die, wenn sie thematisch relevant werden, vor dem Hintergrund biographischer und gesellschaftlicher Wissensbestände interpretiert und damit motivational hinreichend bewältigt werden können. Situative Nichtalltäglichkeit lässt sich nicht auf Handlungsprobleme reduzieren. Wenn auch der zuhandene Wissensvorrat derselbe bleibt, ist im Modus des Alltäglichen und Nichtalltäglichen die Einstellung gegenüber dem situativ Gegebenen und der Passung von Erfahrungen nicht dieselbe. Situative Alltäglichkeit ruht auf vertrauter Selbstverständlichkeit, während situative Nichtalltäglichkeit unvertraute Fragwürdigkeit mit sich bringt. Konkreter bedeutet dies: *Während die Selbstverständlichkeit situativer Alltäglichkeit von Ungewissheit durchzogen ist, ist die Ungewissheit situativer Nichtalltäglichkeit von Momenten alltäglicher Selbstverständlichkeit durchzogen*. Im Hinblick auf die Frage der Transzendenz bringt dies zwei Aspekte mit sich. Einerseits begleitet diese Situationen eine gewisse Statusunsicherheit, andererseits werden die Relevanzstrukturen des alltäglichen Lebensvollzugs in den Hintergrund gedrängt beziehungsweise durch situative ›neue‹ Erfordernisse überlagert. Der Übertritt von situativer Alltäglichkeit zu situativer Nichtalltäglichkeit ist mit einer qualitativen Differenz verbunden, die mit Kierkegaard als Sprung gedacht werden kann. Nichtalltäglichkeit in diesem Sinne ist eine für sich geschlossene Sinnprovinz, ein Wirklichkeitsbereich eigenen Rechts. Diese Sinnprovinz hat Enklaven-Charakter, insofern Nichtalltäglichkeit immer eingebettet bleibt in Alltäglichkeit. Turner zeigt, dass solche Konstellationen als Schwellenzustand zwischen Alltagszuständen zu denken sind. Das anti-strukturelle Moment dieser liminalen oder liminoiden Konstellationen vermag, insbesondere zwischen denjenigen, die aus der Struktur des Alltäglichen herausgelöst werden, starke soziale Bande zu errichten. Mit Turner gesprochen, kann diese Communitas-Erfahrung über die Gruppe der ›Schwellenwesen‹ hinaus alle miteinbeziehen, welche diese spezifische Liminalität durchlaufen haben oder auch nur symbolisch adressiert werden. Zwangläufig mündet jeder anti-strukturelle Schwellenzustand wieder in Struktur: entweder durch die rituelle Rückkehr in den Alltag oder aber durch strukturelle Erstarrung beim Versuch Liminalität und Communitas – mit Weber Charisma, mit Durkheim das Heilige – auf Dauer zu stellen. Auf diese Weise lässt sich mit Weber, Durkheim, Schütz und Turner situative Nichtalltäglichkeit umreißen.

3.5.2 Von der abstrakten Erörterung zum Forschungszugang

3.5.2.1 Typologie nichtalltäglicher Arrangements: ein theoriegeleiteter Vorschlag

Das zweite und dritte Kapitel stehen im Zeichen einer theoretisch abstrakten Diskussion. Diese führt zu einer weiteren Frage: Wie lassen sich die gewonnenen Erkenntnisse konkretisieren? Eine Antwort auf diese Frage leitet zum empirischen Teil dieser Arbeit über. Die abstrakte Diskussion über den Charakter situativer Nichtalltäglichkeit mündet hiermit in die Untersuchung konkreter *nichtalltäglicher sozialer Arrangements*.[120] Mit dieser Konkretion ist die Aufgabe verbunden, einen *Phänomenbereich situativer Nichtalltäglichkeit* als empirisch annäherbares, sozialwissenschaftliches

---

[120] Während mit dem Begriff *situative Nichtalltäglichkeit* ein phänomenologisch-pragmatistisch inspiriertes empirieleeres Konzept formuliert wird, meint die Rede von *nichtalltäglichen sozialen Arrangements* immer konkrete Ausschnitte sozialer Wirklichkeit, die unter den Gesichtspunkten *situativer Nichtalltäglichkeit* im Sinne eines sensibilisierenden Konzepts angenähert werden können.

Feld zu umreißen. Entlang grundlegender Unterscheidungen der Entstehungsbedingungen situativer Nichtalltäglichkeit kann ein solches Forschungsfeld als systematisches Tableau situativer Nichtalltäglichkeit entworfen werden. Die leitende Frage lautet: Wie kommt es dazu, dass eine konkrete Episode *situativer Nichalltäglichkeit* in die alltägliche Ordnung einbricht und diese für eine gewisse Zeit unterbricht?

Schütz pragmatistisch-phänomenologische Soziologie der Lebenswelt kann als konzeptuelle Klammer genutzt werden, um die teilweise konvergierenden, teilweise disparaten Denkfiguren von Weber, Durkheim und Turner zu integrieren. Ich schlage vor, die Unterscheidung konkreter Fälle durch zwei Kriterien anzuleiten: *Erstens stellt sich die Frage, wie der subjektive Eintritt in ein nichtalltägliches Arrangement motiviert ist.* Werden Individuen zum Eintritt in die Nichtalltäglichkeit gezwungen oder begeben sie sich freiwillig hinein? Hinter diesem Kriterium steckt die von Schütz formulierte Einsicht, dass Relevanzsetzungen (Kapitel 3.3.1) von außen auferlegt sein oder aber auf freiwilliger Motivation basieren können. *Zweitens können nichtalltägliche soziale Arrangements situativ emergieren oder aber (von wem auch immer) planvoll inszeniert und entsprechend entlang ihrer Konstitutionsprinzipien unterschieden werden.* Auch hier lässt sich mit derselben Figur bei Schütz argumentieren. Darüber hinaus zeigt sich dieser Doppelcharakter in der von Weber (Kapitel 3.1) angeführten Phänomenbreite. Das Charisma auf Basis demagogischer Verführungskunst und das Charisma des Berserkers trennen Welten, vor allem aber die Differenz zwischen der Dominanz des planvollen Kalküls und der situativen Gelegenheit. Auch bei Durkheim (Kapitel 3.2) finden sich beide Aspekte wieder. Die von ihm beschriebenen Ordnungen sind allesamt rituelle Inszenierungen, gleichzeitig erzeugen sie emergierende Dynamiken, die sich nicht restlos auf diese Inszenierungsabsichten zurückführen lassen – sofern im Kontext religiöser Zeremonien sinnvoll von Absichten gesprochen werden kann. Diese Dualität findet sich analog bei Turner (Kapitel 3.3). Werden die Momente Inszenierung und Emergenz streng getrennt voneinander gedacht, ergibt sich eine fruchtbare Möglichkeit, Episoden situativer Nichtalltäglichkeit voneinander zu scheiden. Die verschiedenen Kombinationen von subjektiver Eintritts-Motivation und situativer Konstitution lassen sich anhand einer Vier-Felder-Matrix veranschaulichen.[121]

---

[121] Die beiden konzeptuellen Achsen der Eintrittsmotivation und des Konstitutionsprinzips lassen sich um weitere ergänzen. So kann situative Nichtalltäglichkeit im Sinne von Not und Begeisterung auftreten, das heißt Erfahrungen affektueller ›Unterschreitung‹ im Falle der angstbesetzten Not und ›Überschreitung‹ im Falle euphorisierender Begeisterung darstellen. Weitere Dimensionen sind durchaus vorstellbar. Komplexitätserhöhung geht zwangsläufig mit einem Verlust an Übersichtlichkeit einher, der durch Klarheit der Konzeptbildung gerechtfertigt sein muss.

Typologie 1: Phänomenbereich situativer Nichtalltäglichkeit

		Eintrittsmotivation in situative Nichtalltäglichkeit	
		Freiwilligkeit	Zwang
Konstitutionsprinzip situativer Nichtalltäglichkeit	Emergenz	Abenteuer | Revolte (1. situativer Wille)	Katastrophe | Unfall (2. situativer Zwang)
		Mischformen	
	Inszenierung	Event | Ritual (3. geplanter Wille)	Putsch | Attentat (4. geplanter Zwang)

Die vier Felder sind idealtypisch zu interpretieren und wie folgt zu lesen:

1. Von situativem Willen kann gesprochen werden, wenn die beteiligten Subjekte willentlich ihren Alltag verlassen und eine nichtalltägliche Ordnung spontan aus der Situation heraus entsteht. Beispiele für diesen Typ sind das spontane Happening, das Schreiten ins Abenteuer oder die spontane Revolte. Eine strenge Typenbildung müsste hier unterstellen, dass dem Geschehen keine wesentliche Vorplanung vorausgeht. Aber selbst wenn wie im folgend verhandelten Beispiel (siehe Kapitel fünf bis acht) eine geplante Demonstration in eine Besetzung mündet, ist die Organisation der Demonstration kein hinreichender Bestimmungsgrund für die Konstitution und den Verlauf der Besetzung. Die Revolte hofft auf Momentum, doch ist sie vor allem ein Wagnis.
2. Während die Entstehung einer Revolte auf mehr oder minder willentlichen Entscheidungen beruht, erzwingen kollektive Schicksalsschläge nichtalltägliche Arrangements. Im Katastrophenfall stellt sich nicht die Frage, ob die Motivation für ein Heraustreten aus dem Alltag besteht. Die Katastrophe oder der verherende Unfall sind *situativer Zwang* an sich. Hier wird Alltäglichkeit durch den Eintritt des Nichtalltäglichen ausgesetzt. Sowohl im Fall der Revolte (1.) als auch im Katastrophenfall (2.) bleibt die Ausgestaltung des Nichtalltäglichen offen, die nichtalltägliche Ordnung emergiert über Interaktionsverläufe und Interaktionsverkettungen unter dem hintergründigen Eindruck des Nichtalltäglichen.
3. Die beiden weiteren Fälle zeichnen sich dadurch aus, dass nichtalltägliche Situationen planvoll inszeniert werden. Im Falle vieler Ritualen und Events können

sich Individuen dieser Inszenierung aussetzen oder auch entziehen.[122] Die Teilhabe beruht insofern auf *geplantem Willen*. Die Dramaturgie solcher Arrangements wird von langer Hand zielgruppengenau vorbereitet. Die Planung solcher Episoden impliziert, dass Individuen sich diesen willentlich – sei es aus religiöser Überzeugung, Tradition oder Neigung[123] – aussetzen werden. Es ist notwendig Ort und Zeit der Nichtalltäglichkeit aufzusuchen. Auf die Ordnung an sich haben Teilnehmende immer dann nur bedingt Einfluss, wenn die Rollen der Dramaturg*innen der Inszenierung einerseits und der Adressat*innen der Inszenierung andererseits auseinanderfallen.

4. Im letzten Fall bleibt der Charakter planvoller Inszenierung erhalten, doch können sich Individuen nicht dazu entscheiden, ob sie sich dieser Inszenierung aussetzen oder nicht. Während 2011 die Ereignisse der sogenannte Arabellion, dem Prinzip der Revolte folgend, Gestaltungsspielraum eröffneten und nach ihrem unwahrscheinlichen Erfolg gleichzeitig ein zu gestaltendes Vakuum hinterließen, bot im Juli 2013 der Militärputsch in Ägypten wenig Gestaltungsspielraum. Die Rollen derer, die den Putsch organisieren und der Adressant*innen des neu formulierten Herrschaftsanspruchs fallen hier deutlich auseinander. Der Vorsitzende des Militärrates hat neue Spielregeln bekannt gegeben. Der auf Dauer gestellte Ausnahmezustand ist aufoktroyiert und insofern *geplanter Zwang*. Noch deutlicher haben terroristische Attentate diesen Charakter. Von mehr oder minder langer Hand geplant, reißen sie willkürlich Menschen in den Tot und stürzen andere in eine Situation tiefer Verunsicherung.

Diese vier skizzierten Idealtypen (Weber 1922) lassen sich nicht als empirische Typen auffinden. Die Typologie entsteht aus strengem konzeptgeleitetem Denken. Beobachtbare Formen situativer Nichtalltäglichkeit liegen in dieser strengen Form nicht vor. Warum sollte sich die Welt auch nach einem solchen Begriffswerk richten? Die Analyse empirisch auffindbarer Phänomene lässt Rückschlüsse auf alle vier Typen zu. Die soeben skizzierte *Typologie situativer Nichtalltäglichkeit* hat ihre konzeptionelle

---

[122] Stammesrituale werden durch diesen Typ nur unzureichend abgedeckt. Wie Turner treffend feststellt, haben diese Rituale einen verbindlichen Charakter. Die Frage, ob man einer Initiation beiwohnt oder nicht, kommt nicht auf. Das Ritual ist ein ehrfurchtgebietender Teil der unbefragten Lebensführung (vgl. Turner 2009, S. 66).

[123] Die Teilnahme am Weltkirchentag oder an der Loveparade folgt unterschiedlichen Motivationen und ist doch willentlich. Unter anderem bilden diese Events die Grundlage für diverse Arbeiten um Roland Hitzler, Winfried Gebhardt und Michaela Pfadenhauer, die eine Eventisierung als zeitgeschichtliches Phänomen betrachten (vgl. Gebhardt et al. 2000b, 2007; Pfadenhauer 2008; Hitzler 2010).

Berechtigung einmal darin, die Vielgesichtigkeit realer Situationen überschaubar werden zu lassen und darüber hinaus diese Vielfalt entlang aussagekräftiger Aspekte zu sortieren. Damit ist der Anspruch verbunden, dass vor dem analytischen Hintergrund dieser Typologie, empirisch auffindbare Episoden – das heißt konkrete *nichtalltägliche soziale Arrangements* – situativer Nichtalltäglichkeit systematisch erschlossen werden können.

3.5.2.2 Einschränkung der Fallauswahl

Im weiteren Verlauf dieser Studie sollen lediglich zwei der aufgezeigten vier Typen Berücksichtigung finden. Sowohl der Katastrophenfall (2.) als auch der aufoktroyierte Putsch (4.) spielen hier keine weitere Rolle und weisen bereits über diese Arbeit hinaus. Beide lassen sich als Extremfälle deuten, da sie als massive Art von Autonomieverlust zu verstehen sind. Es handelt sich um Formen der *Autokratie*: einmal ausgehend von einer Situation selbst, im zweiten Fall beruhend auf dem Willen eines Einzelnen oder Mehrerer. Die beiden anderen Fälle sind insofern weniger extrem, als dass sie auf mehr oder weniger eigenem Engagement ihrer Protagonist*innen beruhen. Die Strukturen situativer Nichtalltäglichkeit ergeben sich im einen Fall spontan, im anderen Fall begeben sich die Beteiligten in eine vorab geplante Ordnung. Mit anderen Worten: auf der einen Seite geht es um die Emergenz eines nichtalltäglichen sozialen Arrangements durch freiwillige Aushandlung, ohne dass dieses Handeln die entstehende Ordnung hinreichend erklären könnte. Auf der anderen Seite wird der freiwillige Eintritt in die Inszenierung eines nichtalltäglichen sozialen Arrangements thematisiert. Die Revolte um die Besetzung des Hörsaal-Eins' der Universität Augsburg und ein Zeltlager als Schulevent repräsentieren diese beiden Fälle.

4 Methodologie, Fallauswahl, Methodenwahl und Auswertung

Das vierte Kapitel stellt den empirischen Feldzugang in den Mittelpunkt. In einem ersten Schritt werden methodologische und methodische Fragen reflektiert. Ausgangspunkt dieser Überlegungen ist eine argumentative Darlegung des Schritts von der formulierten Forschungsperspektive zur Fallauswahl. Hieraus ergeben sich weitere Fragen: Welche methodologische Haltung ist im Hinblick auf Forschungsperspektive und Fallauswahl geboten? Welche methodischen Folgen hat eine methodologische Einschränkung? Im Anschluss daran wird die bereits umrissene Fallauswahl konkretisiert. Die einzelnen Fälle werden kompakt als *nichtalltägliche soziale Arrangements* und damit als konkrete empirisch auffindbare Fälle *situativer Nichtalltäglichkeit* vorgestellt. Integriert in diese Beschreibung werden folgende Fragen: Wie ist der jeweilige Feldzugang erfolgt? Welche Methoden kamen bei der Datenerhebung zum Einsatz und warum? Welches Datenmaterial repräsentiert schlussendlich die Fälle? Ein letzter Abschnitt thematisiert Aufarbeitung und Auswertung des aufgebrachten Datenmaterials. Nach einer kurzen Erläuterung der Aufbereitung wird die Auswertungsstrategie zwischen verwandten aber dennoch unterschiedlichen Auswertungsperspektiven verortet.

4.1 Methodologische Implikationen der Fragestellung

Im ersten Teil dieser Arbeit wurde versucht, die eingangs gestellte Frage nach dem Nichtalltäglichen mit Mitteln theoretischer Exegese vorläufig zu beantworten. Im Hinblick auf die Klärung was in soziologischen Debatten unter Nichtalltag beziehungsweise Nichtalltäglichkeit verstanden werden kann, mag diese Annäherung noch befriedigend sein. Aber bereits die Frage nach der sozialtheoretischen Relevanz dieser Kategorien, legt die Forderung nach empirischer Verankerung nahe. Fragt man nach *Bedeutungszumessungen* oder gar nach *Handlungsmustern, Praktiken, Prozessen* und *Dynamiken*, die unter dem Eindruck *nichtalltäglicher sozialer Arrangements* entstehen – geschweige denn nach den *Strukturen des Nichtalltäglichen*, ist ein empirisches Vorgehen angezeigt. Wenn im Folgenden also zwei empirische Fallstudien bemüht werden, scheint dies aus der Anlage dieser Fragestellungen zwingend. Um methodologische Entscheidungen treffen zu können, aus denen sich dann methodische Möglichkeiten ableiten, muss zunächst eine Antwort auf die Frage gesucht werden: Was impliziert die Zentrierung nichtalltäglicher sozialer Arrangements methodologisch?

Wie im theoretischen Teil der Arbeit bereits gezeigt wurde, ist ein *nichtalltägliches soziales Arrangement* als Wirklichkeitsbereich zu verstehen, der zwei korrespondierende Seiten miteinander verbindet. Erstens geht es mit Alfred Schütz um eine *Sinnprovinz* beziehungsweise, insofern Nichtalltäglichkeit mit Schütz und Turner immer in Alltäglichkeit eingebettet ist, um eine *Sinnenklave*[1] von *mittlerer Dauer*[2]. Mit Schütz argumentiert ist dieser Wirklichkeitsbereich analog zum Wirklichkeitsbereich des Alltags räumlich, zeitlich und sozial strukturiert. Mit Durkheim handelt es sich um eine Episode morphologischer – und damit räumlicher, zeitlicher und sozialer – Verdichtung. Nicht zuletzt zeichnet sich situative Nichtalltäglichkeit – nach Turner, aber auch Weber – durch ihren anti-strukturellen beziehungsweise kontrapunktischen

---

[1] Unter einer »Enklave« versteht Schütz die »zu einer Sinnprovinz gehörenden Regionen, die von einer anderen umschlossen sind« (Schütz 2003e, S. 209, Fußnote 20). Zum Problem der Sinn-Enklave siehe auch die verschiedenen Thematisierungen im Rahmen der *Strukturen der Lebenswelt* (Schütz und Luckmann 2003, S. 56, 183, 219 sowie 624). Am Beispiel des Traumes wird deutlich, dass Schütz keineswegs eine so weitreichende Figur entwirft, wie die hier vorgeschlagene Einbettung einer Episode des Nichtalltäglichen in die Alltagswelt. Gleichwohl diskutiert auch Schütz den Einbruch von rationaler Auslegung im Sinne von Relevanz in die Alltäglichkeit als wissenschaftliche Enklave in der alltäglichen Lebenswelt. Schütz mangelt es an einer hinreichend komplexen Figur des Nichtalltäglichen, wie sie hier vorgeschlagen wird. Entsprechend ist ein nichtalltägliches Arrangement wahrscheinlich die größte vorstellbare Enklave. Wobei hier nicht auszuschließen ist, dass die Strukturierung des Alltäglichen (etwa des Wissensvorrats) sich nachhaltig wandelt. Ein solcher Wandel durch Nichtalltäglichkeit lässt sich durchaus mit dem Prozess der Typisierung, wie er bei Schütz angelegt und bei Berger und Luckmann formuliert wird, in Deckung bringen. Im Anschluss an Schütz bezeichnet die Formulierung nichtalltägliches soziales Arrangement einen Wirklichkeitsbereich, der zeitlich, räumlich und sozial in die Geschehnisse des Alltags eingebettet ist und diesen gleichzeitig (auf Zeit) einklammert. Die Irritation der alltäglichen Ordnung ist ein konstitutiver Teil *nichtalltäglicher Arrangements*. Damit handelt es sich bei nichtalltäglichen sozialen Arrangements um Ereignisse von subjektiver Relevanz. ›Sozial‹ sind diese Arrangements, weil es sich bei dieser Irritation um eine Form kollektiv geteilter Befindlichkeit handelt.

[2] Mittlere Dauer meint einen Zeithorizont, der weder dem Auftauchen sogleich wieder in den Hintergrund tretender Handlungsprobleme, noch einem permanenten Zustand entspricht.

Charakter aus. Zweitens: findet ein *nichtalltägliches soziales Arrangement* in Bedeutungszumessungen Widerhall, die gleichzeitig als subjektive und kollektiv geteilte Erfahrung kopräsenter Individuen in diesem situativen Kontext ihre Relevanz entfalten. Durch die Interaktion zwischen kopräsenten Individuen werden die situativen Gegebenheiten und damit verbundenen Handlungserfordernisse bearbeitet und damit auch die Sinnhaftigkeit des Wirklichkeitsbereichs konstitutiert. Die Bezeichnung ›Arrangement‹ hebt hervor, dass es sich nicht um einen Zustand reiner Anomie oder Chaos handelt, sondern um ein soziales Ordnungsmoment eigenen Rechts. Anomische und chaotische Züge sind mitunter nicht von der Hand zu weisen, doch lässt sich das Soziale nicht auf diese Momente reduzieren. Situative Nichtalltäglichkeit findet sich grundsätzlich eingebettet in Alltäglichkeit. Erst vor diesem Hintergrund hebt sie sich als *nichtalltäglich* ab. Über die Zeit strebt sie aber im Sinne einer Veralltäglichung auch zu ihr zurück.

Konkret richtet sich das Forschungsinteresse auf die Rekonstruktion *nichtalltäglicher sozialer Arrangements* aus Akteurs-Perspektive. Da Nichtalltäglichkeit alltägliche Muster und Typisierungen durchbricht, haben wir es mit einem *ungewöhnlichen* Gegenstandsbereich zu tun, der sich einer klaren Operationalisierung entzieht. Zwar lassen sich grundsätzliche Überlegungen über Strukturmerkmale nichtalltäglicher Wirklichkeitsbereiche anstellen, gleichwohl ist mit solchen Strukturüberlegungen bestenfalls eine Heuristik, nicht aber eine sozialwissenschaftlich überprüfbare Theorie im strengen Sinn verbunden. Daraus folgt, dass sich die aufgeworfenen Fragen einer deduktiv-nomologischen Annäherung weitgehend entziehen. Weder verteilungstheoretische noch hypothesenprüfende Verfahren sind dahingehend für die hier vorliegenden Fragestellungen angemessen. Sollen soziologisch gehaltvolle Aussagen oder gar Theorien über das ›nichtalltägliche soziale Leben‹ formuliert werden, bedarf es einer umfassenden Rekonstruktion der situativen Arrangements sowie des darin stattfindenden sozialen Geschehens aus Perspektive derer, die sich derartigen Situationen ausgesetzt sehen. Eine vornehmlich qualitativ-rekonstruktive Herangehensweise erscheint daher vielversprechend. Grundbedingung für eine solche Rekonstruktion ist ein adäquater Feldzugang. Gegenstand der Analyse sind notwendigerweise Beobachtungs- und Interviewdaten sowie andere Feldartefakte, wie Fotos, interne Dokumente, Veröffentlichungen und anderes mehr. Ziel aller Analyseanstrengungen ist die Rekonstruktion von subjektiven Bedeutungszumessungen und kollektiven Deutungsmustern, Handlungen und Praktiken, Dynamiken beziehungsweise Verlaufsmustern sowie Strukturmomenten welche die untersuchten *nichtalltäglichen sozialen Arrangements* kennzeichnen

4.1.1 Interpretativen Ansätzen verpflichtet

Methodologisch sind die folgenden Ausführungen den Positionen des sogenannten *interpretativen Paradigmas* (Wilson 1982; Keller 2012) zuzuordnen. Die Frage, wie eine Rekonstruktion lebensweltlicher Strukturen, Typisierungen und Praktiken erfolgen kann, ist nicht unumstritten. Zwar finden sich deutliche Überschneidungen zwischen den einzelnen Ansätzen im Methodenpool der ›qualitativen Sozialforschung‹, allerdings sind auch erhebliche Unterschiede zu berücksichtigen.[3] Insofern lässt sich die Kohärenz der Forschungsperspektiven des *interpretativen Paradigmas* zunächst als Familienähnlichkeit (Wittgenstein 1984, Reichertz 2014) begreifen. Familienähnlichkeit impliziert nicht, dass alle ›Familienmitglieder‹ dieselbe Gemeinsamkeit teilen, sondern wird dadurch erkennbar, dass sich eine Familie isolieren lässt, die einen gemeinsamen Verweisungszusammenhang verschiedener Ähnlichkeiten bildet.[4] *Das interpretative Paradigma* ist somit eine weite Klammer, die bei aller Ähnlichkeit der Ansätze gleichwohl Heterogenessubsumiert. Im Folgenden werde ich Gemeinsamkeiten und Unterschiede von ausgewählten Konzepten diskutieren und gleichzeitig eine Eingrenzung vornehmen, die gewisse methodische Programme betont, während andere aus forschungspragmatischen Gründen ausgeschlossen werden müssen.

---

[3] Im Anschluss an die frühen Arbeiten der sogenannten *Chicago School of Sociology* und der damit verbundenen Forschungstraditionen des *Symbolischen Interaktionismus* und der *Ethnomethodologie* sowie der sozialphänomenologisch – insbesondere von Schütz – inspirierten Soziologie haben sich unterschiedliche Theorie- und Forschungstraditionen herausgebildet. In den 1960er Jahren etablieren sich zunächst in der amerikanischen Soziologie das Forschungsprogramm einerseits der *Ethnomethodologie* (Garfinkel 1967, 1986, 2002; Bergmann 2007) und andererseits der *grounded theory methodology* (Glaser und Strauss 1967). Die europäische beziehungsweise deutsche Rezeption dieser Ansätze erfolgt zeitversetzt. Seit Ende der 1970er Jahre gewinnen diese *pragmatistisch phänomenologisch* inspirierten Ansätze an Bedeutung. Die Diskussion von qualitativer Methodologie und Methoden verlief dabei zeitgleich mit einer zunehmenden Berücksichtigung der pragmatistischen Philosophie und Soziologie. Als Türöffner dienten nicht zuletzt die weitgehend in deutscher Übersetzung vorliegenden oder auf deutsch verfassten Arbeiten von Alfred Schütz (siehe das dritte Kapitel dieser Schrift) sowie die Veröffentlichung der deutschen Übersetzung der Schrift *Die gesellschaftliche Konstruktion der Wirklichkeit* der Schütz-Schüler Peter L. Berger und Thomas Luckmann (2004). In dieselbe methodologische Familie lassen sich auch der praxeologische Ansatz von Pierre Bourdieu (1976, 1987b) wie auch die diskursanalytische Subjekt(ivierungs)analyse (etwa Bosančić 2014) im Anschluss an Michel Foucault (2005) verorten – auch wenn hier natürlich große Unterschiede deutlich werden.

[4] Wittgenstein formuliert das Konzept der Familienähnlichkeit etwa am Beispiel unterschiedlicher Spiele, die im Einzelnen kaum eine Gemeinsamkeit aufweisen, so zum Beispiel Sprachspiele und Ballspiele (Wittgenstein 1984, S. 237 ff.).

4.1.2 Von der Rekonstruktion kleiner Lebens-Welten zur Rekonstruktion nichtalltäglicher sozialer Arrangements

Bereits die intensive Abarbeitung an Alfred Schütz legt eine methodologische Perspektive nahe. Im Anschluss an Schütz hat sich eine reiche und umfassende methodologische und methodische Debatte entwickelt. Um begrenzte soziale Ereignisse, wie die hier problematisierten *nichtalltäglichen sozialen Arrangements* zum Gegenstand einer zielgerichteten empirischen Annäherung zu machen, erweisen sich die Überlegungen von Benita Luckmann (1970) über *The small life-worlds of modern man* als besonders hilfreich. Die These von den *kleinen Lebens-Welten* beruht auf der Einsicht Luckmanns, dass

»[m]odern man continues to live in small worlds which are comprehensible and manageable to him. These small worlds are not ›whole‹ but partial; they are not life-long but part-time; they are less ›naturally given‹ than ›intentionally chosen‹; there is no single small world but many of them.« (Luckmann 1970, S. 596)

Das Lebenswelt-Konzept bezeichnet eine allgemeingültige abstrakte proto-soziologische Strukturprämisse: der Begriff *Lebenswelt* fixiert ein terminologisches Abstraktum für die *grundsätzlichen Bedingungen der Möglichkeit von Erfahrungen*. Mit ihren Überlegungen bewegt sich Luckmann nicht auf diesem allgemein abstrakten Niveau. Sie ist vielmehr an den lokalen oder partiellen Konkretisierungen dieser *Lebensweltlichkeit* durch sozialer Gefüge interessiert. Die ins Deutsche mit übertragene Bindestrich-Formulierung *life-worlds* beziehungsweise Lebens-Welten, trägt nach meinem Verständnis dieser fundamentalen Differenz zwischen ›absoluter Abstraktion‹ (*Lebenswelt*) und konkreten ›Lebenswirklichkeiten‹ (*small life-worlds*) Rechnung. Mit anderen Worten: unterschiedliche Lebenswelten kann es nicht geben, unterschiedliche Lebens-Welten sehr wohl.[5] Mit William James können Lebens-Welten auch als *multiple realities* verstanden werden, die partikulare beziehungsweise beschränkte Bedeutsamkeit entfalten. Begreift man mit Schütz Sinnprovinzen, also einen Wirklichkeitsbereich mit je eigenem Erlebnisstil, zeigt sich hier ein maßgeblicher Unterschied. Bei *Lebens-Welten* handelt es um kleine Kulturwelten, das heißt um relativ geschlossene Wirklichkeitsbereiche, die sich dadurch auszeichnen, dass eine angebbare Menge an

---

[5] Analogien zur Idee der kleinen Lebens-Welten finden auch bei klassischen Autor*innen Anschluss: beispielsweise bei Georg Simmel (1992e) und seinem Konzept sozialer Kreise.

Personen eine Reihe kultureller Variationen (typische Wissensbestände und Handlungsmuster, Sprachspiele, Symbole und Formen des Auftretens) kultiviert haben und teilen. Geschlossen sind diese Wirklichkeitsbereiche durch Teilhabe.[6]

In Bezug auf *nichtalltägliche soziale Arrangements* gehe ich davon aus, dass diese sich sowohl als *Sinnprovinz* (Schütz) im strengen Sinne als auch als sozialer Mikrokosmos im Sinne einer *small life-world* deuten lassen. Ersteres bedeutet: Wird *situative Nichtalltäglichkeit* als Sinnprovinz eigenen Rechts begriffen, markiert der Eintritt in ein *nichtalltägliches soziales Arrangement* eine qualitative Differenz zur *Alltagswelt*. Es handelt sich weniger um eine Differenz zwischen einer Jugendkultur A (Hiphop) oder einer Jugendkultur B (Hardcore), sondern um einen grundsätzlich anderen *lebensweltlichen* Modus. Das zweite ist wiederum mit der Annahme verbunden, dass *situative Nichtalltäglichkeit* auch als Kulturgebilde inszeniert werden oder aber solche Gebilde kultiviert werden. Wenn die Figur der Analyse kleiner *Lebens-Welten* im Folgenden für die Rekonstruktion nichtalltäglicher sozialer Ordnungen diskutiert wird, geschieht dies immer unter der Prämisse dieser doppelten Bedeutung. Wahrscheinlich hatte Benita Luckmann etwas anderes im Sinn, als sie von *small life-worlds* geschrieben hat, doch können ihre Überlegungen hier fruchtbar gemacht werden. Gleichzeitig ergeben sich hieraus Einschränkungen oder Modulationserfordernisse im Hinblick auf die Formulierung von Zielen der rekonstruktiven Forschungsarbeit, die Methodenwahl, wie auch die Auswertungspraxis. Das wird anhand der Darstellung des jeweils konkreten Feldzugangs noch zu erörtern sein.

Insbesondere Anne Honer, Ronald Hitzler und Thomas Eberle haben im Anschluss an Benita Luckmann eine methodologische Verankerung und eine Erörterung des methodischen Repertoires einer »lebensweltlichen Ethnographie« (Honer 1989, 1993) beziehungsweise »phänomenologischen Lebensweltanalyse« (Hitzler und Honer 1991; Hitzler und Eberle 2010) formuliert. Anne Honer bezeichnet ihren Entwurf kleine »Welten zu beschreiben« (Honer 1993, S. 32) als *Lebensweltliche Ethnographie* und bezieht sich mit dieser Konzeption explizit auf Benita Luckmann. Nicht zuletzt auf Basis des Programms der *lebensweltlichen Ethnographie* entstand seit Beginn der 1980er Jahre eine rege Forschungstätigkeit, die sich derzeit insbesondere in den Arbeiten um die (Jugend-)Szenenforschung (Hitzler 1998; Hitzler und Niederbacher

---

[6] Worauf auch immer diese Teilhabe beruhen mag. Die Variationsbreite ist hier weit: über die herkunftsbedingte Teilhabe an Regionalkulturen (*Mein* Dorf, *Mein* Block), über die prinzipiell offenen Möglichkeiten sich Szenen und Subkulturen (*Meine* Szene, *Mein* Konsumstil) anzuschließen bis hin zu schwerzugänglichen Logen und Geheimbünden (*Mein* Club).

2010) beziehungsweise posttraditionale Gemeinschaften äußert. So sind zum Beispiel Jugendszenen kleine partielle soziale Lebens-Welten.[7]
Die vorliegenden Ausführungen verorten sich im Kontext dieser Forschungstradition und unterscheidet sich – wie eben bereits dargelegt – dennoch wesentlich von einer Erforschung von Szenen. Eine weitere Unterscheidung scheint notwendig. *Nichtalltägliche soziale Arrangements* sind instabile soziale Welten. *Nichtalltäglichkeit veralltäglicht*. *Nichtalltägliche soziale Arrangements* erhalten ihre Besonderheit durch die Besonderung; das heißt Suspendierung von Alltäglichkeit. Doch gleichzeitig strebt die Besonderung zum Selbstverständlichen zurück; das heißt *nichalltägliche Arrangements* unterliegen einem Prozess der Veralltäglichung. Zielt die Erforschung der *kleinen Lebens-Welten des Alltags* (z.b. Szenen) auf Sprache, Symbole, Praktiken und Institutionen dieser sozialen Mikrokosmen ab, geht es bei der Analyse *nichtalltäglicher Lebens-Welten* insbesondere um die Fragen der Praktiken der Herauslösung, der daraus entstehenden Prozesse und Dynamiken und insbesondere der sukzessiven Veralltäglichung.

4.1.3 Ein ethnographisch inspirierter Methodenmix

Eng verbunden mit der Erforschung *kleiner Lebens-Welten* ist das Forschungsprogramm der (soziologischen) Ethnographie. Ursprünglich handelt es sich bei dieser um eine Technik der Kulturanthropologie oder Ethnologie. In der Soziologie etabliert sich Ethnographie unter der Nebenbedingung einer »Befremdung der eigenen Kultur« (Hirschauer und Amann 1997). Paul Willis und Mats Trondman beschreiben in ihrem 2000 und 2002 formulierten *Manifesto for Ethnography* die ethnographische Perspektive wie folgt:

»What is ethnography for us? Most important, it is a family of methods involving direct and sustained social contact with agents and of richly writing up the encounter, respecting, recording, representing at least partly in its own terms the irreducibility of human experience. Ethnography is the disciplined and deliberate witness-cum-recording of human events.« (Willis und Trondman 2002, S. 394)

Seit Ende der 1970er Jahre hat sich eine soziologisch interessierte *ethnographische Forschungstradition* zunehmend auch in Deutschland etabliert. Anne Honer (1993, S. 33)

---

[7] Gerade in den letzten Jahren häufen sich Studien in diesem Kontext. Der katholische Weltjugendtag wird als Megaparty von einer großen Forschungsgruppe begleitet (Gebhardt et al. 2007). Ivonne Niekrenz (2011)erforscht *Rauschhafte Vergemeinschaftung* am Beispiel des Rheinischen Karnevals; etwa zeitgleich Babette Kirchner (2011) das Fusion Festival. Gregor Betz (2016) nähert sich unter diesen Vorzeichen *vergnügtem Protest*; um einige Beispiele zu nennen.

versteht ihren Forschungsansatz, *kleine soziale Welten verstehend zu beschreiben* beziehungsweise beschreibend zu verstehen, explizit als Form der Ethnographie. *Lebensweltliche Ethnographie* ist nach ihrer Aussage gleichzeitig ein Forschungsprogramm wie eine grundsätzliche Perspektive: »Lebensweltliche Ethnographie bedeutet [...] programmatisch: die Verknüpfung von praktischen Insider-Erfahrungen mit feldrelevanten Daten aller Art.« (Honer 1989, S. 300f.) Für die ethnographische Erforschung der eigenen Kultur, stellt sich das Problem, Vertrautes zu befremden (Honer 1993, S. 37). Nach Stefan Hirschauer und Klaus Amann (1997, S. 9) entspricht der ethnographischen Zugangsweise, ein Interesse »auch gewöhnlichste Ereignisse und Felder zu soziologischen Phänomenen zu machen«. Hierbei entsteht die Möglichkeit mit »einer falschen Vertraulichkeit« aufzuräumen und eine neue »Fachlichkeit und Professionalität« (ebd., S. 10) im Umgang mit dem Selbstverständlichsten zu erlangen.

4.1.3.1 Methodenpluralität einer rekonstruktiv motivierten und ethnographisch inspirierten Sozialforschung

Gemäß Anne Honer (1989, S. 300; 1993, S. 55ff.) verlangt eine empirische Erkundung von *kleinen sozialen Lebenswelten* einen »methodenpluralen Ansatz«. Analysen stützen sich auf Beobachtungsdaten, Interviewdaten und andere Feldartefakte. Unterschiedliche Datenquellen sollen sich wechselseitig ergänzen und irritieren. Immer geht es aber darum, zu einer adäquaten Innensicht des Feldes zu gelangen. Nur dann macht die Rede von *lebensweltlicher Ethnographie* Sinn.

»Als grundsätzliche Bedingung dafür, daß wir von einer lebensweltlichen Ethnographie sprechen können, erscheint mir der Erwerb einer praktischen Mitgliedschaft am Geschehen, das erforscht werden soll, der Gewinn einer existentiellen Innensicht.« (Honer 1989, S. 300f.)

Ethnographie setzt direkte Erfahrungen mit dem zu untersuchenden Geschehen voraus. Wie Anne Honer plädiert auch Roland Girtler für eine »beobachtende Teilnahme« (Honer 1989, 1993; Girtler 2001) im Feld. Dies ist nicht als Methodenempfehlung zu lesen, sondern als Hinweis darauf, dass realitätsgesättigte sozialwissenschaftlich bedeutsame Analysen, einer existentiellen Annäherung bedürfen. Nur so lässt sich eine authentische Rekonstruktion des lebens-weltlichen Geschehens aus Insider-Perspektive sicherstellen. Beobachtende Teilnahme birgt gleichwohl die Schwierigkeit mit sich, Tiefen und Untiefen des Geschehens adäquat reflektieren zu können. In der Methodenliteratur wird dieses Problem als »going native« beschrieben. Der Volksmund spricht von »Betriebsblindheit«. Gleichzeitig bestehen grundsätzliche Grenzen der Erfahrbarkeit. Dem Versuch »einer zu werden, wie« (Honer

1993, S. 46) sind durchaus Grenzen gesetzt. Insofern lässt sich dieser involvierte Blick weder auf die eigene Teilnahme und Erfahrung noch auf das Mittel der Beobachtung reduzieren. Anne Honer ist sich der grundsätzlich unterschiedlichen Potentiale von Beobachtungen und Gesprächen bewusst:

»Während die Beobachtung, ob sie nun verdeckt oder offen, ob sie mehr oder ob sie weniger teilnehmend stattfindet, sich ausgezeichnet dafür eignet, Handlungsschemata zu registrieren, lassen sich durch Interviews vor allem subjektiv verfügbare (abrufbare) *Wissensbestände* rekonstruieren.« (Honer 1989, S. 302f.)

Zudem ist das professionelle Interesse der Forschungspersonen nicht zwingend authentisch in eine Teilnahmeperspektive zu überführen. Entsprechend ist beobachtende Teilnahme *eine* Strategie, authentischen Zugang zum Feld zu gewinnen. Sie ist aber weder die einzige Perspektive, noch ist sie anderen zwingend überlegen.

In seinem Lehrbuch zur *Rekonstruktiven Sozialforschung* stellt Ralf Bohnsack das Ziel der Interpretation qualitativer Daten wie folgt dar:

»Der Interpret muss [...] einerseits in der Lage sein, die Erlebnisprozesse derjenigen, die Gegenstand der Forschung sind, erlebnismäßig nachzuvollziehen, er muss diese aber andererseits zugleich *objektivierend*, zum Gegenstand begrifflich-theoretischer Explikation nehmen und – damit zusammenhängend – zu einer spezifischen, von der des Teilnehmers unterschiedlichen ›Einstellung‹ gelangen können (›Einklammerung des Geltungscharakters‹).« (Bohnsack 2008, S. 131)

Die Forderungen Felddaten zu befremden und ihren Geltungscharakters einzuklammern teilt Honer (vgl. 1993, S. 48f.)[8] mit Bohnsack. Auch Bohnsack legt dar, dass ein methoden-pluraler Zugang von Vorteil sein kann, wobei er die Potenz *teilnehmender Beobachtung* deutlich einschränkt.

»Die *teilnehmende Beobachtung* weist [...] im Sinne der Zuverlässigkeit und Gültigkeit einer Methode [...] nur dann Vorteile auf gegenüber einem ausschließlichen auf *Textinterpretationen* elektromagnetisch aufgezeichneter Interviews und Diskurse sich stützenden Forschungsverfahren, wenn die beiden Forschungsverfahren in einander ergänzender Weise verwendet werden.« (Bohnsack 2008, S. 131)[9]

---

[8] Honer spricht aber auch davon, dass die Forschungshaltung einer gewissen »Amoralität« bedarf, womit sie anspricht, dass nicht nur der Geltungscharakter der Felddaten ausgeklammert werden muss, sondern auch moralische Positionen und damit moralische Geltung der Alltagsmoral der Forscher*in – soweit so etwas eben möglich ist – ausgeklammert werden müssen (vgl. Honer 1993, S. 40).
[9] Monika Wohlrab-Sahr sieht im erlebnismäßigen Nachvollzug sogar die Gefahr eines Reflexivitätsverlusts. Sie stellt in Frage, dass Empathie als qualitätversprechendes methodisches Prinzip gelten kann und bezieht sich auf dementsprechende Prämissen bei Maria Mies (Wohlrab-Sahr

Qualitative Interviews sind neben Beobachtungen ein ertragversprechender methodischer Zugang im Rahmen rekonstruktiver Forschungsdesigns. Interviews erlauben es Forscher*innen sowohl Distanz zum Feld aufrechtzuerhalten als auch in intensivem Austausch mit Akteur*innen des Feldes zu geraten. Forschungspraktisch ergibt sich hingegen durch Interviewgespräche die Schwierigkeit, dass Reichweite und Aussagekraft von Interviewmaterialien überschätzt beziehungsweise fehlinterpretiert werden können. Anne Honer bringt ihre Skepsis gegenüber dem seriösen Umgang mit reinen Befragungsstudien wie folgt zum Ausdruck:

»Üblicherweise neigen auch sogenannte ›qualitative‹ Forscher dazu, Darstellungen von Erfahrungen nicht zunächst einmal als *Darstellungen* von Erfahrungen, sondern sogleich und vor allem als Darstellungen von *Erfahrungen* zu deuten – und sie selber dann wieder wie Erfahrungen (statt wie Darstellungen) darzustellen.« (Honer 2011b, S. 31)

Aber selbst wenn Gesprächsdaten als Erzählungen über soziales Geschehen nicht mit diesem Geschehen selbst verwechselt werden, stößt auch das Mittel der Interviewführung an Grenzen. Erstens zielen rekonstruktive Bemühungen durchaus nicht nur auf aus Erzählungen rekonstruierbare Wissenselemente beziehungsweise Deutungsmuster und Bedeutungszuweisungen, sondern auf Strukturen, Bedingungen, soziale Formen, Handlungen, Praktiken und Relationen ab. Und andererseits kann wiederum mit Anne Honer gegen Interviewerzählungen eingewendet werden, dass Interviewführung dazu neigen kann, durch die Aufforderung an die jeweiligen Interviewpartner*innen ihre eingelebte Praxis darzustellen, *Ideologie* zu produzieren (vgl. Honer 1989, S. 302). Pointierter lässt sich diese Kritik mit Ronald Hitzler formulieren, der 2012 bei einer Tagung der Sektion Wissenssoziologie in etwa wie folgt polemisierte: *aus bloßem Geschwätz lassen sich keine Praktiken rekonstruieren*. Bei aller Polemik ist diese Kritik ernst zu nehmen – nicht weniger aber die Kritik an der Reichweite des Mittels der Beobachtungen, auch der beobachtenden Teilnahme.

Selbstverständlich müssen Beobachtungsdaten im Hinblick auf haltlose Projektionen des Beobachters untersucht werden. Und natürlich werden in Beobachtungsprotokollen nicht Sachlagen erörtert, sondern konkretes soziales Geschehen *ad hoc* interpretiert und verschriftlicht, um anschließend im Auswertungsprozess erneut in-

---

1993). Diese Kritik lässt sich nicht direkt auf die Idee einer *beobachtenden Teilnahme* übertragen. Hier geht es weniger um Empathie mit den Feldakteur*innen, sondern um den Versuch selbst ein Feldakteur zu werden: *einer zu werden wie*. Nichtsdestotrotz muss die Forderung aufrechterhalten werden, der Beteiligung in der Feldphase eine systematische Befremdung der hervorgebrachten Feldartefakte (Beobachtungs- und Gesprächsdaten) und auch der eigenen Rolle im Feld in der Auswertungsphase folgen zu lassen.

terpretiert zu werden. Auf der anderen Seite sind Interviews zunächst vor allem Erzählungen und geben auch durchaus Anreize Ideologie zu produzieren. Ein methodenpluraler Ansatz stellt sicher, dass unterschiedliche Zugänge sich in ihren Problemen wechselseitig kontrollieren sowie in ihren Stärken ergänzen. Darüber hinaus ergeben sich erst über einen methodenpluralen Zugang Möglichkeiten, Rekonstruktionsbemühungen auf verschiedenen Ebenen anzustreben. Aus dieser Debatte folgt, dass ein Methodenmix geboten ist. Teilnehmende Beobachtung, beobachtende Teilnahme und Gespräche mit Feldakteur*innen sind wichtige Datenquellen. Ergänzt werden diese beiden, um weitere Feldartefakte. Insbesondere im Fall der Hörsaalbesetzung sind Bilder, Videos, Schriftverkehr, Spuren im Kosmos sozialer Netz-Medien und Dokumente verschiedenster Art wichtige Quellen, um Interpretationen zu überprüfen und gegebenenfalls zu erweitern. Bei aller idealer methodologisch-methodischer Reflexion sind auch die folgenden Forschungsarbeiten in ihrer Forschungsrealität von einer pragmatischen Anwendung und damit Einschränkung geprägt. Auf diese Einschränkungen wird bei der Beschreibung des konkreten Forschungszugangs einzugehen sein. Bevor dies geschieht, sollen noch einige Besonderheiten erörtert werden, die zu bedenken sind, wenn man sich aufmacht, *nichtalltägliche soziale Arrangements* im Sinne *nichtalltäglicher kleiner Lebens-Welten* zu rekonstruieren.

4.1.3.2 Probleme einer stringenten ethnographischen Perspektive

Die hier vorgenommene Rekonstruktion *nichtalltäglicher sozialer Arrangements* ist ethnographisch inspiriert. Gleichzeitig entziehen sich *nichtalltägliche Episoden* einer stringent ethnographischen Annäherung. Dies lässt sich auf zwei Charakteristika zurückführen. Ein erstes Problem: Trondman und Willis gehen – wie oben ausgeführt – davon aus, dass Ethnographie auf *sustained contact with agents* beruht. Nun handelt es sich bei *nichtalltäglichen sozialen Arrangements* um verhältnismäßig kurzlebige Erscheinungen. Das heißt vor allem, dass eine ethnographische Begleitung ein Geschwindigkeitsproblem darstellt. Unterschiedliche Fragen schließen an: *Kann schnell genug ein Forschungszugang erschlossen werden? Gelingt es in der kurzen Zeit einen vertrauensvollen Kontakt zu den Akteur*innen des Feldes aufzubauen?* Ein zweites Problem lässt sich anhand einer Feststellung eines meiner Gesprächspartner deutlich machen. Niklas: *»Man ist entweder drin oder man ist draußen und so n Zwischending is schwer.«* Das soziale Leben in diesen Kontexten wird extrem verdichtet. Hieraus ergeben sich weitere Fragen. Gelingt es Forschungspersonen einen im Feld anerkannten Platz zu besetzen? Und gelangen sie so zu einer adäquaten Innen-Sicht? Die Intensität des Geschehens ist kein prinzipieller Ausschlussgrund, sich im Modus *beobachtender Teilnahme* (Honer 1993; Girtler 2001) auf das Geschehen einzulassen. Gleichwohl bleibt die Frage offen, inwiefern es einem zunächst an einer Erforschung interessierten Akteur gelingen kann, *einer zu werden wie*. Selbst wenn durch beobachtende Teilnahme die Intensität des Geschehens erfahren wird – *wie ist sicherzustellen, dass meine Erfahrungen hinreichende Deckungen mit allen Anderen im Feld aufweisen?*

Die bisher allgemein gehaltenen Überlegungen zu Aufgabenstellung, Methodologie und Methoden sollen nun im Weiteren konkretisiert werden. Es wird erläutert, wie es zur letztlich realisierten Fallauswahl kam. Dabei ist auch zu klären, was hier als Fall verstanden werden kann. Im Anschluss wird darauf eingegangen, wie Probleme des Feldzugangs bewältigt wurden, welche Methoden wie zum Einsatz gekommen sind und welches konkrete Datenmaterial die Fälle repräsentiert.

4.2 Konkretisierung der Fallauswahl und des methodischen Zugangs

4.2.1 Was ist ein Fall?

Wenn die Aufgabe darin besteht, die soziale Wirklichkeit und Strukturen *nichtalltäglicher sozialer Arrangements* aus Subjektperspektive zu rekonstruieren, verknüpft sich mit dieser Aufgabe auch die Frage nach der Fallauswahl. Aber was ist hier ein Fall?[10] Vor die Frage gestellt, *Wie lässt sich situative Nichtalltäglichkeit als nichtalltägliches soziales Arrangement (Situation) und als Bedeutungszumessung (Situationsdeutung) repräsentieren?*, umfasst meine Antwort zwei Ebenen von Fällen.

1. Auf einer analytisch höher liegenden Ebene werden zeitlich, räumlich und sozial abgrenzbare nichtalltägliche Episoden als Fälle markiert und gegenübergestellt.[11]
2. Gleichzeitig werden diese situativen Fälle durch eine Reihe von Daten repräsentiert; insbesondere Gesprächs- und Beobachtungsdaten, aber auch Fotografien

---

[10] Der von Charles C. Ragin und Howard S. Becker (1992) herausgegebene Sammelband *What is a case? Exploring the foundations of social inquiry* wirft genau diese, allzu berechtigte Frage auf. Die Autoren stellen dort zunächst fest: »In short, the term ›case‹ and the various terms linked to the idea of case analysis are not well defined in social science, despite their widespread usage and their centrality to social scientific discourse.« Der Band versammelt insgesamt acht verschiedene Antworten auf die Frage was ein Fall sei. Bei aller Varianz stimmen die Autor*innen weitgehend darin überein, dass diese Frage eben fallspezifisch zu klären sei und darüber hinaus es wohl verschiedene Formen von Fällen in den jeweiligen Forschungsarbeiten geben kann (vgl. Ragin 1992, S. 8).

[11] Für die Auswahl solcher situativen Gefüge ist die in Kapitel 3.5 dargestellte Typologie situativer Nichtalltäglichkeit grundlegend.

und Videomaterial, Publikationen in Printmedien und per Internet sowie interne Dokumente, die mir von Beteiligten überlassen wurden.

Wenn ich im Folgenden von Fallstudien spreche, meine ich die umfassenderen zeitlichen, räumlichen und sozialen, sprich situativen Episoden.

4.2.2 Erster Fall: die Besetzung des Hörsaal-Eins' (situativer Wille)

4.2.2.1 Kurzbeschreibung des Besetzungsgeschehens

Am 17. November 2009 besetzen mehrere hundert Teilnehmer*innen einer Demonstration den Hörsaal-Eins der Universität Augsburg.[12] Unter ihnen viele Student*innen, aber auch Schüler*innen und weitere Bildungsaktivist*innen. Innerhalb weniger Stunden emergiert eine Besetzungsordnung, die über 35 Tage lang aufrecht erhalten bleiben soll. Der Protest hat Raum bezogen. Dieser Raum wird zu einem hybriden Entfaltungsfeld zwischen Ausnahmezustand, Revolte und kommunitärem Sozialexperiment. Die Besetzung läuft nicht reibungslos ab. Gleich zu Beginn kommt es zu deutlichen Meinungsverschiedenheiten zwischen den Besetzer*innen und den Studierenden einer wirtschaftswissenschaftlichen Vorlesung. Vorerst gewinnen die Besetzer*innen die Oberhand und beginnen damit sowohl die Besetzungslogistik selbst als auch Ausweichmöglichkeiten für entfallende Veranstaltungen zu organisieren. Es bilden sich unterschiedliche Kooperations- und Interaktionsarrangements heraus, über welche konkrete Organisationsprobleme einer Bearbeitung zugeführt werden und andererseits ein intensiver praktischer Austausch zwischen den Beteiligten stattfindet. Plenarveranstaltungen und Arbeitskreise, Ad-hoc-Aktivismus und Verhandlungen mit Universitätsvertreter*innen und anderen Universitäten, Austausch mit der Presse und der nichtprotestierenden Studierendenschaft, Feste, offene Vorlesungen, Lesezirkel, Lerngruppen und Kulturveranstaltungen, Alkohol und Tabak, Infrastruktur, gemeinsames Essen und Inhalte: die Liste der verschiedenen Aktivitäten, Themen und sozialen Formationen des Protests ist lang und vielfältig.

Während sich das Besetzungsgeschehen und Besetzungsteilnehmer*innen nach innen zunehmend homogenisieren, zeigen sich zunehmend auch Sollbruchstellen nach innen und nach außen. Die enorme physische Belastung sowie die revolutionäre Überforderung begünstigen einen Prozess der Entzauberung und Veralltäglichung. Schnell werden die Mobilisierung der vorhandenen und neuer Kräfte zu zentralen

---

[12] Die näheren Umstände der Proteste werden in Kapitel 5.1 erläutert.

Aufgaben der Protestorganisation. Der Enthusiasmus der ersten Stunden verzaubert die Atmosphäre noch einige Tage und begründet eine *Selbstcharismatisierung* der Besetzungsgemeinschaft. Je länger aber das Besetzungsgeschehen fortschreitet, desto mehr bilden sich einerseits klare Gruppenstrukturen mit entsprechender Zuständigkeit heraus und desto schwieriger wird es andererseits zur Gruppe hinzuzustoßen oder auch nur nach verhältnismäßig kurzer Abwesenheit in die Gruppe zurückzukehren. Die ›ganze Welt‹ (Presse und politische Akteure) scheint ein offenes Ohr für die Proteste zu haben, doch kommt den Protestierenden damit das identitätstiftende Moment der Konfrontation abhanden. Mit den letzten Kraftreserven organisieren die verbliebenen Protestierenden die Auflösung der Besetzung. Drei Tage vor Weihnachten am 22. Dezember organisiert die verbliebene Besetzer*innengemeinschaft eine Pressekonferenz. Sie nehmen zum *status quo* Stellung. Die Presskonferenz ist der letzte Akt der öffentlichen Kommunikation. Die inszenierte *performance* bildet die Grundlage für einen gemeinsamen Auszug aus dem Hörsaal. Mit dem Lied »Die Gedanken sind frei« auf den Lippen verlassen die letzten Protestaktivist*innen den Hörsaal und tragen einen Sarg ins Rektoratsgebäude. Der Protest hat sich aufgelöst, der Hörsaal wird intakt und gesäubert übergeben.

Die Kernzeit der Besetzung betrug 35 Tage. Nach der Weihnachtszeit 2009/10 kehren die Besetzer*innen in eine freigegebene Universität zurück. Der Versuch den Protest ohne seine Verräumlichung durch den Hörsaal-Eins aufrecht zu erhalten, scheitert. Im Frühsommer 2010 kommen die letzten Besetzer*innen zu einem Reflexionsplenum zusammen. Zu diesem Zeitpunkt hat sich die Besetzungsgemeinschaft längst gespalten. Entlang unterschiedlicher Auffassungen und Relevanzsetzungen entsteht Konfliktpotential: unter dem Strich fehlt es an Gelegenheiten für weitere gemeinsame Erfahrungen und Aktivitäten, die es den Beteiligten ermöglichen würden, Identität dadurch zu erfahren, dass diese Gemeinsamkeiten erlauben, von möglichen Differenzen abzusehen. Der Bildungsstreik hat verschiedene Nachfolgeaktivitäten hervorgebracht, die Intensität der Tage im November und Dezember 2009 hat das Geschehen aber nie wieder erreicht.

4.2.2.2 Feldzugang

Der Feldzugang erfolgte nicht zeitgleich mit der Besetzung. Dass der Hörsaal besetzt wurde, erfuhr ich erst wenige Tage danach. Die Idee, die Besetzung mit empirischen Mitteln zu begleiten, kam bei der Beschäftigung mit anderen Materialen eines vergangenen Forschungsprojekts auf. In einem ersten Schritt ginge es darum, sich mit dem Feld vertraut zu machen. Die Sondierung des Feldes per teilnehmender Beobachtung fand ab der zweiten Protestwoche statt.

Mehrere Besuche im Hörsaal und eine Reihe unverbindlicher Gespräche mit Teilnehmer*innen halfen dabei, die Strukturen der Hörsaalbesetzung kennen zu lernen und nachzuvollziehen, was für die Besetzer*innen relevant ist. Es wurde schnell deutlich, dass, sofern ich über die Besetzung forschen möchte, ich das Einverständnis der Besetzer*innen benötige. Das wöchentliche Generalplenum, also die Generalversammlung der ganzen Besetzer*innen-Community, war der Ort und die Zeit um sich um dieses Einverständnis zu bemühen. Anfang Dezember legte ich dem Plenum eine kurze Skizze zur Abstimmung vor:

Informationsschreiben für das Plenum vom 9. Dezember 2012
Seit dem 17. November halten im ganzen Bundesgebiet insbesondere in Bayern Studenten Hochschul-Hörsäle besetzt. Unterschiedliche Akteure beteiligen sich auf unterschiedliche Weise und in unterschiedlichen Akteurs- wie Aktionsfigurationen an den Protestaktionen, die vornehmlich aktionszentriert organisiert werden. Allein das Faktum, dass diese Besetzung seit nunmehr über drei Wochen andauert; allein diese ›Hartnäckigkeit‹ lässt eine sozialwissenschaftliche Zuwendung zu diesem Phänomen begründet erscheinen.
Aus sozialwissenschaftlicher Warte kann es dabei nicht um die Legitimität der Veranstaltung gehen, also ob die Besetzung richtig ist oder nicht. Interessant ist vielmehr das Phänomen selbst: eben dass eine Besetzung stattfindet, dass diverse Personen sich auf unterschiedliche Weise engagieren, und dass somit ein ›aktionszentriertes Netzwerk‹ aktiv aufrechterhalten werden kann, ist Gegenstand meines Interesses. Aus dieser Warte gilt es zu ergründen, wie die Besetzung wirkt, oder mit anderen Worten: was lässt sich über die Konstellation „Besetzung" sagen.
Eine Untersuchung erscheint im Kontext zentraler sozialwissenschaftlicher Fragestellungen, wie etwa Integration, Gemeinschaft oder auch Öffentlichkeit hochgradig interessant.

Die Skizze wurde am 9. Dezember im Plenum durch einen der Aktivisten vorgestellt. Anschließend wurde ein Antrag auf Genehmigung meines Vorhabens nahezu einstimmig angenommen. Damit war nicht nur die Erkundung legitimiert. Der Antrag erbrachte einen weiteren Ertrag: von diesem Zeitpunkt an war bekannt, dass ich über die Besetzung arbeiten möchte. Einige Besetzer*innen kamen auf mich zu und bekundeten, dass sie es toll finden, wenn jemand diesen Prozess begleitet. Ablehnung meiner Arbeit wurde mir gegenüber nicht geäußert. Ich konnte nunmehr darauf zählen, in meinem Tun nicht gegen die Statuten der Besetzung zu verstoßen und hatte seither einen gewissen Bekanntheitsgrad im Protest und damit bei potentiellen Gesprächspartnerinnen. Während der Besetzung stieß ich immer auf ein offenes Ohr und Interesse. Als die Besetzung sich schließlich selbst aufgehoben hatte und auch die gemeinsamen Veranstaltungen zu einem Ende gekommen waren, wurde es deutlich schwieriger Kontakte zu Interviewpartner*innen aufzubauen.

4.2.2.3 Explikation Methodenwahl

Die empirische Erkundung der Besetzung basiert auf drei Säulen: Teilnehmender Beobachtung, Gesprächen mit Protagonist*innen der Besetzung und der Sammlung von Feldartefakten:

Zwischen teilnehmender Beobachtung und beobachtender Teilnahme
Die Idee das Geschehen forschend zu begleiten, entstand während der zweiten Besetzungswoche. Ab dem 26. November 2009 war ich regelmäßig im Hörsaal präsent. Ziel dieser Anwesenheit war es zu einer existentiellen Innen-Perspektive des Geschehens zu gelangen (Honer 1993; Girtler 2001). Zunächst war ich lediglich neugierig, habe mich umgesehen und Gespräche gesucht. Da einige ehemalige Kommiliton*innen und auch Studierende meiner Lehrveranstaltungen im Protest engagiert waren, war es kein Problem ins Gespräch zu kommen. Beobachtungen, Gesprächsmemos, erste konzeptionelle und theoretische Überlegungen wurden in einem Feldtagebuch[13] festgehalten. Dazu wurden entweder Sprachmemos aufgezeichnet, die dann anschließend verschriftlicht wurden oder aber direkt Beobachtungen in Form von Protokollen und Überlegungen in Form von Memos formuliert. Je länger der Protest andauerte, desto mehr wurde das Gewicht der Beobachtung von einer teilnehmenden Beobachtung zur beobachtenden Teilnahme verschoben. So beteiligte ich mich etwa am 7. Dezember an einer Diskussionsveranstaltung zum BA Sozialwissenschaften. Dennoch blieb ich stets ein Fremder im Feld, ein geduldeter zum Teil auch gut gelittener Besucher. Das zuvor angestrebte Ziel, *einer zu werden wie*, wurde zu keinem Zeitpunkt erreicht. Wie später noch herausgearbeitet werden soll: die Besetzung ist für ihre Protagonist*innen ein *soziales Totalphänomen* (Marcel Mauss). Ich hatte über den ganzen Zeitraum das Gefühl, jederzeit willkommen zu sein. Aber es gibt einen nicht zu unterschätzenden Unterschied zwischen dem Flaneur und den Besetzer*innen, zwischen dem Besucher und denProtagonist*innen.

Der Feldkontakt ist damit nicht gescheitert. Es ist gelungen, eine anerkannte Position im Feld zu besetzen, ohne mit dem Feld zu verschmelzen.[14] Für Simmel ergibt sich aus der Perspektive des Fremden eine eigentümliche Objektivität, die Ergebnis »eines besonderen Gebildes aus Ferne und Nähe, Gleichgültigkeit und Engagiertheit

---

[13] Die Notizen des Feldtagebuchs sind nicht im Anhang dieser Arbeit enthalten und verweisen auf den nicht veröffentlichten wissenschaftlichen Materialapparat dieser Arbeit.
[14] Gerade zu Beginn meiner Forschungsarbeit lief ich durchaus Gefahr, die Besetzung zu idealisieren, was etwa in meiner ideologisch gefärbten Dokumentation auch zu erkennen ist. Dass meine familiäre Situation es nicht erlaubt hat, mich länger oder öfter im Hörsaal aufzuhalten, ist in der Rückschau ein Glücksfall.

ist« (Simmel 1992b, S. 766 f.). Gerade dadurch, dass es möglich ist, aus einer gewissen Distanz alle Positionen, Aktivitäten und Formen des Engagements als gleich gültig zu betrachten, war es mir möglich nicht selbst im konfliktuösen Gefüge der Besetzung Stellung zu beziehen. Gleichzeitig kann die Position des Fremden als methodische Haltung verstanden werden. Schütz macht deutlich, dass die Distanz des Fremden auch moralische Implikationen umfasst. Die selbstverständlichen kulturellen Regeln, Muster und Praktiken haben für den Fremden nicht dieselbe Autorität, wie für Mitglieder der Gruppe, der er fremd ist (vgl. Schütz 1972a, S. 59).

»Bestenfalls ist er [der Fremde – M.E.] willens und fähig, die Gegenwart und die Zukunft mit der Gruppe, welcher er sich nähert, in lebendiger und unmittelbarerer Erfahrung zu teilen. [...] Vom Standpunkt der Gruppe aus, welcher er sich näher, ist er ein Mensch ohne Geschichte.« (Schütz 1972a, S. 59f.)

Aus dieser fundamentalen Distanz entsteht die Notwendigkeit, die Selbstverständlichkeiten des Feldes aus Unkenntnis und fehlender Erfahrung auszudeuten oder nach ihrer Bedeutung zu fragen. Die Innenperspektive des Fremden ist insofern eine privilegierte Position. Die gewonnenen Einsichten sind hilfreich, um Strukturen, Interaktionsmuster und Prozesse zu erfassen, die mir ohne meine teilnehmende Beobachtung beziehungsweise beobachtende Teilnahme verschlossen geblieben wären. Gleichzeitig wird deutlich, dass diese Einsichten auf allen Ebenen unzureichend bleiben. Um das Geschehen aus Akteurssicht rekonstruieren zu können, führt kein Weg an den Deutungen und Bedeutungszumessungen der eigentlichen Protagonist*innen vorbei. Beobachtungen können Gespräche zumindest in diesem Fall nicht ersetzen. Die gewonnenen Einsichten aus teilnehmender Beobachtung bleiben für die Interpretation von Gesprächsdaten zentral.

Erzählinterviews mit Protagonist*innen und kontrastives Sampling
Noch während der Besetzung wurden intensive Gespräche mit verschiedenen Protagonist*innen des Geschehens gesucht, vereinbart und durchgeführt. Ab dem 14. Dezember 2009 kamen insgesamt neun Gespräche mit zehn Interviewpartner*innen zustande. Die Auswahl der Gesprächspartner*innen folgt einer kontrastiven Logik. Ziel ist über eine Strategie der minimalen und maximalen Kontraste einerseits ein breites Spektrum von Perspektiven zu erschließen, anderseits durch systematische Vergleiche Typisches herauszuarbeiten. Nach diesem Verfahren geht es nicht um eine nummerische Repräsentativität der Protagonist*innen des Feldes, sondern um eine theoretische Repräsentativität der Perspektiven. Entgegen der in der *grounded theory methodology* (Glaser und Strauss 1967; Strauss 1998, S. 70) aufgestellten Forde-

rung, die Erhebung neuer Daten durch die Auswertung vorhandener Daten zu begründen und damit Schritt für Schritt zu erheben (*theoretical sampling*), sprachen zwei Momente für eine zügige Erhebung: erstens der Eindruck, dass mit einem Ende der Besetzung zu rechnen war und damit das Forschungsfeld zunächst verschwunden wäre. Zweitens mangelte es mir an Zeit die generierten Daten neben beruflichen und familiären Verpflichtungen annähernd hinreichend aufzubereiten und auszuwerten. Die meisten Interviews wurden im Dezember 2009 und Januar 2010 erhoben. Zu jedem Interview wurde nach einem ersten Abhören ein erstes Memo direkt nach der Interviewführung erstellt. Überlegungen zur Maximal- und Minimalkontrastierung spielten eine erhebliche Rolle.[15] Leider konnten nicht alle ursprünglich geplanten Interviews realisiert werden. Zum Beispiel war es trotz mehrfacher Bemühungen nicht möglich, ein Gespräch mit Vertreter*innen der Studierendenvertretung besonders involvierter Fakultäten zu führen. Auch Gespräche mit nichtstudentischen Besetzungsteilnehmer*innen wurden nicht realisiert. Gesprächsanfragen liefen nach dem Ende der Besetzung ins Leere.[16]

Alle Interviewkontakte kamen über Gespräche im Feld zustande. Um aus der Betriebsamkeit und der erheblichen Lautstärke der Hörsaalinteraktion auszubrechen, wurde ein Gespräch an einem ruhigeren Ort vereinbart. Beim zweiten Gesprächskontakt wurden die Gesprächspartner*innen, solange die Besetzung noch andauerte, zumeist im Hörsaal abgeholt. Nach Beendigung der Besetzungen wurden konkrete Treffen vereinbart. Den Interviewpartner*innen wurde grundsätzlich freigestellt, wo die Treffen stattfinden sollen. Es wurde immer das Angebot ausgesprochen, die Infrastruktur der Universität zu nutzen und die Räumlichkeiten des Lehrstuhls für Soziologie beziehungsweise mein Büro als Gesprächsort aufzusuchen. Ausnahmslos alle Interviews fanden in meinem Büro statt.[17]

---

[15] Defizite der Fallauswahl sind: a. die fehlende konzeptionelle Vorarbeit, die ein theoretical sampling dringend benötigt; b. eine zu große Konzentration der Charaktere im Interview-Sample. Im Ergebnis muss ich mit einer unglücklichen Konzentration auf Studierende des Studiengangs BA Sozialwissenschaften leben und der fehlende Berücksichtigung von Personen, die der Besetzung kritisch bis ablehnend gegenüberstanden. Teilweise konnten die Defizite durch die Berücksichtigung weiterer Feldartefakte ausgeglichen werden, eine Unwucht bleibt aber gleichwohl bestehen.

[16] Einzelheiten zum Sample siehe Anhang, erster Abschnitt.

[17] In der Rückschau ist dieser Ort keineswegs unproblematisch. Ich war zu diesem Zeitpunkt im zweiten Semester Dozent. Auch wenn während den Tagen der Besetzung hierarchische Aspekte verwischen, ist das Büro eines wissenschaftlichen Angestellten an der Universität kein neutraler Ort. Es handelt sich um eine *second best option*. Versuche Gespräche vor Ort zu führen, scheiterte am Geräuschpegel im besetzten Hörsaal.

Die Gesprächsführung folgt einer dreiphasigen Interviewlogik: an eine fokussierte narrative Einstiegsphase schließt eine intensive Nachfragephase an. Eine leitfadenorientierte Trichterung schließt das Interview ab. Ziel des Interviews ist es, gehaltvolle Erzählungen über das Geschehen zu erzeugen. Orientierungspunkte für diese Art der Interviewführung sind das *dreigliedrige Intensivinterview* (Honer 1989, 1993) beziehungsweise *explorative Interview* (Honer 1994, 2011a) nach Anne Honer, das *fokussierte Interview* nach Merton und Kendall (1946), das *problemzentrierte Interview* nach Witzel (1985, 2000)[18] sowie das *diskursive Interview* nach Ullrich (1999a). Gemäß Honer geht es darum eine nicht-funktionale Gesprächsatmosphäre zu erarbeiten, in der es möglich wird, entbunden von den funktionalen oder pragmatischen Erfordernissen der ›Alltagskommunikation‹ Erzählungen zu entfalten. Während der ersten Gesprächsphase soll den Gesprächspartner*innen Gelegenheit zur möglichst freien Entfaltung ihrer Relevanzstrukturen gegeben werden. Die interpretationswürdige und offene Eingangsfrage *Wie war's?*[19] stellt dies sicher. Das heißt aber auch, dass diesem Eingangsstimulus und der daraus eröffneten Erzählung besondere Bedeutung beizumessen ist. Das Gesprächsverhalten des Interviewers ist in dieser Phase tendenziell passiv. Durch Schweigen, non-verbale und bestätigende Kommunikation und eventuell durch kurze Paraphrasierung werden Erzählungen ›am Laufen gehalten‹ möglichst ohne dabei eigene Relevanzsetzungen des Interviewers ins Spiel zu bringen.

---

[18] Der von Witzel vorgeschlagene Kurzfragebogen kam zwar ebenfalls zum Einsatz, wurde im weiteren Forschungsverlauf aber nicht weiter berücksichtigt.

[19] Zur Einstiegsfrage »Wie war's?«: Die Einstiegsfrage ist hochgradig auslegungsbedürftig. Zwar wird im Vorfeld des Interviews erläutert, was geschehen soll, gleichzeitig wird mit k(aum)einem Wort erwähnt, welches Thema das Gespräch haben wird. Die Frage »Wie war's?« scheint mit einem Index versehen zu sein, der das gegenwärtige Gespräch transzendiert. Im Gegensatz zu einem alltäglich routinierten Fragen – etwa ein tägliches »Wie war's bei Dir heute Schatz?« beim Abendessen – handelt es sich hier nicht um ein alltagsrituelle Frage-Floskel, die weniger der Erkundung als der Re-aktualisierung einer Beziehung dient (vgl. etwa Goffman 1975a). »Wie war's?« benennt unausgesprochen ein konkretes Ereignis. Gleichzeitig impliziert diese Form der Frage, dass dies ein Ereignis von Gewicht sein muss. Ein alltägliches Ereignis rechtfertigt eine solche Akzentuierung nicht. Nicht in einen Alltagsritus eingebunden, ruft ein solches Fragen unweigerlich ein »Wie war was?« als Antwort und Gegenfrage hervor. Diese bleibt aus, der Index wurde als Aufforderung zu einer umfassenden Erlebnisschilderung verstanden. Mit »Wie war's?« wird zudem eine Bewertung des indizierten Erlebnisses bzw. eine Aussage über die Erlebnisqualität eingefordert. Zwar wird eine spezifische Episode oder ein spezifisches Ereignis thematisiert, auf welche Weise oder welcher Aspekt des Ereignisses nun berichtet wird, hängt allein vom Interviewee ab. Der unkonkrete Bezug der Frage ist somit zuletzt dazu geeignet, dass Interviewees ihre eigene Relevanzordnung entfalten beziehungsweise entfalten müssen, um die Frage adäquat zu beantworten.

Im Laufe des Interviews (zweite Gesprächsphase) soll eine thematische Trichterung eine »Fokussierung« beziehungsweise »Problemzentrierung« ermöglichen. Honer folgt dabei den von Merton und Kendall vorgeschlagenen Fokussierungstechniken. Zuvor formulierte Leitfadenfragen und thematische Schlagworte bilden den Hintergrund für diese Fokussierung. Nach Andreas Witzel sollte man derlei Strukturierung nicht als Standardisierungstechnik missverstehen.

»Der Leitfaden hat nicht die Aufgabe, ein Skelett für einen strukturierten Fragebogen abzugeben, sondern soll das Hintergrundwissen des Forschers thematisch organisieren, um zu einer kontrollierten und vergleichbaren Herangehensweise an den Forschungsgegenstand zu kommen.« (Witzel 1985)

Leitfadenüberlegungen strukturieren als *sensibilisierende Konzepte* beziehungsweise dienen als Reflexionshintergrund den Interviewenden dazu, den aktuellen Entdeckungszusammenhang auszuloten. Sie sind als Entdeckungsstrategien der Gesprächsführung zu verstehen. Aber wenn sie der Reflexion des Forschungsinteresses dienen, haben sie sich den Erzählungen des jeweiligen Interviewpartners oder der jeweiligen Interviewpartnerin unterzuordnen (Hermanns 2010). Im konkreten Forschungsprozess wurden im Laufe der Zeit einige Fragen angepasst, andere Fragen blieben stabil. Meist boten sich quasi-natürliche Gelegenheiten, Fragen der *sensiblisierenden Leitfadenkonzeption* zu thematisieren. Lediglich zum Ende der Gesprächsführung wurden explizit Leitfadenfragen formuliert.[20]

Vor allem im letzten Drittel des Interviews wurden gesprächsimmanente und leitfadenmotivierte Nachfragen durch diskursive Elemente ergänzt. Durch »Begründungsaufforderungen und Konfrontationen« wurden gezielt Deutungsmuster und Rechtfertigungen angeregt (Ullrich 1999a, 1999b, S. 12) sowie Erzählungsinhalte in Frage gestellt. Diese Art der Gesprächsführung verletzt noch deutlicher als ein *sensibilisierendes Leitfadenkonzept* die wiederholt in der einschlägigen Methodenliteratur idealisierte Non-Direktivität der Gesprächsführung (Hermanns 2010). Dies geschieht aus zwei Gründen: erstens wird zu Beginn des Gesprächs grundsätzlich darauf geachtet, dass die Gesprächspartner*innen ihre Erzählungen und ihre Relevanzordnungen entfalten können und damit der Forderung, die Relevanzen der Gesprächspartner ernst zu nehmen und eigene Relevanzsetzungen unterzuordnen, entsprochen. Zweitens gehe ich davon aus, dass durch eine non-direktive Haltung nicht schon per se eine höhere ›Objektivität‹ des Interviewmaterials hergestellt werden kann. Interviews sind und bleiben asymmetrische Interaktionssituationen. Die Qua-

---

[20] Zur Leitfadenkonzeption siehe den technischen Anhang am Ende des Buches.

lität der Gespräche kann meines Erachtens dadurch erhöht werden, dass der Reichhaltigkeit von Dialogizität Rechnung getragen wird. Eine diskursive Gesprächsführung provoziert Gesprächspartner*innen dazu Stellung zu beziehen, legt Widersprüche und Inkonsistenzen offen und ist somit sowohl ein Mittel zur Anreicherung der Gespräche als auch zur inhaltlichen Kontrolle. Im Ergebnis sind dosiert diskursiv oder konfrontativ geführte Gespräche nicht ›objektiver‹ als non-direktive (wobei durchaus zu bezweifeln ist, dass es so etwas gibt), sondern vor allem reichhaltiger.

Feldartefakte
Als dritte Informationsquelle lassen sich Feldartefakte zur Analyse heranziehen. Ulrike Froschauer (2002, S. 362) versteht unter Artefakten »Materialisierungen von Kommunikation«. Die Hörsaalbesetzung hat sich auf unterschiedlichste Art und Weise objektiviert und Spuren hinterlassen. Zu diesen Objektivationen des Protests zählen eine Vielzahl von Schrift-, Bild- und Ton-Dokumenten. Eine Vielzahl dieser Artefakte ist öffentlich zugänglich. Zum Beispiel der Twitter-Stream von »@uniAUXbrennt«[21] oder die Website des Hörsaalbesetzung.[22] Bei der Berücksichtigung dieser Artefakte geht es nicht darum, die Rolle dieser Artefakte für das soziale Geschehen zu rekonstruieren. Insbesondere die digitalen Blogformate materialisieren sich in Archivform. Aus dieser ›Selbstarchivierung‹ des Protestgeschehens durch digitale Artefaktkommunikation,[23] wie zum Beispiel Twitter, lassen sich Strukturmomente, wie etwa die Chronologie von Ereignissen, sehr exakt nachvollziehen. Neben diesen öffentlichen Kommunikationsartefakten steht mir ein umfassender Zugriff auf das Protest-Archiv zur Verfügung. Das Archiv umfasst eine nicht-systematische Sammlung von Dokumenten, Bildern, Filmen, Informationsmaterialen, Notizen, Schriftverkehr, Rechnungen und vieles mehr. Die schiere Masse dieses Materials ist kaum überschaubar. Darüber hinaus sind längst nicht alle diese Daten für die vorliegende Untersuchung relevant. Grundsätzlich werden diese Materialien nicht systematisch, sondern pragmatisch berücksichtigt. Insbesondere zur Systematisierung von Strukturdaten sind diese Artefakte aber eine Quelle von großem Wert.

---

[21] Der Twittestream ist unter der URL https://twitter.com/uniAUXbrennt (Zugriff am 02.08.2013) erreichbar.
[22] Der Blog ist unter der URL http://blog.bildungsstreik-augsburg.de (Zugriff am 02.08.2013) erreichbar, die Website des Bildungsstreiks unter der URL http://uniaugsburgbrennt.blogspot.com ist bereits im August 2013 offline. Ein Zugriff über Archivseiten, wie etwa das Webarchiv www.archive.org bleiben möglich.
[23] Unter Artefaktkommunikation verstehe ich die verdinglichte Kommunikation in Schrift, Bild und Ton, wie sie im Social Web (Ebersbach 2011) typisch und notwendig ist.

4.2.2.4 Der Datenkorpus zur Hörsaalbesetzung

Das *emergierende nichtalltägliche Arrangement* der Hörsaalbesetzung wird durch ein Set unterschiedlicher Materialien repräsentiert:

Tabelle 1: Datenmaterial zur Besetzungsstudie

Beobachtung	Die Protokolle der teilnehmenden Beobachtung wurden im Forschungstagebuch HS I festgehalten.
Interviews	Neun fokussierte episodische Interviews (HS I, 1-10) mit zehn Interviewpartner*innen wurden digital aufgezeichnet und verschriftlicht; das letzte mit zwei Gesprächspartner*innen
Feldartefakte	Zur Kontrastierung und Ergänzung der Beobachtungs- und Gesprächsdaten stehen unterschiedliche Feldartefakte zur Verfügung. Dazu gehören insbesondere: - der Twitterstream @uniAUXbrennt (mit 541 Beiträgen zwischen 17. Nov. und 22. Dez. 2011), - die Website des Bildungsstreiks sowie deren Archiv, - Daten des Projekt-Archivs.

4.2.3 Zweiter Fall: das Schulcamp auf der Insel (geplanter Wille)

4.2.3.1 Kurzbeschreibung des Schulzeltlagers

Dem *emergierenden nichtalltäglichen sozialen Arrangement* der Hörsaalbesetzung steht das *inszenierte* eines Schul-Zeltlagers gegenüber. Seit über drei Jahrzehnten und bis heute organisiert eine Schule Jahr für Jahr in Kooperation mit einer lokalen Jugendorganisation[24] drei gemeinsame Tage in einem Zeltlager inmitten eines großen Sees: die Inseltage. Auch im Sommer 2011 begeben sich 127 Schülerinnen und Schüler gemeinsam mit sieben Lehrkräften dorthin. Mit einer Fähre setzen die Jugendlichen und jungen Erwachsen auf die Halbinsel über. Drei Tage lang lassen sie den Alltag zurück und fügen sich den Statuten der Lagerordnung. Drei Tage lang gehen nicht nur die Uhren anders. Das Regime des Zeltlagers regelt Zeiten, Aktivitäten, Interak-

---

[24] Alle Namen, Organisations- und Ortsbezeichnungen etc. wurden anonymisiert oder durch geschlechteradäquate Pseudonyme ersetzt.

tionsformen und selbst Grenzüberschreitungen; eine eigentümliche totale Institution.[25] In dieser Ordnung gibt es nur bedingt Rückzugsmöglichkeiten: das soziale Leben verdichtet sich und verharrt in dieser Verdichtung.

Tagsüber verbringen die Jugendlichen ihre Zeit entweder mit Workshopangeboten oder tummeln sich allein beziehungsweise in Gruppen in der verbleibenden, zur freien Disposition verfügbaren Zeit. Mit dem Naherrücken des Sonnenuntergangs wechseln die Aktivitäten ins Festive. Lagerfeuerromantik, Musik aus der Dose oder handgemacht prägen ebenso die Stimmung, wie der Genuß von Bier und Wein. Der Tagesablauf fügt sich in eine Dramaturgie ein, die am Abend ihrem Höhepunkt zustrebt. Der gesamtdramaturgische Höhepunkt liegt am Ende des zweiten Tages. Alle Aktivitäten streben diesem Augenblick zu. Das geschieht nicht zufällig, sondern folgt der (bewußten oder unbewußten) Intention der Inszenierung. Die Spannung der Dramaturgie entlädt sich in einer Art kollektiven Berauschung am Kollektiv. Jeder und jede Einzelne erhält Gelegenheit sich selbst, die Anderen und das Kollektiv zu feiern. Bevor die Inszenierung von Nichtalltäglichkeit unter Veralltäglichungsdruck gerät, ereignet sich die organisierte Selbstauflösung des Lagers. Mit dem Höhepunkt am zweiten Abend wird nicht nur das Ziel der dramaturgischen Bewegung erreicht, sondern auch ihr Ende. Der Morgen des dritten Tages ist bereits von Aufbruchsstimmung geprägt. Schlafsäcke werden gepackt, Handynummern und Kontaktdaten ausgetauscht. Am Ende bleiben von einer Situation, in der alle in die Rolle des geschichtslosen Fremden fallen, Spuren gemeinsamer intensiver Erlebnisse zurück, die als geteilte Vergangenheit einen Hintergrund für eine mögliche gemeinsame Zukunft bereithalten. Wo sich zuvor Menschen als noch nie gesehen wahrgenommen haben, sind Kontakte entstanden und haben sich Individuen besser oder überhaupt erst kennengelernt. Die Überschreitungserfahrungen verlaufen aber nicht nur positiv. Im Modus der kollektiven Berauschung ist es insbesondere die Angst vor dem Rausch, die das Regime der Lagerordnung in seiner vollen Strenge zur Entfaltung bringt. Wer

---

[25] Günter Grasser, der das *Schulcamp* auf der *Insel* als Verantwortlicher der *Jugendorganisation* mitbegründet hat, weist mit Bezug auf den rigiden Charakter der Zeltlagerordnung auf ein spannendes Paradox zwischen Unfreiheit und Freiheit hin: »In Grunde genommen […] schränken wir ihre Freiheiten total ein […]. Äh […] nur dadurch gewinnen sie Freiheit […] und das Interessante ist, also […] die haben nicht mehr ihr eigenes Zimmer, die müssen mit 9 äh 8 anderen Leuten in einem Zimmer schlafen, die die ham keine eigenen Duschen mehr, alles was individualistisch ist, äh fällt plötzlich weg, äh sie müssen mit einem bestimmten Essen zurechtkommen, es werden gleich Regeln verkündet, wann gebadet wird, wann man sich trifft, wann und so weiter und so fort. Die Insel besteht ja im Grund genommen aus unheimlich vielen Regeln, weil sonst gehts ja gar nicht, ja? Und das Interessante ist, dass da, wo es unheimlich viele Regeln gibt, mehr als vielleicht woanders, die Leute das Empfinden haben, […] dass die Freiheit größer ist, des fand ich schon immer total interessant.« (L IV 2, Günter Grasser, S. 46)

die klar formulierten Grenzen überschreitet, muss damit rechnen nach Hause geschickt zu werden. Nichts verdeutlicht die Autokratie des Regimes so deutlich, wie die angedrohte und verwirklichte Verbannung. Der Grad zwischen gewollter Berauschung und tabuisiertem Rausch ist im wahrsten Sinne fließend. Das Zuviel an Alkohol lässt aus ›Bündnissen, die Bacchus zu stiften vermag‹ (Maffesoli 1986), den Spaltpilz entstehen, der die Tabubrecher*innen mit Ausschluss zunächst bedroht und aufgrund dessen dieser Ausschluss schließlich auch vollziehogen wird.

Im Vergleich zur wochenumspannenden Hörsaalbesetzung erscheinen die Inseltage als ein unbedeutendes Intermezzo. Aber es sind gerade die Kürze und die stringente Dramaturgie der Ereignisse, die erkennen lassen, welche Kräfte die Verdichtung des sozialen Lebens außerhalb alltäglicher Selbstverständlichkeiten zu bieten hat. Mit der Auflösung und planmäßigen Rückkehr in den Alltag vermeiden die Organisatoren, dass sich das Geschehen durch Veralltäglichung selbst überlebt und erhalten damit ›die Magie‹ der Inseltage, die sehr wahrscheinlich nicht allein vor Ort, sondern gerade in und durch Erinnerung ihre schlussendliche Wirkung entfaltet.

4.2.3.2 Feldzugang

Die Idee, das *Schulcamp* auf der Insel genauer zu betrachten steht im Kontext eines Lehrforschungsprojekts, das mein Kollege *Alex*[26] und ich im Sommersemester 2011 und Wintersemester 2011/12 verantworteten. Der Feldkontakt kam über die biographische Verbindung meines Kollegen mit der Jugendarbeit der Jugendorganisation zustande. Nach einer ersten informellen Kontaktaufnahme mit dem Lagerleiter auf der Insel, nahm *Alex* Kontakt zum Leiter der Schule auf. Weder von der Schule noch von Seiten der Lagerleitung wurden Einwände formuliert. Mit dem Sommersemester 2011 starteten wir gemeinsam mit etwa 24 Studierenden in das Lehrforschungsprojekt. Am 16. Mai kam es bei einem Vorbereitungstreffen zu einem ersten Kontakt mit dem Organisationsteam des Schulcamps bestehend aus zwei verantwortlichen Jugendleitern der Jugendorganisation, Schüler*innen sowie zwei Lehrkräften, die den Kontakt zur Schule organisierten. Nicht zu unterschätzen für unseren Kontakt mit den Akteuren war, die Verankerung meines Kollegen im Kontext der Szene der Jugendorganisation. Unter dem Pseudonym *Reinhardt* war er in der Szene bekannt und eine Art Zeltlager-Urgestein.

Die eigentlichen Forschungskontakte erfolgten vor, während und nach den Inseltagen. Das Forschungsteam auf der Insel bestand aus 24 Studierenden im Lehrforschungsprojekt sowie zwei Dozenten, die das Forschungsprojekt koordinierten, die

---

[26] Anonymisiert.

empirische Strategie verantworteten und für die methodologische wie methodische Ausbildung des Forschungsteams zuständig waren. Das Forschungsdesign der Studie umfasst mehrere Feldphasen. Bereits im Vorfeld der Inseltage machte sich eine Gruppe von Studierenden zur Schule auf, um dort Kontakt zu Teilnehmenden des letzten Jahres aufzunehmen. Zu einem zweiten Feldkontakt kam es vor Ort im Laufe der Inseltage. Während der Inseltage bildete das Forscherteam des Lehrforschungsprojekts ein eigenes Teillager auf der Insel. Der Altersunterschied zwischen Studierenden und den Schülerinnen und Schülern auf der Insel war so gering und die Schulklassen untereinander sich gleichzeitig so unbekannt,[27] dass insbesondere die Studierenden zumeist im bunten Treiben der Inselbevölkerung nicht auffielen. Ähnliches gilt für uns als Dozenten. Die altersheterogene Lager-Crew der Jugendorganisation bot hier den Hintergrund, vor dem wir uns, ohne als ›Uni-Leute‹ direkt erkennbar zu sein, auf der Insel bewegen konnten. Zumindest dahingehend war es auf der Insel kein Problem, *einer zu werden wie*. Andererseits waren uns Grenzen gesetzt. Der Lagermannschaft war unsere Sonderrolle durchaus bekannt und auch die Schülerinnen und Schüler beziehungsweise ihre Lehrkräfte hatten im Laufe der dreitägigen Veranstaltung Zeit, die ›Uni-Leute‹ zu identifizieren. Ziel der Felderfahrung war, die drei Tage *Schulcamp* aus der Perspektive beobachtender Teilnahme zu rekonstruieren. Eine dritte Feldphase wurde bereits während der Kontaktzeit auf der Insel vorbereitet. Vierzehn Teilnehmer*innen sollten ihren Aufenthalt mit Einwegkameras dokumentieren. Diese Knipser-Fotos waren die Grundlage für fotogestützte Leitfadeninterviews, die in den Wochen nach den Inseltagen geführt wurden. In dieser Phase war es auch möglich zwei Experteninterviews zu verwirklichen, zunächst mit dem hauptamtlichen Leiter der Zeltlagerinsel und später einem seiner Vorgänger, der maßgeblich an der Begründung der Inseltage auf der Insel beteiligt war.

4.2.3.3 Explikation des methodischen Zugangs

Zwischen dem methodischen Zugang zur Hörsaalbesetzung und den Inseltagen auf der Insel bestehen viele Parallelen, aber auch gewichtige Unterschiede. Zunächst ist beiden Untersuchungen das Interesse an der Rekonstruktion von Bedeutungszumessungen, Interaktionsstrukturen, Dynamiken und Prozessen gemeinsam. Die Perspektive kann bei beiden Fällen als *ethnographisch inspiriert* beschrieben werden. Die Besonderheiten der Zeltlager-Fallstudie ergeben sich auch aus dem Zuschnitt des

---

[27] Die *Schule* unterrichtete im Schuljahr 2011/12 dreizehn Klassen in der Jahrgangsstufe der elften Klasse. Die Teilnehmer*innen der *Inseltage* kamen aus diesen dreizehn Klassen. Das heißt: die Schülerinnen und Schüler hatten mit einem Großteil ihrer Mitschüler*innen derselben Jahrgangsstufe geringen bis annähernd keinen Kontakt.

Lehrforschungsprojekts. Im Folgenden werden methodische Überlegungen und die zum Einsatz gebrachten Verfahren näher erläutert. Im Anschluss daran wird das vorliegende Datenmaterial für die hier vorgelegte Untersuchung pragmatisch und durchaus auch selbstkritisch eingegrenzt.

Problemzentrierte Interviews der ersten Feldphase
In der ersten Feldphase wurden insgesamt acht »problemzentrierte Interviews« (Witzel 1985) angestrebt. Die Fallauswahl erfolgte aus forschungspragmatischen Gründen heuristisch nach den Gesichtspunkten Teilnahme und Geschlecht. Auch hier geht es nicht im strengen Sinne um Repräsentativität, sondern um die Kontrastierung von Perspektiven.

Tabelle 2: Stichprobenplan der ersten Feldphase der Lagerstudie

	2010 an den Inseltagen teilgenommen	2010 an den Inseltagen nicht teilgenommen
weiblich	2 geplant/2 realisiert	2 geplant/1 realisiert
männlich	2 geplant/2 realisiert	2 geplant/2 realisiert

Für problemzentrierte Interviews schlägt Andreas Witzel ein mehrstufiges Verfahren vor: »Die Instrumente des Interviewverfahrens bestehen im *Kurzfragebogen*, dem *Leitfaden*, der *Tonbandaufzeichnung* und dem *Postscriptum*« (Witzel 1985, S. 236). Der Kurzfragebogen wurde dazu genutzt, um in standardisierter Form verteilungstheoretisch interessante Aspekte kompakt abzufragen. Entgegen der von Witzel vorgeschlagenen Vorlage des Fragebogens zu Beginn des Interviews, legten wir unseren Gesprächspartner*innen das Instrument zuletzt vor. Auf diese Weise konnte das Problem umgangen werden, dass die Art des Fragenstellens (exakte Frage, exakte Antwort) Einfluss auf das anschließende Gespräch nimmt. Gleichzeitig konnten mit Hilfe des Fragebogens einige sozio-biographische Aspekte aus dem Interview ausgeklammert werden. Das Interview begann mit einer kurzen Startsequenz und einer offenen Eingangsfrage. Durch das Arrangement weiterer Fragen sollte der Gesprächsverlauf sukzessive getrichtert werden.[28] Sieben Interviews konnten auf diese Weise realisiert werden, davon vier Interviews mit Schüler*innen die im letzten Jahr an den Inseltagen teilgenommen haben (Variante eins), drei Interviews mit Schüler*innen, die nicht auf der Insel waren (Variante zwei).

---

[28] Zu den Fragebögen der ersten und dritte Feldphase sowie zu konkreten Fragen ist auf den technischen Anhang des Buches verwiesen.

Beobachtende Teilnahme und ero-epische Gespräche in der zweiten Feldphase
In Bezug auf die Bedeutung der beobachtenden Teilnahme ist den Ausführungen zum Feldzugang zu den Hörsaalprotesten im vorausgegangenen Abschnitt nichts Wesentliches hinzuzufügen. Vom 25. bis 28. Juli 2011 wurden von den Forscher*innen des Lehrforschungsprojekts insgesamt 55 Beobachtungsprotokolle erstellt und zehn Ad-hoc-Gespräche mit Schüler*innen, Lehrer*innen und Mannschaftsmitgliedern realisiert. Die Beobachtungsaufzeichnungen im Feld folgten Überlegungen zur Protokollierung von Beobachtungen nach Aglaja Przyborski und Monika Wohlrab-Sahr (2010, S. 63).[29] Die von den Autorinnen dort ausbuchstabierte Dimensionalisierung eines Beobachtungsprotokolls (Zeit/Ort, Beobachtungen, Kontextinformationen, Methodische und Rollen-Reflexionen, Theoretische Reflexionen) wurde von der Forscher*innengruppe diskutiert, in weiten Teilen übernommen, partial ergänzt und im Hinblick auf unsere Überlegungen zum Feld angepasst.[30] Die Protokollvorlage diente vor allem als sensibilisierende Hintergrundheuristik. Selbstverständlich wird nicht jede Beobachtung allen Aspekten oder auch nur allen Dimensionen dieser Heuristik vollumfänglich gerecht. Als Heuristik dient das Instrument vielmehr dazu, dafür zu sensibilisieren, worauf geachtet werden kann und soll. Neben den Aufzeichnungen der Forscher*innengruppe entstand ein persönliches Forschungstagebuch zur Dokumentation meiner eigenen Beobachtungen.

Während der Zeit auf der Insel kam es zu zahlreichen Gesprächen, viele wurden in der Form von kurzen Protokollen zusammengefasst. Diese Ad-hoc-Gesprächsführung folgte Roland Girtlers Konzeption eines »ero-epischen Gesprächs«. Girtler versteht darunter »[...] ein Gespräch, bei dem es um Erzählungen und Geschichten geht, die sich so ziemlich auf alles einer Kultur oder Gruppe beziehen können.« (Girtler 2001, S. 147) Methodisch ist Girtler darauf aus, eine artifizielle Interviewkommunikation zu vermeiden. Es geht darum, sich auf »ein echtes Gespräch« (ebd.) einzulassen. ›Echt‹ heißt dann vor allem, die Wagnisse von Interaktion einzugehen, gegenüberzutreten und in einer symmetrischen Form der Kommunikation zu bestehen, in welcher der Fragende auch schnell zum Befragten werden kann. Das bedeutet ferner, die Komfortzone des unbeteiligten Voyeurs zu verlassen und sich damit den identitätsrelevanten Spielen und Risiken echter Interaktion auszusetzen.

---

[29] Siehe zur ausformulierten Heuristik Abschnitt vier des Anhangs.
[30] Die genutzte Beobachtungsheuristik bleibt strukturell sehr eng am Vorschlag von Przyborski und Wohlrab-Sahr (2010) orientiert. Ihr Dokumentationsvorschlag wurde auf Basis von Überlegungen Roland Girtlers (2001, S. 133 ff.) zur beobachtenden Aufmerksamkeit einer Revision unterzogen (Abschnitt vier des Anhangs).

»Bei einer gelungenen Forschung [...] kommt es also vorrangig darauf an, wie ich als Mensch von den Leuten, mit denen ich spreche, akzeptiert werde. Würde ich nicht als jemand gesehen werden, der ›in Ordnung‹ ist, wie es auch Whyte bei seiner Studie über einen Vorort von Boston festhält, so hätte ich keine Chance, in eine fremde Lebenswelt einzudringen [...].« (Girtler 2001, S. 149)

Man muss Girtlers weitergehende Polemik über Sinn und Unsinn wohlbegründeter Interviewtechniken nicht teilen, um anzuerkennen, dass es sich bei vielen Interviewsituationen um hochartifizielle Arrangements handelt, in welchen mitunter eine lebensfremde Sterilität hervorgebracht wird. Gerade bei Gesprächen, die im Forschungsfeld zwischen ›Tür und Angel‹ stattfinden sollen, ist anzunehmen, dass sterile Interviewpläne scheitern und eine offene, eben *ero-epische* Gesprächsführung das Mittel der Wahl sein könnte. Neben diversen protokollierten Gesprächen wurden zwölf Interviews audiotechnisch aufgezeichnet sowie später transkribiert und liegen somit zur Auswertung vollständig in Schriftform vor. In der Regel wurden Personen direkt im Hinblick auf ihre Perspektive, Rolle oder ihr Tun befragt.

Fotogestützte Leitfadenbefragung ex-post in der dritten Feldphase
An diesen intensiven Feldkontakt auf der Insel schloss sich eine dritte Feldphase an. In den ersten Stunden nach der Ankunft der Schüler*innen konnten wir 14 Teilnehmer*innen für eine Befragung in den Wochen nach den Inseltagen rekrutieren. Auswahlkriterien waren Freiwilligkeit und Geschlecht. Sieben Teilnehmerinnen und sieben Teilnehmer sollten von einem geschlechtergemischten Interviewteam befragt werden. Grundlage der Interviews bildeten selbst erstellte Fotos. Die Insel-Schüler*innen wurden dazu mit Einwegkameras versorgt und gebeten ihren Aufenthalt zu dokumentieren. Der Dokumentationsauftrag wurde salopp mit Bemerkungen wie etwa, »Fotografier, was Dir wichtig ist!« oder »Mach es so, wie wenn Du Urlaubsfotos machst!«, vergeben. Die Teilnehmer*innen unserer Fotodokumentation konnten sich jederzeit mit neuen Einwegkameras eindecken und insofern so viele Bilder aufnehmen, wie sie wollten. War eine Kamera voll, wurde sie von uns übernommen und eindeutig mit einer Nummer gekennzeichnet. Noch am Tag unserer Rückkehr wurden die Filme zum Entwickeln (print und digital) gegeben. Die entwickelten Fotos durften unsere Interviewpartner als kleines Dankeschön nach den Interviews behalten.

Eine Überblick verschaffende Arbeit zur Rolle von Fotos in Befragungen und soziologischen Studien wurde von Anna Brake (2009) vorgelegt. Nach systematischer Aufarbeitung des vorliegenden Forschungsstandes kommt Brake zu der Einschätzung, »dass das fotobasierte Interview in seinen verschiedenen Formen ein leistungsstarkes Forschungsinstrument darstellt, mit dessen Hilfe die Befragten zu längeren und (detail)reicheren Erzählpassagen angeregt werden können« (Brake 2009,

S. 384). Dies lege zumindest der Forschungsstand nahe.[31] Weitere Überlegungen über »Visuelle Stimuli in der qualitativen Forschung« und ihre Potentiale hat Oliver Dimbath (2013) angestrengt. Er geht davon aus, dass Fotografien als »Informationsträger im Hinblick auf kollektiv relevante Erinnerungen« und in Form von »Merkzeichen der individuellen Erinnerungen« (ebd., S. 140) sozialwissenschaftlich relevant sind. Neben der Frage, ob fotogestützte Erhebungsverfahren auf vorhandenes Bildmaterial zurückgreifen oder dieses »eigens für den Forschungszusammenhang generier[en]« (Brake 2009, S. 373), stellt sich die Frage, ob die Bilder selbst oder aber Bilder-Geschichten im Mittelpunkt sozialwissenschaftlichen Interesses stehen.

Einerseits können Fotos selbst zum Gegenstand der Analyse gemacht werden. Die Möglichkeiten der Bild- aber auch Videoanalyse werden seit einiger Zeit umfassend debattiert. Mit der dokumentarischen Methode der Bildinterpretation wird aktuell ein Verfahren erprobt und erörtert, das nach Einschätzung einiger Autoren dem Bildmaterial gerecht zu werden verspricht (vgl. Bohnsack 2011).[32] Es ist aber durchaus die Frage zu stellen, ob Bildmaterial an sich soziologisch gehaltvoll ist oder ob Bilder vornehmlich »[…] als Handlungsobjekte zur Erzeugung von Sinnhaftigkeit« verstanden werden sollten. Letztere Meinung vertritt Stefan Guschker (2002, S. 10). In seiner Dissertation *Bilderwelt und Lebenswirklichkeit* beschreibt Guschker eingehend, inwiefern sich Bilder insbesondere zur Fokussierung von Sinnstiftung in Interviewsituationen nutzen lassen. Mit den Worten Guschkers (2002, S. 36): »Die Fotografie ist also ein Verfahren zur zielgerichteten Auswahl und Klassifikation des Vergangenen und zum zielgerichteten Zugriff auf Vergangenheit von gegenwärtigen Zeitpunkten aus«. In diesem Sinne werden in unserer Studie die Knipser-Fotos als fo-

---

[31] Anna Brake macht in ihrem Artikel aber durchaus deutlich, dass das Verfahren Schwierigkeiten und Grenzen mit sich bringe. So sei man auf aktive Beteiligung der interviewten Personen angewiesen, die Fotos bereithalten, erstellen oder doch zumindest gehaltvoll deuten müssen. Ein weiteres Problem bestehe laut Brake darin, dass Fotografien nicht so sehr den Alltag, sondern das Außergewöhnliche abbilden (vgl. Brake 2009, S. 385f.).
[32] Die Frage, ob diese Versprechen eingehalten werden, kann hier nicht erörtert werden, allerdings lassen sich begründbare Zweifel formulieren. Die Schwierigkeit der Bildinterpretation liegt insbesondere im Artefakt-Charakter von Bildern. Bilder werden zu irgendeinem Zeitpunkt intentional hervorgebracht. Ohne die Intention der Bilderstellung lassen sich Bilder insofern nur unvollständig deuten. Dabei dürfte die Deutung nicht selten mehr über den Interpreten als das zu interpretierende Artefakt aussagen. Nichtsdestotrotz besteht immer die Option Bildmaterial als Grundlage von Deutungsprozessen zu nutzen. Damit ist das Dilemma beschrieben, das Bildern als Artefakten des sozialen Lebens eignet: »Fotografien sind Artefakte an der Schnittstelle von zwei Wirklichkeiten. Der Wirklichkeit, die ihrer Herstellung vorausging, oder sie rahmt und der oder den Wirklichkeiten, von der aus sie jeweils betrachtet werden.« (Guschker 2002, S. 60)

kussierender Erzählstimulus im Rahmen eines fokussierten beziehungsweise problemzentrierten Interviews eingesetzt. Aber auch bei dieser Art der Interviewführung kam zunächst die hochgradig interpretationsbedürftige Frage »Wie war's?« zum Einsatz. In der direkten Folge sollte ein umfassender erzählender Einstieg in das Interview folgen. Zudem wurden die Interviews um einen gekürzten Leitfaden der ersten Erhebungsphase ergänzt. Aufgabe der Interviewenden war, das Gespräch umfassend erzählgenerierend zu begleiten.[33]

4.2.3.4 Datenkorpus zur Zeltlager-Studie

Die inszenierte soziale Ordnung des Zeltlagers wird ebenfalls durch eine Sammlung unterschiedlicher Materialien repräsentiert:

Tabelle 3: Feldphasen und Datenkorpus der Zeltlagerstudie

Erste Feldphase	7 problemzentrierte Interviews (L I 1-8) zur Zeit auf der Schule im Allgemeinen und den Inseltagen 2010 im Speziellen
Zweite Feldphase	55 Beobachtungsprotokolle (LB 1-55), 12 ero-epische Ad-hoc-Interviews (L II 1-12), 1 Forschungstagebuch (L FT)
Dritte Feldphase	10 fotogestützte fokussierte Interviews (L III 1-14) zu den Inseltagen 2011 2 Experteninterviews (L IV 1-2) mit Vertretern der Jugendorganisation.

4.2.4 Aufzeichnung und Verschriftlichung

Alle Interviews, die digital aufgezeichnet werden konnten, wurden im Anschluss transkribiert. Bei der Verschriftlichung stand die gute Lesbarkeit des resultierenden Transkripts im Vordergrund. Daneben wurde eine möglichst pragmatische Gestaltung des Transkribierprozesses für wichtig erachtet. Die Vorgehensweise orientiert sich an Vorschlägen von O'Connell und Kowall (2010). Für eine nähere Darstellung der einzelnen formalen und stilistischen Entscheidungen sei an dieser Stelle auf den Anhang dieser Arbeit verwiesen (Abschn. 1.4).

---

[33] Unsere Vorgehensweise und den spezifischen Ertrag eines solchen fotoelizitativen Interviews haben wir zuletzt an anderer Stelle näher ausgeführt (Dimbath und Ernst-Heidenreich 2018).

4.3 Auswertung und Interpretation

Im Mittelpunkt der interpretativen Auswertung steht das umfangreiche Interviewmaterial. Die Interviews werden in einem dreistufigen Verfahren analysiert und miteinander in Verbindung gebracht. Die mehrstufige Auswertung der Interviews wird notwendig, da zunächst individuelle Schilderungen der Ereignisse vorliegen. Es stellt sich die Aufgabe von diesen individuellen Schilderungen auf typische, fallübergreifende (interviewübergreifende) Aspekte der nichtalltäglichen Arrangements (Fallstudien) zu schließen und dennoch der Spezifik der individuellen Erzählungen beziehungsweise Erlebnisverläufen gerecht zu werden. Dies erfolgt erstens durch eine tiefenhermeneutische Interpretation der Startsequenzen sowie – zweitens – der formulierenden und reflektierenden Interpretation der Interviewverläufe. Drittens werden fallübergreifende Vergleiche durch eine umfassende Kodierung des Interviewmaterials ermöglicht. In diesem dritten Auswertungsschritt werden Beobachtungsprotokolle und Feldartefakte – wie Bilder, Dokumente, Filmmaterial, Twitterstreams, Blogs und Webseiten – zur Konsolidierung, Ergänzung, Kontrastierung und Kontextualisierung eingebunden.

4.3.1 Lesarteninterpretation der Startsequenzen

Eine erste Annäherung an die einzelnen Interviews folgt einer doppelten Strategie. Zunächst wurden die besonders aussagekräftigen Startsequenzen der Gespräche einer intensiven Gruppeninterpretation unterzogen. Diese Lesarteninterpretation der Startsequenzen lehnt sich an die Technik der »Sequenzanalyse« der von Ulrich Oevermann und Kolleg*innen (vgl. 1979, S. 412–429) entwickelten und vertretenen *Objektiven Hermeneutik*[34] an. Die Eingangssequenz der Interviews dient mittels einer offenen und interpretationsbedürftigen Eröffnungsfrage, »Wie war's?«, dazu Erzählungen anzuregen, in welchen Gesprächspartner*innen ihre ›Sicht der Dinge‹ nach eigenem Gutdenken entfalten können. Dieser Moment ›freier und globaler Beurteilung‹ soll dazu genutzt werden, eine lesarten-hermeneutisch gestützte erste Deutung der Startsequenz als Annäherung an den gesamten Fall zu wagen.

Die Startsequenz wird dazu in kleine Interpretationsabschnitte (einzelne Wörter oder Aussagen) unterteilt. Zu jedem Interpretationsabschnitt werden mögliche Lesarten, das heißt Interpretationsmöglichkeiten, gesucht und gesammelt. Zur Siche-

---

[34] Objektive Hermeneutik ist weit mehr als nur ein Paket von Techniken. Jo Reichertz beschreibt sie als *theoretisches, methodologisches und methodisches Konzept* (vgl. Reichertz 2010, S. 514).

rung und Öffnung des Verfahrens bietet sich eine Gruppeninterpretation an beziehungsweise scheint diese geradezu geboten. Notwendige Rahmenbedingungen für eine Gruppeninterpretation sind nach Oevermann, dass die Akteure sich vom alltäglichen Handlungsdruck befreien (1. Sich Zeit nehmen für die Interpretation); es soll sichergestellt sein, dass keine ideologischen, dogmatischen oder neurotischen Störungen der Interpreten vorliegen (2.); und zuletzt (3.), dass es sich bei den Interpreten um »kompetente Mitglieder der untersuchten Sprach und Interaktionsgemeinschaft« (Reichertz 2010, S. 516) handelt.

Durch Kritik an der verdinglichenden Tendenz einer *Objektiven Hermeneutik* entstand die Perspektive einer *Sozialwissenschaftlichen Hermeneutik* beziehungsweise einer *hermeneutischen Wissenssoziologie* (Hitzler et al. 1999; Soeffner 2004). Entgegen der Idee Oevermanns, objektive Strukturen zu rekonstruieren, ist die hermeneutische Wissenssoziologie auf »die (Re-) Konstruktion der Verfahren und Typisierungsleistungen, mit denen Menschen sich eine sich stets neu geschaffene Welt vertraut und verfügbar machen« (Reichertz 2010, S. 521) ausgerichtet. Notwendig dazu ist eine am »Neuen« interessierte und orientierte »abduktive« Haltung der Forscher: man muss am Neuen interessiert sein, sich auf Kontraintuitives einlassen und ein Interesse daran haben »alte Überzeugungen« auf den Prüfstand zu stellen (vgl. Reichertz 2010, S. 521; 2013). Nicht zuletzt liegt im »Zulassen des Zufalls« der Schlüssel zur »Kunst der Interpretation«, wie Heinz Bude (2010, S. 569ff.) treffend bemerkt.

Die Lesarteninterpretation ist als Gruppendiskussion angelegt, das schriftliche Erfassen (Memo) der Interpretation bleibt aber Aufgabe des/der je Forschenden. Die Interpretation der Startsequenz orientiert sich etwa an folgendem Verfahrensmuster:

1. Isolation der Startsequenz: Was gehört zu dieser ersten Sequenz?
2. Reflexion von Ausgangsfrage und anschließender Antwort.
3. Sukzessive Untergliederung und Interpretation der Interpretationsabschnitte der Sequenz; Diskussion und Erstellen einer pluralen Lesartenübersicht (Tabelle).
4. Erstellen eines Interpretationsmemos zu dieser Lesartenübersicht. Ziel ist es »sich bewährende« Tendenzen oder Deutungen der Lesarteninterpretation über die gesamte Sequenz zu einer typisierenden Deutung des »Falles« zu verdichten.

Diese dichte Analyseform wird lediglich auf die Startsequenz angewandt. Um mit angemessenem Zeitaufwand ganze Interviews in ihrem Verlauf zu erschließen und miteinander zu vergleichen, wird diese zeitaufwendige Form der Sequenzanalyse abgebrochen. In einem zweiten Schritt werden Verlauf und Dramaturgie der Gespräche in den Blick genommen.

4.3.2 Formulierende und reflektierende Interpretation der Interviewverläufe

Die Analyse der Startsequenzen folgt einer lesarten-hermeneutischen Logik. Um die Topographie ganzer Interviews zu durchmessen, schlägt Ralf Bohnsack eine zweistufige Annäherung vor. Er unterscheidet eine *formulierende* von einer *reflektierenden Interpretation* des Interviewverlaufs. Zunächst bleibt »der Interpret [...] innerhalb des (Orientierungs-) *Rahmens* der Gruppe, er macht diesen noch nicht zum Gegenstand begrifflich-theoretischer Explikation, sondern [sucht] lediglich die angesprochenen *Themen* [...] im Sinne von Oberbegriffen, Überschriften oder Themen [...] und [gewinnt] auf diese Weise eine Übersicht über den Text [...]« (Bohnsack 2008, S. 134).[35] Die reflektierende Interpretation hingegen zielt auf »die Rekonstruktion und Explikation des Rahmens, innerhalb dessen das Thema abgehandelt wird, auf die Art und Weise wie d.h. mit Bezug auf welches Orientierungsmuster, welchen Orientierungsrahmen das Thema behandelt wird« (Bohnsack 2008, S. 135). Wenn man so will, wird in einem ersten Schritt der thematische Ablauf sichtbar gemacht. Im zweiten Schritt werden gezielt Schlüsselmomente der Dramaturgie interpretativ rekonstruiert und damit vor dem theoretisch interessierten Auge entfaltet. Auf dieser Ebene lassen sich die einzelnen Fälle miteinander vergleichen. Die reflektierende Interpretation erbringt erste Interpretationen und theoretische Konzepte, die sich im Verlauf der Analyse bewähren müssen und durch Fallvergleiche konkretisiert werden. Unterschiede und Gemeinsamkeiten lassen Rückschlüsse auf typische Verläufe, Tätigkeiten oder Situationen zu. Die Ergebnisse der Fallanalysen werden in einer Fallbeschreibung systematisiert festgehalten. Die Spezifik der Fälle wird durch Fallvergleiche berücksichtigt.

Die Typisierung und Konzeptualisierung des gesamten Datenmaterials verlangt nach einer anderen, dezidiert fallvergleichenden beziehungsweise textstellenvergleichenden Vorgehensweise: ein dritter Analyseschritt wird notwendig.[36] Sowohl die Startsequenz als auch der rekonstruierte Erlebnisverlauf lassen auf die Spezifik der

---

[35] Selbstverständlich handelt es sich hierbei um einen ersten Prozess der Kodierung und Kategorisierung, wie er später noch näher dargestellt wird. Diese erste Annäherung ist zunächst noch den einzelnen Fällen und den hier spezifisch zum Ausdruck kommenden Erfahrungsverläufen, Relevanzstrukturen und Haltungen verpflichtet. Wie noch zu zeigen sein wird, entfernt sich die Technik der Kategorisierung beziehungsweise Kodierung im Verlauf deutlich stärker von diesen einzelnen Fallstrukturen, um ein kohärentes Kategorienmuster zu entwickeln, das die Fallstudien als ganze konzeptionell zu repräsentieren hilft.

[36] Auch Bohnsack und Kolleg*innen betonen die Bedeutung des systematischen Fallvergleichs beziehungsweise der »komparativen Analyse« (Bohnsack 2008, S. 137). Um diesen Schritt zu systematisieren, stütze ich mich gleichwohl auf die Überlegungen einerseits der *grounded theory methodology* (Strauss 1998) und die hierauf verweisenden Ausführungen über den Weg *vom Einzelfall zum Typus* von Udo Kelle und Susann Kluge (2010).

einzelnen Interviewfälle schließen. Hier liegt die Stärke der Dokumentarischen Methode wie einer lesarten-hermeneutischen Herangehensweise. Es lassen sich Fallstrukturhypothesen formulieren, die eine Typisierung des Materials anleiten können. Im Fokus der typisierenden Rekonstruktion liegen aber weniger Personentypen, als vielmehr Handlungs-, Situations- und Verlaufstypisierungen. Die Datengrundlage für derartige Typisierungen ist quer zu den einzelnen Interviews zu suchen. Entsprechend wird eine Strategie benötigt, die nicht nur die Spezifik der einzelnen Interviewfälle berücksichtigen kann, sondern eine Systematisierung des ganzen Interviewmaterials unter Einbeziehung des weiteren, heterogenen Datenmaterials erlaubt. Aus diesem Grund wird zuletzt auf das Kodierverfahren der *grounded theory methodology (GTM)* zurückgegriffen. Die Verschränkung verschiedener Verfahren wird notwendig, da das von Anbeginn abstrahierende Verfahren der GTM individuelle Fälle im Dschungel der Kodes verschwinden lässt, während die Dokumentarische Methode forschungspraktische Probleme bei der fallvergleichenden Abstraktion des Materials erzeugt. Sollen Fallverläufe und kategoriale Fallvergleiche erarbeitet werden, bietet sich eine Kombination der Stärken beider Auswertungsansätze an.

4.3.3 Kodierung, Kategorisierung und Konzeptualisierung

4.3.3.1 Das verschachtelte Kodierverfahren und das theoretical sampling *der GTM*

Das Kodieren heterogener Daten gilt im Rahmen der GTM[37] als Schlüsseltechnik.[38] Nach Anselm Strauss ist Kodieren ein

»[a]llgemeiner Begriff für das Konzeptualisieren von Daten; folglich bedeutet Kodieren, daß man über Kategorien und deren Zusammenhänge Fragen stellt und vorläufige Antworten (Hypothesen)

---

[37] Nach ursprünglicher Kooperation der beiden zentralen Autoren Anselm Strauss und Barney Glaser (Glaser und Strauss 1965, 1967, 1968), entwickeln sich um beide Persönlichkeiten eigene Schulen. Barney Glaser betrachtet GTM als allgemeine Methodology (Glaser und Holton 2004) und sieht sich heute mit einem Positivismus-Vorwurf konfrontiert. Strauss (1998) bleibt der pragmatistisch interpretativen Tradition der Chicago School verhaftet. Gemeinsam mit Juliet Corbin (Strauss und Corbin 1990) buchstabiert er später das Verfahren näher aus und steht dafür ebenfalls in der Kritik – die vorgeschlagenen Verfahren führen zu einer unnötigen Einengung. In der gegenwärtigen Debatte wird Grounded Theory im Anschluss an Strauss unter konstrukivistischen Vorzeichen bei Kathy Charmaz (2006) angelegt, während etwa Adele Clarke (2005) sich damit in Debatten der Postmoderne verortet. Einen guten Überblick bieten eine ganze Reihe umfassender Handbücher, Reader und Einführungswerke (zum Beispiel Strübing 2004; Bryant und Charmaz 2007; Mey und Mruck 2011; Charmaz 2014).
[38] Zur Zentralstellung des Kodierens meint Strauss: »Jeder Wissenschaftler, der ein Könner auf dem Gebiet der qualitativen Datenanalyse werden möchte, muß lernen gut und mühelos zu kodieren.« (Strauss 1998, S. 56)

darauf gibt. Ein Kode ist ein Ergebnis dieser Analyse (ob nun Kategorie oder eine Beziehung zwischen zwei oder mehreren Kategorien)«. (Strauss 1998, S. 48 f.)

Ziel jeder explorativ vorgehenden sozialwissenschaftlichen Forschung ist, vom konkreten Datenmaterial zu abstrahieren, um zu allgemeineren Aussagen über einen Forschungsgegenstand zu gelangen. *Konzepte* sind vorläufige, (proto-)theoretische Aussagen, mit deren Hilfe das Material abstrakt erschlossen wird. In der GTM geht das Sortieren und Abstrahieren von Daten für gewöhnlich mit einer sukzessiven Erstellung eines Datenkorpuses einher. Glaser und Strauss (1967, S. 45) sprechen von *theoretical sampling*. Die Verschränkung von Kodieren und Datengenerierung vollzieht sich idealer Weise wie folgt:

»Erste Feldkontakte (Datengenerierung) führen per Auswertung (Kodierung) zu ersten Annahmen (Konzepten) über den Forschungsgegenstand. Diese konzeptuellen Annahmen leiten wiederum weitere Feldkontakte, also die Erzeugung von neuen Forschungsdaten an (Theoretical Sampling); welche wiederum Auswertung und Konzeptbildung nach sich ziehen und so fort. Im Forschungsprozess werden die Annahmen Schritt für Schritt auf ihre Plausibilität geprüft. Während offensichtlich falsche oder unzureichende Vermutungen über Aspekte des Forschungsfelds verworfen werden, können für plausibel erachtete Konzepte verfeinert und zu Theorien begrenzter Reichweite verzahnt werden.« (Dimbath et al. 2018)[39]

Durch diese Vorgehensweise werden vier Ziele erreicht. Erstens wird ein relativ unerschlossener Gegenstandsbereich effizient und kontrolliert erschlossen. Zweitens sichert der »Häppchen-Falsifikationismus« (Lindemann 2008, S. 108)[40] der GTM a. für eine stetige Bewährung konzeptueller Überlegungen am Forschungsmaterial. Mit der Zeit werden dadurch b. robuste[41] theoretische Konzepte entwickelt, die der

---

[39] Die damit verbundene Erzeugung empirisch gehaltvoller Hypothesen ist wiederum eine fruchtbare Grundlage für eine spätere deduktiv-nomologische Hypothesenprüfung. Zu einer solchen empiriesystematischen Hervorbringung sozialwissenschaftlicher Konzepte hat ein rein auf Deduktion und Randomisierung beruhendes method(olog)isches Programm keine ähnlich begründete Alternative zu bieten. Diese Art der Forschung als bloße Vorarbeit für die ›eigentliche‹ Wissenschaft zu begreifen, läuft insofern fehl, als dass eigentliche Erforschen nicht allein in der Hypothesenprüfung (sprich Falsifikation), sondern in der systematisch-begrifflichen Erschließung eines Forschungsfeldes liegt.
[40] Lindemann bemerkt, dass im Konzeptualisierungsprozess der GTM ständig gewagte Hypothesen (Häppchen) formuliert werden, die sich anschließend am Material bewähren müssen. Der GTM ist somit ein pragmatischer kritischer Rationalismus eingebaut. Sein Ziel ist nicht die Falsifikation an sich, sondern die Reformulierung und Schärfung der Konzepte. Der wesentliche Unterschied zum Falsifikationismus des kritischen Rationalismus (Popper 1935; Hempel 1965) ist das qualitative, konzeptgetriebene Design anstelle eines verteilungstheoretischen Designs.
[41] Robust heißt hier, am Material bewährt und damit ähnlich wie im Falsifikationismus, als vorläufig nicht (qualitativ) falsifiziert.

Komplexität des Forschungsgegenstands angemessen sind. Im Forschungsprozess wird c. der Forschungsgegenstand selbst klar umrissen. Es entsteht d. ein Datenkorpus, welcher dazu geeignet ist, den Forschungsgegenstand in seiner Gänze theoretisch zu repräsentieren.

Das eigentliche Kodieren des Datenmaterials wird von Glaser und Strauss als Verschachtelung dreier Kodiertechniken[42] dargestellt. Das *offene Kodieren* dient der sprichwörtlichen Öffnung des Materials. Die im Material vorgefundenen Informationen werden möglichst ergebnisoffen[43] ausgebreitet und die vorgefundenen Themen auf Begriffe (Kodes) gebracht. Die Sortierung und Hierarchisierung dieser Kodes setzt bereits mit dem Erstellen der ersten Kodes ein. Dieser Arbeitsschritt wird als *axiales Kodieren* bezeichnet. Beim *axialen Kodieren* werden nicht nur vorhandene Kodes sortiert, sondern auch ›neue‹ Kodes aufgrund konzeptueller Überlegungen, das heißt nach Gesichtspunkten konsequenten Denkens, erstellt. Ziel ist es zentrale konzeptuelle Schlüsselkategorien im Sinne kategorialer Achsen zu finden, mit deren Hilfe sozialwissenschaftlich gehaltvolle Aussagen über den Forschungsgegenstand möglich sind. Das *selektive Kodieren* dient als dritte Kodiertechnik dazu, das entwickelte Kategoriengerüst empirisch anzureichern, zu prüfen und zu verfeinern. Selektiv wird im Material nach Belegstellen und Widersprüchen gesucht. Alle drei Techniken kommen zeitgleich zum Tragen und bilden keine Stufenlogik. Forscher*innen pendeln permanent vom einen zum anderen Schritt und zurück: Die Öffnung (offenes Kodieren) des Materials zieht dessen Sortierung (axiales Kodieren) nach sich. Doch auch die Sortierung des Materials oder die Materialanreicherung des entstandenen Kategoriengerüsts (selektives Kodieren) können zu einer weiteren Differenzierung des konzeptuellen Verständnisses (axiales Kodieren) führen sowie die Notwendigkeit Daten erneut zu öffnen (offenes Kodieren) anzeigen, um anschließend neue Erkenntnis konzeptuell zu integrieren (axiales Kodieren). Diese Pendelbewegung er-

---

[42] In *Discovery of Grounded Theory* sprechen Glaser und Strauss noch vornehmlich von »Comparative Analysis« (1967, S. 24) und einer »Constant Comparative Method« (ebd., S. 101). Heute hat sich die Rede vom Kodieren gefestigt, wobei der permanente Vergleich eine grundlegende Technik des Kodierens geblieben ist. Umfassendere, meist abstrakte Darstellungen des Kodierprozesses sind in der einschlägigen GTM Literatur sowie Überblicks- und Einführungswerken zur qualitativen Sozialforschung zu finden (siehe z.B. Strauss 1998, S. 56 f.; Strübing 2004, S. 19 ff.; Charmaz 2006, S. 42 ff.; Holton 2007, S. 265 ff.). Ich beschränke mich im folgenden auf eine kursorische Darstellung des zentralen Zusammenhangs.

[43] Absolute Unvoreingenommenheit kann es nicht geben. Die Trennung von Strauss und Glaser basierte bekanntermaßen wesentlich darauf, welchen Stellenwert beide theoretischen Vorannahmen beimessen.

folgt so lange, bis eine integrierte und empiriegesättigte Konzeptualisierung des Datenmaterials hergestellt wurde und mit diesem Konzept ein Forschungsgegenstand klar umrissen werden kann. Theoretische Sättigung ist in diesem Moment erreicht.

4.3.3.2 Abduktives Schließen im Zangengriff von Empirie und Theorie

Forschungslogisch entspricht der Pendelbewegung zwischen verschiedenen Kodierpraktiken ein Changieren zwischen induktiven, deduktiven und abduktiven Schlüssen. Grundlegend gilt, dass die Forscher*innen sich von ihrem Material überraschen lassen müssen. Das heißt aber nicht, dass theoretische Abstraktionen oder allgemeinere Begriffe den Forscher*innen wie von selbst aus dem Material entgegenspringen. Udo Kelle und Susann Kluge bezeichnen dies als das »induktivistische Selbstmissverständnis« mancher qualitativer Forschungsarbeit.

»WissenschaftlerInnen finden keine allgemeinen Begriffe, indem Sie Beobachtungen aufzählen und zusammenfassen. Allgemeine Begriffe fassen Sachverhalte nicht zusammen, sie helfen, diese zu erklären und zu verstehen.« (Kelle und Kluge 2010, S. 21)

Theoretisches Wissen ist nach ihrer Meinung der Verbündete und nicht der Feind qualitativer Forscher*innen, um ihr Material sinnvoll zu systematisieren und zu abstrahieren. Theoretisches Wissen leitet im Sinne von »sensitizing concepts« (Herbert Blumer) die Auswertung an und bildet gleichzeitig die Kontrastdimension, welche die Spezifik der Fälle aufscheinen lässt.

»Will man also die Entwicklung von theoretischen Konzepten anhand von qualitativem Datenmaterial angemessen methodologisch begründen, so muss man in Rechnung stellen, dass qualitativ entwickelte Konzepte und Typologien gleichermaßen empirisch begründet und theoretisch informiert sein müssen. Die Entwicklung neuer Konzepte anhand empirischen Datenmaterials ist also eine Art ›Zangengriff‹, bei dem der Forscher oder die Forscherin sowohl von dem vorhandenen theoretischen Vorwissen als auch von empirischem Datenmaterial ausgeht.« (Kelle und Kluge 2010, S. 23)

Die Entdeckung neuer Konzepte folgt nach Kelle und Kluge durch »hypothetisches Schlussfolgern« auf der Grundlage des empirischen Materials und des theoretischen Vorwissens. »Die Hypothese ist dabei eine mehr oder weniger riskante Vermutung […], deren Ergebnisse in einem weiteren Schritt deduktiv überprüft werden müssen.« (Kelle und Kluge 2010, S. 24) Mit Verweis auf Charles Sanders Peirce unterscheiden Kelle und Kluge die Subsumption unter eine bekannte Gesetzmäßigkeit (qualitative Induktion) von einem *abduktiven Schluss*,⁴⁴ verstanden als »das unvermittelte Auftauchen eines unerwarteten Phänomens [das] dazu [anregt], eine neu Klasse zu konstruieren bzw. eine neue Regel zu finden« (ebd., S. 25). Abduktive Schlüsse sind immer riskant. Sie müssen ihren Erklärungsgehalt erst unter Beweis stellen. Voraussetzungen hierfür sind, dass solche Schlüsse einerseits eine sinnvolle Deutung der »zu erklärenden Fakten« ermöglichen und andererseits mit dem bestehenden Vorwissen vereinbar sind oder dieses plausibel widerlegen (vgl. ebd., S. 26).

Diese Vorgehensweise verlangt den Forschungspersonen ein hohes Maß an Kreativität, Flexibilität und Problembezogenheit ab. Die kreative Komponente hängt offensichtlich mit dem Vorwissen der Forscher*innen zusammen. Gleichzeitig sind »Offenheit und ein Verzicht auf dogmatisches Beharrungsvermögen« (Kelle und Kluge 2010, S. 26) erforderlich.

»Dieses Spiel ist zwanglos – je größer die Bereitschaft ist, alte Gewissheiten kritisch zu hinterfragen und kühne Annahmen zu machen, desto größer wird auch der Erfolg bei der Formulierung abduktiver Schlussfolgerungen sein. Dennoch findet dieses Spiel nicht im leeren Raum statt, und seine Ergebnisse sind nicht nur Spekulationen, denn das Spielmaterial wird gebildet durch empirische Daten und theoretische Wissensbestände, die der Spieler zu neuen sinnvollen Mustern zusammenfügt.« (Kelle und Kluge 2010, S. 27)

Im Kodierprozess wird ein umfassendes Gerüst zusammenhängender Abstraktionen erarbeitet. Einen systematischen Weg Abduktionen gezielt herbeizuführen, kann es dennoch nicht geben. Doch die dichte Arbeit und Befragung des Materials stellen einen wirksamen Gelegenheitshorizont für abduktive Schlüsse bereit; die permanente Konfrontation und Abstraktion machen den glücklichen Zufall schließlich wahrscheinlich.

4.3.3.3 Der forschungspragmatische Einsatz der GTM

Wie bereits oben dargestellt, fand die Datenerhebung zu beiden Fallstudien je in einem kompakten Zeitfenster statt. Dabei kamen Stichprobenpläne und *adhoc* Samplingentscheidungen zum Einsatz, welche den ideal formulierten Vorgaben eines *theoretical sampling* nur bedingt entsprechen. Die Technik des *theoretical sampling*⁴⁵ fand insoweit Anwendung, dass erste Erkenntnisse aus dem Auswertungsprozess genutzt

---

⁴⁴ Zur Schlusslogik der Abduktion siehe die umfängliche Erörterung von Jo Reichertz (2013).
⁴⁵ Die Potentiale des *theoretical sampling* konnten somit nur in Ansätzen, aber nicht umfassend genutzt werden. Zur aktuellen Diskussion der Potentiale des *theoretical sampling* siehe die Ausführungen von Oliver Dimbath, Michael Ernst-Heidenreich und Matthias Roche (2018).

wurden, um nach anschlussfähigen theoretischen Positionen im weiten Feld der Sozialwissenschaften zu suchen als auch um weitere Feldartefakte (wie Homepages, Twitterstream etc.) dem Datenkorpus einzuverleiben. Das komplette Datenmaterial wurde entlang des dreistufigen Verfahrens der GTM kodiert, um aber eine Überkomplexität von Kodes und kodierten Passagen zu vermeiden beziehungsweise eine gewisse Übersicht zu erhalten, wurden die Datensätze der beiden Fallstudien getrennt ausgewertet. Die ersten Erkenntnisse der Sequenzanalysen sowie der formulierenden und reflektierenden Interpretation der Interviewverläufe bildeten die Grundlage für eine systematische Kodierung. Der umfassende Kodierprozess ermöglichte insofern eine Verzahnung der drei Auswertungstechniken.

Zur Organisation dieser konzeptionellen Verdichtung des empirischen Materials, zur Erstellung von Kodes und zur Interpretation wie Diskussion von Kodes, Kategorien sowie Beziehungen dieser untereinander, bietet sich eine softwaregestützte Bearbeitung an. Manuelles Kodieren bringt einige bedeutsame Nachteile gegenüber der elektronischen Variante mit sich (wie z.B. Volltextsuche, direkte Vergleiche, Querverweise zwischen Textstellen, effiziente Indizierung, problemloses Verwerfen oder Überarbeiten von Kodes etc.): so ist es nicht unmöglich, aber weniger praktikabel. Bei der Auswertung kam das Softwarepaket MAXQDA zum Einsatz.

4.4 Von Auswertungstechniken zum Text

Prinzipiell ist der Versuch auf der Grundlage von einzelnen Aussagen auf eine allgemeingültige Strukturebene zu schließen logisch nicht zwingend. Die Schilderung von Ereignissen, Erlebnissen und Erfahrungen sind nicht identisch mit diesen Ereignissen, Erlebnissen und Erfahrungen. Jeder theoretische Schluss lässt sich dann rechtfertigen, dass durch Fallvergleich und Quellenvergleich sich Perspektiven auf das Material als robust erweisen; und den Widersprüchen im Material Rechnung getragen wird.

Bei aller darstellerischen Plausibilität handelt es sich hier um mehr oder minder gewagte Verallgemeinerungen und Strukturhypothesen. Diese müssen einerseits im empirischen Material gegründet sein und andererseits prinzipiell einer Überprüfung zugänglich gemacht werden. Nicht immer aber lassen sich allgemeinere Aussagen als empirisch gehaltvolle Hypothesen formulieren, die dann später empirisch überprüft werden können. Neben überprüfbaren Hypothesen werden im Auswertungsprozess auch *dichte Beschreibungen, Typologien, heuristische Aussagen* oder aber *empirisch gehaltlose Strukturthesen* erarbeitet. Diese dienen ebenfalls einer theoretischen Erschließung der betrachteten Sachverhalte. Andererseits können solche Abstraktionen den Kriterien einer hypothesenprüfenden Sozialforschung nicht gerecht werden.

Mit dichter Beschreibung ist gemäß Clifford Geertz (1987) eine Beschreibung gemeint, welche die sinnhaften Bezüge in einem betrachteten Wirklichkeitsausschnitt greifbar werden lassen. Dichte Beschreibung ist bei Geertz einem Kulturverständnis geschuldet, das er an Max Webers sinnverstehende Soziologie anschließt:

»Ich meine mit Max Weber, daß der Mensch ein Wesen ist, das in selbstgesponnene Bedeutungsgewebe verstrickt ist, wobei ich Kultur als dieses Gewebe ansehe. Ihre Untersuchung ist daher keine experimentelle Wissenschaft, die nach Gesetzen sucht, sondern eine interpretierende, die nach Bedeutungen sucht.« (Geertz 1987, S. 9)

Dichte Beschreibung bemüht sich somit um die literarische Rekonstruktion der sinnhaften – unter Berücksichtigung der vollen Bedeutung dieses bei Weber so voraussetzungsreichen und folgenschweren Begriffs – Verstrickungen der ›betrachteten‹ Akteure und/oder Ereignisse. Die folgenden Darstellungen zielen auf ein solches Sichtbarmachen von Sinnhaftigkeit und haben gleichzeitig den Anspruch über die dichte Beschreibung konkreter Ereignisse zu allgemeineneren Aussagen und Strukturüberlegungen vorzustoßen.

Kapitel zwei und drei dienten der Herleitung eines differenzierten, analytisch-abstrakten Verständnisses von Nichtalltäglichkeit. Im Ergebnis wird Nichtalltäglichkeit als *nichtalltägliche soziale Arrangements* konzeptualisiert. In erster Linie handelt es sich um ein Arbeitskonzept. Dieses Konzept wir im zweiten Teil dieser Ausführungen empirisch konkretisiert.

ZWEITER TEIL

Trajekte der Nichtalltäglichkeit
zwischen Emergenz und Inszenierung

Es lassen sich mit Sicherheit viele unterschiedliche Geschichten über eine Hörsaalbesetzung oder ein Zeltlager erzählen. Ich interessiere mich im Folgenden dafür, wie sich *das soziale Geschehen* vor dem Hintergrund des Alltagslebens *abhebt*, in nichtalltäglichen Formen *verdichtet* wird und schließlich zur Alltäglichkeit *zurückstrebt*. Zugang zu diesen im Grunde auf einer kollektiven Ebene angesiedelten Ereignissen gewähren mir vor allem die Erzählungen meiner Gesprächspartner*innen. Sowohl die Besetzung als auch das Schulcamp lassen sich vornehmlich aus deren Perspektiven »dicht beschreiben« (Geertz 1987). Trotz dieses notwendigen methodologischen Individualismus‹: Ziel der Ausführungen ist die vergleichende Rekonstruktion zweier nichtalltäglicher sozialer Arrangements. Eine Einschränkung ist besonders wichtig. Diese Rekonstruktion kann nicht den *wahren* Ablauf der Ereignisse herauspräparieren. Eine gewisse Validierung einzelner Erzählungen ist über Fallvergleiche und ›objektivere Feldartefakte‹ möglich und wird, wo eben möglich, auch angestrebt. Aber das Ergebnis meiner Ausführungen kann nicht die ›Wahrheit‹ der Geschehnisse sein. Vielmehr geben die Erzählungen Aufschluss über die sinnhaften Orientierungen und Erinnerungen meiner Gesprächspartner*innen. Es geht darum greifbar werden zu lassen, was die Geschehnisse den damaligen Akteuren *bedeuten*. Diese subjektiven und intersubjektiven Bedeutungszumessungen verdichten sich zu einem Gesamtbild der Ereignisse. Rückschlüsse auf soziale Struktur und Relevanz der Ereignisse als solche werden möglich. Übergreifend lassen sich dann typische Aspekte herausarbeiten und schließlich im Hinblick auf eine sozialwissenschaftlich gehaltvolle Konzeptualisierung der Geschehnisse abstrahieren. Doch gleichzeitig gilt: Es gibt nicht den einen Akteur oder die eine Handlung, die es zu erklären gilt. Das heißt nicht, dass Individuen und ihre Handlungen keine Rolle spielen – sie sind aber nicht hinreichend, um zu verstehen, wie es zu diesem Handeln kommt. Der dynamische Verlauf der Ereignisse ist ein korrespondierendes Verhältnis von aneinander geketteten Ereignissen, Erwartungshaltungen und Aktivitäten; dieses Gesamtgebilde entfaltet Wirksamkeit. Was damit gemeint ist, bringt Hans-Georg Soeffner (1991, S. 10) in einem Aufsatz über das von Anselm Strauss geprägte Konzept des *trajectory* auf den Punkt: »Das eigentliche gesellschaftliche ›Subjekt‹ dieses – am Kern engen, an der Peripherie weitmaschigen – Kooperationsgefüges ist die jeweilige gesellschaftliche Organisation selbst, das ›trajectory‹«. Nach Soeffner (ebd.) kann bei Strauss unter »trajectory« die »Durchgliederung (›sequential order‹) von Planung, Erwartung, Kooperation, Auseinandersetzung und schließlich ›Resultaten‹« verstanden werden. Strauss entwickelt die Idee der *Verlaufskurve* im Rahmen seiner empirischen Studien über das Sterben (Glaser und Strauss 1968). Soeffner (1991, S. 11) bemerkt hierzu: »Krankheit und Sterben sind oft beschrieben worden als in jeder Einzelperson angelegte, von jeder als einzelner wahrgenommene, befürchtete und erlebte ›prozeßhafte Ereignisse‹. Sehr selten dagegen sind sie wahrgenommen worden als interaktiv und intersubjektiv gestaltete Prozesse.« Die Idee eines Trajekts, einer Verlaufskurve kann sowohl naturwissenschaftlich als auch medizinisch gedeutet werden. Der schiefe Wurf als Grundproblem der Physik und der Verlauf einer Erkrankung lassen sich beide als Paten der Trajektidee lesen. Die für diese Untersuchung über Nichtalltäglichkeit ausgewählten sozialen Arrangements zeichnen sich durch ihre Verlaufsform aus. Sie werden geplant und erwartet, treten ein und ereignen sich, leiten Kooperation an und ermöglichen Handeln unter dem Eindruck des situativen Verlaufs. Sie verstreichen in der Zeit und lösen sich schließlich auf; nicht ohne, dass ihre verstrichene Existenz auch Konsequenzen weltigen und zeitigen. Die typisierende Rekonstruktion der je vorliegenden ereignishaften Verläufe (*Trajekte*) ist eine Hauptaufgabe der anschließenden Analyse.

In den nächsten Kapiteln werden entlang des in den letzten Kapiteln erarbeiteten »sensitizing concepts« folgende Darstellungen erarbeitet:

- *Kapitel 5, Sprünge in nichtalltägliche Sinnprovinzen:* Das Konzept des Sprungs wird für beide Szenarien ausbuchstabiert. Ziel ist eine »dichte Beschreibung« von Ereignissen, welche die Rede von einem Eintritt oder besser Übertritt in ein nichtalltägliches Arrangement rechtfertigen.

- *Kapitel 6, Morphologische Analyse:* Das Konzept einer sozialen Morphologie im Anschluss an Durkheim wie auch die Einsicht über die zeitliche, räumliche und soziale Aufschichtung der Lebenswelt werden genutzt, um grundlegende Strukturen beider Arrangements offenzulegen.
- *Kapitel 7, Intensivierung des Sozialen:* Nichtalltägliche soziale Arrangements werden als Episoden verdichteten sozialen Lebens gedacht. Vor dem Hintergrund der räumlichen und zeitlichen Verdichtung werden Begegnungen und Interaktionen wahrscheinlich. Verdichtung mündet so im miteineinander Sprechen und miteinander Tun, welche unmittelbare und mittelbare Wirkungen mit sich bringen.
- *Kapitel 8, Rückkehr in den Alltag:* Die Instabilität des Charismas bei Weber, der Liminalität bei Turner aber auch der Nichtalltäglichkeit bei Schütz wird genutzt, um die unterschiedlichen Verlaufsformen und Strategien im Hinblick auf eine Rückkehr in den Alltag vorzubereiten.

5 Sprünge in nichtalltägliche Enklaven

Eine Besetzung beginnt mit einem Akt des Besetzens und auch das Lagerleben eines Zeltlagers ergibt sich nicht von selbst. Im Übergang vom Alltagsleben in solche nichtalltäglichen sozialen Arrangements öffnet sich eine qualitative Differenz. Im Hinblick auf die vorherigen Überlegungen spreche ich mit Kierkegaard und Schütz von einem *Sprung*[1]. Gemeint ist ein – bei aller Vorbereitung und Erwartung – letztlich schlagartiger wie auch umfassender Übertritt in einen nichtalltäglichen Wirklichkeitsbereich: eine raumzeitlich wie sozial distinkte *Befindlichkeit*[2]. Im Folgenden stehen die Ereignisse, Interaktionen und Dynamiken im Mittelpunkt, die es mir erlauben, von einem *Sprung in nichtalltägliche soziale Arrangements* zu sprechen.

5.1 Die Besetzung und ihre vorauseilenden Schatten

Vom 17. November bis zum 22. Dezember 2009 wurde der Hörsaal-Eins der Universität Augsburg fünfunddreißig Tage lang von Aktivist*innen besetzt gehalten. Die Besetzung fand in einem einzigartigen Gelegenheitsfenster statt. Seit Februar 2009[3] wurde von einem breiten Bündnis an Schulen und Hochschulen für einen bundesweiten Bildungsstreik gegen die Gymnasialreform (G8) und die Durchsetzung der sogenannten ›Bologna-Reformen‹ mobilisiert. Vom 15-19. Juni kam es zu ersten

---

[1] Zur Idee des *Sprungs* siehe die bereits oben ausgeführten Überlegungen zu Kierkegaard und Schütz in Kapitel 3.3.3.
[2] Zum fundamentalen Zusammenhang von raumzeitlichem Befinden und affektuellem Befinden in Martin Heideggers *Sein und Zeit* siehe Kapitel drei, Fußnote 61 (sowie Heidegger 2006, S. 136 f.).
[3] Siehe hierzu den Webauftritt des über 200 Gruppen umfassenden Netzwerks *Bundesweiter Bildungsstreik* (Sergan und ASTA Goethe Universität Frankfurt 2009).

bundesweiten Protesten, am 17. Juni zu Demonstrationen in über 60 Städten. Parallel zu den Protesten in Deutschland entwickelte sich ein eigenständiger massiver Bildungsprotest in Österreich. Dort wurde im Oktober 2009 von Studierenden und Lehrpersonal den Audimax der Universität Wien besetzt. Ausgehend von der Universität Wien besetzten Studierende Hörsäle und Bildungseinrichtungen vor allem in österreichischen, bald auch in deutschen Städten. Währenddessen mobilisierte das Bildungsstreik-Netzwerk in Deutschland für einen zweiten Aktionstag, der am 17. November stattfinden sollte. Die Protest- und Besetzungswellen begannen sich zu überlagern und wechselseitig zu verstärken. Im Anschluss an die Demonstrationen vom 17. November kam es schließlich in Augsburg zur Besetzung des Hörsaal-Eins'. Wie kam es aus der Perspektive oder besser den Perspektiven meiner Gesprächspartner*innen zu dieser Besetzung in Augsburg?[4]

5.1.1 Entwicklungen

5.1.1.1 Dezentrale Vorbereitungen

Berts Geschichte ist insofern besonders, da er davon berichtet, bereits an der Mobilisierung zu den Protesten am 17. November 2009 beteiligt gewesen zu sein. Ich habe *Bert* im Laufe des Streiksemesters kennengelernt. Die Besetzung ist bereits vorbei, als wir uns im Januar 2010 treffen und über das Geschehene ins Gespräch kommen. Folgt man seinen Schilderungen, kann die Augsburger Besetzung als Zusammentreffen unterschiedlicher, aber keineswegs zusammenhängender Aktivitäten begriffen werden. Er holt[5] weit aus, um zu schildern, wie er schließlich im besetzten Hörsaal

---

[4] In einem ersten Schritt werden die Ereignisse, die zur Augsburger Besetzung geführt haben, entlang unterschiedlicher Interviewerzählungen idealtypisch rekonstruiert. Die Ausführungen sollen im Sinne einer *dichten Beschreibung*, die *Befindlichkeit* ergründen, welche die sich dynamisierenden Ereignisse getragen haben und damit auch einen verstehenden Zugriff auf das Befinden (lokal und emotional) der Akteure ermöglichen. Es lassen sich wesentliche Bausteine des Geschehens rekonstruieren, welche dabei helfen diese ersten Minuten und Stunden typisierend anzunähern. Die herausgearbeitete Verlaufsstruktur hat keinen Anspruch darauf, die Ereignisse als exakt chronologische und womöglich kausale Verkettungen darzustellen. Es kann auch nicht darum gehen, individuelle Geschichten exakt darzustellen. Ziel ist eine erzählerisch dichte Rekonstruktion eines typisierenden Verlaufs; eine Verkettung von Ereignissen zu einem Trajekt.
[5] Um mich nicht in unlesbaren Konjunktivismen und penetranten Relativierungen zu ergehen, also ständig davon zu sprechen, das etwas ›scheint‹ oder ›sein könnte‹, formuliere ich soweit möglich und sinnvoll im Präsens; es handelt sich hier insofern um eine ästhetisch-darstellerische Entscheidung. Der Nachteil einer solchen Darstellung liegt darin, dass der Eindruck entstehen kann, hier werden Fakten berichtet. Tatsächlich muss von den Geltungsansprüchen der einzel-

gelandet ist. Im Oktober 2009 sei er im Studium an der Universität angekommen. Sein Studiengang sieht sich in diesem Semester mit einem großen Ansturm an Studierenden konfrontiert. Veranstaltungen sind übervoll, die Organisation der Lehre unübersichtlich. Seinen Hochschulzugang hat er über den zweiten Bildungsweg erreicht. Im Vergleich zu den Schulstrukturen, die er die letzten Jahre genossen hatte, wirkt der Universitätsbetrieb verkrustet. Seine ersten Erfahrungen sind für ihn derart »schockierend«, dass er den Eindruck hat *»Scheiße[,] hier kann man ja gar nichts machen« (HS I 6, Bert, Abs. 29)*. Er berichtet, wie er Kontakt zu seiner Fachschaft und studentischen Initiativen sucht, als er von der Mobilisierung zum Bildungsstreik erfährt. In der Rückschau spannt er den Bogen von diesem ersten Kontakt über das keimende Interesse an den Anliegen des Bildungsstreiks bis zu seiner persönlichen Aktivierung:

Bert: »Also ich wusst äh schon zwei Wochen oder eineinhalb Wochen vorher, dass eben was geplant ist im Bildungsstreik. Hab mir aber gedacht, so in Augsburg passiert nichts, des ist komisch, ich hab s noch nirgendwo gelesen. Dann hab ich sofort eigentlich (schmunzelt) bestellt ähm bei der Landes-ASten-Konferenz ähm Plakate / einfach mal so. Dreihundert Plakate dacht ich mir super. Passt irgendwie an [der] Uni, hängt noch nichts […].« (Abs. 39)

Er habe zunächst einmal Plakate bestellt, erzählt *Bert*. Nimmt man seine Schilderungen beim Wort, ist er nicht allein. Er kann auf ein bestehendes Netzwerk ehemaliger Mitschüler*innen zurückgreifen, die teilweise ebenfalls zu diesem Zeitpunkt in Augsburg das Studium aufgenommen haben (vgl. HS I 6, Bert, Abs. 41). Dieses Netzwerk und die lebendigen Erfahrungen seiner Schulzeit bilden zu diesem frühen Zeitpunkt den Hintergrund seiner Aktivitäten. Nichtsdestotrotz ist er es, der mit seiner Bestellung von Plakaten dazu beiträgt, dieses Netzwerk für den Bildungsstreik 2009 zu aktivieren und zu motivieren. Während *Bert* so schon sehr früh zu einem aktiven Bestandteil der Protestbewegung wird, zeigt sich in anderen Gesprächen, dass zu diesem Zeitpunkt von einer allgemeinen Protestbewegung noch keine Rede sein konnte.

---

nen Aussagen und der jeweiligen Gesprächspartner*innen abstrahiert werden. Nicht die einzelnen Aussagen haben Gehalt; erst durch konsequente Kontrastierung verschiedener Perspektiven, Erzählungen und Dokumente ergibt sich ein Gesamtbild. Dass Aussagen ideologisch gefärbt, unterreflektiert, von sozialer Erwünschtheit geprägt oder einfach nur falsch sein können, ist dahingehend vollumfänglich anzuerkennen. Gleichwohl ist das kein Grund meine einzelnen Gesprächspartner*innen nicht ernst zu nehmen und auf Basis ihrer Erzählungen, die Dramaturgie des Geschehens zu rekonstruieren. Grundlage ist nicht die fragwürdige Geltung einzelner Aussagen, sondern die damit verbundenen Bedeutungszumessungen – sowohl im Falle weitgehender Übereinstimmung als auch in ihren Widersprüchen.

Lothar[6] ist im Gegensatz zu *Bert* ein alter Hase. Im Herbst 2009 studiert er im zehnten Semester und ist zu dieser Zeit bereits ein altgedienter, studentischer Hochschulpolitiker und Gremienexperte. Aber: *Lothar* erfährt erst unmittelbar vor dem Streiktag von einer geplanten Demonstration. Er zeigt sich darüber empört, dass der AStA (Allgemeiner Studierendenausschuss) nicht über den bevorstehenden Bildungsstreik informiert, geschweige denn dafür mobilisiert habe.[7] Nach seinen Angaben werden ihm erst drei Tage vor der Demonstration, die Streikabsichten bekannt.

Lothar: »Hab von der Demo eben erst am [...] Montag erfahren [I: Ja] und [...] die erste Emotion, die ich mit der Demo und der potentiellen Besetzung verbind, is Wut auf den momentigen AStA und Sprecherrat. Weil die nämlich sich [...] weder an der Bildungsdemo beteiligt habn [I: Ok.] und des eigentlich meiner Meinung nach die Pflicht jedes AStAs is [...]. Weil die Einstellung is auch so beschlossen und dann muss man sich auch dafür einsetzen. Des zwote is, dass sie 'n Konvent nich informiert habn darüber, dass ne Demo stattfindet [I: Ok.]. Und ich als Konventsmitglied hab mich da erstmal furchbar drüber aufgeregt, weil so viele einfach gar nicht mitbekommen haben, dass überhaupt ne Demo stattfindet und nicht mobilisiert wurde.« (Abs. 96)

Lothars Empörung richtet sich gegen den AStA. Es reicht *Lothar* dahingehend ernst zu nehmen, dass es nicht der AStA war, von dem eine Mobilisierung für den 17. November ausging. Und der AStA scheint längst nicht die einzige etablierte studentische Gruppierung ohne direkte Beteiligung an der Organisation der Proteste gewesen zu sein.

Bert (vgl., Abs. 41) weist mich auf die geringe Aktivität etablierter Gruppen hin. Er geht davon aus, dass sowohl das seit 2007 existierende bildungskritische Bündnis CONTRA[8] als auch die *Grüne Hochschulgruppe (GHG)* »keine Ahnung« vom Bildungsstreik hatten. Eine Überprüfung der Internetaktivitäten der beiden Gruppen bestätigt diese Position nur bedingt. Auf ihrem Blog befassen sich CONTRA-Aktivist*innen bereits seit März mit der Betriebsamkeit des Bildungsstreiknetzwerks. Der Aktionstag im Juni wird mit umfangreichen Beiträgen begleitet und auch die Proteste im

---

[6] Lothar und ich kennen uns flüchtig. Bis 2008 habe ich selbst noch studiert. Wir sind uns nie in Veranstaltungen begegnet. Wir kennen uns über studentische Initiativen – wie man so sagt: *vom sehen*. Im besetzten Hörsaal war er für mich eines von wenigen bekannten Gesichtern. Sehr oft, wenn ich in den Hörsaal kam, habe ich Lothar dort getroffen und einige Worte mit ihm und anderen gewechselt. Ich erzählte ihm, dass ich vorhabe die Besetzung zu beforschen. Er war von Anfang an interessiert und hat mich in meinem Vorhaben bekräftigt. In den letzten Tagen der Besetzung im Dezember 2009 verabreden wir uns schließlich auf ein längeres Gespräch.
[7] Eine Einschätzung, die *Bert* sowie *Hannah* und *Judith (Abs. 76)* bestätigen.
[8] CONTRA ist ein Zusammenschluss von Student*innen, der allgemein gegen Missstände im Hochschulsystem eintritt und im Besonderen gegen Studiengebühren mobilisiert. Die Aktivitäten der Bildungskritiker*innen dokumentiert ihr Blog (CONTRA o. J.).

November werden bereits früh Thema. Die erste Besetzung in München wird mit einer umfassenden Berichterstattung bedacht. Für die Demonstration am 17. November findet sich ein Eintrag mit Terminhinweis und Demonstrationssprüchen. Es lässt sich kaum behaupten CONTRA habe *keine Ahnung* gehabt. Sowohl *Ahnung* als auch Interesse war offensichtlich vorhanden. Hingegen berichtet die *Grüne Hochschulgruppe* online lediglich von der Besetzung, hat aber scheinbar nicht im Vorfeld mobilisiert. Am 17. November veröffentlicht sie auf ihrem Blog einen Beitrag zur Besetzung des Hörsaal-Eins': in diesem schließt sich die *GHG* einerseits den Forderungen der Besetzer*innen an, andererseits bemühen sich die Autor*innen des Beitrags darum, sich von der »undemokratischen Umsetzung« der Besetzung zu distanzieren.[9]

Man kann hier einen Beleg sehen, dass *Bert* schlicht die Unwahrheit gesagt hat. Es ist aber auch möglich, *Berts* Einschätzung ernst zu nehmen, ohne dass der offensichtlich problematische Wahrheitsgehalt seiner Meinung zum unüberwindlichen Hindernis wird. Was lässt sich festhalten? Nach seinem Eindruck, hat eine koordinierte Mobilisierung nicht stattgefunden. Und in der Tat, *AStA* wie auch die *GHG* scheinen hier nur bedingt beteiligt gewesen zu sein. Und: *Bert* berichtet vom eigenen Tatendrang zu diesem Zeitpunkt: er möchte etwas tun und wird selbst aktiv. *AStA*, *CONTRA* und *GHG* sind längst nicht die einzigen Organisationen, um einen Bildungsprotest zu organisieren. Selbstverständlich ist damit auch nicht bewiesen, dass der Dynamik, die letztlich zu der Besetzung geführt hat, nicht auch zentrale Planungsbemühungen vorangegangen sind. Aber es finden sich diverse Hinweise, dass die Mobilisierung zum Bildungsstreik sich auch auf andere Momente stützen konnte, als auf etablierte politische Gruppierungen und Netzwerke von Hochschulaktivist*innen. Es lassen sich Indizien finden, die für *Berts* Position sprechen, dass diese Dynamik in vielen dezentral vorgenommenen und im Wesentlichen unzusammenhängenden Aktivitäten ihren Anfang genommen haben. Dass die Aktivitäten von *CONTRA* ebenfalls zu dieser dezentralen Dynamik zu zählen sind, mag *Bert* entgangen sein. Dass der Prozess hingegen nicht *topdown* verlief, mit dieser Intuition scheint er recht zu behalten.

So haben nicht Studierende die in Augsburg ankommenden Kommunikationsströme weitergesponnen und eine eigene Organisationspraxis entwickelt. Es sind zunächst Schüler*innen und Einzelpersonen gewesen. Beispielsweise hat ein Einzelner[10] – und nicht eine etablierte politische Organisation, wie Parteien, Gewerkschaf-

---

[9] Siehe hierzu den Website-Eintrag der GHG vom 17. November (ghg-augsburg 2009).
[10] Die Demonstration wurde von einem politisch aktiven volljährigen Schüler angemeldet.

ten, NGOs oder Hochschulgruppen – die Augsburger Demonstration zum Bildungsstreik am 17. November angemeldet. Schüler*innen und ihre Eltern haben sich über die möglichen Folgen des *Fernbleibens vom Unterricht* am Dienstag den 17. November 2014 informiert[11] – im Grunde gegen die Schulverwaltungen. Bert hat mit seinem Netzwerk 300 Plakate auf dem Unicampus verteilt. Und sie haben den Kontakt gesucht zu den etablierten Gruppierungen. Bert ist der Meinung, dass dieser Kontakt nicht folgenlos geblieben ist: *»Also wir haben uns dann mit einzelnen Leuten getroffen und [...] für die ist des auch erst entstanden in dem Moment, da sie uns getroffen haben eigentlich«* (HS I 6, Bert, Abs. 42).

Kurzum: Ein frisch gegründetes Bildungsstreiknetzwerk organisiert einen Protesttag im Juli 2009, im November 2009 soll ein weiterer Protesttag stattfinden. In Augsburg meldet ein Einzelner eine Bildungsstreik-Demonstration an. Schüler*innen organisieren Infomaterial und mobilisieren für die Demonstration. Studierende greifen die Planungen auf und beteiligen sich dezentral. Zwischen neuen Engagierten und etablierten Gruppen wird Kontakt hergestellt; und das Ganze in Begleitung einer von Wien aus aufziehenden Welle von Besetzungen an Hochschulen.[12] Ob Berts Einschätzung vollumfänglich zutrifft oder nicht – es spricht vieles dafür, dass das Besetzungsgeschehen sich aus vielen verketteten Impulsen speist – ungleichzeitige und gleichzeitige, aneinander anschließende und disparate Anstöße. Der Begriff *Dynamik* bringt diese Verkettung gut zum Ausdruck; doch die gesamte Dynamik verläuft nicht wahllos, sondern gerichtet; als *Trajekt*.

5.1.1.2 Idee der Besetzung

Der Tag der Besetzung rückt näher. Die meisten Studierenden in Augsburg sind wohl Tage vor dem 17. November informiert. Die Idee von einer möglichen Besetzung kursiert. *Niklas* und auch *Bert* berichten in der Rückschau von einem zunehmenden Druck, der von den bereits etablierten Besetzungen ausgegangen sei. Die zeitliche Differenz – zwischen den ersten Besetzungsereignissen von Wien (20. Oktober 2009), aber auch Heidelberg (3. November 2009) oder München (5. November beziehungsweise die Besetzung des Audimax ab dem 12. November 2009) und den

---

[11] Ein entsprechender Blogbeitrag findet sich auf der Seite des oben genannten Augsburger Bildungsbündnisses.
[12] Im Grunde kann dies als eine Umkehrung der im Kontext *Sozialer Bewegungen* (siehe Kapitel 1.2.4.1) diskutierten Organisationsdebatten gedeutet werden: Aktivist*innen machen sich Institutionen zu Nutze, nicht Institutionen den Protestaktivismus – ein Umstand, der sich in der späteren Hörsaalordnung im Fahnen- und Werbungsverbot ausdrücken sollte.

Bildungsstreik-Protesten vom 17. November – ist von zentraler Bedeutung. Die Vorlaufzeit nötigt die Gemüter in Augsburg dazu, sich mit den Dingen, die da womöglich kommen, auseinanderzusetzen. Im gespannten Blick auf die nahe Zukunft werden Erwartungen geboren. Wochen später, am vorletzten Tag der Besetzung bringt *Niklas*, ein Student im dritten Semester, die aufgebaute Spannung auf den Punkt.

Niklas: »Aber es gab dann, gerade so, als es dann an diesem Dienstag vor fünf Wochen / ha gabs dann meines Erachtens schon […] stark auch das Gefühl, das wird langsam peinlich, wenn Augsburg nicht besetzt ist, […] weil es so einfach wäre jetzt zu besetzen […].« (Abs. 502 ff.)

Grundsätzlich ist es das eine, auf eine Demonstration zu warten, etwas anderes hingegen, zu wissen, dass ein Demonstrationszug nicht das Einzige ist, was im Raum steht. Anfang November, im geöffneten Gelegenheitsfenster der Protestwellen, scheint eine Besetzung geradezu einfach – für manche wird eine Besetzung zu einer Art Gebot der Stunde. An einer Demonstration teilzunehmen und anschließend wieder nach Hause zu gehen, ist in dieser Stimmung für viele nicht genug.

Schließlich kommt dieser Tage *»aus Wien schon ne andere Botschaft«, wie Bert (Abs. 42)* zu erzählen weiß. Seit Oktober haben dort Studierende und Lehrende das Audimax besetzt gehalten. Am 5. November werden dann Räume der Universität Heidelberg besetzt; am 12. November die Akademie und am 15. November das Audimax der Ludwig-Maximilians-Universität München (LMU). Die Dynamik der Ereignisse nimmt spürbar zu. Und die Ereigniskette beginnt auch in Augsburg auf Schüler*innen und Studierende zunehmend Attraktion auszuüben. So berichtet *Bert*, dass bereits zu diesem Zeitpunkt *»einzelne Leute da schon so n bisschen mitgerissen waren«* (HS I 6, *Bert, Abs. 42)*. Mit dem Herannahen des Streiktermins rückt für *Bert* der Streik selbst in den Hintergrund. Die dezentrale Besetzung von Bildungseinrichtungen gerät hingegen zunehmend in den Fokus. *Bert* kennt einige Leute, die sich an der Besetzung der LMU beteiligen. Er sieht sich in der Rückschau damals im Zugzwang: *»Die haben uns dann immer geschrieben, wann s jetzt endlich bei uns so weit ist. Also […] man kam gar nicht mehr aus«* (HS I 6, *Bert, Abs. 45)*. Der zeitliche Abstand zwischen den Besetzungsereignissen, die kontinuierliche Ausbreitung von Besetzungen und die Möglichkeiten des 17. November verstärken sich gegenseitig. Die resultierende Befindlichkeit: eine seltsame Erwartungs-Melange zwischen Hoffnung und Skepsis. Die späteren Besetzer*innen befinden sich im zeitlichen Spannungsbogen zwischen vergangenen und antizipierten Ereignissen. Streik und Besetzungen dehnen sich räumlich aus. Zunehmend wird Augsburg nicht nur als Ort kommender Proteste, sondern als Gelegenheitsraum für eine mögliche weitere Besetzung, wahrgenommen. Interaktionen werden angestoßen. Es wird damit begonnen mit Besetzer*innen aus anderen Städten zu kommunizieren. Es ergeben sich Gespräche in Augsburg. Man wird aktiv. Es entsteht eine diffuse Erwartungshaltung. Schließlich strömt alles auf den Demonstrationstag zu. Aber noch ist nichts geschehen und zumindest Bert berichtet davon, dass dieser Widerspruch zwischen Aktivismus und gleichzeitigem Nochnicht-Status ihm nur zu bewusst gewesen sei. *»[M]ich hat des natürlich mitgerissen und es ist klar. Und dann dachte ich mir, na gut jetzt äh Ball flach halten und so.«* (HS I 6, Bert, Abs. 45) Die Dynamik ist kein Selbstläufer. Es gibt genügend Gründe, die es dem Aktivisten geboten erscheinen lassen, *den Ball flach zu halten*.

Bisher liegen lediglich Überlegungen zu einer Besetzung in der Luft. Auch *Lothar* schildert, wie diese Möglichkeit greifbar wird. Er spricht direkt die Besetzungen in Wien und anderen Universitätsstädten an.

Lothar: »Also prinzipiell, ich wusste schon ähm kurz vorher von den Überlegungen. Also dass irgend ne Aktion geplant ist, die Vermutung war natürlich au einfach im Kontext mit Wien mit andern Unis ähm war natürlich gleich die Assoziation da, ma könnte [I: Mhm.] es könnte geplant sein […].« (Abs. 87)

Lothar formuliert seine Ahnungen selbst in der Rückschau noch im Konjunktiv. Die Die Antwort auf die Frage, ob es auch in Augsburg zu einer weiteren Besetzung kommen werde, steht für ihn auf einem anderen Blatt. Er sei *»skeptisch«* geblieben, bekundet *Lothar (Abs. 87)* und begründet im Anschluss diese pessimistische Einschätzung: *»[…] Augsburg […] is meiner Meinung nach einfach ne sehr konservative Stadt«*. *Lothar* ist noch aus einem weiteren Grund skeptisch geblieben. Im Interview wird deutlich, nicht jeder politische Aktivismus ist aus seiner Sicht akzeptabel, geschweige denn zielführend. Ereignisse der jüngeren Vergangenheit hatten dazu beigetragen, dem kommenden Protest und einer möglichen Besetzung mit einem gewissen Argwohn entgegen zu blicken.

Lothar meint hierzu: »Vor allem ham halt echt noch viele die […] Aktion aus m letzten Semester im Hinterkopf, wo die *EULE* eben gestürmt wurde, wo des Ganze einfach kein so […] glücklichen Verlauf genommen hat [I: Mhm.] und zweitens eben au kein glückliches Ende genommen hat. Weil des Ganze ziemlich ausgeartet ist damals.« (Abs. 89)

Er bezieht sich hier auf den Nachmittag des 5. November 2008.[13] Damals wurde nach einer außerordentlichen Vollversammlung der Studierendenschaft, eine Sitzung der *Erweiterten Universitätsleitung (EULE)* gesprengt. Die Aktion hatte im Anschluss

---

[13] Eine Reflexion der Aktion durch das damals sehr aktive Aktionsbündnis CONTRA wurde am 9. Dezember 2008 auf deren Website veröffentlicht (CONTRA 2008).

vor allem für Irritation gesorgt. Im studentischen Lager wurden wechselseitig Vorwürfe erhoben, während sich die Verhandlungsmacht gegenüber dem bedrängten Gremium kaum verändert oder allenfalls verschlechtert hatte.[14]

Wie *Lothar* kann sich auch *Niklas*[15] nur zu gut an die Besetzung der *EULE* im vorherigen Jahr erinnern. Er berichtet von einem Mensabesuch am 16. November 2009, dem Vortag des Bildungsstreiks. Einige Studierende des Aktionsbündnisses *CONTRA* setzen sich zu *Niklas* und seinem Begleiter. Sie berichten von Plänen, am nächsten Tag den Hörsaal-Eins zu besetzen. Er erinnert sich, vom angekündigten Aktivismus mehr genervt als euphorisiert gewesen zu sein.

Niklas »Und ich hab mir gedacht, »Ok, diese Spinner« […] [I]ch hab mir gedacht, das is mal wieder irgendwie so n *CONTRA*-Ding. Die werden, wie damals, als man die *EULE* besetzt hat / das ist so n / man macht mal wieder blinden Aktionismus. Es wird nichts bringen [I: Ja] […]. Es werden keine Leute dabei sein. Es werden wieder n paar Langhaarige ähm im Hörsaal-Eins stehen, bis / ähm ja bis irgendein sanfter Druck kommt und die wieder schnell raus gehen, weil es keinen interessiert hier in Augsburg […].« (Abs. 16)

Die Erfahrung der *EULE*-Besetzung sitzt tief. Es waren insbesondere Mitglieder von *CONTRA*, die auf die damalige Besetzung hingewirkt hatten. Das kritische Aktionsbündnis hatte in der Folge selbst heftige Kritik zu verarbeiten. Der Vorwurf des Missbrauchs der Vollversammlung stand im Raum: *CONTRA* habe die Vollversammlung instrumentell eingesetzt, um ihre zuvor ausgearbeitete Position durchzusetzen. Dieser Kritik hatte sich *CONTRA* im Dezember 2008 mit einem Blogbeitrag gestellt und sie zu entkräften gesucht. Wird der Protesttag im November 2009 erneut

---

[14] Diese Bemerkung ist nicht als simple Kritik, sondern als nüchterne Feststellung intendiert. Zwei Tatsachen dazu sind festzuhalten: erstens ist mir nicht bekannt, ob sich zu diesem Zeitpunkt irgendeine andere Organisation aktiv und öffentlichkeitswirksam gegen Studiengebühren ausgesprochen hat. Zweitens, nur weil die Aktion keinen direkten Verhandlungserfolg erbrachte, kann daraus nicht geschlossen werden, dass sie wirkungslos bleibt – das diskursive Spiel um ›die Macht‹ ist mit Sicherheit komplizierter. Es ist aber, drittens, ebenso festzustellen, dass diese Aktivitäten wohl ebenso verstörend wie wirksam gewesen sein mögen. Eine abschließende Bewertung möchte ich gerne den Beteiligten und ihren Erinnerungen überlassen. Ich erachte mein Urteilsvermögen hierzu weder als hinreichend kompetent noch informiert.

[15] *Niklas* ist das zweite Jahr in Augsburg und studiert im 3. Semester. Wir hatten uns bereits im Wintersemester 2008/09 kennengelernt, als er meine erste Seminarveranstaltung besuchte. Das Verhältnis zwischen uns war eher freundschaftlich, auch wenn natürlich die Funktionsbeziehung zwischen Student und Dozent nie ohne Folgen bleibt. Im Wintersemester 2009/10 hatten wir nur noch durch die Besetzung und sporadisch auf den Unifluren, d.h. privat Kontakt. Als ich ihn im Dezember 2009 bat, mir seine Sicht auf die Ereignisse zu schildern, war er gerne dazu bereit. Am letzten Tag der akuten Besetzung am 22. Dezember, rund zwei Stunden vor der Abschlusspressekonferenz und dem feierlichen Auszug der Besetzer*innengemeinschaft treffen wir uns, um ausführlich über seine Erlebnisse und Erfahrungen zu sprechen.

in so einem CONTRA-Ding enden? Für *Niklas* und *Lothar* scheint diese Frage *the elephant in the room* gewesen zu sein.

Auch wenn er sich nicht auf dieses Ereignis bezieht, schildert auch *Friedrich*, wie er anfänglich dem kommenden Protest skeptisch entgegensieht. Er ist zu Beginn des Wintersemesters nach Augsburg zurückgekehrt, nachdem er bereits andernorts mit dem Studium begonnen hatte. In Augsburg angekommen, steigt er in das erste Studiensemester eines neuen Studiengangs ein. Lokal ist er gut vernetzt und interessiert sich für die Bildungsthematik. Als er von den Besetzungsabsichten erfährt, glaubt er nicht an einen Erfolg.

Friedrich: »Also i hab halt zuvor eigentlich die Zettel schon gesehen: »Hörsaal wird besetzt« und hin und her und war dann sehr skeptisch und hab mir gesagt: »Ja. Also in Augsburg glaub ich sowieso net, dass da irgendwas geht und au wenn, glaub i, dass die Protestform au net so gut is«.« (Abs. 27)

Friedrich geht nicht näher darauf ein, was ihn an der Vorstellung einer Besetzung zu diesem Zeitpunkt gestört hat. *Peter, Lothar, Niklas* und *Friedrich* waren sich hingegen zumindest soweit einig, dass eine Besetzung in Augsburg nicht sehr wahrscheinlich ist. Die Augsburger wären hierfür nicht das richtige Publikum. *Lothar* und *Niklas* stützen ihre Skepsis ferner auf Erfahrungen mit früherem Protestaktivismus.

Andrea bietet mir einen weiteren Grund an. Auch sie studiert im ersten Semester. Während ihre Kommiliton*innen angeben, sich auf das *spontane Element* gefreut zu haben – so zumindest *Peter* und *Bert* – und sich von den Ereignissen tragen lassen wollten, sei ihr genau das suspekt gewesen.

Andrea bemerkt mit einer ordentlichen Portion Sarkasmus im Unterton: »Auf der Demo waren an Haufen Leut. […] War auch richtig unverbindlich. Ma geht mal demonstrieren. Es waren einfach au viele dabei, die auch gsagt haben, ja ich geh jetzt einfach demonstrieren. Des passt schon. Bildungsstreik und so. Und wir gehn au nachher so besetzen. Die Euphorie von vielen. Von dem ma dann aber leider später gmerkt hat, nur Massengefühl. […] Also die Leute, denens wirklich nur darum ging, irgendwie mal Aufstand zu produzieren, die waren relativ schnell draussen nach zwei Tagen. [I: OK] Ähm. Dann war mir (betont) die Sache auch n bisschen sympathischer, weil einfach diese Extremen mal schon draussen waren. Ich mag kein Extrem. Und dann wurds auch produktiver. Und dann hats für mich auch gepasst.« (Abs. 61)

Der Protest musste sich für *Andrea* erst noch bewähren. Ihr war das Massenmoment zuwider.[16] Ein Erweckungsmoment in der Masse hatte sie nicht. Ihr Qualitätsindikator war die Zeit. Diese sollte zeigen, ob mehr als ein momentanes Gefühl das Protestgebilde zusammenhält. *Andrea* lässt sich überzeugen und steigt mit Verzögerung in das Besetzen ein.

Wie lässt sich bei all dieser Skepsis erklären, dass schließlich *Peter* wie *Lothar*, *Niklas* wie *Friedrich* und auch *Andrea* an der Demonstration teilnahmen? Und nicht nur das: trotz aller Skepsis erklären sie alle, dennoch auf einen Erfolg gehofft zu haben. *Judith* und *Hannah*[17] berichten, es sei vor allem die Neugier gewesen, die sie antrieb.

Hannah[18] meint hierzu: »Also ich weiß jetzt nicht mehr den Moment, wo ich beschlossen hab, ich geh auf die Demo. Des war irgendwie klar / einfach auch eben durch die Situation, die gegeben war in anderen Städten. Dann eben die Neugierde war für mich auch da ähm, was da so in Augsburg gehen könnte. Und dann auf der Demo war dann, gingen dann so kleine Zettelchen rum (alle lachen): um 13 Uhr 45 vor m Hörsaal-Eins / so Ok (Befragte lachen gemeinsam). Hmh. Und dann? Weiß nicht also ich hab nie gezweifelt, hab niemals überlegt, ob ich da jetzt mitgehen soll oder nicht [HS I, 10 (Judith): Nö des war]. Also ich war vor allem neugierig [I: Mhm.] Des war glaub ich so der Hauptantrieb [HS I, 10 (Judith): Mhm.] [I: Mhm.]. Deshalb hab ich auch gar nicht groß reflektiert, wie des dann weiter gehen könnte, was des für Auswirkungen haben würde und / ob des überhaupt gerechtfertigt ist, des zu machen. Also die Zweifel hatte ich im vorhinein nie.« (Abs. 79)

Die Befindlichkeit vor der Demonstration zusammengefasst: Im Raum steht das Gerücht,[19] dass eine Besetzung bevorstehe. Gleichzeitig finden sich in den Gesprächen verschiedene Hinweise auf eine umfassende Skepsis. Selbst der von Anbeginn hochengagierte *Bert* bekundet im Bezug auf die Möglichkeit einer Besetzung in Augsburg: *»Ich war immer skeptisch. Also ich hab des nie so ernst genommen« (Abs. 52)*. Dennoch scheint es in der Rückschau so, als habe die Neugier die Skepsis geschlagen. Alle meine Gesprächspartner*innen bekunden, damals dem Protest mehr oder weniger aufgeschlossen gegenüber gestanden zu sein. Das Thema Bildung sollte auf eine breitere öffentliche und politische Agenda gehoben werden. G8, Studiengebühren, Bologna-Prozess, der schockierend triste Unialltag – es sollte sich etwas ändern. Schenkt man

---

[16] *Andrea* erzählt explizit aus einer Perspektive *ex post*. Ihre Kommiliton*innen versuchen zumeist narrativ eine Perspektive *ex ante* einzunehmen – tatsächlich sind auch diese Erzählungen Konstruktionen *ex post*. Dieser Perspektivunterschied in der Anlage der Erzählung sollte aber nicht unerwähnt bleiben.
[17] *Judith* und *Hannah* sind Kommilitoninnen von *Andrea*, *Bert*, *Friedrich* und *Peter*. Mit anderen Worten sie sind Erstsemester und von Anfang beteiligt. Im Gegensatz zu *Andrea* scheinen sie weniger skeptisch, sondern vielmehr neugierig.
[18] Ähnlich äußert sich auch *Judith* direkt im Anschluss an die zitierte Passage.
[19] *Hannah* bekundet, dass diese Gerüchte schon ein bis zwei Wochen vor dem 17. November bekannt wurden (HS I 9&10, Hannah & Judith, Abs. 75).

ihren Schilderungen Glauben, hoffen am Streiktag einige auf eine Besetzung, andere befürchten wirkungslosen Polit-Aktivismus, wieder andere gehen davon aus, dass so etwas in Augsburg nicht funktionieren und nicht zuletzt: sich wahrscheinlich nichts ändern werde. Am frühen Morgen des Bildungsstreiktages am 17. November ist diese diffuse Stimmung – und die damit verbundenen Erwartungen zwischen Skepsis und Hoffnung – längst da.

5.1.1.3 Die Demonstration

Die große Bildungsstreikdemonstration findet am späten Vormittag des 17. November statt. Die ersten Kundgebungen sind auf 8.30 Uhr angesetzt. Anschließend soll ein Demonstrationszug durch die Stadt ziehen. Und dann? *Peter* kommt nach seinem Bekunden bereits früh am Kundgebungsplatz an. Er sei einer der ersten gewesen. Der Platz wirkt leer. Enttäuschung macht sich breit.

Peter beschreibt diesen Moment in der Rückschau wie folgt: »[…] also in ner Früh bei ner Demo zu stehen, wo man sich denkt: »Ähm s geht nix zsammn«. Mal ganz offen raus gesagt, ja. Also, äh es sind zu wenig Leute und […] man denkt sich: »Ja Ok.« Also diese […] Träume und Wünsche, dass vielleicht an der eigenen Uni in Augsburg, jetzt wo endlich mal so was internationaler Protest is, ja, dass […] an der eigenen Uni was geht, sieht man schon verloren und denkt sich so: »Ok wir demonstrieren jetzt hier für n besseres Bildungssystem und es wird wie immer gar nix passieren«, ja.« (Abs. 159)

Auch als *Bert* zur Kundgebung am Elias-Holl-Platz dazu stößt, seien *»noch relativ wenig Leute«* (HS I 6, Bert, Abs. 47) da gewesen. Er spricht ebenfalls von Enttäuschung. In den Erzählungen von *Peter* und *Bert* wird die Demonstration als *krisenhaftes*[20] Spannungsfeld erkennbar. Von hier aus soll sich entscheiden, ob eventuell ›mehr‹ möglich ist oder ob alle Anstrengungen und Hoffnungen vergebens sind. Entlang ihrer Beschreibungen wird spürbar, wie sich der Druck der Ungewissheit steigert und verdichtet. Die Demonstration wird zu einem ersten Ereignis von außergewöhnlicher Intensität. Schließlich ist es soweit: *Peter* blickt zurück und beschreibt sichtlich erregt, wie die Waage – Skepsis versus Hoffnung – noch während der Kundgebung unwiderstehlich in eine Richtung kippt.

---

[20] Der Begriff *Krise* entstammt dem medizinischen Fachvokabular. Er bezeichnet einen entscheidenden Wendepunkt im Verlauf einer Krankheit. Hier entscheidet sich, ob der bisherige Krankheitsverlauf in einen Heilungsprozess übergeht oder aber keine Heilungserfolge möglich sein werden. Der Verlauf der Krise entscheidet über Gesundung oder andauernde Krankheit, über Weiterleben oder Tod, Zukunft oder Ende. Im Moment der Krise konzentriert sich Hoffen und Bangen in Erwartung einer ungewissen Zukunft.

Peter: »Und ähm daraus entsteht dann quasi diese Euphorie. Es werden immer mehr. Es werden immer mehr. Es kommen dauernd noch Leute dazu und (5) [I: war des dann ...]. Und dann die Gewissheit [I: ja]. Irgendwann kam ja dann die Gewissheit, so: »Ok, wir sind genug! Ok, die Message kursiert!« (Abs. 159)

Die Mobilisierungsbemühungen sind nicht vergebens. Immer mehr Menschen strömen auf den Elias-Holl-Platz, noch mehr schließen sich dem späteren Demonstrationszug an.[21] Nicht nur der Zuspruch ist groß. Mit *Peters* Worten: *die Message kursiert*. *Bert* meint, dass er bald nach seinem enttäuschenden Eintreffen feststellen konnte, dass *»Zettel rum [liefen]«*. Für ihn ein Aha-Erlebnis. *»[...] und dann hab ich irgendwie gemerkt, aha es weiß jeder, dass an der Uni nachher noch ein Treffen ist«* (HS I 6, Bert, Abs. 47). *Peter* gibt ebenfalls an, bemerkt zu haben, dass viele bereits über die Demonstration hinaus informiert waren.

Peter: »Und als den am Ende sozusagen so viele Leute ah / egal wen man gesagt hat, ja »Wo bist denn nachher?« so ja »dreizehndreißig«, ja. Da hat man gemerkt: Ok es wissen alle und alle sind voll wild drauf des jetzt zu tun, sich jetzt dort zu treffen [...].« (HS I 1, Peter, Abs. 159)

Ähnliches berichteten *Lothar, Niklas, Hannah* und *Judith*. Nimmt man ihre Erzählungen ernst, scheinen sie zu diesem Zeitpunkt noch weit weniger intensiv beteiligt gewesen zu sein. *Peter* und *Bert* berichteten bereits von der erfolgreichen Demonstration in euphorischen Tönen. Fast alle berichteten davon, wie sie auf der Demonstration per Handzettel oder durch ein ›Flüstern durch ein Megaphon‹, wie *Niklas* schmunzelnd zum Besten gibt (vgl. HS I 5, Niklas, Abs. 17), auf die geplante Besetzung hingewiesen wurden. Aber in diesem Moment gibt es noch keine Besetzung, geschweige denn eine Besetzungsgemeinschaft. Durch den Vergleich der Erzählungen wird greifbar, wie sich vage Vorstellungen im Dunst der Massenansammlung verwandeln. Aus fixen Ideen werden antizipierte Möglichkeiten und aus Hoffnungen schließlich konkrete Erwartungen. Der Erfolg der Demonstration synchronisiert Bewusstseine und kollektiven Aktivismus und lenkt diese in Richtung Hörsaalzentrum.

---

[21] Die *Augsburger Allgemeine Zeitung* (o.V. 2009) und die *Aichacher Zeitung* (Höck 2009) stützen sich auf Angaben der begleitenden Polizeikräfte und berichten, dass in den Morgenstunden des Protestages rund 1000 Menschen zum Demonstrationszug zusammengekommen sind.

5.1.2 Das Überschreiten der Schwelle

5.1.2.1 Dreizehndreißig bis zum Übertritt

Dreizehndreißig,[22] Treffpunkt Hörsaalzentrum. Etwa die Hälfte der Anwesenden des Protestmarschs hat sich auf den Weg gemacht. *Peter* erwähnt, wie auf dem Weg zur Universität wilde Spekulationen einsetzten, als die Straßenbahn wegen eines Unfalls umgeleitet werden musste – ein weiterer Hinweis auf die situative Spannung.

Peter: »Und dann sind wir angekommen, also; dann war erst mal vor der Uni ähh Straßenbahn Unfall [...] und wir haben schon die Vermutung gemacht, dass des [...] Boykott sein soll (lacht), ja, dass die quasi da irgendwie die Straßenbahnlinie umgeleitet haben [...].« (HS I 1, Peter, Abs. 163)

Die Vermutung sollte sich später als falsch herausstellen. Aber auch wenn sich der Sabotage-Verdacht nicht bestätigt: macht der Irrtum einen Unterschied in Bezug auf die Wirksamkeit der Idee? Der Verdacht wird zu einem verbindenden Gesprächsthema und die Banalität einer Baustelle reicht aus, um im Verschwörungstratsch eine unbestimmte soziale Kategorie zu gebären. Der geäußerte Verdacht adressiert ein nicht bestimmbares Agens, das die Besetzung zu verhindern sucht. So wie der Tratsch die zur Besetzung schreitenden in eine gemeinsame Klammer setzt, positioniert er diese unbestimmten Anderen im Außen dieser Klammer. Die Aktivist*innen setzen ihren Weg zu Fuß fort. Nur noch wenige hundert Meter trennen sie von ihrem Ziel, dem Hörsaal-Eins der Universität. Auf dem Weg stoßen sie zu weiteren Gruppen, die zu Fuß aus der Innenstadt heranrücken.

Es ist Dreizehndreißig vor dem Hörsaal-Eins. Immer mehr Studierende, Schüler*innen und Aktivist*innen des Bildungsstreikbündnisses ziehen von der Demo in der Innenstadt zum Campus. Eine Frage steht jetzt so massiv wie unausgesprochen im Raum: Wird es zu einer Besetzung kommen? Die ersten treffen vor dem Hörsaal ein. Zunächst sind es auch hier Wenige, aber die kleine Menschentraube wächst schnell und stetig. Die Größe der Versammlung scheint wichtig und unwichtig zu-

---

[22] Die Zeitangaben sind widersprüchlich. *Lothar* spricht von 13.15 Uhr, *Peter* von 13.30 Uhr ebenso wie *Niklas*, *Bert*, *Hannah* und *Judith*. Insbesondere bei *Peter* wirkt der Treffpunkt 13.30 Uhr wie ein geflügeltes Wort: Dreizehndreißig. Um die Szenerie vor dem Hörsaal als neuen Spannungsbogen darzustellen, übernehme ich die Uhrzeit 13.30 Uhr als Kategorie ›Dreizehndreißig‹. Die Rede von Dreizehndreißig ist nicht als Faktum, sondern als darstellerisches Element und Phase einer stilisierten dramaturgischen Entwicklung der Besetzung zu begreifen.

gleich. *Lothar (Abs. 89)* spricht von einer »*Schmerzgrenze*«, die für ihn »*bei fünfzig*« erreicht gewesen sei. Gemeint ist eine Art *kritische Masse*.[23] Welche Quantität eine kritische Masse haben muss, lässt sich nicht sicher aus Angaben der Interviewten ableiten. Eine konkrete Zahl ist sehr wahrscheinlich auch zweitrangig. Die unterschiedlichen Einschätzungen der Anzahl von Leuten vor dem Hörsaal[24] machen deutlich, dass die Wahrnehmungen hier stark auseinandergehen. Entscheidend ist nicht die Quantität, sondern die Wirksamkeit der Masse. Aus Perspektive der Kernphysik ist eine kritische Masse dann erreicht, wenn ein geeigneter Impuls in einer Masse spaltbaren Materials eine Kettenreaktion auszulösen vermag, die nicht ohne Weiteres gestoppt werden kann. Ganz ähnlich lässt sich *Lothars Schmerzgrenze* deuten. Ein wesentlicher Unterschied bleibt und ist mit einem Paradox verbunden. Die Einschätzung, wann der Schwellenwert überschritten ist, bleibt eine subjektive Einschätzung – es ist eben kein physikalischer Schwellenwert, der eine Kettenreaktion unausweichlich werden lässt. Paradox hingegen bleibt, wie es zu einer solchen subjektiven Be-

---

[23] Die Vorstellung einer *kritischen Masse* entstammt der Kernphysik. Ist eine kritische Menge an spaltbarem Material vorhanden, so ist im Falle einer initialen Kernspaltung eine Kettenreaktion garantiert. Diese Masse ist somit eine Grundvoraussetzung für das Potential einer physikalischen Dynamik. In den Sozialwissenschaften wird das Konzept der Masse durch Gustave Le Bon (2009) 1895 in seiner *Psychologie der Massen* eingeführt. Der Begriff der Masse hat sich an der Grenze zwischen Soziologie, Psychoanalyse und Literatur (Ortega y Gasset 1930; Canetti 1960; Freud 1967) etabliert, ohne allerdings eine systematische und kontinuierliche Forschungstätigkeit auszulösen. Insbesondere im Kontext der Massenmedien wird die Idee einer Masse sowohl als Charakterisierung der Massenmedien (Luhmann 1996) oder als Grenzbegriff zu Konzepten, wie zum Beispiel Öffentlichkeit (Habermas 1990), verwendet. In einer von Helge Pross und Eugen Buß herausgegebenen *Soziologie der Masse* (Pross und Buß 1984) wird 1984 ein Forschungsfeld umrissen und eine Auswahlbibliographie zu einer solchen Forschung vorgestellt. Der Versuch, eine *Soziologie der Masse* zu etablieren, ist augenscheinlich ohne nennenswerten Erfolg geblieben. Dafür mögen nicht zuletzt Probleme und Konnotationen der Begrifflichkeit Masse beigetragen haben. Vermutlich finden sich wesentliche Überschneidungen sowohl zum Arbeitsfeld der Forschungen zu den sogenannten »Neuen sozialen Bewegungen« als auch zur etablierten Kleingruppenforschung in der Sozialpsychologie und Soziologie. Eventuell ist aber auch der methodologische Individualismus, der zwischen Rational-Choice und interpretativem Paradigma sozialtheoretisch weit verbreitet ist, für transindividuelle oder -intentionale Konzepte nur schwer zugänglich. Das Thema der Masse fällt dahingehend mit Vorstellungen eines *Collective Behavior* (Blumer 1939 und hier anschließende Debatte) zusammen, das allenfalls mit einer gewissen stiefmütterlichen Aufmerksamkeit im Rahmen sozialwissenschaftlicher Arbeiten verhandelt wird. Am hier aufgeführten Beispiel zeigt sich – dass das Faktum der Versammlung von Bedeutung ist. Doch es benötigt vermutlich ein anderes Sprachspiel, um das Geschehen auf den Punkt zu bringen. Der konzeptuelle Rahmen einer *Soziologie situativer Nichtalltäglichkeit* zeigt sich hier erneut als fruchtbar.

[24] Lothar spricht von 60-70, Peter von über 100, *Niklas* von 200. Die Unterschiede in den subjektiven Einschätzungen ändern nichts an der schlussendlichen Wirksamkeit der versammelten Masse.

deutungszumessung kommt. Einerseits scheint es so, als habe ein Interesse bestanden, dass es an diesem Nachmittag zu einer Besetzung kommt, andererseits braucht es eine kritische Masse, um dieses Interesse tatsächlich in Taten umzusetzen. In diesem Spannungsverhältnis sammelten sich immer mehr Aktivist*innen auf der Schwelle zum Hörsaal. Aus dieser spezifischen Befindlichkeit auf der Schwelle entwickelte sich ein kollektiver Aktivismus, der zumindest für *Judith (Abs. 28)* in wenigen Augenblicken Fakten schuf. *»Und [...] dann saßen wir eigentlich irgendwann in diesem Hörsaal ohne jetzt eigentlich so wirklich rekonstruieren zu können, [wie – M.E.] wir [...] da hin gekommen sind.«* Mit einem Mal ist es geschehen. Der ›Urknall der Besetzung‹ hat sich kraftvoll ereignet.

Niklas stellt ebenfalls dar, wie er sich der Attraktion dieses Moments nicht entziehen kann. Obwohl *Niklas* nach eigenen Angaben den Plänen einer Besetzung kritisch gegenübersteht, scheint er nicht gezögert zu haben – als es soweit war – mit zu besetzen.

Niklas: »Und dann standen da, würd ich sagen / also ich bin schwer ähm ähm / also ich kann nicht gut schätzen, aber ich denke das sind so / zwohundert Leute waren des ä auf jeden Fall um 13 Uhr 45. Dann ging das Megaphon an, man ist über die Schwelle des Hörsaals getreten ähm und da / äh, also, obwohl ich da sicherlich nicht einer der ersten war, hats mich also sofort mit gezogen [...].« (Abs. 17)

Es hat ihn *»sofort mit gezogen«*. Das gesamte Besetzungsgeschehen schildert er als rauschhaftes Erlebnis. Seine Formulierungen lassen *Niklas* passiv erscheinen. Auf was verweist die Formulierung Rausch? *Niklas* verortet die Ursache seines Handelns außerhalb seiner selbst. Mit anderen Worten: in seinem Handeln ist er nicht wie im üblichen Maß kompetent. Irgend etwas hindert ihn daran, sein Urteilsvermögen differenziert und autonom einzusetzen. Es gibt etwas, was auf ihn einwirkt, ihn *zieht*. Seiner Beschreibung nach fügt er sich in dieses Drängen und erlebt die Ereignisse als automatische Abfolge – ohne eigenes Zutun; ohne eine Entscheidung bewusst getroffen zu haben. Von diesem Gefühl des Rauschs berichtet auch *Hannah (vgl., Abs. 29)*[25] direkt, aber wie bereits oben beschrieben auch indirekt. Auf einmal ist sie im Hörsaal und weiß nicht recht wie. Es gibt eine kollektive Bewegung. Die Aktivist*innen vor dem Hörsaal sind ein Teil davon. Aber es ist nicht möglich, das kollektive Tun auf individuelle Handlungsakte geschweige denn Handlungsintentionen zu reduzieren. Das Kollektiv gerät in Unruhe. Unruhe wird zu Bewegung. Die Bewegung bekommt ein Ziel: hinein in den Hörsaal. *Lothar* hatte sich mit Freunden im Foyer

---

[25] *Hannah* bezieht dieses Gefühl des Rauschs auf ihre gesamte Besetzungserfahrung.

des Hörsaalzentrums auf einer zweiten Ebene positioniert. Von dort konnten sie wie aus einer Loge den Vorplatz des Hörsaal-Eins' überblicken.

Lothar schildert seine Eindrücke wie folgt: »[H]ab mir des eigentlich eher aus der Beobachterperspektive angeschaut, weil da war die Energie so groß, ich glaub nicht dass ma da hätte irgendwas steuern können, in dem Moment.« (Abs. 90) Etwas später wird Lothar konkreter: »Des ging dann in dem Moment wo die fünfzig Leute m-beziehungsweise mehr vorm Hörsaal-Eins standen, war s von oben einfach 'n intressanter Blick, weil Kleingrüppchen, ma hat getuschelt, niemand wusste was passiert, wie's losgeht, ob was losgeht, ob ma reingeht oder nich [...]. Und dann ähm ging nicht mal, wenn ich s richtig weiß, nicht mal von denen die des Ganze ähm sich überlegt habn und angedacht habn der erste Impuls aus, sondern von jemand ganz anderm [...] der dann die Tür aufgerissen hat und dann ging ma rein. [...] Weil ich glaub dass in dem Moment mit den Kleingruppen und dem Nichtwissen, Hop oder Top und so [...] da war so ne Spannung bei den Einzelnen [...] da, dass es irgend jemand nich mehr ausgehalten hat.« (Abs. 97)

Ganz ähnlich schildert *Peter* die Situation vor dem Hörsaal.

Peter: »Es standen alle recht äh m ratlos vor dem Hörsaal-Eins rum. [...] Und es war halt irgendwie so äh=h es sind dann / wo wir angekommen sind, standen die schon da [...]. Und dann hieß es so: »Ja äh ph=h keine Ahnung die Vorlesung ist anscheinend aus« oder so. Keine Ahnung. Es sind halt schon n paar rausgekommen [...] von den andern Studenten. [...] Und es war Unsicherheit quasi. Und dann / weiß gar nicht ob ich oder irgend jemand hat halt dann gesagt: »Jetzt gehn mer rein«. Und dann sind also / ich bin auch mit rein, mit als einer von den Ersten vorne weg und sind dann runter auf die Bühne. Und ich hab zusammen mit irgend jemand anderen an die Tafel geschrieben: Dieser Hörsaal ist besetzt.« (Abs. 167)

Kollektive Unsicherheit geht in kollektive Bewegung über. Die Türen zum Hörsaal werden geöffnet. Immer mehr Menschen übertreten die Schwelle. Eben noch auf der Demonstration, sind deren Teilnehmer*innen nun im Hörsaal. Es ist aber nicht der Eintritt, der das Geschehen zur Besetzung werden lässt. Vielmehr konstituiert sich die Besetzung erst in der Organisation eines verweigerten Austritts. Wenn die Demonstration einen ersten kritischen Punkt für *Bert* und *Peter* mit sich bringt, zeigt sich die Situation vor dem Hörsaal als zweite kritische Schwelle. Hier verschiebt sich qualitativ etwas Wesentliches.

5.1.2.2 Vom Überschreiten einer Schwelle, zum Eintritt in einen Schwellenzustand

Mit dem Tritt über die Schwelle des Hörsaals stehen neue Fragen im Raum. Der Unterschied zwischen Demonstration und Besetzung wird an diesen deutlich. Wann klingt diese Krise wieder ab? Wann löst sich das Spannungsfeld zwischen Hoffen und Bangen auf? Die Klärung lässt auf sich warten. Die Schwelle ist überschritten, aber anstelle des erhofften anderen Zustands bewegt man sich jetzt in ›auf Dauer gestellten« anderen Umständen: einem Schwellenzustand. Im Grunde wird sich bis zum Ende der Besetzung daran nichts ändern; nichts ändern können.[26] Sind bereits die Demonstration und die Situation auf der Schwelle des Hörsaals Krisensituationen[27] gewesen, treibt das Übertreten der Schwelle diese Krisenhaftigkeit auf einen neuen Höhepunkt. Das Geschehen erfüllende Ungewissheit wird greifbar. *Berts (Abs. 240)* Schilderung wirkt lapidar: *»Man wusste halt nicht, was passiert.«* Doch die Situation ist bis zum Bersten mit Unsicherheit gefüllt. Bert gibt zu Protokoll, dass die Besetzer*innen im Nachhinein *»wissen [...], dass Zivilpolizei anwesend war« (HS I 6, Bert, Abs. 240)*.[28] Die Situation ist nach wie vor in eine diffuse Mischung aus Euphorie und Befürchtungen getaucht. *»[D]adurch hat man Adrenalin«*, meint *Bert (Abs. 240)*. Nach seiner Einschätzung werden die Besetzer*innen von dem *»Gefühl«* begleitet, dass sie *»da was Verbotenes« (HS I 6, Bert, Abs. 240)* machen. Womöglich begehen sie eine Straftat: Hausfriedensbruch; vorausgesetzt dieser wird von jemandem zur Anzeige[29] gebracht. In Augsburg kommt es nicht so weit – in anderen Besetzungen durchaus, aber weder das eine noch das andere konnten die Augsburger Aktivist*innen am 17. November 2009 gegen 13.45 Uhr wissen. Die fundamentale Verunsicherung treibt das Geschehen weiter voran.

5.1.3 Die dreifache Konstitution der Besetzung

Mit den ersten Schritten über die Hörsaalschwelle gehen die Aktivist*innen in eine kollektive Bewegung über. Dieser Bewegungsdrang findet mit dem Betreten des Hörsaals kein Ende. *Niklas (HS I 5, Niklas, Abs. 19)* erkennt hier eine Art Zwang zum Tun: *»weil man [...] sitzt da und dann muss eigentlich [...] relativ schnell sofort irgendwas passieren, [...] man kann nicht zwei Stunden da sitzen und es passiert nichts.«* Was steckt hinter diesem Zwang? Handelt es sich immer noch um eine kollektive Dynamik, ausgelöst durch die Zusammenkunft einer kritischen Masse? Entsteht durch den

---

[26] Der Charakter dieses Schwellenzustands verändert sich mit der Zeit gleichwohl deutlich, wie in den nächsten Kapiteln zu zeigen sein wird.
[27] Noch einmal klar formuliert: In einer Reihe von Ereignissen markiert eine Krise den Moment oder die Phase einer fundamentalen Richtungsentscheidung; in der Medizin zwischen Krankheit und Genesung, hier zwischen Erfolg und Misserfolg.
[28] Es lässt sich nicht feststellen, ob es sich hier um hartes Wissen handelt oder sich auch nur Vermutungen als vermeintliches Wissen verpackt. Dass polizeiliches Interesse bestand, wird in vielen Gesprächen bestätigt, ist aber für die vorliegende Argumentation nur als periphere Anekdote von Interesse.
[29] Noch am ersten Tag der Besetzung wird eine AG Recht gegründet. Eine erste Einschätzung der Rechtssituation wird bereits am 17. November per Besetzungsblog veröffentlicht (blog.bildungsstreik-augsburg 2009a).

raumgreifenden Aktivismus Rechtfertigungsdruck, der zu neuen Taten führt? Wahrscheinlich ist beides! Feststellbar bleibt unabhängig von diesen Fragen: Die Besetzung konstituiert sich, indem die Besetzer*innen damit beginnen, durch Aktivitäten und Interaktionen der sozialen Unübersichtlichkeit Strukturen zu geben. Im rekonstruktiven Blick lassen sich unterschiedliche Formen kollektiver Aktivität unterscheiden.

5.1.3.1 Die Aneignung des Raums

Die erste Form der Aktivität bezieht sich auf den Raum. Nach einstimmigen Berichten der Medien und der Besetzer*innen strömen am Nachmittag des 17. November etwa 500 Personen in den Hörsaal. In einem ersten Schritt eignen sich die Besetzer*innen den Raum durch ihre Präsenz an. Während sich der Raum füllt, vollzieht sich gleichsam eine physische Aneignung. Dazu gehört auch, den Raum in seinem vollen Funktionsumfang zu besetzen:

> Peter: »Und äh irgend jemand hat sich s Mikrophon geschnappt oder irgend jemand hatte den Auftrag, dass er drauf achtet, dass der Mikroschrank nicht zu gemacht wird [I: ja]. Also der gleich da in den Technikraum reingeht und aufpasst, dass nich irgend jemand von den Profs quasi das gleich die Technik ausschaltet und alles runterfährt und so.« (Abs. 167)

Der Multimedia Hörsaal ist unter der Kontrolle der anwesenden Besetzer*innen. Mit sich führen die Aktivist*innen Banner, Protestplakate und Demonstrationsutensilien. Ein großes gelbes Banner mit Symbolen und Schriftzügen des Bildungsstreiks wird hereingetragen und an der Wand befestigt.[30] Darauf zu sehen ist der rauchende Kopf eines Schülers oder einer Schüler*in. Daneben ist die Forderung zu lesen: »*Lernfabriken abschalten. Bundesweiter Bildungsstreik Augsburg*«. Ein großes rotes Banner wird an einer der großen Hörsaaltafeln befestigt und in die Höhe geschoben. In großen schwarzen und gelben Buchstaben steht dort geschrieben: »*STUDIENGEBÜHREN NEUES SELEKTIONSVERFAHREN DES 21. JHDS.*« Peter ist mit einem Kommilitonen ebenfalls hinunter zu den Tafeln geschritten. Sie greifen sich Kreiden und beginnen zu schreiben: »*Dieser Hörsaal ist besetzt!*«. Nicht zuletzt durch diesen performativen Akt wird die Besetzung zunehmend Wirklichkeit.[31] Auf einem großen

---

[30] Auf eine Veröffentlichung des unterstützenden Bildmaterials wird im Rahmen der Publikation dieser Dissertationsschrift verzichtet. Das hier zitierte Bild *Aneignung des Raums: Plakate* verweist auf den nichtveröffentlichten Materialapparat dieser Arbeit.
[31] Ein Bild hält Banner und Tafelaufschrieb fest und bestätigt damit Peters Erzählung (Foto *Aneignung des Raums: Tafelanschrieb*, nichtveröffentlichter Materialienapperat). Auch für *Hannah* (vgl.,

Pappkarton steht in gesprühten Großbuchstaben das Wort »BESETZT« zu lesen. Kleinere Protestschilder und Pappen werden zwischen den Reihen des Hörsaals platziert. Erfüllt von Ikonen des Protests wird der Raum nicht nur physisch, sondern auch symbolisch eingenommen. Noch während Studierende nachströmen, geht der raumgreifende Strom in aktivistische Bewegungen über: die Organisation der Besetzung setzt mit der Eroberung des Raums ein. Doch der einsetzende Aktivismus geht über die physische und symbolische Aneignung des Raums hinaus.

5.1.3.2 Konstitution durch Konflikt

Etwa zeitgleich mit der physischen und symbolischen Aneignung des Raums kommt es vor der Bühne des Hörsaals zu tumultartigen Auseinandersetzungen. Eine Vorlesung der wirtschaftswissenschaftlichen Fakultät ist gerade zu Ende gegangen. Einige Studierende, auf ihre Vorlesung wartend beziehungsweise diese verlassend, stellen sich den Aktivist*innen in den Weg. Im kollektiven Eifer geraten die Besetzer*innen mit diesen Studierenden aneinander.[32] Dieser Konflikt scheint ebenso wirksam und prägend für die kollektive Identität der Besetzungsgemeinschaft wie die raumgreifende Produktivität der Besetzer*innen. Die Besetzer*innen mögen zu diesem Zeitpunkt über keine konkreten Vorstellungen verfügt haben, was im Weiteren zu geschehen habe.

Peter schildert farbig das Geschehen: »[D]ie anderen haben, glaub ich, auf der Bühne dann [...] halt mit den Wiwis angefangen zu diskutieren. Die mit uns runter sind [...] und gesagt haben: »Nein ihr geht jetzt wieder« und »Was soll des« und ähh /. Wo s dann ja zu so, sag mal einem einem ganz kurzem Handgemenge kam; so von wegen: »Hey fass mich nicht an«. »Ja fass du mich nicht an«, ä=är=rä=ä (beide lachen). Und ähm wo schon die Luft gebrannt hat eigentlich [...], ja. Also wo [...] s halt erst von den Worten her unpassend wurde und dann hat man den andern noch irgendwie einmal angerempelt oder so, ja.« (Abs. 167)

Es geht nicht darum, dass sich im Moment des Aufpralls eine angestaute Energie entlädt. Der entstehende Konflikt wird selbst Teil des produktiven Aktivismus, der zur Konstitution einer Besetzung führt. Anstatt ihre Aufmerksamkeit auf den Raum, die Organisation oder die Frage des Selbstverständnisses zu richtet, arbeiten sich einige Besetzer*innen an den ihnen entgegentretenden Widerständen ab – verkörpert durch Studierende, die sich der ankündigenden Besetzung in den Weg stellen. Damit

---

Abs. 79) und Niklas (vgl., Abs. 17) ist dieser Moment des Beschreibens der Tafel ein *Gedächtnis-Marker* für den Beginn der Besetzung.

[32] Dieser hier zum ersten Mal aufkeimende Streit zwischen der Besetzungsgemeinschaft und ihren Gegnern sollte im weiteren Verlauf der Besetzung noch eine gewichtige Rolle zu spielen haben und wird an anderer Stelle (Kapitel 8.1.1.) noch explizit thematisiert.

wird der aufkommende Konflikt selbst zu einem produktiven Prinzip; der Streit wird so zu einem Katalysator des Besetzungsgeschehens.

Lothar (Abs. 90) urteilt erneut aus der Beobachterperspektive. Nach seiner Meinung: *»musste [des erst - M.E.] einmal aufeinanderprallen«.* Es sei ein wortreich ausgefochtener Streit entstanden. Schnell fallen Kampfparolen. Es ist von Chaoten und von Konformisten die Rede. Zunächst aber wird deutlich, wie unwiderstehlich der Schritt über die Schwelle vollzogen wird und die Besetzer*innen Anspruch auf den Hörsaal erheben. *»[S]o nach fünf Minuten [...] [konnte man – M.E.] dann intervenieren [...] s haben dann mehrere gleichzeitig gemacht.«,* berichtet *Lothar (Abs. 90)*. Folgt man *Peters* Schilderung bleiben die Besetzer*innen hartnäckig. Noch in seiner Erzählung spricht er im Brustton der Überzeugung: *»wir sagen, wir bleiben«, ja« (HS I 1, Peter, Abs. 167)*. Zunehmend verändert sich die Subjekte des Protestgeschehens. Die Mobilisierung geschieht im losen Kooperationsverhältnis individuierter Aktivitäten. Die Beteiligung an der Demonstration basiert ebenfalls auf individuellen Entscheidungen. Und schließlich bleiben es die Entscheidungen von Einzelnen und Gruppen, sich dem Aufruf um 13.30 Uhr anzuschließen. Im kollektiven Aktivismus formiert sich nun ein greifbares Kollektiv: es entsteht ein Wir. In einer kollektiven Bewegung nehmen Aktivist*innen den Raum ein und besetzen diesen mir ihren Symbolen. Im Zusammenprall mit Gegner*innen der Besetzung wird es nötig, gemeinsam Stellung zu beziehen. Wir *bleiben* – ist somit eines der ersten Statements, in dem sich das Zusammenschmieden einer Besetzungsgemeinschaft *in statu nascendi* auf den Begriff bringen lässt. Aus dieser Fokussierung und rudimentären Kollektivität speist sich sehr wahrscheinlich der Erfolg.

Nach kurzer Zeit ziehen sich die Studierenden der Wiwi-Vorlesung zurück. Für *Lothar* eine erstaunliche Entwicklung. Auch wenn die Besetzung nicht in so etwas wie ›geordneten Bahnen‹ verläuft: sie vollzieht sich gerichtet. Hier lag vielleicht auch der bedeutsame Unterschied zwischen den Besetzer*innen und ihren Opponent*innen. Die Orientierungslosigkeit ist für *Lothar* eine Erklärung, wie es dazu kam, dass die eindringenden Besetzer*innen den zunächst zahlenmäßig überlegenen Widerstand so schnell brechen konnten.

Lothar: »Obwohl eigentlich die Menge an Studenten, die ne Vorlesung hatten, größer war als die der Besetzer [I: Ok.]. Weil die ham sich dann wirklich ähm ergeben, klingt vielleicht doof [I: Ja.], aber ham sich mit der Situation / wussten vielleicht auch nicht wie damit umgehn [I: Ja]. Das war eher so Ratlosigkeit.« (HS I 2, Lothar, S. 90)

Wie die Demonstration und die Situation auf der Schwelle zum Hörsaal kennzeichnet der Konflikt mit den Studierenden eine krisenhafte Konstellation. Während aber die Krise in den ersten beiden Situationen aus der Unsicherheit über ein hinreichendes Maß an Zuspruch erwächst, handelt es sich im Moment des Konflikts um ein Interaktionsverhältnis. Die Besetzer*innen stoßen hier zum ersten Mal auf aktiven Widerstand gegen ihre Aktivitäten, aber auch ihre Absichten und Hoffnungen. Aus einer pragmatistischen Perspektive ist dieser Augenblick dazu geeignet, das Bewusstsein über das Besetzungsgeschehen zu schärfen. Die Besetzer*innen und ihre Opponenten ringen darum, ob es unmittelbar jetzt zu einer Besetzung kommen soll. Diesem Konflikt nicht auszuweichen und sich auch durchzusetzen, ist in einem nicht zu unterschätzenden Maß für die Euphorie der ersten Augenblicke verantwortlich. *Peter* stellt diesen Moment in den Kontext eines allgemeinen Drängens. Die intervenierenden Studierenden können diesen Besetzungsdrang nicht stoppen. Als die Studierenden der Wirtschaftsvorlesung nach kurzer Zeit aufgeben, stellt sich nach dieser kollektiv bestandenen Prüfung ein Siegesgefühl ein.

Peter: »Und als die dann weg waren, war des natürlich n triumphaler/s Gefühl so: ›Ja (klatscht)! Wir habn s geschafft‹, ja. Und: ›jetzt können wir des machen, was wir schon immer machen wollten! Was wollen wir eigentlich machen?‹ (beide lachen), [...] irgend jemand schreibt an die Tafel »Organisiert euch« und ne Viertelstunde später geht dann so die Diskussion los, was wir hier machen. Ok, ja / war in Ordnung. War auch wieder so: ›Ok es geht was vorwärts[.] [...] Bewegung is [...] da‹.« (Abs. 171)

Für den Moment scheint der Konflikt gelöst. Die Euphorie ist gleichsam der Lohn für die Beharrlichkeit der Bestzer*innen. Für diesen zweiten Aktivismus lässt sich festhalten: die Konstitution der Besetzung beruht neben der physisch symbolischen Aneignung auch auf der sprichwörtlichen Eroberung des Raums. Aber erst mit einer dritten Form von Aktivismus wird die Konstitution der Besetzung schließlich abgeschlossen und damit das nichtalltägliche Arrangement auf Dauer gestellt.

5.1.3.3 *Aushandlung der Eckpfeiler des Besetzungsregimes nach innen und außen*

Diskussionen über das Selbstverständnis der Besetzung setzen ein. Aushandlungsprozesse führen zu geregelten Übereinkünften. Regelungen gerinnen zu Institutionen. Neuankömmlinge der nächsten Tage werden in diesen Institutionen sozialisiert.[33] Das Gros der angestoßenen Aktivitäten zielt darauf, die konkrete Gestalt *Hörsaalbesetzung* hervorzubringen. Es zeigt sich, dass die Besetzung von Anbeginn ein

---

[33] Die Trias entspricht hier sehr weitgehend den Überlegungen, die Peter L. Berger und Thomas Luckmann im Rahmen ihrer Wissenssoziologie als mehrteiligen Mechanismus der *gesellschaftli-*

hochgradig produktives Unternehmen ist. Für diese Produktivität finden sich zwei Beispiele: die Raumordnung des Hörsaals und die Gründung der AG (Arbeitsgruppe) Presse. Sichtbarster Ausdruck der ersten Stunden ist eine Raumordnung, die im Grunde bis zuletzt Bestand haben sollte. Nach *Berts* Einschätzung ist diese *»vielleicht nicht die best ausgefeilteste«*, aber *»es haben sich [...] eigentlich immer alle dran gehalten«* *(HS I 6, Bert, Abs. 54)*. Die Raumordnung kann als basaler Rechtsrahmen begriffen werden. Hier werden Verhaltensgrundsätze und Interaktionsgrundsätze der Hörsaalbesetzung verankert. Rudimentär kommen hier auch Vorstellungen über das Selbstverständnis der Besetzung zum Ausdruck. Diese Raumordnung stellt den zentralen Eckstein der moralischen Ordnung des Hörsaals dar und definiert Leitplanken des Geschehens der folgenden 35 Tage. Nicht zufällig findet sich in keiner einzigen der sieben Regeln ein inhaltlicher Aspekt. Dennoch wird Grundlegendes über die Besetzung ersichtlich.

»Besetzungsordnung
1. Es herrscht weiterhin Rauchverbot.
2. Kein Bier vor 4 (16.00 Uhr) sowie verantwortungsbewusster Umgang mit Alkohol.
3. Keine Randale, Brandstiftung, sowie sonstige mutwillige Zerstörung der Räumlichkeiten/des Inventars.
4. Der Raum wird saubergehalten, ebenso wird eine allabendliche Müllsammlung durchgeführt.
5. Sorgfältiger Umgang mit Räumlichkeiten, Inventar und Utensilien.
6. Keine Parteipolitik, keine parteipolitischen Symbole/Werbung im besetzten Raum.
7. Allgemeine Rücksichtnahme.« (blog.bildungsstreik-augsburg 2009c; Hervorh. im Original)[34]

Der *besetzte Hörsaal*[35] grenzt mit dieser Ordnung zügellose Ausschweifungen oder Vandalismus aus. Die in *Regel fünf* formulierte *Sorgfalt* und in *Regel sechs* geforderte *Rücksichtnahme* bringen das Anliegen des Regelkatalogs auf den Punkt. Es scheint den Besetzer*innen ein Anliegen gewesen zu sein, glaubhaft zu machen, einen konstruktiven Protest entfalten zu wollen. Und diese Konstruktivität sollte zum Ausdruck gebracht werden.

---

chen Konstruktion von Wirklichkeit thematisieren. »Da Gesellschaft objektiv und subjektiv Wirklichkeit ist, muß ihr theoretisches Verständnis beide Aspekte umfassen. Beiden Aspekten wird [...] erst eigentlich gerecht, wer Gesellschaft als ständigen dialektischen Prozeß sieht, der aus drei Komponenten besteht: Externalisierung, Objektivation und Internalisierung.« (Berger und Luckmann 2004, S. 139) Während diese Dialektik in der Alltagswelt in langen Lebenszyklen vollzogen wird, findet sie sich in der Hörsaalordnung in komprimierter Form wieder.

[34] Die *Raum-* beziehungsweise *Besetzungsordnung* wird im Blogeintrag vom 17. November 2009 dokumentiert. Zudem finden sich Fotos des Aushangs im Hörsaal Eins (nichtveröffentlichter Materialienapparat).

[35] Ich gebrauche die Formulierung *der besetzte Hörsaal* synonym zu den Formulierungen Hörsaalgemeinschaft, Besetzer*innen und Aktivist*innen des Hörsaal-Eins.

So meint Bert: »Also äh da hat man schon eben auch Ideen, dass man halt sofort diese Arbeitsgruppen gründet, damit man halt auch allen zeigt, ja man will was machen. Und man will eben nicht nur rumschreien und […] irgendwie hier Revolution proklamieren, sondern [I: Ja.] auch sofort arbeiten. […] [A]lso innerhalb von eineinhalb Stunden hatten wir eine Raumordnung.« (Abs. 54)

Die Raumordnung mag das sichtbarste Ergebnis der ersten Aktivitäten gewesen sein. Weitere Strukturen waren aber ebenso bedeutend. Kurz nach der Aneignung des Hörsaals wird auf 18:00 Uhr ein allgemeines Plenum angesetzt. Hier wird zu Beginn die zuvor ausgehandelte Raumordnung beschlossen, aber auch das grundlegende Selbstverständnis geklärt: die Beschlussform ist basisdemokratisch und das Plenum wird zur einzig entscheidenden Instanz erklärt. Mit Beschluss des Plenums werden verschiedene Arbeitskreise (AK) oder Arbeitsgruppen (AG) gebildet. Eine der ersten Arbeitsgruppen ist die AG Presse. Im ersten offiziellen Plenum wird sie im Grunde nachträglich legitimiert. Sie soll die Außendarstellung übernehmen. Bereits um 15.45 Uhr stellt sie folgende Pressemitteilung auf der Protestplattform *unsereunis.de* online sowie Medienvertretern zur Verfügung.

»PRESSEMITTEILUNG 17.11.2009, 15.45 Uhr
Die Universität Augsburg ist besetzt
500 Studenten protestieren für bessere Bildung
Augsburg. In der Universität Augsburg haben die Studenten das Ruder übernommen: Rund 500 Studenten haben heute um 13.45 Uhr den Hörsaal 1 (Audimax) besetzt. Sie fordern bessere Bildung in Bayern.
Zuvor fand eine vierstündige Demonstration mit über 1000 Teilnehmern in der Augsburger City statt, der sich auch Lehrer und Schüler anschlossen. Die meisten Schulen waren von innen versperrt worden, um Schüler an der Teilnahme zu hindern. Einige konnten sich dem Demonstrationszug jedoch anschließen. Sie kletterten aus den Fenstern im Erdgeschoss.
Im Moment bilden sich in der Universität verschiedene Arbeitsgruppen: In den Bereichen Inhalt, Presse, Gestaltung, Recht oder Uni-Kontakt organisieren sich die Studenten. Die AG Versorgung ist gerade beim Einkaufen: Die Studenten in der Fuggerstadt bereiten sich auf eine längere Besetzung vor. Plakate werden gemalt: »Bildung krepiert, weil Dummheit regiert« ist das Motto, genauso wie »Lernfabriken abschalten«, »Studiengebühren: Neues Selektionsverfahren des 21. Jahrhunderts« und »Master of Disaster«.
Um 18 Uhr werden im Plenum die Inhalte und Forderungen besprochen. Themen sollen sein: Transparenz bei der Gebührenverteilung der Studiengebühren, der Bologna-Prozess (Umstellung der Studiengänge auf Bachelor und Master), die Qualität der Lehre, Alternativen zum Gebührenmodell und der Leistungsdruck, unter dem viele Studenten leiden.
Morgen sollen auch Schüler in die Gespräche miteinbezogen werden: Neben den Studiengebühren soll es nämlich auch Diskussionen über das achtjährige Gymnasium geben. „Schüler, Lehrer und Eltern sind herzlich eingeladen, gerade am schulfreien Tag morgen, in die Uni zu kommen", so die Besetzer.

Weitere Informationen werden in regelmäßigen Zeitabständen folgen.
Für die Uni Augsburg
AG Presse.« (c 2009; Hervorh. im Original)[36]

Das Besetzungsregime hat mit der konstituierenden Sitzung und der Raumordnung zu ersten sozialen Formen gefunden. Diese Formen sind der Beginn eines Besetzungsgeschehens, das sich in den nächsten Tagen und Wochen entfaltet. Die Intensität und ›Wirksamkeit‹ des praktischen Besetzens wird im siebten Kapitel ausgebreitet.

5.1.4 Synopse zum ersten Sprung

Spätestens am frühen Vormittag des 17. November 2009 nehmen Ereignisse ihren Lauf, die am Ende des Tages dazu führen, dass eine Gruppe von 500 Personen den Hörsaal-Eins der Universität für besetzt erklärt. Innerhalb weniger Stunden wächst die kollektive Entscheidung heran, zunächst den Hörsaal-Eins einzunehmen und anschließend den Wiederauszug zu verweigern. Die Besetzer*innen müssen sich hierzu darauf einlassen, in eine Art Schwellenzustand einzutreten. Diejenigen, die sich für das praktische Besetzen entscheiden, treten mit dem Schritt über die Schwelle des Hörsaal-Eins', aus ihrem Alltagsleben heraus. Die Aktivist*innen ziehen sich aus ihrer alltagsweltlichen Orientierung zurück und springen (Kierkegaard, Kapitel 3.3.3) in eine andere Relevanzordnung. Die Regeln und Erfordernisse dieser anderen sozialen Ordnung sind Ergebnisse eines kollektiven Aushandlungsprozesses. Die Besetzung zeigt sich als Zustand, in dem die Ausnahme zur Regel wird. Im Laufe des 17. November entwickeln sich in der dichten Interaktion der Anwesenden die Grundstrukturen einer ›anderen‹ soziale Ordnung, welche in einem fundamentalen Kontrast zur Alltagsordnung steht. Ich bezeichne diese soziale Ordnung als nichtalltägliches soziales Arrangement.

---

[36] Der Blog *unsereunis.de* dient im Spätherbst 2009 als Plattform aller Besetzungsereignisse im Kontext der Besetzungswelle. Die Website ist nicht länger zu erreichen.

5.2 Die Verkündung der Nichtalltäglichkeit

Die Hörsaalbesetzer*innen überschreiten mehrere Schwellen. Aus dieser Eskalation emergiert schließlich das nichtalltägliche soziale Arrangement der Besetzung. Dieses umfasst die grundierende Euphorie, konkrete Regelungen, Interaktionschancen und -formen, Aktivität und Kreativität. An einem weiteren Beispiel soll deutlich werden, dass Nichtalltäglichkeit auch das Ergebnis geplanter Inszenierung sein kann. Die Organisation und die Durchführung eines Schulcamps[37] sind vollumfänglich an institutionalisierte Kontexte gebunden. Auch diese Institutionen haben in der Vergangenheit ihren Ursprung. Aber auch dieser Ursprung ist das Ergebnis planerischer Absichten. Auf alle Fälle aber ist die alljährliche Durchführung mit geplanter und eingelebter Praxis verbunden, die ich als Inszenierung bezeichnen will. Im Folgenden wird zunächst erläutert, wie es zur Einrichtung des Schulcamps im Jahreszyklus der Schule und der Jugendorganisation gekommen ist. Anschließend werden wesentliche Aspekte des Organisierens des Schulcamps 2011 dargestellt. Schließlich wird die Art und Weise, mit der die Überschreitung des Alltags beziehungsweise der Eintritt in das nichtalltägliche Arrangement des Schulcamps inszeniert und vollzogen wurde, betrachtet.

5.2.1 Wie alles begann

Seit Anfang der 1990er Jahre findet am Ende jedes Schuljahres ein Schulcamp statt. Das Camp entstand auf Initiative des damaligen Schulleiters, der die lokalen Vertreter einer überregionalen Jugendorganisation, die unter anderem alljährlich große Kinderzeltlager auf der Insel ausrichtet, dazu bewegen konnte, zusammen mit der Schule[38] das Camp ins Leben zu rufen. *Günter Grasser*, der damalige verantwortliche Jugendreferent der Jugendorganisation stellt nach 25 Jahren seine Erinnerungen an diese Zeit wie folgt dar:

> Günter Grasser: »Also im Grunde genommen is des so entstanden, dass NICHT [...] *die Inselmannschaft* und nicht [...] die Jugendorganisation äh auf die Schule zugegangen is, sondern der Weg is umgekehrt gegangen. Also da bin ich mir ziemlich sicher, dass eines Tages der Rektor der Schule,

---

[37] Konkrete Akteure, wie Institutionen, Verbände und Personen sowie Ortsbezeichnungen und Beschreibungen, wurden umfassend anonymisiert. Wie bereits in der ersten Fußnote dieses Kapitels vermerkt, dienen geschlechterentsprechende Pseudonyme einer besseren Lesbarkeit.

[38] In *der Schule* können Jugendliche und junge Erwachsene eine fachgebundene oder eine allgemeine Hochschulreife auf dem zweiten Bildungsweg erreichen. Im Unterschied zu einem neun- oder achtjährigen Gymnasium verbringen die Schüler*innen lediglich zwei Jahre auf der Schule.

[…] ich nehme an, es war um Neunzig herum, […] zu mir ins Büro kam und äh hat sich angemeldet, er möchte mit mir mal sprechen / und äh sagte dann: »Ja, äh wir wolln / wir können doch was zusammen machen«. Er hat ein Problem. Und zwar immer […] wenn das Schuljahr aufhört, […] is überhaupt nichts mehr zu machen. […] [W]eder sein Lehrkörper noch […] die Schüler sind motiviert irgendwie noch was zu tun. […] Und er will was tun äh. Er will was haben, was äh eben den Leuten Spaß macht und so. Und ob WIR nicht in die Schule kommen könnten, weil die Jugendorganisation hat doch so SO VIELE kreative Menschen (atmet tief ein) und äh da was machen könnten, ja? Und […] ich hab dann gsagt, das find ich total interessant, aber ich muss des erstemal mit unsern Leuten besprechen. Des is in der Jugendorganisation ganz wichtig, weil da arbeitet man […] ausschließlich mit ehrenamtlichen Mitarbeitern zusammen. Und in der Tat war es so, dass wir damals […] [eine – M.E.] unheimliche Masse an jungen Leuten hatten, die wirklich Talent hatten und mit denen man auch was anfangen konnte. Und […] da musste man vorsichtig sein, weil die lassen nämlich sich […] nichts über ihren Köpfen entscheiden und des wäre dann problematisch geworden. Also haben wir das miteinander besprochen: wie reagieren wir und […] [wir – M.E.] sind dann auf einen verhältnismäßig ENTSCHEIDENDEN Punkt gekommen oder zwei Punkte vielleicht. Wir haben gesagt, […] wir gehen nicht in die Schule. […] Da haben wir keine guten Karten. Die Leute sollen zu uns kommen. […] Und äh so und so viele Leute können wir nur auf *der* Insel unterbringen. Und ähm DANN haben wir gesagt, das Programm machen äh WIR und die Lehrkräfte, die können äh gerne teilnehmen, so wie die Schüler auch. […] Und […:] dann […] gab s auch äh gleich noch ein ganz großes Problem. Ich glaub, des is bis heute nicht hundertprozentig gelöst, soweit ich weiß. […] Nämlich / es gibt ja in der Jugendorganisation als Jugendverband […] die drei heiligen Gebote […]. Des is sozusagen die Freiwilligkeit, die Ehrenamtlichkeit und die Partizipation also diese demokratische Struktur. […] Ehrenamtlichkeit konnt man erfüllen und Partizipation […] sicherlich auch, ABER […] die Freiwilligkeit […], die stellt natürlich dann auch alles andere in Frage, ja. So dass wir gesagt haben, ne wir wolln keine Schüler da haben, die nicht hierher wolln, ja. Das […] war natürlich für die Schule ein Problem, ja. […] Weil […] so einfach geht das nicht, aber ich glaube, man hat […] sich damit beholfen, damals jedenfalls, wo man gsagt hat, okay da müssen wir [unseren] Teil im Programm machen, in der Schule.« (Abs. 25)

Was ist nun aus diesen ersten Plänen geworden?

Herr Grasser und die Jugendorganisation hatten der Schule mitgeteilt, unter welchen Bedingungen sie zusammenarbeiten möchten. Die Kooperation sollte im Geist der Jugendorganisation stattfinden: Freiwilligkeit, Ehrenamt und Partizipation; Raum für kreative Köpfe mit eigenem Willen. Der Rektor willigte ein. Wenig später wurden diese ersten Gedanken durch ein Schulcamp auf der Insel verwirklicht. Herr *Grasser* ist längst nicht mehr Leiter der Jugendorganisation; der damalige Rektor längst nicht mehr Leiter der Schule. Das Schulcamp ist heute eine feste Institution sowohl im Jahreszyklus der Schule wie auch der Jugendorganisation. Für beide ist das Camp ein wiederkehrendes Highlight. Lehrer*innen und Schüler*innen finden sich seither Jahr für Jahr gemeinsam auf der Seite der Teilnehmenden wieder. Das Programm wird von der Jugendorganisation gestaltet. Doch auch wenn es hier scheint, als habe die Schule ein Engagement der Jugendorganisation eingeworben, profitiert auch die Jugendorganisation. Sie konnte nun ein weiteres attraktives Angebot unterbreiten, um engagierten jungen Menschen Raum und Zeit einzuräumen, ihre Kreativität und damit sich selbst zu entfalten.

Der Ort des Camps ist – wie bereits erwähnt – die Insel.[39] Auf der Insel organisiert die Jugendorganisation zwischen Mitte Juni und Anfang September diverse Zeltlager. Höhepunkt sind drei große Zeltlagereinheiten während der Sommerferien mit mehreren hundert Kindern. Bereits vor diesen Großlagern findet zum Ende der Schulzeit das Schulcamp statt und auch hier strömen über einhundert Teilnehmer*innen auf die Insel und werden von einer Inselmannschaft betreut, die etwa zwanzig Personen umfasst. 2011 fand wieder ein Schulcamp statt und um dieses Camp wird es im Folgenden gehen.

5.2.2 Vorbereitungen für das Schulcamp 2011

5.2.2.1 Organisieren: Erhandeln und Schüren von Erwartungen

Ende Juli 2011 soll es soweit sein, Schüler*innen und Lehrer*innen wollen zum Schulcamp 2011 auf die Insel fahren. Doch es gibt viel zu tun, bis es soweit ist. *Tony* und *Joe*, zwei Lehrer, koordinieren seit Beginn des Schuljahres 2010/11 die Planungen der Schule für das kommende Camp. Auf Seiten der Jugendorganisation wird der Aufbau des Zeltplatzes Mitte Juni organisiert. Die Infrastruktur für die großen Zeltlagereinheiten im August muss vorbereitet werden. Das Schulcamp ist seinem Charakter nach eine ganz andere Veranstaltung als ein Kinderzeltlager, doch die Infrastruktur der großen Sommerlager ist anpassungsfähig. Zwei Jugendleiter der Jugendorganisation haben sich dazu bereit erklärt, das diesjährige Schulcamp vorzubereiten. Sie sind die Ansprechpartner für *Tony* und *Joe*, das heißt für die Schule. Das Programm wird zu großen Teilen durch die Jugendorganisation ausgearbeitet. Aber zum Leitziel der Partizipation gehört auch die Einbeziehung der Schule und insbesondere der Schüler*innen. Die Planungen für das Schulcamp sind bereits in vollem Gange als wir[40] am 16. Mai 2011 zum Organisationsteam stoßen. Als ich mich Stunden später auf der Heimreise mit der Bahn befinde, schreibe ich mir folgende Notiz in mein Feldtagebuch, aus der ersichtlich wird, wie sich unsere Feldarbeit in den Trott der Vorbereitungen einfügt.

Feldtagebuch: »Am späteren Nachmittag fahren wir zu zweit zu einem gemeinsamen Vorbereitungstreffen der Jugendorganisation und der Schule. Das Treffen findet in einem Jugendhaus der Jugendorganisation ca. 20 Autominuten von der Schule entfernt statt. Wir haben vereinbart, dass

---

[39] Auf die Bedeutung der *Insel* als Insel wird im siebten Kapitel im Hinblick auf die räumliche Strukturierung eingegangen.
[40] Wir, das sind mein Kollege *Alex* und ich, waren unsererseits Mitten in den Vorbereitungen des Lehrforschungsprojekts, in dessen Kontext die hier verwendeten und interpretierten Daten generiert wurden.

wir zum abendlichen Grillen dazu stoßen. Als wir vor Ort ankommen, gehen wir direkt in den Garten auf der Rückseite des Hauses. Eine Terrasse geht dort in einen schmalen Streifen Rasenfläche über. Die Terrassentüren zum Jugendhaus stehen offen. Drinnen hantieren einige Gestalten an einem großen Tisch. Sie sind offensichtlich damit beschäftigt, Geschirr und Speisen aufzutragen. Eine Bierflasche zischt beim Öffnen des Kronkorkens. Auf der Terrasse, links neben dem Eingangsbereich, sitzt eine kleine Gruppe, in Gespräche vertieft. Einige sind mit Rauchen beschäftigt, aber Kleidung, Gesichter und Körperhaltung verraten die Jugend dieser Gruppe. Ganz offensichtlich handelt es sich um die Schüler*innen des Organisationsteams. Die Stimmung scheint fröhlich, wenn auch nicht völlig gelöst. Auf der anderen Seite steht ein junger mittelgroßer Mann mit Vollbart hinter einem Grill. Er hat uns bereits erwartet, denn als er uns erblickt, begrüßt er uns freudig und kraftvoll. Während er meinen Kollegen als alten Bekannten begrüßt, stellt er sich mir als *Bob* vor. Zwischen *Bob* und *Alex* beginnt ein von Scherzen gespicktes Gespräch. Nur wenige Augenblicke später tritt ein zweiter, etwas größerer junger Mann aus dem Haus und begrüßt uns nicht weniger kraftvoll wie *Bob*. *Sven* kennt uns beide nicht, hat aber doch von *Alex* gehört. Zunächst irritiert mich diese Vertraulichkeit. Mir ist nicht bekannt gewesen, dass eine persönliche Bekanntschaft zwischen meinem Kollegen und den Anwesenden bei diesem Vorbereitungstreffen besteht. Diese Verwunderung löst sich aber bald auf oder vielmehr durch eine andere ab, als es sich abzeichnet, dass wir nicht auf persönliche Freunde *Alex*' gestoßen sind. Zwischen *Bob* und *Sven* einerseits und *Alex* andererseits realisiert sich in diesem Moment so etwas wie eine ›vermittelte Vertrautheit‹. *Sven* und *Bob* sind die Vertreter der Jugendorganisation. Zumindest *Bob* und *Alex* haben sich auch schon früher bei der Jugendorganisation gesehen, nicht aber intensiv zusammengearbeitet. Im Grunde haben *Bob* und *Sven* in diesem Jahr eine Verantwortung übernommen, die *Alex* vor vielen Jahren ebenfalls übernommen hatte. Sie sind von der Jugendorganisation mit der Organisation des Camps und insbesondere des Kontakts mit der Schule betraut worden und verrichten ihre Tätigkeit ehrenamtlich. Die drei zeigen sich somit als Teile einer exklusiven Gemeinschaft, sozusagen einem *inner circle* der Jugendorganisation. Und auch wenn sie biographisch nicht allzu eng miteinander vertraut sind, vermittelt diese gemeinsame Teilhabe an dieser Gemeinschaft eine Vertrautheit anderer Art. Darüber hinaus zeigt sich in den folgenden Gesprächen, wie sehr die Jugendorganisation dazu im Stande ist Vertrautheit zu vermitteln. Am kleinen Lagerfeuer des Kohlengrills auf der Terrasse des *Jugendhauses* werden kurze Episoden der ›Heldenepen‹ der Jugendorganisation erzählt und auch die Taten des ›großen alten Kriegers‹[41] *Alex* – der in diesen Geschichten zu einem mir unbekannten *Reinhardt* geworden ist – vor Schüler*innen, den anwesenden Lehrern *Tony* und *Joe* und mir ›besungen‹. Wahrscheinlich war es diese Form der Bekanntheit meines Kollegen, die uns an diesem Abend sehr schnell die Türe zu ungezwungenen Gesprächen geöffnet hat – nicht nur mit *Bob* und *Sven*, sondern vor allem auch mit den Lehrern der Schule. *Tony* und *Joe* haben uns freundlich begrüßt und lassen sich vom vertraulichen Ton anstecken. Zumindest *Tony*, der im Laufe der letzten Jahre reiche Camp-Erfahrungen sammeln konnte, scheint mit dem Gemeinschaftsmodus der Jugendorganisation vertraut und als eine Art *Gastfreund* an der Gemeinschaft teilzuhaben. Schließlich sind es beide Lehrkräfte, *Tony* und *Joe*, die uns im Laufe des Abends erste Einblicke in den organisatorischen Ablauf des Schulcamps gewähren.« (L FT, Abschn. 3.1.1)

Die folgende Darstellung des Organisationsprozesses beruht auf dem Stichwortprotokoll, das *Alex* und ich an diesem Abend in einer kleinen Kneipe angefertigt

---

[41] Die Formulierung ›alter Krieger‹ ist nicht als Kriegsmetapher zu verstehen. Vielmehr geht es um eine Art *tribale Subkultur* (Maffesoli 1996) in der die Geschichten vergangener Taten und Helden mündlich weitergegeben werden. Der ›alte Krieger‹ ist der Held vergangener Zeiten und gleichzeitig dazu in der Lage selbst Heldenepen zu erzählen.

haben:⁴² Selbst wenn das Programm im Verantwortungsbereich der Jugendorganisation ruht, auf der Seite der Schule gibt es mehr als genug zu tun. Während des ersten Schulhalbjahres haben *Tony* und *Joe* ein Organisationsteam von ca. 15 Schüler*innen aus der dreizehnzügigen elften Klasse der Schule rekrutiert. Die Mitglieder des Organisationsteams werden berufen. Konkret: die Lehrer holen geeignete Schüler*innen aus dem Unterricht und fragen sie, ob sie sich vorstellen können, bei der Organisation des Camps mitzumachen. Die Rekrutierten sind sich selbst nicht im Klaren, warum die Wahl auf sie gefallen ist. Die anwesenden Schüler*innen sind sich auf Nachfragen nicht einig. Scheinbar kursieren verschiedene Gerüchte darüber, was wohl die Auswahlkriterien seien. Aus Schüler*innensicht geht es insbesondere um Noten. *Tony* und *Joe* verraten uns als erfahrene Campkoordinatoren, dass es jedes Jahr darum gehe, Schüler*innen zu aktivieren, denen die Lehrer*innen eine aktive Mitarbeit zutrauen und die gleichzeitig keine schulischen Probleme haben – also durch eine zusätzliche Belastung wahrscheinlich nicht aus dem Tritt kommen. Zudem sollen die Schüler*innen ein gewisses Maß an Extrovertiertheit sowie Beliebtheit aufweisen. Diese Eigenschaften sind deshalb gefragt, da die Organisator*innen einerseits das je nächste Camp aktiv gestalten sollen, andererseits verkörpern sie das diesjährige Camp und damit hat ihre Berufung auch Auswirkungen auf die allgemeine Attraktivität des Camps in der Jahrgangsstufe. Um möglichste viele Schüler*innen zur Teilnahme am Camp zu bewegen, ist die Statusposition der Organisator*innen in ihren Klassen nicht unerheblich. Wenn das Organisationsteam steht, trifft sich diese Gruppe regelmäßig, um das Camp am Ende des Schuljahres vorzubereiten. Die Hauptaufgabe des Organisationsteams ist, dafür Sorge zu tragen, dass das Camp in der Schule zu einem relevanten Thema wird und die rund 120 Plätze auf der Insel im Laufe des Jahres voll werden. Die Organisatoren aktivieren insofern die Kohorte. Dazu kommen ›alte‹ Geschichten, die von älteren Schüler*innen erzählt und weitergereicht werden. Insgesamt entsteht so bei den jeweiligen Elftklässler*innen eine Erwartungshaltung beziehungsweise Spannung, ob diese Erwartungen wohl zutreffen werden.⁴³

---

[42] Siehe hierzu ebenfalls den Protokolleintrag vom 16. Mai 2011 (L FT, Abschn. 3.1.1).
[43] *Bosse (Abs. 14)* bezeichnet die Tage auf der Insel als eine Art *»Belohnung« auf welche die Schüler*innen »das ganze Jahr [...] hin gearbeitet«* haben.

5.2.2.2 Drei Personengruppen: Mannschaft, Lehrer*innen, Schüler*innen

Aus unseren Gesprächen an diesem Abend wird ersichtlich, dass sich die Personengruppen im Camp grundsätzlich unterscheiden lassen. Die Jugendorganisation ist an einem erfolgreichen Ablauf des Gesamtprogramms interessiert. Aus ihrer Sicht soll das Camp allen Gästen ›gefallen‹. Die Infrastruktur soll ihre Stabilität beweisen und alle Mitglieder der Jugendorganisation sollen einerseits gut miteinander zusammenarbeiten und andererseits eine gute Zeit erleben. In letzter Konsequenz soll die Schule auch im nächsten Jahr ein Camp auf der Insel buchen und die Mitglieder der Jugendorganisation sollen sich auch weiterhin in der Jugendorganisation engagieren. Die Lehrer*innen sind Vertreter*innen der Institution Schule. Sie verfügen über ein gewisses Maß an Commitment gegenüber der Schule. Dies wird daran ersichtlich, dass sie sich dazu bereit erklären, an der Veranstaltung teilzunehmen und hierfür einen erheblichen Teil ihrer freien Zeit einzubringen. Sie haben einerseits ein professionelles Interesse an der Veranstaltung und andererseits ein Funktionsverhältnis zu ihren Schüler*innen. Auf der Insel werden sie einer allgemeinen Interaktionsregel unterworfen. Dort sprechen sich alle Anwesenden mit ›Du‹ an. Die schulisch geprägte hierarchische Funktionsbeziehung wird damit symbolisch außer Kraft gesetzt. Zudem sind auch die Lehrer*innen letztlich Teilnehmer*innen. Die Tagesstruktur des Camps erfahren sie in gleicher Form wie die zweite Teilnehmer*innengruppe: die Schüler*innen. Diese wiederum sehen sich mit der Autorität der Schule und der Jugendorganisation konfrontiert. Sie werden in die Pläne beider Institutionen miteinbezogen. Ihre Teilnahme ergibt sich grundsätzlich aus einer Mischung von extrinsischen und intrinsischen Motiven. Wenn sie bereit sind, am bunten Treiben auf der Insel teilzuhaben, kann ihnen zumindest unterstellt werden, dass sie dazu motiviert sind, eine möglichst unterhaltsame Zeit zu erleben. Gleichwohl handelt es sich um eine Schulveranstaltung. Als Alternative zur Teilnahme am Camp stehen drei Tage Unterricht zur Wahl. Sozialstrukturell lassen sich alle drei Gruppen recht klar voneinander unterscheiden. Nicht weniger entscheidend mag aber die jeweilige Art der Bindung an das Geschehen auf der Insel sein. Konflikte und Verhaltensweisen lassen sich vor dem Hintergrund dieser Verbundenheit besser verstehen. Darüber hinaus wird ersichtlich, inwiefern sich Möglichkeiten und Hemmnisse ergeben, zwischen den einzelnen Gruppen *Verbindung* herzustellen.[44]

---

[44] Während der Inseltage 2011 treten wir als vierte Stakeholdergruppe im Rahmen des Schulcamps auf. Unsere Rolle changiert zwischen der Position der *Inselmannschaft* und den Schüler*innen. Es gibt einige Unterschiede, die noch näher beleuchtet werden müssen. Für den Moment reicht es festzustellen, dass hier wohl Strukturähnlichkeiten bestehen.

5.2.3 Die zweistufige Herauslösung aus dem Alltag

Schließlich fahren 127 Schüler*innen und sieben Lehrer*innen am 26. Juli auf die Insel.[45] Die rund zwanzig Personen umfassende Insel*mannschaft* der Jugendorganisation ist bereits am Tag davor – zum Teil auch noch früher – eingetroffen. Schüler*innen und Lehrer*innen verteilen sich über mehrere Teillager auf der Insel. Auch wir, als Forscher*innengruppe, bevölkern ein Teillager. Unsere Gruppe besteht schlussendlich aus 23 Studierenden und zwei Dozenten. Am Nachmittag des 25. Juli trifft der erste Teil unserer Gruppe gemeinsam mit der Insel*mannschaft* und dem *Orgateam* der Schule auf der Insel ein. *Alex* ist mit dieser Gruppe voraus gereist, um die Ankunft der Schule zu begleiten, unser Lager zu beziehen und eine Bindung zwischen der Insel*mannschaft* und unserer Gruppe herzustellen. Als am nächsten Tag das Gros der *Schüler*innen* auf die Insel strömt, sind ›wir‹ schon da – ›wir‹ gehören quasi zum vorgefundenen Inventar der Insel – ähnlich wie die Insel*mannschaft*.

5.2.3.1 Ortswechsel

Die Überfahrt

Die Anreise ist mit einem Ortswechsel verbunden. Die Schüler*innen verlassen physisch ihre Alltagsumgebung und begeben sich an einen anderen Ort. Aber nicht die Busreise, Zug- oder Autofahrten sind entscheidend. Die Teilnehmenden werden aus ihren alltäglichen Bezügen herausgelöst und in einen neuen Kontext eingebettet. Dieser Wechsel wird in mehreren Stufen vollzogen und ist folgenreicher als die Fahrt von A nach B. Gleichwohl fängt es am 26. Juli genau damit an: mit einer Überfahrt. Wer mitkommen will, hat sich am Morgen mit seinem Gepäck am Bootssteg einzufinden. Die 32 Meter lange, weiße Fähre kann bis zu 270 Personen auf zwei Decks befördern. Fahrgäste betreten das Boot auf der Höhe des unteren Decks, einem Salon mit rund 100 Sitzplätzen. Auf dem Oberdeck herrscht Cabrio-Atmosphäre. Von hier öffnet sich der Blick für das Bergseepanorama: weit vor dem Bug die Inseln, hinter dem Heck die am Ufer liegenden Ortschaften und im Hintergrund die Erhabenheit des Gebirges. Zwei zweihundert PS starke Motoren sorgen für Schub. Um 9.30 Uhr legt die Fähre am Festlandufer an, wenige Minuten später legt das Schiff wieder ab und etwa 120 Personen lassen in diesem Moment für drei Tage Festland und Alltag hinter sich. Die Überfahrt dauert nur wenige Minuten. Symbolik und

---

[45] *Malte* ist Mitglied des Orgateams und beziffert die Teilnehmenden insgesamt auf 127 in zwei Lagern (vgl. L III 3, Malte, Abs. 74).

Wirksamkeit der Überfahrt sind aber deutlich. Jeder Meter Wasser trennt die Inselwelt von der alltäglich gewohnten Welt.

Unsere eigene Anreise[46] beginnt schon früher am Morgen.[47] Um 7.39 Uhr fährt die Regionalbahn ab. In einer nahegelegenen Stadt müssen wir umsteigen. Eine andere Bahn bringt uns dann zu unserem Zielort am See. Rund neuzig Minuten dauert die gesamte Fahrt. Gerade rechtzeitig wollen wir am Bootsanleger ankommen. Die Verspätung unseres Anschlusszuges macht uns einen Strich durch die Rechnung. Aber selbst wenn wir keine Verspätung gehabt hätten, der Bootssteg ist zu Fuß rund zwanzig Minuten vom Bahnhof entfernt. Wir konnten es nicht mehr schaffen. Als wir am kleinen Regionalbahnhof in der Nähe des Bootsanlegers ankommen, beginnt bereits die Überfahrt für die Camp-Teilnehmer*innen der Schule. Wir sind nicht an Bord.

Ein letzter Versuch: wir wollen per Taxi zur Bootsanlegestelle. Nur ist kein Taxi zu sehen. *»Da kommen schon immer wieder welche«*, stellt die Kioskbesitzerin am Bahnhof auf unsere Nachfrage fest. Wir warten weitere zehn taxifreie Minuten. Es hilft nichts, missmutig entscheiden wir uns dazu, den Weg zu Fuß anzutreten. Längst nicht jedes unserer Gepäckstücke ist handlich verpackt. Dennoch schnappen wir Rucksäcke, Tüten und Taschen, Luftmatratzen, Isomatten und Schlafsäcke und machen uns auf den Weg. Ich schreite voneweg. Das Gelächter ist groß, als ich diesen Gang an den See in die falsche Richtung antrete. Jemand ruft, *»Ähm, der See ist aber da drüben!«*, und weist in die entgegengesetzte Richtung. *»Ja wirklich?«*, frage ich zweifelnd, *»Ich hätte schwören können, es geht da lang«*. An diesem Tag werde ich nicht mehr navigieren. Ich reihe mich ein und muss einsehen, dass schnell die Ersten die Letzten werden. Innerhalb weniger Minuten zieht sich ein Tross von 13 Personen entlang der Landstraße auseinander, die ein paar hundert Meter später in das kleine Seedorf führt. Man schwatzt in Zweier- und Dreiergruppen und erträgt unter zynischem Hohn das

---

[46] Der Schritt über die Schwelle des Hörsaal Eins ist für die Aktivist*innen des 17. November 2009 ein zentrales Ereignis. Die Überfahrt auf eine Insel ist im Vergleich geradezu banal. Doch ist dieser Ortswechsel folgenschwer. Da wir selbst die Erfahrung der Überfahrt machen konnten, schildere ich im Folgenden die Aspekte des Ortswechsels aus eigener Perspektive.

[47] Meine Schilderungen basieren auf Einträgen in mein Forschungstagebuch vom 25.-26. Juli 2011 (L FT, Abschn. 3.1.2 sowie 3.1.3). Es geht mir darum aufzuzeigen, dass ein solcher Ortswechsel keine Lappalie darstellt. Er will organisiert und bewerkstelligt sein. Unseren eigenen Schwierigkeiten auf die Insel zu kommen, entspricht das unausgesprochene Problem, von der Insel wieder herunter zu kommen. Wer Fuß auf die Insel setzt, mag den Sprung aus den Alltagsrahmungen nicht so explizit erleben, wie dies die Besetzer*innen des Hörsaal-Eins' erfahren, doch die Überfahrt ist nicht von geringerer Bedeutung, wenn es darum geht, eine qualitative Differenz zum Alltag aufzumachen. Wie groß diese Differenz ist, wird im siebten und achten Kapitel deutlich werden.

Gewicht des mehr schlecht als recht zusammengerafften Gepäcks. Wir durchschreiten die kleine Ortschaft, die sich über die Jahre offensichtlich für Tourist*innen rausgeputzt hat. Wir müssen noch einige Male nach dem Weg fragen, stehen dann aber doch schneller als gedacht am See. Die Fähre hat den Anleger verwaist zurückgelassen; wobei nichts darauf hindeutet, dass an dieser Stelle ein Dreißigmeterboot anlegen kann, geschweige denn, es diesen Ort eben erst verlassen hat. Wir nehmen unter einigen Bäumen Platz, die heiße Julisonne zeigt jetzt gegen 10.30 Uhr ihre Wirkung und verstärkt die schweißtreibende des Fußmarschs vom Bahnsteig an das Seeufer.

Bereits an Bord des letzten Zugs haben wir eine alternative Fährfahrt organisiert. *Alex* hat zwischenzeitlich für uns das Küchenboot klargemacht; einen kleinen Lastenkahn mit Außenborder. Sein Röhren kündigt unsere Überfahrt an. Der Schub des Heckmotors drückt den Bug aus dem Wasser. Das Boot pflügt in einem weiten Bogen von der Insel über den See und auf unser Ufer zu. Ein großer Mann steht mittschiffs. Er hat sich nicht hingesetzt, sondern scheint im Hüftstand fest mit dem Boden des Kahns verwachsen, steht aufrecht, den Blick über uns hinweg in die Ferne schweifend, die Arme über der Brust verschränkt. Am Heck ist der Steuermann zu sehen. Mit einer Hand hält er locker das Stangensteuer des Außenborders. Er sitzt auf einer Bank oder einer Kiste, während er das rechte Bein gegen eine weitere Kiste stemmt. Es sieht ein wenig so aus, als durchpflügten da zwei ›Herren des Meeres‹ die See. Die verströmende Selbstsicherheit mittschiffs und am Heck passt so gar nicht zu den Gesprächen, die wir eben noch geführt haben. Was wird uns da drüben wohl erwarten? Wird unser Unterfangen von Erfolg gekrönt sein? Kann eine solche Gruppenethnographie überhaupt funktionieren? Der Kahn landet punktgenau, ohne die Geschwindigkeit allzu sehr oder allzu früh zu drosseln, an der Kiesbank des Ufers an. Eine beeindruckende Vorführung der Bootsbesatzung, die uns zum Sprung über das kalte Wasser einlädt. Wir werden noch vielen solcher und noch ganz anderer ›Inselwesen‹ in den nächsten Stunden und Tagen begegnen. Wir steigen ein, setzen uns und die versammelte Gesellschaft ›machte nach drüben‹. Röhrend lässt der Blechkahn den Uferplatz hinter sich, um Minuten später auf der gegenüberliegenden Kiesbank anzulanden. Wir sind schlussendlich angekommen. Auch wir sind drüben.

Die Insel ist bevölkert. Wir schreiten vom Anlegeplatz durch ein Spalier erster Gruppenzelte, lassen rechts einen Schuppen und links ein großes Zelt liegen und befinden uns nach wenigen Schritten auf dem Hauptplatz des Zeltlagers. Ein grüner Hang erhebt sich vor uns. Oben scheint er in einen kleinen Wald zu münden. Am Waldrand ist ein großes Holzkreuz zu sehen; linkerhand eine Baracke wie wir später erfahren werden die Küche; anschließend weiße Zelte, wie an einer Perlenschnur aufgefädelt. Rechts öffnet sich nach der Sanitärbaracke der Raum in eine weite Wiese, welche die Insel durchmisst. Vor der Baracke sind vier Bierbänke in einer Art Kreis aufgestellt. Dort sitzen junge Menschen rauchend in Gespräche vertieft. Zwischen den unbekannten Gesichtern haben auch zwei Raucherinnen aus unserem Voraustrupp Platz genommen und unterhalten sich eifrig. Der erste Eindruck währt nur kurz. Zügig und mit langen Schritten macht sich *Alex* daran, den Hügel zu erklimmen und dem Waldstück entgegen zu schreiten. Wir folgen, lassen das untere Lager hinter uns zurück und verschwinden, ohne weiter Aufhebens zu machen, zwischen den etwa 150 Insel*bewohner*innen* und dann zwischen den Bäumen oben am Hügel. Ein kleiner verwurzelter Trampelpfad führt durch die ersten Baumreihen. Auf einer Hochebene lichtet sich der Wald und wir betreten ein Teillager mit weißen Zelten. Dort erwartet uns der restliche Voraustrupp. Ab jetzt sind wir vollzählig und das Camp 2011 kann beginnen. Wir verteilen uns auf verschiedene Zelte und richten ein Arbeitszelt mit Computerarbeitsplätzen und Materialkisten ein.

Vom Ortswechsel zum Sprung in situative Nichtalltäglichkeit
In den Erzählungen unserer Gesprächspartner taucht die Anreise kaum auf. Und doch hat sie stattgefunden. Ihr im Nachhinein eine Bedeutung für die Teilnehmer*innen zuzuschustern ist einerseits problematisch. Offensichtlich wird der vollzogene Ortswechsel nicht bewusst vollzogen. Andererseits bringt der Umstand, jetzt auf einer Insel zu sein, spürbare Konsequenzen mit sich. Uns wird das in dem Moment klar, als wir die organisierte Überfahrt verpassen. So wie wir nicht ohne Weiteres und nach Belieben auf die Insel kommen, kommt man auch nicht von ihr wieder herunter. Eine Insel ist, erstens, ein abgegrenztes Territorium. Das Wasser begrenzt die Zugangsmöglichkeiten. Ist man auf der Insel, ist die Bewegungsfreiheit auf das umspülte Eiland begrenzt. Die Insellage schafft eine quasi-natürliche Konzentration. Wer kein Boot hat, kann die Land-Wasser-Grenze nur schwimmend ausdehnen oder überwinden. Bei der gegebenen Distanz, ist diese Option so theoretisch wie gefährlcih. Ein zweiter Aspekt wird an anderer Stelle ersichtlich. Am zweiten Tag müssen einige Schüler*innen, die sich nicht an die Insel*ordnung* gehalten haben, die Insel verlassen. Wenn der Zugang durch Regeln bestimmt ist und Instanzen bestehen, die mit der Autorität ausgestattet sind, diese Regeln auch durchzusetzen, wird der territoriale Aspekt durch einen sozialen Aspekt überlagert. Die Insel wird damit zu einem sozialen Arrangement des Ein- und Ausschließens, wobei die soziale Praxis des Ausschließens direkt auf die territorialen Möglichkeiten verweist: Ausschließen heißt ›von der Insel schmeißen‹.[48] Mit beiden Aspekten, dem begrenzten Territorium und

---

[48] Genau das wird von unseren Gesprächspartner*innen beobachtet und thematisiert. Zwei Jugendliche, die sich nicht an die Alkoholregeln gehalten hatten, sehen sich am nächsten Tag mit den Konsequenzen konfrontiert. *Nele* meint hierzu »*die haben da ja auch welche erwischt und [...] sofort von der Insel geworfen*« (L III 10, Nele, Abs. 54).

dem regelgebenden wie durchsetzenden Regime, sehen sich die Teilnehmer*innen konfrontiert. Erst das Zusammenspiel beider Ebenen lässt die soziale Verdichtung entstehen, die sich innerhalb weniger Stunden entwickelt. Während der territoriale Aspekt als natürliche Gegebenheit gelten kann, ist der zweite sozial und muss in und durch soziale Praktiken explizit hergestellt oder inszeniert werden. Das *Schulcamp* als geregeltes Arrangement umfasst weit mehr als einen Mechanismus des Ein- und Ausschließens. Doch es zeigen sich an der Gewalt über den Ausschluss – denn die Teilnahme oder besser der Einschluss ist ja der Entscheidung jedes Einzelnen oder zumindest den Anmeldeprozeduren der Schule überlassen – Aspekte der Herrschaft. Mit anderen Worten: Das Camp erweist sich durch eine Reihe von Kann-, Soll- und Mussnormen sowie durch ein gewisses Maß an Kontrolle, als ein die Regelhaftigkeit des Alltags überlagerndes und damit *nichtalltägliches Arrangement*; nichtalltäglich deshalb, weil diese normative Struktur Regeln des Alltags ergänzt, teilweise aber auch überschreibt oder außer Kraft setzt.

Wie kommt es aber dazu, dass sich dieses nichtalltägliche Arrangement in seiner regimehaften Wirkmächtigkeit entfaltet? Es ist sicher nicht so, dass man das eine ›Ding‹, den Alltag, durch ein anderes ›Ding‹, einen Nichtalltag, vollumfänglich ersetzt. Im Laufe der Hörsaalbesetzung übertreten die Aktivist*innen eine Reihe von Schwellen und geben sich selbst eine juridische Form. Auch die Teilnehmer*innen des Camps sind mit dem Betreten der Fähre über eine Schwelle getreten und haben das Territorium des alltäglichen Lebensvollzugs verlassen. Zu dem Zeitpunkt als die Teilnehmer*innen die Insel betreten, mag Unsicherheit herrschen. Vor allem aber werden die Gespräche weitergeführt, die Mitschüler*innen nun einmal miteinander führen; Freunde bleiben Freunde, Unbekannte Unbekannte. Im Grunde ist man jetzt mit der Schule unterwegs, nur nicht in der Schule. Reicht dies aus, um von einem nichtalltäglichen Arrangement zu sprechen? Meines Erachtens werden in den ersten Stunden Weichen gestellt, die für die Konfiguration des Insel*camps* als nichtalltägliches soziales Arrangement entscheidend sind. Die folgenreiche Überfahrt ist hierzu der erste Schritt.

Während die Hörsaalbesetzung als Ergebnis einer spontanen, wenn auch erhofften, kollektiven Eskalation beschrieben werden kann, erweist sich das Schulcamp von Anbeginn als geplante Inszenierung. Die Überfahrt mit einer Fähre kann man nicht spontan geschehen lassen. Jemand muss Termine vereinbaren, Tickets bestellen und dafür Sorge tragen, dass sich alle zur rechten Zeit am rechten Ort einfinden. Es benötigt kein *spontanes Element*, um die Fähre zu besteigen. Natürlich kann man gespannt sein, was einen erwartet. Aber wo soll die große Hemmschwelle liegen, am anderen Ufer auszusteigen und das Gelände zu erkunden? Wenn eine solche

Schwelle vorhanden ist, so ist sie bedeutsam kleiner, als die Schwelle, die überschritten werden muss, um einen Hörsaal für besetzt zu erklären. So wie die Überfahrt zu planen ist, sind auch die Camplogistik, das Regelwerk und die Programmorganisation Ergebnisse von Planungen. Die Jugendorganisation plant und errichtet eine Infrastruktur, *Tony* und *Joe* übernehmen die Planungen für die Schule und berufen Schüler*innen in ein Organisationsteam, welches das Camp zum Thema werden lässt. *Bob* und *Sven* organisieren schließlich Programm und Abläufe von Seiten der Jugendorganisation. Zwischen allen Gruppen bestehen Koordinationsbedarfe, denen zum Beispiel durch das oben geschilderte Planungstreffen Rechnung getragen wird. Schlussendlich bleibt aber die Frage offen, wie das vorab Entworfene realisiert wird. Sieht man sich den Verlauf der dreitägigen Veranstaltung an, zeigt sich, die vorab entworfenen Strukturen werden verkündet.

5.2.3.2 Verkündung des Nichtalltäglichen

Wir sind noch keine Stunde auf der Insel, als wir zur Begrüßung und Eröffnung des Camps auf die große, am Hang gelegene Wiese gerufen werden. Ich habe mir nicht notiert und ich kann mich auch nicht erinnern, ob es ein Signal, wie ein Glocke, einen Gong etc. gab oder ob der Termin vorab vereinbart war, auf jeden Fall hat sich die gesamte Inselbevölkerung am vereinbarten Ort eingefunden. Noch deutlicher als der *Ortswechsel* per Fährfahrt ist es diese Begrüßungsveranstaltung, welche den Übertritt in eine ›andere‹ Ordnung markiert. Ein längerer Auszug aus dem Forschungstagebuch schildert die Szenerie in vier Akten.

Feldtagebuch:
»1. Akt: Besungene Ankunft – besungene Ablösung.
Die gesammelte Lagerbevölkerung findet sich auf einer kleinen Tribüne ein. Die Tribüne ist am Hang des Inselbergs montiert. Eine einfache Balkenkonstruktion, die mit kräftigen Latten Sitzbänke definiert. Man sitzt zu viert, zu fünft, vielleicht auch zu mehrt auf einer Bank in etwa zehn Reihen hintereinander. Die Konstruktion besteht aus drei gleich großen Blöcken: Ränge eines Freilichttheaters an deren Fußende sich wohl immer dann eine Bühne ergibt, wenn die Ränge erst einmal besetzt sind. Unten sind einige Stühle und Requisiten versammelt, die bereits von den kommenden Ereignissen künden. Vor der Tribüne sitzen einige Schüler*innen. Sie geben einleitend ein kurzes Theater zum Besten. Sie sitzen auf Stühlen und haben Notebooks auf den Schößen. Zwei halten ein Smartphone in der Hand. Einer nach dem anderen erzählt vom *Camp* und wie er beziehungsweise sie auf facebook postet oder liest. Beschämtes Lächeln, mal zu schnell, mal zu leise gesprochen: Der unsicher wirkende Auftritt wird anerkennend beklatscht. Pflichtklatschen – die Unsicherheit macht es möglich. Anschließend kommen noch mehr Leute auf die »Bühne«. Das

Lagermotto wird durch einen Song vorgestellt. Titel: *Facebook Geschichten* (Facebook is everywhere)[49]. Der Song berichtet auf der Melodie des Popsongs *Sunshine Reggae* von *»Drei-Tage – viel erleben – hier im Camp«*. Zu diesem Zeitpunkt ist der Song vor allem eine Aneinanderreihung affirmativer Aussagen: »*Gefällt mir! Viel erleben! Bringen uns zusammen!*« Das Projekt hat ein Programm und das ist auch das offizielle: hier soll und will man zusammenkommen. Von alledem ist gleichwohl noch nichts geschehen. Gegenwärtig lässt sich vielleicht auch noch nichts erahnen. Die Stimmung: eine Melange aus Unsicherheit, Orientierungslosigkeit und ein wenig genervte Erwartung. Die ›coolen Jungs‹ sitzen geballt in der letzten Reihe, von unten gesehen links. Unbeteiligtheit, demonstrative Langeweile und raumgreifendes, lautstarkes Scherzen: Darstellungen von Coolness.

2. Akt: Sven und Bob, Einbettung.
In diese skurrile Situation brechen *Bob* und *Sven*, zwei sportlich markante Erscheinungen, ein. Beide sind offensichtlich älter als die Schüler*innen, ihr Auftreten, sehr leger. *Bob* trägt eine arabeske Pluderhose, *Sven* Shorts. Beide stehen barfuß vor ihrem Publikum. Vollbart und verstrubbelte Haare verleihen ihnen ein wildes Auftreten. Sie begegnen den Zuhörern mit einer ansprechenden Offenheit, gleichzeitig zeigen sie durch und in ihrer Inszenierung keine Spur von Unsicherheit. Das was sie hier machen, merkt man, machen sie nicht zum ersten Mal. Beide tragen ein blaues Motto-T-Shirt[50]. Von Nervosität ist bei beiden nichts zu erkennen. Die beiden reißen augenblicklich die Aufmerksamkeit des gesamten Publikums, ja das ganze Geschehen an sich. Nebenaktivitäten im Publikum werden eingestellt, Scherze mit Gelächter honoriert. Das vorherige Pflichtklatschen verwandelt sich, die Stimmung wird lockerer, Gelächter und Klatschen wirken authentisch. Wie gebannt richtet sich die Aufmerksamkeit der eben noch mit sich selbst und ihrer Selbstdarstellung beschäftigten Jungs der letzten Reihe auf die Akteure auf der Freilichtbühne, während diese Geschichten von einem Kunstworkshop und Bungeejumping mit Kälberstricken erzählen. Gebannt und ungläubig wird den Erzählungen gelauscht. Die präsentierten Geschichten sind derart absurd, dass sie offensichtlich nicht annähernd wahr sein können. Und dennoch – wahrscheinlich weil im Moment gar nichts sicher ist – sind nicht einmal diese hanebüchenen Darstellungen mit Sicherheit reiner Schwachsinn. Die Absurdität der Geschichte scheint beinahe der Authentizität der Schauspieler nachzugeben: wenn die das so sagen, ist das vielleicht doch möglich. Oder doch nicht? Aber wozu das Ganze? Die Situation klärt sich langsam auf. *Bobs* und *Svens* Workshopangebote gehören immer noch zur Inszenierung der Schüler*innen. Zwei Schüler treten auf. Sie haben anscheinend die Rolle der ›coolen Jungs‹ übernommen. Die Unterschiede in der Darstellung zwischen den beiden Protagonisten-Paaren auf der Bühne sind eklatant. Aber selbst die unsichere Aufführung der Schüler profitiert von der Authentizität der Campverantwortlichen. Es steht die Frage im Raum, welcher Workshop besucht werden soll. Die beiden Schüler*innen können sich nicht einigen. Die Auflösung besteht schließlich darin, dass beide je in den Workshop ihrer Wahl gehen und sich auf später verabreden. Die Inszenierung hat insofern ein didaktisches Ziel. Die Metabotschaft: Wählt den Workshop nach *Euren* Interessen und traut *Euch*, nicht nur mit denselben Leuten in die Angebote zu gehen – es gibt genügend gemeinsame Zeit danach und dazwischen.

Akt 3: Von Bob und Sven zum Lagerregime – die Demarkationslinien der »totalen Institution« eines Lagers.
Nachdem dieses Schauspiel innerhalb eines Schauspiels abgeschlossen ist, stellen sich *Bob* und *Sven* noch einmal vor. Von nun an übernimmt insbesondere *Bob* die Moderation. Er kündigt zunächst

---

[49] Das Thema des Camps 2011 wurde in Anlehnung an das Social-Media-Plattform *facebook* gewählt.
[50] Blaue T-Shirts mit dem weißen Aufdruck *Facebook Geschichten*.

den *Lagerchef Gerd Göller*[51] an. Ein Mann schätzungsweise Mitte oder Ende dreißig tritt mit seiner etwa zweijährigen Tochter auf dem Arm vor die Tribüne, stellt seine Kleine und anschließend sich selbst vor. Er begrüßt die Gruppe und erklärt seine Rolle. Während *Bob* und *Sven* das Programm des *Schulcamps* koordinieren, ist er der operative, hauptamtliche Leiter[52] des Zeltlagers. Er kündigt an, dass er nun etwas über die Spielregeln sagen wird. Was er anspricht, sind zunächst Sicherheitsregeln das Baden und die Boote betreffend. Anschließend geht es um Regeln für Raucher*innen und um vor allem: Alkoholregeln. Alkohol ist in hochprozentiger Form »nicht erwünscht«, beginnt er seine Rede. »Es ist schon Ok, wenn ihr Spaß haben wollt – ihr sollt hier auch Spaß haben, aber ohne hochprozentigen Alk. [...] Wer gegen die Regel verstößt, den fahren wir zu jeder Tages- und Nachtzeit heim [...]«. Gerade im zweiten Teil des Satzes verändert Gerd Göller die Ausdrucksform. Die Stimme schwillt an, die Worte schneller aneinandergereiht. Mit großen, harten Gesten unterstreicht er die zentralen Aussagen; heimfahren, zu jeder Tages- und Nachtzeit. Das Publikum schweigt im Angesicht der zum Ausdruck gebrachten Autorität. Die Aussagen könnten kaum drastischer formuliert sein. In ihrer Paarung mit einer im Prinzip harmlosen und Verständnis suggerierenden Darbietung gelingt der ›perfekte Euphemismus‹. Eingebettet in die charmante Darbietung der Moderatoren und dem Klamauk, der noch zu erwartenden Artisten des Lagerlebens, setzt *Lagerchef Gerd* die Demarkationslinien einer quasi »totalen Institution«.[53] Nun, der juridische Rahmen ist gesetzt, mögen die Spiele beginnen.

Akt 4: Einmarsch der Gaukler und Gladiatoren: Referent*innen
Der Chef tritt ab. *Bob* und *Sven* übernehmen die Moderation und *Bob* kündigt sogleich die Workshopreferent*innen – quasi die Animateure – der Inseltage an. Namen werden aufgerufen. Ein etwas dusselig dreinblickender, bärtiger Mann springt überrascht auf. Kurzes Gewusel und dann ist zunächst klar – ein Anderer möge beginnen. Ein Mann, etwa Mitte Vierzig, tritt vor die Tribüne. Er kündigt in aggressiv provokantem Tonfall einen Workshop an: den *»Kasperls-Kulturgut-Bewahrer-Workshop«*, *»Tri Tra Trallala«*. Lautstark, im Brustton der Überzeugung, Augenkontakt zum Publikum, selbstsichere Gestik; auch hier gilt: Unsicherheit? Fehlanzeige! Den Kasperl tritt ab, ein Musiker tritt auf. Schweigend gibt er einen Rhythmus vor. Singt anschließend erste Verszeilen. Es dauert wenige Augenblicke und er animiert das versammelte Publikum, den Lagerfeuer-Hit *Stand by me* mehrstimmig inklusive rhythmischer Begleitung gemeinsam zu performen. Eifriges Geklatsche beendet eine Kooperation, die im Laufe des Songs an Fahrt gewinnt, bis zuletzt nahezu alle auf den Rängen in das Lied einstimmen. Weitere Referent*innen treten auf und stellen ihre Beiträge vor. Ein Zauberer trickst unter Raunen verursachendem Staunen eine Flasche Wein aus einem platzenden Luftballon hervor. Zwei junge Herren stellen sich unter den Namen *Ingo* und *Ingo* – ob beide wirklich so heißen, war nicht zu klären – als etwas dümmlich anmutendes Sportcoachteam vor. Bärtig mit Sonnenbrille, ein weißes Feinripp-Unterhemd und deutlicher Sockenpaar-Beule in der kurzen Sporthose. Offensichtlich inszenieren sich als Kunstfiguren: eine Parodie der Sportbegeisterung. Wie Aufmerksamkeit erheischende Gaukler werden die Workshopleiter*innen auf das anwesende Volk losgelassen. Ihre Workshops strukturieren wesentlich den Tagesablauf und die gemeinsame Aktivität der Inseltage. Die Workshops in Reihenfolge: Kasperltheater, Musik,

---

[51] *Gerd Göller* ist hauptamtlicher Mitarbeiter der Jugendorganisation. Er arbeitet einerseits mit den Ehrenamtlichen zusammen, andererseits ist er für Strukturen, Abläufe und organisatorische Belange zuständig. Auf der Insel ist er stets präsent, aber nicht an einzelnen konkreten Angeboten beteiligt.

[52] Das Engagement der *Jugendorganisation* basiert zu weiten Teilen auf ehrenamtlichem Engagement. Die Grundstrukturen der Organisation und der Leitung werden allerdings durch hauptamtliche, das heißt Angestellte der *Jugendorganisation* verantwortet.

[53] Inwiefern es gerechtfertigt ist, im vorliegenden Fall auf diese von Goffman (1973) stammende, sehr weit gehende Konzeption zurückzugreifen, ist noch zu erörtern.

Zauberei, Sport, Joga, Comiczeichnen, Masken basteln, ein Improvisationstheaterworkshop sowie ein architektonischer Kreativworkshop. Mit der Vorstellung des Lehrerworkshops endet der offizielle Teil. Die *Schüler*innen* können sich nach dem Prinzip »Wer zuerst kommt, malt zuerst« den Veranstaltungen zuordnen. Sofern sie ein Ticket ergattern konnten, hatten sie die freie Wahl, was sie in den nächsten Tagen machen werden.« (L FT, Abschn. 3.1.3.3)

Ob die Inszenierung ihre Wirkung verfehlt oder erreicht, lässt sich entlang dieser ausformulierten Beobachtungsnotiz nicht rekonstruieren. Gleichwohl lassen sich mehrere interessante Elemente herausarbeiten, die womöglich auf die Intentionen schließen lassen.[54] Erstens erinnert das Schüler*innen Theaterstück symbolisch an den gemeinsamen Referenzrahmen, mehrere Tage auf der Zeltlagerinsel zu bleiben. Das Auftreten der Zeltlager-Mannschaft – zunächst verkörpert durch *Bob* und *Sven* sowie den *Lagerchef Gerd Göller*, anschließend durch die Workhshop-Referent*innen – gibt Raum, diese als Personen mit außergewöhnlichen Eigenschaften[55] auftreten und rudimentäre Formen charismatischer Bewunderung anklingen zu lassen. Die verkündeten Lagerregeln machen unmissverständlich die Gültigkeit des Zeltlagerregimes klar. Nicht zuletzt wird durch die Vorstellung der einzelnen Workshopangebote ein zentraler Aspekt dessen, was in den nächsten Tage zu erwarten ist, etabliert.

5.2.4 Synopse zum zweiten Sprung

Mit jedem Meter Wasser lassen die Schüler- und Lehrer*innen ihre alltäglich gewohnten Bezugssysteme hinter sich. Als sie um 9.30 Uhr an der Landzunge der Insel anlegen, haben sie ihre alltäglichen sozialen Beziehungsgeflechte verlassen und begeben sich in eine komprimierte soziale Ordnung, in der sie auf Menschen treffen, mit denen sie zumeist ihren Alltag nicht teilen. Ihre alltagspragmatische Orientierung, mit der sie für gewöhnlich die Handlungserfordernisse der alltäglichen Lebensbewältigung (Schule, Familie etc.) herantreten, ist ebenfalls eingeklammert. Die Insel bringt ihre eigenen Handlungserfordernisse mit sich: die Workshops, aber auch das gemeinsame Essen, der Abwasch, die eigene Körperhygiene, all diese Aufgaben sowie die damit verbundenen Fähigkeiten, Fertigkeiten und auch Ziele – die Differenzen zeigen sich überall im verdichteten Rhythmus der Inseltage.

---

[54] Selbstredend, dass diese Rekonstruktion zunächst eine Interpretation des Beobachters darstellt.
[55] Im Sinne Max Webers Charisma Konzeption.

5.3 Zwischenbetrachtung: die qualitative Differenz

Die Unterschiede zwischen beiden Fallbeispielen für situative Nichtalltäglichkeit sind offensichtlich und wurde bereits mit der Unterscheidung des emergenten im Vergleich zum inszenierten Moment auf einen zentralen Begriff gebracht. Von der Demonstration am frühen Morgen bis zur Konstituierung der Besetzung vergeht nahezu ein ganzer Tag. Mag es auch Ideen gegeben haben, die bereits im Vorfeld des 17. November etablierten Besetzungen ein Vorbild bieten, erwächst das soziale Arrangement der Besetzung letztlich aus der intersubjektiven Aushandlung, während weder die Interaktionsverläufe noch der Charakter des einmal Etablierten auf die Intentionen und Handlungsvollzüge Einzelner zurückgeführt werden können. Das soziale Arrangement der Inseltage wird geplant hervorgebracht. Personen werden rekrutiert, Themen vereinbart und ausgearbeitet, die Anreise und das Geschehen vor Ort geplant, grundlegende Abläufe sowie Regularien sind längst etabliert und werden vor Ort ›verkündet‹. Das soziale Arrangement des Schulcamps lässt sich damit vor allem als planvolle Inszenierung verstehen.

Was aber im einen Fall emergiert und im anderen inszeniert wird, ist ein qualitativer Bruch zur Alltagswelt. Für die Inseltage heißt das vor allem eine qualitative Differenz zum Unterrichts- und Interaktionsalltag der Schule, aber auch zu den privaten Bezugsstrukturen der Schüler*innen und Lehrer*innen. Auch für die Hörsaalbesetzung bedeutet dies das Aussetzen der Handlungserfordernisse und Beziehungsgefüge ihrer Protagonisten*innen. Räumlich, zeitlich und sozial finden sie sich in einem qualitativ anderen Gefüge wieder. Der Übergang vollzieht sich nicht graduell, sondern recht abrupt: als Sprung. Die qualitative Differenz und ihre ›Wirksamkeit‹ werden in den nächsten beiden Kapiteln konkretisiert.

6 Morphologische Analyse nichtalltäglicher sozialer Arrangements

Im Gegensatz zum ersten Abschnitt handelt es sich im Folgenden nicht um eine dichte Beschreibung chronologischer Abläufe, sondern um eine systematische reflektierte Ausbreitung wesentlicher Strukturen beider sozialer Arrangements. Das Konzept der sozialen Morphologie eröffnet die Möglichkeit Strukturmomente und Sinnbezüge aufeinander zu beziehen: denn Struktur und Verteilung des sozialen Lebens bleiben nicht ohne Folgen für soziale (Beziehungs-)Dynamiken und – Durkheim folgend – für die »kollektive Psychologie« sowie die ›kollektiven Repräsentationen‹ der damit verbundenen Sozietät. Im Sinne des Heideggerschen Befindlichkeits-Konzepts sind *situatives Befinden* und *mentales Befinden* direkt aneinandergekoppelt. Die *soziale Morphologie* und die damit verbundene *Befindlichkeit* situativer Nichtalltäglichkeit greifbar werden zu lassen, ist insofern das erklärte Ziel dieses und der nächsten Kapitel.

Wie steht es nun um die räumliche, zeitliche und soziale Strukturierung der beiden untersuchten nichtalltäglichen sozialen Arrangements? Entlang aller drei Dimensionen wird das soziale Geschehen verdichtet und dynamisiert. Wohlgemerkt es *wird* verdichtet und dynamisiert. Immer wieder sind es die Akteure der Besetzung und des Schulcamps, die zeitliche Abfolgen oder Rhythmen, soziale Verdichtung oder Zerstreuung performativ hervorbringen. Dabei ist jede Trennung der Kategorien Raum, Zeit und Sozialität künstlich. Es gibt keinen Raum der Besetzung, der abseits der zeitlichen und sozialen Strukturierung relevant wäre; keine Zeit der Inseltage, die nicht auch sozial und räumlich folgenreich wäre. Vor allem aber gibt es kein soziales Geschehen, das nicht räumlich und zeitlich strukturiert wäre. Eine Trennung dient allein einer größeren Klarheit der Darstellung. Warum ist das hier Festzustellen? Damit nicht das Missverständnis entsteht, es gehe um Raum, Zeit oder Sozialität. Es geht um außergewöhnlich – eben nichtalltäglich – verdichtete Arrangements sowie die daraus erwachsenden ›Wirkungen‹. Dieses Kapitel zentriert den Aspekt der Strukturierung, die folgenden die Aspekte der Dynamik und Produktivität, die aus diesen Strukturierungen erwachsen.

6.1 Die soziale Morphologie der Hörsaalbesetzung

6.1.1 Räumliche Strukturierung

Die zentrale Bedeutung des Raums für eine Besetzung ist kaum überraschend. Die Aktivist*innen beanspruchten den Hörsaal-Eins für sich. Einige Aspekte der räumlichen Strukturierung sind hier zu beachten. Erstens: die Besetzer*innen haben nicht wahllos irgendeinen Raum besetzt. Das lässt sich nicht leugnen und auch nicht ignorieren. Entsprechend sind Lage und räumliche Bedeutung des Hörsaals Eins zuerst zu klären. Zweitens: eine Besetzung ist nicht nur die Aneignung eines Objekts oder eines Raums, sondern eine spezifische Art der Grenzziehung. Grenzziehungen sind Praktiken, Räume zu definieren und damit zu öffnen und zu schließen. Gerade bei einer Besetzung verweisen Einschluss und Ausschluss aufeinander. Eine räumliche Charakterisierung der Hörsaalbesetzung kommt ohne eine Berücksichtigung dieser Grenzziehungspraktiken nicht aus. Drittens: die räumliche Strukturierung des abgegrenzten Hörsaals ist wiederum selbst eine vielschichtige Angelegenheit. Auch hier sind Grenzziehungen nicht irrelevant, wichtiger aber ist die räumliche Nutzung und damit folgenreiche[1] Praktiken der sozialen Zerstreuung und der Verdichtung. Spätestens dieser dritte Aspekt der räumlichen Strukturierung verweist direkt auf die zeitliche und soziale Strukturierung des Raums und damit auf das *intensive soziale Leben*, das im folgenden Kapitel eingehend betrachtet werden wird.

6.1.1.1 Lage und Bedeutung des Hörsaal-Eins'

Das Hörsaalzentrum befindet sich zentral auf dem Campus der Universität. Es ist in das Hauptgebäude der Universität integriert und schließt direkt an die Philosophisch-

---

[1] Folgenreich deshalb, da durch die Verdichtung und Zerstreuung verschiedenste Dynamiken entfacht werden. Das wechselseitige Kennenlernen, das Vergemeinschaften und die Gemeinschaftserfahrungen, das Herausbilden von Wissensbeständen und der Wissenstransfer oder auch die Institutionalisierung von Verfahren der Problembewältigung und damit die Etablierung eines Selbstverständnisses wie auch eines im Laufe der Zeit zunehmend selbstverständlich ablaufenden Camplebens.

Sozialwissenschaftliche Fakultät, die Philologisch-Historische Fakultät sowie das Rektoratsgebäude an. Der Hörsaal-Eins ist der größte Hörsaal vor Ort: das Audimax. Hier finden die großen, stark nachgefragten Vorlesungen der verschiedenen Fachbereiche statt. Der Raum bietet genügend Platz und die passende Infrastruktur für Vorträge und Diskussionen mit großem Publikum. Folglich ist der Hörsaal-Eins ein wichtiger Bestandteil des alltäglichen Betriebs der Universität. Im Sommer 2009 wurde der Hörsaal renoviert, technisch auf den neusten Stand gebracht und zum Wintersemester wieder dem Universitätsbetrieb übergeben. Wenige Wochen später überschreiten die Aktivist*innen die Schwelle zum Hörsaal-Eins. Es ist kein Zufall, dass die Besetzer*innen diesen Raum für sich beanspruchen und besetzen. Mit seiner Besetzung wird das Audimax dem Universitätsbetrieb entzogen. Für den Universitätsalltag zieht dies unmittelbar Folgen nach sich. Nicht nur, dass terminierte Veranstaltungen nicht regulär stattfinden können; der Hörsaal-Eins ist aufgrund seiner Infrastruktur und seiner Größe nicht ohne Weiteres durch einen beliebigen anderen Raum zu ersetzen. Die Besetzung des Audimax führt zu einer spürbaren Störung des Betriebsablaufs des Universitätsalltags. Als am 17. November 2009 der Hörsaal-Eins besetzt wurde, waren bereits das Audimax der Universität Wien und vieler weiterer Städte in Österreich und Deutschland, wie zum Beispiel München, in der Hand von Aktivist*innen der Besetzungswelle.

Beide Aspekte sind für die Aktivist*innen von Bedeutung: die Funktion und die Symbolik des Audimax. *Peter (vgl., Abs. 167)* erzählt, wie bei der Besetzung darauf geachtet wurde, dass der Zugang zur Technik des Hörsaals sichergestellt wird. Aus seinen Erzählungen lässt sich erschließen, wie die Infrastruktur des Hörsaals auf unterschiedliche Art und Weise gebraucht wurde. *Rudi (Abs. 37)* erklärt, dass in Augsburg, *»wie [...] in den [...] anderen Städten auch geschehen«*, vom *»Audimax«* ein *»Signal«* ausgehen soll. Für *Bert (Abs. 27)* ist die Besetzung des Hörsaal-Eins' auch eine Demonstration, mit der *man »zeigen kann, was passiert, wenn man eben Ressourcen nimmt«*. Dass der Betrieb tatsächlich gestört wird, ist den Besetzer*innen bewusst. Dass diese Störung, Ungleichheiten in der Studierendenschaft erzeugt, wird den Besetzer*innen wahrscheinlich erst während ihrer Besetzung klar. *Peter* berichtet beispielsweise von einer Diskussion mit den Studierendenvertretern der Wirtschaftswissenschaftlichen Fakultät, deren Vorlesungen am meisten von der Besetzung betroffen waren. Ein Kommilitone habe den Besetzer*innen erklärt, dass er aufgrund einer verschobenen Vorlesung seinen Nebenjob verloren habe. *Peter (Abs. 126)* findet, dass soetwas *»einfach im Plenum gesagt werden [muss] und [...] auch gezeigt werden [sollte], dass Leute unter dieser Besetzung direkt leiden«*. Wer den Hörsaal als Veranstaltungsort nicht benötigt, ist von der Besetzung hingegen nicht direkt berührt. Die Besetzer*innen nehmen diese ungleiche Belastung zumindest billigend in Kauf. *Niklas (Abs. 270)* relativiert die Wirkung der Besetzung, indem er feststellt: *»[…] also einen Hörsaal zu besetzen ist ja eigentlich nichts.«* Mit der Hörsaalbesetzung sei weder etwas prinzipiell Unmögliches erreicht worden, noch wäre mit dieser Besetzung bereits viel erreicht. Wieviel Gewicht hat die Raumnahme tatsächlich? Diese Frage lässt sich nicht abschließend bewerten.

Zunächst hat der Hörsaal eine praktische Bedeutung für das Besetzen. In Bezug auf Größe und Infrastruktur ist er für vielfältige Aktivitäten geeignet. Wie wenige Räume der Universität ist er dazu ausgelegt Veranstaltungen für Massen zu ermöglichen. Darüber hinaus ist der Hörsaal ein abgeschlossener Saal, in den es sich auch ganz gut einschließen lässt. Im Hinblick auf das, was innerhalb der Besetzung geschieht, ist der Hörsaal vor allem eine enorm potente Infrastruktur. Andererseits führt die Besetzung zu einer gehörigen Störung im alltäglichen Betriebsablauf der Universität. Dieser Stachel sitzt wohldosiert im Pelz der *alma mater*. Im Hinblick auf die Universität ist eine Besetzung dennoch symbolisch zu bewerten. Man kann sich durchaus eine Besetzung vorstellen, die zu einem Stillstand aller Betriebsaktivitäten führt: etwa eine Blockade der Verwaltung und des gesamten Lehrbetriebs. Man muss kaum spekulieren, um zu erahnen, dass eine solche Besetzung andere und wahrscheinlich auch weiterreichende polizeiliche und juristische Konsequenzen nach sich gezogen hätte;[2] geschweige denn, dass eine solche Besetzung enorme personale und motivationale Ressourcen beanspruchen würde. Tatsächlich ist es nur ein Saal, der hier besetzt wird. Ein großer Saal, ein wichtiger Saal, ein nicht einfach austauschbarer Saal, aber eben *nur ein Saal*. Der zeitlich unbestimmte Verzicht auf den Hörsaal-Eins ist für den Universitätsbetrieb schmerzlich, aber verkraftbar. Der Betrieb kann prinzipiell aufrechterhalten werden: Vorlesungen, Seminar, Übungen, Verwaltung: das meiste bleibt doch unberührt. Weil das so ist, ist es auch nicht notwendig, dass die *gütige Mutter*[3] ihre Güte aufgeben müsste.[4]

---

[2] Diese Bewertung ist natürlich zunächst einmal spekulativ.
[3] So die wörtliche Übersetzung von *alma mater*.
[4] Und so ist die Besetzung eine weitere Veranstaltung, die unter dem Dach der Universität beherbergt wird. Ein trotziges Kind, das versucht der Mutter einen Spiegel vorzuhalten.

6.1.1.2 Besetzung als räumliche Grenzziehung: einschließender Ausschluss

Für die Besetzung selbst bleibt der Hörsaal-Eins ein Ort von *Gewicht*.[5] Um aus dem Hörsaal einen besetzten Hörsaal werden zu lassen, sind Grenzziehungspraktiken nötig. Die Grenzziehung erfolgt als *einschließender Ausschluss*. Einerseits schließen sich die Besetzer*innen freiwillig ein. Dieser Wille wird durch die zeitlich unbestimmte Weigerung, den Hörsaal wieder zu verlassen, zum Ausdruck gebracht.[6] Man ist gekommen um zu bleiben; man geht in Klausur und bleibt in Klausur. Das funktioniert solange, wie genügend Personen motiviert sind, sich im Hörsaal aufzuhalten, dort aktiv zu sein und dort auch zu übernachten; und das wiederum funktioniert solange, wie es gelingt grundlegende logistische Probleme für solch einen dauerhaften Aufenthalt zu lösen. Sieht man von der motivationalen Frage einen Moment ab, ist die Organisation der Besetzungsinfrastruktur sowohl eine logistische Aufgabe als auch eine grenzzieherische Praxis. Solange die Hörsaallogistik funktioniert, kann der *einschließende Ausschluss* der Besetzung aufrecht erhalten bleiben. Bricht diese Logistik zusammen, gerät die Besetzung in eine akute Krise.[7]

---

[5] Das ist nicht nur ein Wortspiel. Mit Blick auf Schütz ist der Begriff Relevanz zu eng. Im Hinblick auf die später diskutierte symbolische Qualität des Hörsaal Eins gilt dies auch für den Begriff Bedeutung. Es geht also um Relevanz und Bedeutung, damit aber nicht genug. Es geht auch um die Anziehungskräfte der Masse. Man kann sich den Hörsaal als Masse mit einer spezifischen Gravitation vorstellen, die einerseits große Attraktion auf Individuen ausübt, andererseits in einem komplexen Wechselverhältnis mit anderen Massen steht und nicht vollkommen isoliert betrachtet werden kann. Das Wortspiel ist insofern dem Problem geschuldet, viel ausdrücken zu müssen: um das *ganze Gewicht* des Hörsaals für die Besetzung greifbar werden zu lassen.

[6] Siehe Pressemeldung vom 17. November, 15.45 Uhr zur Besetzung des Hörsaals (Kapitel 5.1.3).

[7] *Christin* erzählt, wie zum Ende der Münchner Besetzung die Polizei den Zugang und den logistischen Nachschub in das Audimax blockiert. Auf Schleichwegen wurde versucht die Logistik aufrecht zu erhalten. *»Vor [...] der Uni haben sich Leute solidarisiert und standen da einfach irgendwie den ganzen Tag und des war arschkalt und draußen gab es aber Glühwein und dann halt diskutiert, wie gehen wir jetzt weiter. Und durch s Fenster hat [man – M.E.] so durch Seile denen Pizza reingegeben und so. Also irgendwie im zweiten Stock hoch und so.« (HS I 8, Christin, Abs. 208)* Ebenso wichtig wie der Versorgungsaspekt ist der ›moralische‹ Aspekt des Organisierens der Besetzung. Die Besetzung wird in gewissem Sinne gemeinsam »erhandelt« (Pfadenhauer 2008). Das gemeinsame Sprechen über das Wie, das gemeinsam Tun (lexis und praxis) – all das trägt elementar zur Entstehung der Besetzungsgemeinschaft und ihrem kollektiven Selbstverständnis bei. Die Organisation der Besetzung ist insofern nicht im geringsten *nur* eine Randerscheinung der Besetzung, sie ist konstitutives Element der Besetzung und ihrer Gemeinschaft. Dass dieses gemeinsame »Erhandeln« Grenzen hat, ist wenig überraschend. Zum Beispiel konnte die kreative Versorgung der letzten Besetzer*innen in München nichts an der Tatsache ändern, dass wenige Tage später, die polizeiliche Räumung stattfand.

Im Grunde werden alle *miteingeschlossen* – im Sinne von adressiert – die sich für den Bildungsstreik und die Besetzung interessieren.[8] Jede*r kann jederzeit den Hörsaal betreten und sich dort auf die Weise beteiligen, die ihr oder ihm beliebt.[9] Der Einschluss ist insofern graduell, dass sich im Laufe der Zeit ein harter Kern[10] ausbildet, der die Besetzungsaktivitäten trägt und an sich bindet. Zwischen neugierigem Schnuppern und geradezu absoluter Selbstbindung verlaufen die Grade des (Selbst-) Einschlusses. Der Einschluss hat in diesem Sinne deutlich mehr als eine räumliche Qualität, aber er hat notwendigerweise diese räumliche Seite.

Der freiwillige Einschluss in den Hörsaal-Eins geht mit dem unfreiwilligen Umstand einher, dass alle anderen Formen der Nutzung des Hörsaals ausgeschlossen werden. Das betrifft nicht allein andere Inhalte und Veranstaltungsformate, sondern auch all diejenigen Personen, die den Raum für etwas Anderes gebrauchen wollen. Diesen Ausschluss bekommen insbesondere die Studierenden der Wiwi-Fakultät zu

---

[8] Diese prinzipielle Offenheit betont *Hannah*, wenn sie sich an den ersten Tag der Besetzung erinnert, damals *»[...] wurde sehr viel Wert darauf gelegt ähm, dass man doch zugänglich für alle Mentalitäten, Gruppen von Leuten sein möchte. Also dass [...] eben keine Parteifahnen aufgehängt werden durfte, dass nicht über Kapitalismus äh gesprochen werden sollte«* (HS I 9&10, Hannah & Judith, S. 111). Nicht nur während der Besetzung, sondern bis weit in das nächste Jahr bestand der Anspruch, offen sein zu wollen für alle. Bert *(Abs. 27)* gibt an, dass ein Bedürfnis bestanden habe, die ganze Studierendenschaft repräsentieren zu wollen. Das Gespräch mit *Niklas (Abs. 184 ff.)* wird hitzig, als wir über den Konflikt mit den Wiwi-Studierenden in Disput geraten. Nicht nur im Gespräch mit Niklas und nicht nur in diesem Zusammenhang wird deutlich: prinzipielle Offenheit ist zunächst einmal Teil des Selbstverständnisses der Besetzer*innen, ein Ideologem, das nicht mit der Besetzungswirklichkeit verwechselt werden sollte.

[9] Dass nicht jede Art der Äußerung oder des Verhaltens akzeptiert wird, erfahren einige Wiwi-Studierende bereits am ersten Abend, als sie bei dem Versuch, die Redner*innen auf der Bühne zu fotografieren, kurzerhand und wenig charmant als Bildungsnazis ›hinauskomplimentiert‹ werden.

[10] Hannah *(Abs. 111)* stellt fest, dass sich *»natürlich im Laufe der Zeit herauskristallisiert [hat – M.E.], wer so zum harten Kern gehört und wer nicht«.* Im harten Kern ist ein Grad an Selbsteinschluss in die Besetzung erreicht, der das Niveau einer prinzipiellen Offenheit bei weitem übersteigt. Bert *(Abs. 168)* bringt diese extreme Selbstbindung auf den Begriff. *»Und [...] irgendwann ist es dann halt ne kleine Gruppe [...] von vierzig bis fünfzig Leuten. Die sagen: »Hey wir leben und sterben (lacht) dafür«.* Der Preis für diese starke Bindung im Kern der Besetzung wird schnell sichtbar. Nachdem die Besetzung am ersten Tag aber auch noch etwa in der ersten Woche noch Fahrt aufnimmt und viele verschiedene Leute anzieht, nimmt die Attraktion mit der Zeit erheblich ab. Mit Bezug zum harten Kern schlussfolgert Hannah *(Abs. 111)*: *»Das ist dann einigen Leuten schon schwer gefallen auch noch rein zu kommen.«*. Andrea *(Abs. 22)* geht noch weiter und gibt an, dass sich aufgrund dieser Entwicklung die Besetzung selbst in Frage stellt: *»Aber der harte Kern wächst nicht mehr. [...] Und der harte Kern kann den Bildungsstreik nich alleine tragen. Des isch zu viel.«* Auf Dauer scheinen sich der Anspruch einer prinzipiellen Offenheit und die soziale Dynamik, die zur sozialen Konzentration im Kern der Bewegung führt auszuschließen. Ein Paradox: die Besetzung ist auf Expansion angelegt und erzeugt doch Verdichtung.

spüren, da besonders viele Wirtschaftsvorlesungen im Hörsaal-Eins stattfinden. Gleichzeitig schließen die Sich-Einschließenden sich selbst von anderen Tätigkeiten und Verpflichtungen aus. Ereignisse die vor der Besetzung relevant waren, werden in ihrer Relevanz während der Dauer der Besetzung suspendiert. Je stärker der Einschluss, desto stärker dieser Ausschluss;[11] bis zur totalen Fokussierung auf die Besetzung des ›harten Kern‹ der Bewegung. Mit dieser Grenzziehung wird ein Ort geschaffen, der Aufmerksamkeit bindet und fokussiert. Der Hörsaal-Eins wird zu einem abgesonderten und gleichzeitig besonderen Raum. Die Grenzziehungen bringen eine räumliche Position hervor, welche die Grenzenziehenden selbst als Aktivist*innen und Besetzer*innen definiert: der erschaffene besondere Ort wirkt als eine besondere Sprecherposition und erschafft damit auch besondere ›politische Subjekte‹.[12]

6.1.1.3 Architektur und Raumzonen

Die Grenzziehungspraktiken definieren ein Verhältnis von Außen und Innen. *Per definitionem* ist das Außen der Besetzung außerhalb der Reichweite wie auch der Relevanzen der Besetzer*innen.[13] Umso interessanter ist das räumliche Innen der Besetzung. *Peter* gibt zu verstehen, dass man sich den Hörsaal nicht als homogenen Raum vorstellen sollte. Er beschreibt ein Foto, das er in den ersten Tagen der Besetzung aufgenommen hat.[14]

---

[11] *Lothar* erzählt, wie er andere Pläne zurückstellt. *Rudi* gibt an ein Semester mehr studieren zu wollen. *Niklas* geht davon aus, dass es nicht möglich ist halbtags zu streiken.
[12] Mit Jacques Rancière (2002) kann von einer politischen Subjektwerdung gesprochen werden. Rancière unterscheidet Polizei und Politik. Unter Polizei begreift er etablierte Strukturen und Institutionen konstituierter Machtverhältnisse und Verwaltungslogiken. Einen *politischen* Vorgang sieht er hingegen allein darin, dass Personen gegen diese *polizeilichen* Institutionen Forderungen auf Gehör und Berücksichtigung erheben. Im Sinne Jacques Rancières handelt es sich bei der hier ausgeführten Form der Grenzziehung um einen politischen Vorgang. Eine Personengruppe bemächtigt sich einer Sprecherposition und sieht sich damit ermächtigt, ihre Stimme gegen die allwirksamen Institutionen und Logiken zu erheben.
[13] Das schließt nicht aus, dass es Schnittstellen der Kommunikation zu diesem Außen gibt, so zum Beispiel zur Universitätsleitung und der Presse. Dass die Presse öffentlichkeitswirksame Nachrichten verarbeitet, gehört aber zur Logik der Presse. Die Hörsaalbesetzung hat an der Funktionsweise der Presse nicht das Geringste verändert. Wahrscheinlich trifft dies nicht im gleichen Umfang für die Universitätsleitung zu, aber auch hier lässt sich feststellen: die Universität an sich hält ihren alltäglichen Betrieb aufrecht und arbeitet sich entlang alltäglicher Hierarchien und Problemlösungsstrategien an einer aktuellen Betriebsstörung – der Besetzung ihres Audimax – ab.
[14] *Peter (Abs. 34)* beschreibt den Raum wie folgt: »*Also des Photo des ich gemacht hab, zeigt halt quasi den vorderen Bereich des Plenums, der relativ leer ist [...] und den hinteren Teil des Plenums, wo dann quasi die*

Abbildung 1: Architektur und Topographie des Hörsaal-Eins

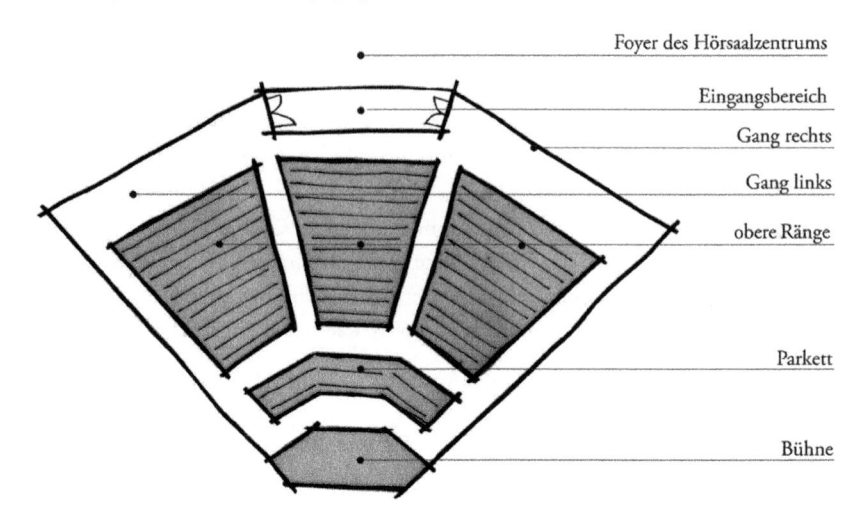

- Foyer des Hörsaalzentrums
- Eingangsbereich
- Gang rechts
- Gang links
- obere Ränge
- Parkett
- Bühne

Skizze: Carina Ernst 2018, nach einem Entwurf von Michael Ernst-Heidenreich.

Aus seiner Perspektive lassen sich vier Zonen des Hörsaals unterscheiden: »die Bühne«, einen »vordere[n] Bereich«, einen »hintere[n] Kreis« und einen »oberen Durchgang«. Diese Beschreibungen beziehen sich auf räumliche-strukturelle Aspekte einer Plenarveranstaltung. Auch wenn das Geschehen im Hörsaal nicht mit dem Abhalten von Plena verwechselt oder darauf reduziert werden sollte, gibt Peter damit einen ersten Überblick zur praktischen Topographie des Hörsaals. Grundsätzlich lässt sich der Raum wie folgt beschreiben:

Die Viertelkreis-Architektur des Saals und die Anordnung des Mobiliars definieren eine Bühne als optisches Zentrum des Hörsaals. *Die Bühne* ist zwangsläufig ein exponierter und gleichzeitig exponierender Ort. Alle Sitze, alle Gänge und die Be-

Leute sich, wo die Leute sitzen, ja. Und [...] im oberen Bereich sieht man dann eben auch noch diesen Durchgang, [...] wo die Leute immer durchlaufen. Und des ist quasi auch noch mal n eigener Lebensbereich von diesem Plenum. Also ich würd des unterteilen sozusagen in den unteren Kern, also des die Bühne an sich, [...] wo jetzt quasi vier fünf Leute rum hüpfen, die irgendwie da jetzt sich Gedanken dazu gemacht haben und unter Spannung stehen auch und irgendwie die Tagesordnung abhandeln wollen. Dann dieser vordere Bereich, indem sich sehr wenig Leute befinden. Das eigentliche Plenum, also der hinter Kreis sozusagen von den, von den Reihen her. Und dann oben eben [...] diese Durchgangsschiene, ja, wo quasi Leute wirklich im Plenum teilnehmen sag ich mal mit nem Zeitabstand von vielleicht ner Viertelstunde. Des heißt sie kommen rein, hören kurz zu, äh bleiben in dem Thema hängen, wissen was dazu, tragen auch wirklich teilweise dazu bei [...].«

leuchtung sind auf dieses Areal ausgerichtet. Wer sich dorthin bewegt, zieht unweigerlich Aufmerksamkeit auf sich. Die Bühne betritt, wer diese Aufmerksamkeit binden oder das Wort an den ganzen Raum richten möchte. Die Bühne ist der Ort der Moderator*innen und Redner*innen. Von dort aus bestehen Zugriffe auf die zentrale Technik des Hörsaals: auf Mikrophone, Beleuchtung und verschiedene Projektionstechnik. Am Fuß der Bühne findet sich ein kompakter geschlossener Block, sozusagen *das Parkett*[15] des Hörsaals. Zwischen dem Parkett und dem anschließenden oberen Hörsaalbereichen besteht kein direkter Durchgang. Man kann diesen Bereich lediglich von den Seiten oder von vorne besetzen. Wer erst einmal dort sitzt, kann nur unter allgemeiner Aufmerksamkeit wieder entschwinden. Folglich sind diese unteren Plätze eng mit dem Geschehen auf der Bühne verbunden. Peter zufolge bleibt dieser Bereich oft leer. Von Bühne und Parkett steigt das Mobiliar des Auditoriums empor, während die Sitzreihen nach oben hin immer breiter werden. Oberhalb des Parketts erstrecken sich drei symmetrisch im Raum verteilte Ränge. Mehrere Gänge durchziehen diesen Teil des Hörsaals. Kommen und Gehen ist hier einfacher möglich. Auch dort gibt es Zuschauer, die ihre Aufmerksamkeit ganz der Bühne zuwenden. Gleichzeitig wird diese Zone als allgemeiner Aufenthaltsort genutzt; tagsüber, um die Zeit zwischen den Veranstaltungen im Hörsaal oder auch der Seminare und Vorlesungen zu überbrücken; während zeitintensiver Plena, um Unterstützung zu signalisieren, aber auch um sich mit dem zu befassen, was einem beliebt – solange das Plenum nicht gestört wird. Hier entspinnen sich alle möglichen Tätigkeiten. Wobei wahrscheinlich gilt, je gewichtiger die Debatte, desto fokussierter die Aufmerksamkeit im Hörsaal. Oberhalb der Sitzplätze erstreckt sich über die volle Breite ein großzügiger Gang. In der Mitte dieses Ganges finden sich die beiden großen Eingangsportale, die den Hörsaal mit dem Foyer verbinden. Die Wände des Saals werden für Aushänge genutzt. In den ersten Wochen hängt hier ein Schichtplan für Übernachtungen. Mit der Zeit breitet sich eine Wandzeitung mit Pressemeldungen, Karikaturen, Solidaritätsbekundungen und verschiedensten Informationen über die Wand aus[16]. Im oberen Gang herrscht ein buntes Treiben. Immer wieder kommen Zuschauer hinzu oder verlassen den Saal. Viele schenken der Bühne kaum Beachtung. Einige befassen sich mit den Aushängen an den Wänden. Wieder andere sind in Gespräche versunken. Und doch werden auch von dort Wortmeldungen und Dis-

---

[15] Ein Hörsaal ist im Grunde wie ein Theater aufgebaut. Die wohl größten Unterschiede: es gibt keinen Vorhang, keine allzu große Tiefe einer Hinterbühne und die Requisiten und Szenenbilder sind in der Regel sehr spärlich.

[16] Eine weiteres Foto zeigt den entstehenden Pressespiegel als Wandzeitung (nichtveröffentlicher Materialienapparat dieser Arbeit).

kussionsbeiträge an die Aktivitäten auf der Bühne gerichtet. Nachts belagern Isomatten und Matratzen die Gänge. In ihren Schlafsäcken ziehen sich die Aktivist*innen in wenige Stunden der Intimität zurück: eine der äußerst wenigen intimen Nischen im besetzten Hörsaal. Kurzum: Auf der Bühne, dem unteren Teil des Auditoriums, den oberen Rängen und der großen Durchgangszone entfalten sich verschiedene Aktivitäten und Formen des Engagements; alle diese Formen tragen ihres dazu bei, das ›Gesamtgebilde Besetzung‹ hervorzubringen und aufrechtzuerhalten.

Die gemeinsame Aktivität, ist die zentrale Strukturierungskomponente: Ist die Schwelle zum Hörsaal erst einmal überschritten und eine Logistik der Besetzung errichtet, wird der Hörsaal zu einem anderen Ort. Hier werden Begegnungen möglich, die das Zusammen-Sein, Zusammen-Sprechen und Zusammen-Handeln in den Mittelpunkt treten lassen. Erst wenn man diese Komponenten des gemeinsamen Lebens annähert, erschließen sich alle räumlichen Aspekte der Hörsaalbesetzung. Noch bevor auf die soziale Strukturierung und ihre räumlichen Komponenten eingegangen werden kann, muss die spezifische Zeitlichkeit des Hörsaal-Arrangements näher erörtert werden.

6.1.2 Zeitliche Strukturierung

Auf Tage folgen Nächte, auf Perioden der Tätigkeit, Momente der Geselligkeit und Episoden der Müdigkeit. Die Besetzer*innen werden älter. Die Kalenderblätter der klammen Novembertage fallen wie die letzten Blätter an den Bäumen auf dem Campus. Während die Temperaturen dauerhaft unter die Null fallen, verstreicht auch der Dezember. Schnee und Eis lassen keinen Zweifel am Winter und sowohl der Trubel auf dem Augsburger Christkindlmarkt als auch der Unikalender künden davon, dass Weihnachten heranrückt. Das Semester vergeht wie alle anderen Termine. Die Zeitlichkeit der Besetzung ist in eine verstreichende Weltzeit eingelassen, die beharrlich an allem nagt. Sie schreitet unwiderstehlich voran und auch die Besetzungsordnung ist ihr mit allen Konsequenzen unterworfen.[17]

Doch mit dem Akt der Besetzung entsteht ein ›eigentümlicher‹ zeitlicher Bezugsrahmen. Vergangenheit, Gegenwart und Zukunft werden hier auf ›andere Weise‹ akzentuiert: es entsteht eine eigene Zeitlichkeit der Besetzung. Zwei Aspekte dieser zeitlichen Strukturierung werden hier herauspräpariert. Erstens ist diese Zeitperspektive stets an den Augenblick der Besetzung gekoppelt. Von dort aus lässt sich eine

---

[17] Zur sozialphänomenologischen Bedeutung der Zeit siehe die Ausführungen von Schütz und Luckmann (2003, S. 81 ff.).

Art Zeitvektor aufspannen, der in eine offene Zukunft weist; auf dem sich im Nachgang die Ereignisse der Besetzung verorten lassen; doch auch wenn dieser Vektor nach vorne zeigt, bindet er jederzeit alles Geschehen an seinen Ursprung zurück. Die Zeitlichkeit des nichtalltäglichen Arrangements ist linear und zyklisch zugleich. Zweitens etabliert sich ein zeitlicher Rhythmus, eng verbunden mit unterschiedlichen, doch wiederkehrenden Raumnutzungsformen. Beide Aspekte werden im Folgenden geschildert, um im Anschluss die raumzeitlichen Gelegenheitsstrukturen der Besetzung zunächst zu umreißen und im siebten Kapitel beispielhaft in ihrer Wirksamkeit zu konkretisieren.

6.1.2.1 Vergangenheit, Gegenwart und Zukunft im Hörsaal

Die Vergangenheit der Besetzung ist oder besser die Vergangenheitsbezüge der Besetzer*innen sind ganz durch den Moment der Besetzugskonstitution geprägt. Vor diesem Moment mag es eine Vergangenheit geben haben und es hat sie mit Sicherheit gegeben. Aber es handelt sich um keine unmittelbar gemeinsame Vergangenheit, sondern individuelle Verkettungen biographischer Ereignisse und Erfahrungen. Bestenfalls ist sie als mittelbare gemeinsame Vergangenheit zu begreifen, die abstrakt als Gemeinsamkeit von Geschichte und Kultur bezeichnet werden könnte. Die Besetzung ist von Anbeginn ein kollektives Ding und ›mehr‹ als ein biographisches Datum oder allgemeine Historizität: eine Sache des Zusammentretens, der Kollaboration, der Interaktion, des Streits, der gemeinsamen Affektivität. Natürlich waren zur Stunde Null Individuen zugegen und diese werden dieses kollektive Ding individuellbiographisch verarbeiten: das heißt, von diesen Tagen erzählen und zehren, darüber urteilen, schmachten, spotten und vielleicht mehr. Einige waren ›konstitutive Beiwohner*innen‹ dessen, was sich da mit ihnen selbst und den anderen zugleich vollzogen hat. Doch keines dieser Individuen ist der Ursprung oder der Grund der Besetzungsdynamiken. So interessant und problematisch die Frage, wie es zur Besetzung kommt bleibt, festzuhalten ist: es gibt einen Moment der Besetzung. Diese ursprüngliche Besetzung am 17. November ist die Episode, in welcher die Zeitlichkeit der Besetzung gründet. Sie ist der Moment aus dem alles strömt und strebt.[18]

---

[18] Mircea Eliade (1984) spricht in Bezug auf derartige Episoden von einem primordialen Moment. Eine Schöpfungszeit, die insofern eine mythische Zeit darstellt, da erzählerisch auf sie Bezug genommen wird. Auch wenn die Konstitution in einer fernen nicht wiederbringbaren Vergangenheit liegt und nur als ferne als *illud tempus* erinnert werden kann, erkennt Eliade im zyklischen Kalender religiöser Gemeinschaften Versuche, diese Zeit zumindest symbolisch wiederherzustellen und damit performativ eine Erneuerung der Konstitution zu betreiben. Derartige Zyklen

Die Gegenwart der Besetzer*innen besteht im Ergriffen-Sein von und Tätig-Sein für die Besetzung. *Es geht darum die Besetzung aufrecht zu erhalten, ihr Legitimation zu schaffen und ihre Existenz zu steigern.*[19] Die Gegenwart der Besetzer*innen ist lebendige Gemeinsamkeit: *lexis* und *praxis*. Man ist zusammengetreten, um *miteinander zu sprechen* und schließlich *gemeinsam zu handeln*.[20] Es wird über die Besetzung gesprochen, über das eigene Selbstverständnis, was man erreichen will und wie das zu erreichen ist. Es entstehen Gespräche darüber, was zu tun ist und es werden Entscheidungen gefällt, die in Handlungen übergehen. Das Miteinander-Sprechen ist nicht nur daran orientiert, eine Praxis der Besetzung anzuleiten. Das Sprechen ist auch Selbstzweck. Stundenlange Diskussionen entspinnen sich. Über die Besetzung, über Bildung, die Universität und die Gesellschaft. Nach *Friedrich* kommt man am Ende immer wieder bei der Frage nach dem großen Ganzen heraus: dieses Infragestellen nennt er *»Kapitalismuskritik«*.[21] *Lothar, Hannah* und *Judith, Peter* und *Bert* sehen das ähnlich. Wer mit der Sprache herausrückt, drückt nicht nur etwas aus, was sonst verschwiegen worden wäre. Was sich hier sprachlich herausmacht, formt sich und wird sicht- und hörbar. Der Rede folgen Kommentare, Ergänzungen und Gegenreden. Es werden Zweifel

---

 der Wiederherstellung des Konstitutionsmoments können auch im Verlauf der Besetzung wiedergefunden werden.

[19] Die expansive Logik des Besetzungsgeschehens ist bemerkenswert: mehr Mobilisierung, mehr Zuspruch, größere Wirkung, größere Intensität, »und morgen die Welt«. Die Expansion beginnt mit den Vorbereitungen zur Besetzung. Eine vage Idee leitet zum Handeln an. Die Hoffnung wächst, bis es schließlich tatsächlich zur Besetzung kommt. Die Vorbereitung zum Sprung, wird zum Sprung. Die Hoffnung auf Überschreitung, zur Überschreitung. Wenn sich dieser Erfolg erst einmal eingestellt hat, was dann? Ist irgendetwas erreicht? Zumindest nicht in der Form, dass irgend jemand zufrieden nach Hause gehen möchte. Dass die Verkettung und Aufschaukelung von Ansprüchen eventuell von selbst kein Ende findet, wird im Statement des 18. November sichtbar: »und morgen die ganze Welt«. Der Protest ist maßlos. Nicht weil die Aktivist*innen des Protests maßlos wären, die eskalierende Logik ist maßlos. Die Besetzer*innen verausgaben in tätiger lebendiger Gegenwart ihre Kräfte, um dieser Maßlosigkeit Herr zu werden: ihr Verschleiß ist nicht verwunderlich, sondern geradezu unausweichlich.

[20] In seinem *Strukturwandel der Öffentlichkeit* beschreibt Jürgen Habermas die griechische *agora* als öffentlichen Ort des gemeinsamen Sprechens und Handelns (*lexis* und *praxis*). Man tritt dort aus dem privaten Leben (*oikos*) hervor, um öffentliche Angelegenheiten zu besprechen und zu regeln. Durch kommunikativen Austausch und Tätigkeit entsteht eine öffentliche Sphäre, ein *bios politikos*, in welchem Individuen die Sorge um familiäre Interessen überschreiten und damit beginnen für übergreifender Interessen Sorge zu tragen (vgl. Habermas 1990, S. 55). Für diejenigen, die trotz bestehender Möglichkeiten (schließlich erfüllten nur die wenigsten Einwohner auch die Voraussetzungen, sich als Bürger zu begreifen) nicht am Öffentlichen beteiligten beziehungsweise nicht über den Tellerrand des *oikos* blicken konnten oder dazu gewillt waren, hatten die Griechen ebenfalls einen Begriff: sie waren die *idiotes*. Die Herabwürdigung der (vermeintlich) ›Unpolitischen‹ gehört ebenso in den Dunstkreis politischen Engagements wie die (Selbst-)Überhöhung des eigenen Einsatzes.

[21] *»[A]lso wir haben halt gesagt, wir sind keine Kapitalismus ab Kritiker [...], aber egal welche Debatte wir geführt haben, es lief immer hinaus Kapitalismuskritik«,* berichtet *Friedrich (Abs. 63).*

geäußert und Argumente Dritter zitiert. Mit der Zeit entstehen Positionen und Gegenpositionen. Viele Überzeugungen, Haltungen und Einstellungen entwickeln sich erst in diesen Gesprächen, andere werden bis auf die Grundfesten erschüttert. *Hannah* und *Judith (Abs. 111)* sind fasziniert davon wie viel in diesen Gesprächen *»im kleinen Kreis«* gelernt wird; *Lothar (Abs. 60)* nicht weniger davon, wie schnell sich Wissen im kommunikativen Modus verbreitet. Die Gegenwart der Gespräche stößt Veränderungen an.

Das Zusammen-Handeln äußert sich vor allem im Organisieren. Plakate werden gemalt, eine Homepage eingerichtet, die Kommunikation mit anderen gesucht. Im Plenum wird erst eine Raumordnung ausgehandelt und anschließend auf ein Plakat geschrieben, schließlich dies an eine der Wände gehängt. Es wird das Gespräch mit anderen Gruppen gesucht und Aktivitäten vereinbart. Die Universität und die anschließenden Stadtviertel werden mit Protestsymbolen, Transparenten, Plakaten und Artefakten bestückt. Einige beginnen damit Essen und Getränke herbeizuschaffen. Andere suchen den Kontakt zur Presse und bauen an einem Außenbild. Wieder andere sind damit befasst, eine neue Kundgebung in den folgenden Tagen zu planen. Gegenwärtig gibt es in der Besetzung immer etwas zu tun. Solange miteinander gesprochen wird und miteinander gehandelt wird, ist die Besetzung »lebendige Gegenwart« (Schütz und Luckmann 2003). Eine aktiv erlebte Gegenwart, in der Pläne für eine zu definierende Zukunft geschmiedet werden. Doch während die Vergangenheit die Besetzung verankert und den Grund für einen konkreten lebendigen gegenwärtigen Austausch bereitet, reichen die Pläne der Gegenwart nur knapp in die Zukunft. Diese bleibt damit aber zweigeteilt.

Zum einen ist die Zukunft die Zeit, in der die miteinander ausgeheckten Pläne verwirklicht werden. So werden etwa gegenwärtig die Demo des nächsten Tages vorbereitet oder Bands für ein Solidaritätskonzert am übernächsten Abend organisiert oder ein Positionspapier zur Übergabe an die Universitätsleitung für den kommenden Morgen erarbeitet. Dieser unmittelbaren Zukunft, steht eine sehr viel unbestimmtere fernere Zukunft entgegen. Eine Zukunft, für die es keinen Plan gibt. Die Zeit der Besetzung wird mit dem Akt der Besetzung begründet und seither aktiv aufrechterhalten, aber wo findet sie und wie findet sie ihr Ende? *Das Trajekt hängt in der Luft* – und das scheint ein entscheidendes Problem. Wo führt diese Besetzung hin? Das gegenwärtige Handeln definiert die kleinen Pläne, was ist aber das Ziel, der Plan an sich? Diese Fragen stellen sich aus zwei Gründen: Erstens ist die Besetzung kein Selbstzweck. Sie wird aus politischen Gründen eingerichtet. Lassen sich also durch die Besetzung Änderungen herbeiführen, welche die Auflösung der Besetzung ermöglichen? Wenn das nicht der Fall ist, kann eine dauerhaft erfolglose Besetzung selbst von Dauer bleiben? Zum Anderen bleibt die Zeitlichkeit der Besetzung eingebettet in die Rhythmen und Terminierungen der Welt. Die Zukunft der Besetzung steht deshalb unter Druck, da die Bewältigung alltäglicher Bezugsprobleme nicht auf Dauer ausgesetzt werden kann, ohne den eigenen sozialen Status – ›in der Welt da draußen‹ – zu gefährden. Wer nicht pünktlich zur Arbeit erscheint, wird den Job verlieren. Wer Abgabefristen oder Prüfungstermine nicht einhält, wird durch Examen fallen. Wer Zahlungsaufforderungen nicht nachkommt, muss mit Inkassomaßnahmen rechnen. Mit der Weltzeit verstreichen nicht nur Minuten, sondern auch terminierte Verbindlichkeiten, die im Alltagsleben wurzeln; und auch wenn dieses Alltagsleben zunächst an Bedeutung einbüßt, irrelevant wird es nie – schließlich wird sich die ›andere Seite‹ jeder unterbrochenen Reziprozität (etwa die Arbeitgeberin, der Prüfer, die Vermieterin oder der Banker) routiniert an die jeweiligen Alltagsverbindlichkeiten erinnern und bei Abweichung entsprechende Maßnahmen ergreifen.

Vieles spricht dafür, dass die Besetzung im Grunde keine dauerhafte Struktur sein kann und die Frage nach ihrer Zukunft im Grunde keine Frage, sondern ihre zeitliche Offenheit eine zentrale Kondition ihres Bestehens ist. Eine Bedingung, die zunächst Kreativität, Dynamik und Kohäsion begünstigt, auf Dauer aber Frustration und Desintegration provoziert. Diese fehlende Bestimmung der Zukunft geht einher mit einem ungeklärten Verhältnis von Alltag und Nichtalltag. Eine folgenreiche Unbestimmtheit, wie sich noch erweisen wird.

6.1.2.2 Der Rhythmus der Besetzung

Im Mittelpunkt dieses nichtalltäglichen Zeitgefüges steht ein kollektives Leben, das im Moment der Besetzung beginnt und dessen Vollzug und Erhalt seit diesem Moment zum wesentlichen Anliegen der Besetzer*innen wurde. Der Rhythmus der Besetzung entspringt der Notwendigkeit die Kräfte der Besetzer*innen zu koordinieren, zu synchronisieren und zu verausgaben. Er lässt sich entlang zweier Dimensionen systematisieren.

Erstens können Phasen unterschiedlicher Konzentration des Besetzungsgeschehens identifiziert werden. Dazu gehören einerseits regelmäßige Zeiträume der sozialen Verdichtung: die Besetzungsgemeinschaft kommt dann zusammen, um je nach Anlass Ereignisse kollektiv zu begehen, zu teilen und gemeinsam zu erfahren. Andererseits ergeben sich Zeiträume, in denen sich die Gemeinschaft zerstreut und Besetzer*innen individuell oder in Gruppen je unterschiedlichen Tätigkeiten nachgehen. Diese können mit dem Besetzungsgeschehen verbunden sein. Sie können aber auch Relevanzen bedienen, die außerhalb der Besetzung begründet liegen. *Zweitens* können Zeiten produktiver Tätigkeit und des unproduktiven Zeitvertreibs unterschieden werden. Mit produktiv ist gemeint, dass sich die Besetzer*innen, ob in Zerstreuung oder Verdichtung, aktiv an konkreten Bezugsproblemen der Besetzung abarbeiten.

Typologie 2: Der morphologische Rhythmus der Besetzung

		Ergebnisbezug	
		Produktiv	Unproduktiv
Konzentration	Verdichtung	A. produktive Verdichtung	B. unproduktive Verdichtung
	Zerstreuung	D. produktive Zerstreuung	C. unproduktive Zerstreuung

Im Schnitt dieser Dimensionen ergibt sich eine Vier-Felder-Matrix, die eine hilfreiche Komplexitätsreduktion im Hinblick auf zwei zentrale Aspekte des Geschehens ermöglicht. Die damit scharf gezeichneten, idealtypisch zu verstehenden Zeitfenster sind dazu in der Lage, den gesamten zeitlichen Ablauf eines Besetzungstages und folglich die ganze Besetzungszeit zu charakterisieren.

Dieser Typik eines Rhythmus' der Besetzung beruht offensichtlich auf einem Zusammendenken von räumlicher und zeitlicher Morphologie. Doch erst im Schnittpunkt mit der dritten morphologischen Achse, der sozialen, wird deutlich, was diesen Rhythmus auszeichnet. Im besetzten Hörsaal entspinnen sich ein räumlich und zeitlich verdichtetes soziales Leben voller Intensität und Kreativität. Es sind nicht so sehr die räumlichen und zeitlichen, sondern die sozialen Konsequenzen dieser Verdichtung, die das Geschehen auszeichnen. Wie bereits gezeigt, sind Raum und Zeit aus der sozialphänomenologischer Sicht niemals unabhängig von Subjekten und Interaktionen. Im Folgenden wird die soziale Strukturierung des nichtalltäglichen Arrangements rekonstruiert und damit die Analyse der Gelegenheitsstruktur der Besetzung abgeschlossen.

6.1.3 Soziale Strukturierung

Im Hörsaal ergeben sich Situationen der Zerstreuung und der Verdichtung. Grundsätzlich gilt: das soziale Leben, das bis zum Moment der Besetzung geführt wurde, wird durch Bezugsprobleme des Besetzungsgeschehens überlagert und reduziert. Gemeint ist damit, dass die Einrichtung der Besetzung mit einer massiven Aufmerksamkeitsverschiebung verbunden ist.[22] Viele der bis zu diesem Zeitpunkt vorrangigen Bezugsprobleme des alltäglichen Lebens werden in den Hintergrund gedrängt. Die ›Existenz‹ der Besetzung bringt neue Relevanzen (Schütz) mit sich. Die Frage, ob die Aktivist*innen diesen Sprung (Kierkegaard) in eine andere Relevanzordnung mit Absicht herbeigeführt haben oder ob die Einrichtung der Besetzung den gewordenen Besetzer*innen diesen Sprung aufzwingt, ist müßig. *De facto* besteht ab dem 17. November eine Besetzung. Wer sich an dieser Besetzung beteiligt, akzeptiert zwangsläufig zumindest grundsätzlich die damit verbundene Relevanzordnung.[23] Gleichzeitig bringt diese Umorientierung die oben beschriebenen raumzeitlichen Verbindlichkeiten mit sich.

Bei aller Weitläufigkeit des Hörsaals, der besetzte Raum ist weit ›kleiner‹ als der umfassende soziale Raum, in dem Studierende und andere Aktivist*innen für gewöhnlich ihr Leben vollziehen. Bei aller Unwiderstehlichkeit einer vergehenden Weltzeit, die Rhythmisierung synchronisiert die Aktivitäten all jener, die sich an der Besetzung beteiligen. Diese räumlich und zeitlich verdichtete Sphäre bildet die Grundlage für eine spezifische soziale Strukturierung.

a. Zunächst lässt sich rekonstruieren, wie sich das nichtalltägliche Arrangement des Hörsaals entlang der lebensweltlich interessanten Kategorien Mitmensch, Nebenmensch, Zeitgenosse (Schütz, Gurwitsch) vom Alltagsleben unterscheidet.
b. Im Anschluss daran wird entlang der bereits im Abschnitt über die räumliche und zeitliche Strukturierung dargestellten Zeitfenster deutlich zu machen sein, wie das

---

[22] Wie erläutert spricht Schütz mit Kierkegaard von einem Sprung in einen anderen Wirklichkeitsbereich.
[23] Natürlich geschieht das weder explizit noch intentional, vielmehr impliziert eine Beteiligung über die Praktiken der Besetzungsaktivität und die Realität der sozialen Verdichtung diese Relevanzordnung. Die motivationsleitenden Gründe, der Individuen zu einer Beteiligung veranlasst sind hochwahrscheinlich sehr heterogen. Fakt ist, dass sich eine nicht vernachlässigbare Anzahl an der praktischen Realität des Besetzens beteiligen. Im Fokus dieser Arbeit steht weit weniger das Warum, als das Wie dieses Besetzens.

soziale Geschehen in typischen sozialen Interaktionssituationen verläuft. Aufgrund der Besetzung entstehen Interaktions-, Koordinations- und Handlungserfordernisse.[24]

6.1.3.1 Mitmenschen, Nebenmenschen und Zeitgenossen im Hörssaal

Als Mitmenschen gelten Schütz die je anderen relevanten Personen in einer sozialen Situation. Menschen, die eine Akteur*in direkt berücksichtigen muss. Nebenmenschen sind ebenfalls zugegen, sind aber für einen Akteur zunächst nicht direkt von Bedeutung. Zeitgenossen sind schließlich Menschen, die zur selben Zeit existieren, aber weder situativ relevant noch raumzeitlich zugegen sind. Was lässt sich nun mit dieser empirisch gehaltlosen Heuristik anfangen? Die raumzeitliche Kompression beeinflusst, wer regelmäßig als Mit- oder Nebenmensch in sozialen Situationen auftaucht oder mit Aron Gurwitsch (1977) welche »mitmenschlichen Begegnungen« wahrscheinlich sind. Ganz offensichtlich sind Begegnungen innerhalb der Gruppe der Besetzer*innen hoch wahrscheinlich. Der Übergang zwischen den Kategorien Mitmenschen und Nebenmenschen keineswegs trennscharf, sondern fließend. Auch wenn der quantitative Beweis hier nicht geführt werden kann, ist doch davon auszugehen, dass die Besetzer*innen und ihre Sympathisant*innen vornehmlich unter sich die Aktivitäten der Besetzung entspinnen. Es sollte nicht verwundern, dass eine derartige dauerhafte Verdichtung Folgen zeitigt.

Zunächst führt der wiederholte Kontakt dazu, dass sich Individuen kennenlernen. Die gemeinsamen Aktivitäten führen zu gemeinsam geteilten Erfahrung und Erinnerungen: auf Grund gemeinsamer Aktivitäten, gemeinsame Erfolge, gemeinsamen Niederlagen; geteilter Freude und geteilten Bangens, Hoffens usw. Es entstehen zwischenmenschliche Beziehungen: erst Bekanntschaften, mit der Zeit Verhältnisse der Sympathie und Antipathie, Konkurrenzverhältnisse, Freundschaften und auch Liebesbeziehungen. Über die direkten interpersonalen Bande hinaus wird der soziale Kosmos der Besetzung in Versammlungen als ganzer greifbar. Die Grundlagen für das Erleben von Gemeinschaft sind offensichtlich unmittelbar gegeben. Dieses Ge-

---

[24] Mit Hinweis auf Talcott Parsons Strukturfunktionalismus ist die Lösung von Bezugsproblemen des Sozialen – bei Parsons vier – eine Frage der Stabilisierbarkeit von Strukturen sozialer Systeme.

meinschaftserlebnis verbindet auch noch diejenigen, die sich im persönlichen Verhältnis tendenziell unsympathisch oder in Konkurrenz[25] begegnen. Im »Geist« der Bezugsprobleme der Besetzung wird eine Gemeinschaft geschmiedet.

Die relative Exklusivität dieser Gemeinschaft und die umfassende räumliche und zeitliche Reduktion des sozialen Lebens der Besetzer*innen auf diese Gemeinschaft zeitigt nun auch Folgen für das Verhältnis zwischen der Gemeinschaft der Besetzer*innen und den Zeitgenossen der Besetzung. Während sich die Welt der Besetzung um diese Besetzung ›dreht‹, gibt es für diese soziale Konzentration in der ›Außenwelt‹ kein Äquivalent. Das soziale Leben der Zeitgenossen außerhalb der Besetzung ist weiterhin an den Bezugsproblemen des Alltagslebens orientiert. Hier werden andere Erfahrungen und Erkenntnisse, Emotionen und Relevanzsetzungen generiert. Und während sich das soziale Leben im Hörsaal auch durch die Ansammlung gemeinsam geteilter Erfahrungen und Emotionen weiter verdichtet, wächst im Hinblick auf diese Erfahrungen und Emotionen die Distanz zu den Zeitgenossen außerhalb der Besetzung.

Das Leben im Hörsaal wird entlang der Kategorien von Zeit und Raum verdichtet. Diese Verdichtung besteht zunächst als ein Zusammendrängen von Körpern. In der Konsequenz konzentriert sich soziales Leben. Die hier entstehende Melange ist dabei ebenso komplex wie folgenschwer. Während mitmenschliche Begegnungen im Hörsaal zunehmend zur Selbstverständlichkeit heranwachsen, treten im Verhältnis zu den Zeitgenossen deutliche Differenzen auf. Während die Anwesenden in einen gemeinsamen dichten Wirklichkeitsbereich eintauchen, teilen die Zeitgenossen außerhalb des Hörsaals diese unmittelbare Erfahrung nicht und wenn doch, dann lediglich mediatisiert.

6.1.3.2 Sozialität im Rhythmus räumlicher Verdichtung

Die soziale Struktur der Besetzung wird vor allem von Interaktions-, Koordinations- und Handlungserfordernissen bestimmt. Im Laufe der Tage treten die Aktivist*innen zusammen und auseinander, um diverse Herausforderungen der Besetzung zu bewältigen. Wesentliche Aspekte des Geschehens lassen sich in im vorhergehenden Abschnitt skizzierten der idealtypischen raumzeitlichen Heuristik verorten. Konkretisiert ergibt sich die folgende Matrix:

---

[25] Begreift man Konkurrenz im Sinne der Simmelschen Formsoziologie, werden Konkurrenten prinzipiell durch ein gegebenes Drittes integriert (Simmel 1992c). Eine Konkurrenz um herausragende Taten, um *primus inter pares* zu werden, integriert Konkurrent*innen im Geist der politischen Bewegung.

Typologie 3: Interaktionsformate im Rhythmus der Besetzung

		Ergebnisbezug	
		Produktiv	Unproduktiv
Konzentration	Verdichtung	A. Koordinationszeit (Plenum)	B. Festzeit (Ringvorlesungen, Feste & Feiern etc.)
	Zerstreuung	D. Arbeitszeit (Arbeitskreise & -gruppen)	C. Freie Zeit (Kreative Geselligkeit & Privatisieren)

Die einzelnen Felder lesen sich dabei von A. bis D. wie folgt:

A. *Das Plenum* steht stellvertretend für Zeiten sowohl der sozialen Verdichtung als auch der produktiven Absichten. Der erste Tag wirkt wie eine einzige lange produktive Plenarveranstaltung. In der ersten Woche finden noch zwei, manchmal auch drei Plena pro Tag statt. Noch während der ersten Woche zeichnet sich ein regelmäßiger Rhythmus ab. Jeden Abend, meist gegen 18 Uhr, kommen die Besetzer*innen zusammen und koordinieren ihre Arbeitsfortschritte, besprechen neue Herausforderungen und tauschen ihre Meinungen aus. In diesem Sinne wird jeden Abend das Besetzungsgeschehen synchronisiert. In Durkheims Begriff wird dadurch mechanische Solidarität organisiert: individuelle Bewusstseine und kollektives Bewusstsein werden abgestimmt.

B. Regelmäßig treten die Besetzer*innen zusammen, ohne die direkte Absicht Bezugsprobleme der Besetzung zu bearbeiten. Einerseits stehen hierfür die regelmäßig organisierten *Ringvorlesungen* oder auch *Podiumsdiskussionen* im besetzten Hörsaal. Im Mittelpunkt stehen thematischen Anliegen der Aktivist*innen nicht aber die Produktion und Organisation der Besetzung im engeren Sinne. Als paradigmatisch unproduktiv können andererseits *verschiedenste Events* – insbesondere im Sinne eines Abendprogramms – verstanden werden, die in der Regel die Form von *Festen und Feiern* annehmen. Musik und Theateraufführungen, Gespräche und Diskussionen, gemeinsames Lachen, Trinken und Tanzen; im Mittelpunkt dieser Zeiten steht das Zusammen-Sein als solches. Diese Zeiten sind für den sozialen Zusammenhalt der Gemeinschaft sicherlich hochfunktional, doch diese Funktion wird nicht auf

C. Zeiträume der produktiven Zerstreuung stehen offen, um in *Arbeitskreisen oder -gruppen* konkrete Problemlösungen zu erarbeiten oder konkrete Handlungserfordernisse zu bewältigen. Einige Beispiele ohne diese direkt durch Interviewreferenzen zu belegen: Die AG Presse führt per Weblog der Besetzer*innen ein umfassendes Protokoll und trägt Informationen möglichst gezielt nach außen. Die AG Versorgung kümmert sich um logistische Probleme oder kocht bereits am nächsten Essen. Die AG Mobilisierung malt Plakate für die nächste Demo und erörtert die Frage, wie es möglich sei noch mehr Studierende aktiv für die Besetzung zu gewinnen. Diese Form der Produktivität erzeugt konkrete Anpassungsleistungen an einerseits ständigen, andererseits aber auch sich ständig verändernden Herausforderungen der Besetzungslogistik.

D. Die Zerstreuung eröffnet auch Zeiträume der *kleinen Geselligkeit* oder freien Assoziation oder des Rückzugs. Aktivist*innen gehen Beschäftigungen nach, die individuelle Bedeutung haben, assoziieren sich nach *gusto* oder ziehen sich gar aus dem Hörsaal zurück. Diese Zeiträume der freien Gestaltung und des Rückzugs sind einerseits notwendig, um mit den eigenen Kräften zu haushalten, andererseits tritt hier die Relevanzordnung der Besetzung am deutlichsten in den Hintergrund, während andere Relevanzordnungen, etwa private Präferenzen oder institutionelle Erfordernisse an Bedeutung gewinnen. Eine dritte Entwicklung zeichnet sich hier ab. Hier findet sich schließlich auch Gelegenheit, dass sich Freundschaftsnetzwerke aus der Besetzungsgemeinschaft heraus definieren und an selbstständiger Bedeutung gewinnen. Das ist solange kein Problem, wie diese Netzwerke nicht in Konkurrenz zum Besetzungsgeschehen stehen, aber genau eine solche Konkurrenz scheint sich mit der Zeit zu entwickeln.

6.1.4 Synopse zur Morphologie des besetzten Hörsaals

Die idealtypische Unterscheidung von Phasen der Verdichtung und Zerstreuung auf der einen Seite sowie der produktiven und unproduktiven Verausgabung auf der anderen Seite, kann nicht darüber hinwegtäuschen, dass sich konkrete Interaktionssituationen nur graduell in diese Logik einpassen lassen. Doch erst durch unterschiedliche Formen der Interaktion, kollektiver Produktivität und Geselligkeit in Plenarveranstaltungen, Arbeitsgruppen, Ringvorlesungen sowie Feiern und nicht zuletzt durch die allgemeine Geselligkeit wird eine erstaunliche Doppeltatsache einsichtig: dass einerseits diese Besetzung 35 Tage lang aufrechterhalten werden konnte, und dass diese andererseits nur 35 Tage von Dauer war und vergehen musste. In diesem Abschnitt konnte die morphologische Struktur des Besetzungsgeschehens lediglich skizziert werden. Im nächsten Kapitel werden die Folgen dieses zyklisch verdichteten, produktiven und geselligen Lebens aufgezeigt. Zuvor gilt es, die morphologischen Strukturen des Insellebens zu rekonstruieren.

6.2 Die soziale Morphologie der Inseltage

Die Strukturen des *Schulcamps* werden zu maßgeblichen Teilen von langer Hand geplant. Sind die Schüler*innen, Lehrer*innen und die Crew erst einmal auf der Insel, sehen sie sich diesen entworfenen Strukturen ausgesetzt. Auch das Lagerleben auf der Insel zeichnet sich durch räumliche, zeitliche und soziale Verdichtung aus. Ähnlichkeiten, aber auch Besonderheiten der sozialen Morphologie des *Schulcamps* stehen im Mittelpunkt des zweiten Abschnitts dieses Kapitels.

6.2.1 Räumliche Strukturierung

6.2.1.1 Die Bedeutung der Insel-Lage: natürliche und soziale Grenzen

Bereits der Ort des Camps ist bemerkenswert: eine Insel. Diese liegt als Halbinsel in einem mittelgroßen Binnensee, rund dreißig Minuten Autofahrt von der Schule entfernt. Sie ist nahezu vollständig von Wasser umgeben. Lediglich im Nordwesten besteht eine Verbindung zu einer größeren Landzunge, welche ebenfalls von Nordwesten in den See hineinragt. Diese Landverbindung ist aufgrund des sumpfigen Untergrunds nur schwer passierbar. Der Zugang zur Insel wird dadurch auf den Wasserweg und das heißt entweder auf das kleine Küchenboot oder die Fähre eingeschränkt. Mit Ruder-, Segel- und Tretbooten, die auf dem See verkehren, kann man ebenfalls auf die Insel gelangen. Zuletzt kann die Insel schwimmend erreicht werden, dieser Weg ist aber beschwerlich und auch riskant. Kurz, das Übersetzen verlangt in aller Regel ein Boot. Ohne eine solche Überfahrt kommt man, zumal mit Gepäck, weder auf die Insel, noch von ihr wieder herunter.

Die Land-Wasser-Linie markiert die Grenze zwischen dem Hier und dem Dort, egal ob man vom Festland oder von der Insel aus den Blick hinüberschweifen lässt. Da das Überschreiten dieser Grenze aufwendig ist, geschieht es nicht versehentlich. Irgendwie muss eine Überfahrt organisiert und bewerkstelligt werden. Das Übersetzen ist indes immer mehr als das Zurücklegen einer Wegstrecke oder ein einfacher Ortswechsel. Wer auf die Insel fährt, begibt sich unwillkürlich in ein spezifisches

Grenzarrangement. Wer auf die Insel fährt, um auf ihr zu bleiben, muss die räumliche Begrenzung der topografischen Gegebenheiten in Kauf nehmen. Die Überfahrt ist somit bereits eine erste Praktik der Begrenzung oder Grenzziehung. Überfahren ist gleichbedeutend mit ›sich zu besondern‹. Die damit verbundene Selbstausklammerung zeigt sich invertiert als Einschluss in die Menge derjenigen, die sich auf der Insel eingefunden haben. Folglich trägt bereits die Insellage erheblich zur Verdichtung aller Vorgänge des Insellebens bei.

Nicht weniger bedeutsam sind weitere Grenzen. Die Insel dient als Zeltlagerplatz der Jugendorganisation. Das Betreten, erst recht der Aufenthalt auf der Insel setzen das Einverständnis der Jugendorganisation voraus. Legitime Besucher*innen der Insel sind entweder Mitarbeiter*innen oder aber Gäste der Jugendorganisation. Dritten wird der Zugang in aller Regel nicht gestattet.[26] Nicht zuletzt werden die Grenzen definiert und überwacht. An dieser Stelle zeigt sich der soziale Status der Jugendorganisation und ihrer verantwortlichen Mitarbeiter*innen. Auf der Insel herrschen die Regeln der Jugendorganisation: Sie übt das Hausrecht aus. Diese Haushoheit findet immer vor dem Hintergrund ihren Ausdruck, dass letztlich die Jugendorganisation über Einschluss und Ausschluss befinden kann; wenn auch sicherlich nicht vollkommen willkürlich. Neben der harten Kontrastfolie des Ausschlusses finden sich weitere Indikatoren für die zentrale Bedeutung der quasi-hoheitlichen Kompetenzen der Jugendorganisation, ihrer Vertreter*innen und ihrer Hausordnung.[27]

6.2.1.2 Die Topographie des Schulcamps auf der Insel

Die Lagerarchitektur fügt sich in die topograpischen Gegebenheit des Geländes ein. Die Insel ragt als Hügel aus dem See. Zur Mitte hin steigt der Grund an, zu den

---

[26] Am zweiten Abend kommt es zu einem kleinen Zwischenfall. Im Dunkel der Nacht sind zwei Boote vom Festland aufgebrochen und wollen an der Insel anlanden. Einige Bekannte vielleicht auch andere Mitschüler*innen haben sich auf den Weg gemacht, um sich unter die Abendgesellschaft zu mischen. Die ungebetenen Gäste werden entdeckt, zur Rede gestellt und der Insel verwiesen. Nach Aussage eines Mitglieds der Inselcrew wird von einer Anzeige wegen Hausfriedensbruchs abgesehen und ein Anwalt vorläufig eingeschaltet. Auch wenn wir keine weitere Evidenz insbesondere für die juristische Dimension des Vorfalls haben, weist allein die Rhetorik auf die quasi-hoheitliche Qualität des Grenzregimes hin (vgl. L BP 20110727-23.10-23.30 Uhr).

[27] Die Hausordnung der Insel liegt in schriftlicher Form vor. Sie regelt im allgemeinen Teil etwa die An- und Abreise, den Zu- und Abgang von der Insel. Im zweiten Teil wird die Benutzung des Lagers geregelt, etwa den Umgang mit dem Inventar und etwaige Entschädigungspflichten, den Zugang zum Telefon, Essen, die Mülltrennung. Neben der Vorgehensweise im Unfallfall und dem üblichen Tagesablauf werden vor allem Sicherheitsregeln im Umgang mit dem See dargestellt und der Konsum von Drogen, Alkohol und Tabak tabuisiert beziehungsweise unterbunden. Die Hausordnung wurde aus Anonymisierungsgründen nicht in den Anhang dieser Studie aufgenommen, ferner wird auf nachvollziehbare direkte Zitate verzichtet.

Die soziale Morphologie der Inseltage 269

Ufern der Insel flacht das Terrain ab. Zelte, Gebäude und Lagerinfrastruktur sind tendenziell auf einem schmalen Uferstreifen errichtet. Auf dem Hügel selbst findet sich Richtung Norden eine Ebene, die im Osten terrassenartig abfällt. Die Hauptinfrastruktur befindet sich im Süden beziehungsweise Süd-Osten der Insel. Eine Sanitärbaracke mit Toiletten und Duschen sowie eine Küchenbaracke bilden die einzigen festen Gebäude auf der Insel. Geht man zwischen diesen Gebäuden hindurch Richtung Osten, kommt man zu der Hauptanlandungszone der Insel, einer in das Gewässer reichenden Kiesbank. Die Unterbringung erfolgt in mehreren Teillagern. Die verschiedenen Personengruppen beanspruchen je eigene Areale. Die Inselcrew, die Lehrer*innen, die Student*innen und die Schüler*innen sind in den Teillagern je unter sich. Wobei die Schüler*innengruppe aufgrund ihrer schieren Größe, mehrere Teillager für sich beanspruchen kann.

Abbildung 2: Architektur und Topographie der Insel

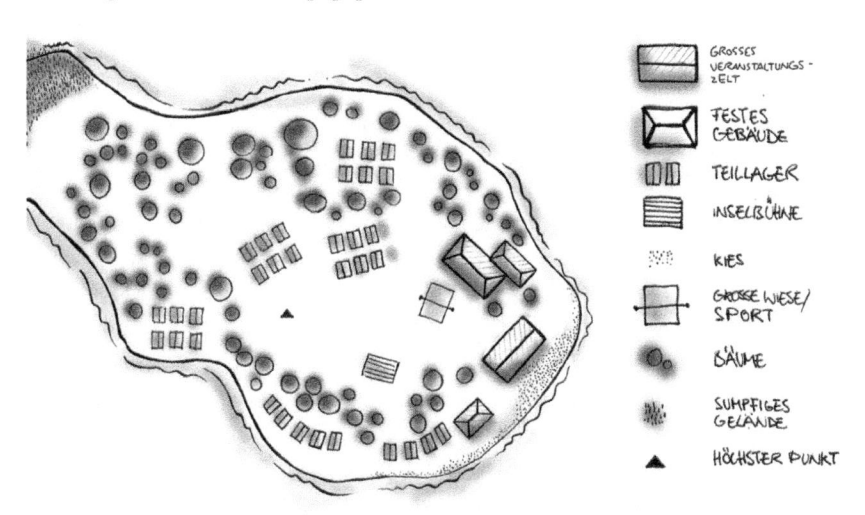

Skizze: Marcel Folmeg 2018, nach einem Entwurf von Michael Ernst-Heidenreich.

Diese Teillager müssen jedes Jahr aufs Neue errichtet werden und befinden sich während des Schulcamps vor allem an den West-, Süd- und Ostufern. Weitere Teillager finden sich auf dem Hügelplateau. Die Teillager umfassen einige für vier und mehr Personen ausgelegte Zelte sowie teilweise angrenzende Feuerstellen, wobei während des *Camps* auf der gesamten Insel nur ein Lagerfeuer pro Abend entfacht wurde. Die

Zelte selbst sind mit einem einfachen Holzlattenboden ausgestattet. Feldbetten dienen als Schlafstätten, außer ihnen gibt es in den Zelten keine Möbel. Die Gäste des Lagers teilen sich in der Regel zu acht je ein Zelt.

6.2.1.3 Raumzonen

Während die Insel in erster Linie durch den See vom Festland abgetrennt wird, basieren die räumlichen Binnenstrukturen der Insel auf sozialen Konventionen beziehungsweise expliziter Regelung. Prinzipiell lassen sich private von öffentlichen Räumen unterscheiden. Zelte sind zunächst allein den jeweiligen temporären Bewohner zugänglich. Unerwünschte Besucher haben kein Recht sich in diesen Räume aufzuhalten, wenn dies von dessen Bewohner*innen nicht gestattet wird.[28] Obwohl dieses private Vorrecht für Schüler*innen, Lehrer*innen und Mitglieder der Crew gilt, zeigen sich doch deutliche Unterschiede; sowohl im Hinblick auf die räumliche Ordnung, als auch im Hinblick auf die soziale Gültigkeit dieser Konventionen. Die Zugänglichkeit und Nutzbarkeit unterschiedlicher Raumzonen verweist auf hierarchische Aspekte der Lagerordnung, sprich: auf das Lagerregime. Im Grunde ist die Möglichkeit auf Privatsphäre während der Inseltage minimiert. Dennoch können quasi-private und öffentliche Räume unterschieden werden.

Private Räume

Die Räumlichkeiten der Crew sind nur ihr zugänglich. Dazu gehören die Zelte der Crewmitglieder neben der Küchenbaracke nicht weniger als der Rückzugsbereich der Crew direkt am Strand hinter der Küchenbaracke sowie alle logistischen Funktionsbereiche. Die Lehrer*innen verfügen nicht über einen eigenen, separierten Aufenthaltsbereich, doch wie die Zelte der Crew, sind auch ihre Zelte für alle anderen Inselbewohner*innen tabu. Für beide Gruppen gilt nicht nur der Respekt vor der Privatsphäre der je anderen, sondern auch die Integrität dieser Personenkreise als Statusgruppen auf der Insel. Die Zelte der Schüler*innen unterliegen derselben allgemeinen Regel, jedoch sind die Teillager der Schüler*innen einer akribischen Aufmerksamkeit unterworfen. Crewmitglieder und Lehrer*innen sind durch Kontrollen

---

[28] In der ersten Nacht versucht ein Junge sich in *Sigrids (Abs. 21)* Zelt zu schleichen, woraufhin ihm *Sigrid* kurzerhand ›den Weg nach draußen weist‹. *»Ich wurde penedrantst [...] angeleuchtet und hatte dann [...] voll viel Adrenalin plötzlich. Ich weiß auch nich. Und dann bin ich aufgesprungen und hab irgendwie in meiner [...] überraschten Stimmung [...] raus geschupst (lacht). Und äh die nächste Situation, an die ich mich erinnern kann, war, dass ich auf ihm drauf in meinem Schlafsack vor unserem Zelt lag, er unter mir (lacht).«*

bemüht, das für Schüler*innen geltende Alkoholreglement auf der Insel durchzusetzen.[29] Die dünnen Zeltmembranen schützen vor schlechter Witterung und versperren die Sicht vor allzu aufdringlichen Blicken. Sie können aber weder die nächtliche und frühmorgendliche Kälte abwehren, noch verhindern, dass Geräusche oder Gespräche von innen nach außen oder umgekehrt dringen. Im Falle eines akuten Verdachts – sozusagen einer Gefahr im Verzug – sind die Lehrkräfte und die Mannschaft zur Intervention berechtigt.[30] Privatheit auf der Insel ist nicht nur eine Frage der räumlichen Anlage, sondern auch des sozialen Status und verweist damit direkt auf die soziale Strukturierung.

Öffentliche Räume
Für einige Bereiche der Insel, insbesondere die Funktionsbereiche gelten explizite Regeln oder Zugangsbedingungen. Die Küche ist beispielsweise das Areal der Küchencrew. Nur zur Essensausgabe und Ausgabe des Spülwassers wird diese Zone zu einem öffentlichen Bereich. Tagsüber dürfen die Lagerfeuerplätze betreten werden, die Entscheidung über ihre Entzündung bleibt aber der Crew vorbehalten. Das große Gruppenzelt zwischen den Baracken und der ›Feierschuppen‹ hinter der Sanitärbaracke sind öffentlich zugänglich, wenn sie als geöffnet erklärt werden. Weite Teile der Insel sind allerdings stets für jedermann zu gleichen Teilen zugänglich. Das gilt prinzipiell auch für die Teillager. Außer zum Schlafen hält sich die Camp-Bevölkerung die meiste Zeit im Freien auf. Jedes Teillager verfügt über ein durch Biertischgarnituren definiertes Lagerzentrum. Dort wird drei Mal täglich gemeinsam gegessen. Die Bänke und Tische dienen als Aufenthaltsbereiche. Weite Spaziergänge sind nur bedingt möglich. Das Areal ist begrenzt. Doch die Insel lädt sehr wohl zu Rundgängen ein: zum Flanieren über die Insel, Besuchen anderer Teillager, Besteigen des Inselbergs, Suchen nach neuen Bekanntschaften. Das herrliche Sommerwetter dieser letzten Julitage schreit danach, die Füße in den See hängen zu lassen oder eine Runde zu schwimmen, auch wenn das kalte Wasser diese Unternehmungen zu einer Herausforderung werden lässt.

---

[29] Etwas überzeichnet formuliert: Mit dem Einsetzen der Dunkelheit wird zwischen den Zelten ›patrouilliert und spioniert‹.

[30] *Bosse* und *Knut* werden zum Gegenstand einer solchen Patrouille. In der ersten Nacht ziehen sie sich in ihr Zelt zurück, um das mitgebrachte ›harte Zeug‹ in kleiner Runde zu trinken. Die Zeltmembran verhindert nicht, dass ihr lautstarker ›Sauftratsch‹ die Aufmerksamkeit der patrouillierenden Ordnungshüter des ›Regimes‹ auf sie lenkt. Es war Lagerchef *Gerd Göller* persönlich, der die Tratschereien mithört, sie anschließend in ihrem Zelt zur Rede stellt und Taschen kontrolliert. Am nächsten Morgen müssen sie die Insel vorzeitig verlassen (vgl. L II 1, Anni, Abs. 64; L IV 1, Gerd Göller, Abs. 22).

Ein Anlaufpunkt ist die Sanitärbaracke. Hier befinden sich nicht nur Waschgelegenheiten, Duschen und Toiletten, sondern auch eine kleine Raucherzone. Fünf Bierbänke sind dort ›im Kreis‹ aufgestellt. Lagerleiter *Gerd Göller* hat die Regel gesetzt, dass nur dort geraucht werden darf. Ein kleiner weißer Eimer sammelt die Hinterlassenschaften und die Hundertschaften von Kippenstummeln zeugen vom emsigen Treiben der rauchenden Inselbevölkerung. Die Raucherzone dient dazu, das Rauchen auf der Insel einzuschränken.[31] Gleichzeitig wird diese Zone zur lagerübergreifenden Anlaufstelle und dies längst nicht allein für Raucher*innen. Am *kleinen Herdfeuer* der Tabakglut kommt man nicht nur zusammen, sondern sich auch sehr schnell näher, wie noch zu zeigen sein wird.[32]

6.2.2 Zeitliche Strukturierung

Die Strukturierung der Zeitlichkeit während des Schulcamps weist zum Takt der Besetzung einige Parallelen auf, ebenso zeigen sich bedeutsame Unterschiede. Auch das Schulcamp folgt seinem eigenen Rhythmus. Die Gegenwart des Schulcamps bringt eine Synchronisierung von Tätigkeiten mit sich, die eine Verdichtung zu gemeinsamen Handeln und Miteinander-Sprechen bedingt. Doch das Schulcamp folgt organisierten Pfaden. Die Konstitution des Camps geht auf vorausgehendes planerisches Handeln zurück. Die Dramaturgie des gesamten Events entfaltet sich entlang der Programmatik der geplanten Inszenierung, die sowohl den Beginn als auch die konkrete Durchführung und nicht zuletzt das Ende des Camps umfasst. Hier liegt ein wesentlicher Unterschied zwischen der zeitlichen Strukturierung dieser inszenierten kleinen Event-Lebens-Welt und der emergierenden kleinen Lebens-Welt des Hörsaals. Im Folgenden sollen, im Kontrast zur Hörsaalzeit, die Zeitperspektive und der Rhythmus des Schulcamps in wesentlichen Zügen rekonstruiert werden.

---

[31] Diese Regel sorgt dafür, dass sich nicht auf der ganzen Insel Kippenstummel verteilen, gleichzeitig zwingt es die Raucher in die Öffentlichkeit. Wer Rauchen möchte, kann das nur öffentlich. Längst nicht alle Schüler*innen haben das gesetzlich vorgesehene Mindestalter von 18 Jahren erreicht. Auch im Rahmen dieses Sichtbarkeitsarrangements zeigt sich der soziale Status der Schüler*innen Sie sind eine zu kontrollierende Gruppe.

[32] Siehe hierzu die konkreteren Ausführungen in Kapitel 7.2. Die Rede vom *kleinen Herdfeuer* habe ich gemeinsam mit einer Gruppe von Student*innen während des gemeinsamen Lehrforschungsprojekts entworfen. Die Analogie, von Herdfeuern auf der einen und Situationen am Lagerfeuer sowie am Glühpunkt der Zigaretten auf der anderen Seite, geht über bloße Metaphorik hinaus. Das gemeinsame Sitzen ums ›Feuer‹ bietet die Gelegenheit zur zeitweiligen Zusammenkunft und lädt zum Austausch, aber auch zur gemeinsamen Tätigkeit ein.

6.2.2.1 Zeitperspektive: Vergangenheit, Gegenwart & Zukunft

Die gemeinsam geteilte Vergangenheit der Schüler*innen und Lehrer*innen reicht in die Gegenwart des Inselgeschehens hinein. Vom September des Vorjahres an haben sie die Schule besucht. Zumindest den Mitschüler*innen aus den eigenen Klassen sind sie regelmäßig begegnet. Auf den Fluren der Schule haben sich ihre Wege gekreuzt. Doch selbst wenn sich längst nicht alle begegnet oder einander aufgefallen sind,[33] jeder und jede weiß um die Herausforderungen der je anderen, wenn es um die Belange des Schulalltags geht. Als Schüler*innen derselben Jahrgangsstufe und Schule sind sie in Bezug auf ihre Lebensumstände direkt und indirekt miteinander verbunden. Ebenso von Belang bleibt der biographische Hintergrund der Individuen. Sie sind Mitglieder von Familien, sozialen Gruppen und Netzwerken. Sie pflegen Arten sich zu kleiden, auszudrücken und zu denken. Einige sind sich vor dem Camp begegnet, manche seit der gemeinsamen Grundschulzeit miteinander bekannt. Doch oftmals gehen Bekanntschaftsnetzwerke nicht über die seit Beginn des Jahres zusammentreffenden Klassenverbände hinaus. Auch die Zeltlagersituation ist für viele nicht unbekannt. Einige haben Erfahrungen gemacht, die der Situation des Schulcamps ähneln. Mehrere hundert Kinder nehmen jedes Jahr in den Sommerferien für je zehn Tage an einem Zeltlager auf der Insel teil und wir wissen von einigen unserer Gesprächspartner*innen, dass auch sie als Kinder auf der Insel waren. Diese Vergangenheiten stellen in Abrede, dass das Treiben auf der Insel einen absoluten Neuheitswert besitzt.

So gegenwärtig wie die Vergangenheit ist auch die Zukunft und das in einem doppelten Sinn: Zum einen ist das Ende der Inselzeit wie ihr Anfang Teil des Gesamtplots. Am Dienstag holt die Fähre die Campbevölkerung am Festlandufer ab und bringt sie auf die Insel. Am Donnerstag landet die Fähre wieder an der Südostspitze der Insel an und die Schüler*innen und Lehrer*innen werden in ihren Alltag reimplantiert. Die Rückkehr in den Alltag ist eine ausgemachte Sache. Zum anderen ist die unmittelbare Zukunft in Form eines expliziten Programms gegenwärtig. Eine

---

[33] Verschiedene Schüler*innen äußern, dass sie auf der Insel mit Leuten zusammengetroffen seien, die sie noch nie zuvor gesehen hätten (vgl. L I 4, Doris, Abs. 20; L II 9, Helge, Abs. 34). Mit der Formulierung, sie habe »*die Hälfte der [...] Schüler [...] noch nie gesehen*« stellt *Sigrid (Abs. 191)* die fehlende soziale Durchlässigkeit des Schulalltags heraus. Es ist unwahrscheinlich, dass die Aussage »*noch nie gesehen*« stimmt. Es handelt sich vielmehr um eine Referenz auf den Umstand, dass *Sigrid* keine Beziehung zu dieser »*Hälfte*« hatte und daher dieser keine Bedeutung zumessen konnte.

grundsätzliche Zeitstrukturierung findet sich unter Gliederungspunkt »Tagesablauf«[34] als Gegenstand der Inselregularien[35].

In groben Zügen ist den Teilnehmer*innen der Ablauf des Camps bekannt. Es ist klar, dass es Workshops geben wird, dass abends gemeinsam gefeiert werden soll. Ebenso klar ist, dass am Rande des Programms viel Zeit zur freien Verfügung sein wird[36]. Was auf der Insel geschehen wird, ist kein Geheimnis oder Rätsel, sondern im Grunde eine ausgemachte Sache. Fluchtpunkt in zeitlicher Perspektive ist im Wesentlichen das Ende der Veranstaltungen: einerseits je das Ende des Tagesprogramms, andererseits die Abschlussfeier am Abend des zweiten Tages, zuletzt auch die Rückkehr am frühen Nachmittag des dritten Tages. Höhepunkt der Gesamtdramaturgie dieser Programm-Inszenierung ist der zweite Abend. Dann soll die ganze Lagerbevölkerung zusammenkommen und alle Workshopgruppen werden ihre Ergebnisse allen anderen präsentieren. Zuletzt impliziert die transparente Zukunft des Camps auch seine baldige, unwiederbringliche Auflösung.

Durch die spezifische Zeitperspektive bleiben die Teilnehmer*innen des Camps in Verbindung mit der Welt außerhalb des Schulcamps; ein alltägliches Leben, das sie für einen Augenblick verlassen haben, um alsbald dorthin wieder zurückzukehren. Es sind die Lebendigkeit und Aktivität des Camplebens, die wesentlich dazu beitragen, diese Verbindung in einem metaphorischen Sinne zu kappen. In der Gegenwart des Zeltlagers auf der Insel im See überlagern die Relevanzen des Lagerlebens die Verankerungen im Alltagsleben, indem die Verbindlichkeiten des Schul- und Familienalltags eingeklammert und auf Zeit außer Kraft gesetzt werden. Die Gegenwart der Teilnehmer*innen ist tätige Gemeinsamkeit. Wie im Kontext der Besetzung geht es darum, miteinander aktiv zu sein und miteinander in Gespräche zu kommen.

---

[34] Dieser Tagesablauf reicht vom Aufstehen bis zur Bettruhe und wird vor allem durch festgelegte Essenszeiten strukturiert. Dazwischen werden Programmfenster definiert, wobei verbindliche Programmeinheiten und informelle Freizeitformate im Wechsel angeboten werden.
[35] Zur Hausordnung siehe Fußnote 27 dieses Kapitels.
[36] Nach Angabe der Programmverantwortlichen werden Thema und Programm in der Vorbereitungsphase festgelegt (L FT, Abschn. 3.1.1). Die Grundstrukturierung der Inseltage habe sich in der Vergangenheit nur graduell verändert. Um Interesse für die Inseltage zu wecken, werden an der Schule Werbeveranstaltungen abgehalten und dabei auch in Grundzügen erläutert, was die Schüler*innen zu erwarten haben, wenn sie sich für eine Teilnahme entscheiden. Nicht zuletzt wird deutlich, dass die Inseltage im kollektiven Gedächtnis der Schule verankert und Gesprächsthema sind. Es ist daher begründet anzunehmen, dass auch ›Novizen‹ ein Grundwissen von Erzählungen und kleine Mythen der vergangenen Inseltage besitzen. Aber auch die Einführungsveranstaltung am späten Vormittag des ersten Inseltags sorgt für Aufklärung über den Ablauf. Hier werden das Workshopprinzip und die Workshopinhalte der Inseltage 2011 explizit vorgestellt.

Wesentliche Bestandteile der Organisation des Schulcamps zielen darauf ab, den Teilnehmenden Gelegenheiten zum gemeinsamen Handeln und Sprechen zu bieten. Inwiefern die einzelnen Veranstaltungen – wie etwa die Workshops – tatsächlich dazu beitragen, etwas Konkretes ins Werk zu setzen, scheint insofern nachrangig, dass allesamt dazu geeignet sind, Individuen zusammen zu bringen und greifbare gemeinsame Momente zu stiften. Nicht zuletzt setzen sie Ankerpunkte für spätere gemeinsame Erinnerungen. Workshops und Olympiaden, Lagerfeuer, Feiern und Feste, alle diese Aktivitäten lassen sich unter dem Nenner vereinen, dass sie dazu dienen eine *gemeinsame und lebendige Gegenwart* zu stiften. Das heißt gleichzeitig auch, Gelegenheiten Gemeinschaft zu erleben.

6.2.2.2 Im Rhythmus des Insel-Zeitregimes

Der Rhythmus der Inseltage fügt sich bedingt in die Ablaufstrukturen eines gewöhnlichen Tages auf der Insel.

Tabelle 4: Das Programm als Rhythmus des Schulcamps

	Dienstag	Mittwoch	Donnerstag
Früh	Private Anreise zur Fähre		
Vormittag	9 Uhr Fährfahrt Beziehen der Zelte 11 Uhr Begrüßung	*Frühstück* *Freizeit* Workshopzeit *Freizeit*	*Frühstück* Packen Verabschiedung *Freizeit*
Nachmittag	*Mittagessen* *Freizeit* Workshopzeit *Freizeit*	*Mittagessen* *Freizeit* Workshopzeit *Freizeit*	Sandwiches Rückfahrt Private Rückreise
Abend	*Abendessen* *Freizeit* Olympiade	*Abendessen* *Freizeit* Präsentation der Workshops	
Nacht	Disco & Lagerfeuer *Freizeit*	Abschlussfest *Freizeit*	

Doch die dreitägige Veranstaltung umfasst am ersten Tag die Anreise und am dritten Tag die Abreise. Darüber hinaus gelten zwei Besonderheiten: erstens wird das Programm durch das Workshopprinzip als Veranstaltungsmodus dominiert und zweitens werden die Regularien im Hinblick auf Freizeit und auch die Verfügung über die Arbeitsstunden deutlich aufgeweicht. Tabelle 4 stellt das tatsächliche Programm stellt in seinen Grundzügen dar.

Im Mittelpunkt des nichtalltäglichen Zeitgefüges der Insel steht dieses Programm. Es ruht auf der Absicht, unterschiedliche Gelegenheitsräume für vielfältigen lebendigen Austausch und gemeinsame Erlebnisse bereit zu stellen. Die Abfolge dieser Zeitfenster und Gelegenheitsräume lässt sich gleichsam als Rhythmus des dreitägigen Camps verstehen, dessen Komplexität lässt sich wiederum entlang der Dimensionen *Verbindlichkeit* und *Konzentration* systematisieren. Programmatisch wechseln sich Zeiten mit verbindlichen Programminhalten und frei verfügbare Zeiten ab. Unter Verbindlichkeit ist zu verstehen, dass mit einigen Angeboten ein großer Aufforderungscharakter einhergeht.[37] Gleichzeitig folgen auf Phasen der sozialen Konzentration Phasen der Zerstreuung.[38] Unter diesen Gesichtspunkten lässt sich der Rhythmus der Camp-Inszenierung analog zum Rhythmus der Besetzung strukturiert darstellen.

---

[37] Im Rahmen unserer Vorüberlegungen zur Inselstudie gingen wir davon aus, dass wir einigen Schüler*innen begegnen werden, die sich aus diesen verbindlichen Programminhalten ausklinken würden. Wir hatten vor diese *dropouts* eigenständig zu thematisieren. Während der Inselzeit mussten wir feststellen, dass es diese *dropouts* nicht gab – zumindest nicht in einem Umfang in dem es interessierten, informierten und aufmerksamen Beobachter*innen des Geschehens aufgefallen wäre. Natürlich müssen wir uns immer die Frage stellen, ob unsere Anwesenheit eine Erhöhung des normativen Drucks, sich zu beteiligen, mit sich gebracht hatte. Allerdings mussten wir feststellen, dass bei der Vielzahl der Beteiligten auf der Insel und in der Kürze der Zeit kaum möglich war, klar zu unterscheiden, wer zur Schüler*innenschaft, wer zur Inselcrew oder zur Forscher*innengruppe gehört. Die Annahme von Reaktivität ist nicht vollkommen von der Hand zu weisen, doch konnten wir keine Anzeichen dafür entdecken, dass unsere Anwesenheit für den Verlauf der Inszenierung größere Relevanz hatte.

[38] Die Gegenüberstellung von Konzentration und Produktivität, wie im Kontext der Besetzung, ist für die inszenierte Ordnung des Schullagers nicht ohne Weiteres übertragbar. Im Kern der Besetzung steht offensichtlich die Organisation der Besetzung. Wie ausgeführt geht es darum die Besetzung aufrecht zu erhalten, ihr Legitimation zu verschaffen und ihre Existenz zu steigern. Die Frage der Produktivität und Legitimität stellt sich auf der Insel durchaus auch – doch auf sehr andere Art und Weise. Die Produktivität der Workshopangebot vollzieht sich im ›Alsob-Modus‹. Die Frage der Legitimation stellt sich im Hinblick auf die Kontrolle allzu großer Ausschweifungen und Exzesse. Im Tagesablauf ist es daher nicht die Produktivität, sondern die soziale Einflussnahme, welche den Unterschied ausmacht. Einflussnahme mit durchaus zwei Gesichtern: zwischen Eventisierung und Moderation auf der einen Seite sowie auf der anderen Seite die Aufrechterhaltung grundierender Normen. Die Dimension Produktivität lässt sich im Hinblick auf die Besetzung auch als Verbindlichkeit durch die Notwendigkeiten der Problembewältigung übersetzen. Die Verbindlichkeiten des Schulcamps sind hingegen eine soziale Konvention, die sich einerseits auf die Freiwilligkeit der Teilnahme und andererseits auf die Hierarchie der sozialen Ordnung stützen kann. Diesbezüglich zeigen sich wesentliche Parallelen, aber eben auch gravierende Unterschiede zwischen beiden Arrangements.

Typologie 4: Der morphologische Rhythmus der Inseltage[39]

		Verbindlichkeit	
		Obligation | Programmnorm	Disposition | zur freien Gestaltung
Konzentration	Zerstreuung	A. **obligative Zerstreuung**	B. **disponible Zerstreuung**
	Verdichtung	C. **obligative Verdichtung**	D. **disponible Verdichtung**

Der wesentliche Anlass, der zu einer Veränderung der sozialen Konzentration führt, ist in planerischen Intentionen, die der Gesamtinszenierung zugrunde liegen, zu suchen. Diese Inszenierung des Schulcamps findet immer unter dem Eindruck einer paradoxen Melange aus Ermöglichung und Kontrolle beziehungsweise Freiheit und Macht statt. Sozialer Status, Hierarchie, Macht und Herrschaft sind insofern wesentliche Kontextbedingungen der sozialen Morphologie, wie im Folgenden zu zeigen ist.

6.2.3 Soziale Strukturierung

6.2.3.1 Mitmenschen, Nebenmenschen und Zeitgenossen des Schulcamps

Die Insellage und der Rhythmus der Inselzeit bringen räumliche Verdichtung und zeitliche Synchronisation von Präsenzen, Tätigkeiten und Empfindungen hervor. Zeitliche und räumliche Verdichtung sind vor allem grundlegende Bedingungen einer sozialen Verdichtung. Die sozialen Konsequenzen einer solchen Verdichtung wurden bereits im Hinblick auf das Hörsaalarrangement besprochen (siehe hierzu Abschnitt 6.1.3), dem ist hier nichts Prinzipielles hinzuzufügen. In sozialer Verdichtung werden Begegnungen zwischen unterschiedlichen Bewohner*innen der Insel

---

[39] Die Unterscheidung obligater und disponibler Zeiträume findet sich in ähnlicher Form auch bei Horst Opaschowski (1976, S. 106 f.). Trotz der terminologischen Ähnlichkeit ist die hier vorgeschlagene Begriffsverwendung dezidiert phänomenologisch-pragmatistisch sowie situationsbezogen und nur bedingt mit Opaschowskis Argumentation vereinbar.

beziehungsweise der Besetzung nicht nur möglich, sondern wahrscheinlich. Die Kategorien Mitmenschen und Nebenmenschen verwischen, während gleichzeitig ein Ausschluss der Zeitgenossen außerhalb des sozialen Arrangements herbeigeführt wird. Dieser Ausschluss ist – mehr oder minder – intentionaler Teil der Zeltlagerkonzeption; folglich eine durchaus beabsichtigte Nebenfolge der Inszenierung. So heißt es in den Inselregularien unter dem Gliederungspunkt »1. Allgemeines« unmissverständlich »*Besuch von Außen ist grundsätzlich unerwünscht!*«

6.2.3.2 Interaktionsordnungen

Während nach außen Interaktionen unterbunden werden, ist das Zeitregime der Insel so angelegt, dass Begegnungen der Inselbewohner*innen wahrscheinlich werden. Es entstehen unterscheidbare Interaktionsordnungen entlang der Programmstrukturierung.

Typologie 5: Interaktionsformate im Rhythmus der Inseltage

		Verbindlichkeit	
		Obligation | Programmnorm	Disposition | zur freien Gestaltung
Konzentration	Zerstreuung	A. **Workshopzeiten** (obligative Zerstreuung)	B. **Freie Zeit** (disponible Zerstreuung)
	Verdichtung	D. **Kollektivzeiten** (obligative Verdichtung)	C. **Festzeiten** (disponible Verdichtung)
		Kontrolle des Exzesstatus	

Im sozialen Rhythmus des Camps kommen verschiedene Individuen und Personengruppen zusammen und treten auseinander, um dieses Programm zu absolvieren. Die einzelnen Formate basieren auf einem etablierten Dramaturgieplan, der jedes

Jahr entlang eines verhältnismäßig stabilen Grundmusters variiert wird.[40] Auch während der Inseltage lassen sich Zeiträume der Verdichtung von Zeiträumen der Zerstreuung voneinander unterscheiden. Die folgende Typologie kann als Differenzierung unterschiedlicher Begegnungsarrangements, das heißt Interaktionsordnungen betrachtet werden:

A. Den größten Teil des Tages verbringt die Inselbevölkerung über die Insel verstreut. Hierbei lassen sich zwei situative Kontexte unterscheiden. Erstens finden am Dienstagnachmittag, Mittwochvormittag und Mittwochnachmittag insgesamt drei *Workshopphasen* statt. Die Teilnehmer*innen des Schulcamps können aus verschiedenen Workshopangeboten nach ihrer Neigung wählen. Doch bei begrenzten Teilnahmekontingenten greift die Regel: ›wer zuerst kommt, malt zuerst‹. Bei allen Optionen handelt es sich um Eventangebote unter der Leitung von Referent*innen. Eine Besonderheit bildet ein Workshop für die Lehrkräfte der Schule. Sie nehmen nicht gemeinsam mit den Schüler*innen an Workshops teil, sondern bleiben unter sich. Der Lehrerworkshop bekommt somit einen besonderen Stellenwert im Spektrum.

B. Zweitens – und auch zuletzt – bleibt zwischen den unterschiedlichen Programmangeboten auch *Zeit zur freien Gestaltung*. In den Grenzen des Inselarrangements können sich die Teilnehmer*innen zueinandergesellen und in diversen Konstellationen ihre Zeit verbringen. Hier bieten sich auch Möglichkeiten, sich den anderen zu entziehen und sichabzusondern. Doch auch diese zur freien Gestaltung verfügbare Zeit findet im topographisch begrenzten Bereich der Insel statt. Es ist insofern nicht verwunderlich, dass man über die Insel verteilt Gruppen in Gespräche versunken, im See baden oder auf der großen Wiese spielen sieht.

C. Der Zerstreuung in Workshops und Momenten der freien Zeitgestaltung lassen sich die geselligen Verdichtungen der offenen *Feste* am ersten und zweiten Abend gegenüberstellen. Niemand ist dazu gezwungen, die beiden Abende gemeinsamen mit anderen zu begehen. Dennoch kommt ein Großteil der Inselbevölkerung zusammen, um gemeinsam ausgelassen und gesellig die Tage ausklingen zu lassen.

---

[40] *Günter Grasser (vgl., Abs. 21; 29)* hat als Verantwortlicher der Jugendorganisation gemeinsam mit dem damaligen Schulleiter der Schule die Inseltage Anfang der 1990er Jahre angestoßen. Schon damals hat er mit seinem ehrenamtlichen Organisationsteam das Workshopprinzip etabliert. Einerseits stellt es sicher, dass die Schüler*innen ein jährlich wechselndes attraktives Programm auf der Insel vorfinden, andererseits sind Workshops dazu geeignet die Talente der ehrenamtlichen Mitarbeiter*innen der Jugendorganisation zu aktivieren und damit auch ein motivierendes Veranstaltungsformat für die Jugendorganisation selbst bereit zu halten. Die grundlegenden Prinzipien dieser ursprünglichen Konzeption, Freiwilligkeit, Partizipation und Ehrenamtlichkeit, kommen bis heute in Variationen zur Anwendung.

Das entfachte Lagerfeuer, die Scheunendisko und die Raucherzone werden so zu Sammelpunkten zwischen denen Individuen und Gruppen über Stunden hin und her wechseln können. Feste feiern bei Feuer, Musik, Rauchen und Trinken – offensichtlich tragen die damit verbundenen Tätigkeiten ihren Zweck nicht nur in sich, sondern sind auch Mittel um dem Zweck der Geselligkeit zu dienen. Geselligkeit, die – um Georg Simmel (1999, 2001) zu bemühen – ihren Zweck in sich selbst findet: Geselligkeit um der Geselligkeit willen.

D. Zuletzt bezeichnen *Kollektivzeiten* verbindliche Anlässe der Zusammenkunft. Am ersten Tag werden die Teilnehmer*innen des Schulcamps begrüßt und in die Strukturen des Lagerlebens ›eingeführt‹. Ihnen werden aber auch die Regularien der Inseltage, insbesondere das rigide Alkoholregime, auferlegt. Für den ersten Abend hat das Organisationsteam eine Olympiade organisiert, die anschließend in ein Fest übergeht. Der letzte Abend steht im Zeichen der gemeinsamen Abschlussveranstaltung. Alle diese Veranstaltungen zeichnen sich dadurch aus, dass nahezu die ganze Bevölkerung der Insel zusammenströmt und die untertags zerstreute, aktive Großgruppe sichtbar und spürbar wird. Der Ablauf folgt einer geplanten Dramaturgie. Diese wird von zentraler Stelle vorbereitet, geleitet oder moderiert. Beispielsweise ist die Eröffnungsveranstaltung ihrer Form nach als Theaterstück angelegt. Protagonisten und Publikum nehmen gemäß ihren Bühnenrollen an dieser Veranstaltung teil. Dieser kollektiv begangene Auftakt hat sowohl symbolischen als auch performativen Gehalt für die Lagerbevölkerung. Die Regeln der Olympiade am ersten Abend basieren auf Vorgaben des Orgateams. Die Konzeption folgt gelebter jugendleiterischer Praxis. Dass es hier lustig und überschwänglich zugeht, ist weder zufällig noch selbstverständlich; der kollektive Überschwang ist das unausgesprochene Ziel des Spiels. Der konkrete Ablauf, der Aufbau und die Aufgaben sind austauschbar und für sich genommen sekundär. Auch der Plot des letzten Abends wird von Verantwortlichen der Inselcrew entworfen und zelebriert. Die Teilnehmenden stellen in diesen letzten Stunden den je anderen vor, was sie in den letzten Tagen gemacht haben und ernten großen Beifall. Die Abfolge von Präsentation und Applaus – teilweise frenetischem Jubel – bringt alle Protagonisten auf die Bühne des Geschehens und gibt der ganzen Inselbevölkerung Gelegenheit, sich selbst, die je andern und ihr Zusammensein zu feiern. All diese Veranstaltungen – die feierliche Eröffnung, die Olympiade am ersten Abend, die Abschlusspräsentation am zweiten Abend – haben einen hohen Aufforderungscharakter, ohne dass die Norm der allgemeinen Verpflichtung ausgesprochen wurde. Es mag möglich sein, sich diesen Kollektivereignissen zu entziehen, nicht aber den dort formulierten Ansprüchen.

6.2.3.3 Kollektive Intimität versus funktionale Hierarchie: zum Exzesstabu

Die soziale Ordnung der Insel ist unzureichend beschrieben, wenn der Aspekt sozialer Macht und Autorität unberücksichtigt bleibt. Dabei müssen zwei sich überlagernde Autoritätsstrukturen genannt werden, welche den Interaktionsverhältnissen auf der Insel inhärent sind. Auf der einen Seite übt die Jugendorganisation auf der Insel die Autorität der Hausherrin aus. Als Gastgeberin hat sie Definitionsgewalt über die prinzipiellen Regeln des Insellebens; das heißt auch, dass ihre Vertreter*innen die Einhaltung dieser Regeln überwachen und Übertretungen sanktionieren. Von der Logistik über die Strukturierung des Tagesablaufs bis zur Ausgestaltung der meisten Programminhalte ist die Jugendorganisation federführend am »Erhandeln« (Pfadenhauer 2008) der Gesamtinszenierung der Inseltage beteiligt. Gleichzeitig handelt es sich bei den Inseltagen um eine Schulveranstaltung. Die Schüler*innen sind zumeist über sechzehn Jahre alt. Die wenigsten sind jünger als sechzehn oder aber älter als zwanzig. Die Schüler*innen werden von sieben Lehrer*innen begleitet. Diese befinden sich in einer Doppelrolle auf der Insel. Einerseits sind sie selbst Teilnehmer*innen und damit den Inselregeln und den Programmverbindlichkeiten der Jugendorganisation unterworfen. Andererseits sind sie als Lehrer*innen innerhalb der Schulhierarchie den Schüler*innen im Rahmen einer Schulveranstaltung weisungsbefugt und, insofern diese noch nicht volljährig sind, Aufsichtspersonen, die für den gegebenen Zeitraum die Aufsichtspflichten der Erziehungsberechtigten übernehmen.

Weite Teile des Geschehens auf der Insel sind von diesen schulhierarchischen und aufsichtsrechtlichen Aspekten unberührt. Doch weder lassen sich eingeschliffene Hierarchiemuster des Schulalltags beliebig abstreifen, noch können sich die Lehrer*innen als Aufsichtspersonen von den moralischen und juristischen Erwartungen, die an sie gerichtet werden oder potentiell gerichtet werden könnten, ohne Weiteres frei machen. Im Subtext der Interaktionen zwischen Schüler*innen und Lehrer*innen sind diese Statusrollen stets präsent. Insgesamt lässt sich im Hinblick auf Autorität und Macht festhalten, dass Vertreter*innen der Jugendorganisation und die Lehrer*innen darauf beharren, eine Art Exzesstabu durchzusetzen. Darunter fallen insbesondere, neben übermäßigem Alkoholkonsum, auch ausfälliges Verhalten und Sex.[41]

---

[41] Siehe hierzu beispielsweise Kapitel 7.2.3.

6.2.4 Synopse zur Morphologie der Inseltage

Auch die Inseltage zeigen sich als Episode räumlicher, zeitlicher und sozialer Verdichtung. Die Insellage dominiert die räumliche Struktur und begrenzt den Wirkbereich aller Protagonist*innen. Tatsächliche Rückzugsmöglichkeiten bietet die Insel kaum. Lediglich die Lagermannschaft ist dazu befugt, wirksame Tabuzonen – sei es zum Rückzug oder für Logistikbedarfe – zu definieren. Die Rückzugsmöglichkeiten der Schüler*innen entsprechen den begrenzten Möglichkeiten der mit bis zu acht Mitschüler*innen belegten Zelte. Die zeitliche Struktur des Camps wird durch das Programm festgelegt. In Mittelpunkt der Organisation stehen explizit das Schaffen und die Variation unterschiedlicher Möglichkeiten der Begegnung und der Interaktion. Die Inselbevölkerung kommt regelmäßig zusammen und zerstreut sich regelmäßig in Aktivitäten. Rhythmus und Interaktionsformen entsprechen im Wesentlichen einem Programm, dessen Gestalt, Organisation und Durchführung in Zusammenarbeit von Schule und Jugendorganisation realisiert wird und von Jahr zu Jahr inkrementell variierend erhandelt werden muss. Dramaturgischer Höhepunkt der Zeitstruktur ist die Abendgestaltung und insbesondere der letzte gemeinsame Abend. Die Workshopgruppen präsentieren dann vor der versammelten Lagerbevölkerung ihre Ergebnisse. In der nichtalltäglichen Verdichtung der Interaktionsverhältnisse entfalten sich vielfältige soziale Dynamiken, die im nächsten Abschnitt zu erläutern sind.

6.3 Zwischenbetrachtung
– morphologische Gemeinsamkeiten und Unterschiede

Beide Arrangements zeichnen sich durch räumliche und zeitliche Verdichtung aus, welche Begegnungen innerhalb einer überschaubaren Gruppe wahrscheinlich werden lassen. Räumlich zeigen sich sehr weitreichende Analogien. Auch zeitlich kann die Konzentration des Geschehens entlang eines spezifischen nichtalltäglichen Rhythmus sichtbar gemacht werden, dadurch dass zyklisch wiederkehrende Muster der Interaktion typisiert werden. Als wesentlicher Unterschied erweist sich der zeitliche Vektor beider Veranstaltungen. Das Geschehen im Hörsaal erhält seinen Entstehungsimpuls aus dem konstituierenden Moment der Besetzung. Anders die Inseltage: Klimax der inszenierten programmatischen Dramaturgie ist die Abendgestaltung und insbesondere der zweite Abend. Entsprechend ergeben sich im Hinblick auf die Rhythmen von Besetzung und Inseltage unterschiedliche Akzentuierungen.

Die Besetzung emergiert aus ursprünglicher Verdichtung. Die Zusammenkunft der Vollversammlung, das Plenum, wird bei aller logistischen Betriebsamkeit regelmäßig wiederhergestellt. Die Inszenierung der Inseltage bietet hingegen erst über die Zeit Gelegenheiten, um die alltägliche Verteilung in Klassenverbänden und Cliquen zu überwinden. Kollektivität wird über die Zeit möglich und insbesondere im gemeinsamen Tätigsein, Spielen und Feiern erzeugt. Die zentralen Momente der Emergenz und Inszenierung zeigen sich an sozialen, genauer regularischen Aspekten. Die sozialen Konventionen und Institutionen der Besetzung gehen aus der Plenarinteraktion hervor. Vor allem entlang einer Reihe zentraler Bezugsprobleme, welche die Aktivist*innen bewältigen müssen, soll die Besetzung aufrechterhalten werden. Die Inselregularien entsprechen der Hausordnung, über deren Gestalt die Jugendorganisation als Hausherrin der Insel wacht. Zu diesen Hausregeln kommen schulrechtliche Aspekte. Die Inseltage bleiben eine Schulveranstaltung und damit die aufsichtsrechtliche Hoheit der Schule und ihrer Vertreter*innen grundsätzlich in Kraft.

Prinzipiell fußt der Rhythmus der Inseltage auf planerischen Intentionen, deren erste Spuren zwanzig Jahre in die Vergangenheit reichen und Ausdruck gelebter Jugendverbandspraxis sind. Die Kompetenzen und Fertigkeiten der Besetzer*innen ergeben sich erst im Laufe der Besetzung und den damit verbundenen Erlebnissen – die Besetzer*innen haben im Besetzen keine nennenswerten Erfahrungen. Trennscharf gegenüberstellen lassen sich die Momente der Emergenz und Inszenierung gleichwohl nicht. Auch das Besetzungsgeschehen orientiert sich an Erfahrungen, die im Zuge des Bildungsstreiks 2009 bereits andernorts gemacht wurden. Die Besetzung von universitären Einrichtungen gehört zudem spätestens seit den 1960er Jahren zur ›Folklore‹ studentischer Protestbewegungen. Damit beruhen die institutionellen Ausprägungen der Besetzung des Hörsaal-Eins' der Universität Augsburg nicht allein auf spontaner Selbstorganisation, sie prozessieren auch – bewusst oder auch unbewusst – Wissensbestände einer gelebten bewegungsorganisatorischen Praxis. Auf der anderen Seite sind auch im Rhythmus des Zeltlagers emergente Momente eingelassen: das konkrete Geschehen verwirklicht nicht streng entworfene Pläne, sondern wird dynamisch entlang der mit dem Programm eröffneten Gelegenheiten hervorgebracht. Was sich konkret ereignet, ist nicht vorherzusehen. Jugendorganisation und Schule kennen die dynamischen Aspekte des Zeltlagerlebens, bauen auf diese und fürchten sie zugleich.[42] Die sozialen Dynamiken, die im gemeinsamen Organisieren, im Spiel oder in der festiven Ausgelassenheit liegen, machen den »Reiz

---

[42] Für diese B sprechen etwa die Bemühungen, den Alkoholkonsum während der Inseltage zu reglementieren.

des Außeralltäglichen« dieser Veranstaltung aus. Gleichwohl sind es gerade diese Dynamiken, die den Rausch der Gruppe, damit verbundene Ausschlussdynamiken, Ausschweifungen und Ausfälligkeiten mit sich bringen können. Die idealtypische Unterscheidung von emergierender Ordnung und inszenierter Ordnung ist insofern eine einseitige Steigerung in der Realität auffindbarer strukturgebender Prinzipien, die den jeweiligen Settings wesentlich zueigen und doch nur als Annäherung an Idealtypen zu plausibilisieren sind. Die Bildung von Typologien zielt darauf ab, die Komplexität empirisch aufgesuchter Phänomene sinnvoll zu reduzieren, das heißt auf eine Weise zu verdichten, dass sich Wesentliches der sozialen Sachverhalte, Strukturen, Verläufe und Dynamiken vor einem zunächst ausgeblendeten Hintergrund abzuheben beginnt. In diesem Abschnitt stand eine Rekonstruktion der morphologischen Struktureigenarten der untersuchten Episoden im Mittelpunkt. Das folgende Kapitel dient dazu, die hier entworfenen abstrakten Überlegungen mit Leben zu füllen und die Fülle des verdichteten Lebens im besetzten Hörsaal und auf der Insel materialreich zu konkretisieren.

7 Die Intensivierung des sozialen Lebens – oder die eigentümliche Produktivität des Nichtalltäglichen

Inmitten der mehrdimensionalen Verdichtung gärt es. Auf den Begriff gebracht, das soziale Leben gewinnt an Intensität. Das ist leicht behauptet, aber bislang weder hinreichend plausibel dargestellt, noch klar was überhaupt damit gesagt sein soll. Wann ist etwas intensiv? Handelt es sich hier nicht um eine allzu nebulöse Begrifflichkeit? Im Folgenden soll die behauptete Intensivierung entlang der im vorherigen Kapitel skizzierten morphologischen Strukturierung aufgezeigt werden.

Im Folgenden werden mit Mitteln der dichten Beschreibung (Geertz 1987) unterschiedliche Interaktionsordnungen, -formen und -verläufe expliziert. Sowohl die Hörsaalbesetzung als auch das Inselcamp zeigen sich als ein komplexes Gefüge von Praktiken, Interaktionen und Dynamiken. Im intensiven Austausch *entwickeln sich soziale Beziehungen* in einem sehr konkreten zwischenmenschlichen Sinne. Gleichzeitig stößt intensive Interaktion die *Entwicklung* von *objektiven*[1] *Gemeinsamkeiten* an. Es handelt sich um die gemeinsamen Wissensbestände, Erinnerungsmarken, pragmatischen

---

[1] Das Adjektiv ›objektiv‹ ist missverständlich. Es wird hier im speziellen Sinne verwandt: Interaktionen vergegenständlichen beziehungsweise objektivieren sich in ihren Handlungsfolgen. Mitunter sind diese Folgen flüchtig, andere sind dauerhaft. Ganz konkret kann es dabei um die Entstehung eines Forderungskatalogs im Rahmen der Besetzung oder einer architektonischen Skulptur während der Inseltage gehen. Abstrakter werden aber auch gemeinsam geteilte Emotionen, Wissensbestände, Denkschemata oder auch ästhetische Haltungen hervorgebracht. Kurzum, das Adjektiv ›objektiv‹ verweist auf die Objektivationen, die als Handlungsfolgen von Interaktionsdynamiken entstehen und fortan situative Berücksichtigung finden. Ideengeschichtlich schließt diese Auffassung an Hegel und Marx, aber auch die Wissenssoziologie Berger und Luckmanns an.

und subkulturellen Übereinkünfte; also das was Durkheim (1984) mit den Formulierungen *kollektives Bewusstsein* oder *soziale Tatbestände* zu fassen sucht, was Berger und Luckmann (2004) mit Verweis auf Schütz (1960; Schütz und Luckmann 2003) nicht weniger als auf Marx (insbesondere 2005)[2] als Institutionalisierungen bezeichnen oder mit Halbwachs (2006) als die Entstehung eines kollektiven Gedächtnisrahmens begriffen werden kann.

Die Ebene der Beziehungsentwicklung und die Ebene der Vergegenständlichung bilden einen verwobenen Komplex. Die Entwicklung von Beziehungen ist Ausdruck von erfahrener Interaktion, und die gestifteten Objektivationen – die harmonisierend wie auch konfliktbegründend wirken können – bilden den Hintergrund für das Fortdauern von Beziehungen. Der grundlegende Kitt ist gleichwohl die – im gemeinsamen Handeln und Sprechen mündende – *räumliche, zeitliche und soziale Verdichtung*. Mit anderen Worten: die außerordentliche morphologische Verdichtung »zeitigt« und »weltet« (Heidegger 2006) auf diesen beiden Ebenen ihre sozialen Folgen. Was bleibt, ist das, was unter dem Eindruck der Intensität dieser Verdichtung geboren wird!

7.1 ›Wirklichkeit‹ im Rhythmus des Besetzens

Die Besetzungsgemeinschaft ist in Bewegung. Es gibt immer etwas zu tun: immer etwas vorzubereiten oder auszuführen; immer etwas zu besprechen, zu bewerten, zusammenzufassen und zu berichten; immer etwas zu putzen, zu kochen, herbeizuschaffen oder zu organisieren. Immer gibt es Aufgaben, immer gibt es jemand, der sich berufen fühlt und immer geschieht es zusammen, in Anwesenheit anderer; unter wohlwollend blickenden, argwöhnisch beäugenden, neidisch zu Kenntnis nehmenden, offenen Widerspruch oder auch frenetischen Jubel ausdrückenden Augen von anderen. Bereits in den ersten Minuten wird die Besetzung als Möglichkeitsraum für eine lebendige kollektive Betriebsamkeit genutzt. Gleichzeitig beginnt sich das Beziehungskarussell zu drehen und augenblicklich setzen zentripetale und zentrifugale Kräfte[3] ein. Vergemeinschaftung ist hier ein lebendiger, keineswegs reibungsloser,

---

[2] Der Hinweis auf Marx mag nicht naheliegend sein, doch steckt genau an dieser Stelle der von Hegel kommende, nach Marx eigener Formulierung auf die Füße gestellte Arbeitsbegriff hinter diesen Prozessen. Der Mensch wird in und durch seine Umwelt geformt und vergegenständlicht sich in der Auseinandersetzung mit seiner Umwelt in dieser. Was anderes sind Institutionalisierungen als Tatsachen, die in dieser Auseinandersetzung verändert oder eben geschaffen wurden.

[3] Der metaphorische Verweis auf zentripetal und zentrifugal wirkende Kräfte ist im doppelten Sinne begründbar. Zunächst übt das Geschehen auf eine ganze Reihe von Aktivist*innen eine

vor allem aber produktiver Prozess. In der *eigentümlichen Produktivität* des Hörsaals materialisieren Infrastrukturen und kollektive Repräsentationen einerseits, andererseits werden im emsigen Treiben Beziehungen ausgehandelt. Besetzungsaktivismus. 35 Tage *miteinander Sprechen* und *miteinander Handeln*, *lexis* und *praxis*. Aktivismus im Rhythmus des Besetzens. Die Fülle der gemeinsamen Aktivitäten im Rhythmus der Besetzungszeit[4] stiften und dynamisieren eine produktive, lebendige Gemeinschaft(-serfahrung).

Typologie 6: Verdichtetes Leben im Rhythmus der Besetzung

		Ergebnisbezug	
		Produktiv	Unproduktiv
Konzentration	Verdichtung	A. Koordinationszeit (Plenum)	B. Festzeit (Ringvorlesungen, Feste & Feiern etc.)
	Zerstreuung	D. Arbeitszeit (Arbeitskreise & -gruppen)	C. Freie Zeit (Kreative Geselligkeit & Privatisieren)

---

geradezu unwiderstehliche Anziehungskraft aus. Gleichzeitig und währenddessen wirken an der Peripherie Flieh- beziehungsweise Abstoßungskräfte. Zu sagen, dass nicht alle, die mit dieser Besetzung in Kontakt kommen, einer Attraktion unwiderstehlich verfallen, wäre eine Untertreibung. Vom ersten Moment gibt es Personen und Gruppen, die sich der Besetzung massiv entgegenstellen, zunächst sogar die Besetzung behindern oder gar aufhalten wollten. Anziehung und Abstoßung zeigen sich als gegenläufige Wirkungen und sie ereignen sich gleichzeitig – die Abstoßung steht dabei nicht nur der Anziehung gegenüber; zumindest die Abstoßung ist konstitutiv für die Anziehung. Ein gemeinsames Feindbild verbindet, eine Einsicht zwischen Binsenweisheit und sozialpsychologischem Allgemeinplatz (Tajfel und Turner 1979; Simmel 1992c). Vielleicht gilt dieser Zusammenhang zu einem gewissen Grad auch umgekehrt. Zu Beginn kann man noch davon sprechen, dass die einen angezogen und die anderen abgestoßen werden. Im Laufe der Besetzung zeigt sich, dass diese gegenläufigen Tendenzen nicht so sehr oder ausschließlich Personen voneinander trennen, sondern vielmehr zur je individuellen Zerreißprobe heranwachsen. Gegenläufigkeit und Gleichzeitigkeit: durch diese beiden Aspekte lassen sich im Beziehungskarussell wirkenden Kräfte zusammenfassen.

[4] Um einerseits der Fülle der Ereignisse gerecht zu werden und andererseits nicht in der Überfülle der Einzelbeschreibung zu versinken, werden die Interaktionsformen und sozialen Dynamiken der Besetzungszeit entlang der im vorherigen Kapitel herausgearbeiteten Rhythmik des Geschehens typisiert dargestellt.

Im vorhergehenden Kapitel wurden die soziale Struktur in Verbindung von zeitlicher Rhythmisierung und morphologischer Verdichtung systematisiert. In deren Mittelpunkt steht stets das Zusammenwirken der Besetzer*innen. Das ständige Produzieren des Besetzens und die sich rhythmisch verändernden, verschiebenden, in einander übergehenden Interaktionsordnungen bringen ein *lebendiges, produktives, dynamisches und vor allem praktisches Besetzungsleben und -erleben* hervor. Im Folgenden soll die statische Typologie von Interaktionsordnungen mit Leben gefüllt werden, sodass Interaktionsdynamiken greifbar werden, in denen sowohl die *Materialität der Besetzung* (als Infrastruktur, Wissensgefüge und polit-strategische Einheit) als auch die *Besetzungsgemeinschaft* (als persönliche Erfahrung, geteilte Vorstellung und Gefüge sozialer Beziehungen) kollaborativ produziert werden.

7.1.1 Das wiederkehrende Plenum: Koordinationszeit

7.1.1.1 Alles strebt zum Plenum, alles entsteht aus dem Plenum

Die ersten Minuten jenseits der Hörsaalschwelle gebären das Plenum der Besetzer*innen und nicht weniger gilt: die Besetzung erwächst aus der Vollversammlung der Besetzungswilligen. Vom 17. November bis zum 23. Dezember 2009 kehrt das Besetzungskollektiv mindestens einmal täglich in die Form der Vollversammlung zurück.[5] Gerade in den ersten Tagen sind dies Stunden von maximaler Intensität. *Bert (Abs. 55)* erinnert sich an den ersten Tag: »*es gab drei Mal [...] Plenum. Es ging da auch bis spät in die Nacht. Und die Leute waren so dabei und so dran. Und da ist des ja erst alles entstanden. Also es ist ja nicht so, dass es des alles vorher schon gab, sondern die haben sich des alles selbst gegeben, die Leute.*« Eine kreativ-produktive Dynamik geht von der Vollversammlung aus und lässt die Kollektivität greifbar werden. Sprichwörtlich entsteht *Alles aus* dem Plenum[6] und doch muss erst einmal das Kollektiv der Besetzer*innen zusammentreten, um das Plenum entstehen zu lassen.

So wie aus dem Plenum *Alles entsteht*, muss auch *Alles* durch das Plenum hindurch. *Rudi (Abs. 115)* betont: »*Ja da wird alles ausdiskutiert. Insofern sollte man immer da sein. [...] [Es ist] das wichtigste Gremium eigentlich, weil da wird [...] das weitere Vorgehen besprochen.*

---

[5] Erst in den letzten Tagen lassen sich auch hier Auflösungserscheinungen erkennen. So ergeben sich in den letzten Tagen Lücken der Dokumentation der täglichen Plena. In den letzten Tagen scheint der Besetzungskern derart geschrumpft, dass eine allgemeine Zusammenkunft nur noch aufgrund der Öffentlichkeitswirkung, nicht mehr aber zur Koordination erforderlich ist.

[6] Diese Formulierung erinnert etwas an das Herodotsche *Alles entsteht aus dem Krieg*. Tatsächlich ist die Analogie ebenso weit hergeholt wie naheliegend. Es ist die Überschreitung und der Zwang zur Innovation, der beiden hoch ungleichen Szenarien eigen ist.

Von dem hat s ne sehr große Relevanz [...]«. Peter kann sich dem verbindlichen Charakter des Plenums nicht entziehen:

Peter: »Bei dem Plenum ist es eher schon fast so was, wie [...], ja ich weiß nicht, Moral (lacht). Also es ist was stärkeres, was jetzt bei Freundschaft, ja, [...] es ist ein bisschen stärker, dass ich mir denk »des gehört sich« [...]. Also Anstand, ja [...]. Also ich unterstütze diese Bewegung, deswegen gehört s sich da hin zu gehen.« (Abs. 39)

Ebenso wichtig wie seine ›Verbindlichkeit‹ ist die Legitimations- und Entscheidungsfunktion des Plenums. Die im Kollektiv gefassten Entschlüsse gelten als basisdemokratisch legitimiert[7] und binden die einzelnen Besetzer*innen nicht weniger als die Besetzungsgemeinschaft.

Das Plenum ist Anker- und Fluchtpunkt der Besetzung. *Alles entsteht aus* dem Plenum so wie täglich aufs Neue *alles* – wenn auch nicht *jede*r* – im Plenum *wieder zusammenkommt*. Morphologisch erzeugt die Versammlung des Besetzer*innenkollektivs eine *Steigerung der Konzentration* im Kontext eines bereits dichten sozialen Arrangements: räumlich treten die Besetzer*innen zusammen (räumliche Verdichtung), die Interaktionen zwischen den Besetzer*innen wird zentriert und synchronisiert (zeitli-

---

[7] Die Idee eines kollektiven politischen Subjekts hat eine lange Tradition. Die Konzepte der Basisdemokratie und Führungslosigkeit, die zumindest dem eigenen Anspruch der Besetzer*innen folgend als gültig gelten, haben sich einerseits entlang theoretischer Konzepte einschlägiger Autor*innen, andererseits aber auch aus konkreten Erfahrungen in aktivistischen Episoden und Szenen entwickelt. Einen klassischen Paten findet man in der Idee eines *volonté générale* nach Jean-Jacques Rousseau (2004). Im Gegensatz zu Rousseau lehnt das Plenum des Hörsaals den Vertretungsaspekt und absoluten Geltungscharakter des Mehrheitsbeschlusses ab. Der Gemeinwille ist nicht unfehlbar und die Einzelnen können sich nicht hinter dem Mehrheitsbeschluss verstecken. Dem Vorbild der *Pariser Kommune von 1848* nacheifernd, sind basisdemokratische Entscheidungen auch nicht geprägt von Strukturen der Gewaltenteilung: das Plenum entscheidet, veranlasst Handlungen und bewertet. Machtschranken ergeben sich im besetzten Hörsaal lediglich durch den beschränkten Einfluss einzelner konkreter Besetzer*innen. Als dritte Patin kann die Aufforderung zu einer *Politik der ersten Person* wie sie im Kontext der *Zweiten Frauenbewegungen* seit den 1970er Jahren oder grundsätzlicher der Entstehung *Neuer Sozialer Bewegungen* zur selben Zeit zugeschrieben werden (Haunss 2008, S. 459 f.). Politik basiert hier auf Betroffenheit und dem eigenen aktiv werden. In diesem Sinne wird der Stellvertretungsgedanke im Hörsaal zurückgewiesen. Damit Einzelne nicht im Diktat einer autokratischen Mehrheit zu ersticken, haben Gegenstimmen immer Äußerungsrecht. Grundsätzlich sollen Entscheidungen im Konsens erfolgen. Im Kontext sozioökonomischer Verwerfungen der Weltfinanzkrise 2007 und hierin gründenden Protestbewegungen kommen politische ›Kochbücher‹ in Verbreitung (spanish rEvolution 2011). Derartiges Schrifttum lässt sich für die Besetzungen 2009 nicht auffinden.

che Verdichtung), das Kollektiv in der Versammlung sowohl physisch erfahrbar (soziale Verdichtung) und nicht zuletzt vergegenständlichen sich die Interaktionen in den Produkten der Plenumsarbeit.

7.1.1.2 Interaktion und Partizipation in der Verdichtung der Verdichtung

Bei jedem Plenum werden die Plätze des Hörsaals besetzt. Alle treten zusammen.[8] Der gesamte Raum wird beansprucht. Das Geschehen verdichtet sich durch die Interaktion im gesamten Hörsaal. Prinzipiell ist jede*r angesprochen. Funkmikrophone stellen sicher, dass jede*r im Hörsaal zu Wort kommen kann. Jede*r ist Teil des Plenums, wenn auch keineswegs zu selben Anteilen.[9] Formal hat jede Wortmeldung dasselbe Gewicht.[10] Das Plenum ist ein interaktiver Ort. Die Bühne ist das Fokussierungszentrum der Interaktion, aber im ganzen Raum findet Kommunikation statt. Das heißt: im Plenum wird in einer großen Gruppe Interaktion möglich. Doch nicht das Plenum an sich interagiert, sondern einzelne in Anwesenheit von vielen. Ein Gesprächsfluss entwickelt sich, wird aber von der Bühne des Hörsaals aus moderiert. Moderator*in ist oder wird, wer sich dazu berufen fühlt.[11] In den Wochen der Besetzung schlagen sie die jeweils zu verhandelnde Tagesordnung vor, über welche das

---

[8] So zumindest die Idee. Nach einigen Tagen lässt die Beteiligung spürbar nach. Für Friedrich ist nach zwei Wochen die Luft raus. Die Besetzer*innen halten immer noch jeden Tag ein Plenum ab, um die Sympathisant*innen der Besetzung nicht zu überfordern und um zumindest regelmäßig die Legitimation durch das Zusammentreten der Massen zu ermöglichen wird vom täglichen auf einen Wochenmodus umgestellt. Ab der dritten Woche findet immer am Mittwochabend gegen 18 Uhr ein großes Plenum statt. Ob diese Strategie aufging lässt sich schwer sagen, nach weiteren zwei Wochen tritt das Besetzungsgeschehen in einen krisenhaften Auflösungszustand, das dritte Mittwochsplenum findet nicht mehr statt, da am Dienstagnachmittag, am 22. Dezember, die Besetzung mit einem kollektiven Auszug beendet wird.

[9] Es lassen sich unterschiedliche *Praktiken des Besetzens* voneinander unterscheiden, die von der geradezu ausschließlichen körperlichen Präsenz bis zum Wettstreit über den besten Aktivismus reichen.

[10] Diese formale Gleichwertigkeit aller scheint vor allem zu Beginn der Besetzung von enormer Bedeutung. Es gibt viele Hinweise dafür, dass von Anbeginn Redeanteile und persönlicher Einfluss ungleich verteilt waren. Friedrich benennt den charismatischen und intellektuellen Einfluss eines Besetzers, der ihn sehr inspiriert und letztlich zu seinem eigenen Engagement berufen hat. Er ist diesem Ruf gefolgt. Dennoch betonen Friedrich und nicht weniger Lothar, Andrea wie auch Hannah und Judith, die Vorstellung, dass jede Stimme zählt und das Plenum ein Ort der Gleichheit gewesen sei. Gleichheit ist dementsprechend wesentlicher Aspekt der Realität der beginnenden Besetzung, insofern gilt: »If men define situations as real, they are real in their consequences.« (Thomas, W. und Thomas, D.1928, S. 572).

[11] Das »sich berufen fühlen« ist eine der zentralen Metaphern mit denen die Besetzer*innen, wenn es darum geht, zu begründen, warum jemand selbst oder wer auch immer eine Aufgabe übernommen hat. *Friedrich* wird noch in den ersten Stunden zum Moderator, bis er den besetzten

Plenum zunächst abstimmt und gegebenenfalls erörtert, ob diese geändert oder ergänzt werden muss. Sie führen Rednerlisten und entscheiden, wenn Debatten geschlossen werden sollen. Sie befinden darüber, ob gegebenenfalls direkte Gegenmeinungen vorzuziehen sind. Entsprechend ist das Geschehen auf der Bühne der Fluchtpunkt jeder Plenarveranstaltung. Durch Moderation wird Interaktion strukturiert, zentriert[12] und bedingt auch kontrolliert.[13] Spielräume für Manipulation sind offensichtlich und doch eng.

Wer sich im Hörsaal zu Wort meldet, sieht sich einem besonderen Feedback-Mechanismus ausgesetzt. Kein Beitrag ist nur eine Nachricht, jeder Beitrag kann eine sichtbare Reaktion auslösen. Am 14. Dezember nehme ich an einer Diskussion zum *status quo* des Fachbereichs Sozialwissenschaften teil. Meine Erfahrungen mit der

---

Hörsaal betritt war er – wenn man seine Erzählung beim Wort nimmt – gegenüber den Bestetzungsbestrebungen sehr kritisch eingestellt. Für ihn sind es letztlich zwei Gründe, einerseits die Attraktion der Form: *»weil mir des System sehr gut gfallen hat von der Basisdemokratie; dass eben kein einzelner Mensch irgendwie der Chef is, sondern halt des Plenum der Chef is«* (HS I 4, Friedrich, Abs. 15). Andererseits erzählt er von einer sehr persönlichen Berufungserfahrung: *»Also für mich war eine Person ziemlich wesentlich. I glaub die hat den Augsburger Protest eh anfangs sehr geprägt [...][;] des war für mich a Person, die sehr viel ausgestrahlt hat und auch sehr [...] gebildet ist auf jeden Fall. [...] Und der hat dann au gesagt »hey wir brauchen di, komm mit, komm rein«, charismatisch. Und dann hab [...] irgendwie kei Sekunde überlegt und hab gesagt »alles klar des mach i, mir taugt des grad« ähm.«* (HS I 4, Friedrich, Abs. 37)

[12] Diese Aspekte der Moderations-Tätigkeit folgt einer Beschreibung von Friedrich *(vgl., Abs. 79–81)*.

[13] Wie schwierig und unzureichend das Plenum gelenkt werden konnte, erzählen beispielsweise Peter *(Abs. 39)*, Lothar *(Abs. 103)*. Peter berichtet von problematischen Versuchen, deprimierenden Stimmungen nach einer gescheiterten Demonstration im letzten Drittel der Besetzungszeit Herr zu werden. Lothar ist der Meinung, dass Instrumentalisierungsversuche grundsätzlich nicht einfach durchzusetzen sind; dennoch gibt es diese Steuerungsversuche. *Lothar* erzählt von Leuten, *»die [...] nur ins Plenum kommen, wenn sie schon n ausgearbeiteten Plan haben und versuchen dann zu regulieren und zu steuern in ne bestimmte Richtung«* (HS I 2, Lothar, Abs. 101). Friedrich berichtet als Moderator von Absprachen: *»Und es war dann scho so, [...] wenn man gwusst hat, jetzt muss was passieren, dass man sich im Kleinen abgesprochen hat und [...] versucht hat die Masse in a gewisse Richtung zu lenken.«* (HS I 4, Friedrich, Abs. 16) Und auch *Lothar* gibt an, es sei für ihn wichtig, dass *»ma den Prozess [...] in die richtige Richtung steuern«* (HS I 2, Lothar, Abs. 28) muss. Das Bild ist insofern widersprüchlich: Steuerungsversuche sind nicht zu leugnen, gleichzeitig ist in der Öffentlichkeit des Plenums keine einfache Manipulation möglich – zumal den Aktivist*innen die Möglichkeit offen steht, sich nicht länger am Protest zu beteiligen. Grundsätzlich ist es fragwürdig, ob der Anspruch einer freien Debatte, tatsächlich dauerhaft eingehalten werden konnte. Mit der Zeit bilden sich Sprecherpersönlichkeiten im Hörsaal heraus. Folglich diskutieren zunehmend die immer gleichen Personen umgeben von Publikum untereinander. Diese Entwicklung trägt zur *Entzauberung* der Besetzungsgemeinschaft und ihres Plenums bei.

Feedbackkultur des Hörsaalplenums notiere ich am Ende des Tages[14] in einem Memo.

Forschungstagebuch: »Die Interaktionsordnung des Hörsaals schließt diverse Feedbackzeichen ein, die vor allem dazu dienen Zustimmung und Ablehnung ausdrücken. Wer der aktuellen Sprecher*in zustimmen möchte, reckt beide Arme in die Höhe und lässt die Handgelenke wackeln. Wer eine geäußerte Position ablehnt, verschränkt seine Arme über seinem Kopf zu einem großen Kreuz. Wie eine Walze vor dem Oberkörper kreisende Arme signalisieren, dass sich die Redner*in wiederholt. Wer selbst zu Wort kommen möchte, meldet sich deutlich und wird vom Moderationsteam auf die Rednerliste gesetzt. Die kommunikative Asymmetrie zwischen Sprecher*in und Publikum verändert sich. Es geht zu weit zu behaupten, sie werde aufgehoben. Doch spielt das Publikum eine größere Rolle, denn es ›spricht‹ zurück. Zustimmung kann einen Sprecher direkt bestärken, Widerspruch wirkt irritierend, aber auch die Verhaltenheit des Publikums wird noch als Information greifbar. Die Situation erinnert an *town hall meetings* wie sie im amerikanischen Wahlkampf gerne eingesetzt werden. Doch die körperlichen Signale erlauben es, dass längst nicht nur Zwischenrufe, Beifall und Buhrufe, sondern der kollektive Körper des Plenums zu einer Feedback ausstrahlenden Oberfläche wird. Es ist ein tolles Gefühl, den Nerv des Publikums getroffen zu haben und nicht einfach auszuhalten, wenn man eine Position vertritt, die auf offene deutliche Ablehnung stößt.« (HS I FT, Absch. 2.1.7)

Aus den Jahren des Studiums und mehreren Lehrveranstaltungen, die ich seit Herbst 2008 selbst zu verantworten hatte, war ich die Interaktion in größeren Gruppen gewohnt. Dennoch war ich erstaunt, wie intensiv die eigene und kollektive Befindlichkeit wird, wenn anstelle der schwer interpretierbaren Indifferenz eines Publikums gegenüber der Redseligkeit einer Sprecher*in, jede Äußerung auf körperliches Feedback stößt.

Die räumliche Ordnung strukturiert auch die Beteiligung im Hörsaal: je weiter entfernt von der Bühne, desto fluider und flüchtiger kann die Beteiligung werden. Während auf Moderator*innen auf der Bühe im Grund an jedem Beitrag beteiligt sind, schalten sich in den hinteren Reihen ›Hörsaaltouristen‹ in die Debatten ein und klinken sich wieder aus.

Peter: »[…] sie kommen rein und hören kurz zu, bringen sich ins Thema ein wirklich, direkt dazu und sagen, »He, Inhaltspunkt so und so, würd ich anders formulieren«, und gehen wieder, ja. Und

---

[14] Im Wintersemester 2009 haben deutlich mehr Studierende den Bachelorstudiengang Sozialwissenschaften in Augsburg begonnen als im Jahr zuvor. Grund hierfür war, dass in diesem Jahr die Einschreibung ohne formale Barriere (numerus clausus) möglich war. In den Jahren zuvor konnten bei nicht greifendem NC nicht alle Studienplätze vergeben werden. In der Folge sprangen die Studierendenzahlen von knapp 120 auf nahezu 300 Erstsemesterstudierende. Dieser Anstieg konnte nur bedingt durch die Infrastruktur und Personaldecke des Fachbereichs aufgefangen werden, in der Folge sahen sich die Studierenden mit überfüllten Veranstaltungen und unübersichtlichen Anmeldprozeduren konfrontiert. Als frisch gebackener Dozent im Bereich Sozialwissenschaften konnte ich mich an einer Diskussion beteiligen, ohne dass meine Beteiligung Gefahr lief, als künstlich oder unangemessen betrachtet zu werden.

Du denkst Dir: »He, Du kannst uns doch nicht allein lassen damit wie wir des ausformulieren sollen, ja. Du hast doch grad diesen wirklich guten Einwurf gebracht, dass des schwammig formuliert ist« oder so […]. Die Aufgabe wird an s Plenum übergeben sozusagen, die Person verschwindet wieder und irgendwie ist des dann so ne […] Mischung aus Dankbarkeit und=und ah »Mensch jetzt sag halt was genaueres, als des / is blöd so«.« (Abs. 34)

In ›die Wasser‹ der Debatten kann jede*r eintauchen, egal wie tief oder seicht und sei es nur um ein wenig zu plantschen. Die Architektur des Hörsaals und die prinzipielle Offenheit und Größe des Raums, aber auch die Offenheit der Besetzungs*gemeinschaft – gerade während der ersten Tage und Wochen – öffnet diese Optionen. Immer wieder kehre ich selbst für einige Minuten oder Stunden in den Hörsaal ein und bleibe in sicherer Distanz in den letzten Reihen.

Allein die Existenz einer Versammlung im besetzten Raum stiftet ausreichend interaktive Dichte, um Prozesse in Gang zu halten, auch wenn sich Individuen geradezu beliebig ein- und ausklinken können. Wer sich beteiligen möchte, kann sprichwörtlich hinzutreten, ohne sich intensiv mit dem Geschehen zu verbinden. Wer sich beteiligt, ist dadurch nicht unmittelbar in die Besetzungsgemeinschaft verstrickt. Zumindest zu Beginn der Besetzung scheint diese Form der Beteiligung unheimlich produktiv zu wirken. Das Plenum erhält neue Impulse und verarbeitet diese. In der kollektiven Verdichtung könne aus einer noch so unbedachten Äußerung eine wichtige Debatte, Einsichten und schließlich Entscheidung erwachsen. Da sind sich nicht nur Lothar und Peter einig.

7.1.1.3 Funktionalität[15] des Plenums

Aus der räumlichen Verdichtung der Körper einerseits, der Fokussierung von Interaktion und Bewusstseinen andererseits, entsteht eine kollektive Sphäre: es erscheint so, als ob das Plenum diskutiert und streitet, versteht und fühlt, missversteht und verdunkelt, mag und verabscheut, bezweifelt und beschließt. Was hier geschieht, ereignet sich immer unter dem Eindruck der je anderen. Das kollektive Geschehen

---

[15] Parsons Strukturfunktionalismus kann hier sehr fruchtbar zur Anwendung gebracht werden. Nach Parsons müssen Soziale Systeme, um sich selbst zu erhalten zentrale Bezugsprobleme bewältigen. Diese sind nach Parsons: die Anpassung an die wechselnden Bedingungen und Herausforderungen der äußeren Umwelt (adaptation); die Sicherstellung von Fokussierung und Zielerreichung (goal attainment); die Integration der diversen Prozesse (integration); sowie die Aufrechterhaltung der differenzierten Struktur auch in ihrer Latenzphase (latent pattern maintenance) (Parsons 1967). In diesem Sinne erfüllt das Plenum sowohl die Funktion der *Integration* auf höchster Ebene, wie auch die grundlegende Orientierungsfunktion der Zielfokussierung und Zielerreichung (goal attainment).

lässt sich nicht auf die individuell Beteiligten reduzieren. Interaktion und soziale Dynamiken, Feedbackschleifen, kollektive Depression und Euphorie: die Individuen verschwinden nicht und sind doch in ihrer Verdichtung mehr als ihre Beiträge.[16] Das Plenum ist das Ganze, ist die Besetzung, ist die Oberflächemembran des kollektiven Bewusstseins und nicht zuletzt ein ›kollektives Entscheidungssubjekt‹.[17] Damit ist eine zentrale Funktion des Plenums benannt. In der Vollversammlung werden Pläne formuliert und die ablaufenden Prozesse abgestimmt. Plena sind entscheidend im Bemühen *die Besetzung aufrecht zu halten, in ihrer Existenz zu steigern und gemäß ihren Zielen zum Erfolg zu verhelfen*. Hier zeigt sich eine weitere wesentliche Funktion des Plenums. In der Vollversammlung werden Positionen ausgetauscht und abgestimmt. Im Ergebnis diffundieren Wissensbestände über das Besetzungsgeschehen, aber auch über Inhalte und Themen der Besetzung. Wenn es so etwas wie einen Standpunkt der Besetzung(-sgemeinschaft) gibt, dann ist das Plenum der Ort für die hierzu notwendigen Auseinandersetzungen, Aushandlungs- und Entscheidungsprozesse und somit auch die Wiege der (keineswegs unumstrittenen) Ideenwelt in der Besetzung: ihrer geteilten Wissensbestände, ihres kollektiven Bewusstseins, ihrer Ideologie. Während in der Vollversammlung Entscheidungen getroffen und legitimiert werden, sowie nach und nach die ›Ideologie‹ der Besetzungsgemeinschaft gerinnt, findet die Abarbeitung konkreter Aufgaben der Besetzung in Arbeitsgruppen und Arbeitskreisen statt.[18]

---

[16] Durkheim (1981) vertritt in seinen *Elementaren Formen des religiösen Lebens* die bekannte These, dass das kollektive Leben mehr sei, als die Summe seiner Teile. Dieser Position lässt sich Niklas Luhmanns (1984) Verständnis sozialer Systeme gegenüberstellen. Gesellschaft ist für ihn ausgezeichnet durch autopoetische soziale (Kommunikations-)Systeme und damit immer weniger als die Summe ihrer Teile. Auch Luhmanns poststruktureller Reduktionismus zeigt sich hier als durch hilfreiche komplexitätsreduzierende Alltagsheuristik. Anschlussfähigkeit ist, so meine These, eine Annahme, die für Alltagskommunikation bedingt unterstellt werden kann. Es ist gerade die emergente, kreative Seite des Kollektiven, für die Luhmanns Reduktionismus blind bleiben muss, durch die sich aber gerade das Nichtalltägliche auszeichnet.

[17] Dass dieser Satz solange logisch unsinnig ist, wie die kollektive Dynamik in sozialer Verdichtung nicht als Phänomen *sui generis* verstanden wird, liegt auf der Hand. Gerne gebe ich zu, dass die Bezeichnung als Subjekt hochgradig problematisch ist, mir mangelt es aber an einer vernünftigen Alternative. Vielleicht wäre es sinnvoller von einer Art Kollektiv-Agens zu sprechen, doch drängt sich mir die Frage auf, was damit wohl gewonnen wäre und ziehe daher die metaphorisch besser begreifbare Kategorie Subjekt vor.

[18] Die Formulierung Arbeitsgruppen und Arbeitskreise finden sich miteinander austauschbar im Interviewmaterial. In aller Regel werden Arbeitsgruppen als AGs bezeichnet, ausformuliert wird immer wieder auch von Arbeitskreisen gesprochen. Immer wieder begegnet mir der Schüttelreim: *Wenn Du mal nicht weiter weißt, gründe einen Arbeitskreis!* Ein *running gag* der Besetzung, aber im Grunde eine brauchbare institutionelle Selbstbeschreibung. Die AGs sind Institutionen der

7.1.2 Produktionszeit in den AGs

Im Plenum werden Herausforderungen definiert. Deren Bearbeitung erfolgt dann in den Arbeitsgruppen (AGs). Bereits mit dem ersten Plenum entstehen *»unglaublich viele AGs« (HS I 5, Niklas, Abs. 21)*. Mit als erste nimmt die AG Presse ihre Arbeit auf: die erste Pressemeldung wird am 17. November um 15.45 Uhr, rund zwei Stunden nach dem Einzug in den Hörsaal, auf der zentralen Protestwebsite www.unsereuni.de veröffentlicht. Der AG Presse folgen im Laufe der Zeit unter anderem die AG Demo, AG Forderungskatalog, AG Mobilisierung, AG Moderation, AG Unikontakt, AG Versorgung und später auch die AG Zukunft.[19] Die AGs sind laut *Rudi (Abs. 97)* die Arbeitspferde der Besetzung, *»wo grad Not am Mann is«* werden Arbeitskreise und Arbeitsgruppen tätig. *»Die Arbeit in den AGs läuft ja mehr oder weniger immer, wenn nicht Plenum ist. [...] Natürlich nich 24 Stunden, das ist mental nich machbar. Aber soweit man nicht am Plenum ist, ist man [...] irgendwo in ner AG drin [...]«*, ergänzt *Rudi* und betont, dass man die AG- und Plenumsarbeit *»nich auseinanderdenken«* kann. Ihr Zusammenspiel ist geregelt. Für *Andrea (vgl., Abs. 38)* arbeiten die Arbeitsgruppen dem Plenum zu. Ein wesentlicher Teil der Tagesordnung von Plenen besteht aus der Präsentation und Diskussion dessen, was in den AGs geschehen ist (vgl. HS I 3, Rudi, Abs. 99). *Friedrich (vgl., Abs. 113)* sieht die AGs gegenüber den Plena in der Pflicht und bringt damit einen Regimeaspekt mit ein. Die Arbeitsgruppen haben dem Plenum zu berichten und ihre AG-Arbeit ist dort dem Kollektivurteil unterstellt. In der Vollversammlung braucht es eine Zweidrittelmehrheit der Anwesenden, um Vorschläge der Arbeitsgruppen anzunehmen und damit zu legitimieren. Bis zur Abstimmung stehe im Grunde jeder Vorschlag und jeder Satz, der in AGs ausgearbeitet wird, zur Disposition.

7.1.2.1 Organisationsprinzipien und ambivalente Dynamik des produktiven Chaos

Die Grundstrukturen der Arbeitsgruppen wie auch der Plenumsarbeit sind offen. Mit der Etablierung der Besetzung steht die Forderung »Organisiert Euch!« im Raum. Das Einrichten einer Vollversammlung und das Delegieren von Aufgaben an Arbeitskreise gehört zu den basalen Organisationsmustern der Besetzung. Die Aktivitäten der Arbeitsgruppen folgen keinem im Hintergrund verlaufenden Masterplan. Im Gegenteil:

Problemlösung und es gibt keine Problemlösung, wenn sich niemand darum kümmert und zumeist eine AG vorschlägt oder gründet.

[19] Die Sortierung ist alphabetisch nicht chronologisch, eine recht exakte Chronologie lässt sich den Blogprotokollen entnehmen.

Peter: »Die sind teilweise sowas von gar nicht organisiert«, meint Peter lapidar. »Da treffen sich zwei Leute auf dem Gang und sagen, ›Hey cool du bist doch bei mir in der Arbeitsgruppe‹ […] Ja genau, cool ja. Hey wir sollten eigentlich mit unserer Arbeitsgruppe irgendwas machen. Ah ja stimmt genau. Ja cool, dann machen wir des halt«.« (Abs. 101)

Peter beschreibt ein produktives Chaos, dem es an formalen Arbeitsplänen, Prozessbeschreibungen, Handlungsanweisungen und Terminierungen fehlt.

Das Engagement in den Arbeitsgruppen ruht auf der wichtigsten Motivationsquelle aller Besetzungsaktivitäten: freiwilligem Engagement. »*[W]er sich berufen führt zu etwas, der soll da hin gehen*«, meint *Rudi (Abs. 101)* und beschreibt die Arbeitsform als offenes Konzept. *Niklas (Abs. 21)* ist wie Rudi und Peter vom großen Engagement fasziniert.

Niklas: »Es […] warn immer Leute bereit die gesagt haben: Ich bin da sofort dabei. Also es war nie so, dass man Leute zwingen musste in irgend ner AG sozusagen mitzuarbeiten, weil keiner Bock hatte oder so, sondern […] man hat gefragt und sofort ham sich Leute gemeldet, die da bereit zu warn […].« (Abs. 21)

Die Bereitschaft zur Selbstverpflichtung ist erstaunlich, doch auch notwendig, denn wenn Niklas davon spricht, dass man niemanden zum Engagement zwingen musste, ist klar, dass diese Option das Aus der Besetzung markiert. Das ganze Gebilde Besetzung steht auf einem fragilen Fundament. Solange Besetzer*innen sich dazu bereit erklären und einen Sinn darin sehen, sich für die Besetzung zu engagieren, hält die Betriebsamkeit des Besetzens an. Verlieren sie hingegen den Glauben an die Sinnhaftigkeit der Besetzung oder allgemeiner, schwindet die Motivation und Energie für Engagement, steht die Besetzung vor ihrem Aus. Solange ausreichend Motivation besteht *die Besetzung aufrechtzuhalten, in ihrer Existenz zu steigern und gemäß ihrer Ziele zum Erfolg zu verhelfen*, sorgt das produktiv-chaotische Changieren zwischen Plenum und Arbeitsgruppen dafür, dass die Besetzer*innen in neuen und etablierten Gruppenkonstellationen zusammenkommen und miteinander ›Wirkung‹ entfalten.

Lothar (vgl., Abs. 71) schildert, wie er über die Zeit eine AG-Karriere durchläuft. Zunächst ist er als langjähriger Hochschulpolitiker in der AG Unikontakt, Stationen in der AG Organisation und AG Koordination folgen. Schließlich landet er in der AG Inhalt und beteiligt sich daran den Forderungskatalog auszuarbeiten. Dass wohl *»jeder überall n bisschen dabei war«*, mutmaßt *Friedrich (Abs. 104)* und erwähnt, selbst in vier verschiedenen AGs *»mal rein geschnuppert«* zu haben. Die Formulierung ›reinschnuppern‹ ist insofern für Friedrich treffend gewählt, da Friedrich vor allem als Moderator und Vertreter des Plenums aktiv war.

Das produktive Chaos der Besetzungsorganisation bringt die Besetzer*innen zusammen und setzt die Besetzung ins Werk. Die Logistik des besetzten Hörsaals entsteht. Vor dem Hörsaal wird eine Koch- und Cateringzone eingerichtet. Der Kontakt zur Universitätsleitung und zur interessierten Öffentlichkeit ist direkt oder per Lokalpresse und Webauftritt etabliert. Das Plenum gibt sich Ziele und Aufgaben. Kurzum, die in den Hörsaal eingedrungenen Aktivist*innen haben sich als Besetzung konstituiert. Schnell zeigt sich, ›das Außen‹ der Besetzung – zum Beispiel Vertreter*innen von Medien oder der Universitätsleitung – kann mit der einhergehenden Unorganisiertheit, Uneindeutigkeit und Unzuständigkeit nur schwer umgehen. Nach dem eigenen Selbstverständnis ist immer das Plenum zuständig. Doch lässt sich dies weder kommunizieren noch praktisch durchsetzen. Die Presse kürt in ihrer Berichterstattung verschiedene Studierende zu Sprecher*innen der Bewegung, so zum Beispiel Bert, nachdem er – vom Plenum berufen – sich der Lokalpresse für ein Interview bereitgestellt hat. *Peter (Abs. 117)* nimmt es gelassen und stellt amüsiert und etwas gelangweilt fest, die haben »*halt alle seine Nummer, ja, und rufen ihn halt an [...][,] ist ja verlocked so [...]*«. Er vermutet, dass man daran sehen könne, was aus der Perspektive der Presse Organisation heißt: Arbeitsteilung, Hierarchie, Zuständigkeit.

Tatsächlich bleiben während der Dauer der Besetzung Freiwilligkeit und Selbstverpflichtung die zentralen Organisationsprinzipien der Besetzung. Aber die Notwendigkeit mit einem Außen der Besetzung kommunizieren zu müssen, bleibt nicht ohne Folgen. Bert gibt seine Handynummer an, weil ein Kommunikationskanal etabliert werden muss. Der ›direkte Draht‹ funktioniert und Bert wird – gewollt oder nicht – mit einer Statusposition versehen. Dass sich mit der Zeit Zuständigkeiten etablieren ist durchaus funktional, wie *Rudi* bemerkt. So glaubt er, dass die AG Uni-Kontakt gut beraten sei, wenn der kleine Personenkreis, der diesen Kontakt übernommen hat, nicht ständig wechselt (vgl. HS I 3, Rudi, Abs. 109–111). Gleichzeitig sieht sich der basisdemokratische Selbstanspruch mit praktischen Widersprüchen konfrontiert.

Am Beispiel des Außenkontakts zeigt sich, wie eine gewisse Pragmatik der Verstetigung in die fluide Organisation der Hörsaalbesetzung Einzug hält. Analoge Strukturbildungsprozesse lassen sich allenthalben beobachten. Grundsätzlich bildet die zunächst strukturlose Besetzungsgemeinschaft über die Zeit Strukturen der Arbeitsteilung aus. Die Beteiligung an der Arbeit bestimmter AGs erzeugt in der Folge eine gewisse Binnendifferenzierung der Besetzungsgemeinschaft. *Friedrich (Abs. 102)* verdeutlicht diese Re-differenzierung[20] im Besetzungsgefüge am Beispiel der AG Presse: *»Die hat halt einfach gemacht [...] [,] die hat sich net am Prozess groß beteiligt [...] [, an den] Diskussionen, Debatten [...], sondern die [haben] einfach berichtet und ihr Zeug komplett durchgemacht [...].«*Ähnlich sieht er die Gruppe, die im Wesentlichen *»immer übernachtet habn«*. Seiner Einschätzung folgend, zeigt sich: wo und wie sich die Besetzer*innen beteiligen, ist von Bedeutung. Einerseits sind die einzelnen Besetzer*innen unterschiedlich motiviert. Während es den einen eher um *»das Persönliche«* geht, steht bei anderen vor allem *»Wissen«* im Mittelpunkt, spekuliert *Friedrich (Abs. 102)*. Andererseits teilt sich entlang der entstehenden Arbeitsteilung auch die ›Realität der Besetzung‹ auf: eine Gruppe, die in einem Workshop über *»Kant und ähnliches«* aus intellektuellen, inhaltlichen Interessen diskutiert, erfährt die Besetzung auf andere Weise, als eine Gruppe, die sich um die Versorgung, das heißt beispielsweise das nächste Abendessen, kümmert.

Für *Friedrich (Abs. 113)* existiert im Hörsaal mit der Zeit *eine »ganz klare Arbeitsteilung«*, die AG Recht, die AG Presse und die AG Inhalt waren im Kern stabil und dieser innere Kreis von Engagierten stellte sich gegenüber dem Plenum in die Verantwortung. Denn *»letztendlich war s dann doch n harter Kern von vier Leute und des wurde [...] großen Plenum [...] immer alles komplett erarbeitet.«* Das Verhältnis der AGs zum Plenum ist klar definiert untergeordnet. In der Vollversammlung braucht es eine Zweidrittelmehrheit der Anwesenden, um Vorschläge der Arbeitsgruppen anzunehmen und damit zu legitimieren. Bis zur Abstimmung steht im Grunde jeder Satz zur Disposition. Logistische Aufgaben wiederum, sind weitgehend von Plenumsbeschlüssen entbunden. Hierzu fehlt es der Frage, was es zum Abendessen geben soll, an politischem Gewicht. Die dort anfallenden Aufgaben werden ebenfalls von einem stabilen Kreis von Personen bewältigt. Schnell werden konkrete Besetzer*innen adressierbar. Ein Mitglied der AG Versorgung *»[...] des war halt der Koch einfach [...] Chefkoch«*, so erneut *Friedrich (Abs. 113)*.

Letzthin entspringen Strukturbildungsprozesse pragmatischen Notwendigkeiten und stehen nicht prinzipiell der offenen Arbeit in den Gruppen im Weg. Der kommunikative, lockere und von wechselseitiger Wertschätzung bestimmte Arbeitsstil bleibt erhalten, doch lassen sich drei Veränderungen festmachen. Zunächst wird es

---

[20] Mit dem Überschreiten der Schwelle des Hörsaals lösen sich die Aktivist*innen aus ihren alltäglichen sozialen Bezügen. Durch ihr Commitment sich für die Besetzung zu engagieren, gehen sie neue soziale Bindungen ein. Erst mit der Zeit bildet sich ein soziales Gefüge aus, dass rudimentäre Elemente einer vertikalen und horizontalen Sozialstrukturierung aufweist. Die Herauslösung der Struktur ist somit der Hintergrund neuerlicher Strukturbildungsprozesse. Victor Turner betrachtet diese Entwicklung als unvermeidliche Dynamik der Anti-Struktur (Turner 1989, 2009). Max Webers Rede von der Notwendigkeit der Veralltäglichung und Versachlichung des ursprünglichen Charismas (Weber 1980) schlägt in die gleiche Kerbe.

mit der Zeit erheblich schwerer zu bestehenden Arbeitsgruppen hinzuzustoßen. Der vormals unproblematische Einstieg wird voraussetzungsvoll: Inhalte türmen sich auf, Verfahren haben sich etabliert, Routinen werden wichtig, Rollen und Positionen sind vergeben – all das ist bereits geronnene Besetzungsgeschichte; Zeichen der Institutionalisierung und Professionalisierung aus den Arbeitserfahrungen in den Arbeitsgruppen. In der Folge (zweitens) wächst der Kreis der Aktiven lediglich in den ersten Tagen, nach der ersten Woche kaum mehr, mit der Zeit setzt tendenziell eine Schrumpfung ein. Dadurch konzentrieren sich Belastungen, Zuständigkeiten und Verantwortung. Wenige Schultern hochmotivierter Besetzer*innen stemmen schwere Arbeitslasten. Die zunehmende Verausgabung der körperlichen und mentalen Kräfte ist eine gewichtige Folge und zeigt, die im nichtalltäglichen Arrangement der Besetzung erwachsenden Strukturen sind wahrscheinlich einem unwiderstehlichen Verschleiß ausgesetzt und nicht von Dauer. Nicht zuletzt erwachsen aus der Schließung von Gruppen und Konzentration von Kompetenzen wie auch Zuständigkeiten Spaltungsdynamiken, wie Christin berichtet. Sie war nur peripher an der Augsburger Hörsaalbesetzung beteiligt und verbringt als Besetzerin die meiste Zeit im Münchner Audimax. Sie schildert ihre Erfahrungen mit der Arbeitsteilung im Hörsaal.

Hinter den Kulissen brodelt es. Das Plenum tritt zusammen, arbeitet, stimmt ab, doch Manipulationsvorwürfe stehen im Raum. Christin verdächtigt einen kleinen Kreis ihre Moderationsmacht bewusst zu missbrauchen und hinter dem Rücken der Vollversammlung eine eigene Agenda zu verfolgen. Das Gros der Besetzungspopulation wird zum Instrument einer kleinen elitären Gruppe. Sie beschreibt die Atmosphäre als zunehmend vergiftet. Polemisch spricht Christin von der Arbeit der AG Klüngel. *Christin (vgl., Abs. 105)* erzählt von geheimen Absprachen mit dem Bildungsministerium. Sollte etwas an dieser Einschätzung dran sein, stünde dies diametral dem öffentlich verkündeten Selbstbild der Besetzung entgegen. Der Konflikt liegt offen zu Tage, doch wie diesen Konflikt austragen? In der Besetzung kommt es zunächst zu Spannungen, zu Streit und schließlich zur Spaltung. Einige Besetzer*innen haben ein Sensorium für die Manipulationsversuche und nehmen bereits früh Abstand (vgl. HS I 8, Christin, Abs. 197) von der Besetzung. Andere setzen, wie sie erzählt, der ›AG Klüngel‹ die ›AG Genesis‹ entgegen. *Christin (Abs. 123)* stellt mit Bedauern fest: *»es haben sich richtig zwei Blöcke gebildet«.*

Die informellen Strukturen der Besetzung laufen in diesem Moment ins Leere. Sie binden ausschließlich auf einer persönlich motivationalen Ebene. Niemand kann dazu gezwungen werden, sich den Stimmungen der Besetzung beziehungsweise ihres Plenums zu unterwerfen. Wer manipulieren will, mag riskieren enttarnt zu werden, doch strenge Konsequenzen muss niemand befürchten. Im schlimmsten Fall fliegen die Versuche auf und scheitern. Im ›besten‹ Fall funktioniert die Manipulation und niemand merkt irgendwas. Dazwischen liegt ein Graubereich, der auch die Varianten, *die Manipulation fällt auf und wird auch noch unterstützt* und *es gibt keine Manipulation – wird aber überall vermutet*, umfasst. Im Allgemeinen nimmt die Missverständnisdichte über die Zeit zu und das Gefühl der Einigkeit gerät zunehmend unter Druck.

7.1.2.2 Produktivität der Arbeitsgruppen: Logistik, Wissen, Persönlichkeit und Legitimation

Wenn auch alsbald die Schattenseiten zu Tage treten, die Arbeitsgruppen sind hochwirksame und produktive Vehikel der Besetzung. Vor allem die Hörsaallogistik funktioniert über weite Strecken reibungslos. Nahrungsmittel und Getränke werden herbeigeschafft und verarbeitet. Das Kochen funktioniert wie der Abwasch – natürlich nicht ohne Reibereien – prinzipiell. Die meisten der im Hörsaal-Eins blockierten Vorlesungen können in alternativen Hörsälen stattfinden. Im Hörsaal wird die Projektplanung für ein fünfunddreißigtägiges Großereignis bewältigt, das neben den unzähligen Stunden in Arbeitsgruppen und täglichen Plena auch eine Vielzahl von Ringvorlesungen, Konzerten, Theaterabenden und Diskussionsveranstaltungen umfasst. Dass eine Besetzung über diese lange Zeit aktiv aufrechterhalten werden kann, zeigt die Wirksamkeit der AG-Arbeit.

Die Arbeit in den einzelnen Gruppen ist dynamisch. Nicht nur werden im Verlauf der Besetzung immer weitere AGs gegründet, die personale Zusammensetzung der Arbeitsgruppen ändert sich. Zu Beginn treten immer neue Personen zu den einzelnen Gruppen hinzu, gegen Ende der Besetzungszeit bleiben immer mehr Aktivist*innen weg. Das freie Flottieren und die große Fluktuation bringen Herausforderungen eigener Art mit sich. Interessanterweise stellt sich dennoch eine gewisse Kontinuität ein. *Lothar* ist von dieser erstaunt und stellt fest

Lothar: »Du hast schon Kontinuität des definitiv, was ich au erstaunlich find, aber die Kontinuität zeichnet sich nicht aus [...] [durch] die dauerhafte Präsenz von Personen [...], sondern einfach [...] [durch], wenn man so will, Regimestrukturen. Also des heißt, es wird ne AG konstituiert [...]. Es gibt auch nen bestimmten festen Personenkreis, der da irgendwo mit beteiligt ist, aber es ist fliegender Wechsel: Es kommt an einem Tag jemand neues dazu, dann is mal jemand aus de[m] festen Kern zwei-drei Tage nicht da, für den ist dann irgendwann jemand anders oder drei Neue mit dabei. Die AG besteht aber weiter. [...] Irgendwie funktioniert auch die Informationsübergabe. Auch wenn se natürlich nich bürokratisiert ist. Auch Fehler passieren, aber die funktioniert. Und sei s dann nur mündlich, sei s mit irgendwelchen Zetteln die irgendwo liegen, mit irgendwas [...].« (Abs. 53)

Kontinuität und Informationsfluss sind je eine Seite derselben Medaille. Denn aus den wechselnden Konstellationen ergeben sich produktive Dynamiken, die zu einem eigenwilligen Wissensprozess beitragen. *Lothar* beschreibt diesen als ›plötzliche Vervielfältigung von Wissen‹.

Lothar: »Des heißt, plötzlich haben auch Leute Ahnung von dem Ganzen, die mit dem Arbeitskreis NIX zu tun hatten. [...] Und irgendwie gleicht ma sich dann so in gewisser Art und Weise vom Wissensstand an. [...] Also au so schnell so viel Information, so breit gefächert zur Verfügung gestellt werden. Und sich auch immer neue Anknüpfungspunkte geben, sobald jemand ne Idee hat. Es wird ne Arbeitsgruppe gegründet, es beschäftigen sich drei vier Leute damit und am Ende kommt des dann allen wieder zu Gute. Und jeder der n Interesse hat überlegt sich selbst. [...] [B]ringt des jetz im Moment was, wenn ich da ne Arbeitsgruppe drüber [...] mach. Er macht sie, wenn er se macht, bringt des allen wieder Informationen, des heißt, hat wieder was gebracht. Und so kann jeder quasi sich selbst auch n bisschen verwirklichen, seine eignen Interessen [...] recherchieren, aber teilt se mit den andern. [...] Teilweise natürlich ob se vorher wirkliches Interesse dran haben, is durchaus offen. Muss gar nich sein, aber sie haben hinterher trotzdem des Wissen.« (Abs. 64)

Ob das Wissen nun wirklich explodiert, kann nicht rekonstruiert werden. Hochplausibel ist hingegen, dass durch das Flottieren der Beteiligung und die Gründungsdynamik von Arbeitskreisen Wissensbestände im Hörsaal wachsen und über AG-Beteiligungen und Plenardiskussion im Hörsaalkollektiv diffundieren.

Gleichzeitig ergeben sich ständig neue Gelegenheiten, sich einzubringen, Engagement zu entfalten und etwas von Bedeutung für die Besetzungsgemeinschaft zu erreichen. Mit anderen Worten, wer sich dazu berufen fühlt, kann aus freien Stücken dazu beitragen, *die Besetzung aufrecht zu erhalten, in ihrer Existenz zu steigern und gemäß ihren Zielen zum Erfolg zu verhelfen.* Die damit verbundenen Anerkennungsbekundungen der Gemeinschaft, der funktionale Beitrag für das soziale System Besetzung, der kollektive Wissenszuwachs sowie die persönlichen Veränderungen – das Erlernen und Aneignen von Wissen, Fertigkeiten und Fähigkeiten – sind somit Produkte ein und derselben Dynamik. Für die Beteiligten ist die Aktivität im Hörsaal eine Art Sinnstiftungsmaschinerie und so verwundert es kaum, wenn *Peter (Abs. 47)* bemerkt, dass es auch *»[d]ieses Schaffende, dieses wir [...] machen was [...] gemeinsam«* sei, aus dem er Kräfte schöpft, die er benötigt, um die Belastungen der Besetzung zu bestehen.

Nicht zuletzt bedient die Arbeit in AGs auch einen wichtigen legitimatorischen Aspekt. Die Besetzer*innen geben sich betont konstruktiv. Dazu gehört für *Bert (Abs. 53)*, dass »*man halt auch allen zeigt, ja man will was machen. Und man will eben nicht nur rum schreien und [...] Revolution proklamieren, sondern [...] sofort arbeiten«*. Auch *Lothar (Abs. 32)* ist der Meinung, dass der Protest konkret, konstruktiv und pragmatisch bleiben muss, ansonsten kann man die Besetzer*innen und ihre berechtigten Anliegen »*einfach abtun als [...] Systemkritiker als [...] Illusionisten, Utopisten oder Ähnliches«*.

Umso wichtiger ist es für Lothar, dass die Strukturen funktionieren und mit den Arbeitsweisen der Universitätsbürokratie mithalten können und verkündet als Hochschulgremienfuchs stolz: *»Wir brauchen im Schnitt, was ich au so aus Gremienarbeit weiß, nicht länger als die Univerwaltung, um irgendetwas auszuarbeiten. Obwohl [...] vielmehr Menschen beteiligt sind [...]«* (Abs. 22). Am Ende reicht die Effizienz der Arbeit nicht aus, um den zunehmenden Verschleiß der Kräfte zu kompensieren und dauerhafte Strukturen an der Universität Augsburg zu etablieren. Aber auch, wenn die Besetzung nach 35 Tagen zu Ende ging, bleibt bei vielen das Staunen zurück, dass die Arbeitsstrukturen funktioniert haben.

7.1.3 Kreativität und Konsum des Nichtalltäglichen in der Eventzeit

Im Plenum wird der *status quo* verhandelt, Entscheidungen herbeigeführt und Pläne abgestimmt. In Arbeitsgruppen arbeitet, wer sich berufen fühlt, kollektiv identifizierte Herausforderungen ab. Plena und AGs sind somit instrumentell der Produktivität der Besetzung gewidmet. Das Besetzungsgeschehen zeichnet sich nicht nur durch dieses gezielte Bewältigen von Aufgaben aus, sondern auch durch eine verschwenderische Lebendigkeit und Geselligkeit ohne direkten Ergebnisbezug. Die Besetzer*innen thematisieren schon in den ersten Tagen den womöglichen Verschleiß ihrer Kräfte und beschließen Gegenmaßnahmen. Ganz am Ende der Zusammenfassung des 14.00 Uhr Plenums vom 18. November findet sich folgender Eintrag. *»Die Zeit im Hörsaal soll durch Abendprogramm und auflockernde Elemente erleichtert werden. Durch Filmvorführungen, Musik etc. soll die Ausdauer der Besetzer gestärkt werden. Am Donnerstagabend soll es kleine Konzerte von Bands geben.«* (HS I ZP 20091118-14.00 Uhr, Abs. 39) Die Besetzer*innen nutzen die Infrastruktur des Hörsaals. In Plena und Arbeitsgruppen werden unzählige kleinere und größere Events »erhandelt« (Pfadenhauer 2008). Sind Events aber einmal organisiert, stehen sie dem Erlebnis offen. Events laden zum *Konsum des Nichtalltäglichen* ein und folgen damit einer anderen Logik. Grundsätzlich lassen sich eine Reihe unterschiedlicher Events voneinander unterscheiden: Erstens Demonstrationen, zweitens Ringvorlesungen und Diskussionsveranstaltungen und drittens Feste und Feiern.

7.1.3.1 Demonstrationen seit dem 17. November

Die Kundgebungen vom 17. November und die anschließende Besetzung sind die ersten Events der Besetzung: aus diesen vollzieht sich *die Geburt der Besetzung aus dem Geist der erlebten Versammlung*. Die damit verbundenen Aktivierungserfahrungen und kollektive Affizierung betrachte ich als Quelle einer »konstituierenden Gewalt«,[21] die sich in der Grundlegung des *nichtalltäglichen sozialen Arrangements* der Hörsaalbesetzung manifestiert. Für die *Dauer der Besetzung*[22] überschreiben die Relevanzsetzungen des Besetzungsarrangements die Verbindlichkeiten der alltäglichen Lebensführung. Demonstrationen als gemeinsamer Akt des Öffentlichwerdens sind auch nach dem 17. November ein fester Bestandteil des Aktionsspektrums der Aktivist*innen. Spätestens ab dem 18. November wird für eine drei Tage später angesetzte Demonstration mobilisiert (HS I ZP 20091118-14.00 Uhr, Abs. 18 f.). Die Besetzer*innen wollen sich dadurch mit Schüler*innen solidarisieren, die am 17. November an ihrer Teilnahme am Bildungsstreik gehindert wurden.[23] Am Abend des Besetzungstags besucht eine kleine ›Delegation‹ der Besetzer*innen eine Veranstaltung der Gesellschaft der Freunde der Universität Augsburg, um dort Präsenz zu demonstrieren und Aufmerksamkeit für das Geschehen am Campus zu lenken. Am 30. November treffen sich Aktivist*innen unter dem Motto »Schlafen für die Bildung« mit Campingutensilien am Zentralknoten des Augsburger Nahverkehrs, dem Kö (Königsplatz). Ebenfalls am 30.11. trifft sich ein Protestchor zur ersten Chorprobe und wird im Laufe der Besetzung mehrfach Auftritte auf dem Weihnachtsmarkt, bei Kundgebungen so-

---

[21] Walter Benjamin unterscheidet in seiner *Kritik der Gewalt* zwischen *konstituierender Gewalt* und *konstituierter Gewalt* (Benjamin 2006). Während die eine sich durch ihr ordnungsstiftendes Moment auszeichnet, leitet sich die Kraft der zweiten aus etablierter Ordnung ab. Die konstituierende Gewalt lässt sich nicht aus der konstituierten Gewalt ableiten und es entsteht das Problem, dass die konstituierte Gewalt die konstituierende mitdenken muss, diese aber immer außerhalb der konstituierten Gewalt steht. Hannah Arendt sieht in Revolutionen Momente dieser konstituierenden Gewalt (Arendt 2011), betrachtet diese allerdings als einen Spezialfall der menschlichen Gebürtlichkeit, das heißt der menschlichen Befähigung zum »Handeln« im Sinne eines Vermögens schöpferisch tätig einen Anfang machen zu können (Arendt 2007). Giorgio Agambens Analyse des Ausnahmezustands knüpft an diese Überlegungen an (Agamben 2002, 2004). Einerseits manifestiert sich für ihn der Ausnahmezustand paradigmatisch im nationalsozialistischen Konzentrationslager als »Ort, an dem sich der höchste Grad der conditio inhumana verwirklicht hat« (Agamben 2002, S. 175). Paradoxerweise und andererseits ist der Ausnahmezustand, aber auch Zustand, dem Schöpferisches innewohnt. Denn dort, wo »Recht und Faktum« ununterscheidbar werden, ist auch ein Ort aus dem Neues geschöpft werden kann. Die maximale Inhumanität und die Humanität sind somit beide Potentiale, die dem Ausnahmezustand innewohnen – wohlgemerkt: können und nicht müssen.
[22] Wobei diese Dauer als individuelle Dauer der eigenen Beteiligung zu verstehen ist.
[23] Insbesondere *Bert (Abs. 47–50)* schildert dramatisch seine Eindrücke der Szene, die sich vor seinen Augen abgespielt haben: Kinder, die hinter verschlossenen Schultoren sitzen, ein Lehrer, der ein Transparent schwingt, eine Klasse, die geschlossen durch ein Fenster aus dem Schulgebäude ›ausreißt‹. Doch rechtlich ist die Situation für Schulleiter*innen und Kollegien diffizil – ein Streik ist im Schulrecht nicht vorgesehen und die Lehrer*innen können sich ihren Aufsichtspflichten nicht entziehen.

wie als ›Exportschlager‹ des Augsburger Hörsaals Auswärtstermine in anderen Städten und Bildungseinrichtungen wahrnehmen. Der 10. Dezember wird als Termin der nächsten großen Bildungsstreik-Demonstration städteübergreifend festgelegt. Die AG Mobilisierung wird aktiv: plakatiert und flyert auf dem Campus sowie in der Stadt. Durchaus mit Erfolg, meint *Peter (Abs. 39)* vier Tage nach der Demonstration: »*Es waren 500 Leute da und die Polizei hat [...] geschrieben es seien tausend da gewesen, ja, also super, ja, besser kann s gar nicht gehen*«. Nach der Demo am Besetzungstag hat die Demo vom 10.12. wahrscheinlich die größte Strahlkraft für die Besetzer*innen. Am letzten Tag der Besetzug mündet auch die Abschlusspressekonferenz in einen gemeinsamen Demonstrationszug in die Stadt.[24]

Das gemeinsame Demonstrierengehen gehört zum Kernrepertoire des Protesthandelns. Koordiniert und fokussiert sind Demos kollektive Akte des Öffentlichmachens. Menschen treten zusammen und ›zeigen‹ öffentlich auf, was sie für wichtig oder falsch halten. Jeder Demonstrationszug dient dazu die allgemeine Aufmerksamkeit zu eigenen Gunsten zu verschieben. Öffentlichkeiterzeugen ist gleichzeitig nur eine Wirkweise von Demonstrationen. Am Beispiel der Bildungsstreikbewegung zeigen sich zwei weitere gewichtige Aspekte. In ihrer Rückschau auf den 17. November betonen Bert und Peter ihre Hoffnungen und ihre Skepsis, ob in Augsburg eine Besetzung möglich ist und zeigen sich dann begeistert, als immer mehr Menschen auf den Kundgebungsplatz strömen. Zunächst zeichnet sich eine erfolgreiche Demonstration ab, eine Besetzung in Augsburg wird greifbar und im Laufe des Nachmittags Realität. Das zusammengetretene Demonstrationskollektiv wirkt doppelt. Erstens wird auf dem überfüllten Kundgebungsplatz für jede*n ersichtlich, dass er/sie mit ihren Ansichten nicht allein ist, im Gegenteil: das Gefühl »wir sind viele«[25] gewinnt Oberhand. Affiziert von einem Gefühl der Masse, transformiert sich der Elias-Holl-Platz hinter der Augsburger Rathaus in eine Art Anerkennungsraum,[26] in dem die

---

[24] Weitere bundesweite und bayernweite Vernetzungstreffen, gemeinsame zentrale Aktionstage und Demonstrationen fanden während der Besetzungszeit statt und auch das neue Jahr beginnt nicht ohne eine Demonstration.

[25] So auch der Titel einer kleinen politischen Kampfschrift von Heribert Prantl während der Hochphase der Occupywelle 2011 (Prantl 2011).

[26] Mit diesem Begriff schließe ich die *moralische Grammatik sozialer Konflikte* nach Axel Honneth an. Honneth sieht in Missachtungserfahrungen eine wesentliche Triebfeder für Konflikte. Gelingt es eigene Missachtungserfahrungen in Anerkennungforderungen zu übersetzen und in eine kollektiven Semantik einzubetten, die es erlaubt gemeinsam mit anderen Anerkennung einzufordern, ist die Grundlage für einen sozialen Konflikt gelegt (Honneth 1994). Die grundlegende Missachtungserfahrung von Schüler*innen und Studierenden lässt sich im topdown exekutierten Reformen des G9-Gymnasiums und der Bolgnareformen verorten. Der Bildungsstreik hält

Protestierenden sich wechselseitig ihrer moralischen Zurechnungsfähigkeit versichern können. Gleichzeitig stiften die Slogans des Bildungsstreiks und auch die Diskussionen im besetzten Hörsaal den Bodensatz einer »counterculture of compensatory respect«.[27]

Zweitens bilden Demonstrationszüge dramaturgische Klammern[28] und zentrale Ereignisse der Besetzungszeit. Ein- und Auszug aus dem Hörsaal werden sprichwörtlich kollektiv begangen. Performativ markieren sie den Punkt ab dem sich Raumzeit und Relevanzsetzungen des Besetzungsgeschehens aufspannen sowie ab wann diese wieder geschlossen werden. Nicht zuletzt markieren sie als *kollektive Ereignisse*,[29] die aufgrund ihrer Intensität und Stellung in der Chronologie der Ereignisse als Highlights wahrgenommen werden: die Besetzung ist der Moment in dem alles entsteht, die Demonstration am 10.12. soll der Welt, die Ernsthaftigkeit der Besetzer*innen und der ›selbstbestimmte‹[30] Auszug am 22.12. die Souveränität der Besetzungsgemeinschaft[31] zeigen – so zumindest die Selbstansprüche.

---

die semantische und infrastrukturelle Klammer bereit, dass die Schüler*innen und Studierende ihren Forderungen gegenüber Politik und Gesellschaft Ausdruck verleihen.

[27] Sennett und Cobb verwenden diese Formulierung in ihrer klassischen Studie *The hidden injuries of class* in Bezug auf die Ausbildung eines Wertekanons einer proletarischen Sub- und Gegenkultur (vgl. Sennett und Cobb 1977, S. 85). Im übertragenen Sinne lässt sich eine solche, wenn auch nur rudimentäre und instabile Gegenkultur in der Hörsaalgemeinschaft erkennen.

[28] Mit Erving Goffmans Rahmenanalyse lassen sich die Protestmärsche zu Beginn und zum Ende der Besetzung als Klammern begreifen, die das *Spektakulum* definieren und eingrenzen. Was in diesen Klammern geschieht, wäre mit Goffman hingegen das Spiel: »Man halte fest, daß der Übergang vom Spektakulum zum Spiel – von den umhüllenden zu den umhüllten Ereignissen – im allgemeinen mit einem Wechsel des Rahmens verbunden ist, wobei man hofft, daß die umrahmten oder inneren Ereignisse ein Reich schaffen, das beschränkter organisiert ist als das des täglichen Lebens.« (Goffman 1977, S. 289 f.)

[29] Karl Mannheim behandelt solche verbindenden Erlebnisse als kohäsionsstiftenden Kern im Rahmen seines Generationenkonzepts (Mannheim 1928). Der Begriff wird hier deutlich bescheidener verwendet und doch Ähnliches gemeint: relevante Ereignisse, die kollektiv erlebt werden und damit auch Grundlage geteilter Erfahrungen, die wiederum gemeinsam erinnert, werden können. Mit Kollektiven meine ich zunächst das Kollektiv der situativ Zusammenkommenden, die im Laufe der Besetzung auch zu einer symbolisch bedeutsamen sowie in Gesprächen und Reden adressierbaren, doch zunächst einmal erinnerten Entität werden.

[30] Im Kapitel 8.1 wird diese grundlegend problematisiert und den Erschöpfungsdynamiken entgegen gestellt.

[31] Daniel Kahneman et al. haben in Experimenten zur Erinnerung schmerzhafter Erlebnisse Evidenz dafür gefunden, dass die Augenblicke maximaler Intensität und das Ende einer Schmerzerfahrung, für die Erinnerung dieser Ereignisse zentral sind. Die Dauer sei gegenüber *peak* und *end* zu vernachlässigen. Ihre empirisch belastbare Hypothese gossen sie in die sogenannte *peak-end-rule* (Fredrickson und Kahneman 1993; vgl. Kahneman et al. 1993). Der Experimentalaufbau psychologischer Studien geht mit einer notwendigen Verkürzung von Realität einher. Am Beispiel der Besetzungszeit lässt sich auch auf die zentrale Bedeutung der ursprünglichen Besetzung

7.1.3.2 Ringvorlesungen und Diskussionsveranstaltungen

Am zweiten Besetzungstag finden im Hörsaal mittags und abends Plena statt. Im Protokoll zum Mittagsplenum findet sich folgender Beschluss: *»Es soll eine Ringvorlesung organisiert werden und dazu werden Dozenten, aber auch Studenten gesucht, die passend zum Thema Bildung einen Vortrag halten wollen« (HS I ZP 20091118-14.00 Uhr, Abs. 34 f.).* Eine *AG Ringvorlesung* wird gegründet, die in den folgenden Wochen erfolgreich aus dem akademischen Mittelbau, der Professor*innen- und Studierendenschaft, aber auch außerhalb der Universität Freiwillige für das Projekt rekrutieren kann. Bereits am dritten Tag findet die erste Vorlesung statt. Die Besetzer*innen und die Gäste der Besetzung werden fortan zum Publikum einer alternativen Bildungsinstitution, die zugleich innerhalb und außerhalb der Universität angesiedelt ist.

Das Format Ringvorlesung ist dem universiären Alltag entlehnt. Um einen thematischen breiten Kern – um die Stichworte Bildung und Gesellschaftskritik – wird eine Vorlesungsreihe organisiert, in der unterschiedliche Dozent*innen diesen Kern aus unterschiedlichen Perspektiven annähern. Der Input durch Ringvorlesungen hebt den inhaltlichen Gehalt der Besetzung. *Friedrich (Abs. 25)* ist sich sicher, die Besetzer*innen *»durch die Ringvorlesungen [...] viel gelernt [haben]«* und betont mit dieser Einschätzung die Bedeutung der Ringvorlesungen für die Wissensvermittlung in der Besetzung. *Judith (Abs. 113)* verbindet auf ganz persönliche Art und Weise, *»die Möglichkeit einfach unglaublich viel zu lernen«*, mit *»Workshops und [...] Ringvorlesungen«*.

Die Vorlesungen hinterlassen eine doppelte Spur. Zunächst wirken sie bereichernd, denn in Plenarveranstaltungen und Arbeitskreisen bleiben die Hörsaalaktivist*innen unter sich. Die Gefahr mittelfristig im eigenen, ideologischen Saft zu schmoren, liegt auf der Hand. Die Vorlesungen schaffen hier eine gewisse Abhilfe, indem sie über den unmittelbaren Tellerrand der Besetzer*innen hinausweisen. Doch die Vorträge – zumindest ihren Titeln nach – sind nicht dazu geeignet die Besetzung prinzipiell in Frage zu stellen. Das Spektrum der Themen ist breit, doch zwei Themenbereiche stechen heraus: Bildung und Gesellschaftskritik.[32] Die Vorlesungen sind inhaltlich prägend und stiften geteilte Wissensbestände in der Hörsaal-Community. Damit tragen sie zur Integration und zum Erhalt der Besetzung bei.

– als dem Anfang dieser affektiven Episode – schließen. Bereits während der Tage der Besetzung erlangt der Besetzungs-Akt legendären Charakter: mit Verweis auf Mircea Eliade (1984) ein primordialer Moment, eine Zeit gleichsam vor aller Zeit, welche die *Hierophanie*, das Aufscheinen des *kollektiv Göttlichen* (Durkheim 1981; Maffesoli 1987) markiert. Dies sind starke Sprachspiele, die das profane Geschehen des Besetzens mit Sicherheit überzeichnen und doch greifbar werden lassen.

[32] Insgesamt 18 Ringvorlesungen lassen sich aus dem Webauftritt, den Plenumprotokollen und Twittermeldung der Besetzungsgemeinschaft rekonstruieren.

Die Vortragsinhalte übersteigen oftmals den Horizont des Publikums; so wie das eben mit Fachvorträgen ist. Aber das Eventformat Ringvorlesung lächelt den Besetzer*innen janusköpfig in ihre Gesichter: einerseits gefüllt mit Information, Tiefe und Aha-Momenten, andererseits mit relativer inhaltlicher Geschlossenheit. *Rudi (S. 63)* sieht hierin durchaus den großen Benefit der Vorlesungen: *»[V]iele muss man [...] überzeugen, dass [...] wenn man gegen Studiengebühren ist im Endeffekt auch [...] gegen Aspekte der Gesellschaft ist [...]«* Er empfand die Ringvorlesungen als *»hilfreich«* um *»soziologisches Backgroundwissen«* in die Debatten einzustreuen, da *»die meisten nicht unbedingt Sozialwissenschaft studieren«*. Die Übergänge zwischen Informationsformat und Format der (Selbst-)Indoktrination sind fließend und beide Seiten dieser Medaille von Gewicht.

Schließlich lassen sich am Beispiel der Ringvorlesungen Momente des allgemeinen Verfalls der Besetzung erkennen. Mit ihrer Organisation entsteht ein konsumierbares Eventangebot unabhängig von konkreten Zielen des Bildungsstreiks und unmittelbaren Erfordernissen des Besetzens. Während die Besetzung über die Zeit ihre Attraktivität einbüßt, ziehen die Ringvorlesungen ihr interessiertes Publikum weiterhin an. In der letzten Woche der Besetzung geht *Niklas (Abs. 78)* nur noch *»ab und zu mal in die Plena«*, lieber besucht er die *»ganzen wirklich tollen Ringvorlesungen«* oder er trifft sich im Hörsaal *»mit Freunden [...] um Schach zu spielen«* und zu diskutieren«. Auch für *Friedrich* nimmt im Laufe der Zeit die Attraktiviät der Besetzung ab, die der Ringvorlesungen hingegen zu *(vgl. HS I 4, Friedrich, Abs. 20)*. *Rudi* sieht darin einen Verstoß gegen die Prinzipien und die Solidarität der Besetzung. Er stellt fest, dass sich im Laufe der Protestzeit die Mobilisierbarkeit der Leute verändert. Die *»Leute [gehn] lieber zum Beispiel zu Ringvorlesungen [...] wenn sie interessant sind«* und so kommt es vor, *»dass mehr teilweise um 14.30 in der Ringvorlesung saßen [...] und das Plenum um 18.00 Uhr schlechter besucht«* ist. Dass es dazu kommt, ist für *Rudi »moralisch anzuprangern«* (HS I 3, *Rudi*, *Abs. 77)*, aber er gesteht ein: in der breiten Masse von Sympathisant*innen der Besetzung sind solche Tendenzen deutlich zu erkennen. Zunehmend zeigen sich Risse in der Besetzungsgemeinschaft: zwischen den einen, die daran interessiert sind tagtäglich die Besetzung logistisch und inhaltlich zu stemmen und denjenigen, die sich aus dem operativen Besetzen herausgezogen haben und die Angebote der Besetzung konsumieren. Die Besetzung selbst verliert an Bindungskraft, lediglich Angebote, die unter konsumatorischen Gesichtspunkten hervorstechen bleiben attraktiv: neben den Vorlesungen nicht zuletzt auch Konzerte, Feste und Feiern.

7.1.3.3 Feiern und Feste[33]

Die Besetzer*innen wollen öffentliche Wirkung erzeugen und sind sich gleichzeitig bewusst, dass sie durch ihren Einschluss in der Öffentlichkeit stehen. Niemand soll die Ernsthaftigkeit, der Besetzer*innen bezweifeln. Entsprechend betreibt die Besetzung Oberflächenmanagement. »[W]ir wollen hier nicht irgendwie nur nen Partyraum« und »wollen hier jetzt nich unseriös nach außen wirken«, betont Peter (Abs. 175) und begründet damit das allgemeine Rauchverbot. »[N]em gscheitn Anarchist oder Punk oder Autonomen oder sowas, is sowas Scheiß egal«, führt er seine Begründung weiter und grenzt sich damit sogleich von diesen Gruppen ab. Weil die Besetzer*innen auf ihre Seriosität und Konstruktivität bedacht sind, geben sie sich eine Hausordnung (vgl. HS I 1, Peter, Abs. 175).

Neben dem Rauchverbot und anderen Regeln gilt: *kein Bier vor vier*. Die Besetzung ist ein Ort allgemeiner Betriebsamkeit; in manchen Arbeitsgruppen geradezu asketischer Disziplin. Doch *das Bier nach vier* gehört ebenso zur Besetzung wie die Plenumsdisziplin. Vor allem für die Abend- und Nachtstunden werden Lesungen, Podiumsdiskussionen, Theater, Konzerte und Partys organisiert. Anlässe finden sich: eine Woche Besetzung, eine Podiumsdiskussion, eine weitere große Demonstration, ein Besuch aus Regensburg, Nikolaus, die vierwöchige Besetzung. An den Partys scheiden sich die Geister, die einen »*brauchen auch diese äh soziale Komponente, damit sie die Kraft daraus beziehen*« können, meint Peter, während eine andere »*Seite [...] sag[e]: Ja Mensch macht doch nich solang Party abends [...] und steht dafür früher auf und arbeitet an den Inhalten*« (HS I 1, Peter, Abs. 47). An der Besetzung kann man »*Spaß [...] haben*«. Das erkennt *Niklas (Abs. 67)* mit ironischem Unterton insbesondere an den Erstsemestern, die »*[...] jetzt nen Monat an die Uni [kommen] und [...] n tolles großes Plenum [moderieren]*«. Er sieht ihre große Motivation darin begründet, dass sie jetzt »*[...] eben eine Gruppe [haben], in der man nachts Partys macht, tolle Partys, coole Aktionen, n bisschen Politik, n bisschen ähm Freunde kennenlernen*«.

Wie Ringvorlesungen und Podiumsdiskussionen gehören Feiern und Feste zum Kernprogramm der Besetzung. Sie sollen ›*die Zeit im Hörsaal*‹ erleichtern, so die erklärte Absicht. In meinen direkten Gesprächen mit Aktivist*innen werden diese Ereignisse nur spärlich erwähnt. Doch per Twitter, Blog und Besetzungskalender lassen sich eine ganze Reihe von Events rekonstruieren.

---

[33] Die Unterscheidung von Feiern und Fest übernehme ich von Winfried Gebhardt. Im Kern des Festlichen steht der Überschreitungscharakter des Außeralltäglichen. Das Feierliche bezieht sich auf Außeralltäglichkeit in Würde und Kontemplation (Gebhardt 1987, 2000; siehe Kapitel 1.2 dieser Schrift).

Tabelle 5: Auswahl von Festen & Feiern während der Hörsaalzeit

19.11.2009	Konzert mit drei Bands
20.11.2009	Livemusik
25.11.2009	Kabarett-Abend
26.11.2009	Konzert mit drei Bands zum ersten Wochenjubiläum
01.12.2009	Zweiwöchiges Jubiläum
03.12.2009	Musikabend
06.12.2009	Nikolaus im Hörsaal
08.12.2009	Quizabend
16.12.2009	Politische Gedichte
17.12.2009	Ein Monat Besetzung: Konzert und großes Fest
18.12.2009	Konzert
19.12.2009	Konzert und DJane

Das Publikum dieser Feiern, Aufführungen und Feste ist nicht deckungsgleich mit der Gemeinschaft der aktiven Besetzer*innen. Bereits innerhalb der ersten beiden Wochen verfestigt sich im Zentrum der Aktivitäten ein »*harter Kern*«[34] der Besetzungsgemeinschaft. Es ist dieser harte Kern, der in wesentlichen Teilen die Logistik der Besetzung, die Kommunikation der Besetzung, die Ideologie der Besetzung und die Events der Besetzung erarbeitet und erhandelt. Die Aktivposten der Besetzung sind eine kleine und geschlossene Gruppe, vergleicht man sie mit der amorphen Besetzungsmasse des ersten Tages. In der »kleinen Lebens-Welt« (Luckmann 1970) des Hörsaals und ihrer sozialräumlichen Verdichtung ist es nicht leicht, den Glauben an die eigene Legitimität und Wirksamkeit aufrechtzuerhalten, der ursprünglich im Massengefühl und Überschwang des Besetzungserlebnisses gründet. Dem Selbstverständnis nach geht es den Besetzer*innen um das ›große Ganze‹. Am zweiten Besetzungstag ist im Blog der Besetzer*innen folgender Post zu lesen:

> »**Nicht nur Augsburg brennt: Studierende in Deutschland erheben sich**
> Seit drei Wochen, nachdem der studentische Streik in Österreich entfacht ist, ist der Streik nach Deutschland übergeschwappt. Am 17. November gab es in fast 50 deutschen Städten Demonstrationen zum Bildungsstreik 2009. Der Hörsaal der TU Dresden, der Kupferbau in Tübingen, die Akademie der bildenden Künste und das Audimax München, Heidelberg, Hamburg, Würzburg, Münster und viele Hörsäle, die hier nicht alle aus Platzmangel genannt werden können, wurden besetzt. Aus Deutschland und Österreich schlägt die Welle über den großen Teich zu den USA und Japan. Auch der HS I der Uni Augsburg, der größte Hörsaal der Universität Augsburg wurde

---

[34] Die Formulierung kommt aus dem Kreis der Besetzer*innen und wird so von nahezu allen meinen Gesprechspartner*innen gebraucht. Treffend schreibt Nina Schleifer am 16.12.2009 in der Augsburger Allgemeinen Zeitung: »Es ist ein normaler Streiknachmittag: Viel ist nicht los, der harte Kern ist dennoch da.« (Schleifer 2009) Der harte Kern fühlt sich für den Fortbestand der Besetzung verantwortlich, während eine nicht näher bezifferbare Anzahl von Sympathisant*innen den Hörsaal als Gelegenheitsraum unregelmäßig für ihre Bedürfnisse nutzen.

von rund 500 Studenten besetzt. Am Vormittag trafen sich mehrere Studenten und Schüler am Elias Holl Platz und sammelten alle Bildungsstreikenden von ihren Schulen ein, sofern sie nicht von ihrer Schule eingesperrt wurden. Dem entgegen ließen sich einige Schüler, trotz den Repressalien seitens ihrer Schule, nicht entmutigen und traten dem Bildungsstreik bei, indem sie aus dem Schulfenster stiegen. **Nicht nur die Uni Augsburg brennt, sondern ganz Deutschland, und bald die ganze Welt.**« (blog.bildungsstreik-augsburg 2009b [Hervorh. im Original])

Bert (vgl., Abs. 27) formuliert den Anspruch, dass die Besetzung die ganze Studierendenschaft repräsentieren will.[35] Es soll das Bildungssystem in Frage gestellt werden, wenn nicht das Gesellschaftsmodell. Oder wie *Friedrich (vgl., Abs. 63)* feststellt: am Ende jeder Diskussion landet man immer bei Kapitalismuskritik. Doch wie geht die morphologische Verengung der Besetzung mit diesen Vorstellungen von Größe zusammen; wie der Anspruch auf gesellschaftsverändernde Bedeutung, mit der nichtalltäglichen ›Provinzialität‹ der Besetzungsgemeinschaft? Dieser Widerspruch ist nicht nur hypothetisch, sondern wirkmächtig und er nagt anm Selbstverständnis und am Selbstvertrauen der Besetzer*innen. Vor dem Hintergrund dieses Grundwiderspruchs ist die Bedeutung der großen Versammlungen zu sehen: nicht allein des Plenums, sondern auch der Ringvorlesungen und vor allem der Feiern und Feste.

Hier strömen die Massen – wie am Nachmittag des 17. November – erneut zusammen. In diesen Momenten wird dem »harten Kern« die Bürde der sozialen Enge für einige Stunden von den Schultern genommen; die zunehmende Schließung wird zyklisch umgekehrt: ein Stoßlüften gegen die Stickigkeit. Ist das Kollektiv erst einmal wieder versammelt, beginnt es auch wieder zu wirken: gemeinsam die Existenz der Besetzung zu feiern, gemeinsam zu trinken, zu lachen, zu tanzen, zu diskutieren und etwas auszuhecken, ist wie Sauerstoff für die Besetzung. Der *Geist erlebter Versammlung* und Erinnerungen an die ersten Minuten der Besetzung kehren zurück in den Hörsaal. Im Überschwang wird über die Stränge geschlagen; emotional, in Gedanken, aber auch in Taten. Die Momente der Zusammenkunft bringen mentale Entlastung. Die versammelte Masse erzeugt ein Gefühl von Wirksamkeit und Reichweite; sie gibt den hohen Ansprüchen Nahrung. Man tritt zyklisch zusammen und ist zyklisch wieder wer. Die Energie und Dynamik des Besetzungsakts werden noch einmal greifbar.

---

[35] Ein Anspruch, dem zum Teil vehement widersprochen wird; so etwa in den Kommentarzeilen des Besetzungsblogs am 30.11.2009 um 19:16 Uhr unmissverständlich *»RAUS AUS UNSEREM HÖRSAAL IHR STINKER!!!!!«* und wenige Minuten später um 19:19 Uhr *»Wir haben keine Lust mehr uns das bieten zu lassen. Was glaubt ihr eigentlich wer ihr seid? Wegen eurer konzeptlosen wiedersprüchigen [sic!] Protestaktion verlieren wir wertvolle Zeit des Studiums. Wir müssen nämlich sowas wie Prüfungen schreiben.«* (blog.bildungsstreik-augsburg 2009c)

Die »Eventisierung«[36] des Bildungsstreiks ist ein riskantes Spiel. Mit der Zeit entwickeln sich *»aberwitzige Diskussionen«*, meint Niklas *(Abs. 57)*: *»auf einmal [scheint es] wichtiger«* »*Konzerte und so was zu organisieren«*. Im Plenum kommt die Idee auf, sich von einer lokalen Brauerei sponsern zu lassen: Werbung gegen Bier. Als Niklas diese Geschichte hervorholt, redet er sich in Rage:

Niklas: »[…] das hat mich so schockiert, […] das wurde bestimmt ne halbe Stunde diskutiert, ob man das jetzt machen sollte und es kamen so Argumente, […] da hat man gesehen, dass da das Selbstverständnis komplett auseinanderdriftet. Dass es Leute gibt, die sowas auch nur ansatzweise in Erwägung ziehen, dass man für ne BRAUEREI und eh für […] seinen eigenen scheiß Bierkonsum […] da Werbung zu betreiben, […]. […] [D]es war einfach so ne Aktion, wo ich gemerkt hab, pfuh (zischt leise). Des ähm, wenn des sozusagen diskutabel ist, dass man für ne Brauerei Werbung macht, um seinen abendlichen Rausch zu bekommen, obwohl wir eigentlich alle genug Geld hätten, um uns das Bier irgendwie selber zu kaufen, das fand ich schon / das hat mich ja ziemlich genervt.« (Abs. 74)

Unser Gespräch fand am letzten Tag der Besetzung, wenige Stunden vor der letzten Pressekonferenz statt. Niklas weiß zu diesem Zeitpunkt nicht, wie die Besetzer*innen den Hörsaal verlassen werden und berichtet über das bevorstehende Ende der Besetzung lapidar: *»Wir wissen noch nicht genau wie: mit ner großen Party, mit noch ner coolen Aktion. Es gibt da die Idee, den Hotelturm zu besetzten oder solche Sachen«* (HS I 5, Niklas, *Abs. 81).* An dieser Einordnung wird zweierlei deutlich. Niklas ist erstens nicht länger im Kern des Geschehens – sofern er je dazu zu rechnen war – und daher nicht informiert, über den geplanten Auszug am Nachmittag. Zweitens zeigt sich, dass *Niklas* nicht das Biertrinken und Partymachen an sich kritisiert, sondern dass die Partylogik das Inhaltliche der Besetzung überschreibt. Dass *»für viele […] der Eventcharakter auf einmal sehr wichtig«* (HS I 5, Niklas, *Abs. 73)* wird, lässt bei Niklas bereits zwei Wochen vor dem Ende der Besetzung den Glauben schwinden, dass die Besetzung politische Relevanz hat. In der Folge bleibt er ihr fern.[37]

---

[36] Im Anschluss an Ronald Hitzler (2010), der unter diesem Label Marketingstrategien der Massenbespaßung analysiert (siehe auch Gebhardt et al. 2000b; Pfadenhauer 2008).

[37] Dass er selbst vom Massen- und Eventspektakel der Besetzung angezogen und in den Hörsaal gezogen wurde zeigt wiederum, dass *Niklas* selbst Teil dieser Doppelseitigkeit der Besetzung ist. Die Besetzung ist ein Ereignis, sie ist Spektakel, sie ist rauschhafter Überschwang – mit Rancière (2002) öffnet sie eine Klammer, in der die »Anteilslosen« ihren »Anteil« einfordern. Doch ihre politische Reinheit einzufordern, heißt die eine Begleiterscheinung zu erhöhen und die andere gänzlich zu ignorieren.

7.1.4 Freie Zeit im Hörsaal

Der Hörsaal bietet zuletzt auch Raum für Zerstreuung und Geselligkeit. Zwischenmenschliche Begegnungen im verdichteten Leben der Besetzung sind unausweichlich. Wenn kein Plenum abgehalten, in Gruppen gearbeitet oder Event gemeinsam konsumiert wird, bleibt Zeit zur freien Gestaltung. Weil man Zeit hat und sich begegnet, redet man miteinander und weil man Langeweile, Lust oder Muße hat, macht man etwas zusammen.

7.1.4.1 Kreative Geselligkeit

Der Geist der Besetzung ist auch hier zu spüren. Einige Besetzer*innen verabreden sich zu Lesekreisen oder diskutieren ganze Abende. Vieles ergibt sich einfach. Hannah erinnert sich an einen Abend, an dem sie mit anderen Aktivist*innen die Böden des Campus verziert:

Hannah: »[…] Und dann waren auf einmal Kreiden da. Und Leute haben sich gefunden […] mit denen man davor noch nie was zu tun hatte. Und mit denen ist man dann über den Campus gegangen und=und hat da den Campus verschönert […]. Also des waren so die Synergien auch allein schon, weil man gar nicht allein auf solche Ideen gekommen wäre […], weil man sich allein ja natürlich auch so was nicht getraut hätte. Des ist ja dann immer auch der Effekt, wenn man in ner Gruppe is […], dass man dann mutiger ist […]. (Abs. 60)

Das nichtalltäglich verdichtete Leben der Besetzung entpuppt sich als Katalysator für Synergieeffekte. In Gesprächen werden Pläne entworfen, und anschließend ins Werk gesetzt und auf einmal ist der Campus voller Bildungsleichen. Die Freizeit im Hörsaal ist vom Bildungsstreik durchdrungen, wie der Bildungsstreik durch diese spontanen Aktivitäten geprägt wird. »*Der Inhalt ist überall gegenwärtig*«, meint *Peter (Abs. 89)* und liefert ein weiteres Beispiel:

Peter: »[…] abends […]ab 20 Uhr, 21 Uhr fängt langsam […] teil statt [sic!], der eigentlich mit dem Inhalt ja nix mehr zu tun hat, ja. Aber […] von meinem Gefühl her […] ist des immer sehr eng zusammen. Ich muss zum Beispiel an diese Bildungshürden an diese Kartons, die draußen stehen […] denken, ja. Was wir für einen tierischen Spaß hatten mit diesen Kartons, ja. Die stundenlang nachts durch die Gegend zu schmeißen und uns irgendwelche lustigen Filmchen damit aus zu denken, wie man jetzt mit diesen Bildungshürden irgendwie was machen könnte und so […].« (Abs. 87)

Kartonkisten, als Mauersteine bemalt und mit dem Schriftzug *Bildungshürde* versehen, lassen sich zu Türmen und Mauern stapeln und eigenen sich hervorragend für Blödeleien. In vier Videoclips[38] wird das Thema Bildungshürden satirisch verarbeitet. Zum Beispiel werden durch das Hörsaalzentrum schlendernde Personen von einstürzenden Bildungshürden-Mauern ›erschlagen‹, während eine Stimme aus dem Off laut das einzelne Wort »Bildungsopfer« ausruft. In einem anderen Clip tanzt eine Besetzerin zunächst mit einer Kartonkiste, um diese Sekunden später auf einen Haufen anderer Kisten zu köpfen und in einer anderen Szene durch den Hörsaal zu kicken. Weitere Clips erinnern stilistisch an die von 2000 bis 2002 auf MTV ausgestrahlten Serie »Jackass«: so stürzt sich ein Besetzer mehrere Stufen hinunter in die Kartons, andere sprengen mit Anlauf eine Mauer und zwei weitere Besetzer veranstalten ein Handicap-Slalomrennen – Rollstuhl versus Krücken – durch einen Hindernisparcours aus Bildungshürden. Im Hörsaal vermengt sich politischer Protest mit »juvenilem Spaßhaben«;[39] das belegen die Bildungshürdenclips wie die Feiern, Feste und Konzerte im besetzten Hörsaal.

Die gemeinsamen Blödeleien sind eine besonders freie und kreative Form des gemeinsamen Handelns. In der freien Zeit entwickeln sich auch freie Formen des miteinander Sprechens. Im Besetzungskalender finden sich zwei inhaltliche Workshops: einer zu Adornos »Erziehung zur Mündigkeit«, ein zweiter zu Kants Aufsatz *Was ist Aufklärung?*. Das stundenlange Diskutieren ist abendfüllend. *Hannah* und *Judith (Abs. 113 f.)* sind sich dahingehend einig, dass vor allem die *»Diskussionen im kleinen Kreis«, »die ja wirklich nächtelang gingen«*, von großer Bedeutung waren. *Judith* zeigt sich fasziniert von den großen Wissensfortschritten, die sie an sich selbst bemerkt und betont auch das Gefühl, *»sich in den Diskussionen zu behaupten«* (HS I 9&10, Hannah & Judith, Abs. 113). Während der gemeinsamen Gespräche werden Meinungen zum Ausdruck gebracht, Ideen besprochen und wechselseitig kritisiert. Auf diesem Weg verändern sich die Vorstellungen wie auch die Individuen, die diese miteinander diskutieren, selbst.

---

[38] Vier Bildungshürden-Videos gehören zu den Medien-Relikten des Augsburger Bildungsstreiks auf dem Videoportal youtube.de (datschatobi 2009a, 2009b, 2009c, 2009d).
[39] Für Ronald Hitzler ein wesentliches Element *posttraditionaler Vergemeinschaftung* (Hitzler 1998; Hitzler et al. 2008). Im Sinne Gregor Betz zeigt die Hörsaalbesetzung die Kennzeichen *vergnügten Protests* (Betz 2016).

7.1.4.2 Privatisierung der Besetzung

Die Geselligkeit des Hörsaals bietet selbstverständlich auch Raum, um zu privatisieren. Das verdichtete soziale Leben ist intensiv. Begegnungen, Austausch und Zeit lassen Bekanntschaften entstehen, aus Bekanntschaften wachsen Freundschaften und so mache Liebschaft. *»Also wie haben jetzt, ich glaub, sechs Pärchen, die sich im Hörsaal gefunden haben«*, betont *Friedrich (Abs. 24)*. Im Hörsaal treffen die Besetzer*innen auf Gleichgesinnte; Menschen, denen sie gerne begegnen und mit denen sie gerne etwas unternehmen und Spaß haben. Wer solche Erfahrungen nicht macht, bleibt wahrscheinlich nicht lange im Hörsaal. Aber weil die Beteiligung auf Freiwilligkeit basiert, entwickelt sich im Hörsaal enge und intime soziale Bande. Auch die Beziehungen zwischen den Anwesenden gewinnen an Intensität und beginnen damit die öffentlichen Relevanzen der Besetzung zu überlagern. So sieht es zumindest Niklas, den die zunehmende Privatisierung des Hörsaalgeschehens immer mehr abstößt:

Niklas: »[I]ch hatte dann immer mehr das Gefühl, dass sich [...] da Leute [...] zusammengefunden haben, denen das ganze sehr viel Spaß macht. Also mir macht das auch Spaß [...]. Also ich bin auch jemand der diesen [...] Eventcharakter, sich davon hat einfangen lassen. Aber die sich da jetzt so wohl fühlen, die da jetzt sehr intensive soziale äh Bande geknüpft haben, [...] die unglaublich viel Zeit, Kraft und Arbeit in diesen [...] Hörsaal gesteckt haben und jetzt nicht mehr, meines Erachtens, erkennen, dass das eben nicht ihr Wohnzimmer ist, sondern immer noch ein besetzter Hörsaal und man dem auch irgendwie gerecht werden müsste.« (Abs. 61)

Die Unterscheidung zwischen Besetzer*innen, die den Hörsaal als Plattform privater Beziehungen begreifen und Aktivist*innen, die den öffentlichen Zielen verschrieben sind, liegt auf der Hand und ist doch wenig hilfreich. Die öffentliche und private Seite des Hörsaallebens sind vielmehr zwei Seiten desselben nichtalltäglichen Potentials: ein ununterscheidbares Amalgam. Mittelfristig stellt sich die Frage, ob die Besetzung Raum greift, um eine legitime und anerkannte Sprechposition im öffentlichen Diskurs über Bildung zu ergattern oder ob sie Raum beansprucht, um eine subkulturelle Enklave auszubilden, in der es sich einrichten lässt und die man sich zurückziehen kann. Beides ist wohl weder auf Dauer möglich, noch wird es von Seiten der alltagsweltlichen Autoritäten – der Universität, dem Staat und seiner Polizei – auf Dauer geduldet werden.

7.1.5 Synopse: Die Intensität des Hörsaallebens

Das soziale Arrangement der Hörsaalbesetzung wird im gemeinsamen Handeln und Sprechen hervorgebracht. Das Plenum ist gleichzeitig eine Hauptorganisationsformation und die ursprüngliche Interaktionsform der Besetzung. In der Vollversammlung werden die Besetzung erklärt, rudimentäre Regeln etabliert, Ziele formuliert und zentral Bezugsprobleme der Logistik, der Kommunikation, der inhaltlichen Arbeit und der Kräfte-Mobilisierung identifiziert. Während die konkrete Bearbeitung dieser Probleme kleinen Arbeitsgruppen überlassen wird, muss die Arbeit aus Gruppen immer in die Vollversammlung getragen werden. Hier werden schlussendlich Entscheidungen (möglichst) im Konsens getroffen und weitere Aktivitäten von Einzelnen und Gruppen legitimiert. Wer im Namen des Plenums der Presse, anderen Besetzungsgemeinschaften, der Hochschulleitung oder Politiker*innen sprechen will, benötigt ein Mandat. Die Kommunikation im Plenum wird von der Bühne aus moderiert, doch steht es allen Anwesenden frei sich an den Debatten zu beteiligen. Das geschieht doppelt. Erstens kann ein jeder und eine jede einen Wortbetrag per Handzeichen anmelden und sich auf der Rednerliste notieren lassen. Zweitens wird im besetzten Hörsaal eine direkte Feedbackkultur gepflegt. Durch vereinbarte Zeichen werden Beiträge mit Zustimmung oder Ablehnung kommentiert. Die lebendige kollektive Bewegung des debattierenden Hörsaals lässt insbesondere in den ersten Stunden und Tagen ein Kollektiv sichtbar und greifbar werden. Mit der Zeit scheint diese Form der kollektiven Aktion aber ihren Reiz zu verlieren. Bis zuletzt ist es aber die Vollversammlung im Hörsaal-Eins, die Entscheidungen trifft und legitimiert – bis zur Erklärung des Endes der Besetzung. Die Arbeitsgruppen arbeiten dem Plenum formal zu, gleichwohl sind sie die Tätigkeitsformate, welche die Besetzung hervorbringen und aufrechterhalten. Wer sich berufen fühlt kann sich an identifizierten Aufgaben und Problemen abarbeiten. Die Zusammenarbeit ist insofern spontan, dass Personen wie auch Problemlösungen *adhoc* zusammengetragen werden. Die Themen sind vielfältig. Die gemeinsame Tätigkeit ist darauf ausgerichtet die Besetzung erfolgreich zu gestalten. Im Zusammenspiel von Plena und Arbeitsgruppen werden Ideen diskutiert, ausgearbeitet, verworfen, in Institutionen gegossen, rearrangiert. Während sich die Besetzer*innen aktiv an Problemen der Besetzungsgestaltung abarbeiten, bringen sie gemeinsam das institutionelle Gefüge der Besetzung hervor, arbeiten das Arrangements permanent um und kommen nicht zuletzt in persönlichen Austausch. Auf je unterschiedliche Weise bieten Ringvorlesungen und Feste

Gelegenheit zur kollektiven Zusammenkunft. Im feierlichen Rahmen der Ringvorlesungen wird die inhaltliche Ernsthaftigkeit[40] zelebriert. Die regelmäßigen Feste rücken das Kollektiv in den Mittelpunkt, dass sich mit Theater, Konzerten, gemeinsamen Tanz und Trinken selbst feiert und die Intensität der ersten Momente reaktualisiert. Die freie Zeit wird auf unterschiedliche Weise genutzt. Teilweise werden Themen und Inhalt der Besetzung vertieft, teilweise werden diese Freiräume für private Beziehungen und Zeitgestaltung genutzt. Nicht zuletzt eröffnet die freie Zeit Möglichkeit des Rückzugs aus dem Besetzungsgeschehen.

7.2 Die dreitägige ›Wirklichkeit‹ des Inselcamps

Für nur drei Tage wird das Arrangement der Inseltage entfaltet. In diesem kurzen Zeitfenster spielt sich *das ganze Leben* aller Inselbewohner*innen auf dem nahezu vollständig vom Wasser umschlossenen Lagerplatz ab. Mit dem Betreten des Lagers betreten die Schüler*innen den Geltungsbereich des Camp-Programms. Ein Programm, das vor allem regelt, wann die Inselbevölkerung, in welchen Konstellationen zusammenkommt, um was-auch-immer zu tun.

Typologie 7: Verdichtetes Leben im Rhythmus der Inseltage

		Verbindlichkeit	
		Obligation | Programmnorm	Disposition | zur freien Gestaltung
Konzentration	Zerstreuung	A. **Workshopzeiten** (obligative Zerstreuung)	B. **Freie Zeit** (disponible Zerstreuung)
	Verdichtung	D. **Kollektivzeiten** (obligative Verdichtung)	C. **Festzeiten** (disponible Verdichtung)
		Kontrolle des Exzesstabus	

---

[40] Diese Vorlesungsformate sind als Feiern im Geist eines »Charismas der Vernunft« (Gebhardt 1992a, S. 278) zu verstehen. Folgt man Winfried Gebhardt, verortet Weber dieses im Kontext der Französischen Revolution.

Auch das Inselleben zeichnet sich durch eine Fülle von Gelegenheiten zum *gemeinsamen Sprechen* und *gemeinsamer Tätigkeit* aus. Diese Betriebsamkeit des Lagers stiftet lebendige Gemeinschaftserlebnisse. Analog zum Rhythmus der Besetzungszeit lässt sich zwischen Verdichtung und Zerstreuung einerseits, Obligation und Disposition andererseits, ein Rhythmus des Inselcamps konstruieren (Typologie 7). Aus der sukzessiven Entfaltung des Programms und der Abfolge der darin vorgesehenen, ineinander übergehenden Interaktionsordnungen entsteht die besondere Atmosphäre, welche die Insel auszeichnet und später als bedeutsam erinnert wird.

7.2.1 Workshopzeit oder »die Vorlage [...] sich miteinander zu beschäftigen«

Das programmatische und konzeptionelle Herzstück der Inseltage sind Workshops. Den ganzen ersten Nachmittag erleben die Teilnehmer*innen in ihren Workshopgruppen und auch Vor- und Nachmittag des zweiten Tages werden dort aktiv verbracht. Einige Workshopthemen werden bereits in der Schule vorgestellt und die Insel damit beworben, andere werden erst auf der Insel bekannt gegeben. Das schlussendliche Spektrum angebotener Workshops wird während der Eröffnungsshow im Inseltheatron präsentiert. Jeder Workshop wird von zumindest einer Referentin oder einem Referenten angeleitet. Die Referent*innen werden von der Jugendorganisation rekrutiert. Das inhaltliche Angebot ist breit: Akrobatik, Architektur, Comiczeichnen, Improvisationstheater, Kasperltheater, kreatives Maskenbasteln, Musik, Sport, Yoga. Dazu kommt ein Spezialworkshop, der den Lehrer*innen vorbehalten ist. In diesem Jahr drehen sie einen humoristischen Kurzfilm. Die Teilnehmer*innen können im Anschluss an die Vorstellung mit ihren Füßen abstimmen und sprichwörtlich einer Gruppe beitreten – Freiwilligkeit steht im Mittelpunkt. Gleichzeitig ist die Wahl unter Optionen auch ein Wahlzwang, denn weder die Wahl an sich, noch die Angebote selbst stehen zur Disposition. Zudem sind die Plätze für die einzelnen Workshops begrenzt. Wer zu lange überlegt, hat mitunter das Nachsehen und muss sich mit dem Workshop arrangieren, der noch Plätze bietet. Die thematischen, ›handwerklichen‹ Differenzen zwischen den einzelnen Workshopangeboten sind groß und auch die Zusammensetzung von Personen und Charakteren trägt weiter zur Heterogenität in den Workshopgruppen bei. Am Beispiel der verdichteten Interaktion unterschiedlicher Workshoparrangements soll im Folgenden die Wirkweise des Workshopprinzips sichtbar gemacht werden.

7.2.1.1 Sportworkshop oder die Symmetrie der Unfähigkeit

Im Sportworkshop tummeln sich insbesondere Jungs (L II 10, Ingo, Abs. 12–16), aber auch einige Mädchen. Sie können hier einerseits ihren Vorlieben für Bewegung und sportlichen Wettbewerb nachgehen. Andererseits haben sie von dem, was sie hier erwartet, recht konkrete Vorstellungen. Zumindest intuitiv scheint ein Sportworkshop weit weniger exotisch als der Bau einer architektonischen Skulptur, Improvisationstheater, Akrobatik oder Kasperletheater. *Ingo* und *Ingo*, die Referenten des Sportworkshops, scheuchen ihre Gruppe über die Insel und parodieren militärischen Drill. Sie tragen Feinrippunterhemden, kurze Trainingsshorts, provokant über die Waden hochgezogene weiße Tennissocken, die in ausgetretenen Sportschuhen stecken sowie Schweißbänder an den Handgelenken, eine schwarze Sonnenbrille und als Kopfbedeckung eine Baseballcap beziehungsweise einen Strohhut als weitere Accessoires. Die Ernsthaftigkeit ihrer schroffen Kommandos bricht an ihrem selbstironisierenden Auftreten. Beide versprühen eine Aura mit hohem Unterhaltungswert. *Bosse (Abs. 65)* amüsieren die Referenten: *»[S]elber den Sportworkshop leiten und dann alle zwei Minuten Raucherpause«*. Nach einigen Runden über die Insel, lautstarken Kommandos und Raucherpausen wird das Warm-up für beendet erklärt. Das zweitägige Sportprogramm umfasst vor allem kompetitive Mannschaftsspiele. Der Höhepunkt des Sportworkshops ist ein Abschlussspiel gegen ein Lehrer*innen-Team am letzten Abend. Zwei Spiele verraten die grundsätzlich Wirkweise des Sportworkshops: *Kicker blind* und *Rounder*.

Die Manipulation des »sozialisierten Körpers« im blind bespielten Kicker
Auf der Wiese bauen die Sportler*innen ein rechteckiges Spielfeld auf. Tische werden dazu auf die Seite gelegt und so aneinandergeschoben, dass die Tischplatten als Bande für ein Kickerspiel fungieren. *Malte* erklärt die Besonderheit: Die Spieler*innen spielen blind. Um Tore zu schießen werden die Spieler*innen auf dem Feld von einer Partnerin oder einem Partner außerhalb durch Zurufe gelenkt.

Malte erinnert sich: »[W]ir hatten n Tuch um und wussten nicht wo wir hin laufen, wie wir laufen müssen, wo der Ball is und so und dass wir dann halt Tore schießen [...] und des is total schlimm, wenn du nichts siehst und dann läufst du da rum und weil, man sieht halt gar nichts und dann läuft man mit einem zsammen.« (Abs. 183)

Freizeitfußball ist mitunter eine ernste Angelegenheit. Die Talente sind sehr unterschiedlich verteilt, unterschiedliche technische Fähigkeiten werden teilweise durch

›Ernsthaftigkeit‹ und ›Biss‹ ausgeglichen.[41] Jeder kann sich auf dem Platz orientieren, sich am Ball, an den Gegner*innen und Mitspieler*innen und den Toren ausrichten, laufen, andere beharken und schießen. Zumeist dürfte das Team gewinnen, das nach der Gleichung ›Erfolg ist gleich Befähigung mal Anstrengung mal Glück‹[42] obsiegt. Geben dann beide Teams sprichwörtlich alles, entscheidet oftmals das Glück respektive das Pech. Hingegen kann im Spiel mit und gegen virtuose Freizeit-Messis aufgrund des Könnens der einen für alle anderen der Spaß gründlich verloren gehen.

Beim blinden Kickerspiel des Sportworkshops bleibt nahezu alles, was zu einem Fußballspiel gehört, bestehen; und doch bleibt geradezu nichts gleich. Weiterhin gibt es ein rechteckiges Spielfeld, zwei Tore, einen Ball und zwei Mannschaften, die darum kämpfen den Ball in das gegnerische Tor zu bugsieren. Doch das wichtigste Utensil im Spiel wird maßgeblich manipuliert. Dem »sozialisierten Körper«[43] wird der Sehsinn geraubt. Wo sind nun die Gegenspieler*innen, die Tore und der Ball? Die körperliche Befähigung, sich spontan in der Spielsituation zu orientieren, wird so umfassend eingeschränkt, dass Fußballspielenkönnen zu einer sekundären Fähigkeit wird. Ich versetze mich gedanklich in diese Situation. Ich kann mich an den Aufbau des Kicker-Spielfelds erinnern. Doch um mich herum ist es jetzt dunkel. Die einzige Orientierungshilfe bieten Stimmen vom Seitenrand. Doch was heißt jetzt rechts? Wie weit ist rechts? Wo ist dann das Tor, wenn ich einmal rechts bin? Ist rechts der Ball, der oder die Gegner*in, das Tor? Ich erlebe den Verlust des Sehsinns als gravierend. Nicht nur meine sportlichen Fähigkeiten auch selbstverständliche Fä-

---

[41] Manchmal macht eine Einzelne oder ein Einzelner den Unterschied. Sprichwörtlich spielt er oder sie nicht in der gleichen Liga, sondern in weit entfernten Hemisphären, ist nicht vom Ball zu trennen, nimmt allen anderen den Ball mühelos ab, trifft immer das Tor, gewinnt jedes Duell. Die körperlichen Fähigkeiten sind so auf das Spiel angepasst, dass nahezu jede Bewegung mit und ohne Ball perfekt gelingt. Spielen zwei gleich gute Teams gegeneinander, entscheidet der Teamspirit, manchmal ist es das Zusammenspiel, meist aber Anstrengung und Aufopferungsbereitschaft für den Erfolg des Teams.

[42] Diese Gleichung kann, folgt man Daniel Kahneman (2012), als prinzipielle analytische Annäherung an Erfolg betrachtet werden. Herausragende Leistungen geübter Personen – seien sie nun außergewöhnlich schlecht oder gut – sind vor allem über die Faktoren Anstrengung und Glück zu bestimmen. Kahneman betont insbesondere zu bedenken, dass Herausragendes zumeist als extremes und seltenes Ereignis betrachtet werden kann. Statistisch betrachtet wird an Extrema eine *regression to the mean* folgen – zumindest ist diese Rückkehr zum Mittel wahrscheinlich. Michael Jordan, Lionel Messi und andere mögen als Ausnahmen die Regel bestätigen.

[43] Sozialisierte Körper sind für Pierre Bourdieu der Ankerpunkt für ein praktisches Weltverhältnis (vgl. Bourdieu 1987b, S. 135, 2005, S. 18). Die Manipulation am sozialisierten Körper wird somit zu einer Manipulation des eigenen Weltverhältnisses. Der Körper ohne Sehsinn wird in seiner praktischen Brauchbarkeit und Zuverlässigkeit eingeschränkt.

higkeiten sind mir abhandengekommen: Ich soll geradeaus gehen, also setze ich einen Fuß vor den anderen. Ich habe das Gefühl geradeaus nach vorn zu schreiten, beschreite aber unter dem Gelächter der Außenstehenden einen weiten Bogen.[44] Der manipulierte Körper wird zu einem anderen Körper, einem praktisch defizitären Körper, einem weniger kontrollierbaren Körper. Eine zentrale Komponente der über die Jahre verhältnismäßig gut abgestimmten Körperlichkeit wurde eingeklammert. Das Ergebnis: auf dem Platz stochern offensichtlich körperlich unfähige Spieler*innen langhaxig nach einem imaginierten Ball, den sie scheinbar immer dort vermuten, wo er bereits nicht mehr oder noch nicht ist. Sie orientieren sich, mal besser, zuweilen auch schlechter, an einer Stimme aus dem Off, verwechseln rechts mit links und eine Stimme mit einer anderen. Von Zeit zu Zeit gelingt es ihnen gegen den Ball zu treten – mal absichtlich, des Öfteren zufällig. Die Körper treffen aufeinander, berühren sich und beharken sich. Nicht immer ist der Ball dabei im Spiel. Gelegentlich kommt das Rund gefährlich nah an eines der beiden Tore. Die Aufregung in den Stimmen schwillt an: die Rufe von außen werden hektischer und lauter. So unverhofft, wie sich eine gefährliche Torszene anbahnt, ist sie auch wieder vorbei. Irgendwie und irgendwann ist es dann doch passiert. Der Ball hat tatsächlich sein Ziel gefunden und ist in einem der Tore gelandet. Torjubel brandet auf. Nach einer Weile stellen sich erste Lerneffekte ein, Enzelne entwickeln kleine Taktiken, um mit der ungewohnten Situation umzugehen. Ein Spieler orientiert sich ausschließlich am gegnerischen Körper und vertraut darauf, dass der andere den Ball schon findet. Manchmal orientiert sich ein*e Spieler*in verdächtig leicht im Raum. Ein Indiz für beeindruckende Körperbeherrschung oder sitzt nur die Augenbinde nicht richtig?

Die Stimme eines Freundes steuert *Malte (Abs. 185)*. Er schildert sein Duell: »*[I]ch hab mit nem Mädchen gespielt [...] also jeder hatte ne Chance, weil eigentlich sieht man nichts*« *(Abs. 189)*.[45] Der blind bespielte Kicker überfordert alle Spieler*innen und alle Teams. Meisterlich spielt in diesem Spiel niemand. In der Gleichung ›Erfolg ist gleich Befähigung mal Anstrengung mal Glück‹ verschiebt sich das Gewicht deutlich in Richtung der Faktoren Anstrengung und vor allem Glück. Dadurch wird das Spiel mit dem Unbekannten zu einer ›Gleichmachungsapparatur‹. In der ›Symmetrie der

---

[44] Ein normaler Effekt ungleich geübter Körper von Rechts- und Linkshändern – für gewöhnlich wird dieser Drift durch den Seh- und Gleichgewichtssinn ausgeglichen.
[45] Natürlich spielen Männer wie Frauen Fußball. Dass *Malte* das Geschlechterdifferential erwähnt, ist dennoch gewichtig. In aller Regel ist das Fußballspielen der Mädchen gegen Jungen ein ungleicher Kampf, Fußball vornehmlich eine Jungendomäne und das Spiel an sich wie das Reden darüber eine große *performance* von Geschlechterklischees. Ausnahmen bestätigen erneut die Regel.

Unfähigkeit‹ muss sportlicher Ehrgeiz nicht auf der Strecke bleiben. Der Wille gewinnen zu wollen, bleibt unberührt. Glück lässt sich vielleicht nicht erzwingen, aber das Glück des Tüchtigen entsteht aus der ungebrochenen Anstrengung. Je häufiger die Versuche, desto häufiger die Misserfolge, aber eben auch die Erfolge. Bei vollem Einsatz wird der Zufall auf Dauer wahrscheinlich. Die Wettbewerbsordnung des Spiels bietet den Grund sich anstrengen zu wollen; die Gruppe den Resonanzkörper, in dem Einsatz und Erfolg belohnt und Anerkennung für Glück, Können und Einsatz, aber auch betonte Lässigkeit (Coolness) verteilt wird. Wird die Befähigung ausgeklammert, bleibt das soziale Spiel zurück. Es geht um das Miteinander und Gegeneinander, um das Jubeln und Hadern. Die ›Symmetrie der Unfähigkeit‹ rückt den Spaß an der Geselligkeit[46] in den Mittelpunkt und das Haken der Extremitäten hinterlässt blaue Schienbeine. *Malte (Abs. 189)* stellt fest: *»[G]efährlich, glaub ich, war s auch, wenn man irgendwie [...] dagegen gelaufen is, aber es ist nichts passiert, Gott sei dank [...] des is auch geil«.* Der Kicker wird nicht zuletzt zum gemeinsamen Abenteuer.

Rounder
Rounder ist das Inselspiel schlechthin. Das fest installierte Rounderfeld liegt am Fuß des Inselberges auf einer verhältnismäßig ebenen Fläche neben der Sanitärbaracke und wird durch vier tief eingeschlagene Pfosten bestimmt. Jeder Pfosten markiert eine Feldecke. Zwei Mannschaften treten gegeneinander an. Eine Mannschaft ›am Schlagmal‹ versucht Punkte zu erzielen, die zweite Mannschaft im Feld versucht diese Punkte zu verhindern. Gespielt wird mit Tennisbällen und einer kurzen Keule, die an einen abgesägten Baseballschläger erinnert. Der Ablauf in Kürze: Die Feld-Mannschaft stellt eine Werferin,[47] die der Schlägerin der Schlag-Mannschaft mit einem Unterhandwurf den Ball aus einer Entfernung von wenigen Metern zuwirft. Die Schlägerin versucht den Ball mit der Keule zu treffen. Sobald sie den Ball getroffen hat, darf die Schlägerin loslaufen und versuchen, die vier Eckpfosten des Spielfelds zu umrunden. Die Feld-Mannschaft versucht den geschlagenen Ball direkt zu fangen. Gelingt ihr das direkt, ist die Schlägerin aus dem Spiel. Berührt der Ball zuerst den Boden, können die Fängerinnen den Ball einander zu werfen. Erreicht ein Mitglied der Feldmannschaft mit dem Ball einen der Feldpfosten, bevor die Schlägerin den Pfosten erreicht, scheidet die Spielerin aus. Passiert sie vor dem Ball den letzten Pfosten, bekommt die schlagende Mannschaft einen Punkt. Schafft sie alle vier Pfosten am Stück, erzielt sie einen *Rounder* und gewinnt Extrapunkte für ihr Team. Ihren Lauf

---

[46] Simmel sieht in ihr eine soziale Form, die in sich selbst ihren Inhalt findet. Die Motivation zum Geselligsein stiftet den Grund und Anlass gesellig zu sein
[47] Aus Gründen der Lesbarkeit wird in dieser speziellen Passage auf eine genderneutrale Formulierung verzichtet. Gemeint sind immer Männer und Frauen.

kann sie an jedem der Feldpfosten unterbrechen und damit bis dorthin zurückgelegte Wegstrecke sichern. Bei einem erfolgreichen Schlag der nächsten Schlägerin kann sie ihren Lauf fortsetzen. Die Schlagzeit der Mannschaften ist jeweils begrenzt. Ist die Zeit abgelaufen, wird gewechselt. In der Regel kommt jede Mannschaft zwei Mal zum Schlag. Wer die meisten Punkte erzielt, gewinnt das Spiel.

Was durch verbundene Augen beim Kickerspiel erreicht wird, setzt sich in diesem Spiel fort. Rounder beziehungsweise Baseball ist tief in der Popkultur verankert. Den ganzen Tag über sehen wir Jungen und Mädchen mit Basballcaps auf der Insel verteilt. Auf manch einer Mütze ist das Emblem der legendären New York Yankees zu sehen – ein popkultureller Modeklassiker. Durch Hollywood kennt man die Baseballposen, ›jede*r‹ weiß wie ein Baseballschläger hinter dem Kopf zu halten ist, oder dass ein richtiger Baseballwurf ein zuvor angezogenes Knie benötigt.[48] Baseballschläger sind in der Bevölkerung und der Alltagskultur wahrscheinlich weiterverbreitet als das Spiel und weit öfter ein Utensil in einem Gangsterfilm als in einem Film über Sport. Baseball kennt jede*r, aber Baseballspielenkönnen steht auf einem anderen Blatt. Bereits im Sportunterricht haben die Schüler*innen geübt – der traditionelle Inselsport ist auch in der Schule bekannt (vgl. L III 3, Malte, Abs. 165). Im Sportworkshop wird zwei Tage lang viel am Schlagpunkt trainiert und doch regiert am Schlagpunkt das Glück.[49] Ähnlich wie der Kicker erzeugt Rounder eine ›Symmetrie der Unfähigkeit‹.[50] Rounder ist Sport, aber auch eine ›Gleich- und Spaßmachmaschine‹.[51]

Aus dem Rounder-Spaß wird am zweiten Abend Ernst. Ehrenhändel stehen an. Im Schulalltag ist das Urteil der Lehrkräfte den Schüler*innen in aller Regel ein Datum. Der Raum für Diskussionen ist zumeist eng und das letzte Wort hat im Zweifel

---

[48] Das ist natürlich reine Spekulation, ich scheue das Risiko nicht.
[49] *Malte* schildert, wie unabwägbar die Situation am Schlagmal ist: *»Ja[…], wir ham da geprobt, also Übungen, also Training und so gmacht und da war s eigentlich ganz cool und so und dann am Abend ham mer dann no gschlagen und dann hab ich viermal daneben ghaun und dann ja, war nicht so wirklich […].«* (L III 3, Malte, Abs. 164) Mitglieder der Forscher*innengruppe mischen im Sportworkshop mit. Felix gibt am ersten Abend zu Protokoll: *»Jungen, die vorher recht dominant waren, werden aufgrund ihrer Fähigkeiten beim Roundern kleinlauter.«* (L BP 20110726-28)
[50] Wer nicht nur gewinnen will, sondern gewinnen muss, gerade im Sport, gerade gegen Mädchen, für den ist das ausbleibende Glück eine ernste Sache. Gelassenheit ist eine Tugend, die nicht jede*r besitzt, schon gar nicht, wenn der sportliche Körper bisher keinen Grund zu Veranlassung gegeben hat, sich Sorgen machen zu müssen, ob man sportlich anderen unterliegt.
[51] Auf Dauer nutzt sich der Effekt ab. *Bosse* bemerkt bereits nach einem Tag, dass er sich mehr Abwechslung gewünscht hätte. Er hat die letzte Stufe im Sportworkshop, die Ehrenhändel mit dem Lehrer*innenteam am Abschlussabend nicht mehr erlebt. Vielleicht würde sein Urteil anders ausfallen, wäre er im Workshop über die volle Distanz gegangen und nicht bereits am ersten Morgen von der Insel geflogen.

immer die Lehrkraft oder die Schule. Das Rounderspiel auf der Insel ist insofern eine Ausnahmegelegenheit: hier entscheiden Sieg oder Niederlage über das letzte Wort. Für einen Moment die Rollen umkehren und die Lehrer*innen ›einnorden‹ – das Gewinnen hat für die Schüler*innen seinen eigenen Reiz. Aber auch die Angst vor dem Verlieren sitzt tief; nur nicht auch noch verlieren und sich vor den Lehrer*innen und Mitschüler*innen blamieren.[52] Am ganzen zweiten Tag können wir außerhalb der Workshoparrangements Gruppen am Rounderfeld beobachten. Immer wieder treffen sich einige Lehrer*innen am Schlagmal und auch einige Jungs aus dem Sportworkshop üben in ihrer Freizeit. Für die Jungs aus dem Sportworkshop bleibt eine Frage offen. Wird es reichen, um gegen die Lehrer*innen zu gewinnen? Gerüchte machen die Runde. Die Lehrer*innen sollen in der Lagermannschaft rekrutiert haben. Die Crew der Jugendorganisation ist gefürchtet. Sie spielen seit Jahren Rounder. In ihren Reihen sind die einzigen, die das Spiel und die Keule sicher beherrschen. Zu Beginn des Abschlussabends stehen sich eine reine Lehrer*innenmannschaft und der Sportworkshop gegenüber. Es ist der Höhepunkt des Sportworkshops, aber auch Teil des dramaturgischen Höhepunkts der gesamten Inseltage 2011.[53]

7.2.1.2 Improvisationstheater-Workshop oder Ausbruch aus alltäglichen Hemmnissen

Der Improvisationstheater-Workshop wird geschlechterheterogen angenommen. Was sich genau hinter dem Workshoptitel verbirgt, ist nicht für alle klar. *»[A]lso man kann s immer brauchen. Irgendwas kann man da immer mit raus nehmen [...]«*, gibt *Sigrid (Abs. 20)* zur Begründung ihrer Workshopwahl mit an. *Svenja (Abs. 12)* hat keinen Platz im Sportworkshop bekommen und landet daher dort. Ihre Bewertung klingt widersprüchlich. Nach ihrem Ermessen war der Workshop *»nicht so der Hit«*, gleichwohl hat es *»immer sehr viel Spaß gemacht«*, stellt sie fest.

Illian leitet den Improvisationstheater-Workshop. Der Mittzwanziger ist betont leger gekleidet, seine blonden Haare wirken gepflegt verwuschelt, während eine große, markante, dunkle Brille seine Erscheinung dominiert. Als *Sigrid (Abs. 47)* ihn auf einen ihrer Fotos entdeckt, zeigt sie sich von ihm beeindruckt: *»Der war wahnsinnig cool. Der ist Schauspieler. Ähm is aber ziemlich arm wohl. Hat s nich so leicht mit Jobs«.* Sigrids

---

[52] Das Kräftemessen mit den Lehrer*innen ist nicht nur ein sportlicher Reiz: die Lehrer*innen, das sind die Anderen. Im Schulalltag geben sie den Ton an, setzen die Schulregularien durch, sprechen Lob aus und sanktionieren Fehlverhalten, entscheiden über den Unterricht und am Ende verteilen sie Noten. Sie verkörpern die Schule und personifizieren Erfolg und Scheitern.

[53] Der letzte Abend und damit auch der Verlauf des Rounderspiels gegen die Lehrer*innen ist Gegenstand des achten Kapitels. Der dramaturgische Höhepunkt der Inseltage ist auch die Schwelle, die das Ende des Camps markiert.

Beschreibung wirkt klischeehaft, doch zeigt sich, dass, zumindest in ihren Augen, *Illian* die Rolle des authentischen Schauspielers und Workshopleiters auszufüllen weiß. *Illian* lässt die Teilnehmer*innen improvisieren. Situationen zu imaginieren und anschließend spontan zu verkörpern, ist keine einfache Angelegenheit. Von Anbeginn bringt der Impro-Workshop die Teilnehmenden an ihre Grenzen und auch darüber hinaus. Wie in allen Workshopgruppen sind Talente unterschiedlich verteilt. Doch der Mangel an Befähigung ist – analog zum blinden Kicker und zum Rounder – kein Hindernis im Workshop Spaß zu haben.

Svenja schildert ihre Erfahrungen: »Ähm, da ham wir grad des Spiel gespielt, des nennt sich Freeze [,] […] zwei Leute mussten ähm irgendwas schauspielern und dann hat der Schauspieler irgendwann »Freeze« gerufen und dann mussten sie so stehen bleiben und der Nächste musste dann einen ablösen und dann ne völlig neue Situation spielen. Also des war n bisschen schwierig für mich, weil wir eigentlich immer die gleichen Situationen hatten und mir dann irgendwann keine eingefallen ist […].« (Abs. 50)

Sigrid zweifelt ebenfalls an ihrer Begabung, urteilt aber – wie im Übrigen auch *Svenja* auf ähnliche Weise – *»[…] des hat total viel Spaß gemacht. Also […] des war irgendwie cool«* (L III 4, Sigrid, Abs. 14). Als Außenstehender hat *Malte* einen komplementären Eindruck vom Treiben der Impro-Gruppe. Noch bei der Vorstellung kann er sich unter Improvisationstheater nichts Konkretes vorstellen und entscheidet sich selbst für den Sportworkshop. Nun sieht er hin und wieder die Impro-Gruppe bei ihren Übungen und teilt uns seinen Eindruck mit: *»[A]n dem Workshop war des eigentlich voll cool, was sie machen, weil die ham immer rumgeschrien, ham se sich gegenseitig angeschrien, ›Volldepp‹, und dann hab i mir dacht, des wird voll peinlich für die, wenn se des vortragen müssen«*. Malte nimmt anschließend Bezug auf den Abschlussabend und berichtet: *»aber eigentlich war s dann total cool, was die gmacht ham […] und viele fanden s auch lustig dann«* (L III 3, Malte, S. 269).

Ähnlich war es *Anton* (Abs. 42) ergangen, der im Vorjahr an einen Impro-Workshop auf der Insel teilgenommen hatte.[54] Er erinnert sich mit Begeisterung. Für Anton ist das Improvisationstheater *»einfach klasse«*. Dort konnten die Teilnehmenden *»einfach alles rauszulassen«*, *»rumschreien«* und wurden von den anderen *»blöd angeschaut«*. Anton bekennt: *»Wir fanden s lustig«*. Eine tolle Zeit, die seiner Meinung nach *»die Leute« »zusammengebracht«* hat. Sein Fazit: *»Also, ich fand s super. Toll« (L I 1, Anton, Abs. 42)*. Alles rauslassen, rumschreien und von anderen blöd angeschaut werden und das Ganze auch noch lustig finden; wo liegt die Besonderheit? Aus Perspektive der Teilnehmende lassen sich hier mehrere Motive rekonstruieren.

---

[54] Anton war bereits 2010 Teilnehmer der Inseltage. *Sigrid* und *Svenja* haben 2011 an den Inseltagen teilgenommen.

Im Schulalltag stehen die Funktionsbeziehungen zwischen Schüler*innen und Lehrer*innen und der an Zeugniserfolgen orientierte Alltagspragmatismus im Vordergrund. In ihrer Freizeit gibt es für Schüler*innen und Lehrkräfte Orte und Zeiten, in deren Rahmen sie sich auf andere Weise verhalten, geben und darstellen können. Bei diesen Gelegenheiten können sie mehr von sich preisgeben und in gewissem Sinne weniger in der Schule und mehr bei sich sein. In der sozialen Bezugswelt der Schule sind diese Fenster eng; Pausen zwischen den Gongschlägen, kurze Enklaven, Falten und Spalten, die sich in den Unterricht einfügen ohne tatsächlich die fundamentalen Funktionsrahmungen zu brechen. Ähnliches lässt sich für viele andere Alltagssituationen und insbesondere die Arbeits- und Berufswelt sagen. Interaktion folgt sozialen Konventionen und ist damit selten zügellos. In ihrer Freizeit sind Schüler*innen und Lehrpersonen weit weniger auf diese Funktionsrollen festgelegt, doch auch hier sind sie mit der Kontrolle ihrer sichtbaren Oberfläche beschäftigt. Dieses »Impressions-Management« (Goffman 1959)[55] wird einerseits notwendig, um von anderen in Interaktionen so wahrgenommen zu werden, wie sie es situativ je wünschen,[56] andererseits betreiben sie Oberflächenkontrolle, um ihre soziale Verwundbarkeit abzusichern. Kurzum: Ungehemmtes Verhalten führt im Alltag regelmäßig zu Schwierigkeiten.

Auf der Insel wird die Rahmung des sozialen Bezugssystems der *Alltagswelt Schule*[57] in ein ›anderes Register transponiert‹, die Funktionsbeziehungen wie auch die Erfolgsorientierung außer Kraft gesetzt und damit die Interaktionsverhältnisse

---

[55] Stellvertretend für die Debatte um soziale Rollen und die dramaturgische Metaphorik sozialer Interaktion verweise ich auf Erving Goffman. Er betrachtet Interaktion und Selbstdarstellung im Alltag als konventionalisiertes Theaterspiel (Goffman 1959, 2016). Der Alltag zeigt sich als eine Verkettung sozialer Begegnungen, die zudem hochgradig ritualisiert verlaufen (Goffman 1975a). Nicht zuletzt diskutiert Goffman das Problem der Identität und vor allem der Verwundbarkeit von Identität (Goffman 1975b). Insofern die Frage der Stigmatisierbarkeit eine Frage der Relation und nicht der adressierten Eigenschaften ist, zeigt sich im Grunde jede Eigenschaft als diskreditierbar. Gerade für Jugendliche, die biographisch mit dem Herausschälen einer stabilen Selbstbeziehung beschäftigt sind, erweisen sich die Gefahren der Diskreditierbarkeit und der möglichen Imagebeschädigung sowie die Notwendigkeit von Impressionsmanagement als gewichtige alltägliche Bezugsprobleme.
[56] Absichten und Wirkungen *in puncto* Impressions-Management klaffen selbstredend oftmals auseinander.
[57] So auch der Titel eines Diskussionsbandes der Sektion soziologische Bildungsforschung (Brake und Bremer 2010a). Das problematische Verhältnis zwischen Schule und Alltagswelt, aber auch die Schule als Alltagswelt – geprägt durch wiederkehrende Routinen und die alltäglichen strukturell eingelagerten Kräfte- und Herrschaftsverhältnisse – wird dort zum Gegenstand bildungssoziologischer Betrachtung.

von den Erfordernissen des Unterrichts und der Leistungserhebungen befreit. Zurück bleiben junge Menschen, die miteinander aktiv Zeit verbringen und sich nun auf Weisen Verhalten können, die im Schulalltag als dysfunktional und rebellisch gelten.[58] Das immer geteilte, zum Teil auch vollzogene Ausbrechen aus gemäßigten Funktionsrollen wird von Anton als »*klasse*«, »*lustig*«, »*super*« und »*toll*« beschrieben. Dieses Ausbrechen, das ungezügelte ›Rauslassen‹ von Emotionen und das ›Rumschreien‹; all das, was jede zielführende Unterrichtsinteraktion verhindert, löst hier Gelächter und ein Gefühl von Verbundenheit aus. Selbst wenn, oder vielmehr gerade weil, es dazu führt, dass die andern ›blöd schaun‹, fühlen sich die Beteiligten in ihrer tollen Rolle und ihrem Überschwang bestätigt. Nicht zuletzt hat es die Leute »*zusammengebracht*«.

Hier wird ein zweiter Aspekt deutlich. Das Ausbrechen aus den Alltagsrollen ist keine solipsistische Erfahrung. Der Ausbruch wird gemeinschaftlich begangen und in Gemeinschaft erfahren. Anton wie auch *Malte* setzten zwei kollektive Bezugspunkte. Anton spricht von seiner Workshopgruppe als »*Wir*«. Dieses »*Wir*« ist das Subjekt des Rauslassens und Rumschreiens. Ganz undifferenziert spricht er von einem »alle«, wenn er die Behauptung »*alle haben uns ganz blöd angeschaut*« in den Raum stellt. Das Verhältnis dieser beiden Kollektive ist asymmetrisch. Die klar abgrenzbare und im Grunde auch benennbare Workshopgruppe trifft auf »*Alle*«, auf ein undifferenziertes, allgemeines Außen. »*Alle*« sind der Hintergrund, vor dem ein »*Wir*« als Gruppe erkennbar wird, ›auftritt‹, sich verhält und Reaktionen provoziert.[59] Das »*Wir*« des Improvisationstheater-Workshops ist schrill und laut, kann »alles rauslassen«, muss nichts zurückhalten und darf für gewöhnlich greifende Hemmnisse[60] überschreiten. Dass tatsächlich »*Alle*« anderen der Inselbevölkerung die Workshopgruppe wahrgenommen und auf diese reagiert haben, ist mehr als unwahrscheinlich. Wahrscheinlich hingegen mag es sein, daß »*Alle*« konkrete Andere bezeichnet, die gleichwohl undifferenziert und daher im Plural, außerhalb des »*Wir*« adressiert wer-

---

[58] Das heißt nicht, dass Schüler*innen im Alltag der Schule keine Mittel und Wege finden, das Schulregime und zu »unterleben« (Goffman 1973). Schüler*innen entwickeln Taktiken sich Freiräume zu schaffen und unter dem Eindruck der gegebenen Verhältnisse den Herrschaftsanspruch der Institution und ihrer Vertreter*innen zu unterwandern (Brake und Bremer 2010b). Immer handelt es sich aber um ein Agieren am Rande sozialer Konventionen. Auf der Insel werden Verhaltensformen, die in der Schule nur am Rande möglich und mehr oder weniger riskant sind, in das Zentrum gerückt und geradezu als wünschenswert erklärt.
[59] Das »*Wir*« verhält sich zu »*Alle*«, wie eine Gestalt zum Hintergrund; ein Wahrnehmungsprozesse grundierendes Verhältnis, das insbesondere in der Gestalttheorie beziehungsweise -psychologie thematisiert wird.
[60] Worauf auch immer diese Hemmnisse beruhen, zum Beispiel verinnerlichte Moralvorstellungen, konkrete Sanktionsängste, die Furcht sich vor relevanten Anderen zu blamieren etc.

den. Diese *»Alle«* wiederum werden beobachtet, wie diese die *»Wir«*-Gruppe der Theatergruppe beobachten. *Malte* ist ein solcher Beobachter – auch wenn er nicht Anton, sondern *Sigrid* und *Svenja* im Workshop beobachtet. *»Alle«* schauen blöd, doch sollte es theoretische Beobachter*innen zweiter Ordnung verwundern, dass der schrille, laute Auftritt der Improtruppe, die Aufmerksamkeit und Verwunderung Dritter auf sich zieht? Da ballen sich Leute in einer Workshopgruppe zusammen und beginnen damit, sich überzogen, laut, kurzum absonderlich zu verhalten. Aufmerksamkeit für Merkwürdiges ist eine banale und nachvollziehbare Reaktion.

Konzeptuell interessanter ist vielmehr, dass das *»Blödschauen der anderen«* als bedeutsames Datum an dieser Stelle und in diesem Kontext Erwähnung findet. Was ist damit denn gesagt? Erstens qualifiziert Anton damit das *»Rauslassen«* und *»Rumschreien«* in der Improtheatertruppe. Zweitens markiert Anton die Besonderung der Gruppe selbst. Drittens werden die Momente der Überschreitung und der Besonderung zu Gegenständen der Selbsterfahrung; direkt dadurch, dass Anton sich selbst und auch seiner Gruppe attestiert, eine gute Zeit gehabt zu haben: *»[W]ir fanden s lustig«*. Die gemeinsam verbrachte Zeit wird bei ihm schließlich zum Subjekt: die *»tolle Zeit hat […] uns zusammengebracht«*. Kurzum, der Workshop ermöglicht eine Überschreitungserfahrung, die unmittelbar an die Aktivitäten in der Workshopgruppe und deren Besonderung vor dem Hintergrund der Inselbevölkerung gebunden ist. Die einzelnen Theaterszenerien münden in eine Gesamtchoreographie. Am Abschlussabend stellt sich die Workshopgruppe den Blicken der versammelten Zeltlagerbevölkerung.

7.2.1.3 Maskenworkshop oder die programmatische Vorlage sich näher zu kommen

Arne (vgl., Abs. 63) kennt *»bestimmt gut über die Hälfte«* der Leute im Maskenworkshop, viele davon sind aus seiner Klasse. Er wollte *»generell was Kreatives machen«* (L III 8, Arne, Abs. 59). Der Architekturworkshop war leider voll, daher hat er sich schnell in die Maskengruppe eingereiht. Rückblickend für ihn die richtige Wahl: dort *»hab ich mich, sag ich mal, bisschen reingesteigert, das hat mir schon Spaß gemacht«* (L III 8, Arne, Abs. 14). Auch *Merle (vgl., Abs. 71)* ist in ihrem Wunsch-Workshop gelandet. Kreativität ist ihr Ding. Außerdem kennt sie die Referent*innen von früher.[61] *Björn* hingegen hat den Akrobatikworkshop verpasst und ist ohne spezielle Motivation beim Maskenbasteln aufgeschlagen.[62]

---

[61] Merle war Teilnehmerin eines Zeltlagers auf der Insel und hat dabei Florian und Fiona kennen und schätzen gelernt. Sie freut sich die beiden wieder zu sehen.
[62] Die Motivationen und Hintergründe der Workshopteilnahme sind heterogen.

Björn zeigt sich überrascht: »[A]m Anfang hab ich gedacht, des wird da total langweilig [...]. Aber im Endeffekt war s dann eigentlich ziemlich chillig. Wir sind dann da im Gras später gelegen und ham uns da in der Sonne bräunen können in der Zeit, wo die anderen sein Gesicht eingegipst haben oder ham selber eingegipst.« (Abs. 14)

Im Sportworkshop und im Improvisationstheater-Workshop entfalten unterschiedliche Spektakel ihre Wirkung. Die Besonderheit des Maskenworkshops liegt im Unspektakulären. Doch wie das *Herumschreien* in der Improgruppe wird das Basteln und Chillen unter der Kategorie ›Freiheit‹ erfahren – die Grundlagen dieser Erfahrung sind hingegen deutlich andere.

Florian und *Fiona*, die Referent*innen der Gruppe, geben ihrer Baseltruppe freie Hand. *»[I]hr könnt machen was ihr wollt«*, sei nach *Arne (Abs. 14)* die Richtungsvorgabe gewesen. Das Leitungstandem zeigt Beispiele zur Orientierung, doch tatsächlich ist – so *Björn (Abs. 14)* – die *»Maske [...] scheiß egal«* und die zentrale Ansage für die Kursteilnehmer*innen lautet sinngemäß *»Hauptsach ihr [...] lasst eurer Kreativität freien Lauf«.* Sie *»waren sowieso von allem begeistert [...] egal was es für n Schmarrn war und des war echt schön«*, meint *Nele (Abs. 30).*

Smilla beschreibt die Freiheit, die sie in ihrem Workshop erleben konnte: »Und genau ja da des ist son Workshop des hat halt einfach ganz viel Spaß gemacht, weil wir so viel Material zur Verfügung hatten. Ähm also deiner Fantasie waren einfach keine Grenzen gesetzt, weil ja du konntest eigentlich alles umsetzen, was du machen wolltest, was du dir vorstellst.« (Abs. 93)

Nele betont die unbedingte Wertschätzung, *Smilla* die Fülle der Möglichkeiten. Bei Betrachtung der Ergebnisse, wurde von der Gestaltungsfreiheit erstaunlich wenig Gebrauch gemacht; am Ende produzieren alle Gesichtsmasken und arrangieren diese auf unterschiedliche Weise. Erlebte Freiheit und die sichtbare Homogenität des Maskenworkshops schließen sich nicht aus. Von welcher Freiheit wird also gesprochen? Mindestens so wichtig wie die Möglichkeit, die Masken frei und beliebig zu gestalten, ist die Entlastung vom produktiven Druck an sich. Der Maskenbau ist sowohl kreativ künstlerisch wie unproduktiv, *l'art pour l'art*, chillig aber chillig in Gemeinschaft.

Der Maskenworkshop wurde von uns – aus Beobachter*innenperspektive sowie aus Teilnehmer*innenperspektive – zunächst ein wenig belächelt. Seine Unspektakularität lädt förmlich zum Unterschätzen ein. Bei genauerer Betrachtung zeigen sich in der Mischung von fokussierter Tätigkeit, kreativer Freiheit, Zusammenarbeit und auch der Langeweile besondere Potentiale. Der Workshop beginnt mit einer Kreativitätsübung. Die Teilnehmer*innen kneten Comicfiguren aus Knetmasse. Sie sollen *»n Gefühl für die Knete bekommen«* (L III 11, *Björn, Abs. 16)*, denn mit Knete werden aus den Gesichtsmasken Fantasiegebilde. Tatsächlich erzählt dann jede*r von der eigenen Comicfigur und gibt damit auch Informationen über je sich selbst Preis. Nachdem das Eis gebrochen ist, geht es an den eigentlichen Gegenstand des Workshops. Die Gipsmasken werden zusammen angefertigt. Zunächst werden Grundformen der Maske am eigenen Gesicht geformt. Will ein(e) Teilnehmer*in von sich selbst eine Maske anfertigen, muss eine zweite Person eingeweichte Gipsbinden auf das stark eingecremte Gesicht aufbringen. Das heißt mit geschlossenen Augen, das Werk des anderen erdulden. Zuerst wird *»ne richtig dicke Schicht«* Vaseline auf das Gesicht aufgetragen. *Björn (Abs. 20)* empfindet das als *»unangenehm, aber auch lustig«*. Schicht für Schicht werden Gipsbinden gewässert und auf das Gesicht des anderen gestrichen. Die Workshoperfahrung ist in diesem Moment auch körperlich.[63] Danach muss der Gips anziehen und schließlich durchtrocknen. Die Aufgaben ermöglichen Nähe und Berührungen ohne einander ›zu nahe zu treten‹. Die Mischung aus Tätigkeitsein (Maskenanfertigen und -gestalten) und Nichtstun (Warten auf das Trocknen des Gipses, der Farben oder der Klebstoffe) zeigt ihre Wirkung. Die gemeinsam verbrachte Zeit lädt zu Unterhaltungen ein. Hier entfaltet sich die produktive, verbindende Kraft der Langeweile.[64] Wenn man schon einmal beieinander ist und sich im Gesicht ›herumfuhrwerkt‹, kann man sich auch gleich unterhalten. Die Workshopaufgaben selbst bieten Gesprächsstoff und laden zu Albernheiten ein. Da wird eine zusätzliche Portion Gips schwungvoll auf das Gesicht geklatscht. Oder es werden unter dem Gelächter der Sehenden, gegen den vom Gips Blinden Grimassen geschnitten. Aus dem kollaborativen Tätigkeitsfluss, dem körperlichen Kontakt, den Gesprächen entsteht situative Vertrautheit – kurzum, im Maskenworkshop lernen sich die Teilnehmer*innen *en passant* kennen.

Das gemeinsame Thema ist eng. Alle werden Masken erstellen. Variieren können diese durch Form, Farbe, Verzierung und Inszenierung. Am Ende gestalten alle Ge-

---

[63] Die Bedeutung des körperlichen Kontakts wird auch von *Harald (Abs. 16)* dargestellt. Er besucht den Akrobatikworkshop. Neben akrobatischen Übungen, wie Räderschlagen, Salti und Flickflacks, werden in der Gruppe akrobatische Pyramiden einstudiert. *»Und diese ganzen Türme bauen, das ist [...] einfach ne Sache, die äh das Vertrauen zueinander stärkt [...].«* Ohne Berührungen und engen Körperkontakt sind solche Choreographien nicht zu verwirklich. Gleichzeitig bleiben diese starken körperlichen Wechselseitigkeiten nicht ohne Folgen.

[64] Miteinander Abhängen, Rumgammeln und Chillen – die Jugendkulturen haben ein ganzes Arsenal von Begriffen, die auf das Bedürfnis nach kollektiver Unproduktivität hinweisen. In der gemeinsam verbrachten Langeweile steckt Verbindendes. In der Betriebsamkeit des Alltags fehlt ›den Erwachsenen‹ hierzu der Begriff – wer aber Familienfeiern, Verabredungen zum Kaffeetrinken und wechselseitige Einladungen zum Mittagessen berücksichtigt, bekommt schnell eine Ahnung, dass die dahinterliegenden Bedürfnisse nach Geselligkeit und kollektiver Langeweile sowie deren Wirksamkeit lebendig bleiben.

sichtsmasken. Kreativität zu entfalten ist eine interaktive Angelegenheit. Es wird einander »geholfen« und »Tipps gegeben, wie man s besser machen kann« (L III 13 Merle, Abs. 29). Nicht zuletzt sind auch Kreativprozesse tendenziell kompetitiv. Alle Teilnehmenden sind in einen gemeinsamen Rahmen eingebettet. Jede*r arbeitet am eigenen Projekt. Damit sind die Grundbedingungen für die Erfahrung von *aristein* gegeben: Die Erfahrung unter Gleichen herauszuragen, *primus* oder *prima inter pares* zu sein, ist hier niedrigschwellig und aufgrund des fehlenden Maßstabs – über Kunst lässt sich bekanntlich nicht streiten – auch nicht ausschließlich, das heißt für alle zugleich, erreichbar. Sind die Masken erst einmal erstellt, werden sie präsentationsfertig arrangiert. Am Abschlussabend lädt der Maskenworkshop alle anderen Inselbewohner*innen zur Vernissage: Und das Volk kommt und staunt.

7.2.1.4 Workshop at work

Bei aller Heterogenität der Realisierung der einzelnen Workshops – den unterschiedlichen Inhalten, Teilnehmenden und Referent*innen – das Workshopprinzip erweist sich als eine weite Klammer, um die Inselbevölkerungen in Kontakt zu bringen. Sehr reflektiert stellt *Sigrid* ihre Erfahrungen aus der Impro-Gruppe dar. Ihre Perspektive steht exemplarisch für andere Workshoparrangements und auch Teilnehmende:

Sigrid: »Ja, ich fand, die Atmosphäre war wirklich gut und ähm des war halt […] nich Schule. Also des is halt doch irgendwie was anderes […] auf so ja eher entspannterer Basis, würd ich mal sagen. Und man hat halt einfach so die Vorlage bekommen sich miteinander zu beschäftigen […] und da wird man ja eigentlich so gezwungen fast schon sich miteinander halt äh auseinander zu setzen.« (Abs. 18)[65]

Die Interaktion wird durch das jeweilige Workshopthema zentriert,[66] zusätzlich treten Referent*innen mit ihrer Fachkompetenz und gleichzeit als Moderator*innen auf den Plan. Diese Zentrierung ist Teil eines allgemeinen Musters, denn auch durch das Kollektivprogramm (Auftaktveranstaltung, Gruppenspiel, Abschlusspräsentation) und durch die geselligkeitsstiftende Infrastruktur – am Lagerfeuer, im Raucherbereich, die absolute räumliche Verdichtung – wird Interaktion zentriert. Zumindest fünf wesentliche Aspekte der Workshopkonzeption und der dadurch zustande kommenden zentrierten Interaktionsverhältnisse lassen sich auffinden:

---

[65] Diese Einschätzung verdient eine eingehendere und abstraktere Betrachtung am Ende dieses Kapitels.
[66] Zur pädagogischen Relevanz »Themenzentrierter Interaktion« (TZI) siehe die Arbeiten von Ruth Cohn sowie den aktuellen Rezeptionsstand der TZI (Cohn 1975; Langmaack 1996; Schneider-Landolf et al. 2010).

1. Die Workshops sind auf *eine relevante Dauer* angelegt. Die Workshopphasen umfassen jeweils mehrere Stunden und beanspruchen den wesentlichen Teil der Tagesstunden.
2. Aufgrund der einmaligen Wahl der Teilnehmer*innen kann *ein klar bestimmbarer Personenkreis* einem Workshop zugewiesen werden. Eine Gruppe an sich entsteht. In ihr finden sich alte Bekannte und Freunde, aber auch Personen, die sich bisher nicht kannten.[67]
3. Workshops erzeugen *kontinuierliche Kooperation und Interaktion* in einem benennbaren Personenkreis.
4. Die Workshopzeit fokussiert und folgt einer Steigerungslogik. Das heißt die Workshops sind darauf ausgerichtet, ein präsentables Ergebnis bis zum zweiten Abend zu erarbeiten. Dramaturgischer Höhepunkt ist somit die Präsentation der Ergebnisse.
5. Dauer, soziale Stabilität, Kooperation und Interaktion sowie die Ausrichtung am Abschlussabend stiften *Verbindlichkeit* und begünstigen eine *Intensivierung* des sozialen Lebens in der Verdichtung.
6. Die unmittelbare Wirklichkeit des Workshops zeigt sich im *Spaß haben und Kennenlernen* der Anderen. Die mittelbare Wirklichkeit entfaltet sich aus der kollektiven Erfahrung der Workshops. Kollektiverlebnisse bilden die Grundlage für kollektiv adressierbare Gedächtnisrahmungen (Halbwachs 2006).

In den Workshops werden die Interaktionsverläufe in einer abgrenzbaren Gruppe von Teilnehmenden thematisch und formativ zentriert und damit direkte Begegnungs- und Kontaktchancen vermittelt. Längst nicht alle Teilnehmenden sind miteinander bekannt. *Darius (Abs. 29)* leitet den Zauberworkshop und schildert seinen Eindruck aus der Gruppe: »*Ich denke fast keiner kannte sich und mittlerweile laufen die zusammen über die* Insel *quatschen und üben die Sachen [Zaubertricks] hier. Und wir sind echt ne ganz nette Runde geworden [...]*«. Das thematische Angebot und die soziale Figuration sind somit zwei direkt miteinander verwobene Aspekte der Workshoparbeit.

---

[67] Immer wieder erklären uns Teilnehmende, dass sie auf der Insel und in den Workshops Mitschüler*innen, aber auch Lehrer*innen kennenlernen konnten, die sie zuvor noch »*nie gesehen*« hätten (siehe etwa L II 9, Helge, Abs. 34; L II 11, Jasmin, Abs. 22; L III 4, Sigrid, Abs. 18; L III 11, Björn, Abs. 20; L III 13 Merle, Abs. 237).

7.2.2 Freie Zeit: »da haben wir uns [...] so richtig kennengelernt«

Auf der Insel verstreichen die Stunden. Für *Bob (Abs. 21)* ist das gute Wetter eine wesentliche Voraussetzung dafür, *»[...] dass gute Stimmung is und alle zufrieden sind«*. Schließlich kann man dann *»draußen sein«* und *»baden«*. Nicht der ganze Tag ist programmatisch verplant. Wesentliche Teile der verbrachten Zeit sind ungeregelt. Zwischen und während der einzelnen Programmeinheiten zeigen sich großzügige Lücken für Informelles: für Raucherpausen, Badegänge, Gitarrenmusik und Kartenspiel, wechselseitige Neckereien, Gelächter und Gezicke. Die Teilnehmer*innen können sich zueinandergesellen, voneinander abscheiden, in ihr Zelt zurückziehen oder sich im öffentlichen Raum, sichtbar für alle anderen, bewegen, verhalten, kommunizieren und auftreten. Im Laufe der Tage entstehen verschiedenste Gelegenheiten und Formen des Austauschs.

7.2.2.1 Herdfeuer am Glutpunkt des Rauchwerks

Vor der Sanitärbaracke sind fünf Bierbänke im Kreis aufgestellt. In der Mitte des Runds ist ein Metallrohr in den Boden gerammt. Zwei Kunststoffeimer, je zu einem Viertel mit Wasser gefüllt, sind an einer Holzlatte befestigt, die das Rohr als oberes T-Stück abschließt. Sie dienen als große Aschenbecher. Nur in ihrer Nähe ist das Rauchen gestatten und nur dort dürfen Zigarettenstummel entsorgt werden: so das von Lagerleiter *Gerd* verkündete Inselregime. Obwohl *Svenja* nicht selbst raucht, bemerkt sie, dass sie dort auf andere getroffen ist. Sie sei *»ungefähr immer die einzigste [gewesen], die nicht geraucht hat«*. *»Aber irgendwie ham so alle meine Freunde geraucht und da is eh immer irgendwie voll viel Spaß«*, meint *Svenja (Abs. 33)*. Auch *Sigrid (Abs. 80)* betrachtet die *»Zigarettenbox«* als *»so n Anlaufpunkt [...], wo man immer Leute getroffen hat und wo man auch äh reden konnte [...]. Und jemanden gefunden hat, wenn einem mal langweilig war«*.

Den ganzen Tag über ist der Platz von unterschiedlichen Teilnehmenden und Gruppen bevölkert. Immer wieder schwärmen ganze Workshops zur Raucherpause ein,[68] verharren für einige Minuten rauchend im Gespräch, um anschließend zu ihrem Tun zurückzukehren. Vor allem nach den Mahlzeiten kommt aus allen Teilen der Insel die rauchende Bevölkerung zusammen. In den Abendstunden wird die Verweildauer ausgedehnter. Zu den Zigaretten gesellen sich Bierflaschen. Cliquen von Schüler*innen treten zusammen ins Rund, treffen auf Lehrer*innen und die Inselcrew. Alle mischen sich in die rauchende Betriebsamkeit. Kreise formieren sich und reformieren sich. Schallendes Lachen und Rufe branden auf, um sich wenige

---

[68] Wie etwa *Bosse* aus dem Sportworkshop berichtet.

Augenblicke später wieder ins allgemeine Gemurmel einzureihen. Bald werden die Gesprächskreise ins Gros der Versammelten erweitert, bald ziehen sich zwei oder drei oder mehr in ihre separate Unterredung zurück. Neue und alte Bekannte treten hinzu, andere verlassen die Räucherstätte. Neue Bänke werden herangeschleppt, an einer Stelle der Kreis erweitert, an anderer eine zweite Reihe hinter dem inneren Kreis eröffnet. Ist die Dunkelheit einmal hereingebrochen, speist vom Toilettentrakt und der Scheune herkommendes, gebrochenes Licht den Platz. Ein kleines Feuer lodert in einer Blechtonne. Bis in die späten Abendstunden halten das geschwätzige Gefeixe, das Ploppen der Kronkorken, das Lachen und Rufen sowie Klirren der aneinanderstoßenden Flaschen an, während in der Dunkelheit immer wieder aus dem Schwarm von Glutpunkten einzelne, vom Sauerstoff genährte, orangerote Zigarettenenden aufflammen und schließlich zischend in den Eimern vergehen.

Der Raucherbereich fungiert als Versammlungsort ›an den Glutpunkten‹ der Zigaretten. Die Absicht rauchen zu wollen, reicht als Rechtfertigung, sich dort einzufinden. Im Zwischen der Inhalationsphasen lässt sich mühelos Kontakt knüpfen. *»[D]ann hat man sich halt über irgendwelche Sachen unterhalten und gelesen was an der Pinnwand steht«*, berichtet *Smilla (Abs. 114)*. Das Rauchen selbst stiftet Gesprächsstoff. Vielleicht muss erst noch Feuer besorgt oder anderen gestiftet werden. Wer sein Rauchwerk vergessen hat, kann auf die Solidarität unter Rauchenden zählen. Wenn nicht direkt Zigaretten angeboten werden, bleibt die Frage danach meist nicht unbeantwortet. Behände werden Tabak und Filter in rauchbares Material rolliert. Rauchschwaden stehen über dem Platz, während sich im Kleinen oder auch im Ganzen Gespräche entfalten. Regelmäßig treten Raucher*innen und ihre Entourage hinzu, während sich andere nach erfolgreichem Aufenthalt wieder entfernen. Wie in einem Bienenstock bleibt der Stock und das Summen an Ort und Stelle, während die Bienen nur zeitweilig einkehren, um anschließend wieder auszufliegen. Kaum ein anderer Platz der Insel verbindet so mühelos wie der Raucherbereich. Schüler*innen aus unterschiedlichen Cliquen und Klassen, unterschiedlichen Zelten und Teillagern sowie unterschiedlichen Workshops kommen zusammen. Nicht zuletzt treffen die Inselmannschaft, die Schüler*innen und Lehrer*innen an diesem Ort zeitweilig aufeinander, berichten vom Geschehen des Tages und knüpfen mit ihren eigenen Erzählungen an das Erfahrene an.

Es ist zu viel zu behaupten, dass es beim Rauchen nicht um das Rauchen ginge,[69] doch die ›Wirklichkeit‹ des Raucherbereichs geht weit über das Rauchen hinaus. An

---

[69] Die Frage ist dennoch berechtigt. Die Gefahren des Rauchens liegen heute deutlicher denn je auf der Hand. Die Gesetzgebung wurde in den vergangenen Jahren immer wieder verschärft.

den Glutpunkten der Rauchwaren brennen kleine Herdfeuer der Insel. Wie der Rauch von dort aufsteigt und in den unbegrenzten Raum entweicht, kommen hier die Ereignisse des teils banalen, teils exzessiven Insellebens zur Sprache und diffundieren per Mundpropaganda über das Eiland. An diesen Feuern wird das Erlebte ausgebreitet, das Tagwerk berichtet oder Auszüge der »Geschichten« geschildert, in welche die Anwesenden »verstrickt« (Schapp 1976) sind.

7.2.2.2 Blödsinn machen, sich wechselseitig ärgern oder: was sich liebt, das neckt sich

Die Insel hat hohen Freizeitwert. Sie ist malerisch in die Berglandschaft eingelassen, von den Wassern des Sees umspült. Es ist Hochsommer. Eine Schlechtwetterperiode ist gerade zu Ende gegangen und seit einigen Tagen ist die Kraft der Julisonne spürbar. Über Mittag heizt sich die Luft über dem Eiland auf, kaum eine Wolke bietet Schatten. Die Kühle des Wassers lockt die Inselbevölkerung zum Baden. *Illian* animiert die ganze Improtruppe zum gemeinsamen Wassern. *Sigrid (Abs. 55)* findet es in der Rückschau auf den Improworkshop *»schon OK«*, doch nur einen Augenblick später bemerkt sie: *»sowas muss man auch nicht erzwingen, dass man so die Freizeit jetz auch unbedingt mit denen verbringen will«*. Sie gibt an, sich in der Freizeit mit ihren Freund*innen getroffen zu haben. Auch die Gruppe um *Bosse* sucht in den freien Stunden nach Abkühlung. Das Wasser ist erstaunlich frisch. Wenige Meter vom Ufer hinaus in den See gewatet, nehmen die ersten Reißaus und entfliehen der Kälte. Langwährenden Badespaß haben an diesem Mittag wohl die Wenigsten.

»Er [...] ist dann die angesprungen [...]. Wollt halt alle nass machen.«
Bosse hat seine Kamera dabei, als er mit einer Gruppe zur Abkühlung an den See schreitet. Das folgende kleine Abenteuer ist *Bosse (Abs. 25)* in Erinnerung geblieben: *»[D]as Wasser war halt nicht sehr warm, war arschkalt und das sieht man ja auch so n bisschen an den Reaktionen von denen, die sie sich da hinstellen, verkrampft [...]. War auch noch so ein Erlebnis.«* Trotz der knackigen Kälte des Sees überwinden sich einige und steigen in die Fluten. Als *Gunnar* den See verlässt, bringt er das kühle Nass mit sich. *Bosse* beschreibt ein Foto auf dem *Gunnars* tätiger ›Altruismus‹ zu sehen ist:

Es liegt nahe, den *Sinn* des Rauchens nicht in Termini von ›Genuss‹ und ›Sucht‹ zu erörtern. Die These lautet: In seiner sozialen Relevanz, nicht in der Substanz liegt der wesentliche Zugang zu einem Verständnis, warum auch heute noch Jugendliche mit dem Rauchen beginnen und einige beim Rauchen bleiben.

Bosse: »Das war [...] der *Gunnar* und hat sich einfach an ihn rangeschmissen (lacht), weil er nicht mit zum Schwimmen wollte, hat [...] ihn trotz[dem] nass [gemacht] und ist dann einfach auf ihn drauf gesprungen.« (Abs. 48)

Gunnar geht auf Tuchfühlung. Seine nasskalte Annäherung fügt sich in ein allgemeines Muster des wechselseitigen Ärgerns. Aus dem Nichts stürzt er sich auf einen Mitschüler, ignoriert jedes unausgesprochene Körpertabu und verdrängt jegliche Distanz. Er dringt in die intime Zone ein, die den individuellen Nahbereich definiert und die Integrität jedes und jeder Einzelnen schützt. *Gunnar* spendet damit den anderen Anteil an der kühlen Nässe des Seewassers – ein zweifelhaftes Geschenk und Vergnügen.

Springt *Gunnar* seinen Freunden in die Arme, mag sein Verhalten unproblematisch bleiben – zumal unter Jugendlichen, zumal unter Jungs. Der grobe Griff des Jungen, an den Körper des anderen Jungen bleibt unproblematisch. Man stelle sich vor, es wäre keine grobe, sondern eine zärtliche Tat – wie schnell diese kleine Veränderung, die Rahmung sprengen dürfte. Aus dem Jungenstreich wird eine erotische Avance. Dort, wo sie nicht auf Gegenliebe stößt, bahnt sich Schamesröte ihren Platz. Wie groß der Tabubruch ist, lässt sich durch ein Gedankenexperiment ausloten: *Gunnar* hätte dasselbe mit einem seiner Lehrer und das nicht auf der Insel, sondern im Schulalltag getan. Oder mit einer Lehrerin? Szenenwechsel: *Gunnar* würde dies – wohl erst zehn Jahre später, denn noch ist er Schüler – bei professionellen Meetings seines Arbeitgebers mit seinem Vorgesetzten machen. Oder mit seiner Chefin? Wann ist es ein erlaubter Spaß, wann ein Affront, wann sexuelle Nötigung? Vertrautheit, Hierarchie, situative Rahmung, Geschlecht: all das definiert, inwiefern der individuelle Nahbereich eines Körpers zu wahren oder an*greif*bar ist. Was als angebracht gilt, verändert sich nicht allein über die Zeit und von Gesellschaft zu Gesellschaft – von den Viktorianer*innen zu den 68er Kommunarden, um ein möglichst plumpes Beispiel zu liefern – die situative Rahmung, das heißt das soziale Arrangement, trägt seinen Teil dazu bei. Die lockere Atmosphäre steht diesem groben Scherz nicht entgegen. Die alltägliche Distanz und das alltägliche Statusgefüge sind bis auf ihre Grundfesten abgeschliffen. Die Inselstimmung befördert den kollektiven Überschwang und wer bisher noch nicht miteinander vertraut gewesen ist, findet hier Gelegenheit es zu werden.

Gunnar nötigt seinen Mitschülern die Nässe auf: scherzhafte Nötigung, freundschaftliche Nötigung, in Kauf genommene Nötigung, unproblematische Nötigung. Es bedarf keines weiteren Gedankenexperiments, um auszuführen, dass etwas das hier unproblematisch scheint, in anderen Kontexten Schwerwiegendes nach sich ziehen kann. Darüber hinaus gilt, was zwischen zwei miteinander vertrauten Kumpeln unproblematisch ist, nimmt mitunter der Klassenaußenseiter als traumatische Erfahrung auf den biographischen Buckel. Doch die kleinen Grobheiten, das wechselseitige Ärgern und das scherzhafte Beleidigen tragen zum Aufschaukeln der Stimmung bei. Offensichtlich und intuitiv einleuchtend wächst nicht die Aggression, sondern Verbundenheit und gelassener Überschwang. Das sprichwörtliche Nassmachen fügt sich in die größere Klammer, in welche allgemeiner das wechselseitige Ärgern, kleinere und größere Grobheiten und Obszönitäten sowie Versuche andere bloß zu stellen, gehören aber auch in Kauf zu nehmen selbst bloß gestellt zu werden, das karnevaleske Auftreten des Leitungsteams der Veranstaltung sowie das Schummeln und Tricksen im Wettstreit.

»Is nicht, weil er es böse meint oder so [...]. War alles ziemlich locker.« Symbolische Umkehrung
Auf einem weiteren Foto ist ein junger Mann zu sehen, der den Mittelfinger gegen die Kamera erhebt (vgl. L III 1, Bosse, Abs. 82 f.). Der ›Stinkefinger‹ gilt als obszöne Geste. Er ist ein Symbol für ›Du kannst mich mal‹, dient dem Ausdruck von Zorn und dem Willen andere zu beleidigen. In öffentlichen Kontexten sorgt er für handfeste Skandalisierungen: als ›Effe‹ ist er legendär, Peer Steinbrücks Mittelfinger im Bundestagswahlkampf 2013 wurde zum Symbol seiner Überheblichkeit medialisiert und der Stinkefinger des griechischen Finanzministers Yanis Varoufakis ebenfalls ins Reich der Skandal-Mysterien überführt.[70] Doch wird genau dieses Zeichen zwischen

---

[70] Der Fußballspieler Stefan Effenberg zeigt 1994 im Trikot der Nationalmannschaft den Fans seinen Mittelfinger und wird anschließend von Bundestrainer Berti Vogts und dem DFB aus dem Kader ausgeschlossen. Auch wenn er 1998 nach verpatzter WM noch einmal zum Einsatz kam, konnte er im Nationaltrikot nie wieder Fuß fassen. Peer Steinbrück soll während des Bundestagswahlkampfs 2013 im *SZ-Magazin* der *Süddeutschen Zeitung* Fragen mit Gesten beantworten und pariert die Frage, »Pannen-Peer, Problem-Peer, Peerlusconi – um nette Spitznamen müssen Sie sich keine Sorgen machen, oder?« mit dem erhobenen Mittelfinger. Zwischenzeitlich ist der ehemalige Finanzminister und Kanzlerkandidat aus der Bundespolitik ausgeschieden. Yanis Varoufakis, Wissenschaftler, Politiker und europäisches *enfant terrible*, wird 2015 während seiner kurzen Zeit als griechischer Finanzminister in der *ARD* Talkshow *Günther Jauch* mit einem Internetclip aus dem Jahr 2013 konfrontiert, in welchem er mit erhobenem Mittelfinger zu sehen ist und den aus dem Zusammenhang gerissenen Halbsatz »stick the finger to Germany and say: well, you can now solve this problem by yourself« formuliert. Der Satiriker Jan Böhmermann kann in der Folge aus der Szene Kapital schlagen, so dass zumindest vorübergehend unklar blieb, ob das Video authentisch ist oder von Böhmermanns Team manipuliert wurde. Aus dem Stinkefingerskandal erster Ordnung erwächst in der Folge ein Stinkefingerskandal zweiter Ordnung – eine fundamentale Kritik an den journalistischen Praktiken der öffentlich-rechtlichen Sendung. Weder Varoufakis noch Jauch bekleiden heute noch ihre damaligen Positionen. Für alle diese öffentlichen Personen ist der Stinkefinger zu einem Teil ihres öffentlichen Images geworden.

Freunden ausgetauscht, wie man(n)[71] sich beleidigt, boxt, knufft, einander anschreit. Man(n) nennt sich ›Wixer‹ und ›Arschloch‹, ruft ›fick dich‹ und ›halts Maul‹ und währenddessen wird gelacht und jubiliert. In Haralds *(Abs. 111)* Zelt ging es mitunter recht *»jungsmäßig zu«*, wie er unter Lachen zu erzählen weiß. Auf Rückfrage wird er konkreter: *»[A]lso manchmal hat es ziemlich gestunken da drin. (lacht) Wenn einer anfängt, dann geht das so Reih um« (L III 7, Harald, Abs. 113)*. Im Gespräch mit *Harald* ist die gesamte Klammer der wechselseitigen Neckereien geöffnet.

Harald führt eine weitere Anekdote ins Feld: »Einmal haben wir einen ins Wasser getragen, aber der ist dann aufgewacht bevor wir ihn dann in See schmeißen konnten samt Schlafsack [...] schade eigentlich.« (S. 113) Haralds Begründung folgt auf dem Fuß: »Der hat gepennt. Und aber der hat nen sehr tiefen Schlaf und immer geschnarcht wie Sau. Aber vielleicht gedacht, wenn man ihm die Nase zugehalten hat so, das hat alles nichts genützt und so. Haben uns gesagt, wenn er in See fällt, ist er bestimmt wach.« (Abs. 115).

In der lockeren Atmosphäre zwischen Freunden kommt es zu einer symbolischen Umkehrung dessen, was für gewöhnlich der Ab- und Ausgrenzung dient. Beleidigende und zornige Sprache wie Symboliken werden zu einem groben Beweis der Verbundenheit. Man ist sich so verbunden, dass man den üblen Scherz, die üble Rede und so manche Grobheit für nichts anderes nehmen muss, als für einen Beweis der Zuneigung. Mit Goffman kann man eine solche Veränderung der Bedeutung von im Grunde üblen Verhaltensweisen, als Modulation[72] bezeichnen. Jedem und jeder[73] ist klar, dass es nicht so gemeint ist. Allen ist klar, dass im gegebenen sozialen Rahmen, kein Anstoß zu nehmen ist. Der rohe Umgang ist Ausdruck der Vertrautheit und

---

[71] Mit dem man(n) verbunden, ist die These, dass es sich hier um geschlechtertypische Verhaltensformen handelt. Für diese These fehlt es im Material aber an hinreichender Evidenz und muss daher klar als gewagte, wenn auch begründete Behauptung bezeichnet werden. Wenn es laut Harald zeitweilig recht jungsmäßig zuging, ist das nicht allein an der Luftqualität fest zu machen.

[72] Die Modulation ist einer der Hauptbegriffe der Goffmanschen Rahmenanalyse. Im Wesentlichen geht es darum, dass eine ursprünglich für sich genommen sinnvolle Handlung durch eine *Modulation* eine andere Bedeutung und Funktion erlangt als im ursprünglichen Kontext. Die hier vorgefundenen Modulationen lassen sich sowohl als Spielarten des *So-tun-als-ob* als auch Formen des *In-Anderen-Zusammenhang-stellen* interpretieren (Goffman 1977, S. 66 ff.). Die Modulation erzeugt dabei eine semantische Verdoppelung: Neben dem ursprünglichen Bedeutungsgehalt, existiert nun ein situativ veränderter gültiger Bedeutungsdoppelgänger. Die Verbindlichkeit der Modulation ist fragil und die prinzipielle Möglichkeit von Missverständnissen bleibt nicht ohne Folgen. Und so bleibt eine beleidigende Beleidigung eine Beleidigung, auch wenn eine scherzhafte Beleidigung einen zärtlichen Gehalt transportieren soll. Das prinzipiell mögliche Missverständnis lässt sich ebenso wenig vollständig kontrollieren wie es prinzipiell zu fürchten ist.

[73] Wirklich jedem? Wahrscheinlich fast jeder und jedem. Dieses blinde und schweigende Verständnis der großen Mehrheit, ändert nichts an den körperlichen und seelischen Schmerzen derer, die diese Modulation ins Scherzhafte – aus welchen Gründen auch immer – nicht mitvollziehen können (Dimbath 2008).

emotionaler Nähe. Mehr noch: nicht trotz, sondern eben weil diese Grobheiten ausgetauscht werden, kommt es zu Nähe und Vertrautheitsempfindungen. Die Inselzeit ist karnevalesk. *Harald* zeigt uns ein Foto auf dem ein grimassenschneidender Junge zu sehen ist. *»[D]as ist n Freund von mir [...] hat in dem Moment irgendjemand nachgemacht oder irgend n Blödsinn erzählt. Ich weiß es nicht mehr genau [...] verdeutlicht vielleicht so was wir den ganzen Tag getrieben haben. Nur Schmarrn.« (L III 7, Harald, S. 97)* Was im Alltag jederzeit auch zwischen Freundinnen und Freunden geschieht, wird auf der Insel zu einem allgemeinen Merkmal der Wechselseitigkeit und Grundlage für eine allumfassende Befindlichkeit – im doppelten Wortsinn: ein örtliches wie psychomentales Befinden. Bleibt die Frage: Wie kommt es zu dieser Verallgemeinerung?

Interaktionsdichte, Kennenlernen und Kennen

»[J]eder kannte fast jeden«, bemerkt *Bosse (S. 85)*. Dass dies zutrifft, steht außer Frage. Die Schüler*innen sind seit einem Jahr auf einer dreizehnzügigen Schule. *Bosse* mag die Schülerinnen und Schüler seiner Klasse und die dort tätigen Lehrkräfte kennengelernt haben. Viele Gesichter werden ihm auf den Fluren der Schule begegnet sein. Doch sehr wahrscheinlich kennt er viele der anderen Schüler*innen nicht. Dass er *»jeden«* aus dem Team der Jugendorganisation oder aus der Forscher*innengruppe kennt, ist auszuschließen.[74] Wenn die große allumfassende Vertrautheit, von der *Bosse* berichtet, nicht auf ein wechselseitiges Kennen zurückzuführen ist, auf was dann? Wie lässt sich sein *»jeder kannte [...] jeden«* trotz erheblicher Zweifel am wörtlichen Wahrheitsgehalt dieser Einschätzung dennoch ernst nehmen? *Bosse* und die anderen Inselbewohner*innen bewegen sich nicht im abstrakten Gefüge der gesamten Inselbevölkerung, sondern in konkreten Netzwerken und Gruppen. Dort ist es denkbar, dass beides gilt. Er ist von Leuten umgeben, die er konkret kennt, gleichzeitig umgeben ihn wenig bekannte wie gänzlich unbekannte Gesichter. Die soziale Verdichtung des Insellebens sorgt dafür, dass sich die gesamte Inselbevölkerung bereits in den

---

[74] Sowohl in unseren Vorabgesprächen als auch bei Gesprächen während der Inseltage als auch in den Gesprächen nach den Inseltagen wird uns immer wieder geschildert, dass die Insel den Schüler*innen Kontakt zu Menschen ermöglicht hat, welche sie noch *»nie gesehen«* zu haben glauben (beispielsweise L I 4, Doris, Abs. 20; L II 9, Helge, Abs. 34; L III 4, Sigrid, Abs. 12; L III 11, Björn, Abs. 20). Während der elften Klasse sind die Klassen in Praktikumsblöcke unterteilt, sodass über das Jahr verteilt die Hälfte der Klasse in der Schule präsent ist, während die andere Hälfte sich in ihren Praktika bei verschiedensten Unternehmen und Organisationen befinden. Vieles spricht dafür den Wahrheitsgehalt der Aussage, *jeder kenne jeden*, zu bezweifeln. Das heißt aber nicht, dass diese Aussage nicht sinnvoll gedeutet werden kann. Nach meiner Lesart adressiert Bosse eine allgemeine Stimmung der Vertrautheit und Nähe, die aus dem verdichteten Arrangements und der intensiven Interaktion erwächst.

ersten Stunden immer wieder begegnet: während der einberufenden Kollektiv-Veranstaltungen, den kollektiven Spielen, den Workshops, in den Raucherpausen vor der Sanitärbaracke, dem gemeinsamen Sitzen am Lagerfeuer oder auch dem gemeinsamen Feiern.

Es ist diese Gemengelage kollektiver Kopräsenz und gemeinsamer Aktivität, die dazu beträgt, dass die sozialen Gruppengrenzen verwischen. Aus unbekannten werden schnell vertraute Gesichtszüge. Dennoch: im Zelt, in der Workshopgruppe, in der Spielgruppe während der Olympiade und in der Freizeit kommt es vornehmlich zu Begegnungen mit einer begrenzten Anzahl konkreter Anderer, nicht mit einem abstrakten Kollektiv. Die wechselseitigen Kontakte und die angesprochenen Neckereien sind konkret. Gleichzeitig ist in der räumlichen, zeitlichen und sozialen Verdichtung des Inselgeschehens die kollektive Stimmung diffus und übergriffig. Diese Stimmung legt sich über das gesamte Inselgeschehen, vereinnahmt den Ort und alle, die dort zugegen sind. In dieser Atmosphäre von Vertrautheit und Nähe ist tatsächlich jede und jeder eingeschlossen. Auf die Frage, was für ihn das Highlight der Inselzeit war, gibt *Bosse (Abs. 91)* zur Antwort, *»Die Stimmung einfach«*, um im direkten Anschluss daran davon zu berichten, wie er und seine Freunde die Olympiade dazu benutzten, über die Stränge zu schlagen.[75]

7.2.2.3 Abenteuer: Erzählungen, die Intensität schildern und hervorbringen

Viele Erlebnisse werden als Situationen von besonderer Intensität geschildert. Während der Olympiade kocht die Stimmung über. In den Workshops arbeiten sich die Teilnehmenden entlang vorgegebener Inhalte aneinander ab. Am Abend entstehen Momente exzessiver Geselligkeit: sowohl rauschend wie berauscht. Kommen unsere Gesprächspartner*innen auf ihre freie Zeitgestaltung zu sprechen, flaut die Spannung nicht ab. Im Gegenteil! Nicht nur wird allenthalben der kollektive Überschwang in wechselseitigen Neckereien sichtbar. Die Dispositionszeit des Lagerlebens scheint voller Gefahren und Abenteuer. Die Technik der Fotobefragung ist am Entstehen von Abenteuererzählungen nicht unbeteiligt. Unsere Gesprächspartner*innen werden durch Fotografien zu Erzählungen stimuliert und regelmäßig werden unscheinbare Aufnahmen per narrativer Rückschau in den Mantel der Außergewöhnlichkeit, der Gefahr und des Abenteuers gehüllt. Beispielsweise greift sich *Malte* eine verschwommene Aufnahme heraus, auf der einige leere Bierflaschen auf einem Biertisch zu sehen sind. *Malte* hat diese Flaschen gleich mehrmals fotografiert. Erst durch seine Erzählung werden die Aufnahmen für uns relevant und die Bilder

---

[75] Siehe hierzu auch Kapitel 7.2.4.2. Bezüglich der Relevanz dieser Stimmung siehe Kapitel 8.2.5.3.

in Verbindung mit dieser Geschichte ein Referenzbeispiel für ein allgemeines Muster: die Schilderung eines Abenteuers.

»Joa [...] des war auch ganz cool, ich wollt eigentlich ne [...] Wespe fotografieren, aber die is leider unscharf, [...] weil des war auch total schlimm, weil immer wenn wir essen waren [die Wespen] immer überall [...]«, berichtet Malte (Abs. 144). Einige halbvolle und leere Bierflaschen, Spuren der vergangenen Nacht, werden am nächsten Tag von einigen Wespen in renaturierender Absicht bevölkert. Nur schemenhaft und nach Maltes explizitem Hinweis ist die Wespe auf dem Bild zu erkennen. Für Malte sind die Insekten »sau gefährlich« und er weiß darüber hinaus eine weitere Anekdote zu erzählen, die seine Einschätzung begründet. Ein Jugendleiter der Jugendorganisation habe ihm berichtet, »er musste n [...] Jungen da rein stechen mit m Messer und dann Kugelschreiber reinstecken« (L III 3, Malte, Abs. 143). Der angedeutete Luftröhrenschnitt unterstreicht Maltes Einschätzung: Mit Wespen ist nicht zu spaßen und die Insel ist ein Platz auf dem man in Gefahr geraten kann. Malte hat das Abenteuer dokumentiert und überstanden.

Die tatsächliche Gefährlichkeit der Wespen ist zweitrangig. Die Erzählung selbst ist interessant. Mit dieser Schilderung eines *kleinen Abenteuers* trägt Malte selbst zum Herausheben der Insel als Gefahrenzone bei. Abenteuererlebnis und Abenteuererzählung verweisen aufeinander. Die Schilderung eines Abenteuers ist eine *ex post* Zuschreibungspraxis, die das Abenteuerhafte und Nichtalltägliche nicht nur schildert, sondern hervorbringt. Die Schilderungen kleiner Abenteuer sind somit sowohl als Hinweise auf nichtalltägliche Erlebnisse zu deuten wie auch als performative diskursive Praxis, durch die Nichtalltäglichkeit konstitutiert wird. Frei nach Michael Foucault (vgl. 1973, S. 74): *Abenteuererzählungen bilden die intensiven Erlebnisse, von denen sie künden*. Die Beispiele für diese Art der Erlebnisschilderung sind sehr heterogen.

Vom Überlebenskampf: »total Angst« und »ziemlich eklig«
Die Kabbeleien und Querelen während des Essen wie über das Essen sind schöne Nebensächlichkeiten, die allein aufgrund ihrer Unscheinbarkeit, Aufmerksamkeit verdienen. Sie tauchen immer wieder im Material auf. *Smilla (Abs. 76)* belächelt die Szenerie, wenn wieder einmal »alle [...] total Angst hatten, dass sie nicht satt werden [...] und es ein totaler Kampf war«, wenn die einen der anderen Wölfe wurden, um sich selbst ein größeres Schnitzel auf ihre Teller zu zerren. An sich war das Essen »so naja«, meint *Svenja (Abs. 41)* und ergänzt im Interviewverlauf zum Frühstück: »[K]einem hat s so wirklich geschmeckt, aber wir hatten immer noch Chips und so dabei und Orangensaft für in

der Früh« (Abs. 58).[76] *Doris (Abs. 74)* blickt zurück auf das vergangene Jahr und schildert ihre Erfahrungen. *»War nich so lecker (lacht) [...] [M]an musste halt sein eignes Geschirr mitbringen und hat dort dann Essen gekriegt, wie man sich s halt vorstellt, so richtig, so, diesen Topf (lacht) [...]. Und dann einfach so draufgeschmissn, also (lacht). Es war so richtig eklig eigentlich. (lacht)«*

Regelmäßig gewinnen wir in unseren Gesprächen den Eindruck, das Lager sei in einem desolaten Zustand. Ein Wiederholer in *Maltes* Klasse, der bereits im letzten Jahr auf der Insel war, habe im Vorfeld der Inseltage in seiner diesjährigen Klasse Folgendes kundgetan: *»[A] des is so Wald und da dann musst du dann irgendwelche Würmer essen und so (lacht) [I, 1: (lacht leise)] und ja und die Zelte sind alle so dreckig und so eng und so«* (L III 3, Malte, Abs. 223). Immerhin war es nicht so schlimm wie erwartet, meint Malte. *Sigrid (vgl., Abs. 26)* erzählt lachend, wie ein Feldbett in die Knie geht und den Nachtschlaf einer Zeltmitbewohnerin abrupt beendet. Auch *Svenja* hat von älteren Jahrgängen mitbekommen, dass es auf der Insel *»ziemlich eklig«* sei, etwa, dass *»man sich nicht richtig duschen«* (L III 6, Svenja, Abs. 41) könne, was sie aus eigener Erfahrung jetzt auch bestätigen kann: *»[M]eistens war dann alles voll und die Duschen waren auch ziemlich eklig und es kam immer nur kaltes Wasser bei mir«* (L III 6, Svenja, Abs. 57).

Jeder Tag auf der Insel ist durchgeplant, drei Mahlzeiten inklusive. Die Überlebensfrage zu stellen, ist für sich genommen so sinnvoll wie in Ekel-Tiraden über täglich gereinigte, gefliese sanitäre Einrichtungen, inklusive Wasserspülung, Warmwasser und elektrischen Lichts auszubrechen oder großes Lamento ob der Unzumutbarkeit des Nächtigens auf Feldbetten in wasserdichten Zelten, mit Holzböden, bei sommerlichen Temperaturen anzustimmen. Es handelt sich um eine Form erzählerischer Zuspitzung, deren Bedeutung nicht im Wörtlichen zu suchen ist. Nicht im Versorgungsengpass, im Ekel und der Härte, nicht die fehlende *zivilisatorische Bequemlichkeit,*[77] sondern das *Außergewöhnliche, Außerordentliche* eben *Nichtalltägliche* ist der Hintergrund, vor dem diese Geschichten zu verstehen sind. Im Rahmen dieser Erzählungen über *die kleinen Abenteuer der Nichtalltäglichkeit* wird der herausragende Charakter vergangener Erlebnisse aktualisiert; in gewissem Sinne wird durch Abenteuererzählungen ein Bewusstsein der *Nichtalltäglichkeit* in Form von Erinnerungen an außergewöhnliche Herausforderungen und Erlebnisse performativ erzeugt.

---

[76] Über Geschmack lässt sich bekanntlich schwer streiten. Die Urteile über das Essen driften weit auseinander. Die kleinen Meckereien über das Essen sind insofern nicht ein durchgehendes Motiv, sondern ein Ansatzpunkt, um das Abenteuerhafte des Inseldaseins in Szene zu setzen. Wir im Forscher*innenteam waren im Übrigen der Meinung, dass es gepasst hat.

[77] Die Formulierung *zivilisatorische Bequemlichkeit* geht auf die Idee eines studentischen Mitglieds des Forschungsteams während einer gemeinsamen Interpretationssitzung zurück.

Das Inselgeschehen unterscheidet sich nur bedingt vom Alltagsgeschehen. Drei Mal am Tag werden Teller gefüllt. Wer mag, kann sich so oft reinigen, wie es ihm oder ihr selbst genehm ist. Ein Feldbett mag unbequemer als das heimische Bett sein. Aber ist der Schlaf im Feldbett unzumutbar? Doch selbst diese – ich bin geneigt zu bemerken gerade diese – im Alltag keiner Erwähnung werten Grundkomponenten des Tagesablaufs werden auf der Insel zu einem Ereignis. Die Abenteuererzählung – hier in der Form der Meckerei über Unzumutbarkeiten – als *Erzählung über Differenz*, ist dementsprechend nichts anderes als der rhetorische Akt, aus einer Nichtigkeit, ein Ereignis werden zu lassen. Damit nicht genug. In der sozialen Verdichtung des Insel*camps* werden Ereignisse zu kollektiven Erlebnissen; durch die Erzählungen – und ihre zukünftige Wiederholbarkeit – werden sie zu adressierbaren und aktualisierbaren kollektiven Erfahrungen.

Ein Missverständnis wäre es, diese Erzählpraxis als Geschwätz abzutun. Erzählen, Situationsdeutung und Handlungsselektion greifen ineinander. Die Ernsthaftigkeit dieser kollektiven Erfahrungen, zeigt sich spätestens dann, wenn am Esstisch nicht nur das Reden über das Essen einsetzt, sondern tatsächlich damit begonnen wird ›Vorräte zu horten‹; wenn am zweiten Tag, Decken, Kissen und dicke Socken besorgt werden,[78] um das Überleben in der dem zweiten Tag unweigerlich folgenden zweiten Nacht zu sichern; wenn Badelatschen geliehen werden, um dem sanitären, viral-bakteriellen Supergau etwas Wirkungsvolles entgegensetzen zu können. Kurzum, wenn sich Wirklichkeitsdefinitionen in realen Handlungskonsequenzen weltigen und zeitigen. Es bleibt also nicht beim Reden. Dem gemeinsamen Sprechen folgen individuelle und gemeinsame Taten. Das Reden über die Insel setzt gleichwohl nicht erst mit dem Betreten der Insel ein. So mache Teilnehmer*in wurde von Geschwistern oder Freund*innen, die bereits Insel*erfahrungen* sammeln konnten, über das ›raue Inselleben‹ in Kenntnis gesetzt. Nicht, dass es sie prinzipiell nicht gäbe oder je gegeben hätte, die verregneten Episoden und Tage, das verbrannte Essen oder die Nacktschnecken im Schlafsack; nicht aber während der Inseltage des *Schulcamps 2011*. Die

---

[78] Diese Erfahrung ist keinem Interview entnommen, sondern entstammt unserer Forscher*innentruppe. Nach der ersten Nacht ist das Abenteuer der Übernachtung auch beim Frühstück in unserem Teillager Thema. Eine Forscherin borgt sich im Anschluss von mir ein Paar dicke Trackingsocken, um in der zweiten Nacht ihr Überleben bei sommerlichen Temperaturen zu sichern. Das wir von den Dynamiken der *narrativen Vernichtalltäglichung* selbst erfasst werden, ist uns bereits am ersten Tag begegnet, auch wenn wir erst viel später darüber nachzudenken begonnen haben.

Erzählung des Abenteuers hat ihren Zweck in sich selbst: Sie ist eine Form der performativen und narrativen Selbstvergewisserung, dass man soeben gemeinsam außergewöhnliche Erfahrungen macht beziehungsweise *in illo tempore*[79] machen durfte.

Die Nacht im Tipi
Im Gespräch mit *Svenja* nimmt eine Erzählung, angesiedelt zwischen abendlichem Feiern und sich auftuender Freizeit, prominent Raum ein. Gemeinsam mit einigen Mitschüler*innen nutzt sie die Freiräume am Rande der Festzeit, die Insel weiter zu erkunden. Abgelegen, *»ganz hinten«* entdecken die fünf *»so n Tipi Zelt«* (L III 6, *Svenja*, *Abs. 41)*. *Svenja* entfaltet die Erlebnisse der Tipi Nacht und des nächsten Morgens ebenfalls als Abenteuererzählung. Die Gruppe beschließt im Tipi zu verweilen und entfacht *»da drin [ein] Lagerfeuer«* (L III 6, *Svenja*, *Abs. 41)*. Feuer ist auf der Insel ausschließlich am Lagerfeuerplatz erlaubt. Die Gruppe handelt sich *»voll Ärger«* ein, als ein Mitglied der Inselcrew, den Feuerschein entdeckt. *Svenja* führt diesen unerfreulichen Kontakt mit dem Lagerregime nicht näher aus, im Gegenteil. Nimmt man ihre Schilderungen ernst scheint die Gruppe die erteilte Rüge geradezu zu ignorieren: *»[A]ber dann sind wir irgendwie doch alle drin eingeschlafen und in der Früh sind wir dann aufgewacht und dann war halt alles voller Rauch und wir hatten dann voll Angst, dass es zu Brennen anfängt (lacht kurz), aber es war voll witzig«*, eröffnet *Svenja* (*Abs. 41)* ihr persönliches Abenteuernarrativ. Das Nächtigen im entlegen Tipi umweht der Hauch des Verbotenen und der Gefahr. Im Tipi verdichten sich die Interaktionsverhältnisse erneut: fünf auf engstem Raum. Die mitgebrachte Technik kommt zum Einsatz und die Freunde sitzen bei Musik zusammen. *»[D]es war eigentlich schon ähm voll cool«*, bemerkt *Svenja* (*Abs. 55)*, *»weil da ham wir uns irgendwie so richtig kennengelernt«*. Der Ort des Abenteuers wirkt wie ein einziges Klischee: auf einer Insel, in einem entlegenen Tipi, in welchem ein Lagerfeuer brennt, das Ganze in der Nacht und obwohl es explizit verboten ist ein Feuer zu entfachen. Dass die im Tipi ›zusammengekommenen Krieger*innen‹ nun Geschichten und Legenden am Feuer ausbreiten, wirkt da nur konsequent.

Svenja: »Ähm ja und zwar ähm ham wegen dem Tipi Zelt, weil da waren Leute dabei, die waren schon öfters auf Insel, mit ihrer Konfirmationsgruppe oder so und dann ham die uns immer so Gruselgeschichten erzählt über die Insel. Des is eigentlich s Lager dreizehn und so. Aber dann hatten wir voll Angst in der Nacht, deswegen sind wir halt rausgegangen und ham uns die Ohren zugehoben (lacht kurz). Also ja darüber reden wir eigentlich voll oft, dass des eigentlich voll witzig war mit den Gruselgeschichten.« (Abs. 59)

---

[79] Siehe hierzu Fußnote 31 dieses Kapitels, Fußnote 18 des sechsten Kapitels beziehungsweise Mircea Eliades (1984) Erörterung der zeitlichen Verweisungsstruktur des Heiligen.

Die erzählte Gruselei wirkt als weiterer Reiz in einem bereits überreizten Setting. Die Intensität der Situation kommt in Svenjas Erzählung durch den mehrfachen Verweis auf emotionale Aufladung zur Geltung. Die Freunde haben *»voll Angst«*, weil es brennen könnte oder auch aufgrund der Gruselgeschichten in der Nacht; die Situation war *»voll cool«*, weil sie sich untereinander richtig kennenlernen konnten; vor allem war es *»voll witzig [...] mit den Gruselgeschichten«* und all dem anderen. Am frühen Morgen nimmt das Abenteuer seinen Lauf. Die Tipi-Besatzung erwacht in dickem Qualm. Nachdem sich der Rauch verzogen hat, tritt Besuch ins Zelt. *Svenja (Abs. 41)* erinnert sich an diese Momente am frühen Morgen: *»[D]ann ham wir auch voll laut die Musik aufgedreht und dann is noch der ähm verrückte Koch mit den ganzen Locken reingekommen und hat ähh Yoga gemacht und wild rumgetanzt«*.

Wie intensiv sich die Ereignisse an diesem Abend, in welchem Umfang und Ablauf auch vollzogen haben, *Svenja* bewertet diesen Ereigniskomplex als entscheidend für ihr Inselerlebnis. Trotz oder vielleicht gerade aufgrund aller Unbequemlichkeiten – dem harten, *»eklig[en]«* (L III 6, Svenja, Abs. 59) Boden, dem Qual und dem drohenden Ärger mit der Lagercrew – konnten die fünf Freunde eine sehr intensive Zeit erleben. Im Möglichkeitsraum der Inseltage öffnet sich für sie ein Gelegenheitsfenster, sich nahe zu kommen und die Fundamente für eine dauerhafte Zusammengehörigkeit zu legen. Die Freunde dieser Nacht heben sich vom Rest der Teilnehmer*innen der Inseltage durch ihr kleines Abenteuer im Tipi ab. Das gemeinsame Erlebnis, wirkt als kollektiver Marker, der starke Bande begründet, deren Wirksamkeit – nach Svenjas Bekunden – weit über die Tage der Insel hinausreicht.

Svenja: »Also ich mach auch fast jeden Tag was mit denen und heute gehen wir auch wieder [nach Ort], also eigentlich hat uns [...] der Abend so zusammengeführt, weil wenn keiner mehr so im Workshop war und [...] da konnten wir halt ziemlich viel reden und dann waren wir eben noch bis keine Ahnung in der Früh [...] oder so in dem Tipi Zelt und ham dann auch [...] in ner anderen Nacht mal alle zusammen im Zelt geschlafen auf'm Boden [...], voll eklig eigentlich [...]. Ja, aber es war schon ziemlich witzig und ich will da auch auf jeden Fall wieder hinfahren.« (Abs. 55)

Die mit dem Erlebten verbundene Erfahrung und Geschichte hat, nach ihrer Schilderung, über die Tage auf der Insel hinaus Relevanz. Der Alltag wird von der transformativen Kraft der nichtalltäglichen Gelegenheit berührt und somit selbst zum veränderten Alltag.

7.2.3 Festive Ausgelassenheit

7.2.3.1 Das Anderssein wird greifbar

Es ist dunkel geworden und das Programm verstrichen. Die Inselbevölkerung pendelt zwischen den Lichtplätzen, tummelt sich an den Feuern oder in der Scheune im fahlen Schein der Diskobeleuchtung und einer kleinen Lampe im Eingangsbereich der Sanitärbaracke, der die weibliche von der männlichen Reinigungszone trennt. Mit einem Mal rotten sich einige an diesem seltsamen Ort zusammen. Zwischen den Körpern und über die Köpfe der Rotte drängt handgemachter Blues über das Lager. Unter der Lampe hat sich ein musikalisches Trio eingerichtet. Handgezupfte Kontrabasslinien bringen Köpfe zum Nicken, darüberliegende Gitarrenklänge verzieren und komplettieren den Groove, während eine raue männliche Bluesstimme zum Gesamtklang ergänzt und die Musik zum Song vervollständigt. Schnell bildet sich eine Menschentraube. Als ein Schüler das Handy zückt, meint der Sänger: *»Es ist übrigens Damenwahl! Wir müssen jetzt nicht gefilmt werden«*, und das Mobiltelefon verschwindet unter Schamesröte in der Hosentasche des Besitzers.

Die Kunst der Mannschaft beeindruckt, der Ort des Platzkonzerts nicht minder. Es ist eigentlich alles so ein bisschen anders. Man feiert, trinkt, lacht, raucht, schreit. Es ist alles lockerer! Der atmosphärische Abstand zum Alltag ist greifbar; vor allem an den Menschen erkennbar. *»[M]it den Leuten ist man ja immer nur in der Klasse, den ganzen Tag [...] sieht man sie immer nur am Lernen und Streben und dann sieht man sie mal beim Feiern, das war schon recht witzig«*, meint *Arne (Abs. 24)*. *Nele* ist sich sicher, dass das gemeinsame Feiern, das gemeinsame Gitarrespielen am Feuer und auch das gemeinsame Trinken, *»schön«* und *»lustig«* war. Sie resümiert: *»Man hat halt auch welche aus der Klasse mal etwas anders kennengelernt« (L III 10, Nele, S. 32)*.

In der Raucherecke tummeln sich Schüler*innen, aber auch die Crew und einige Lehrer*innen stoßen im Rund dazu. Man raucht zusammen, sitzt zusammen, unterhält sich. *Sigrid (Abs. 20)* berichtet von einem Lehrer, der *»seine Kippen verteilt und [...] Bierchen ausgegeben«* haben soll. Gabentausch und gemeinsamer Konsum mit wesentlichen Folgen, wie *Arne (Abs. 142)* bekundet: *»Klar, des war halt des, dass sich [...] dieser Abstand so ein bisschen aufgelöst hat.«* Auf eine direkte Nachfrage ergänzt er, *»dass man denn mal den Menschen kennenlernt und nicht nur den Lehrer«* (L III 8, Arne, Abs. 144). In der Schule halten Lehrerinnen und Lehrer Unterricht. Sie bestimmen die Interaktion im Klassenzimmer, geben die Themen vor, fordern Verbindlichkeit, sanktionieren

Fehlverhalten, definieren die Leistungsnachweise, korrigieren, bewerten und benoten. Lehrer*innen sind in ihrem Schulalltag in ihren Funktionsrollen präsent.[80] Professionell zu arbeiten bedeutet für sie,[81] sich eine Professionsmaske überzustülpen und möglichst ohne Ansehen des Individuums, die Angebrachtheit von Verhalten und die Leistung ihrer Gegenüber zur Richtschnur ihres Handelns zu machen. Von Zeit zu Zeit fallen Lehrer*innen aus der Rolle. Fachliche und funktionale Autorität wie auch Richtlinienkompetenzen verselbstständigen sich. Lehrer*innen, die nach persönlichen Kriterien entscheiden, werden als ungerecht wahrgenommen,[82] Lehrer*innen, die übermäßig die ihnen übertragene Weisungsbefugnis ausspielen, als autoritär. Sie alle werden zu Verkörperungen der Schule, des dahintersteckenden ordnungspolitischen Beschulungsregimes und der asymmetrischen Beziehung zwischen Schüler*innen auf der einen Seite und den Funktionsträger*innen der Schule[83] auf der anderen Seite.

Auf der Insel fungieren sie weiterhin als Repräsentant*innen der Schule. Ihre körperlichen Erscheinungen transportieren – oder vielmehr sind diese – die Insignien des schulischen Alltags. Gleichzeitig werden die Lehrer*innen von direkten Funktionsimperativen befreit. Weder müssen sie die Interaktionen einleiten, noch müssen sie Disziplin einfordern, geschweige denn Leistungen bewerten und benoten. Auch sie bewegen sich im Geist eines »Dritten Raums« (Bhabha 2000). Die Individuen

---

[80] In dieser Funktionsrolle werden sie auch in den meisten Gesprächen adressiert. Da gibt es Lehrer*innen, die gerecht und ungerecht sind, Stress machen oder streng sind. All das sind sie gleichwohl als Lehrer*in, nicht als Individuum, sondern institutionelle *persona* (lat. Maske).

[81] Hier geht es keineswegs um eine individuelle Haltung, sondern ein institutionelles Erfordernis. Lehrer*innen können versuchen sich diesem Fakt zu entziehen, doch wird es ihnen nur unvollkommen gelingen. Die hierarchischen Rollen sind als »soziale Tatsache« (Durkheim 1984) des reglementierten Schulgeschehens einem vollkommenen willentlichen Zugriff entzogen. Was aber wiederum nicht bedeutet, dass sich Lehrer*innen für die damit verbundenen Missbräuche und schlechten Entschuldigungen nicht zu verantworten hätten.

[82] Beispielsweise berichtet Emma (Abs. 17) von Problemen mit »*bestimmten Lehrern*«. So erzählt sie von einer Lehrerin, die sich vor ihrer Klasse dahingehend geäußert habe, dass sie »*Schubladen hat, wo der Schüler dann drin is von Anfang an und da kommt der dann auch nich raus, also so Notenschubladen*« *(Abs. 18)*. Emma bezeichnet diese Handhabe – von außen betrachtet nachvollziehbar – als »*unfair*«. Was es mit dem *in concreto* Geschilderten auf sich hat, lässt sich nicht rekonstruieren. Doch können derlei Erzählungen als Beispiele für die Relevanz des Eindrucks aus Schüler*innenperspektive, dass Lehrer*innen nach Sympathie zu urteilen scheinen und dies als allgemein als ungerecht betrachtet wird, herangezogen werden. Somit kommt auch die positive Seite der institutionellen Rollenbilder zum Vorschein: Lehrer*innen sollen sich – auch aus der Perspektive der Schüler*innen – professionell im Sinne von sachlich sowie neutral gegenüber Schüler*innen verhalten.

[83] Neben Lehrer*innen umfassen diese auch die Verwaltungsangestellten, die Schulleitung und die dahinter stehenden Personen und Institutionen der Städte, Kommunen und Bundesländer.

können hinter ihren Funktionsmasken – der Schüler*innen- oder Lehrer*innen-Masken – hervortreten. Auf der Insel treten sie nebeneinander auf, kommen mitunter in Kontakt. Dort, wo sie sich wechselseitig als »Ich-und-Du« (Buber 1965, 2009) begegnen, verwischen die hierarchischen, funktionalen Gräben des Alltagsgeschäfts. Es ist weit zu viel anzunehmen, dass sich der funktionale Abstand von Lehrer*innen und Schüler*innen auflöst. Doch die Beziehung steht vor dem Hintergrund der Insel auf einem anderen Fundament. Die in der funktionalen Unterrichtshierarchie, ihrer Architektur und Raumordnungen, ihren Praktiken und Konventionen zum Ausdruck kommende Distanz zwischen Lehrer*innen und Schüler*innen wird in der Architektur und Raumordnung, den Praktiken und Konventionen des Insellebens eingeklammert.[84] Das Lehrer*in-Sein oder Schüler*in-Sein rückt in den Hintergrund. Es entstehen Chancen das jeweilige Gegenüber als Anderen wahrzunehmen. Aus Sicht der Schüler*innen lockert sich das Verhältnis auf. Das gemeinsame Rauchen ist ein Indiz dafür. Banal und doch wirksam ist die Inselregel sich *»beim Vornamen«* anzusprechen, wie *Anton (Abs. 50)* betont. Beim Rounderspielen lassen sich Lehrer*innen auf Schüler*innen ein, spielen mit und zeigen sich *»von ner andern Seite«*, erzählt *Emma (Abs. 14)* und fügt an: *»[D]as war halt einfach dann eher so wie so n freundschaftliches Verhältnis«*. Für sie verliert das Stereotyp *»Typisch Lehrer« (Abs. 50)* auf der Insel deutlich an Kontur. *Emma* sieht den Grund in der Erfahrung des Andersseins der Lehrer*innen. Mit ihren Worten: *»weil man denn auch erlebt, wie witzig sie halt sein können« (ebd.)*.

Das gemeinsame Feiern weist über die Alltagserfahrungen hinaus. Doch ist der damit verbunden Konsum von Alkohol nicht unproblematisch. Das Thema Alkohol hat verschiedene Gesichter. Der gemäßigte Genuss von Bier und Wein befördert die Geselligkeit. *»Paar Flaschen Rotwein am Lagerfeuer [...] die sozusagen die Gesprächslaune fördern und die Leute zum Singen bringen [...] was ist da dabei?«*, meint *Günter Grasser (Abs. 45)*, nicht ohne auch der Untiefen gewahr zu sein. *»[D]ie Problematik ist äh für viele Jugendliche äh ist der ist der Sprung Insel, See, Urlaub, [...] irgendwie [...] des bringen die leicht zusammen und dann haben wir ein riesen Missverständnis [...] und des is eben genau nicht der Fall, ja?« (L IV 2, Günter Grasser, Abs. 47)*. Die Ambivalenz des Alkoholkonsums ist auch unter den Schüler*innen Thema. *Nele (Abs. 32)* erzählt vom zweiten Abend, der *»echt schön«* war: *»weil wir da alle gesungen und also eine Freundin von mir hat da Gitarre gespielt*

---

[84] Allein im Alkoholregime zeigt sich ein Rudiment institutioneller Autorität und funktionaler Herrschaft. Die Inseltage bleiben nicht zuletzt dadurch eine Schulveranstaltung – und die Herrschaft der Jugendorganisation und ihrer Mannschaft letzthin eine Simulation der Machtübernahme. Wie während des Karnevals die Verkehrung der Machtverhältnisse inszeniert wird und doch nur auf der Duldung durch die etablierten Autoritäten beruht, fußt auch das Inselregime auf dem Einverständnis der Schule, die alltäglichen Hierarchien auszusetzen.

und gesungen und die Lehrer sind halt einfach da gestanden und haben mit uns was getrunken und viel geredet [...]«. Nele ist mit dem Verbot des harten Alkohols einverstanden und zeigt sich damit zufrieden, dass die Verantwortlichen hier *»wirklich konsequent warn«.* Nach ihrer Ansicht ist *»die Insel [...] nicht zum Saufen da« (beide Zitate L III 10, Nele, Abs. 54).* Die problematische Seite zeigt sich im Exzess. *Harald (L III 7, Harald, S. 81)* scheint von den Exzessen amüsiert: *»[N] paar haben doch n bisschen mehr getrunken, was [...] a, nächsten Tag noch ziemlich witzig war, weil die dann immer rumgewinselt haben«.*

7.2.3.2 Alkoholregime und Exzesstabu

Das harte Zeug

Im Laufe der ersten Nacht kommt es zum Tabubruch. *Bosse*, der am zweiten Tag gemeinsam mit einem Freund die Heimreise antreten musste, schildert die Szene wie folgt.

Bosse: »[A]n dem Abend waren wir eigentlich schon ziemlich betrunken und wir wussten halt, dass er noch [...] Zeug dabei hat. Und dann haben wir ihm gesagt, ja gehen wir halt noch n bisschen was trinken. Und wir waren, glaube ich, zu [...] fünft oder sechst sind wir halt zum Zelt. Und da hat er, glaub ich, das Zeug ausgepackt und einer hat sich schlafen gelegt, das war sein Glück [...]. Die andern zwei hatten auch Glück. Eigentlich waren wir nur die zwei Gearschten, weil wir darüber geredet haben.« (Abs. 64)[85]

Zwei Aspekte an Bosses Geschichte sind bemerkenswert. Zunächst hatten *Bosse* und sein Freund *Knut* trotz des Verbots *»Zeug«* dabei. Interessanter noch ist, dass *Bosse* davon berichtet, wie sich eine ganze Gruppe gemeinschaftlich zum Tabubruch verabredet. Die Frage, was die Jugendlichen damit bezwecken bleibt im Raum und lässt sich auch nicht hinreichend aufklären. Geht es um den gemeinsamen Rausch? Die Beteiligten waren längst nicht mehr nüchtern. Die meisten dürften sich auch darüber im Klaren gewesen sein, dass noch mehr von dem *Zeug* auch schnell zu viel sein

---

[85] *Bosses* Geschichte ist nur eine Version von mehreren. *Malte* ist mit *Knut* bekannt und erzählt uns eine andere Geschichte, wie es zum Rauswurf kam. Für ihn ist das Ereignis *»total schlimm«*, weil einer seiner Mitschüler verbotenen *»Alkohol«* dabei hatte, aber nicht am Verstoß beteiligt war. *»Die Freunde wussten des und ham des dann raus getan [...], ham getrunken, wurden erwischt und [...] zwei Freunde und er mussten dann heimfahrn, (2) obwohl er [...] des war total schlimm.«* (L III 3, Malte, Abs. 119) Lagerleiter *Gerd* wiederum, der die Delinquent*innen an diesem Abend enttarnt hat, berichtet davon, dass eine Gruppe *»des untereinander anscheinend doch a bissl abgesprochen ähm, so dass der eine [...] gekauft hat und der andere war dummerweise derjenige, der dann des mit hergebracht hat [...]« (L IV 1, Gerd Göller, Abs. 22).* Heimgeschickt wurden schlussendlich die unmittelbar Beteiligten und ein weiterer Mitschüler, der das *Zeug* auf die Insel transportiert hat. Die *›wahre‹* Geschichte lässt sich hier nicht rekonstruieren, zurückbleiben aber die Motivation zum Regelverstoß, die Kollektivität dieser Überschreitung und nicht zuletzt die Exekution angekündigter Sanktionen.

könnte. Auch spricht *Bosse* davon, dass sie noch *»n bisschen was trinken«* wollten. Wenn es nur um die Wirkung des Alkohols geht, warum dann dieses riskante Vorgehen? Wäre es dann nicht viel einfacher, allein und schweigend immer wieder in das Zelt zurückzukehren und einen Schluck aus der Flasche zu nehmen. Warum gemeinschaftlich? Und nicht zuletzt: Warum wird das Trinken zum Thema gemacht? Schließlich ist *Bosse* der Meinung, dass sie nur erwischt wurden, weil sie *»darüber geredet haben«*. Diese Fragen sind zu einem Gutteil rein rhetorisch. Es ist ohne Weiteres vorstellbar, dass es in dieser Erzählung weniger um die Wirkung des Alkohols geht, als um dieses gemeinschaftliche Überschreiten der Lagerregimes. Der Reiz des Alkohols spiegelt den Reiz des Verbotenen. Das Verbotene fungiert als Grundlage für mit Adrenalin gespickte gemeinsame Erfahrungen. Die jugendliche Neigung zum Rausch ist eng an den kollektiven Vollzug des Rauschs gekoppelt. Kollektivität und Berauschung gehen ein komplementäres Verhältnis ein. Schlussendlich werden zwei erwischt – die anderen hatten wohl eher Glück.

Bosse: »Wir haben halt darüber geredet, was er alles dabei hat [...] und ob er noch Becher hätte, zum Trinken und so. Und draußen standen halt vor diesem Fensterchen Betreuer und haben halt alles mitgehört [...]. Und während wir da schön getrunken haben, kamen die auf einmal rein: ›So jetzt könnt ihr einpacken. Ihr fahrt jetzt nach Hause.‹ Wir so erstmal ganz unschuldig getan [...], so: ›Was? Wieso das denn?‹ ›Ja wir haben grad eh alles mitgehört.‹ ›Ja, wir haben ja nur drüber geredet, das ist doch nichts Schlimmes oder?‹ So: ›Doch da haben wir doch die Beweise.‹ Und wir dann so / und er dann so: ›Welche Beweise? Sie können (unverständlich) gern trinken.‹ Und hat dann daran gerochen, aber das hat man ja nicht / man konnte nicht riechen. Es war nur viel zu viel Zuckergehalt in diesem Mischgetränk. Und dann hat der es einfach ausgeschüttet und dann hat er gesagt: ›Ja jetzt haben sie die Beweise vernichtet, jetzt (lacht) müssen sie doch bleiben.‹ Da hat er gesagt: ›Na gut, dann bleibt ihr noch die Nacht, dann reden wir morgen darüber.‹« (Abs. 64)

In den Strukturen des Lagers ist dieser Rauswurf bereits angelegt. Es findet sich eine deutliche Asymmetrie zwischen Lagerleitung und Lagerteilnehmer*innen. Die Lagerleitung ist zur Exekution der selbst definierten Regeln berechtigt. Und: Das Lagerregime wird durch sie überwacht. Die dünnen Zeltwände stellen kaum eine brauchbare Verborgenheit her. Was einmal durch die Zeltmembran nach Außen dringt, ist nicht zu kontrollieren. Ob durch Zufall oder planvolle Observation, der Rauswurf kann auch als Resultat einer weiterreichenden Überwachung und dem Fehlen tatsächlicher Rückzugsmöglichkeiten betrachtet werden. *In flagranti* erwischt entkommen die beiden zunächst einer direkten Exekution der vorgesehenen Strafe. Wenig später konnten sie sich dieser aber nicht länger entziehen.

Bosse: »Und die kamen dann her und haben mich dann geholt und ihn und dann haben [...] die halt gesagt: ›Ja ihr wurdet doch gestern erwischt.‹ Und dann haben wir s erstmal nicht zugegeben – was eigentlich klar ist [...] haben sie gesagt: ›Ok, ihr könnt jetzt gehen.‹ Da dachten wir ja, jetzt haben wir s eh hinter uns. Dann haben die anscheinen n bisschen gesucht und (lacht) Reste gefunden und der Idiot hat noch eine Flasche in seiner Tasche gehabt [...] ne halb volle. Und dann war s eigentlich schon vorbei. Ich hab s eigentlich nicht so genommen, weil ich dachte mir, es war schon ein sehr geiler Tag gestern und es [...] es kann ja gar nicht mehr besser werden. [...] [E]r war halt schon sehr traurig, auch [...] wenn s auf dem Bild jetzt nicht so aussieht. Er war den Tränen nahe (kichert) [...]. Ja, dann [...] haben [wir] alles zugegeben, eingepackt, zum Boot und sind wir drübergeschifft und ich hab dann auch, Gott sein Dank, nen Freund erreicht und der hat uns dann nach Hause gefahren.« (Abs. 70)

Man musste eben gehen. Spätestens seit der klaren Setzung des Lagerregimes durch den Lagerleiter sind Tabu und Strafe klar definiert. Eine zweite Stufe ist das Erwischtwerden. Erst wer erwischt wird, wird bestraft, eine Eigenart des Lagerregimes. Die Regeln werden oktroyiert. Entgegen der Selbstdisziplinierungsapparatur moderner panoptischer Gesellschaften,[86] handelt es sich explizit um *Fremdzwang*. Gerade dadurch, dass das Tabu von Außen kommt und keineswegs die Körper durchdringt, sind die Regeln beugbar, umgehbar. Das Risiko liegt auf der Hand – man darf sich nicht erwischen lassen. Das Spiel mit der Überschreitung birgt seinen eigenen Reiz. Der Regelverstoß sucht in der Verborgenheit begrenzte Sichtbarkeit. Das *Unterleben*[87] des Regimes vollzieht sich als kollektive Insubordination. Erst der Komplex von Alkoholregime, Subversion und Kollektivität verleiht der Tat ihren umfassenden Sinn. Das Lagerregime ist das Regime der Anderen. Es handelt sich um ein Set akzeptierter Spielregeln, nicht aber um eine innere Haltung. Die heimliche Abweichung spielt mit der Möglichkeit enttarnt zu werden und bezieht ihren Reiz gerade aus dieser Möglichkeit. Das Geheimnis um den Regelverstoß kreiert im Schatten und außerhalb der

---

[86] Michel Foucault beschreibt, wie sich eine punitive Ordnung durch Sichtbarkeit und Überwachung – das Benthamsche Panoptikum dient ihm als paradigmatisches Beispiel – sukzessive in die Körper einschreibt (Foucault 1977). Norbert Elias wiederum betont, wie auferlegte Zwänge (Fremdzwang) im Laufe eines langfristigen Zivilisationsprozesses zu inneren Haltungen der Selbstregulierung (Selbstzwang) entwickeln (Elias 1997). Im nichtalltäglichen Arrangement des Zeltlagers gibt es weder eine Entsprechung für den Foucaultschen Panoptismus noch für Elias Zivilisationsprozess. Die Regularien haben der Tendenz nach vielmehr den Charakter einer »Totalen Insititution«, wie sie von Erving Goffman (1973) konzipiert wird. Eben weil die *Insassen* dieser Einrichtungen explizit in den Regularien ›der Anderen‹ und nicht auf Basis ›eigenen‹ Werthaltungen handeln, ist die gemeinschaftliche Subversion möglich.

[87] Goffman (1973) beschreibt mit dem Begriff des Unterlebens, die im Verborgenen stattfindende Abweichung. Während die Spielregeln totaler Institutionen akzeptiert werden und zu einer ersten Anpassung führen, bringt der Umstand, dass die Regularien der Institution gleichsam von außen auferlegt werden eine zweite Anpassung hervor. Keine Institution ist so total, dass sich nicht in den kleinen Nischen und Freiräumen oder gar im direkten Schatten der Regeln ein Eigenleben entwickeln könnte. Das Erkennen und Nutzen der Freiheitsgrade belegt Goffman mit den Begriffen der sekundären Anpassung und des Unterlebens.

Hörweiten Allianzen und Bindungen der Geheimnisträger: Die gemeinsame Tat bereitet einen mythostauglichen Urgrund für intime Vergemeinschaftung. Die Wirksamkeit dürfte weit über das Ereignis hinaus um sich greifen. Die gemeinsame Erinnerung macht es möglich.[88]

Nicht zuletzt ist die Exekution der ausgesprochenen Strafe an die Aussprache der Regeln gebunden. Kommt es zur Regelüberschreitung sind die Entscheidungsspielräume dünn. Es gilt die Seriosität der Setzung an sich zu verteidigen.[89] Dass der Rauswurf dann weniger aus sachlicher Überzeugung erfolgt, sondern sich als Pfadabhängigkeit der ursprünglichen Setzung zeigt, scheint kaum verwunderlich. Was dann schlussendlich eingesehen wird, ist nicht die Verwerflichkeit des Handelns oder die Abscheulichkeit der Tat – es ist die Dummheit erwischt worden zu sein. So erzählt *Bosse* über die Konsequenzen des Verstoßes für die Schule:

Interviewdialog:
»I 1: Ok, hat das in der Schule noch irgendwie so n Nachspiel gehabt oder so oder?
Bosse: Ne, gar nichts.
I 1: Haben die auch nichts [...] echt mehr gesagt [...]?
Bosse: Ne, die waren eigentlich selber traurig, dass die uns wegschicken mussten. Eigentlich waren die sogar, glaube ich, trauriger als ich (lacht) [...], dass die uns da wegschicken mussten.« (Abs. 71–74)

Mit der Exekution der angedrohten Strafe wird das etablierte Regime in seiner Ernsthaftigkeit bestätigt. Richtig zufrieden mit dem Ergebnis scheint keiner. Aber was wäre die Alternative: diese Frage bleibt unbeantwortet.

Malte bewertet die ganze Angelegenheit als »*total schlimm*«. Gleichzeitig ist *Malte* nicht gegen den Rauswurf. »*Naja is auch blöd, aber [...] wie will man s machen. Man muss*

---

[88] Im Sinne Simmels stiftet das geteilte Geheimnis auch eine geheime Vergesellschaftung, das heißt eine Form der Wechselwirkung, in der das Geheimnis zu einem kohäsionsstiftenden »soziologischen Sinn« wird (Simmel 1992d, S. 422).

[89] Das erinnert an Durkheims Beschreibung der Rechtssetzung »egmentärer Gesellschaftsformationen. Er beschreibt dieses als »repressives Recht« (Durkheim 1977, S. 120) Verstöße gegen die Lagerregeln richten sich gegen die gemeinsame Ordnung und damit die Grundbedingungen des gemeinsamen Lebens. Die Unrechtmäßigkeit wird hier durch die Strafe fest- und hergestellt: »Mit anderen Worten: man darf nicht sagen, daß eine Tat das gemeinsame Bewußtsein verletzt, weil sie kriminell ist, sondern sie ist kriminell, weil sie das gemeinsame Bewusstsein verletzt.« (Durkheim 1977, S. 123) Die Strafe dient nicht der Bestrafung oder der punitiven Pädagogik – die verletzte Ordnung muss in einem Akt der Rache wiederhergestellt werden. »Was wir rächen und was der Verbrecher sühnt, ist die Verletzung der Moral.« (Durkheim 1977, S. 130) Vor dem Hintergrund des explizierten Lagerregimes verliert sich das Individuelle und manifestiert sich die kollektive Moralität, die nicht von innen, sondern von außen an die Mitglieder einer Kollektivität herangetragen wird. Wer die Moralität überschreitet muss mit der Rache rechnen und diese Rache ist der öffentlich vollzogene Ausschluss aus der Kollektivität.

halt konsequent sein [...].«, stellt *Malte (Abs. 121)* fest. Ansonsten droht den Inseltagen das Image der *»Sauftage« (Abs. 121)*. Dass die Mannschaft und die Lehrer*innen ein Interesse daran haben, Exzesse zu unterbinden, ist für ihn legitim und aus Mangel an Alternativen Grund genug, die Delinquent*innen auszuschließen. Der Alkoholkonsum ist lediglich eine Randerscheinung im reichhaltigen und intensiven Leben und Erleben der Inseltage, doch sehen sich die Jugendorganisation und die Schule dazu genötigt, den potentiellen Gefahren »beschädigter Identität«[90] beziehungsweise dem »Stigma« der Saufinsel vorzubauen und damit die dunkle Seite des Alkoholkonsums einzuhegen.

Vom Kontrollverlust und dem darüber Reden
Dass Alkohol nicht ›nur‹ eine image-schädigende Seite hat, wird an einem anderen Beispiel deutlich, auf welches *Malte* zu sprechen kommt. Den eigentlichen Vorfall spricht er nicht aus und verbleibt im Vagen. Am zweiten Tag und auch im Zuge anderer Interviews wird, quasi hinter vorgehaltener Hand davon erzählt, dass ein Mädchen in der ersten rauschenden Nacht, hinter einen Baum auf der Insel ›geschissen hat‹.

An dieser Stelle sehe ich mich zu einer Kommentierung auf Metaebene genötigt. Wenn ich das jetzt so aufschreibe, kommt es mir vor, als könne man das nicht so formulieren, als wäre es zu platt oder zu vulgär. Es geht aber nicht um schlechten Stil, den man durch eine andere Formulierung bessern könnte; soll ich etwa schreiben: es kam am ersten Abend dazu, dass ein Mädchen, wahrscheinlich im Alkoholrausch, ihre Notdurft hinter einem Baum verrichtet hat und dies von anderen gesehen und anschließend berichtet wurde. Mit dieser Formulierung werde ich dem, was geschehen ist und erzählt wird, nicht gerecht. Am zweiten Tag war, die Rede davon, dass jemand ›hinter einen Baum geschissen‹ habe und es wurde erzählt, dass es ein Mädchen war. Ich sehe mich beim Notieren scheinbar ähnlichen Hemmungen aus-

---

[90] Beide Begriffe werden im Sinne Erving Goffmans gebraucht. Goffman benutzt den religiös konnotierten Stigmabegriff für Eigenschaften, die »zutiefst diskreditierend« (Goffman 1975b, S. 11) wirken. Stigmatisierende Eigenschaften sind dazu geeignet, alle anderen Charakteristika einer zu bestimmenden Identität zu überlagern und gleichsam zu infizieren. Goffmans Terminologie ist für Individuen im Austausch konzipiert. Doch gilt diese Feststellung wahrscheinlich in nicht geringerem Maße in Bezug auf den Ruf von Institutionen. Das *Schädigungspotential* des Alkoholkonsums auf der Insel zu kontrollieren, erfolgt im Bewusstsein, dass das einmal etablierte Stigma *Saufinsel* alles Wertvolle des Insellebens zu überlagern, das heißt zu beschädigen vermag. So nebensächlich die Thematik im Ablauf der Inseltage ist, so enorm ist ihr destruktives Potential. Alkoholregime und Exzesstabu sind dahingehend als präventives, institutionelles Stigmamanagement zu begreifen.

gesetzt, wie *Malte*, als er im Interview auf den Vorfall zu sprechen kommt. Die Geschichte ist nur hinter vorgehaltener Hand erzählbar. Wird offen darüber gesprochen, muss diese Geschichte chiffriert werden, entweder wie *Malte*, durch herum Lavieren, Beschweigen des Wesentlichen und Umschreiben oder wie in meinem Falle durch Übersetzung in einen reinlichen Stil. Die körperlichen Ausscheidungen und das Verrichten der Notdurft ist auch in unserer profan geltenden Gesellschaft mehr als eine Frage der Hygiene, sondern mit einer moralischen Verunreinigung (Douglas 1985) verbunden. Eine Verunreinigung des Ortes und eine Verunreinigung der Person sind die Folge. Die zweite hat wahrscheinlich die schwerwiegenderen Konsequenzen.

Während der ersten Nacht, kam es dazu, dass einige Schüler*innen ›kotzen‹[91] mussten – auch hier trifft die Übersetzung in reinliche Worte, wie sich übergeben, erbrechen nicht das, was geschehen und berichtet wird. *Malte* spricht vom Kotzen und meint Kotzen als möglicher und nicht außergewöhnlicher Begleitumstand des Alkoholrauschs. Es ist auch nicht vom überschwänglichen Alkoholgenuss die Rede, sondern vom Saufen. Saufen, Kotzen und Scheißen mögen Autor und Leser*innen stilistisches Unbehagen bereiten – sprachlich zu bereinigen, also verbale Hygienepraktiken einzusetzen – verfälscht die Art und Weise, wie das Geschehen repräsentiert ist. In den obszönen oder vulgären Formulierungen findet sich immer auch die moralische Seite wieder, während die reinlichen Begriffe des übermäßigen Alkoholgenusses, des Erbrechens und des Verrichtens der Notdurft, eine Versachlichung transportieren, welche die ›Wirklichkeit‹ der rauschhaften Nächte verschleiern.

Der Alkoholrausch ist mit einem problematischen Verlust von Kontrolle verbunden. Der allgemein verbreitete *Sauftratsch* greift diesen Kontrollverlust auf und rubriziert die damit verbundenen Ereignisse unter dem Aspekt der Außerordentlichkeit. In einem gewissen Grad tragen die Erzählung zur Konstitution des Nichtalltäglichen bei: Diese Wirksamkeit gilt wahrscheinlich noch mehr für die spätere Erinnerung der Ereignisse, als für die Ereignisse vor Ort. Zwei Aspekte des *Sauftratschs* können unterschieden werden. Erstens zeigt sich am Sauftratsch, die Bedeutung des Alkoholkonsums, bis hin zum sprichwörtlichen Saufen. Er ist ein integraler Bestandteil von

---

[91] Der *Sauftratsch* über das ›Kotzen‹ der anderen begleitet nicht nur die Erzählungen über die Insel. Während der ersten Interviewphase haben wir Schüler*innen über ihre Erinnerungen an ihre Schulzeit befragt. Neben den Tagen auf der Insel wird von weiteren Schul- und Klassenfahrten erzählt. Der Alkoholkonsum ist dabei ebenfalls ein Begleiter und das Reden vom Kotzen dient offensichtlich dazu, das exzessive Moment dieser Erlebnisse aufzuzeigen.

Vergemeinschaftung.⁹² Diese »Rauschhafte Vergemeinschaftung« (Niekrenz 2011) kommt aber nicht weniger dadurch zustande, gemeinsam zu trinken, als Rausch und Exzess in Geschichten zu verpacken und damit gemeinsam erinnerbar zu machen. Zweitens lassen sich unterschiedliche Aspekte dieser Erzählungen über das Saufen, den Rausch und das Kotzen identifizieren. Zum einen handelt es sich um Narrative der Belustigung, Erheiterung oder allgemeinen Unterhaltung. Als *krasse Geschichten* eignen sich Rausch- und Exzesserzählungen hervorragend, um Differenzen zum profanen Alltag oder auch zum profanen Auftreten der Protagonist*innen im Alltag zu markieren. In diesem Sinne ist auch der *Sauftratsch* eine Form der Abenteurerzählung. Zum anderen werden diese Geschichten um Protagonist*innen zentriert und diese damit – je nach Eignung – zu Helden oder Antihelden. Diese ambivalenten Heroisierungen lassen sich als Stilisierung krasser, das heißt besonders verwegener oder aber besonders skurriler, Charaktere verstehen. Der Säufer oder die Säuferin wird zu einer Art »Berserker« (Weber 1922) der »Geselligkeit« (Simmel 1999). Von diesen Heroen geht eine gewisse charismatische Faszination aus, die entweder auf Bewunderung hinausläuft oder aber mit dem symbolischen Ausschluss der Person aus dem Kreis der moralisch Zurechnungsfähigen verbunden ist. Die Moralisierung ist c das dritte Moment des *Sauftratschs*. *Malte* und *Sigrid* zeigen sich vom Saufen ebenso genervt wie Lagerleiter *Gerd Göller* und der Programmkoordinator *Bob*. Das Anzweifeln der moralischen Zurechnungsfähigkeit der jeweiligen Personen und die damit verbundene Enttäuschung ist somit ebenfalls ein Aspekt der Erzählung. Am Ende dient auch der *Sauftratsch* dazu, Kollektive zu formieren: die Kollektive der Krassen, zu denen man sich selbst zählen mag, oder die Kollektive der Verantwortungsbewussten, die im moralischen Feuer des Ausschlusses der Delinquent*innen geschmiedet werden.

Aufgrund der vorhergehenden Erzählungen könnte der Eindruck entstehen, Feste auf der Insel stünden maßgeblich im Zeichen des Rauschs und exzessiven Alkoholkonsums. Tatsächlich sind Exzesse die Ausnahme. Es ist das destruktive Potential

---

⁹² Michel Maffesoli betrachtet die Rolle des Alkohols unter der Maßgabe seiner vergemeinschafteten Wirkung und spricht von Bündnissen, »die Bacchus stiftet« (Maffesoli 1986, S. 136 ff.). Dabei sind zwei Generalisierungen unzulässig. Weder ist jede Vergemeinschaftung auf Alkoholkonsum angewiesen, noch führt Alkoholkonsum stets zu Vergemeinschaftung. Das Janusgesicht des Alkohols starrt zumindest mit einem Gesicht immer in den Abgrund eines nicht ausmessbaren Kontrollverlusts. Maffesoli legt gleichwohl fest: »Auf außergewöhnlichen Wegen führt der Wein zu einem Zustand ohne Festlegung; und das geht meistens zugunsten der Vereinigung, nicht der Trennung.« (Maffesoli 1986, S. 136) Eine These, der man nicht zu folgen braucht, um die bündnisstiftende Kraft des kollektiven Alkoholkonsums anzuerkennen.

und die dahingehende thematische Präsenz des Rauschs, welche die ausführliche Beschäftigung bedingt. Die festive Ausgelassenheit befördert eine lockere Atmosphäre auf der Insel. Sie fügt sich damit in die Logik verdichteter Interaktionsverhältnisse ein. Verdichtungen wie sie auch in der freien Zeit und während der Workshops beobachtet werden können. Aber auch das Moment der Überschreitung (der Alltagserfahrung) lässt sich im Horizont anderer Ereignisse verorten. Man denke an den blinden Kicker oder das Blödeln in der Freizeit. Nicht zuletzt bietet die Kollektivzeit diese Möglichkeiten, wie im Folgenden am Beispiel der Olympiade am ersten Abend zu zeigen sein wird.

7.2.4 Kollektivzeiten der Inseltage

Die Inselbevölkerung konzentriert sich auf engem Raum. Das Wasser pfercht sie auf dem Eiland zusammen. Regelmäßig und doch verhältnismäßig selten werden die Teilnehmer*innen der Inseltage verbindlich zusammengerufen. Die Eröffnungs- und die Abschlussveranstaltungen finden im fünften und auch im achten Kapitel eingehende Betrachtung. Eine Doppelung der dichten Beschreibung ist unnötig, doch sollen beide Episoden unter dem Blickwinkel dieses Abschnitts reflektiert und um eine Betrachtung eines Gruppenspiels – der Olympiade – am ersten Abend ergänzt werden.

7.2.4.1 Eröffnung

Als die Schüler*innen mit ihren Lehrer*innen auf der Insel ankommen, ist die Lagermannschaft der Jugendorganisation mit verschiedenen Aufgaben beschäftigt. Einige Crewmitglieder weisen die Neuankömmlinge ein. Andere bereiten im Küchenbereich das Mittagessen vor. Ihr Wirkbereich ist die Logistik. Routiniert läuft die Lagermaschinerie. Nur beim Essenholen und Abspülen kommen alle anderen Inselbewohner*innen mit ihr in Kontakt. Während sich die Schüler*innen auf der Insel verteilen, mischen sich die Studierenden unter die Schüler*innen. Im Gewimmel von dreizehn verschiedenen Schulklassen aus drei unterschiedlichen thematischen Zweigen, fallen sie nicht weiter auf.[93] Einzelne Gruppen verteilen sich auf unterschiedli-

---

[93] Immer wieder betonen unsere Gesprächspartner*innen, sie seien auf der Insel mit Leuten von der Schule in Kontakt gekommen, die sie zuvor noch nie gesehen hatten. Insbesondere der geringe Altersunterschied zwischen Schüler*innen der weiterführenden Schule und den BA-Studierenden half dabei, dass die Studierenden im großen Kreis der Schüler*innen ›untergehen‹

che Teillager und beziehen ihre Zelte, Mädchen und Jungen getrennt. Wenige Minuten nach Verlassen der Fähre hat sich die Großgruppe über die Insel zerstreut. Man richtet sich ein.

Das Programm der Inseltage sieht regelmäßig kollektive Zusammenkünfte vor. Im Interviewmaterial wenig thematisiert wird die erste Zusammenkunft im Inseltheatron, die bereits in Kapitel fünf eingehend betrachtet wurde.[94] Der Ablauf des Treffens ist vorbereitet und einstudiert. Organisator*innen der Schule sowie *Bob* und *Sven* etablieren spielerisch das Workshopprinzip und das diesjährige Inselthema. Anschließend begrüßt Lagerleiter *Gerd Göller* alle Ankömmlinge und verkündet die Leitplanken der Inselordnung,[95] insbesondere das Alkoholregime.[96] Die Workshopdozent*innen stellen sich und ihre Projekte vor und anschließend ordnen sich Schüler*innen und Lehrer*innen ihren Workshops zu.

Die Szenerie am Fuß des Inselbergs dient wesentlich der Koordination der folgenden Tage. Mit dem Alkoholregime werden zentrale Regeln allgemeinverbindlich und in Mitzeugenschaft aller Anwesenden erklärt. Das Programm wird offengelegt und Aktivitätsangebote für die nächsten eineinhalb Tage unterbreitet. Gleichzeitig handelt es sich um eine kollektive Situation mit zentrierter Interaktion. Die Ränge des Theatrons sind voll besetzt. Das Kollektiv der Inselbevölkerung wird greifbar und entfaltet Wirkung. Insbesondere die Performance von *Bob* und *Sven* sowie der anderen Workshopdozent*innen sorgt für Gelächter, Staunen und Begeisterung. Bevor die Schüler*innen wieder auseinanderstreben, hat die Stimmung einen ersten Höhepunkt erlebt. Die Grundstimmung für die nächsten Erlebnisse ist gesetzt.

---

konnten. Erst auf Nachfrage war zu klären, ob jemand nun auch auf der Schule oder doch von der Uni war.

[94] Sehr wohl wird auf die dabei verkündeten Regeln, das Alkoholtrinken, das Rauche, das Duzen, die Workshops eingegangen – nicht aber auf den Ablauf dieses ersten Kollektivtreffens.

[95] Die Inselordnung existiert in schriftlicher Form und wird bei dieser Gelegenheit im Wesentlichen expliziert. Sie umfasst vor allem Sicherheitsvorschriften und Verhaltenserwartungen.

[96] Da sie auch den Konsum der legalen Drogen Alkohol und Tabak verbietet, wird hier nun explizit eine Ausnahme formuliert. Doch der Alkohol- und Tabakkonsum wird entlang den Vorgaben des Jugendschutzgesetzes eingeschränkt. Darüber hinaus gilt die grundsätzliche Regel, dass das Mitbringen wie der Konsum von ›hartem Alkohol‹ verboten ist. Wer sich nicht an die Regeln hält, muss damit rechnen von der Insel verwiesen zu werden. Ich spreche von einem Alkoholregime, da sich an dieser Stelle die ansonsten sehr a-hierarchisch wirkende Inselordnung mit einem deutlichen hierarchischen Gefälle aufgeladen zeigt: Aus diesem Regime abgeleitet werden Verhaltenserwartungen gegenüber den Teilnehmer*innen, aber auch Praktiken der Überwachung des Alkoholregimes und schließlich die Möglichkeit Teilnehmende von den Inseltagen auszuschließen und nach Hause zu schicken.

7.2.4.2 Olympiade

Der Nachmittag wird in Workshops verbracht. Erst am Abend kommen die Schüler*innen erneut zusammen. Der erste Abend ist die Zeit des schulischen Orgateams. Sie haben eine Olympiade vorbereitet. Als Forschungsteam kommen wir bereits am Vorabend der Inseltage mit Schüler*innen aus dem Orgateam ins Gespräch. Sie erzählen uns, dass sie für den nächsten Tag unterschiedlich farbige Buttons angefertigt haben. In der Früh werden sie mit dem kleinen Küchenboot an Land fahren und noch vor der Überfahrt die Buttons unter den ankommenden Schüler*innen verteilen. Später am Abend werden die Schüler*innen aufgrund der Buttons in unterschiedliche Gruppen aufgeteilt, die um den Sieg bei einer Olympiade streiten sollen. *»Durch Siege mit der Gruppe soll das Gruppengefühl gestärkt werden.« (L BP 20110725-22.03-22.30 Uhr)*. Der Plan geht nur teilweise auf. Bis zum Abend hatten viele die Buttons bereits verloren oder verlegt, meint *Malte (vgl., Abs. 93)*, einer der Organisatoren der Olympiade. *Arne (Abs. 81)* schildert das Problem: *»[M]an wusste am Anfang gar nichts [mit den Buttons – M.E.] anzufangen«* und so kam es, dass *»ungefähr ein Viertel von den Leuten [...] des Teil schon längst verlegt«* hatte. Die Schüler*innen improvisieren. *»[W]ir haben halt unsere eigene Gruppe gegründet«*, erzählt *Bosse (Abs. 93)* lachend. Die Farben seien ihnen dabei egal gewesen. *Merle (Abs. 171)* findet sich tatsächlich in einem Buttonteam wieder. *»[D]a wurdest du [...] komplett zusammengeschmissen mit irgendwelchen Leuten, die du auch komplett gar nicht gekannt hast«*, weiß sie zu berichten und zeigt sich mit ihrem Los zufrieden. Ähnlich geht es anderen. Der strategische Hintergrund ist für *Harald (Abs. 32)* offensichtlich und wird seinerseits akzeptiert. Es gehe darum die Teilnehmenden *»in eine größere Gemeinschaft [zu treiben] und auch mit den Leuten mit denen man dann im Zelt geschlafen hat«* in Kontakt zu bringen.

Eben weil die Schüler*innen wenig Einfluss darauf haben, mit wem sie ein Team bilden, ist es für *Arne (Abs. 291)* die Olympiade, welche die Schüler*innen mit andern in Kontakt bringt. Für ihn gibt es einen doppelten Effekt. *»[D]adurch, dass halt [...] die ganzen Zelte so durchgewürfelt waren, [...] lernt man halt recht viele Leute auch kennen oder die, die man schon kennt, lernt man näher kennen.«* Auf die Nachfrage wieviele ›neue Leute‹ er denn auf der Insel konkret kennengelernt habe, antwortet *Arne »äh, näher? Zwei!« (L III 8, Arne, Abs. 293)* und rückt damit die Dimensionen zurecht. Die Annahme, durch ein einmaliges Gruppenspiel könnten soziale Grundschemata fundamental in Frage gestellt werden, ist abwegig; und doch bleiben kleine Irritationen dieser Art nicht folgenlos. Ein Mitglied unserer Forschungsgruppe kommt am späteren Abend am Lagerfeuer mit einer Schülerin und einem Schüler ins Gespräch. Sie erzählen ihm, dass sie sich vor der Olympiade ›vom Sehen‹ gekannt hatten. Die Olympiade war nun die Gelegenheit in ein Gespräch zu kommen (vgl. L BP 20110726-28). In einem anderen Gespräch am Raucherplatz, zeigt sich ein Mädchen gegenüber einer Forschungskollegin ob der Gelegenheit, neue Leute kennenzulernen, erfreut. Direkt nach der Olympiade hat sie mit ihrem Team noch angestoßen. Andererseits berichtet sie auch, dass sie den restlichen Abend nun vor allem in einer Gruppe von Mitschüler*innen, die sie bereits kennt, verbringt. Schließlich sei das die Gruppe, mit der sie auf die Insel gekommen ist (vgl. L BP 20110726-22.00-23.00 Uhr).

Kein Programmangebot ist bereits ein Garant für gute Stimmung. *Smilla (Abs. 128)* hadert mit dem Modus der Teamfindung. Ihre *»Gruppe [sei nicht] so toll«* gewesen und ergänzt: *»die Leute haben mir nicht so getaugt, [...] die waren mir bisschen unsympathisch«*. Auch das Orgateam trägt zu ihrer schlechten Stimmung bei. Für ihren Geschmack haben diese das Spiel *»n bisschen zu ernst genommen«* und *»ihre Macht ausgespielt [...], also nicht alle, aber manche« (L III 14 Smilla, Abs. 190)*, betont sie. Zudem oder vielleicht auch gerade deshalb findet sie die Spiele langweilig und albern. Auch *Svenja (Abs. 55)* ist nicht zu Begeisterungsstürmen hingerissen. In der Rückschau stellt sie fest *»[W]ir ham uns eigentlich nicht sehr viel Mühe gegeben und ham voll verloren«*. Kurzum, für *Svenja* waren die Spiele am ersten Abend *»jetzt nicht so der Hit«*. *Sigrid* schließlich findet sich in einem Team von Fremden wieder. Ihr Eindruck ist ein anderer: *»Wir ham nicht gewonnen. Wir warn ziemlich schlecht, aber es hat Spaß gemacht« (L III 4, Sigrid, Abs. 21)*. Ähnlich sehen das auch *Harald*, *Arne*, *Björn* und *Merle*.

Bosse erklärt die Olympiade zu einem persönlichen Highlight. Er berichtet ausführlich warum. Nachdem sie ihre eigene Gruppe gegründet hatten, erzählt *Bosse (Abs. 93)* lachend *»haben [wir] halt in der Gruppe viel viel Blödsinn gemacht, sag ich mal«*. Die Interviewer haken nach.

Bosse breitet seine Erlebnisse aus: »[A]m Anfang [...] [hatte] keiner [...] richtig Lust dazu« und alle »[...] dachten, das ist ja wieder so langweiliger Kinderschwachsinn [...]. Aber dann gab s solche Aufgaben, wie dieses Schokolade in dem Zeitungspapier eingewickelt [...]. Und das hat mir ziemlich gefallen, weil wir sind dann drauf losgegangen wie die Tiere (lacht) und die wollten uns dann nicht mehr mitmachen lassen, weil wir da es jeds mal geschafft haben die Schokolade wegzuessen und andere sind da verzweifelt und die Gabel ist gebrochen [...].« (Abs. 95)

Eine zweite Aufgabe besteht darin, sich einen Tampon an einem Faden um den Hals zu hängen, diesen ohne zur Hilfenahme der Hände in eine mit Wasser gefüllte Flasche zu bugsieren und anschließend die Flasche am vollgesogenen Tampon ein gutes Stück zu transportieren. Die Aufgabe eines dritten Spiels ist es, in der eigenen Gruppe ein Wort weiterzuschreien, während eine zweite Gruppe mit lautem Geschrei alles unternimmt, dass dieses Wort nicht zu verstehen ist. Die Gruppe um *Bosse* nimmt den vermeintlichen *»Kinderschwachsinn«* mit sportlichem Ehrgeiz: *»[U]nd das ist so n Geschrei und uns war s zu langweilig, also haben wir so n paar Taktiken entwickelt,* *wie wir s unserem Partner da drüben leichter machen könnten. [...] lauter solche kleinen Tricks.« (L III 1, Bosse, Abs. 95)* Die Schüler*innen denken nicht daran, sich sklavisch an die Regeln der Spiele zu halten und findet im kreativen Umgang – im Blödeln und Schummeln – ihren Weg auch bei *»Kinderschwachsinn«* Spaß zu haben. Zuletzt zieht Bosse ein ironisch anmutendes Fazit: *»Eigentlich dachten wir, wir gewinnen, [...] aber die andern haben dann noch mehr geschummelt als wir [...] und die haben dann gewonnen. Aber naja es war schon lustig.« (L III 1, Bosse, Abs. 95)*

Kompetitive Gruppenspiele gehören zum Kerninventar freizeitpädagogischer Praxis. Nicht weniger wichtig als ein ausgelobter Preis – hier Freibier für die Gewinnermannschaft – ist das Gewinnenwollen, das Messen mit anderen Gleichaltrigen oder schlicht das Spaßhaben in der Gruppe. Die Olympiade ermöglicht, gleichzeitig Kleingruppen und die umfassende Großgruppe greifbar werden zu lassen. Nahezu die ganze Lagerbevölkerung ist auf den Beinen und als Teilnehmende oder Anleitende in den Spielablauf integriert. Gleichzeitig treffen konkrete Individuen in Kleingruppen zusammen und sehen sich gemeinsam mit einzelnen Aufgaben konfrontiert. Wettbewerbsprinzip und Aufgaben dienen dazu ›Verbindlichkeit‹ zu erzeugen. Der kreativ selbstironische Umgang mit den gebotenen Regeln wiederum unterfüttert die zentrale Bedeutung des Spaßhabens. Dass die Olympiade schließlich in ein rauschendes und berauschtes Fest übergleitet, verwundert nicht.

Erst am zweiten und letzten Abend versammelt sich ganze Inselbevölkerung erneut. Die Abschlussveranstaltung bringt alle Teilnehmenden des Inselcamps in ihren Workshops auf die Bühne. Der Abschlussabend ist nicht nur ein Beispiel für die Kollektivzeit im Ablauf des Inselprogramms, er markiert zugleich den dramaturgischen Höhepunkt der nichtalltäglichen Episode und die Schwelle zurück in den Alltag – den Anfang vom Ende. Seine spezielle Dramaturgie und Wirkweise wird im achten Kapitel entfaltet.

7.2.5 Synopse

7.2.5.1 Das Aufmachen der Differenz: »entspannter«

Die räumliche, zeitliche und soziale Verdichtung auf der Insel bildet den Hintergrund des Schulcamps und die Programmverantwortlichen wissen diese einzusetzen. Die Inseltage werden, wenn auch in untschiedlichen Konstellationen, kollektiv erlebt. Workshops sind die herausragende soziale Figuration der Inseltage. Sie fokussieren Aufmerksamkeit und Tätigkeit und moderieren Interaktionsverhältnisse innerhalb der Workshopgruppe. Zwischen den Programmeinheiten steht es den Teilnehmenden frei sich abzusondern oder zueinander zu gesellen. Im verdichteten Arrangement der Insel ist der individuelle Rückzug mit erheblicher Anstrengung verbunden und dadurch unwahrscheinlich. So werden die freien Zeiten gesellig genutzt und alte wie neue Kontakte ausgebaut. In den Abendstunden entfaltet sich am Lagerfeuer, in der Scheunendisco und in der Raucherecke festive Ausgelassenheit. Befreit von Druck des Alltagslebens, fokussiert im Vollzug des Moments und beschwingt durch das Zusammensein und des Genusses von Bier, Tabak und Wein, kommen sich die Schüler*innen untereinander, aber auch die Lehrkräfte und Schüler*innen näher. Die Ambivalenz des Alkohols, bleibt nicht ohne Aufmerksamkeit, wie ein massiv bewährtes Exzesstabu belegt. Nicht zuletzt wird die Inselbevölkerung gezielt versammelt und damit geradezu feierlich die Kollektivität ins Bewusstsein der Anwesenden gehoben.

Das vergleichende Motiv, das kategorial unter dem Komparativ »entspannter« rubriziert werden kann, findet sich im ganzen Interviewmaterial wieder.[97] *Doris (Abs. 22)* fühlt sich vom Schulstress befreit, sie erklärt: *»[E]s war natürlich einfach entspannter, dadurch, dass wir halt keinen Stress hatten und dadurch ist man auch wirklich auch viel ruhiger und ja macht halt dann [...] mehr Spass einfach«.* Der zweite Abend war *»ganz chillig [...] so am Feuer«. Obwohl er die »Leute teilweise gar nicht kannte«*, konnte *Malte (Abs. 287)* dort nach der anstrengenden ersten Nacht zur Ruhe kommen und die Zeit genießen. *Sigrid (Abs. 18)* zieht einen allgemeinen Vergleich und stellt fest: *»[D]es is halt doch irgendwie was anderes, des war halt [...] auf so ja eher entspannterer Basis, würd ich mal sagen«.* In ihrer Beschreibung des Abends kommt *Sigrid* auch auf das Lagerfeuer zu sprechen. *»[A]bends [...] konnten wir dann n bißchen feiern da hinter dieser Scheune [...] und es gab Bier[,] [...] Musik [u]nd n Lagerfeuer [...]. Fand ich cool. Hatten sie irgendwie schön gemacht so. Also sehr sehr chillig so.« (Abs. 21) Björn* ist vom Maskenworkshop überrascht, denkt sich zunächst, dass es *»total langweilig«* wird, stellt in der Rückschau aber fest, dass es *»dann eigentlich ziemlich chillig« (L III 11, Björn, Abs. 14)* war. *Merle (Abs. 164)* sieht eine Verbindung zwischen der entspannten Atmosphäre und dem Engagement der Teilnehmer*innen, wenn sie erklärt: *»[V]iele, die jetzt sonst sich nicht so viel trauen, die sind dann auch so teilweise aus sich herausgekommen [...] in den Workshops. Haben sich so sich selbst verwirklicht und keine Ahnung. Das war das Richtige für die [...] total aufgeweckt [...]«.*

Die strukturell rigiden sowie durch Leistungs- und Erfolgserwartungen ›angespannten‹ Interaktionsverhältnisse des Schulalltags stehen in schroffem Kontrast zu

---

[97] Als interessierte Beobachter haben wir immer wieder die Arbeitssituationen als entspannt beschrieben. *»Die Arbeit verlief ruhig und entspannt« (L BP 20110727-15.00-17.00 Uhr). »Der Impro-Workshop sitzt in einer entspannten Runde zusammen und übt die verschiedenen Dinge, die abends vorgeführt werden.« (L BP 20110727-16.00 Uhr)*

den hemdsärmligen und unterhaltsamen Beziehungen in den Workshops. Referent*innen sind keine Lehrer*innen, sie kommunizieren auf Augenhöhe, Duzen die Teilnehmenden, nutzen eine ähnliche Sprache, eine ähnliche Vulgarität.[98] Die Tätigkeitsangebote werden an die Motivation der Teilnehmenden und nicht an den Erfolg in formalen Leistungsabfragen geknüpft. Der Kontrast Schule-Insel wird erfahrbar. Erst vor dem Hintergrund des schulalltäglichen Interaktionsformalismus' und Prüfungsdrucks, das heißt der alltäglichen sozialen Hierarchie und Leistungsorientierung – Turners sozialer Struktur, macht der Komparativ *entspannter* Sinn.[99] Besonders deutlich wird diese Differenz am verfügbaren Personal. In der Schule hat der Lehrkörper, gestützt auf schulrechtliche Verbindlichkeit, das letzte Wort; auf der Insel dominieren die Referent*innen und die Lagermannschaft, die ideologischen Maßgaben lauten hier aber Partizipation und Freiwilligkeit.

7.2.5.2 Referent*innen und Mannschaft oder: »die waren cool«

Die Workshopreferent*innen sind der vornehmlich sichtbare Teil der Lagermannschaft, der in direkten Kontakt mit den Teilnehmenden der Inseltage steht. Sie sind gleichzeitig thematische Expert*innen, Moderator*innen und Rollenmodelle. Konzeptionell geht ihre Rolle über die Workshops hinaus, erklärt *Bob* als einer der Hauptorganisatoren der Inseltage. Sie sollen *»auch außerhalb dieses Programms nahbar [...] und ansprechbar für die Teilnehmer« (L II 3, Bob, Abs. 15)* sein. Mit ihnen sitzen die Schüler*innen zu fortgeschrittener Stunde am großen Lagerfeuer oder im Kreis bei den kleinen Glutpunkten der Zigaretten im Raucherbereich. Mit ihnen feiern sie, stoßen an und trinken Bier. Sie werden über ihre Leben ausgefragt, über das, was sie tun, wie es im Studium ist oder wie und wo sie wohnen. Sie ziehen die einander mehr oder weniger fremden Schüler*innen an, wie die Motten das Licht. Sie moderieren durch ihre Präsenz und das an ihnen gezeigte Interesse Begegnungen der Schüler*innen sowie die Themen des Austauschs, der sich unter allen Anwesenden entspinnt.

In *Bosses (Abs. 39)* Augen war die Mannschaft »hippiemäßig drauf«, er stellt anschließend ebenfalls fest: *»Die waren cool«. Arne (vgl., Abs. 30)* ist der Meinung, dass

---

[98] Zumindest *Ingo* und *Ingo* geben sich dabei große Mühe.
[99] Der Vergleich wird auch durch unsere Fragen provoziert. War es auf der Insel anders? Gleichwohl wird von unseren Gesprächspartner*innen auch unvermittelt der Vergleich zwischen Schulalltag und Inselleben aufgemacht. Georg findet eine solche entspanntere Auszeit auch im Religionsunterricht. *»Und da hat man wirklich, das war dann nicht so stur Unterricht, sondern hat man auch wirklich mal so [...] pädagogische Spielchen auch mal gemacht, mit vielen geredet, und das war also richtig [...] ja was anderes zu diesem [...] straffen Unterrichtsprogramm, was dann wirklich richtig entspannt hat, fast schon.« (L I 7, Georg, Abs. 47).*

man der Truppe von der Jugendorganisation den Spaß angesehen habe. *Björn* umschreibt seinen Eindruck und bringt damit einen wesentlichen Aspekt zum Ausdruck, der hilft, sich der *Coolness* der Lagermannschaft inklusive der Referent*innen anzunähern.

Björn: »[D]a waren paar Leute dabei, […] nich so normale Leute, die bei jeder Kleinigkeit sagen: ja des is ja peinlich oder. Des waren schon so lustige […] Vögel eigentlich, die da das gemacht haben, worauf sie Lust hatten und des war nichts Negatives irgendwie, sondern des war immer irgendwas Lustiges.« (Abs. 60)

Die Mannschaft der Jugendorganisation zieht die Aufmerksamkeit auf sich und erntet Bewunderung. *Björn* hält sie für *»nich so normale Leute«*, die Differenz sieht er darin, dass sie *»nicht bei jeder Kleinigkeit sagen: ja des is ja peinlich«*. Sie ›ziehen ihr Ding durch‹, machen *»worauf sie Lust«* haben. Selbstsicher und gelassen – *cool* eben. Der Grad zwischen Skurrilität und Charisma ist schmal. Doch so skurril die Charaktere wahrgenommen werden, ernten die Referent*innen auch Bewunderung für ihr Können.

So mimen *Ingo* und *Ingo* im Sportworkshop die Narrentruppe, doch gleichzeitig präsentieren sie sich als Sportstudenten. Das heißt, auch mit ihrer Fachlichkeit können die Referent*innen punkten. Im Zauberworkshop präsentiert *Darius* verblüffende Tricks, *Karlo* und *Kelvin* sind beim Skulpturenbau als studierte Architekten vom Fach, der Kasperltheaterworkshop wird von einem Profi geleitet und auch der Comic und der Musikworkshop werden von jungen Menschen betreut, deren fachliche Integrität nicht in Frage gestellt wird. Tatsächlich lässt sich *Bosses* Amüsement – Sportworkshopreferenten, die immerzu Raucherpausen fordern – als einziger Beleg im Material auffinden, der für einen Mangel an Kompetenz seitens der Referent*innen gelesen werden kann; vor allem wohl eine Folge der selbstironischen Selbstdarstellung der Referenten. Doch auch *Bosse (vgl., Abs. 73)* ist grundsätzlich mit deren Performance versöhnt. *Sigrid* schwärmt über den Referenten der Impro-Gruppe zunächst fachlich – *»der ist Schauspieler«* – und taxiert ihn im gleichen Satz als *»wahnsinnig cool«* (L III 4, *Sigrid, Abs. 47*). Die Zuschreibung *cool* als Gradmesser gelesen, betont die charismatische Präsenz der Vertreter*innen der Jugendorganisation.

Die Anwesenheit, Verfügbarkeit und Extrovertiertheit der Mannschaft der Jugendorganisation wirkt quasi als Katalysator des *Andersseins* für die Teilnehmenden der Inseltage. Die Referent*innen spielen in und außerhalb der Workshops eine besondere Rolle. Während der Workshopzeit setzen sie die thematischen Foki, erläutern Arbeitsaufträge und leiten Kooperationen und Interaktionen an. Anhand des Sportworkshops lässt sich zeigen, wie das Auftreten der Referent*innen das Geschehen in der Workshopgruppe bedingt. *Ingo (Abs. 20)* erklärt zu ihrer Rolle als Referenten des Sportworkshops: »*[W]ir haben uns eigentlich sehr darauf beschränkt entweder vorzublödeln oder mitzublödeln und halt zu versuchen, dass man die [Teilnehmenden] darüber motiviert*«. *Herumblödeln* ist demzufolge ein integraler Bestandteil des Leitungshandelns im Sportworkshops.

Blödelei ist eine zutiefst soziale Angelegenheit.[100] Ist einsames Blödeln im stillen Kämmerchen vorstellbar? Wohl kaum oder nur, wenn es gelingt, selbst sowohl die Rolle des blödelnden Schauspielers als auch des Publikums zu spielen; etwa ein Rollenspiel vor dem Spiegel: »You talkin' to me?« (Robert De Niro in Martin Scorseses *Taxi Driver*). Das Herumblödeln während der Inseltage ist immer ein Blödeln vor und mit anderen. Wenn *Ingo* und *Ingo* im Sportworkshop zu skurrilen Drillinstruktoren mutieren, wird das selbstironisierende Moment dieses Rollenspiels offenkundig. Die Referent*innen setzen sich sprichwörtlich – mit Feinripphemd, Schweißband, Hut und Sonnenbrille – Narrenkappen auf, brüllen Befehle und übernehmen das Kommando über die Sporttruppe, die zunächst unsicher schmunzelnd, bald herzhaft lachend folgt. Für jedermann sichtbar spielen *Ingo* und *Ingo* mit der Möglichkeit, ihre alltäglichen Masken abzulegen und neue zu erproben. Sie sind Rollenmodelle dafür, dass es auf der Insel erlaubt und möglich ist, mit dem Selbst des Alltags zu experimentieren und sich und die anderen in ein ›anderes Licht‹ zu rücken und zu erfahren. Die Lagerbevölkerung streift in der allgegenwärtigen Blödelei den Ernst des Alltags – zum Beispiel die Ernsthaftigkeit des Sportunterrichts im Speziellen oder des Unterrichts im Allgemeinen – ab. Sport bleibt das Thema, um das sich die Interaktion des Workshops zentriert. Wenn man aber die Frage aufwirft, um was es im Workshop geht, zeigt sich, dass das Selbst-Erproben in Gemeinschaft, das gemeinsame Lachen – über sich selbst und die je anderen – sowie die Erfahrbarkeit von Kollektivität und Gemeinschaft neben dem Sport nicht minder wichtige Angelegenheiten sind. Es ist nicht zufällig, dass die Workshopreferent*innen den ›Karneval des Andersseins‹ anleiern. Schüler*innen und Lehrer*innen sind ihrer Rollen nach, die direkten Mitschüler*innen und Fachlehrkräfte gar persönlich bekannt. Aus der Perspektive der Schüler*innen und Lehrkräfte sind die Referent*innen und die Lagermannschaft in der personalen Struktur der Inseltage die *per se* Fremden; und sie sind damit gleichzeitig die gegebenen, verbindenden Dritten. Welche Typen einen erwarten, was sie können, was sie machen, wie sie auftreten – all das ist Neuland. Durch das Programm und dessen Vermittlung durch die Inselmannschaft werden ›Masken‹ für ein ›nichtalltägliches Rollenspiel‹ zur Verfügung gestellt. Im Sport-

---

[100] Sie ist sicherlich nicht unabhängig vom jeweilig biographisch geformten Charakter, der Tagesform etc. *Ingo* und *Ingo* spielen ihre Rollen scheinbar gern und die Rollen funktionieren.

workshop ist es die Maske der Narretei, im Improvisionstheater sind es Schauspieler*innen die entlang imaginierter Situationsvorgaben nach adäquaten Masken suchen.

7.2.5.3 Die funktionale Trutzburg bröckelt

Nicht zuletzt öffnet das Arrangement der Insel kleine Risse in den starren Bindungen zwischen Lehrer*innen und Schüler*innen. Die alltägliche Hegemonie wird dadurch eingeklammert, dass die Lehrer*innen in den irrelevanten Hintergrund der Veranstaltung zurückgleiten. Federführend ist das Organisationsteam. Werden Entscheidungen getroffen, sprechen sich die Lehrer*innen mit der Jugendorganisation ab. Den längsten Teil der Tage verbringen die Lehrer*innen analog zu den Schüler*innen in ihren Workshops. Sie sind Teilnehmer*innen. Zwischen den Programmpunkten öffnen sich informelle Räume, in denen Kontakt zwischen Schüler*innen und Lehrer*innen entstehen kann. Nur wenige Lehrer*innen nutzen diese Möglichkeiten zum kleinen Grenzverkehr. *Sigrid* berichtet überrascht über ihre Erlebnisse mit einem ihrer ehemaligen Lehrer.

Sigrid: »[D]er [...] is wahnsinnig autoritär eigentlich [...] und man hat irgendwie nie gedacht, dass der auch so wirklich chillig so sein kann. [...] [D]es hat mich halt wahnsinnig überrascht. Also damit hätt ich halt nich so gerechnet. Deshalb is er mir halt, glaub ich, so noch in Erinnerung geblieben.« Auch ein zweiter Lehrer überrascht sie. »Oh Mann des is vielleicht n Vogel. [...] [D]ie ham ja da auch so nen Film gedreht [...] und ja da war er auch ganz witzig eigentlich.« (Abs. 86)

Die Überraschung ist für sich selbst genommen überraschend: Warum ist es für die Schüler*innen so merkwürdig, dass eine Lehrerin oder ein Lehrer *»chillig«* und *»n [bunter oder komischer] Vogel«* sein kann. Das Erstaunen kann als Hinweis dafür betrachtet werden, wie dominant die Lehrer*innen im Schulalltag in ihren Funktionsrollen als Lehrer*innen wahrgenommen werden. Gleichzeitig zeigt es, dass im nichtalltäglichen Arrangement der Inseltage das starre Rollengefüge und die Rollenbeziehungen der Schule zu bröckeln beginnen. Das Entfremdungspotential des Funktionssystems Bildung, wird in diesem Moment durch authentische Zwischenmenschlichkeit ausgehebelt. Hier liegt ein maßgebliches Potential Form von situativer Nichtalltäglichkeit. Die Inseltage zeigen sich als – mit Hartmut Rosa (2016)[101] gesprochen – ein externer Resonanzraum für die Schule.

---

[101]. Der Soziologe Hartmut Rosa (2016, S. 405) kommt gar zu dem Schluss, »dass das Schulgeschehen für viele Jugendliche monströse Entfremdungsqualitäten entwickeln kann«. Schule gelinge hingegen dort, wo es knistert (Rosa und Endres 2016); wo sie authentische Responsivität zwischen Schüler*innen und Lehrer*innen und Schüler*innen und ›Stoff‹ ermögliche.

7.3 Zwischenbetrachtung – die doppelte Produktivität der intensiven Interaktion im Nichtalltäglichen

Die Besetzer*innen sind damit beschäftigt die Besetzung zu organisieren. Die Inselbevölkerung nutzt die Gelegenheitsstrukturen des entfalteten Programms, um vor allem eine gute Zeit zu erleben. Die Unterschiede zwischen beiden Szenerien sind offensichtlich. Doch zeigen sich auch deutliche Gemeinsamkeiten. Durch die Besetzung des Hörsaals und die Fahrt auf die Insel öffnen sich qualitative Differenzen zum Alltagsleben der Akteure. Mit dem Übertritt über die Schwelle(n) des Hörsaals und mit jedem Meter Wasser lösen sich Menschen weiter aus ihrem Alltag heraus. Treten sie einmal in die Besetzung ein oder setzen sie Fuß auf die Insel, haben sie ihre alltäglichen sozialen Beziehungsgeflechte verlassen und begeben sich in eine eigenwillig verdichtete soziale Ordnung. Hier treffen sie auf Menschen, mit denen sie *normalweise* ihre Mahlzeiten, Nachmittags- und Abendgestaltung geschweige denn die Nachtruhe *nicht* teilen. Ihre gewohnten alltäglichen Aufgaben in Schule, Universität, Arbeit, Familie und Freizeit sind mit einem Schlag irrelevant. Schon im Banalsten zeigt sich der Unterschied: das gemeinsame Essen, der Abwasch, die eigene Körperhygiene, die Aufgaben in den Arbeitsgruppen und Workshops. Auf einmal werden ganz andere Fähigkeiten und Fertigkeiten verlangt. Alltagspragmatische Ziele und Pläne werden durch die kollektiven Zielsetzungen des dominanten *nichtalltäglichen sozialen Arrangements* verdrängt. Die Welt scheint sich in diesem räumlichen, zeitlichen und sozialen Ausschnitt zu verdichten. Kurzum: die Unterschiede zum Alltag erfassen für diese Episode das gesamte Dasein; alles ist anders – die Zeiteinteilung, die Beschäftigungen und nicht zuletzt die Bezugspersonen, mit denen man sich über Eindrücke austauscht. Praktisch äußert sich diese qualitative Differenz im gemeinsamen Sprechen und gemeinsamen Tun und bringt ein intensives soziales Leben hervor.

Vor allem entlang zweier Achsen entfaltet das Nichtalltägliche Wirkung. Erstens ist dieses Leben hochproduktiv. Im Hörsaal wird ein alternatives Institutionengefüge errichtet. Währenddessen werden einige Ideen zu dauerhaften Diskussionsgegenständen, andere Ideen gerinnen zu kollektiv geteilten Positionen: kollektive Wissensbestände verfestigen sich zu ideologischen Positionen. In der Folge materialisiert die Kollektivität des Hörsaals sowohl in einem Institutionengefüge als auch im gemeinsam geteilten Wissen. Die Workshops der Inseltage sind nicht minder produktiv. Die direkten Produkte sind Masken, Comics, Skulpturen und verschiedene eingeübte Darbietungen. Auch auf der Insel diffundieren Wissensbestände, Fertigkeiten und Fähigkeiten. In den Workshops sind diese vor allem praktisch verwertbar: Wie wird ein Kasperltheaterstück aufgebaut? Wie werden Masken gebastelt? Auf was muss geachtet werden, soll eine große Skulptur errichtet werden oder wenn man beim Rounderspiel erfolgreich sein will? Gleichzeitig diffundieren über die Insel Erzählungen über die Situationen und Personen in den Workshops, während der Spiele, der freien Zeit und dem gemeinsamen Feiern. Ein umfassender *Sauftratsch* macht die Runde. Es etablieren sich *running gags*, die sich – wie etwa am Beispiel *der Geschichte mit dem Baum* ersichtlich – auch auf Kosten einzelner Personen etablieren.

Zweitens erweitern und verfestigen sich soziale Bande. Die Aktiven werden schnell miteinander bekannt, aus Bekanntschaften erwachsen Freundschaften. Kollektive werden greifbar. Eine Gemeinschaft der Besetzer*innen bildet sich aus. Die Schüler*innen, die ihren Alltag in Klassenverbänden verbringen, erlangen einen weit über einzelne Klassen hinausreichenden Begriff der Kollektivität der Schule. Die Inselbevölkerung ist nicht identisch mit der Schule und doch ist es wahrscheinlich eine seltene Gelegenheit, die Schule in ihrer Kollektivität und darüber hinaus als Gemeinschaft zu erfassen. Es ist kaum verwunderlich, dass der intensive Kontakt im besetzten Hörsaals schließlich auch den Hintergrund für die Entstehung von Paarbeziehungen darstellt. Eine Analogie hierfür findet sich im Material der Inseltage nicht. Doch zeigt sich auch am Wanken der alltäglichen Funktionsrollen und des Stereotyps »typisch Lehrer*in« die Beziehungsrelevanz der Inseltage. Die nichtalltägliche Verdichtung des sozialen Lebens erzeugt Nähe und Interaktion, die nicht ohne Folgen bleibt. Wie sollten sie? Dahingehend zeigen sich beide *nichtalltägliche soziale Arrangements* als hochwirksame *Proximiemaschinerien* für soziale Gefüge. ›Maschinen‹ die Nähe ermöglichen und in deren ›Herdfeuern‹ Kollektive geschmiedet werden können. Das bei aller Ambivalenz ihrer Wirkungen! Denn zum Einschluss gehört auch der Ausschluss und auch die Intensität ist ohne die Risiken des schwer kontrollierbaren Exzesses nicht zu haben.

8 Unwiderstehliche Alltäglichkeit
– zwischen Veralltäglichung und ritualisierter Rückkehr

Im letzten Teil der vergleichenden Fallanalyse wende ich mich den Prozessen und Dynamiken zu, welche die Rückkehr in den Alltag bestimmen. Aus dem Vergleich der beiden nichtalltäglichen Arrangements lassen sich verschiedene Einsichten gewinnen. Erstens zeigt sich Nichtalltäglichkeit als fragil, die Rückkehr in den Alltag im Grunde unausweichlich. Zweitens wie im Bezug auf den Eintritt in die Nichtalltäglichkeit handelt es sich bei der Rückkehr um einen *qualitativen Sprung*. Erneut wandeln sich Relevanzen umfassend. Abermals lassen sich Gemeinsamkeiten und Unterschiede erkennen. Als wesentlich zeigen sich erneut die Konstitutionsprinzipien beider Arrangements *situativer Nichtalltäglichkeit*. Die Besetzung entwickelt sich aus ihrem Vollzug. Sie kennt einen Anfang, aber wo liegt ihr Ende? Die Besetzung folgt einer expansiven Dynamik, doch ihr Ende hat die Besetzung selbst zu definieren. Demgegenüber ist die Rückfahrt von der Insel nicht weniger Teil der Inselinszenierung als die Hinfahrt. Vor allem wird die Wiedereingliederung in den Alltag in beiden Fällen durch die Akteure vollzogen.

8.1 Zurück in den Alltag: die Besetzung drängt zum Ausgang

Am 11. November entfalten sich Dynamiken, die den Aktivist*innen in die Hände spielen, Erfolge reihen sich aneinander und tragen dazu bei, weitere wahrscheinlich werden zu lassen. Diese Erfolgswelle hält noch einige Zeit an, sodass sich ein Gefühl der Unverwundbarkeit in den Kreisen der Besetzenden breitmacht: *heute Augsburg und morgen die ganze Welt*. Doch mit der Zeit kippt diese Stimmung.

Friedrich teilt die Zeit der Besetzung in Phasen ein: »Am Anfang war i fast nur im Hörsaal am übernachten und au immer aktiv und dann hab i a bisserl rausgnommen, weil / wir haben au gsagt, die erste Woche war so n bisserl die Findungsphase, die zwote Woche war so bisserl n / man hat Entscheidungen n bisschen getroffen, die dritte Woche war dann [...] da war eigentlich d Luft raus a bisschen.« (Abs. 19)

Wie sich zunächst Dynamiken verstärken, die den Erfolg der Aktivist*innen und ihrer Besetzung befördern, entfalten sich gegenläufige Dynamiken, die eine zunächst schleichende, schließlich aber sich beschleunigende *Veralltäglichung*[1] der Besetzung erzwingen. Während die Erinnerungen an die Entstehung der Besetzung als aktivierend beschrieben werden, mündet ihre Veralltäglichung in Resignation.

8.1.1 Die Fragilität des Nichtalltäglichen: konfliktuöse Veralltäglichung

Solange die Euphorie anhält, wird den Besetzer*innen nicht bewusst, dass ihnen die Besetzung im Grunde ›Alles‹ abverlangt. Mit Marcel Mauss lässt sich die Besetzung für die Besetzer*innen als »Soziales Totalphänomen«[2] auf Zeit beschreiben. So berichtet *Lothar (Abs. 14)*, dass *»die Leute, die s durchweg positiv empfinden, [...] wahnsinnig viel Zeit rein investieren, [ihr] Privatleben eigentlich komplett aufgeben dafür [...] [und auch ihr] Studium [...] schleifen lassen«*. Solange die Besetzung andauert, fordert sie die ganze Person, ihre ganze Aufmerksamkeit, ihr ganzes Sein. Der Hörsaal wird zu dem einen Ort, der Rhythmus des Aktivismus zu der einen Zeit und die Gemeinschaft der Besetzer*innen zu dem einen Kreis der relevanten Mitmenschen und Nebenmenschen. *Friedrich (Abs. 22)* stellt fest: *»[D]u verlässt ja dein Leben eigentlich komplett, also bei mir war s so.«* Die Aktivist*innen treffen im Hörsaal in Plena oder AGs aufeinander und sie

---

[1] Unter Veralltäglichung verstehe ich mit Max Weber und Alfred Schütz (siehe hierzu Kapitel 3.1 und 3.3) einen Prozess, der im Ergebnis den zeitweiligen Vorrang nichtalltäglicher Relevanzsetzungen entkräftet beziehungsweise eine ›Rückkehr‹ alltäglicher Relevanzsetzungen aufnötigt.

[2] Dies gilt vornehmlich für den ›harten Kern‹. In seinem Essay über *Die Gabe* bestimmt Marcel Mauss (1990) den dort geschilderten Gabentausch als ein die ganze Gesellschaftlichkeit bestimmendes Phänomen: ein »soziales Totalphänomen«. Dass Mauss hierbei eine Gesellschaft beschreibt, die sich fundamental von der unsrigen unterscheidet, ist bekannt und die Feststellung, dass in funktional differenzierten Gegenwartsgesellschaften Analogien nur schwer vorstellbar sind, ebenfalls. Doch in der relativen Abgeschiedenheit, Begrenztheit und Intensität der Hörsaal-Besetzung zeichnet sich eine Form der Gesellschaftlichkeit innerhalb von Gesellschaft ab, die durchaus den Charakterzügen eines Maussschen Totalphänomens entspricht. Der Mikrokosmos des Hörsaals umfasst ökonomische, sozialstrukturelle, moralische, ästhetische, mythologische und auch morphologische Aspekte. Im Unterschied zu Mauss' Untersuchungsgegenstand ist diese Welt in der Welt begrenzt – räumlich, zeitlich und sozial – auf die 36 Tage der Besetzung, aber nicht weniger wirklich.

verbringen ihre Freizeit zusammen. Die Hörsaalgemeinschaft wird zur zentralen Bezugsgruppe.

Andrea hat hierzu eine Erklärung anzubieten: »Also ma sitzt da wirklich 24 Stunden, wenn ma dort schläft. Und ma kann net 24 Stunden Plenum halten und sich inhaltlich beschäftigen. […] Deshalb waren die Abendveranstaltungen halt wirklich Freizeit. Weil, wenn jetzt alle gesagt hätten: ›OK, wir gehen feiern, wir gehen raus‹. Ma hätt sowieso zusammen gehen wollen, weil s eben […] kein andrer verstanden hätte, warum wir jetzt unbedingt diesen Bildungsstreik machen müssen (lacht) und uns da durch kämpfen müssen. […] Deswegen hätt ma eh keine Lust ghabt, irgendwelche andern Leute zu sehen, weil die ja sowieso gsagt haben, jetzt hasch völlig einen an der Waffel. […] [D]eswegen war s scho ganz gut, da freizeittechnisch immer mit den Gleichen zu bleiben, also Gleichgesinnten. […] Also ma hätte auch nicht raus wollen.« (Abs. 91)

Die ›nichtalltägliche Welt‹ der Besetzung lässt sich nicht ohne Weiteres in den Bedeutungshorizont des Alltags außerhalb des Hörsaals übersetzen; es bleibt ein wesentlicher nicht erklärbarer Rest.[3] Die Welt des Hörsaals trennt von ›der Welt da draußen‹ eine qualitative Differenz: eine Differenz, die mit dem Akt der Besetzung begründet wird und die mit dem Auszug aus dem Hörsaal endet; eine Differenz, die sich für diejenigen überbrücken lässt, die sich auf die Situation sowie ihre Relevanzen einlassen; und eine Differenz, die zum unüberwindlichen Beteiligungshindernis wird, wenn man diese nicht oder nicht länger teilt.

Als *Friedrich (Abs. 46)* sich eines Abends mit seinen *»Jungs«* auf ein *»paar Bierchen«* trifft, kommt er mit *»irgendwelchen Lehramtsstudenten«* ins Gespräch. Es sei für sie nicht nachvollziehbar gewesen, warum er sein Leben vernachlässige. *Friedrich* schildert erstaunt, dass diese *»des überhaupt net verstanden«* haben; für ihn ein Schock. Die Welt des Hörsaals prallt auf die ›Welt da draußen‹. *»Und […] dann kriegt man n Hang zur Realität, weil im Hörsaal sind ja eigentlich nur Leute, die sich engagieren […].« (Abs. 46)* Die Erfordernisse des Besetzens und die Inhalte der Besetzung legen den Besetzer*innen eigentümliche Relevanzsetzungen nahe. Was im nichtalltäglichen Arrangement für Friedrich wichtig und selbstverständlich ist, ergibt aus der Alltagsperspektive der Lehramtstudierenden in der Kneipe keinen ausreichenden Sinn. Ihm wird schlagartig bewusst, dass er sich von der ›Welt da draußen‹ massiv entfernt hat.

Das Besetzungsgeschehen ist dynamisch. Es gibt immer etwas zu tun, immer etwas zu debattieren. Es ist nicht schwer, sich im Flow des Aktivismus zu verlieren. Als Niklas bemerkt, dass er den Anschluss verliert und nicht länger die volle Aufmerksamkeit auf die Besetzung lenken kann und will, macht er selbst die Erfahrung, dass ihm die Welt des Hörsaals fremd wird. Sei es als Tatsachenfeststellung oder aber Legitimation für seinen Ausstieg, *Niklas (Abs. 76)* stellt fest: *»entweder drin oder man ist*

---

[3] Es handelt sich um einen qualitativen Sprung im Sinne Kierkegaards (siehe Kapitel 3.3.3).

[...] draußen[.] [...] [S]o n Zwischending is schwer. Man kann natürlich trotzdem diesen Streik konsumieren, aber es ist ganz schwer möglich sozusagen halbtags zu streiken«.[4] Mehrere Dynamiken tragen schließlich dazu bei, dass sich mit der Zeit die Besetzung als Soziales Totalphänomen erschöpft und das nichtalltägliche Arrangement veralltäglicht.

8.1.1.1 Erschöpfung

In den ersten Wochen überwiegen Spaß und Spannung, doch die *»physische, [...] aber auch [...] psychische Belastung«* (HS I 4, Friedrich, S. 22) nagt unaufhörlich an den persönlichen Ressourcen. Das totale Gefordert-Sein der Besetzer*innen, der Schlafmangel und die ständige Betriebsamkeit fordern ihren Tribut. Das Besetzen ist so aufreibend, dass sich immer mehr Besetzer*innen, wie beispielsweise *Niklas*, dem Stress *»entziehen«*.

Niklas: »[M]an kann sich das (atmet tief durch) nur schwer vorstellen, aber [...] das ist eine solche Stresssituation, [der] [...] man da in diesem Hörsaal [...] ausgesetzt ist. Also das ganze Leben [...] spielt sich in diesem Hörsaal ab. Man geht ab und zu noch nach Hause, um n paar Stunden zu schlafen, aber der erste Gang an der Uni ist in [...] Hörsaal und man bleibt auch da dann wieder STUNDENLANG. Das ist eine solche Belastung. Also ich weiß nicht. Ich hab [...] noch nie so viel geraucht, wie ich momentan rauche.« (Abs. 58)

Analog zu Niklas' Symptomen der Erschöpfung, zeigen sich auch Erschöpfungsanzeichen auf kollektiver Ebene.

Nach der Demonstration am 10. Dezember beobachtet *Peter (Abs. 39), »dass die Insassen im Plenum momentan nun mal alle einfach ausgezehrt sind«*. Die Demonstration ist im Grunde erfolgreich verlaufen, doch droht danach, die Stimmung zu kippen. Trotz des Erfolgs fehlt die Kraft, die Euphorie aufrecht zu erhalten. *Peter (Abs. 39)* bedauert in seiner Erzählung den Moderator des Plenums, *»der in so ner Situation absolut keine Chance hat [...] des Problem, das des Plenum in dem Moment hat mit sich, jeder für sich, zu entspannen oder zu lösen«*. Seine eigene Rolle betrachtend, erklärt er: *»Also man merkt so, ich bin Teil von [...] [der] pessimistischen Einstellung des Plenums [...]«*. Wie die Euphorie der Besetzung nicht auf die einzelnen Gemüter der Aktivist*innen reduziert werden kann, ist auch der Erschöpfungszustand des Plenums ein kollektiver Tatbestand, eine kollektive Befindlichkeit. Für *Friedrich (vgl., Abs. 83)* haben sich im erschöpften Plenum die Debatten verändert. Wird im November noch stundenlang über den Forderungskatalog diskutiert und keine Einigung erzielt, wird am 16. Dezember nach

---

4   Kurz zuvor bemerkt er: *»wenn du kurz raus bist [...] ähm zwei, drei Tag irgendwie nich mehr sozusagen 24 Stunden da bist, dann bist du auch RAUS«* (HS I 5, Niklas, S. 75).

kurzer Debatte der bayernweite Forderungskatalog zur Abstimmung gebracht und zur Gänze angenommen.

8.1.1.2 »Des hatte nichts Besonderes mehr«: Banalisierung

Die kürzer werdenden Debatten sind ein Anzeichen dafür, dass die Besetzung ihren inhaltlichen Tiefgang verliert. Zwischen hehren Ansprüchen und banaler Wirklichkeit klafft zunehmen eine unübersehbare Lücke. Neben dem Stress begründet *Niklas (Abs. 56)* seinen Rückzug mit dieser Differenz. Nebensächlichkeiten bestimmen immer stärker den Kern des Besetzungsgeschehens, »[...] *zum Beispiel Konzerte und so was zu organisieren, das war auf einmal wichtiger«*. Die Plena, eröffnet er entrüstet, werden kürzer und schlicht belanglos. »[I]*n diesen zwoeinhalb Stunden hat das Plenum nix beschlossen, sondern ganz viele Arbeitskreise gegründet«*, beschwert sich Niklas und ergänzt »*diese regelmäßige Teilnahme [konnte ich] nicht mehr [...] mitmachen [...], ja weil es mich tatsächlich, wirklich richtig genervt [...] hat.«* (Abs. 56) Vom unwahrscheinlichen Erfolg der Besetzung sowie von der Spannung und Euphorie der ersten Momente in das Geschehen hineingezogen, stelle er nach etwa zweieinhalb Wochen fest, dass seine ursprünglich große Motivation »*unglaublich nachgelassen» (HS I 5, Niklas, Abs. 59)* habe.

Hannah und *Judith* sprechen weitere Dimensionen der um sich greifenden Banalisierung an. Mit der Zeit entwickelt sich im Hörsaal eine ›andere Alltäglichkeit‹. Diese hat den Zauber des Anfangs vollständig eingebüßt.

Judith hebt diese Entwicklung unmissverständlich hervor: »[...] [I]m Hörsaal hat sich dann ja auch ne Routine einfach entwickelt und in dem Sinne auch Alltäglichkeit, aber es war ja trotzdem noch was anderes. Und wie sich die Plena hernach dann entwickelt haben. Des hatte dann nichts Besonderes mehr. Also ich mein, wenn ich auf irgend ne Sitzung von *ver.di* geh, dann ist des genau so zäh.« (Abs. 271)

Nach dem unstrukturierten Besetzungsmoment bringt jeder Tag des Besetzens mehr Strukturmomente hervor, die anfängliche Spannung und Aufbruchsstimmung geht schleichend in eine routinierte Bewältigung eines ›anderen Alltags‹ über. Auch der schleichende Rückzug von immer mehr Leuten trägt zur Banalisierung der Besetzung bei. *Hannah (Abs. 275)* ist der Ansicht, dass damit das »*Gefühl, Teil von etwas Größerem zu sein«* verloren geht, denn »*wenn man dann in nem Sechs-Mann-Plenum sitzt, dann ist des einfach zu banal und auch so aussichtslos einfach«*. Die Massen bleiben aus und mit diesen das Gefühl von Bedeutung und Möglichkeit. Sie betrachtet die Dynamik zwischen Entzauberung und Ausbleiben der Massen als »*Teufelskreis«*. Judith *(Abs. 277)* sieht den Grund darin, dass »*die Massen [...] einem auch immer [...] ne gewisse Stärke [geben] [...]. Und wenn man in nem kleinen Kreis sitzt, [...] wird man mit der Nase auf seine Grenzen gestoßen«.* Fehlen die Massen, fehlt der Zauber. Fehlt der Zauber, bleiben die Massen aus.

Etwa seit der dritten Woche verliert der Protest an Fahrt. Die Frage nach dem Selbstverständnis (*Niklas*) und die Frage nach der Zukunft (*Friedrich*) werden vertagt. *»[M]an hat des dann schon mal zum äh Tagespunkt gestellt, es wurde auch lang darüber diskutiert, aber kein endgültiger Punkt kam raus. Ja irgendwie hat sich jeder davor gedrückt, weil s eigentlich auch ne schöne Situation ist«*, meint *Friedrich (Abs. 24)*. Da ist der intensive *»soziale Kontakt«* (HS I 4, *Friedrich*, *Abs. 20*), das *»Wir-Gefühl«* (HS I 1, *Peter*, *Abs. 97*), ein *»Gemeinschaftsgefühl«* (HS I 7, *Andrea*, *Abs. 43*), nicht zuletzt finden *»acht Pärchen«* (HS I 6, *Bert*, *Abs. 99*)[5] im Hörsaal zueinander. Es ist, wie *Judith (Abs. 29)* erzählt, *»[...] irgendwie auch so ne Einigkeit [...] [und] vor allem eben auf sozialer Ebene ne ziemlich intensive Zeit des Austausches«*. Die Besetzer*innen überlegen *»zusammen Silvester [zu] feiern, weil man [...] wirklich Freund[e] hier kennengelernt hat«*, so *Friedrich (Abs. 24)*.

Doch das wechselseitige Kennenlernen, Freundschaften und Liebschaften helfen den Besetzer*innen nicht aus ihrer Sinnkrise. Im Gegenteil. Die persönlichen Bande tragen zu ihr bei, denn die Relevanzen der Besetzungsgemeinschaft verlagern sich. Polemisch überspitzt: aus öffentlicher Auseinandersetzung wird privates Gruppenkuscheln. Die zwischenmenschliche Produktivität des Hörsaalarrangements ist ein zentrales Merkmal der nichtalltäglichen Verdichtung des gesamten Arrangements. Aber wenn das Zwischenmenschliche relevanter wird als die Inhalte des Besetzens, verstärkt sich die Frage nach dem Sinn des Besetzens; denn für Freundschaft bedarf es keiner politischen Besetzung. Die intensiven, doch nichtsdestoweniger banalen zwischenmenschlichen Dynamiken innerhalb der Hörsaalgemeinschaft und die hohen und abstrakten öffentlichen Ansprüche der Besetzung wollen nicht zueinander passen. In dieser schleichenden Privatisierung zeigt sich die Banalisierung und Entzauberung des Protestgeschehens deutlich. Sie trägt schließlich spürbar zum Versanden der politischen Besetzung bei.

8.1.1.3 Schließung der Gruppe

Gleichzeitig schließt sich die Gruppe zusehends, mit allen Vor- und Nachteilen, wie *Andrea (Abs. 17)* betont: *»[...] [E]s hat sich da leider oder Gott sei Dank so ne Gemeinschaft gebildet [...]. [...] Also leider vielleicht, weil ähm, das Ganze dann geschlossen wurde, sich viele von außerhalb auch nich mehr getraut haben, rein zu kommen.«* Seit den ersten Tagen gibt es

---

[5] Niklas spricht von sechs, Bert an anderer Stelle von neun.

eine AG Mobilisierung,⁶ die nichts unversucht lässt, Leute für die Besetzung zu gewinnen. Doch die Anstrengungen tragen nur wenige Früchte. Die kreativen Köpfe finden in Aktivitäten zusammen, doch es gelingt ihnen kaum Brücken zu bauen und neue Leute zu akquirieren.

Andrea: »Des sind immer die gleichen, die noch kommen zum Plenum, die wirklich immer da sind, auch länger da sind. Klar gibt s immer noch die, die ab und zu vorbeischauen, weil da läuft ja was. Aber der harte Kern wächst nicht mehr. Und des wird so n bisschen des Problem. […] Und der harte Kern kann den Bildungsstreik nich alleine tragen. Des isch zu viel. […] [A]lso die Arbeitsbelastung is einfach zu hoch, um jetzt noch weiter streiken zu können. Effizient. Des geht einfach irgendwann nich mehr.« (Abs. 17)

Die Besetzung verliert an Offenheit und die verbleibende Gruppe selbst *»wird immer homogener«*, wie *Peter (Abs. 131)* berichtet. Er sieht darin ebenfalls ein *»Problem« (Abs. 133)*, denn *»die Leute in sich werden halt immer geschlossener« (Abs. 137)* und zieht ähnliche Schlüsse wie Andrea: *»rein zu kommen« (Abs. 139)* wird immer schwieriger. Der Aktivismus erschöpft sich in sich selbst.

Partizipationshürden durch Professionalisierung
Auch der tätige, produktive Aktivismus verliert seine integrierende Kraft. Zu Beginn wurden das gemeinsame Kochen, das Malen von Plakaten sowie ›Bildungsleichen‹ und ›Bildungshürden‹, das Erstellen einer Homepage, das Twittern und Facebooken, das Kontakten mit Offiziellen der Universität oder der Presse und die Organisation von Raumalternativen für ausgefallene Vorlesungen der Kommiliton*innen als gemeinschafts- und sinnstiftend erlebt. Nach Tagen und Wochen des gemeinsamen Besetzens prägen Strukturen und Routinen die Logistik der Besetzung. Dieser Gegenalltag folgt einer eigens ausgefeilten ökonomischen und sozialen Grammatik. Gleichzeitig rücken an die Stelle der kleinen konkreten Aufgaben der Besetzungskonstitution die fernen und großen politischen und ideologischen Ziele der Bildungsproteste. Die Frage, »*[W]as wollen wir eigentlich[?]«*, die *Peter (S. 169)* zunächst als Aufforderung zur Organisation einer Besetzung beschrieben hat, wird zunehmend zu einem konkreten Handlungsproblem. Die inhaltliche Arbeit gewinnt an Tiefe. Das entstehende Dilemma schildert erneut *Niklas (Abs. 77)*: *»Also es ist, es ist nicht mehr so, dass alles offen im Plenum diskutiert wird, jeder gleich ist, sondern es gibt immer […] fünf, sechs Leute die alles wissen. Die Diskussionen zwischen diesen fünf, sechs Leuten kann man sich dann anhören, man kann es auch lassen. Man weiß eh nich genau, was dahintersteht.«* Grundsätzlich

---

⁶ Mobilisiert wird bereits seit dem ersten Tag (HS I ZP 20091118-14.00 Uhr), wie aus dem Plenumsprotokoll ersichtlich wird. Eine eigene AG Mobilisierung wird erst im Protokoll vom 22. November wähnt (HS I ZP 20091122-18.30 Uhr).

erzeugen Betriebsamkeit, Arbeitsteilung und zunehmende Professionalisierung Partizipationshürden. In den ersten Tagen übernimmt, wer auch immer sich berufen fühlt, Aufgaben und soziale Bande knüpfen sich wie von selbst, doch Wochen später stehen diese Bande im Weg. War der Eintritt in den Hörsaal zunächst nahezu voraussetzungslos, scheitert der spätere Eintritt in die Besetzungsgemeinschaft an der Hürde einer zwar immer noch jungen, aber dennoch verpassten, relevanten wie kollektiven Vergangenheit. Die Gemeinschaft hat sich konstituiert, die Aktivist*innen haben sich positioniert und profiliert, das Besetzen hat sich zunehmend professionalisiert und all dies erzeugt wirksame Grenzverläufe zwischen dem Innen und Außen der Besetzung.

Konflikte
Keine Gruppe wird so sehr mit dem Innen und Außen des Hörsaals in Verbindung gebracht, wie die ›Wiwis‹; regelmäßig defnieren die Aktivist*innen die Innen-Außen-Grenze als ein Konflitareal zwischen Hörsaalbesetzer*innen und *den pauschalisierten Wiwis*. Bereits während der ersten Momente der Besetzung lässt sich der ›Sieg über die Wiwi-Studierenden‹ als Teil des Konstitutionsprozesses rekonstruieren.[7] Vom ersten Moment an wirkt diese Konfliktlinie doppelt: nach innen werden die Reihen geschlossen, nach außen ein Spaltkeil eingepflockt. Integration und Assimilation gehen Hand in Hand mit Distinktion und Segregation. *Lothar (Abs. 92)* ist sich sicher, dass gerade am Anfang die *»meisten Fehler passiert«* sind, die zur *»Negativkonotierung«* der Besetzung in Teilen der Studierendenschaft geführt haben.[8] Der initiale Konflikt schwelt weiter.

Niklas (Abs. 140) breitet die Geschichte einer *»guten Nacht«* aus, in der *»[einige Besetzer*innen] in den See gehüpft [sind] und [...] n Plakat aufgehängt [haben][.] [I]rgendwie: ›Euer Reichtum kotzt uns an, Armut muss sich wieder lohnen!‹«* Die Botschaft ist kurz und satirisch: vor allem ist sie ein Affront. Das Zentrum des Campusgeländes bilden zwei Seen oder Teichen, die durch einen kleinen Bach miteinander verbunden sind. Überquert man vom Hörsaalzentrum kommend eine der beiden kleinen Brücken, steigt

---

[7] Siehe hierzu die entsprechenden Ausführungen im sechsten und siebten Kapitel.
[8] Dass die Legitimität der Besetzung umkämpft ist, zeigt sich beispielsweise im Studentenforum der Universität Augsburg (auf eine wörtliche Zitation wird aus forschungsethischen Überlegungen verzichtet). Mehrere Threads verweisen direkt auf den Streik. Einige Studierende solidarisieren sich mit den Besetzer*innen, einige fordern ein sofortiges Ende der Besetzung. In einer Umfrage vom 19. November (Datum des Abschluss' ist nicht rekonstruierbar), sprechen sich 355 Personen für, 247 Personen gegen die Besetzung aus und 43 Personen geben an, sich nicht entscheiden zu können. Auch auf der Blog-Website der Besetzer*innen kocht in den Kommentarspalten die Stimmung. Die AG Presse schließt daher die Kommentierung des Bereichs Kontakte (blog.bildungsstreik-augsburg 2009c).

das Gelände an. Eine Treppe führt auf ein Plateau. Oben rechterhand thront mächtig die Universitätsbibliothek, dahinter finden sich die Jurafakultät und dieser gegenüber die Wiwi-Fakultäten. Die Besetze*innen befestigen ihr Plakat unten im See so an einer Holzskulptur, dass es von oben gut gelesen werden kann. Selbst wenn es nicht ›so gemeint‹ sein sollte, liest sich das Plakat wie eine Anklage gegen ›die da oben‹; gegen die Studierenden vom *»Hügel«* oder auf dem *»Olymp«* – so der verbreitete Schmähtrasch, der auch in meinen Gesprächen regelmäßig Erwähnung findet. *»Also da […] ham viele sozusagen eine Beleidigung der Wiwis drin gesehen.«* (HS I 5, Niklas, Abs. 140) Niklas kann die entstandene Aufregung nicht ganz nachvollziehen und auch das abendliche Plenum entscheidet per Mehrheitsentscheid, das Transparent hängen zu lassen. Ein Gruppe, *»darunter ein BWL-Mädchen«* (HS I 5, Niklas, Abs. 140) macht sich dennoch auf, schwimmt hinüber, nimmt das Transparent ab und hängt ein anderes mit dem Schriftzug *»Unsere Bildung geht baden«* auf. Die Besetzer*innen geben sich offen, verfallen aber selbst in stumpfe Stereotype. Die Wiwis, das sind die Anderen – schon allein, weil die Besetzer*innen meist aus anderen Fakultäten stammen.

Andrea zeigt von der Auseinandersetzung mit den Wiwis genervt: »[D]ie vom Berg […], die Gruppe, gegen die ma sowieso is. Als Sozialwissenschaftler, als Philosoph, als Geisteswissenschaftler is ma einfach mal GRUNDSÄTZLICH gegen die Wiwis. Warum? Keine Ahnung! […] [M]a is einfach dagegen. […] Jeder berichtet, ›Ich hab auch Freunde, die Wirtschaftswissenschaften studieren, mit denen versteh ich mich gut‹, aber die Wiwis sin trotzdem schlecht.« (Abs. 134)

Sie lehnt diese Pauschalisierungen ab und polemisiert gegen die stumpfen Gruppendynamiken in der Hörsaalgemeinschaft. Immerhin hätte das Gros der Besetzer*innen im Laufe der Zeit erkannt, *»dass es blöd isch, gegen die zu kämpfen«* (Abs. 135), aber irgendwie gibt es eine *»grauslig[e]«* Denke, die man *»nich aus den Köpfen raus«* bekomme, welche eine direkte Verbindung zwischen Wiwi-Fakultät und Kapitalismus sowie allem, was es an Schlechtem gibt, schlagen wolle. Das Ganze komme von denen, *»die sagen, es gibt keine Klassen, wir sin alle gleich«*. Andrea ergänzt unversöhnlich: *»Grauenvoll!«* (Abs. 136). Erneut wird die profane Realität der Hörsaalgemeinschaft ihren Ansprüchen nicht gerecht.

Lebenslüge des Hörsaals

Dieser tiefe Riss in der Studierendenschaft entblößt ein fundamentales Selbstmissverständnis der Besetzungsgemeinschaft. Die Schließung der Besetzungscommunity ist nicht nur ein Effekt, der sich über die Zeit einstellt, sondern ein Grundelement der Besetzung. Die Besetzer*innen mögen einen nicht zu vernachlässigenden Teil der Universitätsbevölkerung repräsentieren, aber sie stellen sich gegen die institutionalisierten Strukturen des Bildungssystems und gegen eine nicht näher bezifferbare

Anzahl von Menschen, die nicht zu den Unterstützer*innen der Besetzung gezählt werden können. Es gibt Gegner*innen der Besetzung auch innerhalb der Studierendenschaft! So oft die Besetzer*innen auch selbst betonen, wie wichtig diese Kritiker*innen[9] sind, so ist es gleichsam kategorisch ausgeschlossen, diese in die Besetzungsgemeinschaft integrieren zu können. Im Gegenteil, dieses Oppositionsverhältnis ist eine Säule, auf der die Besetzung ruht.

Eine Lebenslüge der Besetzung ist, sich selbst als prinzipiell offen zu betrachten und davon auszugehen, dass der Protest wesentlich ergebnisoffen verhandelt wird. Bereits am ersten Abend schlägt das Plenum der Besetzer*innen per Konsensentscheid Grenzpfähle der Besetzung ein. Das Plenum ist sich einig, gegen Studiengebühren zu sein.[10] Damit ist die prinzipielle Offenheit vom Tisch und wird zu einer bedingten Offenheit. Widerspruch kann geäußert werden, aber nicht durch das Plenum gedeckt sein. Ich konfrontiere *Niklas* mit diesem Grundwiderspruch. Er stellt seine Sicht auf die Besetzung klar.

Niklas: »[E]s ist keine Kuschelveranstaltung[.] […] [D]er Grund warum man da drin ist, muss der Protest sein. […] Und wer das nicht ist, der kann […] gerne zuschaun und sich überzeugen lassen, der kann auch gerne mitdiskutieren, aber […] dessen Meinung darf meines Erachtens nach nicht […] die Veranstaltung […] übernehmen.« (Abs. 182)

Niklas Ansicht zeugt von einem grundlegenden ideologischen Innen-Außen-Verhältnis, das sich aus dem fundamental politischen Charakter der Besetzung ergibt.

8.1.1.4 *Sinnkrise und Spaltungstendenzen*

Wirkungslosigkeit – »am Ende fühlt man sich halt einfach bloß verarscht«
Nach den ersten beiden Wochen zeigt sich, dass die Errungenschaften der Besetzung nicht mit den Erwartungen schritthalten können. Ob die Proteste mittelfristig Wirkungen zeitigen, lässt sich im frühen Winter 2009 nicht absehen. Die kleine aktivistische Welt der Besetzung mit ihrem lebendigen nichtalltäglichen Gegenentwurf zum Unibetrieb brandet gegen die Grundfesten der etablierten alltäglichen Bildungsinstitutionen an, ohne sichtbare Wirkung zu erzeugen. *Hannah* erzählt, dass sie im Grunde nichts Anderes erwartet hatte, dennoch ist ihre Enttäuschung groß.

---

[9] So zum Beispiel *Peter (Abs. 125 ff.)*.
[10] Hierzu ein Blogbeitrag vom 17. November: *»Wir sind uns einig, dass wir generell gegen Studiengebühren sind!« (blog.bildungsstreik-augsburg 2009d)*

Hannah: »Also ich war schizophren. Ich wusste wir würden hier nicht gleich die [...] Bolognareform rückgängig machen und die Studiengebühren in Bayern senken können, aber so n Hoffnungsschimmer hat man sich ja trotzdem erwartet, zumindest was Kleines bewegen zu können. Also so war es bei mir / dass man zumindest vielleicht ernst genommen wird und dann wirklich auch ernsthaft / auch wenn es [...] lange dauert in der Bürokratie / ernsthaft auch [...] Schritte unternommen werden. [...] Am Ende fühlt man sich halt einfach bloß noch verarscht. Und alle Karikaturen haben es leider getroffen. Die Tür auflassen[,] [...] die Studenten reinrennen lassen und dann wissen sie nicht mehr, wo sie stehen.« (Abs. 135)

Die Presse berichtet wohlwollend über die Proteste, die Universitätsleitung signalisiert am ersten Tag der Besetzung Verständnis für den Streik und schließt eine Räumung des besetzten Hörsaals aus, solange die Besetzung in geordneten Bahnen verläuft.[11] Die Hochschulrektorenkonferenz ruft alle Hochschuldozent*innen auf, Studierenden eine Beteiligung an der bundesweiten Demonstration am 10. Dezember zu ermöglichen. Der bayerische Staatsminister Wolfgang Heubisch stellt sich Studierenden in Würzburg, Regensburg und München. Diese Konfrontationen haben symbolischen Wert,[12] aber politische Frontstellungen zeichnen sich nicht ab. Außer von Bundesbildungsministerin Annette Schavan werden die Studierenden in ihren Hörsälen mit Verständnis überschüttet und mit Wohlwollen umarmt; das Ganze ohne, dass sich Veränderungen des *status quo* abzeichnen würden. Eine Erkenntnis keimt im Augsburger Hörsaal. *Friedrich (Abs. 19)* argwöhnt: »*[W]ir [haben] keine wirkliche[n] Fronten ghabt [...]. [...] [M]an muss Fronten habn, um überhaupt richtig kämpfen zu können, [...] um was anzugehen.*«

---

[11] In der Wochenzeitung *Die Zeit* wendet sich Kerstan Thomas am 19. November unter dem Titel *Nehmt Sie ernst!* an Rektor*innen und Professor*innen (Kerstan 2009). Im Lokalteil der Augsburger Allgemeine erscheint noch am 17. November ein Bericht über die Besetzung. Im Artikel ohne Verfasser wird vom allgemeinen Jubel über die Proteste berichtet: »Der Präsident der Universität Augsburg, [...] unterstützte die Forderungen der Studenten. Anwesende Professoren waren verwundert und begeistert und äußerten Unterstützung für die Jugendlichen. Unter lautem Applaus aller Gäste verließen die Studenten das Rathaus mit dem Abkommen, in den nächsten Tagen zu Gesprächen mit den Politikern zusammen zu treffen.« (o.V. 2009). Die AG Unikontakt sucht den direkten Draht zur Leitung der Universität. Im Protokoll vom 14 Uhr Plenum am 18. November steht vermerkt: »Generell wurde der Protest positiv von der Universitätsleitung aufgenommen« (HS I ZP 20091118-14.00 Uhr). Im Protokoll des 18 Uhr Plenums vom 20. November wird eine weitere Stellungnahme der Unileitung dokumentiert: »Uni wird nicht geräumt solange alles in geregelten Bahnen verläuft« (HS I ZP 20091120-18.00 Uhr).

[12] *Christin (Abs. 143)*, die sich vor allem in München engagiert, kommt ins Schwärmen, als sie auf die Podiumsdiskussion mit Staatsminister Heubisch erzählt. »*Und wir waren SO GUT. Also ich hab s vor drei Tagen oder so noch mal auf youtube angekuckt. Und ähm ne krasse Euphorie, wenn man sich des ankuckt so. Also hatte ich immer noch. Und du stehst dann vor nem Computer und wow und springst und schreist und sowas, weil es einfach so fett war.*« Doch der gelungenste Aktivismus macht noch keine Bildungsreform.

Hannah und *Judith* sehen das ähnlich. Die unverschämten und falschen Umarmungen – um *Hannah* zu paraphrasieren – zeigen Wirkung. Umarmungen zwischen Opponenten eignen sich nicht für Politisierung und Mobilisierung. Es folgt eine Deeskalation durch Konfliktentzug; Deeskalation als Basis für Orientierungslosigkeit. Die im Raum stehenden Fragen häufen sich. Antworten bleiben aus. Gegen wen richtet sich der Protest? An wen wendet sich der Protest? Was ist der Gegenstand des Protests? Geht es um Konkretes? Geht es um das große Ganze? Der Basiskonsens[13] des Besetzungstages allein reicht nicht länger. Die Revolte der Schüler*innen und Studierenden erreicht mit schäumenden Wogen und Fragen die Hörsäle der Republik. Doch während das In-Frage-Stellen allgemein bleibt und Verschiedenheit überbrückt, verlangen adäquate Antworten nach Konkretion. Sich darüber einig zu sein, dass es Missstände gibt, ist vielfach einfacher, als darüber Einigkeit zu erzielen, wie Abhilfe gegen diese Missstände geschaffen werden kann. *Friedrich (Abs. 19)* stellt in den letzten Tagen des Streiks fest: *»Wir wussten net in welche Richtung geht s weiter.«* Während die politischen Fronten, keine Orientierung stiften, nehmen die Spannungen im Inneren zu.

Binnenkonflikte
Erschöpfung, Sinnkrise und Wirkungslosigkeit tragen dazu bei, dass sich in der Besetzungsgemeinschaft Risse zeigen. Die Besetzung gibt Raum für unterschiedliche Talente und *»[d]ie Leute, die da kreativ irgendwelche Sachen auf die Beine stellen können, sind meistens nicht die gleichen, die da in dreistündigen Diskussionen über [...] Begriffe diskutieren können«* (HS I 9&10, Hannah & Judith, Abs. 291). Für *Hannah* und *Judith* ergeben sich immer wieder und immer häufiger Konflikte zwischen Pragmatiker*innen und Theoretiker*innen; für *Niklas* und *Andrea* zwischen Event-Leuten und den Inhaltlich-Motivierten. Die einen wollen die grundlegenden Fragen erörtern, die anderen sind an praktischem Protest interessiert, dritte wiederum nutzen den Hörsaal als Erlebnisinfrastruktur. Der aufkeimende Streit zwischen den Lagern ist kontraproduktiv und *»gefährlich«, »denn beide Seiten brauchen sich«,* wie *Hannah (Abs. 291)* befindet.

Mit dem Verschleiß der Kräfte, ohne dass sich tatsächlich etwas bewegt, und dem Verlust der einheitsstiftenden Wirkung des ‚Besetzungsaktivismus', geht eine Entzauberung des Gemeinschaftscharismas einher. Je größer die Verausgabung und je stärker die Desillusionierung, desto mehr wenden sich die Besetzer*innen wieder den alltäglichen Aufgaben des Studienbetriebs zu.[14] Die Relevanz des Protestgeschehens

---

[13] Um 19:42 Uhr des 17. November werden im Blog der Besetzer*innen vierzehn zu diskutierende Themen gelistet. Nur die Ablehnung von Studiengebühren ist tatsächlich als gemeinsame Position beschlossen (blog.bildungsstreik-augsburg 2009d).

[14] Diese Hypothesen zur Veralltäglichung wäre empirisch zu überprüfen.

rückt für immer mehr Individuen, immer weiter in den Hintergrund. *Niklas (Abs. 76)* ist der Meinung, dass wer in dieser Situation einen Fuß aus der Besetzung setzt, ähnlich hinauskatapultiert wird, wie er einst hineingezogen wurde: man ist entweder dabei oder draußen.

Opportunitätskosten – »wo lebst du denn eigentlich grad«
Eine letzte Komponente trägt zur Veralltäglichung des Besetzungsgeschehens bei. In der Kollision mit der Welt außerhalb des Hörsaals gewinnt Friedrich die Einsicht, dass der Hörsaal eine Welt für sich ist, die sich nicht reibungslos übersetzen lässt – man muss dabei sein, um zu begreifen. Dabei-sein ist mehr als Anwesenheit, es bedeutet die Relevanzen der Besetzung zu leben. Zunehmend entdeckt *Friedrich (Abs. 22)* Widersprüche zwischen seiner Teilhabe am Hörsaalgeschehen und den Notwendigkeiten seiner Lebensführung. *»[I]rgendwann [...] nach der dritten Woche«* fragt sich Friedrich, *»wo lebst du denn eigentlich grad«* und stellt in der Rückschau fest *»fernab von jeglicher Realität«*. Die Realität der Besetzung ist intensiv und konzentriert, doch Friedrichs bisheriges Leben besteht aus so viel mehr als den Erfordernissen des Besetzens und den Inhalten der Bildungsstreikbewegung. Da gibt es Freunde, seine Familie, andere Projekte, ein Studium; all das wird während der intensiven ersten Tagen der Besetzung in seiner Bedeutung eingeklammert. Erst nach Wochen, dann aber mit Vehemenz, drängen diese Themen in den Bereich der Aufmerksamkeit zurück; die Alltagsrelevanzen relativieren die Relevanzen des Mikrokosmos Hörsaalbesetzung. Mit dieser Relativierung verliert die Filterblase der Besetzung an Bindungskraft, Friedrich stellt die Sinnhaftigkeit in Frage und zieht sich schließlich resigniert zurück; zurück in den Alltag, immer noch von der Richtigkeit der Proteste überzeugt, doch in innerer Distanz zur kleinen Lebens-Welt der Besetzung.[15]

8.1.1.5 Unwiderstehliche Veralltäglichung: eine Synopse

Der Protest begeistert und weckt hohe Erwartungen, das Erfüllen der Erwartungen kostet viel Kraft, die Früchte des Engagements zeigen sich in einer ausgefeilten Besetzungslogistik und einer zusammenwachsenden Hörsaalgemeinschaft, die politischen Erfolge sind hingegen bescheiden. Die Kräfte verschleißen, während die Sinn-

---

[15] Ähnlich ergeht es meinen anderen Gesprächspartner*innen. Lothar ist sich darüber im Klaren, dass er ein Semester verlieren wird und hat dies akzeptiert. Rudi fühlt sich, als müsse er auf zwei Hochzeiten tanzen. Niklas gibt inzwischen dem Studium wieder mehr Gewicht als der Besetzung. Bert und Peter interpretieren den um sich greifenden Rückzug aus der Besetzung als Effekt der Prüfungszeit. So sehen das auch *Hannah* und *Judith*.

haftigkeit von immer mehr Aktivist*innen in Frage gestellt wird. Immer mehr bleiben dem Protest fern, was die enormen Lasten auf weniger Schultern drücken lässt, die sich unvermindert hohen Erwartungen gegenübersehen. Die gemeinsamen Anstrengungen unter Druck schweißen zusammen, lassen aber auch Konflikte ausbrechen. Erfolge bleiben zunehmend aus, während die Relevanz immer mehr auf der Gemeinschaft und immer weniger auf dem Aspekt Bildungsstreik liegt. Erneut bleiben inhaltlich motivierte Besetzer*innen aus, die Belastung der übrigen wächst, während der Glaube sowohl an die Sinnhaftigkeit als auch an die Machbarkeit des Besetzens schwindet.

Die Veralltäglichung wird vor allem als *Erzählung über die eigene Resignation* ausgebreitet. Das Krisenmanagement versagt. Das nichtalltägliche Geschehen veralltäglicht, indem die Relevanzordnung der Alltagswelt jenseits der Besetzung an Bedeutung zurückgewinnt und sich damit die Besetzung zersetzen. Es handelt sich um Schilderungen des Verlusts an Tatkraft und dem Eintreten von Schicksalsergebenheit im Angesicht einer übermächtigen Krisenkonstellation: ›Da kann man nichts machen! Das ist halt so!‹ Zum Zeitpunkt des Auszugs ist die Besetzungsgemeinschaft bis auf einen kleinen harten Kern abgeschmolzen. Vieles spricht dafür, dass das Motiv, ein Ende mit Würde herbeizuführen, eine wesentlicher Grund für das ›letzte‹ Engagement der Besetzer*innen wurde: die Inszenierung des Besetzungsendes.

8.1.2 Die letzte Pressekonferenz und der inszenierte Auszug aus dem Hörsaal

Die Verausgabung der Kräfte und das Anrennen der kleiner und enger werdenden Gemeinschaft gegen das ›stahlharte Gehäuse‹ der Bildungsinstitutionen schreitet fort, bis sich der kleine harte Kern der Besetzung zum ›Notausgang‹ gedrängt sieht. Erneut liegt Unsicherheit in der Luft. Schafft man den Absprung? Verpassen die Besetzer*innen womöglich die letzte Chance, selbst über das Schicksal ihrer Besetzung zu entscheiden? Gehen sie nicht jetzt, werden sie gegangen werden. Schlimmer noch wäre, die Besetzung versandet und löst sich in ihrer eigenen Resignationsdynamik in Belanglosigkeit auf. Die Frage, *Was tun?*, ist jetzt der Elefant im Raum.

Die Idee aus strategischen Gründen die Besetzung aufzulösen, macht bereits seit der zweiten Besetzungswoche die Runde. Am 30. November werden in einer Ringvorlesung unter dem Titel *Politische Klugheit – Macchiavelli für Praktiker* die Vorteile eines strategischen Rückzugs erörtert. Der Zusammenfassung dieser Vorlesung ist zu entnehmen, dass ein kluger Umgang mit den eigenen Ressourcen und die Antizipation von Erschöpfung, einen geplanten Rückzug nahelegen; einen »Rückzug, der gewollt ist und nicht etwa [eine] Niederlage« (HS I RZ 20091130), heißt es dort. Die

Idee gärt. Erst in den letzten Tagen wird diese Diskussion und grundsätzlich die Auseinandersetzung mit dem Ende der Besetzung akut. Am Abend des 21. Dezembers, dem Vorabend des letzten Besetzungstags, scheint eine Entscheidung unausweichlich. Am Vormittag des 21.12. treffe ich mich mit *Friedrich*, am Vormittag des 22. Dezembers mit *Niklas*. Das beherrschende Thema beider Gespräche ist das Ende der Besetzung.

Friedrich (Abs. 25) greift die strategischen Überlegungen auf und ist der Meinung *»wenn mer s heut net machen, dann äh ist es strategisch einfach total schlecht«*. Ein *»gezielter Rückzug ist halt n wichtiger Schachzug, um [...] [ein] Ziel weiterverfolgen zu können«*. Ende November sei er noch skeptisch gewesen. Kurz vor dem Beschluss zum Auszug, hat er seine Position revidiert: *»[...] [Ich] denk, des ist der beste Weg jetzt auch«*. Er ergänzt kämpferisch: *»wenn auf unsere Forderungen nicht eingegangen wird, [können] wir wieder besetzen«*. Wie *Friedrich* bringen auch *Rudi* und *Niklas* die Option einer erneuten Besetzung nach der Weihnachtspause oder gar nach einem Jahr zur Sprache. Ein strategischer Rückzug mag mittel- und langfristig helfen, mit Kräften vernünftig hauszuhalten; das Reden über diese unklare Zukunft ist ausfernder Konjunktiv. Der unmittelbare Vorteil liegt in der Rhetorik. Die Rede von einem strategischen Rückzug birgt den Vorzug, über den längst sichtbaren Verschleiß hinwegzublicken. Wenn die Aktivist*innen ihren Auszug kontrollieren, warum sollen sie nicht auch den Wiedereinzug in greifbarer Nähe halten können? Vor dem Hintergrund der vergangenen fünf Wochen, den verschlissenen Kräften und den Konflikten im Lager der Aktivist*innen bleibt diese Hoffnung vage. Eine *Rhetorik der Stärke* mobilisiert letzte Kräfte. Den grundlegenden Verschleiß macht sie nicht ungeschehen, sie stiftet aber ein doppelt wirksames Narrativ: Einerseits wird das initiale *Gefühl der Möglichkeit*[16] bewahrt, andererseits der Blick auf eine Zukunft gelenkt und somit die Bedeutung der Gegenwart – mit all ihren Problemen – relativiert.

Am Abend des 21. Dezember um 18 Uhr ist ein Plenum angesetzt. Es wird das vorletzte der Besetzung sein. Im Laufe der Diskussionen entscheidet sich die Versammlung für den strategischen Rückzug am darauffolgenden Nachmittag. Auf 13.45 Uhr wird eine Pressekonferenz anberaumt. Die Gruppe der Verbliebenen stimmt darüber ab, wer welchen Part übernimmt. Die Aktivist*innen wollen die Auflösung ihrer Besetzung selbst bestimmen. Sie wollen mit einem Knall gehen und nicht geräuschlos irgendwann und irgendwie verschwinden.[17] Für *Bert (Abs. 107)* ist

---

[16] Zur Entstehung eines *Gefühls der Möglichkeit* siehe die entsprechenden Ausführungen im ersten Abschnitt des fünften Kapitels.
[17] *Bert (Abs. 107)* wörtlich: *»Wir wollten s halt mit nem Knalleffekt beenden.«* Rudi (Abs. 17) bringt die großen Befürchtungen treffend zur Sprache: *»nicht, dass es irgendwie zerfließt [...] total planlos jetzt, kurz vor Weihnachten auseinander geht / zerrissen wird«*.

mit dem Beschluss auszuziehen längst nicht alles geklärt. Eine zentrale Frage bleibt für ihn zunächst offen: *»[W]ie beenden wir s?«*

8.1.3 Vom Entschluss zum Plot

»[B]is neun Uhr [...] oder bis zehn [...] wussten wir noch nicht genau, was wir machen«, erzählt Bert *(Abs. 105)*. Vom Entschluss bis zum Auszug bleiben nur wenige Stunden. Bert, Andrea, Hannah und Judith sind alle an den Vorbereitungen zum ›letzten Akt‹ beteiligt. Nach dem Highlight ihrer Besetzungszeit gefragt, nennt *Andrea*, die sich selbst verspätet der Besetzungsgemeinschaft angeschlossen hat, das letzte große Plenum und die Pressekonferenz am 22. Dezember. Noch einmal kochen die Emotionen hoch. Noch einmal geht die Besetzungsgemeinschaft das Risiko ein, etwas auf die Beine zu stellen.

Andrea: »[D]a ging s eben drum, Inhalte abzustimmen. [...] Ma saß dann wirklich bis zum bitteren Ende und hat versucht, ne Lösung zu finden, wie ma des jetzt am besten macht. [...] [M]a hat gemerkt, dass die Zeit ausgeht, Arbeitsgruppen zu Themen gebildet und trotzdem weiterdiskutiert. Also es lief parallel. Aber es war dann schnell klar, des isch jetzt dr Countdown und ma muss was tun.« (Abs. 43)

Das große Plenum ist derweil zu einer recht überschaubaren Ansammlung verbliebener Aktivist*innen geschrumpft. Tatsächlich kündet die Rede vom ›großen‹ Plenum nostalgisch von vergangener Größe. *Andrea (Abs. 43)* bemerkt lapidar, dass es *»nur noch aus 20 Leuten bestand«*, aber das Gefühl *»wir müssen des jetzt packen«* ist gegenwärtig und im Angesicht geteilter Notwendigkeit *»kommt dann schon n Gemeinschaftsgefühl auf«*. Der Impuls kommt schließlich aus den Reihen der Versammelten.

Bert: »[D]ann kam einer, der [...] schon öfters so Performances gemacht hat, der gesagt hat: ›Ja. ihr müsst s ne Performance machen. Des reißt die Medien weg. Des ist super.‹ Und [...] irgendwie haben dann viele andere gesagt: ›Ja des hört sich gut an. Da wollen wir mitmachen.‹ Dann [...] hat der auf Youtube schnell n Video rausgesucht, hat des allen gezeigt, [...] wie sowas aussehen kann.« (Abs. 107)

Zwischen neun Uhr abends und drei Uhr in der Früh wird im Nebenraum die Inszenierung der geplanten Pressekonferenz akribisch vorbereitet. Es wird an Text und Plot der *performance* geschrieben. Gegen *»halb elf«*, meint Bert *(Abs. 109)*, *»war uns dann klar, dass wir n Schauspieler brauchen, [...] der des Ganze verkörpert«*. Zur Tüchtigkeit der Aktivist*innen gesellt sich Glück. Am 25. November hat eine kleine Theatergruppe im Hörsaal ein Gastspiel gegeben. Wochen später gelingt es *Klaus*, einen der Schauspieler*innen, mitten in der Nacht zu erreichen. Ohne dass ein Text fertig wäre, sagt *Klaus* spontan zu, die ihm angedachte Rolle zu verkörpern.

Bert: »Der hat dann sofort Ja gesagt. Des hat uns dann wieder noch weiter beflügelt. […] [D]ie andern haben dann auch noch so bis halb drei, viertel vor drei geschrieben. Des haben wir dann alle noch einmal durchgelesen. Das haben wir dann auch noch mal bearbeitet. Und um drei haben wir s dann in der Nacht dem Klaus geschickt. […] [D]a war des Ding dann auch noch nicht fertig[.] […] [U]m zehn Uhr früh haben wir das Ding erst noch geübt mit der Regisseurin, die diese Theatergruppe macht. […] [D]ie hat ihm [Klaus – M.E.] da geholfen. […] [D]er Klaus hat mich angeschaut und hat auch gesagt: ›Oh Gott, hoffentlich wird des was‹. Und dann hab ich gesagt: ›Doch des wird was, du machst des schon‹. Und […] jeder hat sich immer dann so gegenseitig zugeredet und […] dann ist das Ding gestanden […].« (Abs. 110)

8.1.3.1 13.45 Uhr Pressekonferenz

Vier Reden, die die Bühe für den Auszug bereiten
Am folgenden Tag, morgens um zehn Uhr, tagt das letzte Plenum des besetzten Hörsaals. Organisatorisches steht auf der Agenda. Der Saal soll ordentlich verlassen werden. Während ich mit Niklas spreche, wird im Hörsaalzentrum aufgeräumt. Für 13.45 Uhr, genau 35 Tage nachdem die Besetzer*innen die Schwelle des Hörsaal-Eins' übertreten haben, ist eine Pressekonferenz anberaumt. Die Hörsaalportale begrüßen die Gäste zum letzten Besetzungsevent. Im letzten Augenblick wird die unwiderstehliche Veralltäglichung durchbrochen und die Rückkehr in den Alltag feierlich eingeleitet. Die Hörsaaluhr zeigt 13.53 Uhr als die Presskonferenz durch ihre Moderatorin eröffnet wird (datschatobi 2009h).[18]

Die Bühne ist entsprechend vorbereitet und erinnert an die Raumordnun g der Bundespressekonferenz. Zum Redner*innen- und Technikpult in der Mitte der Bühne hat sich rechts und links je ein Tisch gesellt, die Tische markieren den Grenzverlauf zwischen denen, die etwas zu sagen haben und denen, welche die Kunde zur Kenntnis nehmen sollen. Hinter dem Pult steht die Moderatorin der Pressekonferenz, an den Tischen haben vier junge Männer Platz genommen. Eine Reihe hinter ihnen setzt sich ein weiterer junger Mann schweigend an einen Tisch und wird über die ganze Dauer der Pressekonferenz aus dieser Position zufrieden grinsend die Verlautbarungen verfolgen. Die Moderatorin stellt sich vor und erläutert in aller Kürze, was nun geschehen wird. Vier Statements folgen der Begrüßung. Die Konferenzlei-

---

[18] Die Pressekonferenz ist durch vier Videos dokumentiert, die auf dem Videoportal *youtube* bis heute zugänglich sind. Diese vier Clips ergänzen die Erinnerungen meiner Gesprächspartner*innen.

tung übergibt einem in sich ruhend wirkenden, gleichwohl ernsthaft blickenden jungen Mann das Wort. Er legt Gründe des Besetzens offen und beschreibt die zentralen Eckpunkte der Kritik, die im Hörsaal erörtert und gegenüber Hochschulleitung, Politik und Öffentlichkeit zum Ausdruck gebracht wurden (vgl. datschatobi 2009h, 00:02:15 ff.). Ein zweiter Redner übernimmt anschließend das Wort und stellt dar, was in den vergangenen Wochen im besetzten Hörsaal geschehen ist. Er hebt die Produktivität hervor.

Zweiter Redner der Pressekonferenz: »Wir haben es mal grob überschlagen. Wir haben insgesamt hundertfünfzig Stunden nur allein in Plena hier gearbeitet. Wir haben gestritten. Wir haben diskutiert. Wir haben analysiert. […] Wir haben gezeigt, dass Demokratie anstrengend ist, aber wir haben auch gezeigt, dass Demokratie wichtig ist. […] Es [hat] immer funktioniert. […] Man hat immer einen Weg gefunden, die Abstimmungsprozesse […] so basisdemokratisch zu gestalten, dass sich hier jeder eingebunden gefühlt hat, dass sich jeder hier verwirklichen konnte. […] Jeder hat alles mit vertreten. Jeder kann auch alles vertreten, weil er eingebunden war. Ich denke, das ist ein ganz besonderes Moment dieser Besetzung […].« (datschatobi 2009h, S. 00:06:33-00:07:30)

Die Besetzer*innen hätten eine Besetzung organisiert, die als praktischer Gegenentwurf zur institutionellen Bildung der Universität und der Realität der institutionellen Demokratie gezeigt habe, dass beide auf andere Weise funktionieren könnten. Er zeigt sich davon überzeugt, dass die Erfahrungen des Hörsaallebens weiterwirken werden (vgl. datschatobi 2009h, S. 00:07:30 ff.). Der dritte Referent stellt die Forderungen der Aktivist*innen gegenüber Bundes- und Landesregierung sowie der Hochschulleitung in Augsburg vor. Als schriftliche Kataloge seien diese Forderungen den jeweiligen Adressaten übermittelt worden und an diesen Inhalten würden zukünftige politische Entscheidungen bemessen werden (vgl. datschatobi 2009f, S. 00:01:20). Der letzte Sprecher auf dem Podium führt aus, dass der Bildungsstreik keineswegs beendet, für den Moment aber ausgesetzt sei. Zwischen den Zeilen macht sich die Hoffnung auf die Zeit nach Weihnachten und die Zukunft der Bewegung nach der Besetzung breit (datschatobi 2009e, S. 00:04:32). Der erste Teil der Pressekonferenz endet mit diesem vierten Statement. Die Gehalte der Statements sind vor dem Hintergrund einer eingehenden Analyse nicht unproblematisch. Ging es beim Besetzen allein um Bildungskritik oder ist mit dem Besetzen nicht auch ein gewisses Lebensgefühl verbunden? Ist neben Bildung und Demokratie nicht auch die Vergemeinschaftung ein Kernmoment der Tage im Hörsaal? Ist das Feiern und Blödeln nicht so wichtig wie das Diskutieren? Wenn jeder und jede alles mittragen konnte, warum bleiben dann immer mehr Besetzer*innen dem Protest fern? Wenn alle im Hörsaal sich einbringen und verwirklichen konnten, wie hält man es dann mit der massiven Kritik aus der Studierendenschaft und mit dem doch fragwürdigen Grabenkampf gegenüber den pauschalierten Wiwis? Die Pressekoferenz bringt Wesentliches nach außen, in vielerlei Hinsicht bleiben die Verlautbarungen aber unvollständig und um Legitimation bemüht. Das ist weder verwunderlich, noch den Podiumsreferent*innen anzulasten. Hier liegt die Funktion des letzten Podiums der Besetzung. Die Ereignisse werden gerahmt, die Berechtigung der Kritik am institutionellen *status quo* wird unterstrichen, das intensive Besetzungsleben als produktive und ernsthafte Episode ausgedeutet. Ob die Beteiligten auf dem Podium selbst daran geglaubt haben, dass jederzeit ein Wiedereinzug möglich sei und in ihren Kräften läge, liegt im Bereich des spekulativen. Wahrscheinlich halten sich in diesen letzten Momenten, ähnlich wie zu Beginn der Besetzung, Skepsis und Hoffnung die Waage. Die vergangenen Wochen bilden ein hinreichendes Fundament, um authentisch vom Wiederbesetzen zu sprechen und vom kommenden Bildungsaktivismus zu künden. Die Statements der Pressekonferenz verschaffen der Besetzung ein letztes Mal Legitimation und Kraft. Sie bieten den Hintergrund, nach getaner Arbeit und großer Leistung, den vorläufigen Rückzug anzutreten, ohne sich selbst ein Scheitern eingestehen zu müssen; ohne der Frustration oder der Wirkungslosigkeit[19] das Wort zu reden und ohne das Gesicht zu verlieren.

Der absurde Auftritt des Leon Schmitt-Messer

Ein letzter Redner wird angekündigt (datschatobi 2009e, S. 00:00:05), während seine vier Vorredner und die Moderatorin die Bühne verlassen. Die Pressekonferenz ist bis zu diesem Zeitpunkt vor allem ein um Ernsthaftigkeit bemühter Auftritt. Die Beiträge sind normativ aufgeladen, die Beiträger beziehen Stellung, doch sind sie ihrer Form nach sachlich und begründet. In dieser Stimmung, tritt der junge Mann,

---

[19] An dieser Stelle von Wirkungslosigkeit zu sprechen, heißt nicht dem Besetzungsaktivismus im Sommer und Herbst 2009 jede Wirkung abzusprechen. Im Gegenteil, die Proteste haben sehr wahrscheinlich nachhaltig die Diskussionen über Studiengebühren, Bologna-Prozess und G8 mit verändert. Ein ungetrübtes Loblied auf Bologna und Co. konnte in der Folge nicht ohne Weiteres angestimmt werden. Studiengebühren, manche Bologna-Veränderung und das G8 wurden zwischenzeitlich nicht nur in Frage gestellt, sondern teilweise rückabgewickelt. Diese Entwicklungen waren im Winter 2009 längst nicht absehbar, hingegen war der Frust der ungeduldigen Aktivist*innen klar erkennbar. Etwas über die Verschiebung diskursiver Muster zu sagen, ist durch die Anlage dieser Arbeit nicht darstellbar. Tatsächlich halte ich eine diskursanalytisch interessierte Aufarbeitung des 2009er Protestgeschehens für ein lohnenswertes Unterfangen; durchaus mit dem Blick dafür, dass das Einbrechen nichtalltäglicher Ereignisse dazu geeignet ist, Verschiebungen in diskursiven Formationen oder Dispositive herbeizuführen. Gleichwohl gelten auch hier die Einsichten Michel Foucaults. Solche Verschiebungen ereignen sich jenseits individueller Intentionen und sind wahrscheinlich mit Überdeterminationen und Rollbacks verbunden (Foucault 1978, S. 119 ff.). Es ist letztlich eine empirische Frage, ob die Proteste 2009 sich vor dem doppelten Hintergrund diskurs- und situationsanalytischer Betrachtungen, als unterschied-machende Ereignisse erweisen können.

der bereits zu Beginn der Pressekonferenz hinter seinen Vorredner*innen Platz genommen hat, an den vorderen Tisch. Es ist Schauspieler *Klaus*, bereit den Schlusspunkt der Pressekonferenz zu markieren. Sind außer der Moderatorin die Protagonisten des ersten Teils leger gekleidet und zieren teilweise Mehrtagesbärte deren Gesichter, wirkt er als deutlicher Kontrast. Er trägt eine graue Anzughose und ein entsprechendes Jackett mit Stehkragen, unter dem ein weißes Hemd hervorblitzt. Glattrasiert und adrett frisiert nimmt er in der ersten Reihe Platz. Seine Erscheinung will so gar nicht in den Kontext der erschöpften Gesichter passen, die auf der Hörsaalbühne und im Auditorium zu sehen sind. Sein Gesicht wirkt unverbraucht und ausgeschlafen, seine Mimik ist freundlich, wobei sein Lächeln gepaart mit wohlgewählten Worten Selbstbewusstsein verströmt.

Er stellt sich unter dem Namen Leon Schmitt-Messer vor und eröffnet dem sichtlich irritierten Publikum seine persönliche Sicht auf die Lage der Bildung. Als Student eines technischen Elitestudiengangs zeigt er sich von den ökonomischen Verwertungsmöglichkeiten der gegenwärtigen Hochschulbildung überzeugt. Noch Tage nach dem Protest scheint *Bert* von der Wirkung dieser Performance entzückt.

Bert: »Und alle haben sich dann auch, glaub ich, gedacht: ›Ja was will der jetzt da überhaupt? […] Was hat der?‹ Da ist ja einer sogar aufgestanden und hat gesagt: ›Was ist denn überhaupt dein Anliegen?‹ Und dacht ich mir, ja super, des funktioniert […]. Also die halten den jetzt echt für n Studenten […].« (Abs. 113)[20]

Ob aus dieser Schilderung *Berts* mehr der Wunsch oder Realität spricht, Schauspieler Klaus mimt kühl und nüchtern die Reinform eines hyperrationalen, selbstoptimierenden Studierenden. Die Kunstfigur Leon Schmitt-Messer ist bereit, horrende Summen zu investieren, um den bestverwertbaren Studiengang auf effizienteste Weise zu studieren und erhält dafür bestmögliche Studienbedingungen sowie eine nahezu sichere, glanzvolle und rentable Karriere. Ironie und Zynismus der Vorstellung brechen sich Bahn, als *Klaus* auf die Verschränkung von individuellem Vorteil, Gesellschaftlichkeit und Geschichtlichkeit zu sprechen kommt.

Leon Schmitt-Messer: »Auf unseren Schultern wird die Welt von morgen entstehen. Wir müssen uns die Ausbildungseinrichtung nicht nur als Investition in die Zukunft vorstellen, nein, sondern vor allem als Möglichkeit die Zukunft und damit die Geschichte der Menschheit zu unserem Vorteil zu missbrauchen.« (datschatobi 2009e, S. 00:04:46)

---

[20] Zur von Bert erwähnten Intervention siehe datschatobi 2009a, 00:02:14.

Klaus bleibt bis zur letzten Minute in seiner Rolle und zieht zuletzt das Fazit: »*Ich teile mit diesem Statement nicht das Credo meiner Vorredner und bin für die weitere Verschärfung des Bolognaprozesses*« *(datschatobi 2009e, S. 00:06:13).*

8.1.3.2 Der Auszug

Die Hörsaaluhr zeigt 14.25 Uhr als *Leon Schmittmesser* sich krampfend aufrichtet und neben seinen Stuhl stürzt. Er zappelt wild mit Kopf, Rumpf, Armen und Beinen und bleibt einen kurzen Augenblick später starr liegen. Die Moderatorin beugt sich über den steifen Körper und gibt mit großer Geste zu verstehen, dass es mit ihm aus sei. Aus dem Off tönen Rufe durch das schüchterne Gelächter des Publikums.

Pressekonferenz:
»Stimme 1 (männlich): Da seht ihr s! So verreckt unsere Bildung!
Stimme 2 (männlich): Lasst es nicht so weit kommen!
Stimme 3 (männlich): Damit muss Schluss sein!
Stimme 4 (männlich): Unser Studium könnt ihr töten, unsere Ideen nie!
Stimme 5 (weiblich): Die Gedanken sind frei!« (datschatobi 2009g, S. 00:01:42-00:01:56)

Aktivist*innen stimmen im Hörsaal das Protestlied *Die Gedanken sind frei* an. Noch während der ersten Takte stürmen einige Besetzer*innen auf die Bühne, treten hinter den ›Leichnahm‹ und legen unter einem großen Transparent einen Sarg frei. Zwei heben den Sargdeckel an. Zu viert bugsieren sie den reglosen und steifen Körper des ›kürzlich Verschiedenen‹ auf die Polster, stemmen anschließend zu sechst den offenen Sarg in die Höhe und tragen ihn am singenden Hörsaalauditorium vorbei dem Ausgang zu. Die letzte Note des Chors verklingt und für einen Moment wird es ruhig im Saal. Gemurmel steht im Raum. Als die Träger*innen mit ihrer Fracht den Hörsaal verlassen, brandet Applaus auf. Die Moderatorin verkündet ihr Schlussstatement: »*Die Pressekonferenz ist hiermit offiziell geschlossen*« *(datschatobi 2009g, S. 00:03:50).*

8.1.4 Synopse: Rückzug im Angesicht unwiderstehlicher Veralltäglichung

Unwiderstehlich nagt die Zeit an den Kräften der Besetzer*innen. Strotzt der Aktivismus der ersten Tage vor Kraft, Streitlust, Neugierde und Engagement, schleifen sich diese Potentiale mit Dauer des Geschehens immer weiter ab. Schnell wird die Ambivalenz des Besetzens deutlich. Stiftet die außerordentliche soziale Verdichtung ein geteiltes Leben von bemerkenswerter Intensität, wirken die daraus erwachsenden Bande – die Loyalitätsbeziehungen, Freundschaften und Liebschaften – nach außen schließend. Der freiwillige Selbsteinschluss wird zum unfreiwilligen Ausschluss derer, die nicht in gleicher Intensität am Geschehen teilhaben können. Dies trifft in besonderem Maße auf diejenigen zu, die dem Protest kritisch gegenüberstehen, aber auch auf sporadisch aufkreuzende Sympathisant*innen. Vergleicht man sie mit den Akteuren des *harten Kerns*, die im Auge der Besetzung operieren, sind sie mit der Zeit lediglich Teil einer Peripherie. Selbst innerhalb der engeren Besetzungsgemeinschaft zeigen sich Risse. Unter dem ausbleibenden Erfolg leidet der Gruppezusammenhalt, welcher nicht zuletzt auf einer gewissen Selbstcharismatisierung beruht. An der Ausrichtung des Geschehens scheiden sich zunehmend die Geister. Lagerbildung setzt ein und der soziale Zusammenhalt erodiert. Während das nichtalltägliche Moment an Tragkraft verliert, drängen sukzessive die Anforderungen des tagtäglichen Lebens wieder in den Vordergrund. Besetzung und Studium werden immer mehr zum unmöglichen Spagat oder, wie *Rudi* es formuliert, zum unmöglichen ›Tanz auf zwei Hochzeiten‹.

Gerade noch rechtzeitig vor der drohenden Selbstauflösung ist mit der Presskonferenz ein Schlusspunkt gesetzt. Für die Besetzungsgemeinschaft kommt dieser in vielerlei Hinsicht zu spät. Immer wieder entlarvt die Kamera die letzten Augenblicke der Hörsaalbesetzung als Schauspiel vor dünn besetztem Haus. Wo ist die große Unterstützung derer, die vom Protest der ersten Tage und Woche einmal begeistert waren? Wo ist der Support derer, die noch vor Tagen bei Ringvorlesungen, Podiumsdiskussionen und Partys die Räumlichkeiten gefüllt haben? Die letzte Pressekonferenz ist weder der große Knalleffekt, noch ein großer Reinfall. Sie öffnet eine begehbare Schwelle und markiert die Rückkehr aus der selbsteröffneten *Nichtalltäglichkeit*. Am Abend des 22. Dezember ist die Option der Wiederbesetzung vor allem eine Idee, die sich aus den »sozietalen Kräften«[21] der ursprünglichen Besetzung und des intensiven Besetzungslebens speist. Doch die Kräfte sind verzehrt. Unter dem Strich ist die letzte Pressekonferenz der Besetzer*innen nicht weniger ein Schauspiel für die eingeladene Öffentlichkeit, als ein die Besetzungsgemeinschaft selbst adressierender Wiedereingliederungsritus. Folgt man Arnold van Gennep (2005) haben Übergangsrituale die Aufgabe, potentielle Beschädigungen sozialer Übergänge abzu-

---

[21] Michel Maffesoli unterscheidet die strukturelle Macht sozialer Institutionengefüge vom vitalen und pulsierenden Kräften der sozietalen Vereinigung: »Die Macht (pouvoir) kann und muß sich mit der Lebensführung beschäftigen, die Macht als Fähigkeit (puissance) ist für das Überleben zuständig. […].« Und weiter: »Die griechischen, romanischen, arabischen oder christlichen Kulturen – was uns betrifft – beruhen auf einer inneren Macht (puissance), die immer und immer wieder erneuert, stärkt, dynamisiert, was die Mächte (pouvoir) gerne in Teile zerlegen, starr machen und schließlich zerstören.« (Maffesoli 1990, S. 94)

wenden oder zumindest einzuhegen. Ganz in diesem Sinne bilden die Pressekonferenz, der inszenierte Tod des Leon Schmitt-Messer und der besungene Auszug aus dem Hörsaal einen kollektiv begangener Ritualkomplex, der es den Aktivist*innen der Augsburger Besetzung erlaubt, ohne Gesichtsverlust die Bastion ihrer weitgreifenden und weitgehend enttäuschten Hoffnungen zu verlassen. Gleichzeitig wird damit die große fünfunddreißigtägige Klammer des kollektiven Besetzens geschlossen. Mit der Kontrolle des Schlusspunkts, lässt sich nicht zuletzt die Erinnerungsfähigkeit kontrollieren.[22] Die ›Beschwörung‹ zukünftiger Möglichkeiten einer Wiederbesetzung oder anderer Formen politischen Aktivismus rettet zu gleichen Teilen Realität und Illusion politischer Gestaltungsfähigkeit in den Alltag, ohne dass diesen ›Zauberformeln‹ direkte Optionen entsprechen. Die Besetzung des Hörsaal-Eins' ist beendet – die Besetzer*innen ›kehren zurück in den Alltag‹.[23]

8.2 Über die Sehnsucht nach der Insel zurück in den Alltag

Die Rückkehr in den Alltag ist ein fest geplanter Bestandteil der Gesamtinszenierung der Inseltage. Am späteren Vormittag des dritten Tages ist erneut die Fähre bestellt. Sie wird an der Südostzunge der Halbinsel anlegen und die Schüler*innen und Lehrer*innen in ihr gewohntes Lebensumfeld zurückbringen. Nur drei Tage dauert das Schulcamp auf der Insel. Im Vergleich zu den 35 Tagen der Besetzung beinahe lächerlich kurz, doch die Zeit auf der Insel ist sowohl intensiv als auch exzessiv. Die Inselbevölkerung kostet das verdichtete Leben in vollen Zügen aus. Insbesondere die Abendstunden laden zu festiver Ausgelassenheit ein. Sie bilden die geselligen Fluchtpunkte des Programms der Inseltage. In der Gesamtdramaturgie der Inszenierung hat der zweite und letzte Abend einen besonderen Stellenwert. Seitdem die Fähre am ersten Vormittag am Südostufer angelandet ist, laufen alle Aktivitäten auf diesen Abend zu. Die Produktiviät der Workshopzeiten findet ihren direkten Sinn darin, die Interaktion zwischen Workshopteilnehmer*innen entlang ihrer relativen Vorlieben zu strukturieren. Am zweiten Abend werden nun die Ergebnisse der

---

[22] Wie bereits mit Hinweis auf die Glücksforschung dargestellt (siehe Kapitel 7, Fußnote 31).
[23] Wie folgenreich das Heimkehren ist, hat Alfred Schütz (1972b) dargestellt. Die Heimkehrenden haben wesentliche Erfahrungen durchlaufen und sind in gewissem Sinne nicht dieselben, die sich am 17. November dem Demonstrationszug angeschlossen hatten. Auch ›zu Hause‹ liefen Prozesse und Uhren weiter – wenn auch 35 Tage einen überschaubaren Zeitraum darstellen. Mit beiden Transformationen müssen die Besetzer*innen zurechtkommen. Demzufolge stehen sie in Bezug auf ihre eigene Besetzungserfahrung nicht an einem Ende, sondern mit dem Ende des Aktivismus an einem unüberschaubaren Anfang der Rück- und Selbstbeschau.

Workshopaktivitäten allen anderen präsentiert. Wenn die Insel ein raumzeitlich verdichtetes Arrangement darstellt und wenn über die Workshops Aktivitäten und Interaktionen zentriert werden, dann ist die feierliche Vorführung der Workshopergebnisse und -gruppen am zweiten Abend quasi die Verdichtung der Verdichtung und die Zentrierung der Zentrierung.

8.2.1 Rolle und Bedeutung der Abschlusspräsentationen

Am Morgen des zweiten Tages haben sich die Spuren des letzten Abends mehr oder weniger stark in die Gesichter der Schüler*innen eingegraben. Noch vor dem Frühstück werden die gröbsten Anzeichen der letzten Nacht beseitigt: leere Getränkeflaschen werden zum Küchenzelt getragen, der Müll verschwindet und in den Teillagern werden die wild verteilten Bänke und Tische wieder zu Tafeln zusammengefügt. Einige wenige müssen die Insel im Laufe des Vormittags verlassen. Sie haben gegen das Exzesstabu verstoßen. Nach dem Frühstück und auch nach dem Mittagessen stehen erneut die Workshops im Mittelpunkt des Geschehens. Choreographien werden geprobt, Werke fertiggestellt, Kostüme probiert und Ausstellungsflächen vorbereitet. Am Ende des Tages steht der Abschlussabend und damit auch die Präsentation der Workshops auf dem Plan. Sie ist Kernbestandteil und Höhepunkt der programmatischen Konzeption

Günter Grasser, der seit vielen Jahren aus dem operativen Geschäft der Jugendorganisation ausgeschieden ist, kommt auf die Rolle dieser Abschlusspräsentation zu sprechen, die bis heute fester Bestandteil der Inseltage ist.

Günter Grasser: »[Z]u unsrer Zeit war es so, dass immer […] eine Präsentation am Ende der Tage, was ganz wichtig ist, weil die Leute ihre Ergebnisse auch zeigen wollen und was natürlich auch ne Motivation ist am Ball zu bleiben, um nicht am Ende […] ohne Ergebnis da zu stehen, ganz klar, ja. Und äh da (2) hab ich immer so das Gefühl, dass da sowas äh wie Gemeinschaft entsteht […] und diese […] Gemeinschaft äh dann auch Spaß macht, ja. Und […] ein WIR-Gefühl erzeugt, […] das ja ganz toll ist und des man auch positiv nutzen kann.« (Abs. 32)

Dass die Ergebnisse der Workshops am letzten Abend vor der versammelten Inselbevölkerung präsentiert werden sollen, gibt der Tätigkeit in den Workshopgruppen einen besonderen Reiz. Nicht allen behagt der Gedanke. Nach *Sigrids* Bekunden herrscht in der Improvisationsgruppe vor der Abschlusspräsentation *»nervöses Zittern« (Abs. 20)*. Den Grund hierfür liefert sie sogleich nach: *»[G]rad wenn du einfach weißt, da hocken jetzt dreißig Schüler, die mit dir definitiv in die Klasse kommen[, w]ill man sich jetzt da nicht die Blöße geben« (Abs. 20).*

Wenige Stunden bevor das Spektakel beginnt, sind wir mit *Bob* im Gespräch. Er erklärt, dass es keinen direkten Plan gäbe, wohl aber einen groben Rahmen.

Bob: »[D]ie haben ja jetzt zwei Tage lang in ihren Workshops gearbeitet […]. […] [E]s weiß nicht jeder von jedem Workshop, was die gemacht haben. […] Und wir wollen, dass jeder am Schluss die Chance bekommt nochmal sich zu zeign und zu präsentiern, was er gelernt oder gemacht hat oder womit er sich beschäftigt hat die zwei Tage. […] S heißt heute Abend gibt s ungefähr so zweieinhalb Stunden Präsentation der Workshops. Eins nach m anderen. Die einen machn ne Show die anderen ne Vernisage […], die Dritten spieln n Theaterstück vor. Je nachdem was sie sich halt überlegt habn […] für ihr Präsentation und des geht dann wahrscheinlich so von fünf Minuten bis 30 Minuten ungefähr.« (Abs. 40)

Während des späteren Nachmittags wird spürbar, dass die Abschlusspräsentation näher rückt. Der Lagerplatz kommt in Bewegung und die Atmosphäre auf der Insel verändert sich, wie sich anhand einiger Beispiele aufzeigen lässt.

8.2.2 Der letzte Abend als integrierter Klimax des Lagerprogramms

8.2.2.1 Vorbereitungen und gespannte Erwartung vor dem Abschlussabend

Bereits Stunden vor dem Auftritt sind schwarz kostümierte Akrobat*innen beim Proben ihrer Hebefiguren und Pyramiden zu sehen. *Sven* hat sich eine Gitarre umgehängt und mit zwei weiteren Musikern neben der Rounder-Wiese postiert. *Keith*, der Leiter des Musikworkshops, sitzt auf einer Cajón – einer Kistentrommel – klopft synkopische Rhythmen, während sein ganzer Körper diese in Bewegung übersetzt. *Ike* ist Teil der Mannschaft, ein stämmiger ruhiger Kerl mit langen Rastazöpfen. Er steht hinter einem Kontrabass, der neben ihm gar nicht so groß wirkt, und zupft mühelos seine Basslinie. *Sven* spielt und singt mit Verve, hält den Blick auf den Boden und schüttelt wild seine Haare. Immer wieder bricht die Truppe ab, bespricht sich, um kurz darauf das Lied wieder aufzunehmen. Schließlich steht das Stück (vgl. L FT, Abschn. 3.1.5.2). Zunächst wird nicht so recht klar, was die drei hier vollziehen, erst im Kontext weiterer Ereignisse, wird der Gesamtzusammenhang deutlich. Bereits einige Zeit vor den Musikern taucht eine Gruppe von Lehrern und eine Lehrerin am Schlagmal des Rounderfeldes auf, auch *Tony* und *Joe* sind unter ihnen (vgl. L FT, Abschn. 3.1.5.1). Die Lehrer*innen üben für das große Spiel gegen die Schüler*innen. Ich geselle mich zu ihnen und spiele mit. Zunächst wird verlegen am Schlagpunkt geübt. Ohne Absprache entsteht ein Rounder-Spiel mit nur einer Mannschaft. Wer gerade nicht schlägt, fängt und holt die Bälle, während immer eine*r vom Wurfpunkt die Vorlagen für die Schläger abliefert. Das Schlagen wird mit der Zeit sicherer und die Lehrer*innen beginnen damit nicht nur das Schlagen, sondern auch das Laufen von Schlagmal zu Schlagmal einzuüben. *Tony* erzählt davon, dass es den Lehrer*innen klar sei, dass sie heute Abend wahrscheinlich verlieren werden. Das sei immer so, nur einmal hatten sie mit Unterstützung der Mannschaft gewonnen. »Wer weiß?«, meint Tony, »Vielleicht gewinnen wir ja doch!« und geht selbst zum Schlagpunkt. Das Spiel macht Spaß, doch die Situation am Schlagmal ist nicht einfach, wie ich selbst feststellen darf.

Forschungstagebuch: »Ich stehe an diesem Schlagmal und stelle dort fest, dass es eine wahnsinnig komische Situation ist. Am Rounderfeld stehen oder sitzen in der Wiese inzwischen zwischen zwanzig oder dreißig Schüler*innen, einige Lehrer*innen, Studierende aus unserem Forschungsteam. Einige unterhalten sich angeregt. Andere sehen uns beim Üben zu. Am Schlagmal ist man unglaublich exponiert. Ich bin aufgeregt, mein Puls geht schneller. Ich versuche locker zu bleiben, die Bälle zu treffen oder zumindest eine gute Figur zu machen. Ich habe das Gefühl, nicht gut kontrollieren zu können, was ich hier mache. Also halte ich die Keule und versuche irgendwie lässig auszusehen und natürlich ›das Ding‹ mit ordentlich Karacho zu treffen. Beim zweiten Mal gelingt es deutlich besser als beim ersten Versuch. Sofort ist daraufhin das Feedback da. Ein Lehrer meint, ›der muss bei uns mitspielen und dann nachher die Bälle weghauen‹. Ein gutes Gefühl. Ich denke, das geht den Lehrer*innen ähnlich.« (L FT, Abschn. 3.1.5.1)

Immer wieder wird der Ball getroffen, immer wieder gibt es positives Feedback aus der Lehrer*innengruppe, teilweise einen kleinen Applaus und anerkennende Rufe vom Seitenrand. Die Truppe auf dem Feld ist weit davon entfernt, die Bälle immer, geschweige denn dann kräftig, zu treffen und auch die Fänger im Feld lassen einige Bälle liegen, aber das Training zeigt Wirkung. Mit der Zeit verliert der Aktivismus die Nervosität. Beruhigt wird die Übungseinheit beendet und die Rounderspieler*innen vermengen sich mit den am Rand Stehenden, scherzen und lachen.

Zuletzt spielen sich auch einige Schüler auf dem Feld warm. *Malte* ist unter ihnen und erzählt im Interviewgespräch wenige Wochen später: *»[A]m Abend ham mer dann no gschlagen und dann hab ich viermal daneben ghaun und dann ja, war nicht so wirklich [...]«* (Abs. 164). Er berichtet auch davon, dass beim Finale der ganze Hang voller Leute sei und gibt damit preis, dass es später um etwas gehen wird: Gewinnen scheint eine Prestigefrage. Den drei Jungs ist dies am späten Nachmittag des Abschlusstages anzumerken. Sie schnappen sich Keule und Bälle und bringen sich in Pose. Der Schlagmann schwingt die Rounderkeule beidhändig, wie einen Baseballschläger. Die beiden anderen werfen sich in Baseballmanier – beide Hände am Ball, angezogenes Knie – einige Bälle zu. Dann beginnt ihr Übungsspiel.

Forschungstagebuch: »Ein Schüler postiert sich am Schlagmal, ein weiterer am Wurfpunkt, der dritte im Feld. Lockere Bewegungen, der Schläger wird erneut ein paar Mal gekonnt durchgeschwungen. Man wirft sich in Schale und Pose. Dann will das Spiel aber nicht gut klappen. Der erste Schläger verfehlt Ball um Ball. Das löst bei den zuschauenden Lehrer*innen verhaltenes Gelächter und Gemurmel aus. Ein Lehrer ruft: ›Ja den Showteil hat er schon drauf! Aber nur den Showteil, dann hörts schon auf.‹ Spannung ist zu spüren. Die kurze Rounderkeule ist für einen Baseballschlag mit beiden Händen nicht gut geeignet. ›Versuch s mal mit einer Hand und hol nicht so weit aus. Das geht besser‹, ruft der Fänger aus dem Feld dem Schlagmann zu. Tatsächlich klappt es schnell besser. Tatsächlich treffen sie jetzt regelmäßig und schlagen die Bälle weit über die Wiese oder in den See.« (vgl. L FT, Abschn. 3.1.5.3)

Die Schüler sind angespannt, die Lehrer*innen inzwischen deutlich lockerer. Sie können es auch sein. Allgemein wird angenommen, dass sie das Spiel gegen die Schüler*innen verlieren werden – alles andere wäre eine Sensation. Den drei Jungs ist die Last des Siegenmüssens anzumerken, ihnen reicht es nicht beim Verlieren gut auszusehen. Immer wieder schallen verächtliche Kommentare über den Platz, wird ein Ball deutlich verfehlt oder ein einfacher Ball nicht gefangen. Die Szenerie hat etwas Komisches Haben nicht die Lehrer*innen selbst noch vor wenigen Stunden dasselbe getan? Wie beim Wiegen der Kontrahenten vor einem Boxkampf sticheln die Lehrer gegen ihre Schüler – es sind hier in beiden Fällen tatsächlich Männer – und heizen die Stimmung so noch an. Doch in der Stichelei liegt nicht mehr Konkurrenzgehabe, als auch Jovialität und Lockerheit. Angespannt und freudig erregt erwarten Schüler*innen und Lehrer*innen das kommende Spiel.

Mit den Vorbereitungen rückt der letzte Abend in den Mittelpunkt der Aufmerksamkeit. Erneut entsteht aus kollektiver Betriebsamkeit ein Komplex von psychomentalem und raumzeitlichem Befinden. Erwartungshaltungen, freudige Erregung sind vor allem auf der Wiese vor der Sanitärbaracke greifbar, denn hier vollzieht sich der individuelle und kollektive Vorbereitungsaktivismus. Der Fokus der Szenerie verdichtet sich und peilt den geplanten Start des Spektakels um 19.30 Uhr an. Der Abend kann kommen.

8.2.2.2 Die Entfaltung des Plots und die Steigerung der Steigerung

Bob und Svens zweiter großer Auftritt
Schüler*innen und Lehrer*innen, aber auch Referent*innen, die Studierenden und Dozenten der Forschergruppe, und nicht zuletzt die Lagermannschaft, haben sich am Inselberg am Rande des Rounderfelds eingefunden. Die meisten sitzen auf der Wiese am Hang. Die Akrobat*innen tragen weiße Masken und sind als Gruppe erkennbar. Bei näherer Betrachtung zeigt sich, dass sich die Schüler*innen in Gruppen um ihre jeweiligen Referent*innen zusammengesetzt haben. *Bob* und *Sven* treten vor die versammelte Inselbevölkerung. Die lautstarken Unterhaltungen werden leiser und verstummen schließlich nahezu vollständig. *Sven* steht auf *Bobs* Schultern und

beide erzeugen damit spontan genügend Spektakel, um die Aufmerksamkeit der Versammlung auf sich zu ziehen. Amüsiert und gespannt lauscht die ansehnliche Menge dem über drei Meter hohen *SvenBob*-Ungetüm, das lautstark, mit großen Gesten und warmen Worten die Versammelten begrüßt (L FT, Abschn. 3.1.5.5). Wie bereits bei der Eröffnungsveranstaltung haben die beiden Organisatoren die Moderation an diesem Abend fest im Griff. Dieser zweite große Auftritt des Duos bestegt deutlich stärker aus Hintergrundarbeit, doch lässt sich an drei Aspekten, die Bedeutung ihres Auftritts und ihrer dauerhaften Präsenz umreißen.

Erstens sind Sie von Anbeginn bemüht, eine Stimmung wechselseitiger Wertschätzung und Bedeutsamkeit zu etablieren. Sie bedanken sich bei allen Anwesenden und betonen, dass in den letzten beiden Tagen Großartiges geleistet wurde, auf das jeder und jede stolz sein darf. Die einzelnen Gruppen werden benannt. Mit diesem Vorgehen werden einerseits alle Teilnehmer*innen der Inseltage mit Wertschätzung versorgt, andererseits öffnen *Bob* und *Sven* damit eine kollektive Klammer. Der Abschlussabend und die folgenden Präsentationen werden dadurch zu einem Geschehen, das Ungleiches als gleichwertig unter einem gemeinsamen Baldachin versammelt. Damit führen *Sven* und *Bob* unbewusst oder bewusst zusammen, was etwa zwischen Lehrer*innen und Schüler*innen auf dem Rounderfeld in gewissem Sinne noch unverbunden geblieben war. Das lässt sich dahingehend interpretieren, dass die beiden Moderatoren die Bühne des Abschlussabends als praktischen »dritten Raum«[24] öffnen, den es braucht, um über Differenzen hinwegzusehen und trotz aller vorhandenen Differenzen Identität zu erleben.[25] Zweitens liegt in der Moderationstätigkeit selbst ein gewichtiges Moment. Abwechselnd treten *Bob* und *Sven* zwischen den Programmeinheiten auf. Sie bedanken sich für die Darbietungen und kündigen das Kommende an beziehungsweise bitten die nächsten Akteure auf die Bühne. Immer aber fordern sie nach und vor den Darbietungen Applaus ein, der eifrig und

---

[24] Der Begriff wird erneut in Bezug auf Homi Bhabha (2000) verwendet. In meiner Anleihe gehe ich insofern über die Anlage von Bhaba hinaus, dass es sich hier weder um semantische oder konversationsanalytische Metapher, sondern um eine praktisch performative Vorstellung des Dritten Raums handelt. Adressaten dieses Dritten Raums sind die Schüler*innen untereinander, die Leher*innen und Schüler*innen, aber auch die erweiterte Lagerbevölkerung, denen sich in diesem Moment die Möglichkeit eröffnet an diesem Gemeinschaftlichen (Communitas) Anteil zu haben.

[25] Bernhard Giesen (2010, S. 30) sieht in solchen Übersetzungsleistungen ermöglichenden Bedingungen die Grundlage für Identitätserfahrungen. »Die Ähnlichkeit, die wir in der Übersetzung behaupten, beruht nicht auf der Natur der Dinge, sondern auf unserer gemeinsamen Bereitschaft, Differenzen zu übersehen und Gleichheiten zu betonen.« Giesen sieht diese Bereitschaft auf den Fundamenten kultureller Übereinstimmungen ruhend. Meine These ist nun, dass derartige Bedingungen auch gestiftet werden können. Die Programmatik des Inselcamps wäre hierzu ein Beispiel.

unter lautem Rufen gespendet wird. Bald müssen sie das Applaudieren nicht weiter anleiten. Das Publikum weiß selbst, wann es gefordert ist und ist präsent. Wenn es also in den folgenden Stunden dazu kommt, dass jede und jeder gefeiert wird, ist die Praxis der Moderation an dieser Tatsache nicht unbeteiligt. *Zuletzt* hat ihre Darbietung einen gewissen Charakter der Initiation. Am ersten Tag hatten sie die Moderation der Eröffnungsveranstaltung fest im Griff. Schüler*innen sind am kleinen Theater beteiligt, aber *Bob* und *Sven*, Lagerleiter *Gerd* und die Referent*innen der Workshops müssen sich erst gar keine Mühe geben, um ihnen die Show zu stehlen. Sie haben die Aufmerksamkeit. Ihnen gelten staunende Blicke, offene Münder und das Gelächter. Am letzten Abend geben *Bob* und *Sven* die Bühne frei. Die Teilnehmenden der Inseltage haben in den letzten Tagen das Programm durchlaufen, Workshops absolviert und sind nun gerüstet, ihre eigenen Darstellungen auf die Bühne zu bringen. Das Durchlaufen der Workshops kann somit als ›kleine Statuspassage‹ (im Sinne von Van Gennep 2005; Turner 1989) betrachtet werden und die Darbietung auf der Insel*bühne* als initiale Aufnahme in den Kreis derer, die sich auf der Insel mit ihren Fähigkeiten und ihren Persönlichkeiten zur Schau stellen dürfen. *Bob* und *Sven* geben die Bühne frei und der Plot des Abends kommt zur Entfaltung.

Sportworkshop Lehrer*innen gegen Schüler*innen
Tonys Hoffnungen sind bald zerschlagen. Etwas spöttisch berichtet *Malte*: »*[D]ie Lehrer warn ja auch nich so gut anscheinend« (Abs. 164)*. Der Sportworkshop schlägt die Lehrer*innen deutlich. Für einen Augenblick drehen die Schüler*innen die Verhältnisse um: In der Schule geben die Lehrer*innen den Ton an, auf dem Spielfeld müssen sie klein beigeben. Doch damit ist nur die halbe Geschichte erzählt. *Björn* erinnert sich an gern an das Rounderspiel: »*weil ma da [...] dann zum Beispiel mal gesehen hat, wie die Lehrer eigentlich so drauf sind« (Abs. 50)*. Die Lehrer*innen gehen erhobenen Hauptes vom Platz. Sie sind vielleicht sportlich geschlagen, doch auch sie tragen den Sieg davon. Einige von ihnen nutzen die Minuten auf dem Rounderfeld in eigener Sache.

Björn: »Der eine Lehrer hat n Flickflack über n ganzen Platz gemacht, nachdem er n Punkt geholt hat. Oder wie sich der [Andere – M.E.] n bissl größerer gefreut hat, dass er n Punkt gemacht hat und dann nich abklopft und dann er ewig weiter rausrennt und dann schreien alle und rennt zurück und freut sich dann trotzdem noch. Also da hat man halt wirklich mal gesehen, dass die Lehrer eigentlich saulässig drauf sind [...].« (Abs. 50)

Wenn es den Lehrer*innen darum ginge eine gute Figur abzuliefern, gelingt ihnen dies exzellent. Die Schüler*innen sind auf ihren Posten. Ein weiterer Lehrer trifft den Ball mit voller Wucht. Doch obwohl unter Zeitdruck Richtung Schlagmal unterwegs, lässt er es sich nicht nehmen, den vorletzten Feldpfosten ein zweites Mal zu umrunden. Die Schüler*innenschaft johlt und auch *Sven*, der mit *Bob* mitten im Spielfeld auf zwei Kisten sitzt und den Punktestand durch lautes Rufen festhält, honoriert den Einsatz: »*Das gibt einen halben Zusatz-Rounder*« (L FT, Abschn. 3.1.5.8). Wofür? Dafür, dass der Lehrer gleichzeitig mit allem Ernst beim Spiel und doch weder sich, noch das Spiel zu ernst nimmt. Kurzum, weil er beweist, wie »*saulässig*« er »*eigentlich so drauf*« ist – wie *Björn* betont. All das sind Momente, in denen greifbar wird, dass Lehrer*innen und Schüler*innen das Spiel als bedeutsam erachten; dass es nicht egal ist, was jetzt auf diesem kleinen Stückchen Wiese am See und vor Augen der versammelten Anderen geschieht. Die beteiligten Lehrer*innen nutzen die Möglichkeit sich in Szene zu setzen weit besser als die Schüler*innen. Eine Chance, die ihnen wahrscheinlich im Unterricht nicht oder nur spärlich gegeben ist. Hier können sie tatsächlich etwas wagen, was sie sonst nicht wagen können und damit punkten sie auf andere Weise. Auch wenn sie den Sieg nicht davontragen. 18:12 heißt es am Schluss und damit ist die Niederlage besiegelt.

Die Wirksamkeit dieses Auftakts ist eine doppelte: Einerseits kann die Niederlage als symbolische Umkehrung des Machtgefälles zwischen Lehrer*innen und Schüler*innen gedeutet werden. Im Alltag ist es wohl so, dass die Schüler*innen gegen die Lehrer*innen in der Schule institutionell nicht gewinnen können. Erst das Heraustreten aus dem funktionalen Interaktionszusammenhang und der Eintritt in die spielerische Rahmung der Insel macht dies möglich. Ein Spiel mit ganzem Einsatz wird anberaumt und die Lehrer*innen verlieren. In diesem karnevalesken Moment stehen die Herrschaftsbeziehungen der Schule auf dem Kopf. Andererseits findet gerade durch diese Umkehr eine Annäherung zwischen Schüler*innen und Lehrer*innen statt, welche die Position der Lehrer*innen nicht etwa unterminiert, sondern stärkt. Denn am Ende gibt es einen doppelten Erfolg. Die Schüler*innen besiegen das Lehrer*innen-Team und die Lehrer*innen erlangen Anerkennung als lockere und lustige Typen. Beide gehen in Sieg und Niederlage als Gewinner vom Platz. Müde Gladiator*innen schreiten vom Feld, durch ihr gezeigtes Engagement auf Augenhöhe versöhnt.

Gruppen-Choreographien
Die nächsten Minuten gehören den Akrobatiker*innen, dem Jogaworkshop und der Improtheatergruppe. Wie *Malte* zeugt auch *Harald* von gespannter Vorfreude – natürlich rückblickend.

Harald: »[W]as ich besonders toll fand war, […] dass wir am Schluss diese Aufführung hatten und wir hatten so nen Ordner, wo eben so verschiedene Türme und alles so abgebildet war und ähm da waren wir dann ganz begeistert dabei, uns möglichst viel ähm einzuprägen und zu probieren und ne möglichst gute Show [...] abzuliefern[. D]as hat uns ja motiviert und auch noch enger zusammengebracht.« (Abs. 21)

Die zehnköpfige Gruppe betritt mit schwarzen Shirts bekleidet die Bühne. Alle Gesichter sind hinter einfachen weißen Gipsmasken verschwunden und auch am Hinterkopf sind Masken befestigt. Die Gipsgesichter blicken in beide Richtungen und immer wieder ist erst auf den zweiten Blick erkennbar, ob die vordere oder hintere Maske in das Publikum stiert. Das musikalische Trio um *Sven* bringt sich in Stellung und begleitet den Workshop mit *George Michaels Faith*. Das offensichtlich hier als *Face* (Gesicht) uminterpretiert wird. Die Akrobat*innen bauen Türme und zeigen Hebefiguren, zu zweit, zu mehrt oder auch alle zehn. Jede gelingende Figur erntet großen Beifall. *Arne (Abs. 197)* meint, *»die Artistiker waren gut«*. Das Spektakel hält sich in Grenzen, doch das Publikum am Hang jubelt als sich die Gruppe zuletzt an den Händen nimmt und in langer Reihe verbeugt (vgl. L FT, Abschn. 3.1.5.9).

Der Jogaworkshop startet mit einer technischen Panne. Ihrer Musikanalage gehen nach Sekunden die Batterien aus. *»Die haben mir leidgetan«*, bekundet *Arne (Abs. 197)*. Es dauert einen Moment bis Ersatz beschafft werden kann. Der Fluss der Darbietungen ist unterbrochen und die Fokussierung verflacht. Die Gespräche im Publikum werden lauter. Schließlich kann die Jogagruppe ihre Choreographie beginnen. Die Protagonist*innen auf der Bühne haben es nicht einfach. Eine Joga-Choreographie: Techniken zur Entspannung und Bewegungen, die dem Selbstempfinden dienen, als Spektakel. In das Gemurmel auf den Rängen mischt sich Gelächter, das bald wieder verstummt. Die Vorführung dauert nur wenige Minuten, doch dass die fließenden Bewegungen, den auf Spannung gehaltenen Abend durchbrechen, kann nicht verwundern. *»Joga war dermaßen langweilig. Ich bin fast eingeschlafen«*, gesteht *Sigrid (Abs. 20)* im Rückblick, so auch mein eigener Eindruck. Die letzten Bewegungen werden zu Ende geführt, die letzten sphärischen Klänge der Jogamusik verklingen, lautes Klatschen und Jubel brandet auf (vgl. L FT, Abschn. 3.1.5.10). Wie selbstverständlich erhält auch die Jogagruppe ihren Applaus. Eben noch war greifbar, wie die Aufmerksamkeit im Publikum abdriftet und Gespräche zunehmen und nun gibt es doch großer Beifall. Was auch immer beklatscht wird, es ist nicht das Spektakuläre und was auch immer zum Applaus antreibt, es ist nicht eine Begeisterung, die aus den Darbietungen selbst erwächst.

Die Jogagruppe räumt die Bühne und gibt den Raum frei für den Theaterworkshop (vgl. L FT, Abschn. 3.1.5.12). Es ist die erste Gruppe, die selbst mit einer Moderation auftritt. Der Sprecher der Truppe stellt sich vor das Publikum und erklärt unterschiedliche Aufgaben, denen sich die Schauspieler*innen stellen. Es folgen drei Darbietungen, die der Sprecher jeweils kurz einleitet. Die erste kündigt er als *freeze*-Improvisationstheater an. Ein Mädchen und ein Junge treten vor die Gruppe und beginnen eine gemeinsame Szene. Nach etwa fünfzehn Sekunden ertönt das Kommando »*freeze*« und beide halten in ihren Bewegungen inne und verstummen. Ein Dritter betritt die Bühne, klatscht einen der beiden ab und nimmt diesen Platz ein, um mit einer neuen Szene mit neuem Inhalt zu beginnen. Auf diese Weise wird in den nächsten Minuten Szene an Szene gereiht und die ganze Theatergruppe tritt so nacheinander auf den Plan. Das Gelächter im Publikum ist groß, denn die Talente am Fuße des Inselhanges sind darum bemüht, möglichst aus Extremen zu schöpfen und Klischees zu bedienen. Ein Junge spielt sich als *Pascha* auf und lässt sich die Füße küssen, ein anderer als Zuhälter. Ein Mädchen setzt sich als Prostituierte in Szene, eine andere als umsorgende Mutter. Die fehlende Sexismussensibilität bei diesem Spiel ist ebenso interessant wie die Form. Doch der Unterhaltungswert ist unbestreitbar und das Gelächter auf den Rängen groß. Zwei weitere Darbietungen folgen. Nebeneinander positionieren sich zwei Pärchen, wobei jeweils Mädchen hinter Jungen stehen. Die vorderen haben ihre Hände hinter ihrem Rücken verborgen, die Mädchen ›ersetzen‹ die fehlenden Gliedmaßen durch ihre und strecken Arme und Hände durch die Ellenbogenbeugen der Jungen nach vorn. Das Publikum soll nun Stichworte für die Improvisation liefern, ein zusammengesetztes Hauptwort ist gesucht. Die Versammlung am Hang reagiert zunächst verhalten, doch dann fallen die Worte *Ameisen* und *Kannibalismus* und die Improvisation dreht sich im Folgenden um *Ameisen-Kannibalismus*. Die Aufgabe ist nun eine doppelte. Während die Jungen einen Dialog über *Ameisen-Kannibalismus* entwickeln, unterstreichen die Mädchen die Geschichte durch Gesten. Ein hervorragender Nährboden für weit schallendes Gelächter. Die letzte Vorführung dreht das Interaktionsverhältnis um. Ein Mädchen hinter einem der Jungen startet mit Gesten, während der Junge passend zu diesen, dem Publikum einen Vortrag hält. Unter lautem Rufen und begeisterten Pfiffen verabschiedet sich die Theatergruppe von der Bühne. Bereits während der Darbietungen bieten sich immer wieder Gelegenheiten für Szenenapplaus: Lobpreis für Situationskomik, aber auch für die Leistung der Einzelnen. Zuletzt erhält die Workshopgruppe frenetischen Gruppenapplaus. *Sigrid (Abs. 20)* hat sich nach eigenen Aussagen im Hintergrund gehalten, zeigt sich im Nachgang aber sehr zufrieden. *»Kam aber wohl ganz gut an. [...] Das war ja schon witzig. Also des fand ich echt cool.«*

Die Kreativen laden zur Vernissage

Die Darbietungen der kreativen Workshops – der Architekturworkshop, das Comiczeichnen und der Maskenworkshop – teilen dieselbe Darbietungsform. Diese Gruppen wagen sich auf die Freilichtbühne, aber nur um kurz zu erklären, was sie gemacht haben. Anschließend weisen sie auf die verschiedenen Orte hin, an denen ihre Werke ausgestellt werden und in den nächsten 40 Minuten wird die Insel zum Ausstellungsort (vgl. L FT, Abschn. 3.1.5.13). Auf großes Interesse stößt die Architekturskulptur unweit des Seeufers. Vor allem die Lehrer*innen versammeln sich dort und unterhalten sich angeregt über das Werk. Aber auch die Schüler*innen zeigen sich beeindruckt: »*[D]ieses [...] Holzskulpturending [...] fand ich echt cool*«, berichtet *Sigrid (Abs. 20)*. Auf einer Fläche von etwa zehn Quadratmetern errichtet, erhebt sich ein Gerippe aus unzähligen sechzig Zentimeter langen Holzlatten. Je durch Schrauben miteinander verbunden, bilden sie eine Art umgekehrtes Vogelnest oder Baldachin, auf drei Säulen stabil ruhend. In Zweierteams haben die Workshopteilnehmer*innen an der Skulptur gearbeitet, wobei nie zwei hintereinander ausgeführte Arbeitsschritte durch den- oder dieselbe bewerkstelligt werden durften und die Latten in einem Winkel von mindestens 60 Grad miteinander verbunden werden mussten. Ohne Plan entsteht zugleich spontan und kollaborativ über eineinhalb Tage eine riesige Lattenkonstruktion.[26]

Arne ist mit dem Erfolg der Maskenausstellung sehr zufrieden.

Arne: »[...] dass die Leute dann auch wirklich hingegangen sind und sich vor das Ding gestellt haben und gedacht haben, »Was hat sich der Mensch dabei gedacht?«, bei jedem. Die haben sich das länger, konzentriert angeschaut. Das fand ich schön.« (Abs. 32)

Viel kürzer als alle anderen, stehen die Teilnehmer*innen der kreativen Workshops vor dem Publikum. Auch sie erhalten im Gegenzug ihren Applaus, der aber mager ausfällt. Nimmt man Arnes Retrospektive ernst, zeigt sich die Wertschätzung in diesem Fall weniger im Johlen und Klatschen, sondern durch ›ernsthafte Zuwendung‹ zu den einzelnen Werken. Die Anstrengungen der letzten Tage waren nicht allein in sich selbst ein schönes Erlebnis, die hervorgebrachten Werke stoßen auf Interesse. Arne betont die Verweildauer und berichtet von erkennbarem *Konzentrieren* sowie *Interessiert-Sein*. Es gibt ein Publikum für ihre Kunst und die anderen – seien es jetzt die anderen Teilnehmer*innen, die Lehrer*innen, die Studierenden oder aber die Lagermannschaft – verweilen vor den Werken, betrachten diese eingehend. Tatsächlich sieht man die Inselbevölkerung in den nächsten Minuten von Ausstellungsort zu Ausstellungsort flanieren (vgl. L FT, Abschn. 3.1.5.13). *Arne (Abs. 34)* erzählt nicht weniger mit Staunen als mit Stolz von der erfahrenen Bestätigung: »*Sie haben sich echt dafür interessiert.*« Es hätte auch anders laufen können. Ganz ähnlich sieht es sein Workshopkollege *Björn (Abs. 14)*: »*Aber [...] echt hätt ich jetzt nich gedacht, hätt gedacht, die hauen jetzt gleich alle ab und gehen irgendwie was trinken oder so, aber [...] sind doch noch*

---

[26] Zum Architekturworkshop siehe das Interview mit Karlo und Kelvin (L II 12, Karlo & Kelvin).

sehr viele dann hingegangen und haben sich die angeschaut.« Wie es um die tatsächliche Begeisterung des Ausstellungspublikums bestellt war, darüber lässt sich lediglich spekulieren. Doch *Arne* und *Björn* geben starke Hinweise darauf, dass die Form der Vernissage, in den feierlichen Rahmen des Abschlussabends eingebettet, sogar noch das Basteln von Gipsmasken als Besonderheit zu akzentuieren weiß.

Der Höhe- und Schlusspunkte im Zelt

Die Dämmerung senkt sich über die Insel. Die Beleuchtung im großen Bierzelt wirkt in dem Maße heller, wie im Gegenzug die Leuchtkraft der Sonne am Firmament entschwindet. *Bobs* lauter Ruf schallt über die Insel. Man trifft sich im Bierzelt. Aus allen Richtungen strömen die Verteilten wieder zusammen. Bald ist das Zelt brechend voll. Der letzte Teil des Abends hat es noch einmal in sich. Im Zelt wurden zwei Bühnen errichtet. Getürmte und mit einer dunklen Plane verhangene Bierbänke bilden in einer hinteren Ecke den Präsentationsort des Kasperltheaters. Auf der anderen Seite des Zeltes wird durch eine Leinwand und einige Bänke und Stühle eine Bühne für die Zaubervorstellung, die musikalische Darbietung und den Lehrer*innen-Film definiert. *Karl*, Referent des Kasperltheater-Workshops, leitet den vierten und letzten Teil des Abends ein. Das Publikum soll den Kasperl herbeirufen, ist aber im ersten Versuch zu leise. Der zweite Anlauf verfehlt seine Wirkung nicht, der improvisierte Vorhang hebt sich. Der dramaturgische Ablauf des Kasperltheaters in Kürze:

Forschungstagebuch:»Kasperl steht im Wald und trifft die Gretel. Die Gretel hat einen starken Ausschlag. Dieser Ausschlag juckt furchtbar. Kasperl will sich darum kümmern. Er schlägt vor, zum Pfarrer zu gehen. Sie kommen zum Pfarrer. […] Der Pfarrer kann aber leider nicht helfen. Er versucht den Schmerz wegzunehmen, aber das funktioniert nicht. Gretel kratzt sich immer noch. […] Die beiden gehen weiter zur Hexe. Die weiß schon alles und erklärt ihnen, wie sie den Ausschlag loswerden können. Sie sollen auf eine bestimmte Insel fahren. Auf der gibt es einen Baum und unter dem Baum wächst eine Blume. Diese Blume soll Gretel essen und dann wird sie wieder genesen. Kasperl und Gretel machen sich auf die Reise, kommen auf die Insel. […] Dort suchen sie einen Baum, finden aber zunächst nur den Sepperl. Den bitten sie, ihnen zu helfen die Blume zu suchen. Der Sepperl erklärt, dass er natürlich mitmacht, aber ergänzt: »Ich muss jetzt erst mal richtig Kacken«. Sepperl verschwindet hinter einem Baum. Verrichtet dort hörbar sein Geschäft und siehe da, eine Blume wächst hinter dem Baum aus dem guten Dung hervor. Die Blume wird zu Gretels Rettung. Gretel isst die Blume und ist geheilt. Der Kasperl nimmt das freudig zur Kenntnis und fragt die Gretel, ob es sie noch juckt. Gretel antwortet, dass das nicht mehr der Fall sei. Daraufhin fällt sie dem Sepperl um den Hals und fragt: »Ja mei Sepperl, mogst mi heiroten. Dank schön, dass für mi hintern Baam gschissn host.« Mit dieser bissigen Pointe und lautschallendem Gelächter fällt der Vorhang.« (L FT, Abschn. 3.1.5.14)

Die Assoziationen sind klar; die Geschichte mit dem Baum längst Inselgespräch. Die meisten Schüler*innen sind vor Lachen außer sich. Die Lehrer*innen machen betretene Gesichter. Am bitterbösen Kasperltheater scheiden sich die Geister.

Unbestritten ist es ein Höhepunkt der Abschlusspräsentation. *»Aber nichts, nichts schlägt den Kasperleworkshop. Der ist ungeschlagen Nummer Eins.«*, erklärt *Arne (Abs. 197)* laut lachend. Und auch *Björn (Abs. 31)* meint: *»[D]as war halt der Brüller. Also da [...] hat jeder nur noch gelacht, weil s einfach so lustig war und [...] is so ne Geschichte, die man, glaub, nie vergessen wird«. Smilla (Abs. 155)* teilt deren Meinung nicht, und erklärt ihre Position: *»weil des Mädchen dann auch so n bisschen in Dreck gezogen wurde. Also ich weiß nicht. Es wurde ohnehin schon so viel drüber geredet. Und des musste irgendwie nicht sein, finde ich.«* Tatsächlich ist der Gag auf Kosten der bereits abgereisten Mitschülerin nicht unproblematisch. Das einschließende Lachen der verbliebenen Inselgemeinschaft ruht auf dem Ausschluss einer Delinquentin. *Merle* bemerkt ebenfalls die Härte, stellt im Zuge dessen aber auch fest, dass die Mitschülerin selbst schuld sei. *Björn* glaubt, dass es gut wäre, wenn nicht noch mehr Leute über das Geschehene erfahren. Tatsächlich ist kaum vorstellbar, dass dieser Exzess auch nur kurz beschwiegen werden wird. Gerade weil die *Geschichte mit dem Baum*, nur hinter vorgehaltener Hand und im Gewand neutralisierender, indexikalischer Begriffe erzählt werden kann, erzeugt sie so große Wirkung. Nicht nur das Geschehen am Vorabend trägt den Charakter des Tabubruchs, auch noch das Reden darüber behält diese Insignien. *Arne (Abs. 39)* resümiert: *»Ich dachte, des könn sie nicht bringen, des könn sie nicht machen, des könn sie nicht bringen. Und sie tun es. Verdammt!«* Seiner und der kollektiven Erheiterung tut die implizite Härte gegenüber einer ausgeschlossenen Dritten keinen Abbruch. Gemeinschaft und Ausschluss verweisen aufeinander.

Die anschließende Zauberdarbietung geht in der kollektiven Erregung des Theaterstücks geradezu unter. Doch bei Karten- und Seiltricks beruhigen sich die Gemüter und das Publikum wird nach einem Mentaltrick mit großem Staunen zurückgelassen.[27] Als letzte Schüler*innen-Gruppe betritt der Musikworkshop die Bühne. Im ganzen Zelt sitzen Schüler*innen, Studierende, die Workshopreferent*innen und auch einige der Lehrkräfte auf dem Boden, während das Gros der Mannschaft und der Lehrer*innen, wie ich selbst, am Rand des Zelts stehend Platz gefunden haben. *Svenja* kommt auf ein Bild zu sprechen, das eine Szene des Abschlussabends zeigt.

Svenja: »Ja und auf dem Bild, des is [...] so am Abschlussabend, [...] in dem Zelt nach m Kasperltheater mit der Musikgruppe und des fanden irgendwie alle [...] voll toll wie die da gesungen haben

---

[27] Ein Mitglied unseres Forschungsteams hat uns bis zuletzt nicht verraten, ob sie bei diesem Trick zufällig oder mit Absicht zur Assistentin des Zauberschülers wurde; geschweige denn uns verraten, wie der Trick funktioniert (vgl. L FT, Abschn. 3.1.5.16).

und so des war irgendwie voll die tolle Stimmung [...]. Aber des war irgendwie voll die tolle Stimmung und irgendwie voll der schöne Abschluss zum Schluss.« (Abs. 48)

Die Teilnehmer*innen des Musikworkshops bringen ein kleines Konzert auf die Bühne. Aus dem Zelt drängen Rhythmen, Melodie und Gesang über den See: zunächst *Sunshine Reggae* von *Laid Back* und anschließend *Oasis* Hit *Wonderwall*. Die Musiker*innen mit und ohne Instrument tauchen tief in ihre Rollen ein, bewegen sich zu den Rhythmen. Einige singen mit geschlossenen Augen und starker Mimik (vgl. L FT, Abschn. 3.1.5.15). Der Funken springt auf ihr Publikum über. Bereits während des ersten Lieds singen immer mehr der Zuschauer*innen mit. Zuletzt stimmen die Musiker*innen *Westerland* der Band *Die Ärzte* an.

Forschungstagebuch: »Die Stimmung ist vielleicht in diesem Moment auf ihrem Höhepunkt angelangt. Publikum und Darsteller*innen kommen sich immer näher, die Grenzen verfließen. Das ganze Zelt singt, nickt mit den Köpfen und klatscht im Rhythmus. Die Musik wird immer lauter, der Beifall immer heftiger und überschwänglicher. Beim letzten Lied über die *Sehnsucht nach der Insel* verwischt die Grenze zwischen Band und Publikum endgültig. Im Konzert verschmilzt die im Zelt versammelte Inselbevölkerung zu einem einzigen singenden, gleichmäßig klatschenden und groovenden Gebilde.« (L FT, Abschn. 3.1.5.15)

Die Inselbevölkerung taucht in eine gemeinsam tätige Bewegung; erst singend, schunkelnd, klatschend, mitfiebernd und nachdem die letzte Zeile und der letzte Akkord verklungen sind pfeifend, grölend, applaudierend, jubelnd. »*[I]n dem Zelt [sind] irgendwie alle gemeinsam*«, wie Svenja in Erinnerungen schwelgend betont. Man sitzt »*ganz nah beieinander*« mit der »*Gitarre und so*«; »*irgendwie voll schön.*« Sie ergänzt: »*[E]s war irgendwie wirklich ne super Stimmung, weil [...] alle ähm beisammen waren und [...] keiner so ausgeschlossen wurde, als saßen wir wirklich alle zusammen und habm alle mitgesungen, des war irgendwie voll die super Stimmung*« (Abs. 86). Die gemeinsamen Lieder im großen Zelt treiben die Intensität des räumlich, zeitlich und sozial verdichteten Lebens auf seine Spitze. Nicht nur sind die Anwesenden zeitgleich zugegen, nicht nur sind sie an einem Ort versammelt; noch ihre Aufmerksamkeit ist auf ein Geschehen fokussiert, sind ihre Tätigkeiten synchronisiert und in Gleichförmigkeit überführt. Die Grenzen zwischen Band und Publikum, aber auch zwischen den Einzelnen im Auditorium verwischen. Schüler*innen, Lehrer*innen, Mannschaft, Studierende sind mit ihrem Teil daran beteiligt, dass ein emotional aufgeladenes Ganzes entsteht: für alle sichtbar, für alle hörbar. So banal das Geschehen auch anmutet, so kollektiv wirksam ist es doch. Während des letzten Refrains entsteht eine atmosphärisch verdichtete Totalität, die natürlich nur eine vorrübergehende, sich im Vollzug erschöpfende Existenz darstellt, doch nichtsdestoweniger, wird hier das Gemeinsame greifbar, erfahrbar und nicht zuletzt erinnerbar. *»[I]rgendwie voll schön«*, meint *Svenja (Abs. 86)* Wochen später.

Den Schlusspunkt setzen die Lehrer*innen oder vielmehr die Referentin und der Referent des Lehrerworkshops gemeinsam mit den anwesenden Lehrkräften. Es ist spät geworden. Schon annähernd drei Stunden sind seit der akrobatischen Begrüßung durch *SvenBob* verstrichen. Zum ersten Mal treten nicht die Workshopteilnehmer*innen, sondern zunächst Referent*innen auf die Bühne. Bewaffnet mit überdimensionierten Mikrophonen heizen sie die Stimmung noch einmal an. Erneut gibt es technische Schwierigkeiten. Die Referentin des Workshops stellt sich unter dem Pseudonym *Joana* vor.

Forschungstagebuch: »Die Referentin in der Rolle von Joana erzählt, dass sie nicht mit Geld belohnt wird. Sie stellt den Halbsatz »Ich stehe auf der Bühne, weil?« in den Raum. Plötzlich schreit sie laut »Joana« ins Publikum und aus dem Publikum schallt in vielfacher Stärke »Du geile Sau« zurück. Und wieder: »Joana.« »Du geile Sau.« Dieses Mal lauter. Und ein drittes Mal »Joana.« »Du geile Sau.« Nahezu das ganze Zelt stimmt jetzt in das Geschrei ein.« (L FT, Abschn. 3.1.5.17)[28]

Das anschließende allgemeine Gelächter speist sich wahrscheinlich aus Plötzlichkeit und der Anrüchigkeit der Szene. Im Moment der Menge und der Lockerheit der Atmosphäre, geht die Rechnung der Referent*in auf. Sie kann die Stimmung erneut befeuern.

Die anschließende Präsentation des Lehrer*innen Films beansprucht Zeit. Bereits am Nachmittag kommen wir mit der Lehrerin *Berta Braun (Abs. 23–32)* ins Gespräch, die den Workshop als *»echt super und lustig«*, den Film als *»Trash-Kurzfilm«* treffend charakterisiert. Der Titel lautet *»Nur die Harten kommen in den Garten«*, wie uns der Lehrer *Eduard Emil (Abs. 31–34)* verrät. Der Plot ist schnell skizziert. Lehrer*innen werden in einem Casting-Show-Format herausgefordert. Die sechs Charaktere müssen diverse Mutproben bewältigen. Eine Skurrilität reiht sich an die nächste und Lehrer*innen nehmen sich beherzt selbst auf den Arm. Zuletzt werden die Kandidat*innen bewertet und ein Bewerber als bester Lehrer gekürt. Fast vierzig Minuten nehmen Einleitung, Trashfilm und die anschließende Verabschiedung in Anspruch. Die

---

[28] Der Ruf ist *Peter Wackels* Ballermann-Hit *Joana (Du geile Sau)*, einer Partyversion eines Songs des deutschen Schlagersängers Roland Kaiser, entnommen. Der Refrain basiert auf einem frivolen Dialog zwischen Band und Publikum. Sänger: »Joana.« Publikum: »Du geile Sau.« Sänger: »Geboren um Liebe zu geben.« Publikum: »Du Luder.« usw. In dieser Version wird das Original jeder Doppeldeutigkeit beraubt, zurück bleibt die anrüchig gezeichnete Joana und ein lüsternes (männliches) Publikum.

Lehrer*innen erhalten somit zum Ende des Abendprogramms große Aufmerksamkeit. *»[E]in bisschen zu lang«*, meint Merle *(Abs. 182)*. Doch zeigt sie sich überrascht: *»[D]es sind teilweise so spießige [Charaktere – M.E.], wo ich das nie gedacht hätte«* *(Abs. 141)*. Nicht minder überrascht scheint *Malte*. Er findet das *»Lehrervideo [...] echt ganz cool«* *(L III 3, Malte, Abs. 14)*. Die Lehrer*innen *»hab[en] sich irgendwie so n bisschen lächerlich gemacht und so [...] die Autorität untergraben«*, befindet er. Dabei sei insbesondere der Hauptdarsteller im Film im Schulalltag *»voll seriös« (beide, Abs. 36)*. Auch *Svenja (Abs. 85)* betont die Selbstironie der Lehrkräfte und ist der Ansicht, dass dadurch *»n ganz lockeres Verhältnis«* zu diesen entstanden sei. Trotz der fortgeschrittenen Zeit räumen die Lehrer*innen frenetischen Applaus und lautstarkes Johlen ab. Sie nutzen die letzten Minuten des feierlichen Rahmens und bedanken sich ausführlich bei ihren Workshopleiter*innen. In Beisein von *Bob* und *Sven* erklären sie das Programm für beendet und leiten damit in den geselligen Teil des Abends über. Die Feierlichkeiten der Abschlusspräsentation gehen in ähnlicher Weise wie am Vorabend in festive Ausgelassenheit über. Auch die Mannschaft der Jugendorganisation ist an diesem Abend ausgelassen. Es ist geschafft. Die Logistik im Hintergrund hat ohne Reibung funktioniert. Die Referent*innen haben ein attraktives Angebot auf die Beine gestellt und erfolgreich bewältigt. Was am Abend folgt, steht noch im Geist der geschaffenen Atmosphäre – zu großen Exzessen kommt es nicht mehr.

8.2.3 Synopse: Höchste Intensität und der Anfang vom Ende

Mit dem letzten Abend zelebrieren die Inselbewohner*innen sich selbst. Sie applaudieren sich wechselseitig für das Engagement der letzten Tage. Über den Abend verteilt, feiert und beklatscht jede und jeder, jede und jeden. Die Stimmung ist auf ihrem Höhepunkt und intensives Gemeinschaftsempfinden und Zufriedenheit mit der eigenen Leistung gehen Hand in Hand. Der zweite Abend wird in *Haralds (Abs. 31)* Augen *»noch besser als der erste Abend«*. Auf sein Highlight der Inseltage angesprochen, benennt er den zweiten Abend und betont das Abendprogramm. *»[I]ch fand die Aufführungen am Schluss eben echt toll, weil man gesehen hat, wie sich die Leute dafür Mühe gegeben haben und sich engagiert haben [...].« (Abs. 91)* Hier kommt das vielfältige Treiben der Stunden auf der Insel zur Entfaltung und alle Protagonist*innen zur Geltung. So aufregend es ist, im Rampenlicht zu stehen, so spannend ist es auch die anderen dabei zu beobachten. Begeistert spricht *Smilla (Abs. 73)* davon, *»wie das aufgezogen war«* und resümiert: *»[D]ie Schlusspräsentation hat mir total gut gefallen«*. *»Dann haben wir ja auch mal gesehen, was die anderen so gemacht haben«*, berichtet Merle *(Abs. 182)* und begründet damit ihr Urteil über die Abschlusspräsentationen: *»[F]and ich super.«*

Zuletzt bringen die Lehrer*innen ihren Workshop auf die Bühne und mit Dank treten sie wieder ab. Doch handelt es sich in diesem Moment um viel mehr als nur um Dank. Im letzten Augenblick des Abends treten die Lehrer*innen erstmalig als aktiver Part vor das Publikum, bestehend aus den Schüler*innen und der Mannschaft, und ›übernehmen‹ das Format. Sie bedanken sich bei ihren Workshopleiter*innen, anschließend für das Engagement der ganzen Inselmannschaft, sie bedanken sich bei den Schüler*innen für deren Begeisterung sowie Einsatz und adressieren diese zum ersten Mal, seit wir die Geschehnisse auf der Insel betrachten, kollektiv und öffentlich als ihre Schüler*innen. In diesem Moment ist die »Wiedereingliederung« (Van Gennep 2005, S. 21) in den Alltag bereits eingeleitet. Das Spektakel ist vorbei und die Abenteuer sind erlebt. Die Abendstunden verhalten sich zum Spektakel der ersten Nacht, wie der Tag vor Aschermittwoch zur Weiberfastnacht. Man verbringt schöne gesellige Stunden, trinkt noch ein Glas, lacht und singt gemeinsam. Doch das Ende vor Augen, treibt die Müdigkeit einen auch ins Bett. Damit hat der ›Kehraus‹ begonnen. Die ersten Stunden des nächsten Morgens sind dem Zusammenpacken und Verabschieden gewidmet. Die Küche bringt die Reste aufs Buffet: Es gibt Sandwiches. Hier und da werden Abschiedsfotos gemacht. Auch wir fotografieren unser Team; im Hintergrund der Inselberg. Um 11.30 Uhr legt die Fähre am Südzipfel des Eilands an. Bei leichtem Nieselregen setzen wir gemeinsam mit den Schüler*innen über und lassen die Mannschaft auf ihrer Insel zurück. Was nun Geschichte ist, kann ab jetzt erzählend erinnert werden. Um 11.55 Uhr fährt der Zug zurück. Nur eine Störung im Betriebsablauf und ein beherzter Spurt zum Bahnhof verhindern, dass wir erneut die Passage verpassen. Die Inseltage 2011 sind vorbei. Der Alltag hat uns wieder.

8.3 Zwischenbetrachtung
– Veralltäglichung und zelebrierte Rückkehr

Der Übergang in das Alltagsgeschehen zeigt sich in beiden Fallbeispielen geradezu gegenläufig. Während sich die hohe Intensität und Euphorie der ursprünglichen Besetzung immer weiter abschleift und das Geschehen in eine Dynamik unwiderstehlicher Veralltäglichung eintaucht, wird auf der Insel ein Moment höchster Verdichtung und Intensität inszeniert, um gleichsam am Scheitelpunkt Abschied und Rückkehr einzuleiten. Am Beispiel der Hörsaalbesetzung lässt sich der fragile Charakter *situativer Nichtalltäglichkeit* erkennen. Der Schwellenzustand der Besetzung ist dazu geeignet, für begrenzte Dauer Sinn, Anerkennung und auch Gemeinschaft zu stiften. Doch er scheint ganz und gar nicht dazu geeignet, relevante Bezugsprobleme ausbalancierter Lebensführung zu besorgen. Die Intensität der Erlebnisse, der Produktivität und der Vergemeinschaftung wird mit dem Verschleiß der Kräfte erkauft und der Verschleiß der Kräfte steht zunehmend der Erlebnisqualität, der Produktivität und Vergemeinschaftung im Weg. Der Sprung zum Ausgang ist dahingehend so unausweichlich wie für den verbliebenen *harten Kern* der Besetzung glücklich. Endlich ist das in der Luft hängende Trajekt der Besetzung – das mit der ursprünglichen Besetzung einen Anfang, aber kein ebenso klar bestimmbares Ende kennt – zu einem ›sinnvollen‹ Abschluss gebracht.

Zwei Überfahrten markieren die zeitlichen und räumlichen Klammern des *Spektakulums* auf der Insel – um Goffmans Rahmenanalyse zu bemühen. Während die Besetzung die maximale Intensität in ihrer Konstitution erfährt, folgt die Intensität des Insellebens der programmatischen Dramaturgie: Das Geschehen läuft auf die Abende und insbesondere den letzten Abend zu. Wechselnde Konstellationen und wechselnde Grade der Verdichtung erzeugen einen intensiven Austausch in verschiedenen Gruppenkonstellationen und die programmatische Vermittlung der Kollektivität der Inselbevölkerung. Die Abschlusspräsentation wird von einer karnevalesken, wenn auch symbolischen Umkehr der Herrschaftsbeziehungen zwischen Schüler*innen und Lehrer*innen begleitet. Mit der Rückabwicklung dieser Umkehr oder vielmehr mit der in letzter Minute vollzogenen Rückaneignung der Inszenierung durch die Lehrkräfte wird zuletzt der Austritt aus der *situativen Nichtalltäglichkeit* markiert. Der Sprung zurück in den Alltag wird, nach einer ›Karenzzeit‹, am nächsten Vormittag mit einer zweiten Fährfahrt vollzogen. Das Beispiel der Inseltage zeigt, wie die zeitliche Kontrolle nicht nur hilft, dem Verschleiß der Kräfte vorzubauen – auch die Schüler*innen und ihre Lehrkräfte sind nach den zweieinhalb Tagen müde und erschöpft – sondern auch ermöglicht die dramaturgische Spannung situativer Nichtalltäglichkeit zu erhalten.

Dass die Inseltage 2011 im weitesten Sinne reibungslos ablaufen, dass die Besetzung des Hörsaal Eins vornehmlich an konstruktiver Produktivität interessiert bleibt, sind keine Belege für die Harmlosigkeit des Nichtalltäglichen. Auch an diesen Beispielen lassen sich die *Ambivalenzen situativer Nichtalltäglichkeit* erahnen. Das exzessive Leben erzeugt längst nicht nur Stilblüten, die sich im Anschluss hervorragend als Narrative für spätere Klassentreffen bewahren lassen. Das intensive Leben verweist auf der anderen Seite immer auf einen Abgrund. Die Besetzer*innen sind sich den Gefahren massiver Radikalität bewusst. Die Zeltlagermacher*innen fürchten die Folgen ungezügelter Exzesse. Um diesen Gefährdungen vorzubauen geben sich die Besetzer*innen ein Regelwerk. Auf der Insel wird ein Lagerregime verkündet und exekutiert. Im Resultat bleiben von den intensiven Erfahrungen Erinnerungen, die sich im Superlativischen ergehen – an ihren extremen Rändern werden diese mit einem hohen Preis erkauft. Die Besetzungsgemeinschaft ist gespalten, die aufgeriebenen Kräfte werden noch lange der Erholung bedürfen. Das wechselseitige Kennenlernen und die Gemeinschaftserfahrung auf der Insel wird nicht zuletzt mit dem Ausschluss der Delinquent*innen und den unabwägbaren Folgen des Kontrollverlusts erkauft.

8.4 Theoretische Abstraktion: Nichtalltägliche Erfahrungspotentiale oder die ›Wirkweisen‹ intensiver, situativer Nichtalltäglichkeit

Die Ausführungen des fünften bis achten Kapitels haben die Aufgabe, das verdichtete und intensivierte soziale Leben der beiden nichtalltäglichen sozialen Arrangements aufzuschließen. Wenn es zuletzt um die Frage nach ›Wirkungen‹ geht, so sind diese vor allem da angesiedelt, wo sich etwas für die beteiligten Menschen verändert. Wenn wir von Veränderungen durch Erlebnisse sprechen, reden wir in aller Regel von Erfahrungen. Um mit Michel Foucault zu sprechen: »Eine Erfahrung ist etwas, aus dem man verändert hervorgeht« (Foucault 1996, S. 24), etwas, das einem nicht erlaubt, der- oder dieselbe zu bleiben wie zuvor. Abstrahiert man konkrete Ereignisse und Szenen, lassen sich zwischenmenschliche Erfahrungspotentiale, die beide nichtalltägliche Arrangements – wenn auch inhaltlich verschieden und durchaus auch mit unterschiedlicher Gewichtung – ermöglichen, wie folgt systematisieren.

Typologie 8: Erfahrungschancen situativer Nichtalltäglichkeit

		Selbst- und Fremdwahrnehmung	
		Sich selbst wahrnehmen	Andere Wahrnehmen
Besondere Erlebnisqualität	Abweichung	A1. Positive Selbstdistanz A2. Selbstverlust	B1. Wertschätzung des Anderen B2. Othering
	Übereinstimmung	D1. Anerkennung D2. Selbstgefälligkeit	C1. Kennenlernen & Gemeinschaftserleben C2. Kollektiver Selbsteinschluss

Auf der einen Seite (horizontale Achse) können diese Erfahrungen auf die Teilnehmenden selbst oder aber auf die je Anderen bezogen sein. Auf der anderen Seite (vertikale Achse) ergeben sich Erlebnisse von besonderer Qualität: Gewichtige Abweichung, aber auch ebenso bedeutsame Übereinstimmung wird erlebbar. Alle Kombinationsfälle markieren besondere Erfahrungschancen, die sich alle samt als ambivalent erweisen. Vor dem Hintergrund des im vierten Abschnitt entfalteten Rhythmus der Inseltage sind die vier Felder beziehungsweise Erfahrungstypen der Matrix wie folgt zu verstehen.

Typ A: Sich selbst als Anderen erfahren

Den Protagonist*innen beider Arrangements bieten sich vielfältige Gelegenheiten zu sich selbst in Distanz zu gehen. Die alltäglichen Rollenmuster und die im Alltag eingeübte Selbsteinschätzung werden in diesen Momenten gebrochen. Bereits der Eintritt in die Besetzung ist mit einem massiven Rollenwechsel verbunden. Bei allem vor der Besetzung bestehenden politischen Engagement, die Verwandlung von Schüler*innen und Student*innen in Besetzer*innen einer öffentlichen Einrichtung gehört nicht in das allgemeine Spektrum von Alltagserfahrungen. Das Wirken in den Arbeitsgruppen (AGs), das nächtliche Treiben im Hörsaalzentrum, die verzwickte Logistik, die tatsächliche wie vermeintliche politische Tragweite der Ereignisse und der eigenen Teilhabe – es gibt so vieles, an dem sich die Differenz zum Alltagsselbst ermessen lässt und das auf die Individuen zurückwirkt. Produktiv sein und sich selbst als Subjekt dieser Produktivität zu begreifen, ist eine Schlüsselerfahrung. Das Besetzungsgeschehen gleicht einer permanenten Überforderungssituation, welche die Aktivist*innen dazu zwingt, über den Horizont ihrer Selbstverständnisse hinauszuschreiten.

Auch die Teilnehmenden der Inseltage sehen sich permanent mit neuen Herausforderungen konfrontiert. In den Workshops müssen sie blind Fußballspielen oder spontan Theaterszenen improvisieren oder eine Skulptur bauen. Nicht zuletzt sollen sie das Ganze vor versammelter Mannschaft präsentieren. Das heißt, sie sollen am letzten Abend schauspielerisch improvisieren, gegen die Lehrer*innenmannschaft beim Sport gewinnen und den mit Instrumenten eingeübten Song performen etc. Darüber hinaus werden beim Herumblödeln Alltagsrollen ironisch gebrochen. Die Schüler*innen und Lehrer*innen nehmen sich selbst nicht so ernst und sind dazu in der Lage, über sich selbst zu lachen. Nicht zuletzt entstehen Situationen der Kollektivität, die aus sich selbst oder beeinflusst durch den Konsum von Alkohol, Züge des Rauschhaften tragen.

Es zeigen sich zwei Seiten der Distanzerfahrung: Einerseits kann die Erfahrung des eigenen Andersseins als *(A1) Positive Selbstdistanz* verstanden werden. Die Erfahrung zu machen, ›Aha, das kann ich also auch!‹ oder ›Ein solcher beziehungsweise eine solche bin ich auch!‹, ist nicht belanglos. In ihr gründet das Selbstvertrauen und die Zuversicht, sich auf Neues und Fremdes einlassen zu können. Wo ist der Lernort im Alltag, das zu erfahren? Die beiden dicht beschriebenen nichtalltäglichen sozialen Arrangements erweisen sich hier als *»Raum zum Experimentieren«*.[29] Lotet man die Bedeutung einer positiven Distanz zu sich selbst aus, geht es hier um die Erfahrung von Selbstwirksamkeit; das Wissen, dass man selbst auch anders sein kann; das Selbstvertrauen anders zu sein; sowie auch die Lust auf das eigene Anderssein. Metaphorisch gesprochen, geht es um die Lust auf den Sprung ins kalte Wasser und das Selbstvertrauen, diesen Sprung zu bestehen. Hat man aber erst einmal erkannt, dass man selbst zu geradezu Außerordentlichem befähigt ist, dann bleibt diese Erkenntnis nicht folgenlos. Selbstwirksamkeitserfahrung und Selbstcharismatisierung schreiten Hand in Hand.

Andererseits ist die Erfahrung von Distanz auch mit Schattenseiten verbunden. Sich selbst als Anderen zu erleben, kann längst nicht nur mit Überschreitungs-, sondern auch mit Unterschreitungserlebnissen einhergehen. Ein nachhaltiger *(A2) Selbstverlust* droht. Die Erfahrung von Wirkungslosigkeit und Scheitern im Falle der Besetzung oder aber die Erfahrung des folgenreichen Kontrollverlusts im Rahmen der Inseltage sind hierfür Beispiele. *Hannah* fühlt sich am Ende der Besetzung nur noch »verarscht«, während die von der Insel verwiesenen Delinquent*innen die Folgen ihres Kontrollverlusts am Ende der Inseltage noch gar nicht absehen können. Selbstverlust zeigt sich somit als Einschränkung des Vertrauens in die eigene Wirksamkeit, die mit einer nachhaltigen *Beschädigung des Selbst* im Sinne Goffmans (1975b) verbunden sein kann.

Typ B: Andere auf andere Weise erfahren

Die Anderen stehen uns gegenüber. Daher ist es meist einfacher, andere zu beobachten als uns selbst zu beobachten. In den nichtalltäglichen sozialen Arrangements des besetzten Hörsaals und der Insel wird die Abweichung der Anderen vornehmlich zu einer positiven Erfahrungschance. Auch hierzu einige Beispiele. Die Lehrer*innen treten während der Inseltage nicht in ihren Funktionsrollen auf, sondern begegnen den Schüler*innen als Individuen und damit als »Du« auf Augenhöhe.[30] Auf der Insel

---

[29] So urteilt *Judith* mit Blick auf den besetzten Hörsaal.
[30] Im Sinne *Martin* Bubers (Buber 2009).

rückt das Lehrer*in-Sein oder Schüler*in-Sein in den Hintergrund. Aus Sicht der Schüler*innen lockert sich das Verhältnis auf. Das gemeinsame Sitzen, Reden, Lachen, aber auch Trinken und Rauchen ist ein Indiz dafür. Banal und doch wirksam ist die Inselregel sich »*beim Vornamen*« anzusprechen, wie *Anton (Abs. 50)* betont. Auch beim Rounderspielen lassen sich Lehrer*innen auf Schüler*innen ein, spielen mit und zeigen sich »*von ner andern Seite*«, erzählt *Emma (Abs. 14)* und fügt an: »*[D]as war halt einfach dann eher so wie so n freundschaftliches Verhältnis*«. Am Abschlussabend präsentieren die Lehrer*innen ihr Workshopvideo und nehmen sich selbst ›aufs Korn‹. Für *Emma (Abs. 50)* verliert das Stereotyp »*Typisch Lehrer*« auf der Insel deutlich seine Konturen. Emma sieht den Grund in der Erfahrung des Andersseins der Lehrer*innen: »*weil man dann auch erlebt, wie witzig sie halt sein können*«. Zweitens: Unter Schüler*innen, Lehrer*innen oder Mitgliedern der Mannschaft treten Charaktere hervor, mit teils bewundernswerten, teils kuriosen, teils skurrilen Persönlichkeitsmerkmalen, Fähigkeiten oder Fertigkeiten. Der Koch taucht am frühen Morgen im Tipi auf und beginnt einen verrückten Tanz. Auf einmal gibt es ein Platzkonzert im Toilettentrakt. Ein Lehrer singt lautstark am Lagerfeuer alte Volkslieder, während alle gebannt lauschen. Sie alle sind Beispiele für alternative Rollenmodelle; Modelle dafür, dass es Fähigkeiten gibt, die für sich genommen bewundernswert sind; Modelle, weil sie eine Botschaft haben, die authentisch und bewegend ist und einen anrührt; oder auch Modelle dafür, sich etwas zu trauen und damit nicht zu scheitern – Modelle also für den Mut zum eigenen, persönlichen Engagement. Am 18. November treffen im besetzten Hörsaal Aktivist*innen aufeinander, unter ihnen kennen sich die wenigsten. Tatsächlich haben sich viele noch nie gesehen. Im regen Austausch der Besetzung ergeben sich vielfältige Chancen, Talente, Fähigkeiten und Fertigkeiten anderer wahrzunehmen und die eigenen zu erproben.

Die *(B1) Wertschätzung der Anderen* in ihrem Anderssein reicht vom ins Wanken geraten alltäglich gelebter Stereotype bis zur Verehrung charismatischer Qualitäten. Doch ebenso wie im Alltag wird das Anderssein der Anderen auch in der morphologischen Kompression situativer Nichtalltäglichkeit nicht selten mit dem Ziehen von Gruppengrenzen verbunden. Der Anglizismus *(B2) Othering*[31] bringt diese

---

[31] *Othering* bezeichnet oder vielmehr qualifiziert Praktiken, durch die andere als Andere markiert werden und die gleichzeitig dazu geeignet sind, die als *other* Etikettierten diese Zuschreibung spüren zu lassen. Der Begriff geht auf Gayatari Spivak zurück. Spivak bezeichnet damit eine hegemoniale Kulturtechnik, die er im imperialen Großbritannien des 19. Jahrhunderts beobachtet; im Auftreten der Briten liege eine Kraft oder Macht »to make the ›native‹ see himself as ›other‹« (Spivak 1985, S. 254). Von den kulturtheoretischen und machttheoretischen Gehalten absehend, meint *Othering* das Setzen und Behaupten von Differenzen. Damit ist Spivaks Begriff ein Pendant zum von Pierre Bourdieu stammenden Konzept der *Distinktion* (Bourdieu 1987a).

Grenzziehung treffend zum Ausdruck. Exemplarisch werden die Studierenden der wirtschaftswissenschaftlichen Fakultät zum pauschalisierten Anderen stilisiert. Hinter dieser Adresse (Wiwi) wird ein ›Pappkamerad‹[32] errichtet, an den alle Vorwürfe gerichtet werden können, ohne damit auch nur einem tatsächlichen Studierenden gerecht zu werden. Dieser ›Pappkamerad‹ wird nicht zuletzt ›nötig‹, da den Besetzer*innen ein orientierungstiftender Antagonismus, zur Universitätsleitung, den Organen der Presseöffentlichkeit und der Politik fehlt.

Typ C: Andere in Übereinstimmung mit sich selbst erfahren

Kaum ein Vorgang findet in unserem Interview- und Beobachtungsmaterial häufiger Erwähnung als das »Kennenlernen«. Während der Hörsaalbesetzung und der Inseltage erfolgt das Kennenlernen geradezu mühelos. Warum? Die Antworten sind vielfältig. In den Hörsaalreihen und in den Zelten entwickeln sich intime Kleingruppen, die sich über Stunden in Gespräche verstricken. In den Arbeitskreisen und Workshops, während der Spiele und Events treffen die Beteiligten auf Leute, von denen viele sagen, dass sie diese zuvor noch nie gesehen haben. Kurzum, die nichtalltäglichen sozialen Arrangements eröffnen unzählige Gelegenheiten zur Begegnung.

Gleichzeitig stiften im Hörsaal die praktischen Erfordernisse des Besetzens wie auf der Insel die inszenierten Herausforderungen von Workshops, Spielen und offenen Programmangeboten, Formen und Notwendigkeiten sich miteinander zu beschäftigen. Die Strukturen einer alternativen, nichtalltäglichen Lebensbewältigung wirken wie eine große ›Verbindlichkeit‹ stiftende Apparatur; Verbindlichkeit, nicht verstanden als moralische Verpflichtung, sondern als greifbare Substanz, welche zwischen den Menschen Gemeinsamkeit und damit eben Verbindung zu stiften vermag. Auf der interpersonalen Ebene äußert sich diese Verbindlichkeit als Prozess und Erfahrung des wechselseitigen Kennenlernens. Abstrakter entsteht gleichwohl auch etwas, das über diese direkt persönliche Ebene hinausreicht. Wie am Entstehen der Inselatmosphäre deutlich wird.

Während Bourdieus Begrifflichkeit einem elaborierten Klassenkonzept aufruht, fokussiert Spivak eine kulturhegemoniale Komponente.

[32] Gemeint ist eine imaginierte Projektionsfläche, die in der stilisierten Form keine reale Entsprechung findet. Dass die Besetzer*innen einen wesentlichen Teil der Studierendenschaft gewollt oder ungewollt vor den Kopf stoßen und auch eine Binnenspaltung innerhalb der Besetzer*innengemeinschaft provozieren, sind zwei wesentliche Folgen dieser selbstgefälligen Schließungsdynamik.

Die soziale Verdichtung des Insellebens sorgt dafür, dass sich die gesamte Inselbevölkerung bereits ab den ersten Stunden immer wieder begegnet: während der einberufenden Kollektiv-Veranstaltungen, den kollektiven Spielen, den Workshops, in den Raucherpausen vor der Sanitätsbaracke, dem gemeinsamen Sitzen am Lagerfeuer oder auch dem gemeinsamen Feiern. Bosse *(Abs. 91)* bringt das darin aufkeimende Gefühl mit den Worten *»jeder kannte fast jeden«* zum Ausdruck, während er an anderer Stelle bemerkt, dass er viele noch nie gesehen habe. Wie lässt sich der offenkundige Widerspruch dennoch ernst nehmen? Es ist die Gemengelage gemeinsamer Anwesenheit und gemeinsamer Aktivität, die dazu beiträgt, dass die sozialen Gruppengrenzen schnell verwischen. Aus unbekannten werden schnell vertraute Gesichtszüge. Eine Stimmung legt sich über das gesamte Inselgeschehen, vereinnahmt den Ort und alle die dort zugegen sind. In dieser Stimmung von Vertrautheit und Nähe ist tatsächlich jede und jeder eingeschlossen. Es geht hier nicht um eine psychologistische Interpretation, sondern um die folgenreiche Feststellung, dass soziale Verdichtung, psychosoziale Folgen zeitigt, die sich im Begriffen wie *Stimmung* oder *Befindlichkeit* fassen lassen und ihre Wirkungen im *überschwänglichen* Auskosten der vorfindlichen Möglichkeiten zeigen: im Blödeln, im Lachen, an der Lust zusammenzukommen, sobald sich die Gelegenheit bietet, am Abend beim gemeinsamen Singen und Tanzen. Es ist das Gefühl, Teil einer Gemeinschaft und in dieser geborgen zu sein. Diese Gemeinschaftserfahrung ist die große Schwester des kleinen Kennenlernens.

Aber auch hier verweisen das *(C 1) Gemeinschaftserleben* und der *(C 2) Kollektive Selbsteinschluss* direkt aufeinander. Nicht zufällig kocht am Ende der Inseltage die Stimmung über, als die versammelte Inselbevölkerung während der Präsentation des Kasperltheaterworkshops den großen Moment des Kontrollverlusts ›hinter dem Baum‹ jubilierend beklatscht. Gleichzeitig zeigt sich die Dynamik, welche die Besetzer*innen immer mehr aneinanderbindet, als doppelköpfig. Auf der einen Seite erreicht die Selbstaufopferungsbereitschaft des verbleibenden harten Kerns unvorstellbare Ausmaße, auf der anderen Seite verliert die soziale Figuration damit nahezu jede Offenheit für außenstehende Dritte. Dem entstandenen Kollektiv als gleichberechtigter Part beizutreten wird mit der Zeit immer schwieriger.

Typ D: In Gemeinschaft die Übereinstimmung mit sich selbst erfahren

Am letzten Abend werden die Workshops präsentiert. Der Auftritt kostet Überwindung, verursacht Lampenfieber und der schlussendliche Applaus wird wohl von Erleichterung wie Begeisterung begleitet. Tatsächlich ist der Abschlussabend ein paradigmatisches Beispiel dafür, wie sich während der Inseltage kollektive Vergemeinschaftung und ganz individuelle Erfahrung von *Anerkennung (D 1)* wechselseitig bedingen – Anerkennung dafür, sich selbst zum Ausdruck gebracht zu haben: Es ist einerlei, ob es nun der Sport, die Musik oder die Masken waren. Es ist auch einerlei, ob man sich beim Improvisationstheater in die erste Reihe gestellt hat oder lieber bedeckt hielt. Natürlich ernten diejenigen, die sich durch Können, Charme und Engagement hervortun den ganz großen Jubel der versammelten Menge. Doch Wertschätzung wird allen zuteil. Was hier im Höhepunkt der Inseltage programmatisch angelegt ist, findet sich im Kleinen auch während und zwischen den Einheiten. Hier ist der Ort Anerkennung für Charakter, Fähigkeiten, Fertigkeiten und Engagement zu erlangen. Sei es beim nachmittäglichen Musizieren für die ersten Akkorde, die jemand je auf der Gitarre hervorgezaubert hat; oder beim Kartenspielen für die Haltung im dauerhaften Verlieren; oder für den gelungenen Gag, als ein Schüler in nassem Badekleid, sich in die Arme eines wenig verzückten, im Augenblick zuvor noch recht trockenen Freundes wirft. Analoge Erfahrungen stiftet die Interaktion im Hörsaalplenum und den Arbeitsgruppen. Gerade während der ersten Tage wird im besetzten Hörsaal mit Wertschätzung nicht gegeizt. Jeder Input wird begrüßt, jede Teilhabe wohlwollend rückgemeldet. Die Diskussionen ziehen sich über Stunden hin, mit Feuereifer beteiligen sich die Aktivist*innen. Das Plenum dankt der Küche für das Essen und feiert Arbeitsgruppen für ihre hervorragende Arbeit.

In Situationen die Rückmeldung zu erhalten, dass es gut ist, so wie man ist, das ist Balsam für das suchende Selbst und das individuelle Pendant zur Erfahrung von Gemeinschaft. Mit anderen Worten: auf der Insel kann man in der Gemeinschaft und durch die Gemeinschaft auch bei sich selbst sein und dabei lernen *sich selbst wertzuschätzen*. Doch der Grad zwischen *(D1) Selbstwertschätzung* und *(D2) Selbstgefälligkeit* ist schmal. Im besetzten Hörsaal droht das auf intersubjektiver Wertschätzung basierende Selbstgefühl zu kippen. In einer alchemistischen Umkehrung[33] wird das eigene Engagement gefeiert, während sich die Opponent*innen der Besetzung in ihrem Engagement scheinbar in ihrer Selbsttäuschung entlarven. Die Besetzer*innen können darauf pochen, auf der richtigen Seite der Argumente oder auch der Geschichte zu stehen, doch neigt eine solche Haltung immer dann zur Selbstgefälligkeit, wenn sie die prinzipielle Legitimität konkurrierender Deutungen kategorisch ablehnt.

---

[33] Robert King Merton hat eine solche Moral-Alchemie im Rahmen seines Essays über selbsterfüllende Prophezeiungen aufgezeigt: »Die moralischen Tugenden bleiben Tugenden nur so lange, wie sie eifersüchtig der richtigen Eigengruppe vorbehalten bleiben. Die richtige Tätigkeit, von den falschen Personen ausgeübt, wird verabscheuenswürdig statt ehrenvoll. Denn eindeutig können nur auf diese Weise, indem sie diese Tugenden ausschließlich sich selbst vorbehalten, die Mächtigen ihre Distinktion, ihr Prestige und ihre Macht wahren. Man könnte, um ein System der sozialen Schichtung und sozialen Macht intakt zu halten, kaum klüger vorgehen.« (ebd.: 98)

Der viergliedrig typisierte Erfahrungshorizont situativer Nichtalltäglichkeit zeigt die zwischenmenschlichen Potentiale nichtalltäglicher Erlebnisse auf. Im gleichen Zug wird deutlich, dass eine romantisierende Überhöhung situativer Nichtalltäglichkeit unangebracht ist. Wie eine mathematische Betragsfunktion den Abstand einer Zahl zur Null angibt und dieser Abstand positive wie negative Zahlen definiert, so bestimmt das nichtalltäglich verdichtete und intensivierte Leben eine Differenz zum Alltagsleben. Die Frage, ob die Erfahrungspotentiale situativer Nichtalltäglichkeit mit negativen oder positiven Vorzeichen anzugeben sind, ist stets empirisch zu klären.

9 Schlussbetrachtungen

Occupy Wall Street beginnt mit einem Scheitern. Die Aktivist*innen des 17. September 2011 kommen an ihrem erklärten Ziel, der Wall Street, nie wirklich an. Ein massives Polizeiaufgebot steht ihrem Vorhaben im Weg. Das Scheitern ist in diesem Fall aber ein voller Erfolg: Über 5.000 Menschen sind einem Aufruf des kanadischen Blog *Adbusters* gefolgt und wollen *ihren Tharir-Moment*[1] in New York verwirklichen. Nach einer mehrmonatigen Vorbereitungsphase kommt es, durch eine Verkettung geplanter und zufälliger Ereignisse, zur Besetzung des privaten *Zucotti Park*, einem kleinen Platz zwischen den Häuserschluchten nahe der Wall Street.[2] Das Camp *Liberty Square*[3] ist geboren. Es bleibt Spekulation, aber hätten die Aktivist*innen tatsächlich die Wall Street erreicht, wären Versuche der Besetzung öffentlichen Raums sehr wahrscheinlich im Keim erstickt worden. Erst die eigentümliche Gesetzeslage und das Zögern der Stadtverwaltung, der privaten Eigentümern und derPolizei bieten Raum für ein Geschehen, das in den folgenden Monaten als Occupy-Bewegung bezeichnet werden wird.[4]

Etwa zwei Monate lang beansprucht eine Ansammlung heterogener Aktivist*innen im Herzen New Yorks Raum für ihren Protest. Damit aber nicht genug: Nach

---

[1] Der Wortlaut des urspünglichen Aufrufs lautete: »#OCCUPYWALLSTREET. Are you ready for a Tahrir moment? On Sept 17, flood into lower Manhattan, set up tents, kitchens, peaceful barricades and occupy Wall Street.« (Adbusters 2011)

[2] Vom Chaos der Umstände des 17. Septembers wurde verschiedenfach berichtet (Taylor, Gessen, Editors of n+1 et al. 2011; Graeber 2012; Kraushaar 2012; Mörtenböck und Mooshammer 2012).

[3] So der pathetische Titel der Aktivist*innen für ihr Camp im *Zucotti Park*.

[4] Zucotti Park ist ein privates Gelände im Herzen der Stadt. Die öffentlichen Kräfte waren hier nicht zuständig.

Übergriffen der Ordnungskräfte verbreiten sich die Proteste wie ein Lauffeuer; zunächst und vor allem über die USA, bald über den Globus. Am 15. Oktober 2011 kommt es zu einem weltweiten Aktionstag. Im Zenit der Protestwelle werden weltweit in mehr als 1.500 Protestcamps Versammlungen abgehalten, Spenden gesammelt, in Arbeitsgruppen gearbeitet, diskutiert und gestritten. Scheinbar überall in den USA, aber auch in Europa, wie z.B. in London oder Frankfurt, errichten Menschen, die noch Tage zuvor ihrem alltäglichen Leben zwischen Arbeit und Freizeit nachgingen, Lagerordnungen – jenseits der Alltagsordnung, in Mitten des alltäglichen Treibens von Großstädten. In New York schreitet die Polizei in der Nacht vom 15. November 2011 zur Räumung. Die Besetzer*innen skandieren »You can not evict an idea!«[5]. Um Plätze zu säubern ist eine erstaunlich robust auftretende öffentliche Gewalt aber sehr wohl in der Lage.

Längst sind alle Camps aufgelöst. Über die Bewertung der Wirkung von Occupy herrscht Uneinigkeit. In der Februarausgabe 2013 der Monatsschrift *Le Monde diplomantique* thematisiert der amerikanische Journalist Thomas Frank unter der Überschrift »Wie die Theorie auf die Praxis traf« das »Scheitern von Occupy-Wall-Street«:

»Man hat es nie geschafft, einen (richtigen) Streik zu organisieren oder die Blockade eines Anwerbungszentrums einer Wirtschaftsfakultät oder die Besetzung eines Dekanats. Es ging immer nur um die horizontale Kultur: ›Der Prozess ist die Botschaft‹, wie es die Demonstranten formulierten, also Zeltlager aufschlagen, gemeinsam kochen, die tägliche Vollversammlung, die Übernahme öffentlichen Raums. Darüber hinaus hat man keinerlei Strategie entwickelt, kein Programm, das man der Außenwelt übermitteln wollte. […] Eine Protestbewegung muss, um ihre soziale Basis zu verbreitern, Analysen, Theorien und Strategien entwerfen. Aber die OWS-Leute haben so viel theoretisiert, dass es für die Proteste der letzten vierzig Jahre langt, und doch haben sie irgendwie das Examen nicht geschafft. Zwar hat die Occupy-Bewegung eine Menge richtig gemacht: Sie hatte einen tollen Slogan und den perfekten Feind, und sie konnte die Öffentlichkeit inspirieren. Sie hat eine demokratische Bewegungskultur entwickelt, Kontakt zu den Gewerkschaften gesucht und viel über Solidarität geredet. In der Praxis aber behielten die akademischen Erfordernisse offenbar die Oberhand. Die Bewegung wurde zum bloßen Testfeld für die Theorie.« (Frank 2013, S. 23)

Während Occupy sich im Prozessieren und Theoretisieren der Bewegung festgefahren habe, zeige ihr antagonistischer Part, die Tea-Party-Bewegung, wie das politische Spektrum verändert werden kann. Gemessen am Einfluss auf die wesentlichen politischen Akteure[6] sei die Tea Party letztlich erfolgreicher (vgl. Frank 2013, S. 23). Zu

---

[5] Ein geflügeltes Wort, das im November in den USA, bereits im Juni/Juli in Portugal und Spanien die Runde machte. Auch eine Fotografie eines von Aktivist*innen der *Republik freies Wendland* (Zint und Fetscher 1980) bemalten Transparents transportiert diese Einsicht.

[6] Gemeint ist der große Einfluss auf die US-amerikanische Parteienlandschaft und insbesondere die Republikaner, wie dies auch im Sieg eines krassen Außenseiters bei den Wahlen 2016 zum Ausdruck kam.

einer anders gelagerten Einschätzung kommen die Wiener Raumtheoretiker Peter Mörtenböck und Helge Mooshammer. Im Herbst 2012 resümieren sie in ihrem Essay *Occupy. Räume des Protests* die (möglichen) Wirkungen des Phänomens Occupy wie folgt:

»Was können wir von Occupy lernen? Occupy war eine einzigartige Konstellation, die sich nicht auf gleiche Weise wiederholen wird; aber die daran beteiligten Elemente wirken weiter […]. Occupy geschah nicht irgendwo – und doch überall. Die Bewegung ist nicht nur aufgetreten, sondern hat Ort in Anspruch genommen. Sie hat Raum besetzt, um ihn zu bewohnen, ihn politisch und sozial urbar zu machen. Occupy hat Platz bezogen.« (Mörtenböck und Mooshammer 2012, S. 31)

Erfolg und Scheitern von Tea Party und Occupy sind letztlich eine Frage der Perspektive. Beim demokratischen Lakmustest an der Urne hat zumindest derzeit die Tea Party die Nase vorn: Der 45. US-Präsident steht nicht zuletzt auf ihren Schultern. Was die Zukunft bringt, ist ungewiss. Darüber hinaus lässt sich hier meines Erachtens eine soziologisch wesentlich interessantere Frage formulieren. Beide Einschätzungen bieten hierfür Anhaltspunkte: Frank mit kritischem, Mörtenböck und Mooshammer mit prophetischem Unterton. Im Kern von Occupy und Tea Party geht es um spezifische soziale Arrangements. Die spannende Frage lautet für mich nicht, ob Erfolg oder nicht. Spannend ist, dass es sich ereignet! Spannend ist, wie es sich ereignet! Es ist spannend, dass sowohl dieses ›Dass‹ als auch dieses ›Wie‹ den Teilnehmenden, ›Unterstützer*innen‹ und ›Gegner*innen‹ etwas bedeutet hat und womöglich weiter wird!

Die damit verbundene soziologische Neugier findet im Interpretationsrahmen *situativer Nichtalltäglichkeit*, wie er im Laufe dieser Arbeit entwickelt wurde, ein potentes Analyseraster, um diese Neugier zu befriedigen. Vor dem Hintergrund *situativer Nichtalltäglichkeit* lässt sich das verdichtete Leben *nichtalltäglicher sozialer Arrangements* ausdeuten. Dynamiken der affektiven Steigerung lassen sich auf diese Weise ebenso rekonstruieren, wie Prozesse der Abnutzung und sukzessiven Veralltäglichung. Die Dualität und Dialektik von Alltag und Nichtalltäglichkeit bleibt wesentlich. Ohne Alltäglichkeit gibt es keinen Hintergrund für die außerordentliche, affektive Steigerung im Angesicht des Nichtalltäglichen. Doch Nichtalltäglichkeit erweist sich als ein ephemeres Geschöpf. Sie erschöpft sich im Vollzug. Will man sie greifen und auf Dauer stellen, verkehrt sie sich in ihr Gegenteil. Sie veralltäglicht. Das Analyseraster *situative Nichtalltäglichkeit* ist darüber hinaus normativ indifferent: So lassen sich in seinem Kontext die Formierung von Fluchthelferkreisen ebenso erörtern, wie die Radikalisierung gewaltbereiter Akteure der rechtsextremistischen Szene, die sich etwa dazu berufen fühlen, Asylunterkünfte in Brand zu stecken. Die Analyse *situativer*

Nichtalltäglichkeit ist somit im Sinne Georg Simmels (1992a, S. 19) ein formsoziologischer Beitrag. Tea Party und Occupy unterscheiden sich nicht so sehr ihrer Form nach, sondern entlang ihrer Inhalte. Ihre normative Bewertung bleibt eine Frage politischer und ethischer Positionierung.[7] Doch auch wenn die hier ausgedeuteten sozialen Phänomene sich als weitgehend unproblematisch erweisen, ist die Ambivalenz situativer Nichtalltäglichkeit auch in ihrem Kontext ersichtlich. Sozialer Einschluss und Ausschluss, kollektive Euphorie und Tabubruch, Selbstbestätigung und Selbstverlust verweisen aufeinander; und das eine scheint sich stets im Dunstkreis der Möglichkeit des Anderen zu ereignen.

9.1 Diskussion der zentralen Ergebnisse

Die Ausgangspunkte der vorgelegten Untersuchung liegen einerseits in der Neugier gegenüber Phänomenen, deren wesentliche Eigenschaft ihre Nichtalltäglichkeit zu sein scheint, anderseits im Interesse eine konzeptuelle Leerstelle der Soziologie mit theoretischen und empirischen Mitteln auszuloten. Resümierend werden im Folgenden die vier, im ersten Kapitel aufgeworfenen Fragen einer Antwort zugeführt. Im Anschluss werden zwölf zentrale Determinanten einer soziologisch gehaltvollen Konzeption situativer Nichtalltäglichkeit abgesteckt. Eine Untersuchung von Reichweite, Grenzen und Desiderata führt die Ausführungen zu ihrem Ende.

---

[7] Für eine normative Positionierung gibt es gleichwohl mögliche Kriterien. Jenseits einer plumpen rechts-links Einordnung lassen sich eine ganze Reihe von Fragen stellen. Sind solche in nichtalltäglichen Arrangements gründenden Bewegungen autoritär oder demokratisch? Sind sie ihren Zielen nach exklusiv oder offen? Werden partiale Interessen oder das Gemeinwohl adressiert? Sind die öffentlichen Beiträge konstruktiv oder destruktiv? Werden durch die Aktivität drängende Probleme angegangen oder verschleppt? Werden Etabliertenvorrechte verteidigt oder die Teilhabe ausgeweitet? Sind die eingesetzten Äußerungsmittel friedfertig oder gewaltförmig? Insofern betrachte ich demokratische, offene, gemeinwohlorientierte, konstruktive, proaktive, Teilhabe orientierte und friedliche soziale Dynamiken als deutlich unproblematischer, als autoritäre, exklusive, partiale Interessen bedienende, destruktive, Vorrechte bewahrende und gewaltförmige soziale Dynamiken. Für die situationszentrierte Analyse von Vergesellschaftungs- und Vergemeinschaftungsformen sind diese inhaltlichen Aspekte lediglich indirekt von Bedeutung. Sie zeigen sich in Bezug auf Prozesse der Schließung und der Abgrenzung, sowie der damit einhergehenden Praktiken, Äußerungsformen und Entwicklungen.

Zu Frage 1 und Frage 2

Wie lässt sich im Rahmen ausgewählter sozialwissenschaftlicher Konzepte situative Nichtalltäglichkeit theoretisch umreißen? In welchem Verhältnis stehen situative Alltäglichkeit und Nichtalltäglichkeit?

Im *zweiten Kapitel* wird die ausufernde Diskussion über Alltag und Alltäglichkeit in der Sozialforschung auf zwei Debatten verengt. Die marxistisch inspirierte *Kritik des Alltagslebens* betrachtet den Alltag intim verwoben mit den gesellschaftlichen Verhältnissen. Gestützt auf die Marxschen Frühschriften und dort insbesondere die philosophisch-ökonomischen Manuskripte wird der Alltag als umfassender Entfremdungszusammenhang dargestellt. Für Henri Lefebvre steht die Alltäglichkeit der Entfaltung menschlicher Möglichkeiten im Weg. Daher zielt er auf eine radikale und permanente Verwandlung des Alltagslebens. Auch Ágnes Heller sieht die Notwendigkeit, die Entfremdung des Alltagslebens zu durchbrechen. Nur so ist für Heller ein individuell autonomes Leben als ganzer Mensch möglich. Alfred Schütz sieht hingegen in einer phänomenologisch-pragmatistischen Synthese den Schlüssel, um Alltag und Alltäglichkeit als einen vorrangigen Modus der subjektiven und intersubjektiven Lebensbewältigung zu theoretisieren. Die phänomenologische, transzendentalphilosophische Denkfigur der Lebenswelt übernimmt Schütz von Husserl und konkretisiert diese dadurch, dass er sie als Analyseraster ausbaut. Neben diesem Aufdröseln der lebensweltlichen Strukturierung, arbeitet Schütz die in konkreten Situationen gründenden, pragmatistischen Strukturierungsmomente des alltäglichen Weltbezugs heraus. Nicht zuletzt sind seine Ausführungen kulturtheoretisch aufgeladen, indem er den Zusammenhang von situativer Strukturierung, der Strukturierung von Bewusstsein und Wissensstrukturen aufzeigt. Beide Analysen, die *Kritik des Alltagslebens* wie die Analyse der *lebensweltlichen Strukturen des Alltagslebens*, haben ihre Berechtigung. Dem analytischen Reichtum der Schützschen Überlegungen steht aus marxistischer Warte eine – normative wie analytische – Problematisierung der Entfremdung durch Alltäglichkeit gegenüber. Doch beide Ansätze bringen kein zufriedenstellendes Verständnis ›des Anderen des Alltags‹ mit sich und verweisen damit beide auf eine allgemeine Leerstelle der Soziologie.

Situative Nichtalltäglichkeit wird im *dritten Kapitel* aus verschiedenen Perspektiven angenähert. Max Webers Ausführungen über Charisma werden als allgemeiner Versuch einer Konzeptualisierung des Nichtalltäglichen umrissen. Aus Not und Begeisterung geboren verweist Charisma immer auf einen soziohistorischen Hintergrund, vor dem sich außergewöhnliche Befähigung abzeichnen kann. Das kontrapunktische Auftreten erkennt Weber wesentlich an zwei Aspekten: Der ökonomische Alltagspragmatismus (Charisma ist wirtschaftsfremd) und das Gefüge sozialer Statuspositionen (Charisma positioniert sich außerhalb des Rechts) werden eingeklammert. Alltag und Charisma sind ein asymmetrisches Begriffspaar. Vor allem ist Charisma ein instabiles Übergangsphänomen, das für Weber in einen Prozess notwendiger Veralltäglichung einmündet. Die direkten Wirkungen charismatisch dominierter Episoden lässt sich vermutlich durch die Feststellung, Charisma schafft Kollektive, auf den Nenner bringen. Mit seinen Überlegungen zur kollektiven Efferveszenz bietet Émile Durkheim ein Konzept, das Webers Überlegungen sowohl sinnvoll ergänzt als auch über diese hinausgeht. Durkheim betont eine materiale oder besser morphologische Dimension nichtalltäglicher Erfahrungen. Kollektive Verdichtung und die Synchronisierung von Bewusstseinen und Tätigkeiten (er spricht von kollektiven Bewegungen) benennt er als materiale Voraussetzung für die Entstehung eines intensiven sozialen Lebens: ekstatische Erfahrungen, kollektive Gärung und Begeisterung.

Werden Schütz' Ausführungen über das Problem der Relevanz, mannigfaltige Wirklichkeiten und Transzendenz (Schütz und Luckmann) invertiert, lassen sich mit Schütz relevante Einsichten über situative Nichtalltäglichkeit gewinnen. Wie sich lebensweltliche Strukturen der Alltagswelt systematisieren lassen, so kann auch situative Nichtalltäglichkeit als besonders strukturierte Sinnprovinz verstanden werden. Der Übergang zwischen Alltäglichkeit und Nichtalltäglichkeit ist als Sprung im Sinne Kierkegaards zu verstehen. Eine vom alltäglichen Lebensvollzug unterscheidbare Relevanzordnung und ein eigener Erlebnisstil öffnen eine deutliche qualitative Differenz. Auch situative Nichtalltäglichkeit ist räumlich, zeitlich und sozial strukturiert. Doch erlangt im Kontext des Nichtalltäglichen das Hier und Jetzt gegenüber Zukunft und Vergangenheit einen besonderen Akzent. Mit Blick auf die Erörterung »großer Transzendenzen« (Schütz/Luckmann) zeigen sich ekstatische Erfahrungen (Begeisterung) und Krisenerfahrungen (Not) als Grundfiguren situativer Nichtalltäglichkeit. Auf diese Weise lässt sich Schütz mit Weber und Durkheim lesen. Unter dem Eindruck der mit Not und Begeisterung, Angst und Euphorie verbundenen Irritation verlieren alltägliche Idealisierungen, Kontinuität- und Wechselseitigkeitsunterstellungen ihr Fundament. Situative Nichtalltäglichkeit geht mit einer Irritation des Selbstverständlichen einher. Dominiert im Modus des Alltäglichen ein selbstverständlicher Lebensvollzug, vollzieht sich das nichtalltägliche Leben vor dem Hintergrund der Erfahrung des Vertrautmachens. Ist das Selbstverständliche erst einmal irritiert, zeigen sich insbesondere die situativ anwesenden Anderen (mittlere Transzendenzen), die Mitmenschen, als situativ gegebene Handlungsherausforderungen und damit als zentraler Gegenstand des Vertrautmachens.

Zuletzt wird mit Victor Witter Turners gesellschaftstheoretisch gewendetem Ritualkonzept, das Verhältnis situativer Alltäglichkeit und Nichtalltäglichkeit näher bestimmt. Erneut wird deutlich, wie Alltag und Nichtalltag ineinandergreifen. Der ritualtheoretische Rahmen lässt situative Nichtalltäglichkeit deutlich als Übergangsphänomen zwischen Alltagsstrukturen hervortreten. Die nichtalltägliche Schwellensituation positioniert Turner gegenüber der Struktur des Alltagslebens und spricht von Anti-Struktur. Im analogen Sinne lässt sich situative Nichtalltäglichkeit als Anti-Alltäglichkeit[1] begreifen. Ist der Alltag durch ein arbeitsteilig organisiertes Statusgefüge strukturiert und erlangt er genau aus diesem den Charakter des Selbstverständlichen sowie Effizienz und Effektivität, so ist die Einklammerung dieses Statusgefüges und damit verbundene Statusungewissheit und teilweise Statusumkehr für die Intensität situativer Nichtalltäglichkeit verantwortlich. Situative Nichtalltäglichkeit ist somit nicht nur durch das Einklammern zentraler Aspekte des Alltagslebens gekennzeichnet – das wäre eine defizitorientierte Betrachtung. Aus dem scheinbaren Defizit erwächst eine Wirksamkeit, die Turner mit der Erfahrung von Communitas auf den Begriff bringt.

Zu Frage 3

Wie lassen sich situative Arrangements sozialer Nichtalltäglichkeit mit Mitteln der empirischen Sozialforschung annähern?

Die Erforschung *situativer Nichtalltäglichkeit* kann, analog zur Erforschung »Kleiner Lebens-Welten« (Benita Luckmann) des Alltags, als Erkundung konkreter *nichtalltäglicher sozialer Arrangements* angelegt werden. Prinzipiell steht hierzu das volle Spektrum qualitativ-rekonstruktiver Sozialforschung zur Verfügung. Gleichwohl muss eine empirische Annäherung für die Besonderheiten situativer Nichtalltäglichkeit gewappnet sein. Das heißt erstens, der ephemere Charakter nichtalltäglicher sozialer Arrangements sperrt sich einem klassisch ethnographischen Zugang. Einem langfristigen Aufenthalt im Forschungsfeld (Willis und Trondman 2002), dem damit verbundenen Eintauchen in Beziehungsgeflechte und dem Versuch »einer zu werden wie« (Honer 1993) sind situative Grenzen gesetzt. Zweitens adressiert die Rede von situativer Nichtalltäglichkeit nicht nur ein Spektrum kulturell heterogener »Lebens-

---

[1] Nichtalltäglichkeit verhält sich dementsprechend zum Alltag wie Struktur zu Anti-Struktur; oder mit Nikolas Nassim Taleb (2012) wie Fragilität zu Anti-Fragilität. Taleb betont, dass Anti-Fragilität nicht nur das Fehlen der Schwächen fragiler Phänomene kennzeichnet. Ist etwas antifragil, profitiert es genau von den Bedingungen, die einen fragilen Gegenstand zerstören könnten.

Welten«, sondern eine spezifische Erlebnisqualität – mit Schütz einen besonderen Erlebnisstil. Legt die Analyse von Alltagsphänomenen Routinen, Praktiken und Wissensbestände und damit ein stabiles kulturelles Muster offen, muss die Analyse situativer Nichtalltäglichkeit die Erlebnisverläufe und damit die Momente außergewöhnlicher Affizierung und der Intensivierung des sozialen Lebens offenlegen, ohne welche die Rede von Nichtalltäglichkeit unvollständig bleiben muss. Daraus folgt: ein adäquater sozialwissenschaftlicher Forschungszugang geht auch mit Darstellungsformen einher, die Rückschlüsse auf derartige Verläufe zulassen. Analyse und Beschreibung greifen dahingehend ineinander. Die Analyse impliziert einen gewissen Stil der Beschreibung und der Stil der Beschreibung ist selbst Teil der Analyse.

Auf Basis der in Kapitel drei gewonnenen theoretischen Einsichten lässt sich ein Bereich heterogener Phänomene situativer Nichtalltäglichkeit idealtypisch umreißen:

Typologie 9: Phänomenbereich situativer Nichtalltäglichkeit

		Eintrittsmotivation	
		Freiwilligkeit	Zwang
Konstitutionsprizip situativer Nichtalltäglichkeit	Emergenz	**Abenteuer | Revolte** (1. situativer Wille)	**Katastrophe | Unfall** (2. situativer Zwang)
		Mischformen	
	Inszenierung	**Event | Ritual** (3. geplanter Wille)	**Putsch | Attentat** (4. geplanter Zwang)

Mit Hinweis auf Alfred Schütz, Max Weber und Émile Durkheim (Kapitel 3.5.2) schlage ich vor, die Unterscheidung konkreter Fälle *situativer Nichtalltäglichkeit* durch zwei Kriterien anzuleiten. Es wird ein psychomentales (beziehungsweise soziomentales) Moment der Eintrittsmotivation (zwischen Freiwilligkeit und Zwang) und ein situatives Moment der Konstitution (zwischen Inszenierung und Emergenz) aufeinander bezogen und dadurch eine ertragreiche typologische Komplexitätsreduktion erzeugt. Die Analyse konkreter Phänomene situativer Nichtalltäglichkeit lässt Rückschlüsse auf alle diese Typen zu. Gleichwohl können die vorgelegten empirischen Erkundungen vornehmlich dem ersten und dritten Fall zugeordnet werden.

Zu Frage 4

Was lässt sich vor dem Hintergrund des theoretischen Referenzrahmens situativer Nichtalltäglichkeit über ausgewählte Phänomenbereiche sozialer Wirklichkeit sagen?

Das emergierende nichtalltägliche Arrangement der Hörsaalbesetzung

Die Entstehung der Besetzung kann durch Affizierungserzählungen dargestellt werden: diese thematisieren die je eigene Aktivierung der Erzähler*innen für die Besetzung. Konstitutive Elemente dieser Aktivierungserzählungen sind das Entstehen einer krisenhaften Erwartungshaltung, die Schilderung von Überschreitungserfahrungen, kollektiver Euphorie wie individueller Begeisterung und das Eintreten in ein Art Rausch oder Flow (Csikszentmihalyi 2008). Von der Erfahrung der eigenen wie kollektiven Handlungsbefähigung sowie auch dem Triumph über Widrigkeiten und Widerstände affiziert, entsteht eine Stimmung, die ich als *Gefühl der Möglichkeit* bezeichnen möchte. Diese Stimmung geht in gewissem Sinne mit der ›Selbstcharismatisierung‹ – im Sinne Max Webers (1980) oder vielmehr Norbert Elias (2014) – einer ganzen, in Entstehung begriffenen Gruppe einher: Das heißt, das Besetzer*innenkollektiv betrachtet sich einerseits mit außeralltäglicher Handlungsfähigkeit begabt und andererseits im Besitz – oder vielmehr auf der Seite – der Vernunft (Charisma der Vernunft). Die einzelnen Aktivist*innen wagen aufgrund dieser Affizierung, ihre Geschicke als Besetzer*innenkollektiv selbst in die Hände zu nehmen, eine Besetzung zu errichten und aus dieser Besetzung heraus auf die Welt einzuwirken. Die Erzählung der je eigenen Aktivierung markieren die dynamische Entstehung einer massiven qualitativen Differenz. Im Sinne Schütz' wird die Relevanzordnung des Alltagslebens eingeklammert und von einer differenten nichtalltäglichen Relevanzordnung überlagert. Diese ›neuen‹ Relevanzen sind ab sofort handlungsleitend. Der Übergang von Alltag zu Nichtalltag vollzieht sich nicht kontinuierlich, sondern als qualitativer Sprung im Sinne Kierkegaards. Was eben noch galt, gilt jetzt nicht mehr. Etwas anderes gilt.

Die konstituierte Besetzung weist die Merkmale morphologischer Verdichtung auf. Die räumliche Zentrierung oder Einengung des sozialen Lebens der Aktivit*innen ist das erste augenfällige Merkmal der Besetzung. Aber auch die zeitliche Strukturierung des Geschehens lässt sich als Verschiebung rekonstruieren. Die Besetzung bringt ihren eigenen Rhythmus mit sich, in dem sich Momente der Zerstreuung und Konzentration, der Produktivität und Geselligkeit abwechseln und variieren. Vor allem erzeugen diese räumlichen und zeitlichen Verschiebungen für einen angebbaren Personenkreis ein verdichtetes soziales Leben. Der damit verbundene, persönliche wie intersubjektiv realisierte Besetzungsaktivismus zielt darauf ab, die Besetzung aufrecht zu erhalten, dieser Legitimität zu verschaffen, sie in ihrer Existenz zu steigern und ihr nach den gemeinsam definierten Zielen zum Erfolg zu verhelfen.

Die Intensität des morphologisch verdichteten sozialen Lebens lässt sich entlang einer doppelten Produktivität beschreiben: Einerseits erwächst das institutionelle und ideelle Gefüge der Besetzung, andererseits stiften Gruppencharisma sowie das miteinander Sprechen und Tätigwerden Kollektive – nach innen und nach außen. Ist das Verhältnis nach außen vor allem herausfordernd und konfliktuös, stiftet der gemeinsame nichtalltägliche Lebensvollzug Zusammenhalt. Im Rhythmus der Besetzung werden Begegnungen nicht nur möglich, sondern wahrscheinlich: Die kollektiv geteilten Relevanzen im Arrangement des besetzten Hörsaals stellen sicher, dass Begegnungen in intersubjektiven Austausch münden. Die außerordentliche morphologische Verdichtung »zeitigt« und »weltet« (Heidegger 2006) ihre sozialen Folgen: die Besetzer*innen machen sich miteinander vertraut, es entstehen Freundschaften und Liebesbeziehungen. Nicht zuletzt wird ein *Eindruck von Bedeutsamkeit* in dieser morphologischen, das heißt strukturellen und mentalen Verdichtung geboren.

Zuletzt habe ich geschildert wie die Besetzung in eine Phase der Veralltäglichung einmündet. Als Gegenpart zu den Affizierungserzählungen, welche die Aktivierung thematisieren, lassen sich auch Erzählungen rekonstruieren, die eine resignative Affizierung beschreiben. Diese Resignationserzählungen umfassen die körperliche Verausgabung, die Banalisierung und Entzauberung des Besetzungsgeschehens, die Schließung der Gruppe bei gleichzeitigen Konfliktdynamiken in der Gruppe und im Verhältnis zur Außenwelt sowie die Erfahrung von Wirkungslosigkeit. Auch hierzu drei Überlegungen: Zunächst scheint die Relevanzordnung der nichtalltäglichen Konstellation dazu geeignet eine eigentümlich soziale Materialität – das Gefüge der Besetzung – hervorzubringen. Was damit nicht erreicht werden kann, ist die Bewältigung vieler, vorläufig in den Hintergrund gedrängter, aber nichtsdestotrotz bedeutsamer Bezugsprobleme des alltäglichen, biographisch relevanten Lebensvollzugs. Zweitens zeigt ein Vergleich der Besetzungssituation mit anderen exzeptionellen Situationen, wie zum Beispiel einem Event oder Ritual, eine fundamentale Schwäche dieses nichtalltäglichen Settings auf. Wie Michaela Pfadenhauer (2008) und Ronald Hitzler (2010) treffend festgestellt haben, folgen Events einer Trajekt-Struktur. Diese spannt sich vom Organisieren über den Vollzug, den Abschluss und die Rückschau. Die Besetzung nimmt metaphorisch gesprochen mit einem Sprung über die Schwelle des Hörsaals ihren Anfang – aber wo findet sie ihr Ende? Die Verlaufskurve hängt in der Luft – und das scheint ein entscheidendes Problem. Drittens ist es gerade die

Produktivität, das vergemeinschaftende und vergesellschaftende Potential des Nichtalltäglichen, das die ursprüngliche Offenheit in Schließung überführt und die affektive Begeisterung in Enttäuschung münden lässt.

Das inszenierte nichtalltägliche Arrangement der Inseltage

Die Inseltage sind ein jährlich wiederkehrendes Angebot der Schule und der Jugendorganisation an die jeweiligen Schüler*innen der ersten Jahrgangsstufe der Schule. Eine analoge Erfahrung zum Besetzungsmoment lässt sich für den Eintritt in das nichtalltägliche Arrangement der Inseltage nicht rekonstruieren. Die Überfahrt ist von langer Zeit geplant. Doch auch wenn keine Affizierungserfahrung mit dem zu Beginn der Inseltage erfolgten Ortswechsel verbunden ist, bleibt dieser folgenschwer. Die Teilnehmer*innen verlassen ihre alltäglichen Bezugsstrukturen, setzen sich einem bestimmten sozialen Umfeld aus und unterwerfen sich den dramaturgischen Plänen der Inselmacher*innen.

Sind sie mit der Fähre auf der Insel erst einmal angekommen, finden auch sie sich in einer Situation räumlicher, zeitlicher und sozialer Verdichtung wieder. Das Lager auf der Insel ist räumlich begrenzt, das Programm der Inseltage nötigt den Teilnehmenden einen Rhythmus auf und im Rhythmus ergeben sich unterschiedliche Möglichkeiten der Begegnung und der Interaktion. Die Handlungserfordernisse des Alltagslebens werden geradezu auf dem Festland zurückgelassen und die Relevanzen vor Ort durch die vorhandenen Infrastrukturen, angetroffenen Mit- und Nebenmenschen sowie vor allem durch das Programm definiert.

Im Rhythmus der Inseltage wird ein intensiver Austausch möglich, dessen Produktivität natürlich auch die Realisierung des Programms beinhaltet. Vor allem aber moderiert dieses Programm Begegnungschancen und offeriert Formate, die den intersubjektiven Austausch, sprich das miteinander Sprechen und Handeln, anleiten. Sich selbst ausprobieren, wechselseitiges Kennenlernen und Gemeinschaftserleben gehen Hand in Hand. Im direkten Austausch werden alltägliche Muster der Selbstdeutung und Fremddeutung irritiert. So scheint während der Inseltage 2011 das Stereotyp »typisch Lehrer*in« ins Wanken zu geraten. Die Intensität des kollektiven Lebensvollzugs bringt eine schwer kontrollierbare Überschwänglichkeit hervor und mündet in Momenten des individuellen oder kollektiven Exzesses.

Das Zeltlager auf der Insel ist auf Zeit angelegt und der Rhythmus mit einem dramaturgischen Trajekt verbunden, als dessen Höhepunkt und Scheitelpunkt die Abschlusspräsentationen des zweiten Abends verstanden werden können. Die verdichteten Verhältnisse des Insellebens erhalten hier einen erneuten qualitativen Akzent, sodass im Laufe des Abends die versammelte Inselbevölkerung in einen synchronisierten Fluss von gemeinsamen Handlungen und mentaler Fokussierung eintritt. Ihren stärksten Ausdruck findet diese Fokussierung im gemeinsamen euphorischen Gesang über die Sehnsucht nach der Insel. Wie die Erfahrung der ursprünglichen Besetzung als affektive Aufladung beschrieben werden kann, lassen sich auch diese Stunden zum Ende der drei Inseltage nicht ohne diese affektuelle Emphase begreifen. Auf dem Höhepunkt der kollektiven Gärung und des kollektiven Gefühls wird bereits die Rückreise eingeläutet und am nächsten Morgen durch die Rückfahrt mit der Fähre performativ vollzogen.

9.2 Zwölf Determinanten situativer Nichtalltäglichkeit

Die Besetzung und das Schulcamp stehen paradigmatisch für Episoden situativer Nichtalltäglichkeit, die sich wie folgt kennzeichnen lassen.

1. *Situative Nichtalltäglichkeit öffnet lebensweltlich strukturierte Sinnprovinzen sui generis neben der lebensweltlich strukturierten Alltagswelt, mit eigener räumlicher, zeitlicher und sozialer Strukturierung sowie einer Aufschichtung eigener Relevanzen.*
   Das Besetzungscamp wie das Schulcamp auf der Insel erzeugen einen eigenen Rhythmus von praktischer Lebensführungsrelevanz. Mit Alfred Schütz (Kapitel 2.3.2 und 3.3.3) lassen sich diese situativen Arrangements als strukturierte Sinnprovinzen eigenen Rechts auffassen, deren wesentliches Charakteristikum darin besteht, die pragmatischen Relevanzen und Strukturen des Alltagslebens einzuklammern. Die pragmatische Sorge um die Verbindlichkeiten des Alltagslebens wird in den Hintergrund gedrängt, während die Verbindlichkeiten der selbstauferlegten Besetzungsagenda und des geplanten Programms der Inseltage Bedeutung erlangen. Nichtalltägliche soziale Arrangements sind nicht anomisch, aber im Sinne der Einklammerung alltäglicher Strukturen und mit den Worten Victor Turners (Kapitel 3.4.2) anti-strukturell formatiert.

2. *Situative Nichtalltäglichkeit ist mit einem das Jetzt und Hier akzentuierenden Bewusstseinsstil verbunden.*
   Mit der Einklammerung der Alltagsstrukturen werden alltägliche Routinen der Lebensführung und das alltägliche Gefüge von Statuspositionen irritiert. Beispielsweise stehen dem Gros der Beteiligten keine Routinen für die Etablierung einer Besetzungslogistik oder den Bau einer architektonischen Skulptur auf der

Insel zur Verfügung. Der Bewusstseinsakzent liegt entsprechend auf der Bewältigung akuter, praktischer Handlungserfordernisse im Jetzt und Hier. Gleichzeitig wird im raumzeitlich verdichteten sozialen Leben der Insel das relativ stabile Selbst-Verortungsgefüge des alltäglichen Lebensvollzugs ausgehebelt. Die an Identitätsstabilisierung interessierte Interaktion mit anwesenden Anderen wird im gegebenen Setting zu einem situativen Bewältigungsproblem und geht mit einer weiteren Akzentuierung des Jetzt und Hier einher.

3. *Der Eintritt erfolgt sprunghaft: das heißt was eben gültig war, gilt nach dem Sprung nicht mehr oder nicht im selben Umfang.*
Mit dem Akt des Besetzens und der Überfahrt auf die Insel ist eine qualitative Differenz verbunden, die nicht graduell, sondern umfassend vollzogen wird. Der Wandel ist im Sinne Kierkegaards und Schütz (Kapitel 3.3.3) als Sprung zu denken. Das heißt die Relevanzstrukturen der nichtalltäglichen Arrangements können nicht als quantitative Veränderung der alltäglichen Relevanzstrukturen gedacht werden. Beispielsweise haben die Erfordernisse der Universität oder der Schule in der Realität des Hörsaal- oder Insellebens keinerlei Entsprechung so wie die Erfordernisse der Plenardiskussion im Hörsaal und der Abschlussdiskussion auf der Insel keine Entsprechung in den Strukturen des Alltagslebens haben. Auch im Alltag spielt die Interaktion mit konkreten Anderen eine große Rolle, doch hat die Interaktion mit Anderen vor dem Hintergrund räumlicher, zeitlicher und sozialer Verdichtung des nichtalltäglichen Arrangements einen wesentlicheren Stellenwert. Der veränderte Stellenwert zeigt sich insbesondere dort, wo es zu intensiven Interaktionsverhältnissen zwischen einander Fremden kommt.

4. *Nichtalltäglichkeit zeichnet sich durch Verbindlichkeit aus, der sich Individuen nicht einfach entziehen können. Gleich worauf diese Verbindlichkeit gründet: Commitment, Scham, Zwang, Strategische Haltung, Mangel an Alternativen etc.*
Die Aktivist*innen steigen mit großer Begeisterung in das Besetzungsgeschehen ein. Die Verbindlichkeiten der Belange der Besetzung und ihrer Gemeinschaft gehen mit einem außergewöhnlichen Maß an Selbstverpflichtung der Akteure einher. Auch die Teilnehmer*innen der Inseltage reisen freiwillig auf die Insel. Sind sie einmal dort angelangt, können sie sich nur durch erheblichen Aufwand dem vorgefundenen sozialen Arrangement der Inseltage entziehen. Wer sich auf diese verdichteten Arrangements einlässt, ist unweigerlich der gesteigerten Intensität sozialer Interaktionsverhältnisse ausgesetzt. Wie Émile Durkheim (Kapitel 3.2.2) feststellt, bleibt die morphologische Verdichtung und die Synchronisierung der Aktivitäten nicht ohne mentale Folgen.

5. *Die zeitliche, räumliche, soziale Verdichtung von Interaktion begünstigt unterschiedliche produktive und kreative Dynamiken, wobei das dynamische Moment immer auch die Möglichkeit »exzessiven Überschießens« einschließt.*
Im Besetzen wird eine ganze materielle aber auch mentale Infrastruktur hervorgebracht. Auf der Insel manifestiert sich die Produktivität in den Objektivationen der Workshoptätigkeiten. Auf der Beziehungsebene werden Positionen unter Bedingungen anfänglicher Entdifferenzierung ausgehandelt. Die Beteiligten geraten im doppelten Sinne in einen »Flow« (Csikszentmihalyi 2008): einen Gruppenflow und einen Arbeitsflow. Mühelos knüpfen sich neue soziale Bande und die zu verrichtenden Aufgaben erledigen sich geradezu wie von selbst. Bekanntschaften, Freundschaften und Gemeinschaften entstehen. Max Weber (Kapitel 3.1.1) diskutiert diese Produktivität im Rahmen der Veralltäglichung und Versachlichung von Charisma. Émile Durkheim (Kapitel 3.2.3) zeigt die Gleichursprünglichkeit von Gemeinschaftsempfindungen und der Entstehung kollektiver Repräsentationen auf. Wenn situative Nichtalltäglichkeit mit praktischen Bewältigungsherausforderungen einhergeht, ist es nicht verwunderlich, dass ein Prozess der Institutionalisierung sozialer Konventionen einsetzt – ein Prozess der sich mit Alfred Schütz (Kapitel 3.3) und auf ihm aufbauend mit Peter Berger und Thomas Luckmann (2004) konzeptuell greifen lässt. Die Institutionen der Besetzung und die Running Gags der Inselzeit, sind zu gleichen Teilen Produkte dieses Prozesses. Solange die ideologisch unstrittigen logistischen Probleme der Besetzung einheitsstiftende Herausforderungen blieben, konnte dieser Flow anhalten. Die Inseltage sind zu kurz, als dass die Gruppendynamik ihren Zenit überschreiten kann. An der Besetzung zeigt sich die Entstehung eines ›harten Kerns‹ der Besetzung als dysfunktionales Überschießen. Die Tendenzen zum Exzess während der Inseltage – Analogien hierzu finden sich auch im Datenkorpus zur Hörsaalbesetzung – weisen auf einen unkontrollierbaren Aspekt der produktiven Dynamiken hin. Nicht zuletzt geht die Produktivität mit einem Verschleiß der Kräfte einher.

6. *Vor allem ermöglicht situative Nichtalltäglichkeit Kollektive, wobei Einschluss und Ausschluss aufeinander verweisen.*
Das Kollektiv der Besetzer*innen entsteht in der Nachfolge einer charismatischen Idee (Weber, Kapitel 3.1): der Utopie einer anderen Universität oder einem anderen gesellschaftlichen Umgang mit Bildung. Dass sich diese charismatische Idee entgegen der Verlautbarungen des Forderungskatalogs der Besetzer*innen eben nicht als konkrete Utopie, sondern als diffus bleibenes ›Gefühl der Möglichkeit‹ erweist, tut der zusammenschweißenden Kraft dieser Vorstellung keinen Ab-

bruch. Rudimentäre charismatische Elemente finden sich auch während der Inseltage: zum Beispiel ausgehend von der Inselcrew und den Workshopreferent*innen. Auf der Insel ist es aber vor allem die Zentrierung und Verdichtung der Interaktionsverhältnisse, welche den Gelegenheitsraum für die Bildung von Kollektiven bietet. In der Verdichtung werden Begegnungen wahrscheinlich und durch den thematisch zentrierten intersubjektiven Austausch Gemeinsamkeiten und Differenzen gestiftet. Paradigmatisch ermöglicht die Inszenierung des Abschlussabends ein synchronisiertes Gemeinschaftsleben, das in seiner Zentrierung und Verdichtung die Erfahrung von Kollektivität begünstigt (Durkhiem, Kapitel 3.2.3). Weber und Durkheim sind zu gleichen Teilen für die teilweise banalen Prozesse blind: Denn wenn sich die Individuen erst einmal auf das Nichtalltägliche einlassen, entstehen längst nicht nur große Kollektivgefühle. Vor dem Hintergrund der verdichteten und zentrierten Interaktionsverhältnisse lernen sich die Individuen persönlich kennen. Ob große Kollektivität oder die interpersonale Bekanntschaft eher dazu geeignet sind, die situative Klammer zu überdauern, ist letzthin eine empirische Frage.

7. *Die spezifische Stärke situativer Nichtalltäglichkeit liegt in ihrer Strukturlosigkeit, welche eine kreative Produktivität entfacht. Die Stärke und effiziente Produktivität situativer Alltäglichkeit liegt in ihrer Struktur begründet. Nichtalltäglichkeit ist in diesem Sinne mehr als das Fehlen alltäglicher Routinen, sondern ein Zustand, der von dieser fehlenden Strukturierung profitieren kann.*

Mit Victor Turner (Kapitel 3.4.3) kann argumentiert werden, dass das kontrapunktische Moment der Nichtalltäglichkeit, eine Ent- beziehungsweise eine Re-differenzierung sozialer Verhältnisse mit sich bringt. Die Einklammerung alltäglicher Strukturen und Routinen ist die Grundvoraussetzung dafür, dass kreative und produktive Dynamiken einsetzen können. Die Stärke dieser situativen Nichtalltäglichkeit ist insofern ihre Kreativität, welche die Einklammerungen alltäglicher Strukturen voraussetzt. Es kann die These formuliert werden, dass die alltäglichen Strukturen nur bedingt dafür geeignet sind, sich in ihrem Vollzug fundamental zu verändern. Veränderungen finden vornehmlich in einem iterativen Prozess – im Sinne von shifting baselines – statt. Die alltägliche Struktur zeichnet sich gleichwohl durch ein hohes Maß an Effizienz und Pragmatik aus, die etwa im nichtalltäglichen sozialen Arrangement des Hörsaals erst durch einen langen Prozess der Veralltäglichung erreicht werden kann.

8. *Situative Nichtalltäglichkeit ist eine ephemere Erscheinung und neigt grundsätzlich zur Veralltäglichung. Wobei die Tendenz zur Veralltäglichung nicht bereits mit einem Verlust an Intensivität einhergeht.*
Die Tage auf der Insel sind intensiv, bereits nach zwei Nächten zeugen tiefe dunkle Augenringe von der Verausgabung. Noch deutlicher zeigt sich die verausgabende Seite des Nichtalltäglichen am Beispiel der Besetzung. Nach fünfunddreißig Tagen hat das Besetzungsgeschehen seinen anfänglichen Zauber weitgehend verloren. Wird zu Beginn das alltägliche Positionierungsgefüge eingeklammert, bildet sich über die Zeit eine klar umrissene Besetzungsgemeinschaft und ein harter Kern aktiver Besetzer*innen. Sind die praktischen Erfordernisse des Besetzens zu Beginn Gegenstand von Aushandlungsprozessen und kreativen Dynamiken, verfestigen sich Bearbeitungsroutinen und ein dazu gehörendes Personal. Ist es zu Beginn einfach, die Erfordernisse des Alltagslebens auszublenden, treten nach Wochen des Besetzens die Verbindlichkeiten der Lebensführung außerhalb des Hörsaals deutlich hervor und Opportunitätskosten des Besetzungslebens werden erkennbar. Strotzen die Aktivist*innen in den ersten Tagen vor Kraft und Selbstvertrauen, zeigen sie sich in den letzten Tagen erschöpft, überfordert und ernüchtert. Die Veralltäglichung hat somit zwei Gesichter, zum einen erwachsen aus der tätigen Bewältigung nichtalltäglicher Herausforderungen Strukturen, die in eine Art Gegenalltag münden. Zum anderen erwächst aus der anfänglichen Entdifferenzierung sozialer Positionen schnell ein erneut geschlossenes Positionsgefüge. Über eine ganze Zeit ist die neu gebildete Kollektivität ein Garant für ein intensives soziales Leben. Erst mit der Zeit häufen sich die Hinweise, dass diese Intensität verloren geht.

9. *Paradoxerweise ist es die kreative Produktivität situativer Nichtalltäglichkeit, die Strukturen entstehen lässt und damit das Nichtalltägliche seiner Stärke beraubt und die Veralltäglichung provoziert.*
Wenn Veralltäglichung als Institutionalisierung sozialer Konventionen und sozialer Positionierungen betrachtet wird, wenn diese Institutionalisierung zwangsläufig auf den Anfangszustand relativer Entdifferenzierung folgt, dann geht der fortschreitende Prozess der Institutionalisierung mit dem Verlust eben der Dynamik einher, die diesen Prozess an erster Stelle angeregt hat. Für Max Weber (Kapitel 3.1.1) folgt Veralltäglichung notwendigerweise dem Aufscheinen genuinen Charismas. Victor Turner (Kapitel 3.4.3) ist der Ansicht, dass überschwängliche Communitas in ein Übermaß an (neuer) Struktur münden kann. Auch hier zeigt sich das überschießende Moment des Nichtalltäglichen.

10. *Wer das Ende situativer Nichtalltäglichkeit kontrolliert, hat auch Einfluss auf Intensität und Verschleiß nichtalltäglicher Erfahrungspotentiale.*
Ein wesentlicher Unterschied der beiden erörtern Episoden liegt im Umgang mit ihrem eigenen ›Ende‹. Während das Schulcamp auf der Insel von Anbeginn dreitägig konzipiert ist, sind die möglichen ›Enden‹ der Besetzung Gegenstand von Aushandlungsprozessen. Je länger die Besetzung dauert, desto mehr verschleißen die Kräfte der Besetzer*innen und das ganze Geschehen verliert an Intensität. Die Inseltage haben ihren dramaturgischen Fluchtpunkt in den Abendstunden des zweiten Abends. Er markiert das Ende des Programms und gleichzeitig seinen Höhepunkt. Lediglich die Müdigkeit nach zwei intensiven Tagen und Nächten sowie wenig Schlaf zeugen auch auf der Insel vom Verschleiß. Tatsächlich verlassen die Schüler*innen trotz Regen ausgelassen die Insel. Auf nichtalltägliche Episoden, wie die Inseltage und die Hörsaalbesetzung, lässt sich wahrscheinlich die aus der Schmerz- beziehungsweise Glücksforschung stammende *peak-end-rule* (siebtes Kapitel, Fußnote 31; Fredrickson und Kahneman 1993; Kahnemann et al. 1993) übertragen: Die maximale Intensität und das Ende sind für die Erinnerung dieser Episoden entscheidend. Die These ist gewagt und weist über diese Arbeit hinaus. Die damit verbundenen, einerseits gedächtnissoziologischen, andererseits die Dialektik von Alltag und Nichtalltag betreffenden Fragen sind empirisch zu beantworten.

11. *Das Verhältnis von situativer Alltäglichkeit und Nichtalltäglichkeit ist nicht symmetrisch. Situative Nichtalltäglichkeit ist weder gleich häufig noch gleich stabil wie situative Alltäglichkeit.*
Alltäglichkeit und Nichtalltäglichkeit bilden nicht zwei Punkte je am Ende eines Kontinuums. Ihr Verhältnis ist komplizierter. Max Weber (Kapitel 3.1) schreibt, dass Charisma aus Not und Begeisterung geboren wird. Es sind aber immer Erfahrungen der Not und Begeisterung, die vor dem Hintergrund alltäglicher Lebensvollzüge möglich werden. Alltäglichkeit ist somit eine Vorbedingung für das Entstehen von Nichtalltäglichkeit. Nichtalltäglichkeit verhält sich zur Alltäglichkeit – mit Émile Durkheim (Kapitel 3.2) gesprochen – wie das Ereignis des Bedeutungsvollen zur Gewohnheit des Bedeutungslosen. Ohne den Schulalltag ist die Besonderheit der Inseltage nicht erfahrbar und ohne die Alltagsmaschinerie der Universität ist die euphorisierende Wirkung des Besetzungsereignisses nicht zu begreifen. Die Veralltäglichung der Besetzung zeigt, wie problematisch es ist, die emotionale Intensität des Geschehens auf Dauer stellen zu wollen. Weder die Hörsaalrevolte noch die Inseltage sind dazu geeignet, praktische Lebensführungsprobleme dauerhaft zu lösen. Nicht zuletzt mündet die ereignishafte Irritation des

Nichtalltäglichen in Strukturbildungsprozesse. All das trägt zur spezifischen Instabilität des Nichtalltäglichen bei: Sei es, dass sich dieses emotional erschöpft oder durch Strukturbildung in ›neue‹ Alltäglichkeit überführt wird.

12. *Wenn der Alltag sich durch eine vertraute Alltäglichkeit auszeichnet, die von einer Vielzahl von nichtalltäglichen Erfahrungen durchzogen ist, dann ist die Gegenfigur zu dieser Alltäglichkeit nicht das Nichtalltägliche im Alltag; der Nichtalltag zeichnet sich durch unvertraute Nichtalltäglichkeit aus, die von Unproblematischem durchzogen ist.*
Die Unterscheidung von Alltäglichkeit und Nichtalltäglichkeit ist mit umfassenden Strukturannahmen über den situativen Hintergrund verbunden. Wenn sich Alltäglichkeit durch Gewohnheit, Wiederkehr und intersubjektive Verständlichkeit auszeichnet, dann ist ein nichtalltäglicher Situationshintergrund ungewöhnlich, ereignishaft und verwirrend. Nichtalltäglichkeit in diesem Sinne ist nicht mit dem Auftauchen einzelner Handlungsprobleme zu verwechseln, sondern ist ein Attribut des Situativen an sich. Vor dem Hintergrund situativer Nichtalltäglichkeit entfalten sich soziale Prozesse und Dynamiken. Die ›Wirkweise‹ situativer Nichtalltäglichkeit materialisiert in beobachtbaren Handlungsvollzügen und subjektiven Bedeutungszumessungen. Von dort aus kann situative Nichtalltäglichkeit in ihrem Verlauf und biographischen Wirken rekonstruiert werden.

9.3 Reichweite, Grenzen und Desiderata

Die in diesem Rahmen gebrauchten theoretischen Begrifflichkeiten *situative Nichtalltäglichkeit* und ihr empirisch verwertbares Pendant *nichtalltägliche soziale Arrangements* haben den Status begründeter Wortschöpfungen. Das heißt, diese Begrifflichkeiten haben nicht den Anspruch, eine vollkommen widerspruchsfreie Konversion der im Laufe der Argumentation erörterten theoretischen Positionen darzustellen. Es wäre anmaßend zu behaupten, die dargebrachten Gedanken könnten theoretische Vollständigkeit für sich beanspruchen. Wie bereits im ersten Kapitel deutlich wurde, tangieren die theoretischen und empirischen Annäherungen eine Vielzahl sozialwissenschaftlich relevanter Phänomene, Fragestellungen, aber auch differente paradigmatische Perspektiven. Gerade die Ausführungen des zweiten und dritten Kapitels sind mit weitreichenden Entscheidungen und das heißt auch Beschränkungen verbunden. So führt die Arbeit entlang zweier Senkbleie – der *Kritik des Alltagslebens* und der *lebensweltlichen Strukturen des Alltagslebens* – die Debatte einer Soziologie des Alltags in die Tiefe. Mit Hinweis auf Georg Simmels soziologische Miniaturen, die Arbeiten der Chicago School der Soziologie, Erving Goffmans dramaturgischer Soziologie, die Soziologie der Praxis im Anschluss an Pierre Bourdieus, Michel de Certeau und andere oder auch die orgiastische Soziologie Michel Maffesolis sowie weitere anschlussfähige Ansätze muss festgehalten werden, dass die hier entfaltete Erzählung weitergesponnen werden kann. Auch die Entscheidung für eine Erörterung *situativer Nichtalltäglichkeit* auf Basis der Schriften Webers, Durkheims, Schütz' und Turners kann den Vorwurf einer gewissen Willkür der Auswahl nicht vollständig zurückweisen. Doch das Ziel der Ausführungen war nicht theoretische Vollständigkeit, sondern konzeptuelle Klarheit. Durch die vorgenommene Auswahl wurden die Umrisse eines Gegenstandsbereichs sichtbar und wesentliche Konturen einer theoretisch anschlussfähigen, soziologisch gehaltvollen Konzeption scharf gezeichnet. Auf diesem Weg wurde ein Forschungsfeld umrissen, ein Begriffsangebot unterbreitet, ein methodologischer wie auch methodischer Zugang skizziert und anhand zweier Fallbeispiele die theoretische wie auch empirische Brauchbarkeit dieser Vorarbeiten plausibilisiert.

Die empirische Annäherung mit Mitteln der qualitativ-rekonstruktiven Sozialforschung führt zu weitreichenden Einsichten, die sich den Vorwurf der Übergeneralisierung gefallen lassen müssen. Sorgfältige Fallvergleiche, das aufrichtige Bemühen die inhärenten Widersprüche und die Heterogenität des Materials abzubilden sowie die Arbeit mit unterschiedlichen Formen von Daten – Beobachtungsprotokollen, Interviewtranskripten, Bildmaterialen, Videomaterialien, verschiedenen Internetartefakten und Zeitungsartikeln; all das kann nicht darüber hinwegtäuschen, dass alle im Rahmen der letzten Kapitel erarbeiten konzeptuellen Aussagen auf einem explorativ-interpretativen Zugang basieren. Die formulierten theoretischen Aussagen können aus zwei Gründen lediglich als gewagte Strukturhypothesen gelten. Zum einen wurden sie der Untersuchung einzelner Fälle abgerungen und können nicht ohne Weiteres auf andere Fälle übertragen werden. Zum anderen muss sich die Brauchbarkeit und Robustheit der hier angestrengten konzeptuellen Überlegungen durch weitere empirische Forschung erweisen. Aus der methodologischen und methodischen Anlage der Forschungsarbeiten ist eine Generalisierung über die untersuchten Fälle hinaus also doppelt riskant.

Manche anschlussfähige, tagesaktuelle Debatte – zum Beispiel die soziologischen Auseinandersetzungen um Emotionen, Affekte, Affizierung (etwa Gregg und Seigworth 2010), die jüngere Debatten zu einer Soziologie des Lebens (Nungesser, Delitz und Seyfert 2018) und auch die in Anschluss an Hartmut Rosas (2016) Resonanzkonzept geführte Auseinandersetzung – konnte nicht angemessen in die Argumentation integriert werden. Diese möglichen Anschlüsse weisen über die vorgelegten Ausführungen hinaus. Das theoretisch-empirisch umrissene und angenäherte

Forschungsfeld *situativer Nichtalltäglichkeit* verweist auf Gegenstandsbereiche, Aspekte und Fragen, die im Rahmen dieser Ausführungen unberücksichtigt bleiben müssen. Von den zum Ende des dritten Kapitels skizzierten vier Bereichen situativer Nichtalltäglichkeit bleiben im Rahmen der Darstellungen zwei ohne jegliche Berücksichtigung. Die soziale Bewältigung einer Naturkatastrophe oder eines terroristischen Anschlags in der Klammer situativer Nichtalltäglichkeit zu verhandeln, sind somit Aufgaben, die ebenfalls über diese Schrift hinausweisen. Mit dieser Arbeit ist somit ein (erneuter) Aufschlag gemacht, eine »allgemeine Vorstellung der Gegenwelt des Alltags« (Gebhardt 1987, S. 16) zu erschließen – die Erkundung situativer Nichtalltäglichkeit ist aber bei Weitem nicht abgeschlossen.

Quellen

Erläuterung der Zitation von Feldartefakten

Alle Verweise auf Interviews und Beobachtungsprotokolle verweisen auf den digitalen Anhang dieser Studie und können dort verbatim eingesehen werden. Feldartefakte, die nicht online verfügbar sind, werden ebenfalls im Anhang aufgeführt.

Zentrale Quelle der interpretativen Rekonstruktion sind umfassende Interviewtranskripte. Diese sind durch eine Kennung und einen eindeutig vergebenen Namen unmissverständlich zuortbar. Die Interview-Kennungen sind wie folgt aufgebaut:

- Beispiel: HS I, 1 (**Hörsaal I** Studie, Interview Nr. **1**)
- Beispiel: L II, 1 (**Lager** Studie **II**. Feldphase, Interview Nr. **1**)[1]

Um eine möglichst authentische Darstellung zu ermöglichen, wurden alle Gesprächspartner*innen mit einem geschlechterpassenden und eindeutigen Pseudonym markiert. Sofern Interviews nach Namen zitiert werden, sind auch diese eindeutig identifizierbar. Alle Interviewpassagen werden absatzgenau zitiert.

---

[1] Für nähere Informationen zum methodischen Zugang sei an dieser Stelle nochmals auf das vierte Kapitel sowie den Anhang zur Arbeit hingewiesen.

© Springer Fachmedien Wiesbaden GmbH, ein Teil von Springer Nature 2019
M. Ernst-Heidenreich, *Irritation des Selbstverständlichen*,
https://doi.org/10.1007/978-3-658-25208-3

Datenkorpus zur Hörsaalbesetzung

blog.bildungsstreik-augsburg. 2009a. Einschätzung zur rechtlichen Lage. *Uni Augsburg brennt*. http://blog.bildungsstreik-augsburg.de/2009_11_17_archive.html. Zugegriffen: 27. Februar 2017.
blog.bildungsstreik-augsburg. 2009b. Nicht nur Augsburg brennt: Studierende in Deutschland erheben sich. *Uni Augsburg brennt*. http://blog.bildungsstreik-augsburg.de/2009/11/nicht-nur-augsburg-brennt-studierende.html. Zugegriffen: 27. Februar 2017.
blog.bildungsstreik-augsburg. 2009c. Raumordnung. *Uni Augsburg brennt*. http://blog.bildungsstreik-augsburg.de/2009_11_17_archive.html. Zugegriffen: 27. Februar 2017.
blog.bildungsstreik-augsburg. 2009d. Wir sind und einig, dass wir generell gegen Studiengebühren sind! *Uni Augsburg brennt*. http://blog.bildungsstreik-augsburg.de/2009/11/nicht-nur-augsburg-brennt-studierende.html. Zugegriffen: 27. Februar 2017.
c. 2009. die Universität Augsburg ist besetzt. *unsereunis*. https://web.archive.org/web/20091122103848/http://www.unsereunis.de:80/category/augsburg/. Zugegriffen: 28. Januar 2018.
CONTRA. 2008. Analyse der Außerordentlichen Vollversammlung und des EUlE-Besuchs. http://uni-a.blogspot.com/2008/12/analyse-der-auerordentlichen.html. Zugegriffen: 28. Januar 2018.
CONTRA. Aktionsbündnis für freie Bildung. http://uni-a.blogspot.de/. Zugegriffen: 28. Januar 2018.
datschatobi. 2009a. *Bildungshürden Teil I*. Augsburg: Besetzer*innen des Hörsaal-Eins'. https://www.youtube.com/watch?v=SQjiLB-LqoY. Zugegriffen: 27. Februar 2017.
datschatobi. 2009c. *Bildungshürden Teil II.wmv*. Augsburg: Besetzer*innen des Hörsaal-Eins'. https://www.youtube.com/watch?v=_AmLT9v9v20. Zugegriffen: 27. Februar 2017.
datschatobi. 2009b. *Bildungshürden Teil III.wmv*. Augsburg: Besetzer*innen des Hörsaal-Eins'. https://www.youtube.com/watch?v=u6xOIgsL_v4. Zugegriffen: 27. Februar 2017.
datschatobi. 2009d. *Bildungshürden Teil V.wmv*. https://www.youtube.com/watch?v=O3_vo9vTTNs. Zugegriffen: 27. Februar 2017.
datschatobi. 2009h. *Pressekonferenz Teil I.wmv*. Augsburg: Besetzer*innen des Hörsaal-Eins'. https://www.youtube.com/watch?v=VmN3ktKeE-4. Zugegriffen: 2. März 2017.
datschatobi. 2009f. *Pressekonferenz Teil II.wmv*. Augsburg: Besetzer*innen des Hörsaal-Eins'. https://www.youtube.com/watch?v=iMdGARvld_c. Zugegriffen: 2. März 2017.
datschatobi. 2009e. *Pressekonferenz Teil III.wmv*. Augsburg: Besetzer*innen des Hörsaal-Eins'. https://www.youtube.com/watch?v=zFXeW9IIzJg. Zugegriffen: 2. März 2017.
datschatobi. 2009g. *Pressekonferenz Teil IV.wmv*. Augsburg: Besetzer*innen des Hörsaal-Eins'. https://www.youtube.com/watch?v=HKCaTK4wA-4. Zugegriffen: 2. März 2017.
ghg-augsburg. 2009. Und sie brennt doch. *www.ghg-augsburg.de*. https://web.archive.org/web/20091202182735/http://ghg-augsburg.de:80/. Zugegriffen: 28. Januar 2018.
Höck, Markus. 2009. Besetzen statt büffeln. *Aichacher Zeitung* 18. November. http://www.aichacher-zeitung.de/vorort/augsburg/art21,12801. Zugegriffen: 26. Januar 2018.
HS I 1, Peter. *Interview 1 mit Peter am 2009-12-14*. Interview und Transkript Michael Ernst-Heidenreich.
HS I 2, Lothar. *Interview 2 mit Lothar am 2009-12-17*. Interview und Transkript Michael Ernst-Heidenreich.
HS I 3, Rudi. *Interview 3 mit Rudi am 2009-12-21*. Interview und Transkript Michael Ernst-Heidenreich.
HS I 4, Friedrich. *Interview 4 mit Friedrich am 2009-12-21*. Interview und Transkript Michael Ernst-Heidenreich.

HS I 5, Niklas. *Interview 5 mit Niklas am 2009-12-22*. Interview und Transkript Michael Ernst-Heidenreich.
HS I 6, Bert. *Interview 6 mit Bert am 2010-01-12*. Interview und Transkript Michael Ernst-Heidenreich.
HS I 7, Andrea. *Interview 7 mit Andrea am 2010-01-13*. Interview und Transkript Michael Ernst-Heidenreich.
HS I 8, Christin. *Interview 8 mit Christin am 2010-01-19*. Interview und Transkript Michael Ernst-Heidenreich.
HS I 9&10, Hannah & Judith. *Interview 9&10 mit Hannah und Judith* am 2010-07-09. Interview und Transkript Michael Ernst-Heidenreich.
HS I FT. *Forschungstagebuch zur Hörsaalbesetzung von Michael Ernst-Heidenreich*.
HS I RZ. 20091130. *Zusammenfassung Ringvorlesung 2009-11-30, Machiavelli*. Augsburg: Besetzer*innen des Augsburger Hörsaal-Eins. http://www.bildungsstreik-augsburg.de/site/uniaugsburgbrennt/plena. Zugegriffen: 15. Februar 2017.
HS I ZP. 20091120-18.00 Uhr. *Zusammenfassung des Plenums am 2009-11-20, 18.00 Uhr*. Augsburg: Besetzer*innen des Augsburger Hörsaal-Eins. http://www.bildungsstreik-augsburg.de/site/uniaugsburgbrennt/plena. Zugegriffen: 15. Februar 2017.
HS I ZP. 20091122-18.30 Uhr. *Zusammenfassung des Plenums am 2009-11-22, 18.30Uhr*. Augsburg: Besetzer*innen des Augsburger Hörsaal-Eins. http://www.bildungsstreik-augsburg.de/site/uniaugsburgbrennt/plena. Zugegriffen: 15. Februar 2017.
HS I ZP. 20091118-14.00 Uhr. *Zusammenfassung des Plenums am 2009-11-18 14.00 Uhr*. Augsburg: Besetzer*innen des Augsburger Hörsaal-Eins. http://www.bildungsstreik-augsburg.de/site/uniaugsburgbrennt/plena. Zugegriffen: 15. Februar 2017.
Kerstan, Thomas. 2009. Bundesweite Bildungsproteste: Nehmt sie ernst! *Die Zeit*, November 19 http://www.zeit.de/2009/48/01-Studentenproteste. Zugegriffen: 3. März 2017.
o.V., Verfasser. 2009. Augsburger Hörsaal fest in Studentenhand. *Augsburger Allgemeine*, November 17 http://www.augsburger-allgemeine.de/augsburg/Augsburger-Hoersaal-fest-in-Studentenhand-id6870501.html. Zugegriffen: 3. März 2017.
Schleifer, Nina. 2009. Studentenalltag zwischen Streik und Studium. *Augsburger Allgemeine*, Dezember 16 http://www.augsburger-allgemeine.de/augsburg/Studentenalltag-zwischen-Streik-und-Studium-id7022281.html. Zugegriffen: 17. Februar 2017.
Sergan, Nadia, und ASTA Goethe Universität Frankfurt. 2009. Bundesweiter Bildungsstreik 2009. Erreichbar über Waybackmachine https://web.archive.org/web/20090617075619/http://www.bildungsstreik.net. Zugegriffen: 28. Januar 2018.

Datenkorpus zum Schulcamp

L BP. 20110725-22.03-22.30 Uhr. *Beobachtungsprotokol 20110725-22.03-22.30 Uhr, Maximilian Zeitträg*.
L BP. 20110726-22.00-23.00 Uhr. *Beobachtungsprotokoll 20110726-22.00-23.00 Uhr, Katharina Lodyga*.
L BP. 20110726-28. *Beobachtungsprotokoll 20110726-28, Felix Franz*.
L BP. 20110727-15.00-17.00 Uhr. *Beobachtungsprotokoll 20110727-15.00-17.00 Uhr, Edda Mack*.
L BP. 20110727-16.00 Uhr. *Beobachtungsprotokoll 20110727-16.00 Uhr, Julia Schmid*.
L BP. 20110727-23.10-23.30 Uhr. *Beobachtungsprotokoll 20110727-23.10-23.30 Uhr, Martje Rust*.
L FT. *Forschungstagebuch zur* Inseltage-*Studie, Michael Ernst-Heidenreich*.

L I 1, Anton. Fokussiertes Vorabinterview mit Anton am 2011-07-06. Interview und Protokoll: Belma Halkic und Andreas Rieger; Transkript: Belma Halkic und Michael Ernst-Heidenreich.

L I 4, Doris. *Fokussiertes Vorabinterview mit Doris am 2011-07-04.* Interview und Protokoll: Christine Kenel und Benjamin Hoffman; Transkript: Christine Kenel und Michael Ernst-Heidenreich.

L I 5, Emma. *Fokussiertes Vorabinterview mit Emma am 2011-07-04.* Interview und Protokoll: Martje Rust und Felix Franz; Transkript: Felix Franz und Michael Ernst-Heidenreich.

L I 7, Georg. *Fokussiertes Vorabinterview mit Georg am 2011-07-11.* Interview und Protokoll: Sarah Basal und Michael Klaiber; Transkript: Peter Paulini und Michael Ernst-Heidenreich.

L II 1, Anni. *Adhoc-Interview mit Anni 2011-07-28.* Interview und Protokoll: Peter Paulini; Transkript: Peter Paulini und Michael Ernst-Heidenreich.

L II 2, Berta Braun. *Adhoc-Interview mit Berta Braun am 2011-07-28.* Interview und Protokoll: Nina Brötzmann und Martje Rust; Transkript: Andreas Rieger und Michael Ernst-Heidenreich.

L II 3, Bob. *Adhoc-Experteninterview mit Bob am 2011-07-27.* Interview und Transkript: Nina Brötzmann und Martie Rust; Transkript: Michael Klaiber und Michael Ernst-Heidenreich.

L II 4, Darius. *Adhoch-Experteninterview mit Darius am 2011-07-27.* Interview und Transkript: Sabrina Schäfer und Gloria Gehring; Transkript: Max Lutz und Michael Ernst-Heidenreich.

L II 5, Eduard Emil. *Adhoc-Interview mit Eduard Emil am 2011-07-28.* Interview und Protokoll: Maximilian Lutz und Simone Drilling; Transkript: Simone Drilling und Michael Ernst-Heidenreich.

L II 9, Helge. *Adhoc-Interview mit Helge am 2011-07-08.* Interview und Protokoll: Anna Metzker; Transkript: Benjamin Hoffman und Michael Ernst-Heidenreich.

L II 10, Ingo. *Adhoc-Experteninterview mit Ingo am 2011-07-28.* Interview und Protokoll: Maximilian Zeiträg; Transkript: Martje Rust und Michael Ernst-Heidenreich.

L II 11, Jasmin. *Adhoc-Interview mit Jasmin am 2011-02-28.* Interview und Protokoll: Andreas Rieger und Benjamin Hoffman; Transkript: Nina Brötzmann und Michael Ernst-Heidenreich.

L II 12, Karlo & Kelvin. *Adhoc-Experteninterview mit Karlo & Kelvin am 2011-07-28.* Interview und Protokoll: Sandra Chudy und Christine Kenel; Transkript: Edda Mack und Michael Ernst-Heidenreich.

L III 1, Bosse. *Fotointerview mit Bosse am 2011-09-25.* Interview und Protokoll: Peter Paulini und Julia Schmid; Transkript: Mona Schütze und Michael Ernst-Heidenreich.

L III 3, Malte. *Fotointerview mit Malte am 2011-08-16.* Interview und Protokoll: Edda Mack und Maximilian Zeiträg; Transkript: Sarah Basal, Gloria Gehring und Michael Ernst-Heidenreich.

L III 4, Sigrid. *Fotointerview mit Sigrid am 2011-11-12.* Interview und Protokoll: Katharina Lodyga und Peter Paulini; Transkript: Katharina Lodyga und Michael Ernst-Heidenreich.

L III 6, Svenja. *Fotointerview mit Svenja am 2011-08-25.* Interview und Protokoll: Michael Klaiber und Sarah Basal; Transkript: Sabrina Schäfer und Michael Ernst-Heidenreich.

L III 7, Harald. *Fotointerview mit Harald am 2011-09-16.* Interview und Protokoll: Katharina Lodyga und Max Zeiträg; Transkript: Sandra Chudy und Michael Ernst-Heidenreich.

L III 8, Arne. *Fotointerview mit Arne am 2011-08-23.* Interview und Protokoll: Andreas Rieger und Sabrina Schäfer; Transkript: Claudia Czajka und Michael Ernst-Heidenreich.

L III 10, Nele. *Fotointerview mit Nele am 2011-11-10.* Interview und Protokoll: Christine Kenel und Benjamin Hoffmann; Transkript: Michael Klaiber und Michael Ernst-Heidenreich.

L III 11, Björn. *Fotointerview mit Björn am 2011-09-20.* Interview und Protokoll: Maximilian Lutz und Anna Metzker; Transkription: Max Zeiträg, Athena Labuhn und Michael Ernst-Heidenreich.

L III 13 Merle. *Fotointerview mit Merle am 2011-08-24*. Interview und Protokoll: Athena Labuhn und Andreas Rieger; Transkript: Simone Drilling, Maximilian Lutz und Michael Ernst-Heidenreich.
L III 14 Smilla. *Fotointerview mit Smilla am 2011-10-22*. Interview und Protokoll: Claudia Czajka und Maximilian Zeiträg; Transkript: Sabine Pilsinger und Michael Ernst-Heidenreich.
L IV 1, Gerd Göller. *Experteninterview mit Gerd Göller am 2011-07-30*. Interview und Protokoll: Oliver Dimbath; Transkript: Oliver Dimbath und Michael Ernst-Heidenreich.
L IV 2, Günter Grasser. *Experteninterview mit Günter Grasser am 2011-08-23*. Interview und Protokoll: Nina Brötzmann und Michael Ernst-Heidenreich; Transkript: Martje Rust, Benjamin Hoffmann, Nina Brötzmann, Andreas Rieger, Julia Schmid und Michael Ernst-Heidenreich.

Literatur

Adair-Toteff, Christopher. 2005. Max Weber's charisma. *Journal of Classical Sociology* 5: 189–204.
Adbusters. 2011. #OCCUPYWALLSTREET. https://www.adbusters.org/blogs/adbusters-blog/occupywallstreet.html. Zugegriffen: 24. Mai 2013.
Adler, Patricia A., Peter Adler und Andrea Fontana. 1987. Everyday life sociology. *Annual Review of Sociology* 13: 217–235.
Agamben, Giorgio. 2002. *Homo sacer: Die souveräne Macht und das nackte Leben*. Frankfurt am Main: Suhrkamp Verlag.
Agamben, Giorgio. 2004. *Ausnahmezustand: Homo sacer II.1*. Frankfurt am Main: Suhrkamp Verlag.
Amirou, Rachid. 1989. Sociability/›Sociality‹. *Current Sociology* 37: 115–120.
Arbeitsgruppe Bielefelder Soziologen, Hrsg. 1978. *Alltagswissen, Interaktion und gesellschaftliche Wirklichkeit. 2 Bände. Bd. 1: Symbolischer Interaktionismus und Ethnomethodologie. Bd. 2: Ethnotheorie und Ethnographie des Sprechens*. Reinbek bei Hamburg: Rowohlt.
Arendt, Hannah. 2007. *Vita activa oder Vom tätigen Leben*. 6. Auflage. München: Piper.
Arendt, Hannah. 2011. *Über die Revolution*. 4. Auflage. München: Piper Taschenbuch.

Bach, Maurizio. 1990. *Die charismatischen Führerdiktaturen. Drittes Reich und italienischer Faschismus im Vergleich ihrer Herrschaftsstrukturen*. Baden-Baden: Nomos.
Bauer, Quirin J. 2007. *Generationen der Jugend: Bedeutung und aktuelle Relevanz des Generationskonzepts in der Jugendsoziologie*. Saarbrücken: VDM Verlag Dr. Müller.
Bauman, Zygmunt. 1991. *Modernity and ambivalence*. Cambridge: Cambridge University Press.
Baumgarten, Britta. 2013. Geração à Rasca and beyond: Mobilizations in Portugal after 12 March 2011. *Current Sociology* 61: 457–473.
Beck, Ulrich. 1983. Jenseits von Stand und Klasse? Soziale Ungleichheiten, gesellschaftliche Individualisierungsprozesse und die Entstehung neuer sozialer Formationen und Identitäten. In *Soziale Ungleichheiten (Soziale Welt. Sonderband 2)*, Hrsg. Reinhard Kreckel, 35–74. Göttingen: Schwartz.
Beck, Ulrich. 1986. *Risikogesellschaft. Auf dem Weg in eine andere Moderne*. Frankfurt am Main: Suhrkamp.
Beck, Ulrich 1997. *Kinder der Freiheit*. Frankfurt am Main: Suhrkamp.
Bendix, Reinhard. 1964. *Max Weber, Das Werk. Darstellung, Analyse, Ergebnisse*. München: Piper.
Benford, Robert D. und David A. Snow. 2000. Framing processes and social movements: An overview and assessment. *Annual Review of Sociology* 26: 611–639.

Benjamin, Walter. 2006. Kritik der Gewalt. In *Gesammelte Schriften. Bd. 2 Teil 1: Aufsätze, Essays, Vorträge [...]*, Hrsg. Rolf Tiedemann und Hermann Schweppenhäuser, 179–204. Frankfurt am Main: Suhrkamp.
Bennett, Tony und Diane Watson, Hrsg. 2002a. *Understanding everyday life*. Oxford: Blackwell Publishers.
Bennett, Tony und Diane Watson. 2002b. Understanding everyday life: Introduction. In *Understanding everyday life*, Hrsg. Tony Bennett und Diane Watson, ix–xxiv. Oxford: Blackwell Publishers.
Benski, Tova und Lauren Langman. 2013. The effects of affects: The place of emotions in the mobilizations of 2011. *Current Sociology* 61: 525–540.
Berger, Peter L. und Thomas Luckmann. 2004. *Die gesellschaftliche Konstruktion der Wirklichkeit*. 20. Auflage. Frankfurt am Main: S. Fischer.
Bergmann, Jörg. 2007. *Ethnomethodologie*. Stuttgart: UTB.
Bergmann, Jörg, Thomas Luckmann und Hans-Georg Soeffner. 1993. Erscheinungsformen von Charisma – Zwei Päpste. In *Charisma. Theorie – Religion – Politik*, Hrsg. Winfried Gebhardt, Arnold Zingerle und Michael N. Ebertz, 121–155. Berlin, New York: Walter de Gruyter.
Bergmann, Werner. 1981. Lebenswelt, Lebenswelt des Alltags oder Alltagswelt? Ein grundbegriffliches Problem »alltagstheoretischer« Ansätze. *Kölner Zeitschrift für Soziologie und Sozialpsychologie* 33: 50–72.
Betz, Gregor. 2016. *Vergnügter Protest: Erkundungen hybridisierter Formen kollektiven Ungehorsams*. Wiesbaden: Springer VS.
Bey, Hakim. 1994. *T.A.Z. Die temporäre autonome Zone*. Berlin: Edition ID-Archiv.
Bhabha, Homi K. 2000. *Die Verortung der Kultur*. Tübingen: Stauffenburg.
Blumenkranz, Carla, Keith Gessen, Christopher Glazek, Mark Greif, Sarah Leonhard, Kathleen Ross, Nikil Saval, Eli Schmitt und Astra Taylor 2011. *Occupy! Die ersten Wochen in New York. Eine Dokumentation*. Berlin: Suhrkamp.
Blumer, Herbert. 1939. Collective behavior. In *An outline of the principle of sociology*, Hrsg. Robert Ezra Park. 221-280. New York: Barnes & Noble.
Blumer, Herbert. 1970. Social problems as collective behavior. *Social Problems* 18: 298-306.
Blumer, Herbert. 1986. *Symbolic interactionism*. Berkeley: University of California Press.
BMWi. 2010. *Deutsche Kinder- und Jugendreisen 2008. Aktuelle Daten zu Struktur und volumen, Vorschläge für eine künftige kontinuierliche Datenerhebung, Schritte zu einem Referenzrahmen*. Berlin: Bundesministerium für Wirtschaft und Energie.
Bohnsack, Ralf. 2008. *Rekonstruktive Sozialforschung. Einführung in qualitative Methoden*. Opladen: Barbara Budrich.
Bohnsack, Ralf. 2011. *Qualitative Bild- und Videointerpretation*. 2. Auflage. Opladen: Verlag Barbara Budrich.
Bosančić, Saša. 2014. *Arbeiter ohne Eigenschaften: Über die Subjektivierungsweisen angelernter Arbeiter*. Wiesbaden: Springer VS.
Bourdieu, Pierre. 1976. *Entwurf einer Theorie der Praxis auf der ethnologischen Grundlage der kabylischen Gesellschaft*. Frankfurt am Main: Suhrkamp.
Bourdieu, Pierre. 1987a. *Die feinen Unterschiede*. Frankfurt am Main: Suhrkamp.
Bourdieu, Pierre. 1987b. *Sozialer Sinn*. Frankfurt am Main: Suhrkamp.
Bourdieu, Pierre. 2005. *Die männliche Herrschaft*. Frankfurt am Main: Suhrkamp.
Brake, Anna. 2009. Photobasierte Befragung. In *Handbuch Methoden der Organisationsforschung*, Hrsg. Stefan Kühl, Petra Strodtholz und Andreas Taffertshofer, 369–388. Wiesbaden: VS Verlag.
Brake, Anna und Helmut Bremer. 2010a. *Alltagswelt Schule. Bildungssoziologische Beiträge*. Weinheim, München: Juventa-Verlag.

Brake, Anna und Helmut Bremer. 2010b. Schule als Alltagswelt jenseits von Bildungsstandards und Leistungserbringung: Versuch einer Einordnung. In *Alltagswelt Schule. Bildungssoziologische Beiträge*, Hrsg. Anna Brake und Helmut Bremer, 7–30. Weinheim, München: Juventa-Verlag.
Braudel, Fernand. 1985. *Sozialgeschichte des 15.-18. Jahrhunderts. Band 1: Der Alltag*. München: Kindler.
Breuer, Stefan. 1989. Magisches und religiöses Charisma. *Kölner Zeitschrift für Soziologie und Sozialpsychologie* 41: 215–240.
Breuer, Stefan. 1993. Das Chrisma der Vernunft. In *Charisma. Theorie - Religion - Politik*, Hrsg. Winfried Gebhardt, Arnold Zingerle und Michael N. Ebertz, 159–184. Berlin, New York: Walter de Gruyter.
Breuer, Stefan. 1994. *Bürokratie und Charisma. Zur politischen Soziologie Max Webers*. Darmstadt: Wissenschaftliche Buchgesellschaft.
Bröckling, Ulrich, Christian Dries, Matthias Leanza und Tobias Schlechtriemen, Hrsg. 2015. *Das Andere der Ordnung: Theorien des Exzeptionellen*. Weilerswist: Velbrück Wissenschaft.
Bryant, Antony und Kathy C. Charmaz, Hrsg. 2007. *The SAGE handbook of grounded theory*. Los Angeles: Sage.
Buber, Martin. 1965. *Das dialogische Prinzip*. Heidelberg: Schneider.
Buber, Martin. 2009. *Ich und Du*. Stuttgart: Reclam.
Bude, Heinz. 2010. 5.21 Die Kunst der Interpretation. In *Qualitative Forschung. Ein Handbuch*, Hrsg. Uwe Flick, Ernst von Kardorff und Ines Steinke, 569–578. Reinbek bei Hamburg: Rowohlt.
Byrne, Janet. 2012. *The occupy handbook*. New York: Back Bay Books.

Caillois, Roger. 1988. *Der Mensch und das Heilige*. München: Hanser.
Canetti, Elias. 1960. *Masse und Macht*. Hamburg: Claasen.
Casper, Bernhard und Walter Sparn, Hrsg. 1992. *Alltag und Transzendenz*. Freiburg: Karl Alber.
Charlton, Thomas L., Lois E. Myers und Rebecca Sharpless, Hrsg. 2007. *History of oral history: foundations and methodology*. Lanham, MD: Rowman & Littlefield.
Charmaz, Kathy. 2006. *Constructing grounded theory*. London: Sage.
Charmaz, Kathy. 2014. *Constructing grounded theory*. 2. Auflage. Los Angeles: Sage.
Chomsky, Noam. 2012. *Occupy*. New York: Zuccotti Park Press.
Clarke, Adele E. 2005. *Situational analysis: Grounded theory after the postmodern turn*. Thousand Oaks: Sage Publications.
Cohn, Ruth C. 1975. *Von der Psychoanalyse zur themenzentrierten Interaktion*. Stuttgart: Klett.
Csikszentmihalyi, Mihaly. 2008. *Das flow-Erlebnis: Jenseits von Angst und Langeweile: im Tun aufgehen*. 10. Auflage. Stuttgart: Klett-Cotta.

De Certeau, Michel. 1984. *The practice of everyday life*. Berkeley: University of California Press.
De Certeau, Michel. 1988. *Kunst des Handelns*. Berlin: Merve.
Della Porta, Donatella und Mario Diani. 2006. *Social movements: an introduction*. 2. Auflage. Malden, MA: Blackwell Publishing.
Desrues, Thierry. 2013. Mobilizations in a hybrid regime: The 20th February Movement and the Moroccan regime. *Current Sociology* 61: 409–423.
Dimbath, Oliver. 2008. Novizen und Virtuosinnen. Unterschiedliche Situationsdefinition von Teilnehmenden bei Jugendfreizeiten. *das baugerüst. Zeitschrift für Mitarbeiterinnen und Mitarbeiter in der evang. Jugend und außerschulischen Bildung* 60: 96–101.
Dimbath, Oliver. 2013. Visuelle Stimuli in der qualitativen Forschung. Potenziale und Grenzen des fotogestützten Interviews. *Soziale Welt* 64: 137–152.
Dimbath, Oliver und Michael Heinlein. 2015. *Gedächtnissoziologie*. Paderborn: Fink.

Dimbath, Oliver und Andreas Thimmel. 2014. Sozialwissenschaftliche Kinder- und Jugendreiseforschung. In *Wegweiser Kinder- und Jugendreisepädagogik: Potenziale, Forschungsergebnisse, Praxiserfahrungen*, Hrsg. Ansgar Drücker, Manfred Fuß und Oliver Schmitz, 43–57. Schwalbach, TS: Wochenschau-Verlag.

Dimbath, Oliver und Michael Ernst-Heidenreich. 2019. Potenziale und Grenzen der Fotoelizitation in der Jugendreiseforschung. In *Der Weg zum Gegenstand in der Kinder- und Jugendhilfeforschung. Methodologische Herausforderungen für qualitative Zugänge*, Hrsg. Carola Frank, Margarete Jooß-Weinbach, Steffen Loick Molina, Gabriel Schoyerer, 38-55. Weinheim und Basel: Beltz Juventa.

Dimbath, Oliver, Michael Ernst, Eva Holzinger und Carola Wankerl. 2007. Interpretative Freizeitenevaluation. Praxisentwicklung mit Hilfe von Zustimmungsbekundungen auf dem Papier und im Interview. *das baugerüst. Zeitschrift für Mitarbeiterinnen und Mitarbeiter in der evang. Jugend und außerschulischen Bildung* 59: 90–95.

Dimbath, Oliver, Michael Ernst, Eva Holzinger und Carola Wankerl. 2008. Elemente einer Soziologie der Jugendfreizeit. Überlegungen zu einer empirisch begründeten Rekonstruktion von Teilnahmeerfahrungen auf Jugendfreizeiten. *Deutsche Jugend. Zeitschrift für die Jugendarbeit* 56: 118–127.

Dimbath, Oliver, Michael Ernst-Heidenreich und Matthias Roche. 2018. „Hinten ist Beverly Hills und hier ist einfach Ghetto, The Bronx". Grounded Theory im Kontext der narrativen Strukturierung eines Sozialraums. In *Die Erforschung der sozialräumlichen Wirklichkeit. Qualitative Methoden in der Geographie und der sozialraumsensiblen Kulturforschung*, Hrsg. Jeannine Wintzer. 51-68. Berlin, Heidelberg: Springer-Verlag.

Dimbath, Oliver, Michael Ernst-Heidenreich und Matthias Roche. 2018. Praxis und Theorie des Theoretical Sampling. Methodologische Überlegungen zum Verfahren einer verlaufsorientierten Fallauswahl. *Forum Qualitative Sozialforschung/Forum: Qualitative Social Research* 19, Art. 34. http://dx.doi.org/10.17169/fqs-19.3.2810. Zugegriffen: 20. Oktober 2018.

Douglas, Jack D. 1971. *Understanding everyday life*. London: Routledge & Paul.

Douglas, Mary. 1985. *Reinheit und Gefährdung: eine Studie zu Vorstellungen von Verunreinigung und Tabu*. Berlin: Reimer.

Dow Jr, Thomas E. 1969. The theory of charisma. *The Sociological Quarterly* 10: 306–318.

Downs, Anthony. 1957. An economic theory of political action in a democracy. *Journal of Political Economy* 65: 135–150.

Dreyfus, Hubert L. und Stuart E. Dreyfus 1986. *Mind over machine: The power of human intuition and expertise in the era of the computer*. New York: Free Press.

Dreyfus, Hubert L. 1992. *What computers still can't do: A critique of artificial reason*. Cambridge, London: The MIT Press.

Durkheim, Émile. 1967. Individuelle und kollektive Vorstellungen. In *Soziologie und Philosophie*, Hrsg. Theodor W. Adorno, 45–83. Frankfurt am Main: Suhrkamp.

Durkheim, Émile. 1977. *Über die Teilung der sozialen Arbeit*. Frankfurt am Main: Suhrkamp.

Durkheim, Émile. 1981. *Die elementaren Formen des religiösen Lebens*. Frankfurt am Main: Suhrkamp.

Durkheim, Émile. 1984. *Die Regeln der soziologischen Methode*. Hrsg. René König. Frankfurt am Main: Suhrkamp.

Durkheim, Émile und Marcel Mauss. 1987. Über einige primitive Formen von Klassifikation. Ein Beitrag zur Erforschung der kollektiven Vorstellungen. In *Schriften zur Soziologie der Erkenntnis*, Hrsg. Hans Joas, 169–256. Frankfurt am Main: Suhrkamp.

Ebersbach, Anja. 2011. *Social Web*. 2., völlig überarbeitete Auflage. Konstanz: UVK.

Eder, Klaus. 1986. Soziale Bewegung und kulturelle Evolution: Überlegungen zur Rolle der neuen sozialen Bewegungen in der kulturellen Evolution der Moderne. In *Die Moderne – Kontinuitäten und Zensuren (Soziale Welt, Sonderband 4)*, Hrsg. Johannes Berger, 335–357. Göttingen: Schwartz.

Eliade, Mircea. 1984. *Das Heilige und das Profane: Vom Wesen des Religiösen.* Frankfurt am Main: Insel Verlag.

Elias, Norbert. 1978. Zum Begriff des Alltags. In *Materialien zur Soziologie des Alltags (Kölner Zeitschrift für Soziologie und Sozialpsychologie, Sonderheft 20)*, Hrsg. Kurt Hammerich und Michael Klein, 22–29. Opladen: Westdeutscher Verlag.

Elias, Norbert. 1997. *Über den Prozeß der Zivilisation: soziogenetische und psychogenetische Untersuchungen (2 Bände).* Frankfurt am Main: Suhrkamp.

Elias, Norbert. 2014. *Gruppencharisma und Gruppenschande.* Marbach am Neckar: Deutsche Schillergesellschaft.

Enzensberger, Hans M. 1962. Eine Theorie des Tourismus. In *Einzelheiten I*. Frankfurt am Main: Suhrkamp.

Felski, Rita. 1999. The invention of everyday life. *new formations* 39: 13–31.

Foucault, Michel. 1973. *Archäologie des Wissens.* Frankfurt am Main: Suhrkamp.

Foucault, Michel. 1977. *Überwachen und Strafen: Die Geburt des Gefängnisses.* Frankfurt am Main: Suhrkamp.

Foucault, Michel. 1978. *Dispositive der Macht: über Sexualität, Wissen und Wahrheit.* Berlin: Merve-Verlag.

Foucault, Michel. 1996. *Der Mensch ist ein Erfahrungstier.* Frankfurt am Main: Suhrkamp.

Foucault, Michel. 2003. *Die Ordnung des Diskurses.* 9. Auflage. Frankfurt am Main: Fischer Taschenbuch Verlag.

Foucault, Michel. 2005. Subjekt und Macht. In *Analytik der Macht*, 240–263. Frankfurt am Main: Suhrkamp.

Frank, Thomas. 2013. Wie die Theorie auf die Praxis traf. Über das Scheitern von Occupy-Wall-Street. *Le Monde diplomatique (deutsche Ausgabe)*, Februar 2013, http://www.monde-diplomatique.de/pm/2013/02/08.mondeText.artikel,a0074.idx,26. Zugegriffen: 24. Mai 2013.

Fredrickson, Barbara L. und Daniel Kahneman. 1993. Duration neglect in retrospective evaluations of affective episodes. *Journal of Personality and Social Psychology* 65: 45-55.

Freericks, Renate und Dieter Brinkmann, Hrsg. 2015. *Handbuch Freizeitsoziologie.* Wiesbaden: Springer Fachmedien.

Freud, Sigmund. 1967. Massenpsychologie und Ich-Analyse. In *Gesammelte Werke, Band 13*. 72-161. Frankfurt am Main: S. Fischer.

Friedland, William H. 1964. For a sociological concept of charisma. *Social Forces* 43: 18–26.

Friedrichs, Jürgen. 1990. *Methoden empirischer Sozialforschung.* 14. Auflage. Opladen: Westdeuscher Verlag.

Friesenhahn, Günter J. und Andreas Thimmel, Hrsg. 2004. *Schlüsseltexte. Engagement und Kompetenz in der internationalen Jugendarbeit.* Schwalbach, TS: Wochenschau Verlag.

Froschauer, Ulrike. 2002. Artefaktanalyse. In *Methoden der Organisationsforschung. Ein Handbuch*, Hrsg. Stefan Kühl und Peter Strodtholz, 361-395. Reinbeck bei Hamburg: Rowohlt.

Fuchs-Heinritz, Werner, Hrsg. 2011. *Lexikon zur Soziologie.* 5. überarbeitete Auflage. Wiesbaden: VS Verlag für Sozialwissenschaften.

Gambacorta, Carmelo. 1989. Experiences of daily life. *Current Sociology* 37: 121–140.
Gamson, William A. 1992. *Talking politics.* Cambridge: Cambridge University Press.
Garfinkel, Harold. 1967. *Studies in ethnomethodology.* Englewood Cliffs, N.J.: Prentice-Hall.
Garfinkel, Harold. 1986. *Ethnomethodological studies of work.* London: Routledge & Kegan Paul.

Garfinkel, Harold. 2002. *Ethnomethodology's program: Working out durkheim's aphorism (legacies of social thought)*. Boston: Rowman and Littlefield.
Gebhardt, Winfried. 1987. *Fest, Feier und Alltag*. Frankfurt am Main: Peter Lang.
Gebhardt, Winfried. 1992a. Das Charisma der Vernunft und die Vernunft des Charisma. Religionssoziologische Anmerkungen über die Erscheinungsformen des Charisma in modernen Gesellschaften. In *Alltag und Transzendenz*, Hrsg. Bernhard Casper und Walter Sparn, 267–292. Freiburg: Karl Alber.
Gebhardt, Winfried. 1992b. Der Reiz des Außeralltäglichen. Zur Soziologie des Festes. In *Alltag und Transzendenz*, Hrsg. Bernhard Casper und Walter Sparn, 67–88. Freiburg: Karl Alber.
Gebhardt, Winfried. 1993. Charisma und Ordnung. Formen des institutionalisierten Charisma - Überlegungen in Anschluß an Max Weber. In *Charisma. Theorie - Religion - Politik*, Hrsg. Winfried Gebhardt, Arnold Zingerle und Michael N. Ebertz, 47–68. Berlin, New York: Walter de Gruyter.
Gebhardt, Winfried. 1994. *Charisma als Lebensform. Zur Soziologie des alternativen Lebens*. Berlin: Reimer.
Gebhardt, Winfried. 1999. ›Warme Gemeinschaft‹ und ›kalte Gesellschaft‹. In *Der Aufstand gegen den Bürer: Antibürgerliches Denken im 20. Jahrhundert*, Hrsg. Günter Meuter und Henrique R. Otten, 165–184. Würzburg: Königshausen & Neumann.
Gebhardt, Winfried. 2000. Feste, Feiern und Events. Zur Soziologie des Außergewöhnlichen. In *Events*, Hrsg. Winfried Gebhardt, Ronald Hitzler und Michaela Pfadenhauer, 17–31. Opladen: Leske + Budrich.
Gebhardt, Winfried, Arnold Zingerle und Michael N. Ebertz, Hrsg. 1993. *Charisma. Theorie - Religion - Politik*. Berlin, New York: Walter de Gruyter.
Gebhardt, Winfried, Ronald Hitzler und Michaela Pfadenhauer. 2000a. Einleitung. In *Events*, Hrsg. Winfried Gebhardt, Ronald Hitzler und Michaela Pfadenhauer, 9–13. Opladen: Leske + Budrich.
Gebhardt, Winfried, Andreas Hepp, Ronald Hitzler, Michaela Pfadenhauer, Julia Reuter, Waldemar Vogelgesang, Ursula Engelfried-Rave, Jörg Hunold und Veronika Krönert. 2007. *Megaparty Glaubensfest: Weltjugendtag: Erlebnis - Medien - Organisation*. Wiesbaden: VS Verlag.
Gebhardt, Winfried, Ronald Hitzler und Michaela Pfadenhauer, Hrsg. 2000b. *Events. Soziologie des Außergewöhnlichen*. Opladen: Leske + Budrich.
Geertz, Clifford. 1987. *Dichte Beschreibung*. Frankfurt am Main: Suhrkamp.
Ghisleni, Maurizio. 2017. The sociology of everyday life: A research program on contemporary sociality. *Social Science Information* 56: 526–543.
Giddens, Anthony. 1991. *Modernity and Self-Identity: Self and Society in the Late Modern Age*. Cambridge: Polity Press.
Giddens, Anthony. 1995. *Beyond left and right*. Cambridge: Polity Press.
Giesecke, Hermann, Annelie Keit und Udo Perle. 2002. *Pädagogik des Jugendreisens*. München: Juventa Verlag.
Giesen, Bernhard. 2010. *Zwischenlagen. Das Außerordentliche als Grund der sozialen Wirklichkeit*. Weilerswist: Velbrück Wissenschaft.
Girtler, Roland. 2001. *Methoden der Feldforschung*. Wien: Böhlau Verlag.
Glaser, Barney G. und Judith Holton. 2004. Remodeling Grounded Theory. *Forum Qualitative Sozialforschung/Forum: Qualitative Social Research* 5: Art. 4. http://nbn-resolving.de/urn:nbn:de:0114-fqs040245. Zugegriffen: 28. Januar 2018.
Glaser, Barney G. und Anselm L. Strauss. 1965. *Awareness of dying*. Chicago: Aldine.
Glaser, Barney G. und Anselm L. Strauss. 1967. *The discovery of grounded theory. Strategies for qualitative research*. Chicago: Aldine.
Glaser, Barney G. und Anselm L. Strauss. 1968. *Time for dying*. Chicago: Aldine.
Goffman, Erving. 1959. *The presentation of self in everyday life*. Garden City, New York: Doubleday.

Goffman, Erving. 1973. *Asyle – Über die soziale Situation psychiatrischer Patienten und anderer Insassen*. Frankfurt am Main: Suhrkamp.
Goffman, Erving. 1975a. *Interaktionsrituale*. Frankfurt am Main: Suhrkamp.
Goffman, Erving. 1975b. *Stigma. Über Techniken der Bewältigung beschädigter Identität*. Frankfurt am Main: Suhrkamp.
Goffman, Erving. 1977. *Rahmen-Analyse. Ein Versuch über die Organisation von Alltagserfahrungen*. Frankfurt am Main: Suhrkamp.
Goffman, Erving. 2016. *Wir alle spielen Theater*. 16. Auflage. München: Piper.
Graeber, David. 2012. *Inside occupy*. Frankfurt am Main: Campus Verlag.
Gregg, Melissa, Seigworth, Gregory J. 2010: *The affect theory reader*. Durham, NC: Duke University Press.
Grimm, Jacob und Wilhelm Grimm. 1854. *Deutsches Wörterbuch. Band 1. A-Biermolke*. Leipzig: Hirzel.
Grinberg, Lev L. 2013. The J14 resistance mo(ve)ment: The Israeli mix of Tahrir Square and Puerta del Sol. *Current Sociology* 61: 491–509.
Gross, Peter. 1994. *Die Multioptionsgesellschaft*. Frankfurt am Main: Suhrkamp.
Gurr, Ted Robert. 1970. *Why men rebel*. Princeton, N.J.: Princeton University Press.
Gurwitsch, Aron. 1977. *Die mitmenschlichen Begegnungen in der Milieuwelt*. Walter de Gruyter.
Guschker, Stefan. 2002. *Bilderwelt und Lebenswirklichkeit*. Frankfurt am Main: Lang.

Habermas, Jürgen. 1958. Soziologische Notizen zum Verhältnis von Arbeit und Freizeit. In *Konkrete Vernunft : Festschrift für Erich Rothacker*, Hrsg. Gerhardt Funke, 219–231. Bonn: Bouvier.
Habermas, Jürgen. 1973. *Legitimationsprobleme im Spätkapitalismus*. 11. Auflage. Frankfurt am Main: Suhrkamp.
Habermas, Jürgen. 1990. *Strukturwandel der Öffentlichkeit: Untersuchungen zu einer Kategorie der bürgerlichen Gesellschaft*. 11. Auflage. Frankfurt am Main: Suhrkamp.
Haese, Bernd-Michael. 1994. *Erleben und erfahren: Freizeiten als Methode kirchlicher Jugendarbeit*. Marburg: Elwert.
Hahn, Hans. 1963. Die Entwicklung des Jugendtourismus. *Deutsche Jugend. Zeitschrift für die Jugendarbeit* 13(3): 109–118.
Halbwachs, Maurice. 2001. Die Lehre Durkheims. In *Theorie und Methode: ausgewählte Schriften*, Hrsg. Stephan Egger, 11–84. Konstanz: UVK.
Halbwachs, Maurice. 2002. Was ist soziale Morphologie? In *Soziale Morphologie : ausgewählte Schriften*, Hrsg. Stephan Egger, 11–22. Konstanz: UVK.
Halbwachs, Maurice. 2006. *Das Gedächtnis und seine sozialen Bedingungen*. 2. Auflage. Frankfurt am Main: Suhrkamp.
Hammerich, Kurt und Michael Klein, Hrsg. 1978a. *Materialien zur Soziologie des Alltags (Kölner Zeitschrift für Soziologie und Sozialpsychologie, Sonderheft 20)*. Opladen: Westdeutscher Verlag.
Hammerich, Kurt und Michael Klein. 1978b. Zur Einführung. Alltag und Soziologie. In *Materialien zur Soziologie des Alltags (Kölner Zeitschrift für Soziologie und Sozialpsychologie, Sonderheft 20)*, Hrsg. Kurt Hammerich und Michael Klein, 7–21. Opladen: Westdeutscher Verlag.
Hatscher, Christoph R. 2000. *Charisma und res publica: Max Webers Herrschaftssoziologie und die römische Republik*. Stuttgart: Steiner.
Haunss, Sebastian. 2008. Antiimperialismus und Autonomie- Linksradikalismus seit der Studentenbewegung. In *Die sozialen Bewegungen in Deutschland seit 1945: ein Handbuch*, Hrsg. Roland Roth und Dieter Rucht, 447–474. Frankfurt am Main: Campus Verlag.
Heidegger, Martin. 2006. *Sein und Zeit*. 19. Auflage. Tübingen: Niemeyer.
Heller, Ágnes. 1976. *Theorie der Bedürfnisse bei Marx*. West-Berlin: VSA.
Heller, Ágnes. 1978. *Das Alltagsleben*. Frankfurt am Main: Suhrkamp.
Hellmann, Kai-Uwe. 1998. Paradigmen der Bewegungsforschung. Eine Fachdisziplin auf dem Weg zur normalen Wissenschaft. In *Neue soziale Bewegungen. Impulse, Bilanzen und Perspektiven*,

Hrsg. Ansgar Klein, Hans-Josef Legrand und Thomas Leif, 91–113. Opladen: Westdeutscher Verlag.

Hellmann, Kai-Uwe und Ruud Koopmans, Hrsg. 1998. *Paradigmen der Bewegungsforschung: Entstehung und Entwicklung von Neuen sozialen Bewegungen und Rechtsextremismus*. Opladen: Westdeutscher Verlag.

Hempel, Carl G. 1965. *Aspects of scientific explanation*. New York: The Free Press.

Hermanns, Harry. 2010. 5.3 Interviewen als Tätigkeit. In *Qualitative Forschung*, Hrsg. Uwe Flick, Ernst von Kardorff und Ines Steinke. Reinbek bei Hamburg: Rowohlt.

Highmore, Ben. 2002. *The everyday life reader*. London, New York: Routledge.

Hillmann, Karl-Heinz, Hrsg. 1994. *Wörterbuch der Soziologie*. 4. Auflage. Stuttgart: A. Kröner.

Hirschauer, Stefan und Klaus Amann. 1997. *Die Befremdung der eigenen Kultur*. Frankfurt am Main: Suhrkamp.

Hitzler, Ronald. 1998. Posttraditionale Vergemeinschaftung. Über neue Formen der Sozialbindung. *Berliner Debatte Initial* 9: 81–89.

Hitzler, Ronald. 2008. Brutstätten posttraditionaler Vergemeinschaftung. Über Jugendszenen. In *Posttraditionale Gemeinschaften. Theoretische und ethnografische Erkundungen*, Hrsg. Ronald Hitzler, Anne Honer und Michaela Pfadenhauer, 55–72. Wiesbaden: VS Verlag für Sozialwissenschaften.

Hitzler, Ronald. 2010. *Eventisierung: Drei Fallstudien zum marketingstrategischen Massenspaß*. Wiesbaden: VS Verlag für Sozialwissenschaften.

Hitzler, Ronald und Thomas S. Eberle. 2010. 3.1 Phänomenologische Lebensweltanalyse. In *Qualitative Forschung. Ein Handbuch*, Hrsg. Uwe Flick, Ernst von Kardorff und Ines Steinke, 109–118. Reinbek bei Hamburg: Rowohlt.

Hitzler, Ronald und Anne Honer. 1991. 7.7.1. Qualitative Verfahren zur Lebensweltanalyse. In *Handbuch Qualitative Sozialforschung*, Hrsg. Uwe Flick, Ernst von Kardorff, Heiner Keupp, Lutz von Rosenstiel und Stephan Wolff, 382–385. München: Psychologie Verlags Union.

Hitzler, Ronald und Reiner Keller. 1989. On Sociological and Common-Sense Verstehen. *Current Sociology* 37: 91–101.

Hitzler, Ronald und Arne Niederbacher. 2010. *Leben in Szenen: Formen juveniler Vergemeinschaftung heute*. 3., vollständig überarbeitete Auflage. Wiesbaden: VS Verlag für Sozialwissenschaften.

Hitzler, Ronald, Jo Reichertz und Norbert Schröer. 1999. *Hermeneutische Wissenssoziologie: Standpunkte zur Theorie der Interpretation*. Konstanz: UVK.

Hitzler, Ronald, Anne Honer und Michaela Pfadenhauer, Hrsg. 2008. *Posttraditionale Gemeinschaften. Theoretische und ethnografische Erkundungen*. Wiesbaden: VS Verlag für Sozialwissenschaften.

Hollier, Denis, Hrsg. 2012. *Das Collège de Sociologie: 1937 – 1939*. Berlin: Suhrkamp.

Holton, Judith A. 2007. The coding process and its challenges. In *The SAGE handbook of grounded theory*, Hrsg. Antony Bryant und Kathy C. Charmaz, 265–290. Los Angeles: Sage.

Honer, Anne. 1989. Einige Probleme lebensweltlicher Ethnographie-Zur Methodologie und Methodik einer interpretativen Sozialforschung. *Zeitschrift für Soziologie* 18: 297–312.

Honer, Anne. 1993. *Lebensweltliche Ethnographie. Ein explorativ-interpretativer Forschungsansatz am Beispiel von Heimwerker-Wissen*. Wiesbaden: Deutscher Universitäts-Verlag.

Honer, Anne. 1994. Das explorative Interview. *Schweizerische Zeitschrift für Soziologie* 20: 623–640.

Honer, Anne. 2011a. Das explorative Interview. Zur Rekonstruktion der Relevanzen von Experitinnen und anderen Leuten. In *Kleine Leiblichkeiten. Erkundungen in Lebenswelten*, 41–58. Wiesbaden: VS Verlag für Sozialwissenschaften.

Honer, Anne. 2011b. *Kleine Leiblichkeiten. Erkundungen in Lebenswelten*. Wiesbaden: VS Verlag für Sozialwissenschaften.

Honneth, Axel. 1994. *Kampf um Anerkennung: Zur moralischen Grammatik sozialer Konflikte*. Frankfurt am Main: Suhrkamp.

Horkheimer, Max. 2009. Traditionelle und kritische Theorie. In *Max Horkheimer. Gesammelte Schriften Band 4: Schriften 1936-1941*, 162–216. Frankfurt am Main: Fischer Taschenbuch Verlag.
Horkheimer, Max und Theodor W. Adorno. 2003. *Max Horkheimer. Gesammelte Schriften Band 5: Dialektik der Aufklärung und Schriften 1940-1950*. 3. Auflage. Frankfurt am Main: S. Fischer.
Hübner, Astrid. 2010. *Freiwilliges Engagement als Lern- und Entwicklungsraum*. Wiesbaden: VS Verlag für Sozialwissenschaften.
Husserl, Edmund. 1954. *Die Krisis der europäischen Wissenschaften und die transzendentale Phänomenologie*. Dordrecht: Kluwer.
Husserl, Edmund. 1991. *Die Krisis der europäischen Wissenschaften und die transzendentale Phänomenologie. Texte aus dem Nachlass 1934-1937*. Dordrecht, Boston: Kluwer.
Husserl, Edmund. 2007. *Die Krisis der europäischen Wissenschaften und die transzendentale Phänomenologie: Eine Einleitung in die phänomenologische Philosophie*. 3. Auflage. Hrsg. Elisabeth Ströker. Hamburg: Meiner.

IJAB, Hrsg. 2013. *Internationale Jugendarbeit wirkt: Forschungsergebnisse im Überblick*. 2. Auflage. Bonn: IJAB - Fachstelle für Internationale Jugendarbeit der Bundesrepublik Deutschland.
Ilg, Wolfgang. 2008. *Evaluation von Freizeiten und Jugendreisen: Einführung und Ergebnisse zum bundesweiten Standard-Verfahren*. Hannover: aej.
Ilg, Wolfgang und Judith Dubiski. 2015. *Wenn einer eine Reise tut: Evaluationsergebnisse von Jugendfreizeiten und internationalen Jugendbegegnungen*. Schwalbach, TS: Wochenschau Verlag.

James, William. 1950. *The principles of psychology*. Reprint. New York: Dover Publications.
Joas, Hans. 1996. *Die Kreativität des Handelns*. 4. Auflage. Frankfurt am Main: Suhrkamp.
Joas, Hans. 2011. *Die Sakralität der Person: Eine neue Genealogie der Menschenrechte*. 2. Auflage. Frankfurt am Main: Suhrkamp.
Joas, Hans und Wolfgang Knöbl. 2004. *Sozialtheorie*. Frankfurt am Main: Suhrkamp.
Jünger, Ernst. 2007. *In Stahlgewittern*. 47. Auflage. Stuttgart: Klett-Cotta.
Judt, Tony. 2005. *Postwar: A history of europe since 1945*. New York: Penguin Press.
Judt, Tony. 2008. *Reappraisals: reflections on the forgotten twentieth century*. New York: Penguin Press.

Kahneman, Daniel. 2012. *Thinking, fast and slow*. London: Penguin Books.
Kahneman, Daniel, Barbara L. Fredrickson, Charles A. Schreiber und Donald A. Redelmeier. 1993. When more pain is preferred to less: Adding a better end. *Psychological science* 4: 401–405.
Kalekin-Fishman, Devorah. 2013. Sociology of everyday life. *Current Sociology* 61: 714–732.
Kamper, Dietmar und Christoph Wulf. 1997. *Das Heilige*. Frankfurt am Main: athenäum.
Kelle, Udo und Susann Kluge. 2010. *Vom Einzelfall zum Typus: Fallvergleich und Fallkontrastierung in der qualitativen Sozialforschung*. 2., überarbeitete Auflage. Wiesbaden: VS Verlag für Sozialwissenschaften.
Keller, Reiner. 2006. *Michel Maffesoli: Eine Einführung*. Konstanz: UVK.
Keller, Reiner. 2010. *Diskursforschung: Eine Einführung für SozialwissenschaftlerInnen*. 4. Auflage. Wiesbaden: VS Verlag für Sozialwissenschaften.
Keller, Reiner. 2011. *Wissenssoziologische Diskursanalyse: Grundlegung eines Forschungsprogramms*. 3. Auflage. Wiesbaden: VS Verlag für Sozialwissenschaften.
Keller, Reiner. 2012. *Das interpretative Paradigma*. Wiesbaden: Springer VS.
Kern, Thomas. 2007. *Soziale Bewegungen: Ursachen, Wirkungen, Mechanismen*. Wiesbaden: VS Verlag für Sozialwissenschaften.
Kentler, Helmut. 1963. Urlaub als Auszug aus dem Alltag. *Deutsche Jugend. Zeitschrift für die Jugendarbeit* 13(3): 118–124.
Kierkegaard, Søren. 1984. *Der Begriff Angst*. Hamburg: Meiner.

Kierkegaard, Søren. 2012. *Die Krankheit zum Tode – Furcht und Zittern – Die Wiederholung – Der Begriff der Angst*. 4. Auflage. München: Deutscher Taschenbuch Verlag
Kirchner, Babette. 2011. *Eventgemeinschaften das Fusion Festival und seine Besucher*. Wiesbaden: VS Verlag für Sozialwissenschaften.
Klein, Hans J. 1998. Alltag. In *Grundbegriffe der Soziologie*, Hrsg. Bernhard Schäfers, 10-12. Opladen: Leske + Budrich.
König, René. 1984. Einleitung. In *Die Regeln der soziologischen Methode*, Hrsg. Émile Durkheim und René König, 21-82. Frankfurt am Main: Suhrkamp.
Kowal, Sabine und Daniel C. O'Conell. 2010. 5.9 Zur Transkription von Gesprächen. In *Qualitative Forschung. Ein Handbuch*, Hrsg. Uwe Flick, Ernst von Kardorff und Ines Steinke, 437–447. Reinbek bei Hamburg: Rowohlt.
Kraushaar, Wolfgang. 2000. *1968 als Mythos, Chiffre und Zäsur*. Hamburg: Hamburger Edition.
Kraushaar, Wolfgang. 2012. *Der Aufruhr der Ausgebildeten: Vom Arabischen Frühling zur Occupy-Bewegung*. Hamburg: Hamburger Edition.
Kretschmann, Burckhard. 1980. *Gorleben*. Frankfurt am Main: Selbstverlag.
Kriesi, Hanspeter. 2004. Political context and opportunity. In *The Blackwell companion to social movements*, Hrsg. David A. Snow, Sarah A. Soule und Hanspeter Kriesi, 67–90. Oxford: Blackwell.

Langmaack, Barbara. 1996. *Themenzentrierte Interaktion: einführende Texte rund ums Dreieck*. 3., korrigierte Auflage. Weinheim: Beltz.
Langman, Lauren. 2013. Occupy: A new new social movement. *Current Sociology* 61: 510–524.
Lau, Christoph. 1985. Zum Doppelcharakter der neuen sozialen Bewegungen. *Merkur* 39: 1116-1120.
Le Bon, Gustave. 2009. *Psychologie der Massen*. Hamburg: Nikol.
Lefebvre, Henri. 1972. *Das Alltagsleben in der modernen Welt*. Frankfurt am Main: Suhrkamp.
Lefebvre, Henri. 1974. *Kritik des Alltagslebens 1. Grundrisse einer Soziologie der Alltäglichkeit*. München: Carl Hanser.
Lefebvre, Henri. 1975a. *Kritik des Alltagslebens 2. Grundrisse einer Soziologie der Alltäglichkeit*. München: Carl Hanser.
Lefebvre, Henri. 1975b. *Kritik des Alltagslebens 3. Grundrisse einer Soziologie der Alltäglichkeit*. München: Carl Hanser.
Lefebvre, Henri und Christine Levich. 1987. The everyday and everydayness. *Yale French Studies* 7–11.
Lindemann, Gesa. 2008. Theoriekonstruktion und empirische Forschung. In *Theoretische Empirie. Zur Relevanz qualitativer Forschung*, Hrsg. Herbert Kalthoff, Stefan Hirschauer und Gesa Lindemann, 107–128. Frankfurt am Main: Suhrkamp.
Lipp, Wolfgang. 1985. *Stigma und Charisma. Über soziales Grenzverhalten*. Berlin: Reimer.
Luckmann, Benita. 1970. The small life-worlds of modern man. *Social Research* 37: 580–596.
Luckmann, Thomas. 1989. On meaning in everyday life and in sociology. *Current Sociology* 37: 17–29.
Luckmann, Thomas. 2003. Vorwort. In *Strukturen der Lebenswelt*, Hrsg. Alfred Schütz und Thomas Luckmann, 13–26. Konstanz: UVK.
Luhmann, Niklas. 1984. *Soziale Systeme. Grundriß einer allgemeinen Theorie*. Frankfurt am Main: Suhrkamp.
Luhmann, Niklas. 1996. *Die Realität der Massenmedien*. 2. Auflage. Opladen: Westdeutscher Verlag.
Lukács, Georg. 1977. *Geschichte und Klassenbewußtsein. Studien über marxistische Dialektik*. Neuwied: Luchterhand.

Maffesoli, Michel. 1986. *Der Schatten des Dionysos. Zu einer Soziologie des Orgiasmus*. Frankfurt am Main: Syndikat.
Maffesoli, Michel. 1987. Das gesellschaftliche Göttliche. In *Das Heilige: Seine Spur in der Moderne*, Hrsg. Dietmar Kamper und Christoph Wulf, 400–410. Frankfurt am Main: athenäum.
Maffesoli, Michel. 1988. Jeux de masques: postmodern tribalism. *Design Issues* 4: 141–151.
Maffesoli, Michel. 1989. The sociology of everyday life (epistemological elements). *Current Sociology* 37: 1–16.
Maffesoli, Michel. 1990. Macht und Sozietät in der Postmoderne. In *Tod und Verwandlung in Canettis Masse und Macht*, Hrsg. John Pattillo-Hess, 90–99. Wien: Löcker Verlag.
Maffesoli, Michel. 1996. *The time of the tribes: Decline of individualism in mass society*. London: Sage Publications.
Mannheim, Karl. 1928. Das Problem der Generationen. *Kölner Vierteljahreshefte für Soziologie* 7: 157–184.
Marchart, Oliver. 2008. *Cultural studies*. Konstanz: UVK.
Marx, Karl. 1962. Das Kapital. Kritik der poltischen Ökonomie. Erster Band. Der Produktionsprozeß des Kapitals. In *MEW*, Bd. 23. Berlin: Dietz Verlag.
Marx, Karl. 1963. Das Kapital. Kritik der politischen Ökonomie. Zweiter Band. Der Zirkulationsprozess des Kapitals. In *MEW*, Bd. 24, Hrsg. Friedrich Engels. Berlin: Dietz Veralg.
Marx, Karl. 1964. Das Kapital. Kritik der politischen Ökonomie. Dritter Band. Der Gesamtprozess der kapitalistischen Produktion. In *MEW*, Bd. 25, Hrsg. Friedrich Engels. Berlin: Dietz Verlag.
Marx, Karl. 2005. *Ökonomisch-philosophische Manuskripte*. Hrsg. Barbara Zehnpfennig. Hamburg: Meiner.
Marx, Karl und Friedrich Engels. 1978. Die deutsche Ideologie. In *MEW*, Bd. 3. Berlin: Dietz Verlag.
Marx, Karl und Friedrich Engels. 1990. Manifest der Kommunistischen Partei. In *Studienausgabe Band III. Geschichte und Politik 1*, Hrsg. Iring Fetscher. Frankfurt am Main: S. Fischer.
Mauss, Marcel. 1990. *Die Gabe: Form und Funktion des Austauschs in archaischen Gesellschaften*. Frankfurt am Main: Suhrkamp.
Mauss, Marcel. 2010. *Soziologie und Anthropologie*. 2 Bände. Wiesbaden: VS Verlag für Sozialwissenschaften.
Melucci, Alberto. 1980. The new social movements: A theoretical approach. *Social Science Information* 19: 199–226.
Melucci, Alberto. 1995. The process of collective identity. *Social movements and culture* 4: 41–63.
Merrifield, Andy. 2011. Crowd politics, or, ›here comes everybuddy‹. *New Left Review* 103–114.
Merton, Robert K. und Patricia L. Kendall. 1946. The focused interview. *American Journal of Sociology* 51: 541–557.
Merton, Robert K. 2010. Die self-fulfilling prophecy. In *Sternstunden der Soziologie, Campus Reader*, Hrsg. Sighard Neckel, Ana Mijic, Christian von Scheve und Monica Titton, 88–107. Frankfurt am Main: Campus.
Mey, Günter und Katja Mruck, Hrsg. 2011. *Grounded theory reader*. 2., aktualisierte und erweiterte Auflage. Wiesbaden: VS Verlag.
Moebius, Stephan. 2006. *Die Zauberlehrlinge: Soziologiegeschichte des Collège de Sociologie*. Konstanz: UVK.
Mörtenböck, Peter und Helge Mooshammer. 2012. *Occupy: Räume des Protests*. Bielefeld: transcript.
Mörth, Ingo und Meinrad Ziegler. 1990. Die Kategorie des „Alltags"- Pendelbewegung oder Brückenschalag zwischen Mikro- und Makro-Ufer der Soziologie. *Österreichische Zeitschrift für Soziologie* 3: 88–111.
Müller, Werner. 2014. Die Geschichte. In *Wegweiser Kinder- und Jugendreisepädagogik: Potenziale, Forschungsergebnisse, Praxiserfahrungen*, Hrsg. Ansgar Drücker, Manfred Fuß und Oliver Schmitz, 23–26. Schwalbach, TS: Wochenschau-Verlag.

Musil, Robert. 2007. *Der Mann ohne Eigenschaften*. 22. Auflage. Reinbek bei Hamburg: Rowohlt Verlag.

Nahrstedt, Wolfgang. 1972. *Die Entstehung der Freizeit*. Göttingen: Vandenhoeck & Ruprecht.
Nahrstedt, Wolfgang. 1990. *Leben in freier Zeit*. Darmstadt: Wissenschaftliche Buchgesellschaft.
Neidhardt, Friedhelm und Dieter Rucht. 1993. Auf dem Weg in die „Bewegungsgesellschaft"? Über die Stabilisierbarkeit sozialer Bewegungen. *Soziale Welt* 44: 305–326.
Niekrenz, Yvonne. 2011. *Rauschhafte Vergemeinschaftungen: Eine Studie zum rheinischen Straßenkarneval*. Wiesbaden: VS Verlag für Sozialwissenschaften.
Nietzsche, Friedrich. 1999. Über Wahrheit und Lüge im außermoralischen Sinne (1873). In *Die Geburt der Tragödie: Unzeitgemäße Betrachtungen I-IV ; Nachgelassene Schriften 1870 - 1873*, Bd. 1, *Sämtliche Werke: Kritische Studienausgabe in 15 Einzelbänden*, Hrsg. Giorgio Colli und Mazzimo Montinari, München: Deutscher Taschenbuch Verlag.
Nietzsche, Friedrich. 2005. *Gesammelte Werke*. Hrsg. Wolfgang Deninger. Bindlach: Gondrom.
Nungesser, Frithjof, Heike Delitz und Robert Seyfert. 2018. *Soziologien des Lebens: Überschreitung – Differenzierung – Kritik*. Bielefeld: transcript.

Oevermann, Ulrich, Tilmann Allert, Elisabeth Konau und Jürgen Krambeck. 1979. Die Methodologie einer „objektiven Hermeneutik" und ihre allgemeine forschungslogische Bedeutung in den Sozialwissenschaften. In *Interpretative Verfahren in den Sozial- und Textwissenschaften*, Hrsg. Hans-Georg Soeffner, 352–433. Stuttgart: Metzler.
Olson, Mancur. 1968. *Die Logik des kollektiven Handelns*. Tübingen: Mohr Siebeck.
Opaschowski, Horst W. 1976. *Pädagogik der Freizeit. Grundlegung für Wissenschaft und Praxis*. Bad Heilbrunn, Obb.: Klinkhardt.
Opaschowski, Horst W. 1988. *Psychologie und Soziologie der Freizeit*. Opladen: Leske + Budrich.
Ortega y Gasset, José. 1930. *Der Aufstand der Massen*. Stuttgart: DVA.

Parsons, Talcott. 1967. *The social system*. London: Routledge & Kegan Paul.
Perugorría, Ignacia und Benjamín Tejerina. 2013. Politics of the encounter: Cognition, emotions, and networks in the Spanish 15M. *Current Sociology* 61: 424–442.
Pfadenhauer, Michaela. 2008. *Organisieren: Eine Fallstudie zum Erhandeln von Events*. Wiesbaden: VS Verlag für Sozialwissenschaften.
Popper, Karl R. 1935. *Logik der Forschung zur Erkenntnistheorie der modernen Naturwissenschaft*. Wien: J. Springer.
Prantl, Heribert. 2011. *Wir sind viele: Eine Anklage gegen den Finanzkapitalismus*. München: Süddeutsche Zeitung.
Prokop, Dieter. 1974. Vorwort zur deutschen Ausgabe. In *Kritik des Alltagslebens 1*, Bd. 1. München: Hanser.
Pross, Helge und Eugen Buß, Hrsg. 1984. *Soziologie der Masse*. Heidelberg: Quelle & Meyer.
Przyborski, Aglaja und Monika Wohlrab-Sahr. 2010. *Qualitative Sozialforschung: Ein Arbeitsbuch*. korrigierte Auflage. München: Oldenbourg Wissenschaftsverlag.

Radman, Zdravko, Hrsg. 2012a. *Knowing without thinking: Mind, action, cognition and the phenomenon of the background*. Basingstoke: Palgrave Macmillan.
Radman, Zdravko. 2012b. The background: A tool of potentiality. In *Knowing without thinking: Mind, action, cognition and the phenomenon of the background*, Hrsg. Zdravko Radman, 224–242. Basingstoke: Palgrave Macmillan.
Ragin, Charles C. 1992. Introduction: Cases of »What is a case?« In *What is a case? exploring the foundations of social inquiry*, Hrsg. Charles C. Ragin und Howard S. Becker, 1–17. Cambridge: Cambridge University Press.

Ragin, Charles C. und Howard S. Becker, Hrsg. 1992. *What is a case? Exploring the foundations of social inquiry*. Cambridge: Cambridge University Press.
Rancière, Jacques. 2002. *Das Unvernehmen: Politik und Philosophie*. Frankfurt am Main: Suhrkamp.
Reichertz, Jo. 2010. 5.16 Objektive Hermeneutik und hermeneutische Wissenssoziologie. In *Qualitative Forschung. Ein Handbuch*, Hrsg. Uwe Flick, Ernst von Kardorff und Ines Steinke, 514–524. Reinbek bei Hamburg: Rowohlt.
Reichertz, Jo. 2013. *Die Abduktion in der qualitativen Sozialforschung: Über die Entdeckung des Neuen*. 2. Auflage. Wiesbaden: Springer VS.
Reichertz, Jo. 2014. Empirische Sozialforschung und soziologische Theorie. In *Handbuch Methoden der empirischen Sozialforschung*, Hrsg. Nina Baur und Jörg Blasius, 65-80. Wiesbaden: Springer VS.
Renn, Joachim. 2009. Time and tacit knowledge: Schütz and Heidegger. In *Alfred Schütz and his intellectual partners*, Hrsg. Hiashi Nasu, Lester Embree, George Psathas und Ilja Scrubar. Konstanz: UVK.
Riesebrodt, Martin. 1999. Charisma in Max Weber's sociology of religion. *Religion* 29: 1–14.
Riesebrodt, Martin. 2001. Charisma. In *Max Webers Religionssystematik*, Hrsg. Hans G. Kippenberg und Martin Riesebrodt, 151–167. Tübingen: Mohr Siebeck.
Rosa, Hartmut. 2016. *Resonanz. Eine Soziologie von Weltbeziehung*. Berlin: Suhrkamp.
Rosa, Hartmut und Endres, Wolfgang. 2016. *Resonanzpädagogik. wenn es im Klassenzimmer knistert*. Weinheim Basel: Beltz.
Roth, Roland und Dieter Rucht, Hrsg. 2008. *Die sozialen Bewegungen in Deutschland seit 1945: ein Handbuch*. Frankfurt am Main: Campus Verlag.
Rousseau, Jean-Jacques. 2004. *Vom Gesellschaftsvertrag oder Grundsätze des Staatsrechts*. Stuttgart: Reclam.

Schäfers, Bernhard, Hrsg. 1998. *Grundbegriffe der Soziologie*. 5. verbesserte und erweiterte Auflage. Opladen: Leske + Budrich.
Schapp, Wilhelm. 1976. *In Geschichten verstrickt*. 2. Auflage. Wiesbaden: Heymann.
Scheuch, Erwin K., Hrsg. 1972. *Soziologie der Freizeit*. Köln: Kiepenheuer & Witsch.
Schluchter, Wolfgang. 1979. *Die Entwicklung des okzidentalen Rationalismus*. Tübingen: J.C.B. Mohr (Paul Siebeck).
Schluchter, Wolfgang. 1985. Einleitung: Max Webers Analyse des antiken Christentums. Grundzüge eines unvollendeten Projekts. In *Max Webers Sicht des antiken Christentums*, 11–71. Frankfurt am Main: Suhrkamp.
Schluchter, Wolfgang. 1988. *Religion und Lebensführung. Studien zu Max Webers Religions- und Herrschaftssoziologie. 2 Bände*. Frankfurt am Main: Suhrkamp.
Schmitt, Carl. 2002. *Der Begriff des Politischen*. 7. Auflage. Berlin: Duncker & Humblot.
Schmitt, Carl. 2004. *Politische Theologie. Vier Kapitel zur Lehre von der Souveränität*. 8.Auflage. Berlin: Duncker & Humblot.
Schneider-Landolf, Mina, Jochen Spielmann und Walter Zitterbarth, Hrsg. 2010. *Handbuch Themenzentrierte Interaktion (TZI)*. 2. Auf. Göttingen: Vandenhoeck & Ruprecht.
Schröer, Norbert, Volker Hinnenkamp, Simone Kreher und Angelika Poferl, Hrsg. 2012. *Lebenswelt und Ethnographie*. Essen: Oldib Verlag.
Schulze, Gerhard. 2005. *Die Erlebnisgesellschaft*. 2. Auflage. Frankfurt am Main: Campus Verlag.
Schütz, Alfred. 1960. *Der sinnhafte Aufbau der sozialen Welt*. 2. Auflage. Wien: Springer.
Schütz, Alfred. 1972a. Der Fremde. Ein sozialpsychologischer Versuch (1944). In *Gesammelte Aufsätze II: Studien zur soziologischen Theorie*, Hrsg. Alfred Schütz, Richard Grathoff und Benita Luckmann, 53–69. Den Haag: Martinus Nijhoff.
Schütz, Alfred. 1972b. Der Heimkehrer. In *Gesammelte Aufsätze II. Studien zur soziologischen Theorie*, Bd. 2, Hrsg. Richard Grathoff und Benita Luckmann, 70–84. Den Haag: Nijhoff.

Schütz, Alfred. 1982. *Das Problem der Relevanz*. Hrsg. Richard M. Zaner. Frankfurt am Main: Suhrkamp.
Schütz, Alfred. 2003a. Don Quijote und das Problem der Realität. In *Theorie der Lebenswelt 1. Die pragmatische Schichtung der Lebenswelt*, Bd. V.1, *Alfred Schütz Werkausgabe*, Hrsg. Martin Endreß und Ilja Scrubar, 285–324. Konstanz: UVK.
Schütz, Alfred. 2003b. Strukturen der Lebenswelt. In *Theorie der Lebenswelt 1. Die pragmatische Schichtung der Lebenswelt*, Bd. V.1, *Alfred Schütz Werkausgabe*, Hrsg. Martin Endreß und Ilja Scrubar, 325–347. Konstanz: UVK.
Schütz, Alfred. 2003c. Teiresias oder unser Wissen von zukünftigen Ereignissen [Fassung 1945]. In *Theorie der Lebenswelt 1. Die pragmatische Schichtung der Lebenswelt*, Bd. V.1, *Alfred Schütz Werkausgabe*, Hrsg. Martin Endreß und Ilja Scrubar, 249–284. Konstanz: UVK.
Schütz, Alfred. 2003d. Teiresias oder unser Wissen von zukünftigen Ereignissen [Fassung 1959]. In *Theorie der Lebenswelt 1. Die pragmatische Schichtung der Lebenswelt*, Bd. V.1, *Alfred Schütz Werkausgabe*, Hrsg. Martin Endreß und Ilja Scrubar, 349–371. Konstanz: UVK.
Schütz, Alfred. 2003e. Über die mannigfaltigen Wirklichkeiten. In *Theorie der Lebenswelt 1. Die pragmatische Schichtung der Lebenswelt*, Bd. V.1, *Alfred Schütz Werkausgabe*, Hrsg. Martin Endreß und Ilja Scrubar, 177–248. Konstanz: UVK.
Schütz, Alfred. 2004. Das Problem der Relevanz. Die als selbswerständlich hingenommene Welt. Zu einer Phänomenologie der natürlichen Einstellung. In *Relevanz und Handeln 1. Zur Phänomenologie des Alltagswissens*, Bd. VI.1, *Alfred Schütz Werkausgabe*, Hrsg. Elisabeth List, 57–249. Konstanz: UVK.
Schütz, Alfred. 2009. Husserls Bedeutung für die Sozialwissenschaften. In *Philosophisch-phänomenologische Schriften 1. Zur Kritik der Phänomenologie Edmund Husserls*, Bd. III.1, *Alfred Schütz Werkausgabe*, Hrsg. Gerd Sebald, 305–320. Konstanz: UVK.
Schütz, Alfred. 2011. *Relevanz und Handeln 2. Gesellschaftliches Wissen und politisches Handeln*. Hrsg. Andreas Göttlich. Konstanz: UVK.
Schütz, Alfred und Thomas Luckmann. 2003. *Strukturen der Lebenswelt*. Konstanz: UVK.
Sennett, Richard. 2009. *Handwerk*. Berlin: Berlin Verlag Taschenbuch.
Sennett, Richard und Jonathan Cobb. 1977. *The hidden injuries of class*. Cambridge: University Press.
Sergan, Nadia und ASTA Goethe Universität Frankfurt. 2009. Bundesweiter Bildungsstreik 2009. Erreichbar über Waybackmachine https://web.archive.org/web/20090617075619/ http://www.bildungsstreik.net. Zugegriffen: 28. Januar 2018.
Seyfarth, Constans. 1979. Alltag und Charisma bei Max Weber. In *Alfred Schütz und die Idee des Alltags in den Sozialwissenschaften*, Hrsg. Walter M. Sprondel und Richard Grathoff, 155–177. Stuttgart: Enke.
Shakespeare, William. 1895. The life of king Henry the fifth. London, New York: Macmillan and Co.
Sherif, Muzafer und Carolyn W. Sherif. 1953. *Groups in harmony and tension: an integration of studies on intergroup relations*. New York: Harper.
Sherif, Muzafer, O. J. Harvey, B. Jack White, William R. Hood und Carolyn W. Sherif. 1988. *The Robbers Cave Experiment. Intergroup conflict and cooperation*. Middletown: Weslyan University Press.
Shils, Edward. 1982. Charisma, Order and Status. In *The constitution of society*, 119–142. London, Chicago: University of Chicago Press.
Simmel, Georg. 1906. *Die Religion*. Frankfurt am Main: Rütten & Loening.
Simmel, Georg. 1992a. 1. Das Problem der Soziologie. In *Soziologie. Untersuchungen über die Formen der Vergesellschaftung*, 13–62. Frankfurt am Main: Suhrkamp.
Simmel, Georg. 1992b. Exkurs über den Fremden. In *Soziologie. Untersuchungen über die Formen der Vergesellschaftung*, 764–771. Frankfurt am Main: Suhrkamp.

Simmel, Georg. 1992c. IV. Der Streit. In *Soziologie. Untersuchungen über die Formen der Vergesellschaftung*, 284–382. Frankfurt am Main: Suhrkamp.
Simmel, Georg. 1992d. V. Das Geheimnis und die geheime Gesellschaft. In *Soziologie. Untersuchungen über die Formen der Vergesellschaftung*, 383–455. Frankfurt am Main: Suhrkamp.
Simmel, Georg. 1992e. VI. Die Kreuzung sozialer Kreise. In *Soziologie. Untersuchungen über die Formen der Vergesellschaftung*, 456-511. Frankfurt am Main: Suhrkamp.
Simmel, Georg. 1999. Grundfragen der Soziologie (Kapitel 3: Die Geselligkeit). In *Der Krieg und die geistigen Entscheidungen – Grundfragen der Soziologie – Vom Wesen des historischen Verstehens – Der Konflikt der modernen Kultur – Lebensanschauung*, Hrsg. Gregor Fitzi & Otthein Rammstedt, 103-121. Frankfurt am Main: Suhrkamp.
Simmel, Georg. (2001). Soziologie der Geselligkeit. In *Aufsätze und Abhandlungen 1909-1918*, Hrsg. Klaus Latzel. 177-193. Frankfurt am Main: Suhrkamp.
Smelser, Neil J. 1970. *Theory of collective behavior*. 3. Auflage. London: Routledge & Kegan Paul.
Snow, David, Sarah Soule und Hanspeter Kriesi, Hrsg. 2004. *The Blackwell companion to social movements*. Oxford: Blackwell.
Snow, David A., E. Burke Rochford, Steven K. Worden und Robert D. Benford. 1986. Frame alignment processes, micromobilization, and movement participation. *American Sociological Review* 51: 464–481.
Soeffner, Hans-Georg. 1991. Trajectory – das geplante Fragment. *Bios* 4: 1–12.
Soeffner, Hans-Georg. 2004. *Auslegung des Alltags - Der Alltag der Auslegung: Zur wissenssoziologischen Konzeption einer sozialwissenschaftlichen Hermeneutik*. 2. durchgesehene und ergänzte Auflage. Konstanz: UTB.
Sotirakopoulos, Nikos und George Sotiropoulos. 2013. ›Direct democracy now!‹: The Greek indignados and the present cycle of struggles. *Current Sociology* 61: 443–456.
spanish rEvolution. 2011. *»How to cook a peaceful revolution«*. http://takethesquare.net/wp-content/uploads/2011/11/Roll-Up_eng_v2_reviewed.pdf. Zugegriffen: 11. Mai 2013.
Spivak, Gayatri Chakravorty. 1985. The Rani of Sirmur: An Essay in Reading the Archives. *History and Theory* 24: 247–272.
Sprondel, Walter M. 1979. *Alfred Schütz und die Idee des Alltags in den Sozialwissenschaften*. Stuttgart: Enke.
Strauss, Anselm L. und Juliet M. Corbin. 1990. *Basics of qualitative research: Grounded theory procedures and techniques*. Newbury Park u.a.: Sage Publications.
Strauss, Anselm L. 1998. *Grundlagen qualitativer Sozialforschung: Datenanalyse und Theoriebildung in der empirischen soziologischen Forschung*. 2. Auflage. Stuttgart: UTB.
Ströker, Elisabeth. 2007. Einleitung. In *Die Krisis der europäischen Wissenschaften und die transzendentale Phänomenologie: Eine Einleitung in die phänomenologische Philosophie*, Hrsg. Edmund Husserl und Elisabeth Ströker, ix-xxxiiiHamburg: Meiner.
Strübing, Jörg. 2004. *Grounded Theory*. Wiesbaden: VS Verlag für Sozialwissenschaften.
Sztompka, Piotr. 2008. The focus on everyday life: A new turn in sociology. *European Review* 16: 1–15.

Tacussel, Patrick. 1989. Criticism and understanding of everyday life. *Current Sociology* 37: 61–70.
Tajfel, Henri und John C. Turner. 1979. An integrative theory of intergroup conflict. In *The social psychology of intergroup relations*, Hrsg. William G. Austin und Stephen Worchel, 33: 47.
Taleb, Nassim N. 2012. *Antifragile: Things that gain from disorder*. New York: Random House.
Taylor, Astra, Keith Gessen, Editors of n+1, Trippe Canopy und The New Inquiry. 2011. *Occupy! Scenes from Occupied America*. London: Verso.
Taylor, Charles. 2007. *A secular age*. Cambridge, Mass: Belknap Press of Harvard University Press.
Tejerina, Benjamín, Ignacia Perugorría, Tova Benski und Lauren Langman. 2013. From indignation to occupation: A new wave of global mobilization. *Current Sociology* 61: 377–392.

Tenbruck, Friedrich H. 1975. Das Werk Max Webers. *Kölner Zeitschrift für Soziologie und Sozialpsychologie* 27: 663–702.
Tenbruck, Friedrich H. 1999. *Das Werk Max Webers: Gesammelte Aufsätze zu Max Weber.* Hrsg. Harald Homann. Tübingen: Mohr Siebeck.
Thole, Werner. 2000. *Kinder- und Jugendarbeit: Eine Einführung.* Weinheim: Beltz Juventa.
Thomas, Alexander, Celine Chang und Heike Abt. 2007. *Erlebnisse, die verändern. Langzeitwirkungen der Teilnahme an internationalen Jugendbegegnungen.* Göttingen: Vanden.
Thomas, William Isaac und Dorothy Swaine Thomas. 1928. *The child in America. Behavior problems and programs.* New York: Knopf.
Thompson, Warren S. 1929. Population. *American Journal of Sociology* 34: 959–975.
Touraine, Alain. 1977. *The self-production of society.* Chicago: University of Chicago Press.
Touraine, Alain. 1984. Social movements: Special area or central problem in sociological analysis? *Thesis Eleven* 9: 5–15.
Touraine, Alain. 1985. An introduction to the study of social movements. *Social Research* 52: 749–787.
Touraine, Alain. 1990. The idea of revolution. *Theory, Culture & Society* 7: 121–141.
Truzzi, Marcello. 1968. *Sociology and everyday life.* Englewood Cliffs, N.J.: Prentice-Hall.
Turner, Stephen. 2003. Charisma reconsidered. *Journal of Classical Sociology* 3: 5–26.
Turner, Victor W. 1967. Betwixt and between. The liminal period in rites de passage. In *The Forest of Symbols: Aspects of Ndembu Ritual*, 93–111. Ithaca, London: Cornell University Press.
Turner, Victor W. 1989. *Das Ritual. Struktur und Anti-Struktur.* Frankfurt am Main: Campus.
Turner, Victor W. 2009. Das Liminale und das Liminoide in Spiel, »Fluß« und Ritual. Ein Essay zur vergleichenden Symbologie. In *Vom Ritual zum Theater: Der Ernst des menschlichen Spiels*, Hrsg. Erika Fischer-Lichte. Frankfurt am Main: Campus Verlag.
Tybjerg, Tove. 2007. Reflections on ›Charisma‹. *Nordic Journal of Religion and Society* 20: 169–178.

Ullrich, Carsten G. 1999a. Deutungsmusteranalyse und diskursives Interview. *Zeitschrift für Soziologie* 28: 429–447.
Ullrich, Carsten G. 1999b. *Deutungsmusteranalyse und diskursives Interview: Leitfadenkonstruktion, Interviewführung und Typenbildung.* Mannheim: Mannheimer Zentrum für Europäische Sozialforschung (MZES).

Van Gennep, Arnold. 2005. *Übergangsriten (Les rites de passage).* Frankfurt am Main: Campus Verlag.
Vicari, Stefania. 2013. Public reasoning around social contention: A case study of Twitter use in the Italian mobilization for global change. *Current Sociology* 61: 474–490.
Vierkandt, Alfred. 1931. *Handwörterbuch der Soziologie.* Stuttgart: Enke.
Villadary, Agnès. 1968. *Fête et vie quotidienne.* Paris: Éditions ouvrières.

Waldenfels, B. 1989. Lebenswelt zwischen Alltäglichem und Unalltäglichem. In *Phänomenologie im Widerstreit: Zum 50. Todestag Edmund Husserls*, Hrsg. Christoph Jamme und Otto Pöggeler, 106–118. Frankfurt am Main: Suhrkamp.
Wallner, Ernst M. 1978. *Soziologie der Freizeit.* Heidelberg: Quelle & Meyer.
Watier, Patrick. 1989. Understanding and Everyday Life. *Current Sociology* 37: 71–81.
Weber, Max. 1919. *Politik als Beruf.* München & Berlin: Duncker & Humblot.
Weber, Max. 1921. *Gesammelte Aufsätze zur Religionssoziologie III.* Tübingen: J.C.B. Mohr (Paul Siebeck).
Weber, Max. 1923. *Gesammelte Aufsätze zur Religionssoziologie II.* 2. Auflage. Tübingen: J.C.B. Mohr (Paul Siebeck).
Weber, Max. 1980. *Wirtschaft und Gesellschaft: Grundriß der verstehenden Soziologie.* 22. Auflage. Hrsg. Johannes Winckelmann. Tübingen: J.C.B. Mohr (Paul Siebeck).

Weber, Max. 1988. *Gesammelte Aufsätze zur Religionssoziologie I*. 9. Auflage. Tübingen: J.C.B. Mohr (Paul Siebeck).
Weber, Max. 2006. *Die protestantische Ethik und der Geist des Kapitalismus*. 2. Auflage. München: Beck.
Weingarten, Elmar, Fritz Sack und Jim Schenkein. 1976. *Ethnomethodologie. Beiträge zu einer Soziologie des Alltagshandelns*. Frankfurt am Main: Suhrkamp.
Welter, Rüdiger. 1986. *Der Begriff der Lebenswelt*. München: Fink.
Willis, Paul. 2000. *The ethnographic imagination*. Cambridge: Blackwell Publishers.
Willis, Paul und Mats Trondman. 2002. Manifesto for ethnography. *Cultural Studies↔ Critical Methodologies* 2: 394–402.
Willis, Paul E. 1978. *Profane culture*. London: Routledge & Kegan Paul.
Willis, Paul E. 1981. *Learning to labor: how working class kids get working class jobs*. New York: Columbia University Press.
Wilson, Thomas P. 1982. Qualitative ›oder‹ quantitative Methoden in der Sozialforschung. *Kölner Zeitschrift für Soziologie und Sozialpsychologie* 34: 487–508.
Wittgenstein, Ludwig. 1984. *Werkausgabe in 8 Bänden: Band 1: Tractatus logico-philosophicus. Tagebücher 1914-1916. Philosophische Untersuchungen*. Frankfurt am Main: Suhrkamp.
Witzel, Andreas. 1985. Das problemzentrierte Interview. In *Qualitative Forschung in der Psychologie : Grundfragen, Verfahrensweisen, Anwendungsfelder*, Hrsg. Gerd Jüttemann. Weinheim: Beltz.
Witzel, Andreas. 2000. Das problemzentrierte Interview. *Forum Qualitative Sozialforschung/Forum: Qualitative Social Research* 1: Art. 22. http://nbn-resolving.de/urn:nbn:de:0114-fqs0001228. Zugegriffen: 20. November 2018.
Wohlrab-Sahr, Monika. 1993. Empathie als methodisches Prinzip? Entdifferenzierung und Reflexivitätsverlust als problematisches Erbe der methodischen Postulate zur Frauenforschung. *Feministische Studien* 2: 128–139.

Zehnpfennig, Barbara. 2005. Einleitung. In *Ökonomisch-philosophische Manuskripte*, Hrsg. Barbara Zehnpfennig, VII–LXXXIX. Hamburg: Meiner.
Zimbardo, Philip G. 2008. *The Lucifer effect: understanding how good people turn evil*. New York: Random House Trade Paperbacks.
Zingerle, Arnold. 1993. Theoretische Probleme und Perspektiven der Charisma-Forschung. In *Charisma. Theorie - Religion - Politik*, Hrsg. Winfried Gebhardt, Arnold Zingerle und Michael N. Ebertz, 249–266. Berlin, New York: Walter de Gruyter.
Zint, Günter und Caroline Fetscher. 1980. *Republik Freies Wendland*. Frankfurt am Main: Zweitausendeins.

Anhang
Materialien zur Datenerhebung

1. Interviewsample Hörsaalbesetzung

Kürzel	Pseudonym	Beschreibung	Sampling Logik, Theoretical Sampling
HS I, 1	Peter	Student, im 1. Semester	Erster Kontrast zu Lothar; Studienanfänger vs. Erfahren in Hoschulgremien
HS I, 2	Lothar	Student, im 9. Semester	Erster Kontrast zu Peter; Studienanfänger vs. Erfahren in Hoschulgremien
HS I, 3	Rudi	Student, im 5. Semester	Kontrast zu Lothar; erfahrener Student ohne hochschulpolitischen Hintergrund
HS I, 4	Friedrich	Student, im 1. Semester	Minimalkontrastierung zu Peter; Emotionalität vs. Sachlichkeit
HS I, 5	Niklas	Student, im 3. Semester	Kontrast zu HS I, 1-4; der distanzierte Mitläufer und Beobachter
HS I, 6	Bert	Student, im 1. Semester	Minimalkonstrastierung zu Lothar; Politaktivist ohne Hochschulkarriere
HS I, 7	Andrea	Studentin, im 1. Semester	Kontrast zu HS I, 1-6; weiblich Partizipantin; erst in der letzten Woche hinzugestoßen
HS I, 8	Christin	Studentin, im 1. Semester	Kontrast zu HS I, 1-6; weibliche Partizipantin; Maximalkontrast zu allen: in München Aktiv. Minimalkontrast zu HS I, 7, 9&10
HS I, 9&10	Hannah & Judith	Studentinnen, im 1. Semester	Maximalkontrast zu Allen; Befragung mit sechs Monaten Abstand. Minimalkontrast zu HS I. 7, 8; Kontrast zu HS I 1-8 (insbesondere zu HS I, 3 und 6): Theoretikerinnen

© Springer Fachmedien Wiesbaden GmbH, ein Teil von Springer Nature 2019
M. Ernst-Heidenreich, *Irritation des Selbstverständlichen*,
https://doi.org/10.1007/978-3-658-25208-3

2. Interviewsample Inseltage

2.1 Feldphase I: retrospektiv Interviews

Kürzel	Pseudonym	Beschreibung	Sampling Logik
L I 1	Anton	2010 teilnehmend, männlich	Qualitativer Stichprobenplan für die Erhebung von acht geplanten leitfadengestützten Retrospektiv-Interviews im Stil eines problemzentrierten Interviews. Vier Interviews mit Teilnehmenden der *Inseltage 2010*. Darunter: Sieben Interviews konnten realisiert werden, darunter vier männlich und drei weibliche Interviewees. Ein Interview wurde mangels Gesprächsbereitschaft nicht realisiert (n.r.).
L I 2	Basil	2010 nicht-teilnehmend, männlich	
L I 3	Cecilia	2010 nicht-teilnehmend, weiblich	
L I 4	Doris	2010 teilnehmend, weiblich	
L I 5	Emma	2010 teilnehmend, weiblich	
L I 6	Franz	2010 teilnehmend, männlich	
L I 7	Georg	2010 nicht-teilnehmend, männlich	

2.2 Feldphase II: adhoc Interviews Vorort

Kürzel	Pseudonym	Beschreibung	Sampling Logik
L II 1	Anni	Teilnehmerin Sportworkshop	Gesprächsführung nach Gelegenheit
L II 2	Berta Braun	Lehrerin	
L II 3	Bob	Verantwortlicher Organsator der Inseltage von Seiten der Jugendorganisation	
L II 4	Darius	Referent im Zaubereiworkshop	
L II 6	Eduard Emil	Lehrer	
L II 7	Fritz	Teilnehmer Sportworkshop	
L II 8	Gernot	Hauptamtlicher, aber passiv involvierter	

Materialien zur Datenerhebung 459

		Mitarbeiter der Jugendorganisation	
L II 9	Helge	Teilnehmer Sportworkshop	
L II 10	Ingo	Referent des Sportworkshops	
L II 11	Jasmin	Teilnehmerin Musikworkshop	
L II 12	Karlo & Kelvin	Referenten des Architekturworkshops	

2.3 Feldphase III: fotoelizitative Interviews

Kürzel	Pseudonym	Beschreibung	Sampling Logik
L III, 1	Bosse	Fotointerview, männlich	Qualitativer Stichprobenplan für die Erhebung von insgesamt 14 geplanten leitfadengestützten Foto-Interviews, davon sieben weibliche und sieben männliche Interviewees auf Basis ihrer freiwilligen Teilnahme. Die Nummerierung erfolgte nach der Reihenfolge der ausgegebenen Kameras. Zehn Interviews konnten realisiert werden, darunter fünf männlich und fünf weibliche Interviewees. Vier Interviews wurden aus unterschiedlichen Gründen nicht realisiert (n.r.).
L III, 2	nicht realisiert	Fotointerview, männlich	
L III, 3	Malte	Fotointerview, männlich	
L III, 4	Sigrid	Fotointerview, weiblich	
L III, 5	nicht realisiert	Fotointerview, weiblich	
L III, 6	Svenja	Fotointerview, weiblich	
L III, 7	Harald	Fotointerview, männlich	
L III, 8	Arne	Fotointerview, männlich	
L III, 9	nicht realisiert	Fotointerview, weiblich	
L III, 10)	Nele	Fotointerview, weiblich	
L III, 11	Björn	Fotointerview, männlich	
L III, 12	nicht realisiert	Fotointerview, männlich	

L III, 13	Merle	Fotointerview, weiblich	
L III, 14	Smilla	Fotointerview, weiblich	

2.4 Feldphase IV: Experteninterviews

Kürzel	Pseudonym	Beschreibung	Sampling Logik
L IV 1	Gerd Göller	Hauptamtlicher Leiter des Lagers auf der Insel	Experte für die Durchführung des Schulcamps 2011
L IV 2	Günter Grasser	Ehemaliger leitender Funktionär der Jugendorganisation	Experte für die Geschichte und ursprüngliche Konzeption des Camps als Kooperation von Schule und Jugendorganisation

3. Überlegung zur Struktur der Interviews, Interviewleitfaden

Alle Leitfäden kamen als Hintergrundheuristiken zum Einsatz. Die Erstellung der Interviewleitfäden diente vor allem der Problemzentrierung der Interviewenden. Nach Möglichkeit wurden die Leitfäden lediglich als Aufmerksamkeitsheuristik genutzt, dem Gesprächsverlauf angepasst und mitunter auch auf die Einführung von Frageperspektiven – sofern diese den Interviewverlauf gestört hätten – verzichtet.

3.1 Interviews zur Hörsaalbesetzung: fokussierte Leitfadeninterviews

1. Eröffnung des Interviews, Startsequenz
- Wie war's?

2. Problemzentrierung eines *nichtalltäglichen sozialen Arrangements*
- Wie hat den das alles angefangen?
- Was macht für Dich die Besetzung aus?
- Plenum und Arbeitskreise?
- Seit dem 17. Nov.: Was ist für Dich bisher das Highlight – gerne auch mehrere? Was war da los?
- Hat sich das Geschehen in Deinen Augen verändert? Wenn ja, was lässt sich diese Veränderung beschreiben?
- Wenn Du Dir die Leute anschaust die regelmäßig dabei sind: Ist das eine Gruppe oder kann man da Leute unterscheiden? Wie würde so eine Unterscheidung aussehen?
- Welche Rolle spielt die Tatsache, dass nicht nur in Augsburg besetzt wird, sondern in ganz vielen Städten?
- Welche Rolle spielen die Möglichkeiten von Internet, Twitter, Facebook etc.?

3. Abschluss des Interviews
- Wie fandest Du es, mir das alles zu erzählen?

- Gibt es noch etwas, das wir jetzt nicht besprochen haben und das Du mir mitteilen möchtest?
- Kannst Du Dir vorstellen, dass wir uns noch einmal treffen?
- Herzlichen Dank, dass Du mitgemacht hast!

3.2 Interviews zu den Inseltagen

3.2.1 Fokussierte retrospektiv Interview (L I, 1-7)

(Zwei Varianten: Variante eins umschließt Abschnitt 3. I., Variante zwei Abschnitt 3. II.:)

Intervieweinstieg:
Hallo, ich bin die/der ... und ich bin die/der...
Noch mal danke, dass du dir Zeit für uns genommen hast. Erst mal ein paar Infos für dich, damit du weißt wie das Ganze abläuft. Ich führe das Interview mit dir und die/der... macht sich nebenher ein paar Notizen für eventuelle Nachfragen. Wir nehmen das ganze Interview mit einem ‚Tonbandgerät' auf, damit wir uns voll und ganz auf das Gespräch konzentrieren können. Alles, was du uns erzählst, wird anonymisiert.
Ich werde dir ein paar Fragen stellen und du kannst einfach völlig frei sagen, was du möchtest. Hier geht es um deine Geschichte und alles, was du uns erzählst, ist für uns interessant. Ich werde nur weitere Fragen stellen, wenn ich etwas noch genauer wissen möchte.

1. **Wie hast du die Jahre auf der Schule erlebt?**
- Welche Erinnerungen hast du an die Insel-Jahre?
- Hast du ein Highlight in dieser Zeit gehabt? Kannst Du mir was darüber erzählen?

2. **Wie ist oder war die zwischenmenschliche Atmosphäre an der Schule?**
- Was bringt die Leute zusammen? Hast du das selbst schon erlebt? Erzähl!
- Was treibt die Leute auseinander? Hast du das selbst schon erlebt? Erzähl!
- Mit welchen Leuten möchtest du in Kontakt bleiben? Warum?

3. **I. (Teilnehmer*in 2010) Was ist Schulcamp?**
- Wie läuft Schulcamp ab?
- Wie war das Schulcamp für dich? (Wie hast du das Schulcamp empfunden?)
- Ist der Umgang miteinander auf das Schulcamp anders?
- Sind die Lehrer auf das Schulcamp anders?
- Hat sich das Schüler-Schüler-Verhältnis nach oder durch das Schulcamp verändert?
- Hat sich das Schüler- Lehrer-Verhältnis nach oder durch das Schulcamp verändert?
- Was hat sich durch das Schulcamp für dich geändert?
- das Schulcamp wird durch ein Team vorbereitet. Was sind das für Leute? das Schulcamp ist ja ein kirchliches Zeltlager. Hat man davon etwas mitbekommen?
- Damit die Versorgung auf das Schulcamp funktioniert, arbeiten viele Helfer mit. Was sind das für Leute?
- Ist das Schulcamp in der Schule ein Thema? Was wird darüber erzählt?

3. **II. (2010 nicht teilgenommen) Was ist das Schulcamp?**
- Was erzählt man sich an der Schule über das Schulcamp?
- Wie läuft das Schulcamp ab?

- Wie war das Schulcamp für die, die dabei waren? Hast Du irgendwelche Geschichten erzählt bekommen?
- Glaubt man an der Schule, dass der Umgang miteinander auf dem Schulcamp anders ist?
- Wird gesagt, dass die Lehrer während des Schulcamps anders sind?
- Könnte sich das Schüler-Schüler-Verhältnis nach oder durch das Schulcamp verändert haben?
- Könnte sich das Schüler- Lehrer-Verhältnis nach oder durch das Schulcamp verändert haben?
- Hast Du durch das Schulcamp für dich eine Veränderung bemerkt?
- Das Schulcamp wird durch ein Schülerteam vorbereitet. Was sind das für Leute?
- Das Schulcamp ist ja ein kirchliches Zeltlager. Kommt das in den Geschichten vor, die darüber erzählt werden?

4. Interviewabschluss
- Gibt es noch irgendetwas aus deiner Schulzeit an der Schule und dem Schulcamp, das du uns noch erzählen kannst?
- Dann sind wir jetzt am Ende des Interviews angekommen. Vielen Dank, für deine Zeit und die vielen spannenden Geschichten.

3.2.2 Fotoelizitatives Interview der dritten Feldphase (L III, 1-12)

Hallo, ich bin die/der … und ich bin die/der…

A. Eröffnung des Interviews/Startsequenz
1. Eröffnung
vielen Dank, dass Du Dich zu einem Gespräch bereit erklärt hast.
Ich habe erst einmal ein paar Informationen für dich, damit du weißt wie das Ganze abläuft *(kurze Pause, Blickkontakt herstellen)*. Ich führe das Interview mit dir und die/der… macht sich nebenher ein paar Notizen für eventuelle Nachfragen. Wir nehmen das ganze Interview mit einem ‚Tonbandgerät' auf, damit wir uns voll und ganz auf das Gespräch konzentrieren können. Alles, was du uns erzählst, wird vertraulich behandelt und später anonymisiert.
Wir fangen mit einer ganz allgemeinen Frage an. Wichtig ist, dass Du einfach frei erzählst. ‚Nimm' Dir dabei so viel Zeit wie du willst. Ich werde mich jetzt zunächst zurück nehmen, lass Dich davon nicht irritieren. Es geht ausschließlich um Deine eigenen Erfahrungen. Alles, was du uns erzählst, ist für uns interessant.

Wenn Du keine weiteren Fragen habst, habe ich zum Einstieg eine Frage an Dich?
2. Einstiegsfrage: Die FOS-Tage im Zeltlager Lindenbichl sind jetzt vorbei. Erzähl doch mal: Wie war s für dich?

B. Durchführung der fotogestützten Befragung
3. Drei Phasen der *fotogestützten* Befragung
- **Phase 1:** Geh doch bitte mal die Bilder durch und such Dir welche aus, über die wir sprechen können: Bilder, die dir besonders wichtig sind oder die dich an etwas Besonderes erinnern. (ggf. zur weiteren Erläuterung, falls der Stimulus nicht ankommt:
- **Phase 2:** Kannst Du die Bilder für uns sortieren. Bring Sie doch mal in eine Ordnung wie Du sie in ein Fotoalbum einkleben würdest.
(Notfallplan – wenn die Verbindung von Bildern und Narration nicht klappt: Das Material

wird chronologisch – also in der durch den Film vorgegebenen Reihenfolge – durchgegangen).
- **Phase 3:** (Konfrontation mit Bildern, die dem/der Interviewer/in bedeutsam erscheinen): Als wir die Sachen vorab durchgesehen haben, sind uns ein paar Bilder besonders aufgefallen. Wie kam es zum Beispiel zu dieser Aufnahme? Was ist hier los?

C. Nachfragephase

4. Was war das Highlight – was hat dir am allerbesten gefallen?

5. Du hast ja mehr erlebt, als auf den Fotos zu sehen ist. Was war denn noch so los?

6. Glaubst Du, dass sich durch Libi für Dich etwas geändert hat? Was?

7. Glaubst Du, dass die Tage auf Libi die weitere Zeit an der FOS verändern wird? Wie?

8. Libi wird ja von vielen Leuten organisiert und durchgeführt.
   a. Was kannst Du uns über diese Leute erzählen? Wie haben sie auf dich gewirkt?
   b. Waren diese Leute für Dein Libi Erlebnis wichtig?

D. Abschluss des Interviews

So, dann sind wir schon am Ende unseres kleinen Interviews angekommen. Zum Schluss haben wir noch zwei Fragen:

9. Wie fandest Du es, uns das alles zu erzählen?

10. Gibt es noch etwas, das wir jetzt nicht besprochen haben und das Du uns mitteilen möchtest?

3.3 Transkriptionsregeln

1. Zeilentranskription:
   I, 1: Wortmeldungen der Akteure werden durch Zeilenumbruch voneinander getrennt, wobei Interviewer*innen durch »I, 1« und »I, 2« abgekürzt werden. Interviewees werden durch ein Kürzel der jeweiligen Erhebungsphase und ein Pseudonym angezeigt z.B. »L III, 1 (Bosse)«. Zeilenumbrüche werden erst am Ende oder bei Unterbrechung einer Erzählung geschaltet.

2. Transkription von simultanen Einlassungen (Erzählung von »L III, 1 (Bosse)« wird durch kurze Bemerkung von z.B. »I, 1« erzählgenerativ/fragend/etc. kommentiert) erfolgen durch eckige Klammern ohne Zeilenumbruch. Damit soll die Phrasierung zusammenhängender Erzählungen deutlicher hervortreten. Beispiel:
   L III, 1 (Bosse): Ja und dann haben wir das halt gemacht [I, 1: Mhm] und so war s dann auch.

3. Die Transkription bemüht sich um eine *literarische Umschrift* (nicht aber phonetische Abbildung) des gesprochenen Wortes: das heißt, transkribiert wird nach Gehör auch Dialekt, Gestotter, ähm und sonstige Einlassungen.
   Beispiel: Un wenn s halt brenzlig wurde ähm / woast scho / sin mer halt weiter gzogen.

4. Orthographische Zeichen werden gemäß ihrer gängigen Verwendung eingebracht.

5. Wird eine Erzählung unterbrochen und neu angesetzt, wird dies durch »/« angezeigt. Beispiel:
   I, 2: Und wenn ihr das/ ich meine ist das gut angekommen, wenn ihr das gemacht habt? Der *Slash* kann auch bei Satzreihungen, die weder durch Punkt noch Komma sinnvoll darstellbar sind, hilfreich sein.

6. Transkription von (auffälligen) Pausen durch in Klammer gesetzte Zahlen (4) oder Punkte (....): die Zahlen oder Punkte repräsentieren in etwa Sekundenäquivalente. Grundsätzlich werden nur auffällige Pausen transkribiert (ab ca. 2 Sek.).

7. Transkription von Lachen (schnäuzen, husten, klappern etc.) oder ähnlichem durch (lacht) bzw. (lacht laut).

8. Transkription von Unverständlichem durch (unverständlich) oder (***).

9. Das Einbringen von Kommentaren wird in eckigen Klammern und explizite Erwähnung deutlich gemacht. [Kommentar T: T steht dabei für Transkribierender]. So können hier Anmerkungen wie *[Kommentar T: dies klingt alles sehr ironisch]* eingebracht werden und dennoch klar vom eigentlichen Transkript unterschieden werden.

Zur Transkription siehe auch Kapitel vier, Abschnitt 2.4 der zugrunde liegenden Dissertationsschrift.

4. Beobachtungsheuristik

Ort, Zeit	Kontext (Rahmenbedingungen)	Beobachtungen (Kontrollierte Fremdbeobachtung)	Theoretische Reflexionen (Handlungstypen und Prozesse)	Methodische und Rollen-Reflexionen
Wo befinde ich mich zu welchem Zeitpunkt? Was scheint hier vorzugehen?	Beschreibung der gegebenen **Rahmenbedingungen** bzw. durch welche vor dem Untersuchungszeitraum liegenden Abläufe wird das Feld bestimmt? **Setting (Inszenierung und Wirkung):** *Wie beeinflusst das räumliche Setting* oder die räumliche Inszenierung die Interaktionen? Wer hat bzw. scheint wie Einfluss auf Inszenierung und Wirksamkeit des Settings /zu haben)? Gibt es Hinweise auf relevante Beziehungen zu Personen/Einrichtungen außerhalb des unmittelbaren Feldes?	**Teilnehmer:** Beschreibung der Anwesenden unter Relevanzaspekten. *Wer* unter den Anwesenden nimmt/könnte auf die Situation aktiv oder passiv wie Einfluss ausüben? **Handlungs- und Interaktionsabläufe, Strategien:** Wer tut was mit wem? *Welche Abläufe und Prozesse lassen sich erkennen? Welche Strategien nutzen Akteure*, um Ziele zu erreichen? **Beziehungen:** Welche Konstellationen/Figurationen? Gibt es hervorgehobene Personen mit höherer Kontakthäufigkeit, besonderen Befugnissen? Gibt es Personen, die kaum/nicht kontaktiert werden? Wie ist die Art des Kontakts? Gibt es Gruppenbildungen und Grenzziehungen? Beschreibung von Konflikten? **Rollen, Rollenverteilung:** Wie lassen sich Engagement und Handlungen der Beteiligten und die an sie heran getragenen Erwartungen systematisieren? **Einordnung von Regelmäßigkeit und Besonderheit:** Gibt es Routinen? Wie ist die Situation zwischen den Polen typisch und einmalig einzuordnen bzw. welche Elemente verlaufen *Regel/konform* und welche *abweichend*? **Normen und Sanktionen:** Unter welchen ›objektiven‹ Zwängen‹ scheinen die Akteure zu stehen? *Welche Sanktionen erfolgen bei Normverletzungen oder wann kommt es bei Normverletzungen zu Sanktionen?*, **Gesagt versus Getan:** *Gibt es Unterschiede zwischen Erzählungen und der beobachtbaren Praxis und welche?*	Akteurstypen Prozesse/Verläufe, Interaktionstypiken, Strategien Rückschlüsse auf Machtverhältnisse sowie Rückschlüsse auf die Aufrechterhaltung, Veränderung und Hervorbringung von spezifischen sozialen Beziehungen Lassen sich situative Typen bzw. Idealtypen lassen sich rekonstruieren? Rückschlüsse auf den normativen Hintergrund der Szenerie. Zusammenhang zwischen normativem Hintergrund, Akteuren, Akteurskonstellationen, Prozessen und Beziehungen Widersprüche, Ambivalenzen und Uneindeutigkeit. Wie lässt sich das bisher Beobachtete in vorläufiger Weise theoretisch fassen? Welche Zusammenhänge deuten sich an?	Wie ist meine Rolle als Forscher im Feld? Und gibt es Hinweise auf eine Reaktivität des Feldes auf meine Anwesenheit als Forscher oder Teilnehmer? Reflexion eigener Erlebnisse und Erfahrungen (beobachtende Teilnahme) Ergeben sich aus Beobachtungen Hinweise für gezielte Beobachtungen?

Eigene Systematisierung auf Basis einer Darstellung von Aglaja Przyborski und Monika Wohlrab-Sahr (2010, S. 50) sowie Überlegungen von Roland Girtler (2001, S. 133 ff.).

Printed by Printforce, the Netherlands